제6판

현대
Modern Employment Relations
고용관계론

신수식 | 김동원 | 이규용

박영사

2002년 3월 현대고용관계론을 처음 출간한 이후 격년마다 개정하였으며 벌써 제6판에 이르고 있다. 매번 본서가 출간될 때마다 독자 여러분께서 기대 이상의 관심과 호응을 보여주신 것에 대해 저자들은 머리 숙여 깊은 감사를 드린다.

이번 개정판에서는 다음과 같은 부분에 중점을 두고 개정하였다.

첫째, 본서의 내용과 표현 및 분량을 보완하고 일부 너무 이론적인 부분은 학부교과서에 적합하도록 수정하였다. 구체적으로 고용관계에 있어서 정부의 역할 부문을 추가하였고 노동조합의 경제적 효과를 삭제하였으며 또한 한 학기에 소화할 수 있도록 분량을 조정하였다.

둘째, 지난 판부터 강의안을 모든 분들에게 배포하여 많은 호응을 얻었지만, 일부 학생이 본서 내용에 대한 충분한 숙지 없이 강의안에만 의존하는 폐해도 지적되어 왔다. 이에 이번 판부터는 본서를 강의하시는 교수님께만 별도로 강의안을 제공하도록 하였다. 또한 강의안에 있는 주요 용어나 노동계·경영계 및 정부 조직 등을 하이퍼링크 시켰으며 강의 중에 활용할 수 있도록 하였다.

셋째, 생생한 노동 현장을 보여주고자 노동현장 자료사진을 다수 추가하였으며 간단한 설명을 덧붙여 독자의 이해를 돕도록 하였다.

넷째, 본서에서 사용되는 주요 통계를 최근 자료로 대체하여 수정하였다. 다만, 일부 조사 자료의 경우 후속 연구가 없는 관계로 7-8년 전 자료를 활용하고 있으나 향후 새로운 자료로 바꿀 것을 약속한다.

다섯째, 각 장마다 수록된 pre-case와 post-case의 대부분을 최근 사례로 대체하였고 또한 수록된 내용 역시 강화하여 토론이 활성화되도록 노력하였다.

끝으로 촉박한 기일 내에 본 제6판을 출간하느라 많은 수고를 한 박영사 우석진 부장님과 관계자들께 감사를 표하며 본서의 저술과 자료 수집 등에 도움을 준 고려대학교 경영대학 고용관계전공 대학원 학생들에게 고마움의 뜻을 표한다. 또한 자료사진을 사용하도록 해준 매일노동뉴스 박성국 대표와 정기훈 기자에게 감사의 뜻을 표한다.

2014년 2월
안암동 연구실에서
저자 일동

제5판
머리말

10년 전 본서가 처음 출간된 후 이제 제5판을 출간하게 되었다. 이는 많은 독자들의 관심과 질책이 만들어낸 산물이라고 생각하며 감사의 마음을 전한다. 그러나 판이 거듭되고 있으나 아직도 미흡하고 부족한 점이 없지 않은데, 저자들은 지속적으로 보완하여 독자들의 관심에 부응하고자 한다.

이번 개정판에서는 다음과 같은 부분에 중점을 두고 개정하였다.

첫째, 과거 제4판에서 본서의 내용을 학부수준에 적합하도록 내용을 쉽게 설명하고 또 강의가 한 학기에 이루질 수 있도록 분량을 축소하였다. 그러나 아직 이러한 부분이 미진하다고 판단하여 불필요한 부분의 내용을 더욱 축소하였다.

둘째, 야심차게 추진한 power point 파일의 제작·배포는 많은 호응을 얻었지만 내용 중 오탈자 등이 있어 기대에 부응하지 못한 점 아쉽게 생각한다. 이에 본 개정판에서는 별도강의안 CD 제작·배포에 신경을 써서 본서의 강의와 수강에 불편함이 없도록 노력하였다.

셋째, 최근 복수노조 인정, 근로시간 면제제도(time-off) 시행 등 새로운 고용관계제도가 도입되었기에 이와 관련된 내용을 보완하였다. 또한 고용관계 관련 통계도 최근 것으로 수정하였다.

넷째, 각 장마다 수록된 pre-case와 post-case들의 대부분을 최근의 사례로 대체하였고 부록인 모의단체교섭사례를 확충·보강하였다.

추후에 나올 개정판에서도 본서의 내용을 지속적으로 개선하기 위하여 노력하고자 한다. 독자 여러분의 지속적인 지도편달을 기대한다.

끝으로 본서의 출간을 위하여 노력을 아끼지 않았던 박영사의 박노일 부장님과 관계자들께 감사를 표하며, 본서의 저술과 자료수집, 교정 등에 도움을 준 고려대학교 경영대학 고용관계전공 대학원 학생들에게 고마움을 전한다.

2012년 2월
안암동 연구실에서
저자 일동

제4판
머리말

　2002년 3월 본서를 처음 출간한 지도 벌써 만 8년이 지나 벌써 4판을 출간하게 되었다. 그간 판이 거듭될 때마다 독자 여러분들께서 기대 이상의 관심과 호응을 보여준 점에 대하여 저자들은 감사의 마음과 무거운 책임감을 함께 느끼고 있다.

　이번 개정판에서는 다음과 같은 부분에 중점을 두고 개정을 하였다.

　첫째, 제3판이 학부교과서로는 지나치게 어렵다는 의견을 받아들여서 쉽게 읽히는 책으로 만들고자 하였다. 구체적으로 각 장마다 고용관계의 이론적인 측면과 법률에 대한 부분을 대폭 축소·삭제하여 고용관계를 처음 접하는 학부학생들이 쉽게 받아들일 수 있도록 하였다. 이번 개정에서 삭제된 부분은 추후 대학원생들을 위한 고용관계 이론서를 별도로 집필할 때에 포함될 수 있을 것이다.

　둘째, 제3판의 경우 전체적으로 분량이 많아서 한 학기에 다 소화하기 어려웠다. 제4판에서는 중요도가 떨어지는 부분은 모두 삭제하여 가능한 분량을 줄이도록 노력하였다.

　셋째, power point 파일로 된 별도강의안을 CD로 제작하여 이 교과서 구입시 함께 배포되도록 하였다. 이는 국내 교과서의 경우 처음 시도하는 것으로서 본서의 강의와 수강이 보다 편리할 것으로 기대한다.

　넷째, 2008년의 금융위기 등 최근 급변하는 경제상황에 따라 고용관계 관련통계도 매년 큰 폭의 변화를 보이고 있다. 본서에 수록된 통계자료를 확보가능한 가장 최근의 자료로 대체하였다.

　다섯째, 각 장마다 수록된 pre-case와 post-case들의 대부분을 최근의 사례들로 대체하였고 마지막에 수록된 모의단체교섭사례를 확충·보강하여 현실감을 높이고자 하였다.

　추후에 나올 개정판에서도 본서의 내용을 지속적으로 개선하기 위하여 노력하고자 한다. 독자 여러분의 지속적인 지도편달이 있기를 바란다.

　끝으로 촉박한 기일 내에 본 제4판을 출간하느라 많은 수고를 한 박영사 박노일 부장님과 관계자들께 감사를 표하며, 본서의 저술과 자료수집, 교정 등에 도움을 준 고려대학교 경영대학 고용관계전공 대학원 학생들에게 고마움의 뜻을 전한다.

2010년 2월
안암동 연구실에서
저자 일동

제3판
머 리 말

2002년 3월 현대고용관계론을 처음 출간한 이후 수정증보판, 제2판 등을 출간할 때마다 기대 이상의 호응을 보여주신 독자 여러분께 깊은 감사를 표한다. 제2판은 낸 지 벌써 수년이 지나서 본서의 일부 내용은 새로운 통계와 자료로 대체하여야 할 부분이 있고, 또한 독자들에게 알찬 내용이 보다 쉽게 전달되도록 하기 위하여 다음과 같은 부분에 중점을 두고 개정하였다.

첫째, 고용관계론의 장 구성을 새롭게 하여 책 전체가 원만하게 논리적으로 연결되도록 하였다. 이에 따라 각국의 고용관계 부분을 마지막에 별도로 분장하였다.

둘째, 각 장마다 고용관계의 이론적 측면을 대폭 강화하고 보완하였다. 본서의 성격상 그 중요도가 떨어지는 노동법과 노동행정 관련 부분은 간소화하였다.

셋째, 본서에 수록된 통계자료를 확보가능한 가장 최근의 자료(2007년)로 대체하였으며 관련 인터넷사이트에 대한 정보를 대폭 확충하였다.

넷째, 각 장마다 수록된 pre-case와 post-case들의 대부분을 최근의 사례로 대체하였다.

다섯째, power point 파일로 된 별도의 강의안을 CD로 제작하여 배포함으로써 본서를 강의할 때에 편리하게 사용할 수 있도록 하였다. 특히 강의안에는 주요 용어나 조직 등을 하이퍼링크하였기 때문에 이를 강의 중에 활용할 수 있도록 하였다.

촉박한 기일 내에 본 개정판을 출간하느라 많은 수고를 한 박영사 박노일 차장님께 감사를 표하며, 본서의 저술과 자료수집, 교정 등에 도움을 준 김영두, 김윤호 등 고려대학교 경영대학 고용관계전공 박사과정 학생들에게 고마움을 전한다. 또한 pre-case와 post-case를 사용하도록 해 주신 매일노동뉴스, 뉴시스, 서울신문(이동구 기자, 조덕현 기자), 헤럴드경제 등에게 감사의 뜻을 표한다.

2008년 2월
안암동 연구실에서
저자 일동

제 2 판
머 리 말

2002년 3월 본서를 처음 출간한 후 지난 2년간 기대 이상의 호응을 보여주신 독자 여러분들께 깊은 감사를 표한다. 더욱이 본서의 여러 부분에 대하여 저자 스스로도 만족치 못하다는 것을 느끼는 바여서 이러한 호의적인 반응에 대하여 사뭇 송구스러운 마음을 느끼지 않을 수 없었다. 따라서 저자들은 이러한 독자들의 관심에 대하여 본서의 내용과 형식을 계속해서 향상시키라는 무언의 채찍으로 받아들이고 있다.

이번 개정판에서는 다음과 같은 부분에 중점을 두고 개정을 하였다.

첫째, 각 장마다 고용관계의 이론적인 측면을 대폭 강화하고 보완하였다. 또한, 본서의 성격상 그 중요도가 떨어지는 노동법과 노동행정 관련 부분은 간명하게 요약하거나 삭제하였다.

둘째, 각국의 고용관계와 비노조고용관계 등 일부 장의 내용을 더욱 확충하였다.

셋째, 본서에 수록된 통계자료를 확보가능한 가장 최근의 자료(2003년)로 대체하였으며, 관련 인터넷사이트에 대한 정보를 대폭 확충하였다.

넷째, 각 장마다 수록된 pre-case와 post-case들의 대부분을 최근의 사례들(주로 2004년)로 대체하였다.

다섯째, power point 파일로 된 별도 강의안을 CD로 제작하여 배포함으로써 본서를 강의할 때에 편리하게 사용할 수 있도록 하였다.

이번의 개정에도 불구하고 여전히 부족한 점이 많다는 것을 느낀다. 추후의 개정판에서도 본서의 내용을 지속적으로 개선하기 위하여 노력하고자 한다. 독자 여러분의 계속적인 관심과 지도편달이 있기를 바란다.

끝으로 촉박한 기일 내에 본 개정판을 출간하느라 많은 수고를 한 박영사 박노일 차장께 감사를 표하며, 본서의 저술과 자료수집, 교정 등에 도움을 준 김영두, 김윤호, 진숙경 등 고려대학교 경영대학 고용관계전공 박사과정 학생들에게 고마움의 뜻을 전한다. 또한, 자료사진을 사용하도록 해주신 매일노동뉴스에 감사의 뜻을 표한다.

2005년 2월
안암동 연구실에서
저자 일동

지난해 고용관계론을 처음 출간한 이래 많은 관심을 보여주신 독자 여러분께 감사드린다. 초판을 서둘러 출간하느라 수정·보완할 부분이 있어, 출간한 지 1년 만에 수정증보판을 내게 되었다. 이 수정증보판에서 추가·보완된 내용은 다음과 같다.

첫째, 본서의 내용과 표현을 전면적으로 검토하면서 수정·추가·보완하였다. 특히, 비노조기업 및 공공부문의 고용관계부문을 중점적으로 보완하였다.

둘째, 본서에서 사용되는 주요 통계를 최근(2001년) 자료로 대체하여 수정하였다.

셋째, 본서가 대학 및 전문강좌에 활용될 때 사용할 수 있도록 별도강의안을 만들었다.

끝으로 이번 수정작업에서도 여러 분들의 많은 도움을 받았다. 출간을 위해 노력하여 주신 박영사의 박노일 차장께 심심한 감사를 표하는 바이며 특히, 자료사진을 흔쾌히 사용하도록 하여 주신 현대백화점 지식경영팀에게 감사의 뜻을 전한다.

2003년 2월
안암동 연구실에서
저자 일동

선진국의 경우를 보면 우수한 국가경쟁력의 핵심요소로서 고용관계가 꼽히는 경우가 많다. 즉, 노동조합이 고기술 인력자원의 개발과 육성에 중심적인 역할을 하는 독일이나, 노조원들의 애사심과 협조적 고용관계로 유명한 일본의 경우와, 노조의 경영참가를 통하여 기업의 경영혁신 노력의 동반자 역할을 하는 미국의 초우량기업들(예를 들면 제록스, AT&T, 새턴, 코닝, 리바이 스트라우스)의 경우, 고용관계는 기업과 국가의 대외경쟁력을 논할 때 생략할 수 없는 이슈인 것이다.

반면, 한국의 고용관계는 그간 국가경쟁력 강화의 원동력이 되기보다는 짐이 되어 왔다. 억압과 투쟁, 상호불신으로 특징지워지는 한국고용관계는 기업인의 투자의욕을 감소시키고 피고용인들의 근로의욕을 훼손하여 기업의 경영성과와 국제경쟁력에 심각한 장애요소가 되어 왔다. 특히, 연례행사처럼 벌어지는 극한적인 노정대결의 양상은 비제도화된 한국고용관계의 특징이라고 할 수 있다. 1987년 그 동안 억눌렸던 노동자들의 요구가 한꺼번에 분출되어 전 산업이 파업열풍에 휩싸인 지도 15년이 지났다. 그간 여러 정부를 거치면서 수없이 많은 정부위원회와 연구모임이 가동되어 보다 성숙하고 생산적인 고용관계를 모색하여 왔으나, 폭력, 불법, 결사항전, 공권력 투입, 체포와 구속 등의 단어로 점철되는 우리의 극한적 노사분규는 조금도 개선될 기미를 보이지 않고 있다. 노사분규에 관한 한 지난 20년간 우리 나라는 거의 진보를 보이지 못했다. 우리의 고질적인 고용관계를 치유불능으로 보아 지레 회피하거나, 제조업의 쇠퇴와 IT, BT산업의 등장으로 노사분규의 문제가 절로 해소될 것으로 보는 두 시각 모두 우리 나라가 당면한 절실한 문제를 해결하는 데에 도움이 되지 않는다. 이제 우리의 고질적인 노사분규에 대한 근본적인 해결책을 모색하여야 할 시점이다.

향후 한국에서의 생산적 고용관계 정립을 위한 여러 방안 중의 하나로 꼽히는 것이 고용관계의 전문화이다. 고용관계를 전문적으로 연구한 전문인력들이 노사간의 여러 문제를 다룬다면 불필요한 갈등을 줄이고, 노사간의 피할 수 없는 갈등도 보다 효율적으로 해소할 수 있을 것이며, 나아가서는 소모적인 고용관계를 보다 생산적인 방향으로 전환할 토대가 마련될 것이기 때문이다.

본서의 구성상 특징은 다음과 같다. 첫째, 본서에서는 노사관계라는 용어 대신 고용관계를 사용하였다. 고용관계는 사무직, 관리직, 첨단인력과 비노조경영을 포함하는 보다 포괄적인 의미로 사용되었으며, 이는 이 분야의 학문명칭이 기존의 Industrial and Labor Relations에서

Employment Relations로 변화하는 세계적 추세를 반영한 것이다. 둘째, 본서는 그간 출판된 각종 인사·노사관계 이론서의 내용을 망라하기 위하여 노력하였으며, 최근의 쟁점사항들도 가능한 한 내용에 포함하였다. 특히 본서를 저술하는 데 유익하게 참조한 책자들을 집필한 여러 선배 및 동료학자들에게 우선 서면으로 감사의 말씀을 드린다.

본서는 고용관계를 공부할 대학생들과 전문인력들을 위하여 쓰여졌다. 아직은 여러 부분에서 부족한 점이 많은 책이지만 독자 여러분의 지적을 받아 차차 그 내용을 향상시켜 나가고자 한다. 모쪼록 많은 지도편달이 있기 바란다.

끝으로 본서의 출간을 위하여 노력을 아끼지 않았던 박영사의 박노일 과장께 심심한 감사를 표하는 바이다. 또한, 자료확보에 많은 도움을 주었던 매일노동뉴스의 이성희 편집국장, 그리고 권순식, 김윤호, 이진욱, 남창희, 김상진 등 고려대학교 대학원에 재학중이던 여러 조교의 도움에 감사한다.

2002년 3월
안암동 연구실에서
저자 일동

차 례

Chapter 2 한국의 고용관계

Chapter 3 노동조합과 경영자조직 및 정부

Chapter 5 노동쟁의, 쟁의조정 및 부당노동행위

Chapter 6 노사협조와 경영참가

Chapter 7 임금제도와 성과참가

Chapter 8 근로자복지와 사회보장제도

Chapter 9 　개별적 고용관계와 무노조기업의 고용관계

Chapter 10 공공부문과 교원의 고용관계

Chapter 11 주요국의 고용관계

부록

1

고용관계에 대하여

Modern Employment Relations

pre-case 1

고용정책 노사 동상이몽, 해법은?[1]

정부의 노동정책에 대한 노사 당사자들의 의견이 상충되면서 일전을 불사할 분위기에 휩싸이고 있다.

노사갈등이 예상되는 노동 정책 이슈로 ① 정년연장, ② 통상임금 확대, ③ 근로시간 단축, ④ 시간제일자리 확충, ⑤ 원·하청 격차 해소 등을 들 수 있다.

〈노사갈등 예상 노동정책〉

	정년연장	통상임금 확대	근로시간 단축	시간제 일자리 확충	원·하청 격차
정책	정년을 60세로 법제화	정기 상여금과 수당 포함	주 68시간 → 52시간	정규직 시간제 확충	법률 개정 등으로 격차 해소
노동계	법에 따라 시행하되 임금삭감 반대	대법원 판결에 따라 3년치 소급분까지 모두 지급해야	임금삭감 없는 근로시간 단축	일자리 질 저하	원청이 직접 사용자이므로 하청 근로자에 대한 근로조건을 책임져야
경영계	임금피크제와 같은 임금체계조정 필요	정부의 지침에 따라 시행한 것. 과도한 부담으로 경영난 우려	근로시간이 줄면 임금도 줄어야	적합한 직무발굴 어렵고, 노무관리·비용 부담	협력업체의 정규직 근로자에 대해 원청업체가 개입하는 것은 부당

자료: 중앙일보, "고용정책 '노사 동상이몽' … 내년 분규 쓰나미 예고," 2013-12-09.

첫째, 정년 연장이슈이다. 정부는 노동력 확보를 위해 정년을 60세로 법제화하고자 하는데 노사 모두 원론적으로 반기는 입장이다. 그러나 내막을 살펴보면 꼭 그렇지만은 않다. 노동계는 법에 따라 60세 정년을 시행하되 임금삭감은 있을 수 없다는 입장이다. 반면에 경영계는 호봉급 위주의 임금체계가 만연한 현실을 감안할 때 60세 정년 법제화는 기업이 감당하기 어려우므로 임금피크제 등과 같은 임금체계의 조정이 필요하다고 주장한다.

둘째, 통상임금의 확대 이슈이다. 대법원은 정기상여금과 수당 등이 통상임금에 포함되며 3년치 소급분은 경영상의 이유로 제외할 수 있다고 판결을 내린 바 있다. 이를 두고 노동계는 경영

---

1   중앙일보, "고용정책, '노사 동상이몽' … 내년 분규 쓰나미 예고," 2013-12-09; 매일경제, "2014년 노사 기상도 … 철도로 꼬인 노·정 '춘투 화약고'," 2013-12-31 등의 기사를 바탕으로 재작성함.

상 지대한 영향을 주지 않는다면 3년치 소급분도 모두 지급하여야 한다고 주장하고 있다. 경영계는 대법원 판결에 따른 정부의 지침이 아직 마련되지 않았기 때문에 정부지침에 따라 시행할 것이라는 원론적 입장을 견지하고 있다.

셋째, 정부는 OECD 국가 중 최장 근로시간을 기록하고 있는 우리나라 근로시간을 줄이기 위하여 주당 최대 근로시간을 68시간에서 주 52시간으로 제한하고자 한다. 이 사안에 대해서도 노동계는 임금 삭감 없는 근로시간 단축을 주장하지만 경영계는 근로시간이 줄어든 만큼 임금도 줄어야 한다고 주장한다.

넷째, 시간선택제 일자리 확충 이슈이다. 정부는 '고용율 70%' 달성방안의 일환으로 단시간 근로하지만 정규직과 동일한 혜택(예: 4대보험 등 가입)을 주는 정규직 시간제를 확충하고자 한다. 이에 대한 노동계는 일자리 질을 저하시키는 조치라 우려하는 반면 경영계는 시간선택제 일자리에 적합한 직무의 발굴이 어렵고 노무관리 비용이 증가되기 때문에 정책의 실효성에 대하여 의문을 표하고 있는 실정이다.

마지막으로 원하청간의 해묵은 노사갈등을 해소하기 위해 정부는 법률 개정을 통해 원·하청간의 격차를 해소하기 위해 노력하고 있다. 이에 노동계는 원청이 직접 사용자이기 때문에 하청 근로자에 대한 근로자가 책임져야 한다고 주장하고 있다. 반대로 경영계는 협력업체의 정규직 근로자에 대한 원청업체가 개입하는 것은 부당하다고 주장한다.

나아가 정부의 공공기관 부채와 방만 경영을 개선하는 과정에서 공공부문 구성원의 복지 축소조치가 이루어질 것으로 예상된다. 이는 공공부문의 노사갈등을 촉발시키는 새로운 단초가 되지 않을까 우려된다.

이와 같은 사안에 대하여 고용노동부는 "노사정 간의 논의를 통해 합리적인 방안을 도출하겠다"며 "법과 원칙을 견지하고 노사 자율로 해결할 수 있도록 사업장 지도를 강화하겠다"고 한다. 그러나 노사 간 입장 차이로 통상임금에 대한 (사회적 대화를 통한) 합의를 도출하지 못하였다는 점과 노사정위원회에서 노동계가 탈퇴한 점 등을 고려해 보면 사실상 노사 간 자율적 해결은 기대하기 어려운 형편이다.

고용관계는 사용자와 피고용인의 주요 관심사이며 직원들의 생계와 기업 경쟁력에 중요한 영향을 미친다. 위의 사례에서 보는 바와 같이 한 국가의 고용관계를 구성하는 노동조합, 사용자 및 정부는 사안에 따라서 각각 다른 목표를 추구하기도 하고 공동의 목표를 향해 노력을 기울이기도 한다. 고용관계의 궁극적인 목표는 다원화된 사회에서 다양한 계층의 이해관계를 대변하고 갈등을 조정하고 사회시스템의 효율성을 증진시키는 것이라고 할 수 있다. 본 장에서는 먼저 학문으로서 고용관계론의 기본적인 성격을 살펴보고자 한다.

1. 고용관계의 배경

학문적인 의미에서 고용관계는 동전의 양면과 같은 두 가지 측면으로 구성된다. 우선, 고충처리나 노동쟁의 등과 같이 노사간의 갈등으로 인한 부정적인 측면을 줄여나가는 것은 고용관계의 전통적인 연구분야인 갈등관리측면으로 볼 수 있다. 반면, 성과배분·경영참가 등을 통하여 경영성과와 근로자복지의 향상이라는 노사공동의 목표를 추구하는 것은 고용관계의 긍정적인 측면을 확대하는 생산적인 고용관계의 측면이라고 할 수 있다. 과거 고용관계의 초점은 산업사회하에서의 계층간 갈등관리라는 개념이 주가 되었으나, 무한경쟁의 기업환경과 정보화사회로의 진전은 고용관계의 초점을 급속히 생산적 고용관계라는 개념으로 옮겨가게 하고 있다.

1.1 산업사회와 노동문제

일반적으로 파업 등 노동문제는 산업화와 자본주의의 산물인 것으로 오해하는 경우가 있다. 그러나 이는 사실이 아니다. 인류 최초의 파업은 고대 이집트 피라미드 축조과정에서 근로조건의 열악함에 항의하는 노동자들에 의해서 발생하였다는 기록이 있다. 또한 공산권국가인 구 소련에서도 파업은 발생하였고, 현재의 중국에서도 파업이 수시로 발생한다. 이러한 사실은 파업 등의 노동문제는 자본주의나 산업화와는 무관하게 발생한다는 것

☞ 노동문제는 노사관계가 존재하는 상황에서는 항상 발생가능한 현상

을 보여준다. 즉, 노동문제는 왕정, 자본주의, 공산주의 등 어떠한 사회체제든간에 작업명령을 내리는 사용자와 그 명령을 받아 일을 하는 노동자간의 노사관계가 존재하는 상황에서는 항상 발생가능한 현상인 것이다.

그러나 노동자들이 체계적으로 노동조합을 조직하여 집단적인 권리를 주장하기 시작한 것은 산업혁명이 잉태되던 시기인 17세기 말에 이르러서였다. 즉, 상시적인 임금노동자의 숫자가 증가하고 있던 17세기 말에 영국에서 생겨난 원시적인 형태의 노동조합이 세계 최초의 노동조합인 것이다. 18세기에 들어 영국에서는 꾸준히 노동조합의 수가 늘어났고, 산업혁명이 본격적으로 시작되는 18세기 말에 랭카셔의 면방적공들을 중심으로 체계적인 노동조합 운동이 시작되었다. 즉, 파업 등의 노동문제는 고대 이집트, 공산권이나 시장주의국가 등 어떠한 사회체제하에서도 발생하는 것이지만, 체계적인 노동조합운동은 다수의 노동자가 임금노동자 계층으로 형성되는 산업혁명시기에 시작된 것이다.

▶ 노동조합을 조직하여 집단적인 권리를 주장하기 시작한 것은 산업혁명이 잉태되던 시기인 17세기 말

가내수공업 단계에 머물러 있던 제조업은 산업혁명 이후 대규모 공장제 공업으로 발달하게 되었다. 19세기에 들어와 대규모 공장에서 많은 노동자를 고용하게 되고 고용된 노동자들은 노동을 제공하는 반대급부로서 임금을 지급받는 취업형태가 크게 증가하게 된다. 임금노동자의 증가는 노사간의 분배를 둘러싼 갈등을 촉발시켰고, 노동조합의 증가와 노동운동의 활성화를 촉발시키게 된다. 20세기에 들어와 두 번의 세계대전을 겪으면서 제조업이 시장경제의 가장 중심산업으로 자리잡게 되었다. 다수의 임금노동자가 제조업에서 종사하게 됨에 따라 자연스럽게 20세기 후반까지 생산직(블루컬러) 직원을 주 대상으로 하는 제조업중심의 노사관계가 정립되었다.

그러나 20세기 후반부터 자본주의사회의 탈산업화현상이 일어나면서 농림어업과 제조업의 비중이 서서히 줄어들고 서비스업의 비중이 커지는 경향이 대부분의 선진국에서 진행되고 있다. 이러한 현상은 우리나라에서도 나타나는데 경제의 발전에 따라 제1차 산업과 제2차 산업

|그림 1-1| 서비스산업에서의 고객응대 교육장면

에 종사하는 사람들의 비중은 줄어드는 반면 제3차 산업에 종사하는 사람들의 비중은 획기적으로 증가한 것이다.

　〈도표 1-1〉에서 보면 1963년에는 제1차 산업(농림어업)의 비중이 전체 취업자의 63.9%에 달했던 것이 2012년 6.2%로 낮아졌으며, 제2차 산업(광공업)에 종사하는 사람들의 비중도 산업화가 시작되던 1963년의 8.5%에서 1990년에는 27.6%까지 높아졌으나, 그 이후 탈산업화가 진행되면서 제2차 산업의 비중이 지속적으로 하락하여 2012년 16.6%까지 하락하였다. 반면, 제3차 산업(사회간접자본 및 기타 서비스업)에 종사하는 사람들의 비중은 1963

☞ 고용관계에서 제조
업이 차지하는 비중
도 상대적으로 줄어
들고 서비스업 고용
관계의 중요성이 커
짐

도표 1-1	산업부문별 취업자 및 구성비율								
	1차 산업		2차 산업		3차 산업		전 산 업	
	취업자	비 율	취업자	비 율	취업자	비 율	취업자	비 율
1963	4,963	63.9%	657	8.5%	2,144	27.6%	7,764	100.0%
1970	4,846	50.4%	1,377	14.3%	3,395	35.3%	9.618	100.0%
1975	5,339	45.7%	2,235	19.1%	4,118	35.2%	11,692	100.0%
1980	4,654	34.0%	3,079	22.5%	5,951	43.5%	13,684	100.0%
1985	3,733	24.9%	3,659	24.4%	7,578	50.6%	14,970	100.0%
1990	3,237	17.9%	4,900	27.6%	9,858	54.5%	18,085	100.0%
1995	2,403	11.8%	4,844	23.7%	13,168	64.5%	20,415	100.0%
2000	2,243	10.6%	4,311	20.4%	14,602	69.0%	21,156	100.0%
2001	2,148	10.0%	4,285	19.9%	15,139	70.2%	21,572	100.0%
2002	2,069	9.3%	4,259	19.2%	15,841	71.5%	22,169	100.0%
2003	1,950	8.8%	4,222	19.1%	15,967	72.1%	22,139	100.0%
2004	1,824	8.1%	4,177	18.5%	16,543	73.4%	22,544	100.0%
2005	1,813	7.9%	4,130	18.1%	16,897	74.0%	22,840	100.0%
2006	1,781	7.7%	4,057	17.5%	17,301	74.8%	23,139	100.0%
2007	1,723	7.4%	4,014	17.1%	17,682	75.5%	23,419	100.0%
2008	1,686	7.2%	3,963	16.8%	17,906	76.0%	23,555	100.0%
2009	1,648	7.0%	3,836	16.3%	17,999	76.6%	23,483	100.0%
2010	1,566	6.6%	4,028	16.9%	18,215	76.5%	23,809	100.0%
2011	1,524	6.4%	4,091	16.9%	18,595	76.8%	24,228	100.0%
2012	1,528	6.2%	4,105	16.6%	19,033	77.2%	24,666	100.0%

주: 1차 산업(＝농림어업), 2차 산업(＝광공업), 3차 산업(＝사회간접자본 및 기타 서비스업)
자료: 통계청, 『각 연도 경제활동인구연보』; http://kostat.go.kr

년의 27.6%에서 꾸준히 증가하여 2012년 77.2%에 이르고 있다. 이러한 산업구조의 변화에 따라서 고용관계에서 제조업이 차지하는 중요성도 상대적으로 줄어들고 서비스업 고용관계의 중요성이 점차 커지고 있다.

1.2 정보화 · 세계화와 고용관계

20세기 말부터 시작된 정보화 · 세계화는 국경을 초월한 무한경쟁의 시대를 활짝 열었다. 즉, 지구촌의 거의 모든 시장에서 모든 국가와 기업이 함께 경쟁하는 극한 경쟁의 상황으로 치닫고 있는 것이다. 이처럼 국가간 · 기업간의 치열한 경쟁상황은 노사간의 참여와 협력의 중요성은 더욱 부각되고 있는 한편,[2] 새로운 형태의 노사갈등을 촉발하는 진원이 되기도 한다.

▶ 정보화 · 세계화는 새로운 형태의 노사갈등을 촉발하는 진원

첫째, 국제화 · 개방화 · 세계화의 급속한 진전과 함께 기업은 무한경쟁에 내몰리고 있으며 근로자와 노동조합 역시 고용안정이라는 측면에서 기업과 똑같은 무한경쟁의 도전에 직면해 있기 때문이다. 무한경쟁에서 생존하기 위해서는 대립으로 인한 자원의 낭비보다는 참여와 협력을 통하여 노사간의 시너지를 극대화하는 것이 무엇보다도 중요하다. 즉, 정보화와 세계화는 극한경쟁의 시대를 열었으며, 생산적 · 협조적 고용관계의 정립 여부가 국가의 경쟁력을 좌우하는 시대가 시작된 것이다.

▶ 경쟁격화와 함께 대두된 생산적 고용관계의 정립

둘째, 정보화와 세계화의 시대에도 전통적인 갈등관리의 중요성은 여전히 간과할 수 없으며, 오히려 새로운 형태의 노사갈등이 생겨나고 있다. 즉, 대부분의 국가에서 인적자원의 유연한 활용을 위한 기업의 움직임은 대량의 실직자와 비정규직을 양산하였고, 기업들의 상시적인 구조조정의 여파로 거의 모든 근로자들이 고용불안의 두려움을 안고 있다. 특히, 실직자와 비정규직들은 실업자단체나 비정규직 노동조합 등을 통하여 새로운

▶ 비정규직 등으로 촉발된 새로운 형태의 노사간 갈등관리

|그림 1-2| 일하는 노동자 -자동차라인-

---

2 이원덕, 「노사개혁: 미래를 위한 선택」(서울: 한국노동연구원, 1997), p.16.

노사갈등의 진원이 되고 있으며, 과거에는 안정된 직장으로 여겨져서 노동운동에 적극적이지 않던 중간관리자나 의사 등도 고용불안을 극복하려 노동조합을 결성하여 새로운 형태의 노사갈등을 불러일으키고 있다.

즉, 정보화와 세계화 시대의 노사정은 ① 경쟁격화와 함께 대두된 생산적 고용관계의 정립과 ② 비정규직 등으로 촉발된 새로운 형태의 노사간 갈등관리 등의 두 가지 과제를 동시에 안고 있는 것이다.

2. 고용관계의 의의

이하에서는 고용관계의 개념, 용어, 목적, 행동논리, 특질 등 고용관계의 성격에 대한 기본적인 이해를 돕는 여러 사항들에 대하여 알아보기로 한다.

2.1 고용관계의 개념

고용관계는 우선 '직원과 사용자'로서의 관계와 '노동조합과 사용자'라는 두 가지 측면으로 구분하여 살펴보아야 한다. '직원과 사용자' 사이의 관계는 사용자와 노동자 개개인과의 개별적 고용계약에 바탕을 둔 관계로서 개별적 고용관계인 반면 '노동조합과 사용자' 사이의 관계는 집단적인 계약에 바탕을 둔 집단적 고용관계를 말한다. 고용관계는 개별적 고용관계와 집단적 고용관계를 모두 포함하는 개념이다.

2.2 고용관계라는 용어

초기 고용관계를 의미하는 용어는 '노자관계'(labor-capital relations)였다. 여기서는 자본의 '資'를 사용하고 있다. 우리나라의 경우 노자관계라는 용어는 특히 일제강점시기(1910~1945)의 노동운동을 기술한 문헌에 주로 나타난다. 이러한 경향은 그 당시 학자들 사이에 자본주의를 자본가계급과

☞ 초기 고용관계를 의미하는 용어는 '노자관계

무산자계급 간의 갈등으로 보는 마르크스주의의 영향이 있었기 때문이며 이 당시에는 노사관계라는 용어보다는 노자관계라는 용어가 더 자연스럽게 쓰였다. 마르크스주의자들은 자본주의하에서의 노자관계를 자본가와 노동자 간의 적대관계로 파악하고, 노동조합을 자본주의 경제체제에 대한 대항기구로 보고 있기 때문에 노자관계라는 용어가 노동자계급과 자본가계급 간의 계급적 대립을 정확히 보여준다는 것이다.[3] 그러나 계급대립이라는 관점만으로는 복잡다단한 노사관계를 설명할 수 없다는 견지에서 노자관계라는 용어는 1950년대 이후부터는 더 이상 사용되지 않고 있다.[4]

노사관계라는 용어는 1950년대 이후부터 점차 일반화되었는데, 이때의 '使'는 사용자를 의미하는 것이다. 현대의 기업은 자본과 경영이 분리되고 규모가 거대화되고 복잡성을 갖게 되는 한편, 급변하는 경영환경에 전문경영자의 역할이 날로 증대된다는 점을 고려하여 노자관계 대신 노사관계라는 용어를 사용하게 된 것이다. 한편 일부 기업에서는 자본과 경영의 분리를 더욱 강조하기 위하여 노경관계라는 용어를 쓰기도 하지만[5] 일반화되지는 않고 있다.

반면 미국과 유럽의 국가에서는 노사 간의 문제를 산업화와 더불어 발생한 문제로 파악하여 '산업관계'(industrial relations)라는 용어를 사용하였다. 미국이나 유럽에서는 labor-management relations, labor relations, employer-

|그림 1-3| 고려시대 목재 불상의 썩은 내부를 합성수지 등으로 채우는 유물보존연구원 작업 모습

---

3 배무기, 「노동경제학」(서울: 경문사, 1987), p. 295.
4 隅谷三喜男, 「勞動經濟의 理論」(東京: 東京大學出版會, 1976), pp. 99~101.
5 LG그룹과 POSCO의 경우 노경관계라는 용어를 사용하고 있음.

employee relations, union-management relations 등도 비슷한 의미로 쓰였으나, industrial relations처럼 일반화되지는 못하였다. 그러나 한국의 경우에는 산업관계보다는 노사관계라는 용어가 더 빨리 일반화되어 널리 사용되어 왔고 지금도 industrial relations를 산업관계보다는 노사관계로 번역하고 있다.

1990년대 이후부터는 고용관계(employment relations)라는 용어가 확산되고 있다. 이는 고용관계시스템의 당사자라고 할 수 있는 피고용인의 성격변화에서 그 이유를 찾을 수 있다. 과거 고용관계시스템은 육체근로자(blue-collar workers)와 노동조합을 중심으로 단결권과 단체교섭권 및 단체행동권 등의 노동3권을 근간으로 이루어졌다고 할 수 있다. 그러나 최근의 고용형태는 과거와는 크게 다른 형태로 나타나고 있다. 예를 들어 사무직, 관리직, 전문직, 교사와 공무원 등 공공부문 피고용인, 비정규직에서의 노동운동이 더욱 중요시되는 추세를 보인다. 또한 노동조합 조직률이 하락하는 일부 국가에서는 노조 없는 무노조고용관계를 주창하는 움직임도 일어나고 있다. 따라서 육체노동자와 노동조합의 이미지를 강하게 지닌 노사관계라는 용어보다는 사무직, 공공부문, 무노조부문을 모두 포괄하는 의미를 지닌 고용관계라는 용어의 사용이 늘어나는 추세이다. 이미, 미국, 영국, 호주 등 서양권에서는 대부분의 학문명칭과 교과서의 제목이 과거의 노사관계 혹은 산업관계(labor relations or industrial relations)에서 고용관계(employment relations)로 바뀌고 있다. 고용관계라는 본서의 제목도 이러한 추세를 반영하고 있는 것이다.

> ☞ 1990년대 이후부터는 고용관계(employment relations)라는 용어가 확산

2.3 고용관계의 목적

> ☞ 효율성, 공정성

고용관계가 추구하는 목적은 효율성과 공정성의 균형(balance)을 이루는 것이다. 즉, 재화와 용역이 수익적·효과적으로 생산되고(효율성), 결과물이 공정하게 분배되도록(공정성) 하는 것이 고용관계의 궁극적인 목적이라고 할 수 있다. 이들 중 효율성은 사용자의 이해관계를 주로 반영하며, 공정성은 근로자와 노동조합의 이해관계를 반영하는 것들이다. 즉, 고용관계는 노사의 서로 상충되는 이해관계를 조화롭게 모두 충족시키는 것을 목

표로 하는 다원주의(pluralism)의 관점을 지니고 있다. 이하에서는 효율성과
공정성을 보다 상세하게 설명하고자 한다.

(1) 효율성(efficiency)

인간의 재화에 대한 욕구는 무한하지만 이를 충족시킬 자원은 항상 부
족한 편이므로 자원의 효율적 배분방식과 효과적인 생산방식을 개발하고
지속적으로 발전시키는 것이 경영자의 주요 임무가 되어 왔다. 더구나 세계
화의 영향으로 기업간의 극심한 경쟁을 겪고 있는 현재, 가장 효율적인 기
업이 생존한다는 절박한 상황에서, 경영인의 가장 큰 책무는 효율성의 추구
인 것이다. 효율적이지 않은 기업은 결국 도태되기 마련이므로 경영자의 가
장 큰 관심사 중 하나가 기업의 효율성을 유지하는 것이다.[6]

> ☛ 효율성이란 자원의
> 효율적 배분방식과
> 효과적인 생산방식
> 을 개발하고 지속적
> 으로 발전시키는 것

(2) 공정성(equity)

고용관계가 추구하는 목적으로 공정성이란 인간의 존엄성과 자유를 발
현시킬 수 있는 일련의 근로기준을 확보하는 것이라고 할 수 있다. 예를 들
어 최저 근로조건(최저 임금, 최고 근로시간, 최저 안전조건, 사용자의 일방적 해고
및 아동노동 금지 등)의 제정을 통해 인간다운 삶을 영위할 수 있는 상태를 만
들고 투입과 산출간의 공정한 관계를 통해 '분배정의'(distributive justice)를
실현하고자 하는 것이다. 또한 기회 평등 및 차별금지 등 공정한 대우는 사
회적인 평등을 구축하고 인간이 인간답게 살 수 있는 기본권인 것이다. 공
정성의 실현은 피고용인과 노동조합의 주된 관심사로 볼 수 있다.[7]

> ☛ 공정성이란 인간의
> 존엄성과 자유를 발
> 현시킬 수 있는 일
> 련의 근로기준을 확
> 보하는 것

2.4 고용관계의 특질

고용관계는 피고용인과 사용자 간의 관계로서 여러 측면에서 이중적인
(양면적) 성격을 가진다.[8] 이러한 고용관계의 양면성은 협동적 관계와 대립

> ☛ 고용관계의 양면성

---

6 John W. Budd, *Labor Relations: Striking a Balance*(Boston: McGraw-Hill Irwin,
   2003), pp. 7~9.

7 상게서, pp. 9~13.

8 최종태, 「현대노사관계론」(서울: 경문사, 1981). 이준범, 「현대노사관계론(제2전정
   판)」(서울: 박영사, 1997)」.

적 관계, 경제적 관계와 사회적 관계, 종속관계와 대등관계 등으로 구분하여 살펴볼 수 있다.

(1) 협동적 관계와 대립적 관계

|그림 1-4| 사무직 직원의 경영참가 회의

피고용인은 분배의 근원이 되는 부가가치를 창출하는 데 있어서는 사용자 또는 경영자와 협력적 관계를 형성한다. 부가가치 중 피고용인들에게 분배되는 몫이 일정하더라도 부가가치가 커질수록 피고용인들에게 돌아가는 몫이 커질 뿐 아니라, 부가가치의 생산에 차질이 생겨서 기업이 파산에 이르게 되는 극단적인 경우에는 근로자들도 실업의 위험에 노출되므로 근로자들은 자신들의 이익을 위해서도 부가가치의 생산과정에서는 경영자와 협력할 필요가 있다.

그러나 생산된 성과 또는 부가가치의 배분에 있어서 노동자들은 경영자와 대립적 입장에 처하게 된다. 피고용인들은 성과 또는 부가가치 창출에 있어서 자신들의 공헌도를 강조하고 보다 많은 몫을 요구하는 반면 경영자는 피고용인들이 주장하는 공헌도를 인정하더라도 자본제공자에 대한 몫이나 기업자체를 위한 재투자 또는 신규투자에 보다 많은 몫을 배분하고자 한다. 이에 따라 성과의 분배에 있어서는 피고용인과 경영자 사이는 대립적 관계가 된다.

(2) 경제적 관계와 사회적 관계

고용관계는 경제적 관계인 동시에 사회적 관계라는 이중성을 가진다. 피고용인들이 경영자의 경제적 목적을 달성하는 데 자신들의 노동력을 제공하고 그 대가로 임금 등의 경제적 보상을 받는다는 점에서 고용관계는 일차적으로 경제적 관계라는 특성을 가진다. 그러나 기업은 사람들로 구성되므로 집단생활에 따른 사회적 관계 내지 인간관계가 필연적으로 수반되기 마련이며 이러한 인간간의 사회적인 요소가 한 기업의 고용관계에 영향을 미치게 된다. 따라서 고용관계는 경제적 관계인 동시에 사회적 관계라는 이중성을 띤다.

(3) 종속관계와 대등관계

피고용인은 노동력의 공급자로서 근로조건의 설정과 그 운영에 관해 경영자와 대등한 입장에서 교섭하고 고용계약을 체결할 권리가 있다. 이런 측면에서 본다면 피고용인들은 경영자와 대등한 관계에 있는 것이다. 반면, 일단 고용계약을 체결한 피고용인은 기업의 업무수행과정에서는 사용자의 명령이나 지시를 따라야 할 의무를 진다. 이는 고용계약에 따르는 명령복종 의무이고 이를 이행하는 직원들에게는 그 대가로 임금 등의 보상이 주어진다. 따라서 고용관계는 대등관계이면서도 종속관계적인 성격을 지니는 것이다.

고용관계가 이렇게 다양하고도 이중적인 특징을 지닌다는 점은 고용관계의 이론과 실무의 다양성과 복잡성을 상징하고 있다. 고용관계론의 이러한 다중적인 특징은 고용관계론이 다양한 인접학문의 영향을 많이 받은 종합적인 사회과학(interdisciplinary social science)으로 형성된 것과 밀접한 관련성을 지니고 있다.

3. 고용관계의 당사자와 고용관계시스템의 구성

3.1 고용관계의 당사자

18세기 말부터 시작된 산업혁명의 초기단계에서는 산업 및 직업의 분화가 이루어지고, 직능의 분화와 더불어 사람들의 지위와 권한에서의 분화도 나타났다. 따라서 한 직장 내에서 명령과 복종의 관계 또는 감독자와 작업자의 계층이 분명해지고, 한 사람의 감독이나 지휘하에 여러 사람에 의해 작업이 행하여졌다. 다른 한편으로 피고용인은 노동조합을 형성하고 이를 통하여 피고용인들의 권익과 지위의 신장을 꾀하게 된다. 따라서 산업화

초기 고용관계는 피고용인과 사용자 사이의 양자관계로 파악되었고 이들이 바로 고용관계의 주요 두 당사자들이었다.

그러나 19세기 말부터 종래의 고용관계에서는 보지 못했던 새로운 문제가 나타나게 되고 정부가 고용관계에 대한 공공정책의 담당자로 등장하게 된다. 즉 자본주의체제하의 빈곤과 실업의 문제가 커다란 사회문제로 대두하게 됨에 따라 정부가 최저임금제나 실업보험이라는 형태로 노사문제에 관여하게 된다. 또한, 노동조합의 세력이 점차 강성해짐에 따라 그 활동이 자본주의체제의 범위를 벗어나지 못하게 하고, 노사간의 충돌과 분쟁이 적절한 수준에서 통제할 수 있도록 하는 규칙의 제정이 필요하게 되어 정부가 노사간의 중재자로서의 역할을 담당하게 된다. 따라서 20세기 이후부터는 피고용인(노동조합)과 사용자(경영자), 정부가 고용관계의 주요 세 당사자로 대두하게 되었다. 이러한 현상을 사회·경제사적 배경에 중점을 두어 좀 더 구체적으로 살펴보면 다음과 같다.[9]

☞ 20세기 이후부터는 피고용인(노동조합)과 사용자(경영자), 정부가 고용관계의 주요 세 당사자로 대두

(1) 노동조합의 발전

산업혁명 이후 공업화가 발전됨에 따라 노동자계급은 양적·질적으로 성장·발전하였다. 특히 18세기 말 이래 취업인구 중 피고용인의 양적인 비중은 점진적으로 확대되었고 산업 및 직업상의 구성도 매우 다양하게 되었다. 영국에서 처음 직업별 노조로 시작된 노동조합은 이러한 다양한 피고용인을 포용하는 단체로 변신하며 여러 국가에서 일반노조, 산별노조, 기업별 노조 등의 형태로 발전하게 된다.

☞ 18세기 말 이래 노동조합은 다양한 피고용인을 포용하는 단체로 변신

역사적으로 보면 노동조합운동은 확대와 침체의 사이클을 반복하면서 발전해 왔다. 예를 들면, 1920년대 노동조합운동은 대공황과 더불어 직업별 노조를 중심으로 한 노동조합의 조직률은 급격한 하락하는 위기를 맞았으나 1930년대 이후 산업별 노조형태가 대두되면서 재반등하게 되었다. 1930년대 이후 노동조합운동의 확산은 자본주의 사회에서 노동자 계급의 지위 향상이나 근무여건 개선을 가져오는 데에 결정적인 역할을 하였다. 산업혁명 직후 사용자나 자본가에 종속되어 고용·노동조건을 일방적으로 강요받던 노동자는 1930년대 이후 급성장한 노동조합운동을 통하여 사용자나 자

---

9 白井泰四郎,「勞使關係論」(東京: 日本勞動協會, 1983), pp. 1~27; 정재훈,「고용관계의 이해」(서울: 대영문화사, 1988), pp. 40~46.

본가와 대등한 관계로까지 그 지위가 향상되었으며 스웨덴, 독일 등 일부 국가에서는 노동조합이 경영에 깊이 관여하는 실질적 산업민주화를 요구하는 수준까지 노동조합의 권한이 강화되었다. 1950~1970년대는 주요 국가들을 중심으로 노동조합의 힘이 막강함을 실감할 수 있는 시간이었다.

　　그러나 1980년 이후 영국, 미국, 독일, 일본 등 선진 시장경제국가에서는 노조 조직률 및 영향력의 쇠퇴 추세가 뚜렷하게 나타난 반면에 브라질, 남아공, 중국 및 인도네시아 등 개발도상국에서는 노동운동이 활발하게 진행되고 있다. 또한 스웨덴, 핀란드 및 노르웨이 등 북유럽국가에서는 노조의 영향력이 큰 변화가 없는 것으로 나타났다. 이처럼 국가별로 노조의 영향력은 다양한 현상으로 나타나고 있다.

(2) 경영자지배의 확립

　　20세기 들어 자본주의의 발전과 더불어 종래의 자본가 개념과는 다른 경영자라는 직업과 직능의 발전이 진행되었다. 즉, 소유와 경영의 분리를 통하여 기업에 대한 전문경영자의 지배가 시작된 것이다. 전문경영인이 등장하기까지는 주식의 분산과 기업소유의 대중화를 가능하게 하였던 주식회사제도의 역할이 컸다. 즉 후기 산업사회에서 고용관계의 당사자로서 주도적인 역할을 수행하는 것은 사용자측에서는 자본가가 아니라 경영자이고 노동자측에서도 개개의 노동자가 아니라 노동조합이라는 조직체인 것이다. 현대의 고용관계가 '노동조합과 경영관계'(union-management relations)로 간주되는 이유는 바로 이 때문이다. 노동조합과 경영자 간에 형성된 고용관계에 대한 규칙이나 관행은 무노조기업이나 전문적 경영자가 존재하지 않는 영세기업에도 전파되어 영향력을 행사하고 있다. 1980년대 이래 노동조합의 위축은 상대적으로 경영자의 세력이 강성해지는 결과를 낳게 되어, 21세기 초 현재 노동조합에 대한 경영자의 상대적인 협상력은 최근 수십년 동안에 가장 강한 상태이다.

☞ 소유와 경영의 분리를 통하여 기업에 대한 전문경영자의 지배가 시작

|그림 1-5| 호텔 객실에서 찻잔을 닦는 룸메이드 모습

(3) 정부역할의 증대

자본주의의 발전과 더불어 고용관계에 있어서 정부의 역할이 현저하게 증대하고 있다. 여기에서 말하는 정부란 중앙정부는 물론 지방자치단체나 국·공영기업, 그리고 중앙 지방정부에 의존하는 교육·의료·사회복지·연구기관 등의 공공서비스기관을 모두 망라한다.

정부는 고용관계에 있어서 크게 중재자와 사용자의 두 가지 역할을 수행한다. 첫째, 정부는 경제, 사회, 산업, 노동분야에 대한 입법이나 행정을 통하여 고용관계에 적용되는 제도적인 체계를 만들어 내고, 또한 국민경제의 운영이나 사회질서를 유지하고 계층간의 갈등을 조율하기 위하여 고용문제·임금결정·노동쟁의 등에 대하여 법안을 통과시키고 정책을 시행한다. 이러한 기능은 노사 양측으로부터 중립적인 중재자로서의 역할이라고 할 수 있다. 둘째, 고용관계에 있어서 정부역할의 또 다른 측면은 사용자로서의 정부이다. 정부는 많은 수의 공공기관 종사자들을 고용함으로써 스스로 사용자의 역할을 수행하게 되며 민간기업의 고용관계를 선도하는 사용자의 역할을 한다. 사용자로서 정부의 기능은 민간부분의 사용자들에게 모범적 사례를 제공하는 역할을 한다.

최근 들어 일부 국가에서의 노동조합의 위축추세는 고용관계에 있어서 정부의 역할을 더욱 강화시키게 된다. 예를 들어, 정부가 입법한 차별금지법, 성희롱예방법 등은 전통적인 노동조합의 역할을 정부가 대신하는 것으로 볼 수도 있다. 즉, 전통적으로 노조가 수행하던 취약근로계층의 보호기능을 노조가 약화되어 효과적으로 수행할 수 없게 되자 정부가 법령으로 보호기능을 대신하게 된 것이다.

3.2 고용관계시스템의 구성

고용관계의 제요소를 모두 망라한 이론적 틀이 〈도표 1-2〉에 제시되어 있다. 이 이론적인 틀은 John Dunlop(1958)이 1950년대 말에 고안한 노사관계시스템이론을 Kochan, Katz와 McKersie(1986)가 더욱 발전시킨 것이다. 이 이론적 틀은 기존의 고용관계의 전통적인 이론에 기업전략과 의사결정에 관한 요소들을 통합시킨 특징을 갖고 있다. 이 이론적인 틀을 간단히 요약하여 설명하면 다음과 같다. 우선, 고용관계에 영향을 주는 환경요인으로서 노동시장, 노동자의 특성 및 가치관, 제품시장, 기술개발정도, 공공정책 등이 있다. 외부환경요인과 더불어 사회의 가치관, 기업의 경영전략, 고용관계의 역사와 현재의 상황 등이 사용자와 노동조합의 의사결정에 영향을 미치게 된다. 이어서 기업 내 고용관계의 제도적인 구조 속에서 노사간의 상호작용이 이루어지고 그 결과는 사용자, 직원, 노동조합, 그리고 사회전체에 영향을 미친다.

이 이론적인 모델의 특징으로는 (1) 당사자의 전략적 선택을 중시하고, (2) 고용관계가 이루어지는 수준을 네 단계로 구분하여 명시한 점을 들 수 있다.

첫째, 외부환경이 고용관계 당사자의 의사결정에 중요한 영향을 미치지만 고용관계시스템의 과정과 구조를 결정하는 것은 고용관계시스템의 당사자의 선택이라고 할 수 있다. 여기에서 고용관계시스템의 당사자는 고용관계의 분석수준에 따라 사업장/기업수준, 산업/직업/지역수준, 국가수준 및 국제수준 등으로 구분하는데 예를 들어 사업장/기업수준에서 피고용인 및 노동조합 당사자는 작업집단, 노조간부 및 노측위원이 되며 사용자는 노무담당자 또는 경영자가 해당되고 정부는 노동감독관, 조정/중재인 등이 이에 해당된다. 따라서 각 수준별 고용관계시스템 당사자는 주어진 여건하에

▶ 고용관계시스템의 과정과 구조를 결정하는 것은 고용관계시스템의 당사자의 선택

도표 1-2 **고용관계 시스템 구성**

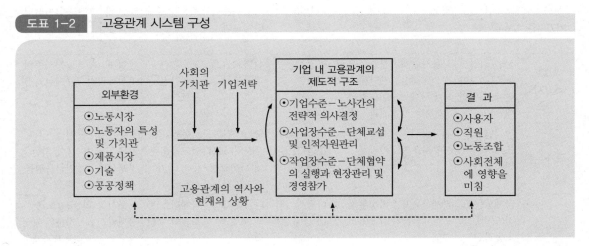

주: John T. Dunlop, *Industrial Relations System*(Harvard Business School Press, 1958); Thomas A. Kochan, Harry C. Katz, and Robert B. McKersie, *The Transformation of American Industrial Relations*(New York: Basic Books Inc., Publishers, 1986), p.11.

서 당사자의 전략적 선택을 통해 최선의 결과를 얻고자 노력하게 된다. 예를 들어 과거 고용관계의 역사는 기업의 고용전략을 선택하거나 수립하는 데 제약조건으로 작용할 수 있지만, 경영자의 전략적인 선택이 최종적인 고용전략을 결정하는 가장 중요한 요인으로 작용한다. 마찬가지로 높은 실업률 등 노동시장의 환경이 단체교섭에 있어서 노동조합의 의사결정에 영향을 미치지만 구체적인 임금인상률을 정하여 요구하는 것은 노동조합의 전략적인 선택에 의한 것이다.

둘째, 과거 고용관계이론의 연구범위가 주로 사업장수준에서 노사간에 이루어지는 단체교섭이나 인적자원관리에 한정되었으나 이제는 분석수준 즉, 사업장/기업수준, 산업/직업/지역수준, 국가수준 및 국제수준 등 모든 범위에서 발생하는 것으로 가정하고 이론을 형성하고 있다. 예를 들어 사업장/기업수준의 연구에서는 작업장 내 대의성, 단체교섭 및 쟁의조정 등과 같은 이슈를 해결함으로써 노동생산성, 혁신 및 품질 향상, 노동의 질 및

☛ 고용관계가 사업장/기업수준, 산업/직업/지역수준, 국가수준 및 국제수준 등에서 발생하는 것으로 가정하고 이론이 형성

도표 1-3 고용관계시스템 분석수준별 고용관계 당사자, 과정 및 결과

분석수준	고용관계 당사자			과정			결과	
	피고용인/노조	사용자	정부	경영의사결정	공동결정	정부규제	사업/성과	사회/정의
사업장/기업수준	작업집단, 노조간부 및 노측위원	노무담당, 경영자	노동감독관, 조정/중재위원	인적자원관리전략 및 관행	사업장/기업수준 단체교섭	제3자 조정 및 중재	노동생산성, 혁신 및 품질향상, 재무성과	노동질, 종업원웰빙
산업/직업/지역수준	산별/직업별 노조, 전문가단체, 지역연대	사용자단체, 컨설팅회사, 노동시장중개인	산업/직업규제단체, 직업면허발급기관	공공부문경영	산별교섭 및 패턴교섭	교육훈련, 경제발전프로그램	산업내 고성과관리 관행확산	노동기준의 규제완화 및 향상
국가수준	전국단위노조, 노동관련사회단체	전국단위 사용자조직	정부, 법률기관	기업지배구조와 고용관계영향	국가단위(노사정위) 교섭 및 산별교섭 결과조정	노동법, 직업교육훈련 등의 국가 시스템	고용관계기구 및 국가 경제성과	성별, 민족 등에 의한 임금불평등 해소
국제수준	국제노동조직(연합), 노동관련 국제적 NGO	국제사용자조직, 다국적기업	범정부적기구(EU), ILO	다국적기업내 경영정책확산	다국적기업의 교섭 및 협의	국제적 노동조건의 수립 및 강화	노동기준 및 경제발전 정도	국제노동기준의 확산 및 효과제고

주: Paul Blyton, Edmund Heery, Nicolas Bacon, and Jack Fiorito, "Introduction: The Field of Industrial Relations," *The SAGE Handbook of Industrial Relations*, (SAGE Publications Ltd., 2008), p. 7.

종업원의 웰빙 등의 개선을 추구하고자
한다. 산업/직업/지역수준의 연구는 특정
산업별/직업별/지역별 노사 단체교섭에
관심을 가지며 특히 공공부문의 고용관
계에 대하여 관심을 갖고 있다. 국가수준
의 연구는 국가단위의 노동조합과 노동
운동, 이에 대응하는 사용자조직 및 정부
의 노동정책 등의 관계에 대하여 집중한
다. 마지막으로 국제수준 연구는 국가간
고용관계 비교분석은 물론 다국적기업의

|그림 1-6| 카메라 리허설 중인 방송국 무용단 모습

노동기준 및 경제발전, 국제노동기준의 확산과 효과 제고 등의 이슈에 대하
여 관심을 보이고 있다. 이를 정리하면 〈도표 1-3〉과 같다.

4. 고용관계론의 학문적 성격

4.1 고용관계론의 연구접근방법

고용관계론의 연구접근방법상의 큰 특징은 (1) 기업수준과 국가수준의
이슈들을 함께 다룬다는 점, (2) 국제비교고용관계가 중시되는 점, (3) 이론
의 개발과 현실문제의 해결이 동등한 비중으로 중시된다는 점의 세 가지로
요약할 수 있다.

▶ 고용관계론은 기업
이나 노동조합 등
집단을 연구대상으
로 함

첫째, 고용관계론의 연구영역은 기업수준과 국가수준의 이슈들을 망
라하는 특징을 지니고 있다. 기업수준에서는 단체협상·임금협상·고충처
리·경영참가 등 미시적 주제를 다루지만, 국가나 사회전체의 차원에서 고
용관계의 역할과 기능을 분석하고 국가간 고용관계제도와 관습의 차이를
비교분석하는 거시적인 주제를 다루기도 한다.

▶ 고용관계론의 연구
영역은 기업수준과
국가수준의 이슈들
을 망라

둘째, 고용관계를 연구함에 있어서는 외국의 경우를 연구하고 국가간
의 비교를 중시하는 경향이 있는데, 이러한 국제비교고용관계의 분야가 발

▶ 고용관계는 국가간
의 비교를 중시하는
경향이 있음

전한 데는 다음과 같은 이유가 있다.[10] 우선, 국제비교고용관계를 연구함으로써 각국의 고용관계 형태를 결정하는 데 영향을 미치는 기술, 경제정책, 법 그리고 문화와 같은 다양한 요인의 상대적 중요성을 이해할 수 있게 되고, 국가별 차이점을 분석·설명함으로써 고용관계의 보편적인 원칙을 찾기 위해서이다. 또한 무역 및 산업의 국가간 연계가 증대하고 있기 때문에 정부, 사용자 및 노동조합은 외국 노동시장의 형태와 특징을 이해하여야 할 필요성이 증가하였고, 외국의 고용관계 정책과 관행을 연구하는 것은 자국 제도의 개선을 위한 기초를 마련해 주어 정부정책의 결정에도 중요한 시사점을 갖기 때문이다.

셋째, 고용관계론은 이론개발을 위한 순수학문이 아니고, 사회에 존재하는 현실적인 문제를 해결하기 위한 응용과학의 성격이 강하다. 즉 경제학, 심리학, 법학, 사학, 사회학, 정치학의 이론을 고용문제에 응용하여 사회가 당면한 문제를 해결하려는 시도로서 고용관계론이 발전하여 온 것이다.

☞ 고용관계론은 응용
과학의 성격이 강함

4.2 고용관계론의 인접학문

고용관계론은 실용적인 학문으로서 급속한 산업화과정에서 발생되는 여러 문제를 해결하기 위하여 처음 시작되었다. 따라서 고용관계론은 강한 학제적(interdisciplinary) 성격을 띠고 있으며, 고용관계의 연구를 위해서는 필연적으로 인적자원관리·노동경제학·산업사회학·산업심리학·노동법학에 대한 어느 정도의 이해가 필요하다. 이하에서는 고용관계론과 인접학문 간의 관계를 살펴보고자 한다.

(1) 고용관계론과 인적자원관리

기업의 효율적인 경영을 위하여 인적자원의 획득과 유지, 활용을 주된 관심사로 하는 인적자원관리(Human Resource Management)는 고용관계론과 밀접한 관련을 지니고 있다. 두 학문분야가 모두 기업에서의 인적자원을 주

---

10 Greg J. Bamber, and Russell D. Lansbury, eds., *International and Comparative Employment Relations*, 3rd Ed.,(London: Unwin Hyman Inc., 1999), 박영범·우석훈 공역, 「국제비교 고용관계」(서울: 한국노동연구원, 2000), pp. 2~5.

된 관심사로 다룬다는 점에서는 공통적이지만, 여러 측면에서 차이점을 보이고 있다. 첫째, 초기의 인적자원관리는 심리학의 영향을 강하게 받았지만 고용관계론은 학문의 발전과정에서 경제학의 영향을 많이 받은 점이다. 둘째, 인적자원관리는 경영자의 관점에서 기업의 효율성을 높이는 것을 주목적으로 하지만, 고용관계론은 사회전체적인 관점에서 보아 기업의 효율성 향상, 피고용인의 공정한 보상과 처우 등 형평성, 그리고 기업의 고용관계가 사회전체에 미치는 영향 등을 함께 강조하므로 보다 포괄적인 시각을 지닌다고 볼 수 있다. 셋째, 산업사회에서의 갈등에 대하여 인적자원관리의 경우 노사간의 갈등은 경영자의 경영실패로부터 잉태한다고 보아 경영자가 올바른 경영을 한다면 노동문제가 발생하지 않는 것으로 가정한다. 따라서 노동조합의 긍정적인 역할을 인정하지 않는 편이다. 반면, 고용관계론의 경우에는 노사간의 갈등은 필연적으로 발생하며 다만 노사간의 협상 등 상호작용을 통하여 간헐적으로 해소될 뿐인 것으로 간주하며 이 갈등해소의 과정에서 노동조합의 역할을 적극적으로 인정하고 있다. 넷째, 인적자원관리는 사용자와 피고용인 간의 관계를 개인적 차원에서 주로 다루며, 고용관계론에서는 사용자와 노동조합 등 피고용인집단 간의 집단적 관계에 주된 관심을 가지고 있다.

(2) 고용관계론과 노동경제학

노동경제학은 일반경제학보다 고용문제에 관하여 더욱 구체적으로 다루지만 고용관계론과는 그 접근방법과 관심사를 달리한다.[11] 노동경제학에서는 시장을 주된 연구대상으로 하지만, 고용관계론에서는 제도적인 이슈들, 즉 노동자와 노동조합, 사용자와 사용자단체, 그리고 노동문제에 관계되는 정부기관 등에 관한 문제가 연구의 핵심이 된다. 예를 들어 고용관계론에서는 근로조건을 정하기 위하여 노사간에 형성된 여러 규칙이 주요 연구대상으로 다루어지는 반면, 노동경제학에서는 이러한 규칙을 전제로 하여 생산량과 임금 등 보다 일반적이고 시장의 기능과 관련된 주제를 주된 관심사로 하고 있다. 고용관계론은 노동경제학의 영역에서 많이 다루는 내용, 이를테면 노동시장의 수급사정 등의 변수들을 주어진 조건(외생변수)으로 취급하며, 임금의 결정제도나 그에 관련되는 규칙 그 자체를 규명하는

---

11 배무기, 전게서, pp. 297~298.

■ 기업의 효율적인 경영을 위하여 인적자원의 획득과 유지, 활용을 주된 관심사로 하는 인적자원관리

주요 학회 Web site

한국노사관계학회
http://www.kirra.or.kr/

한국인사관리학회
The Korean Association of Personnel Administration
http://www.khrm.or.kr/

한국인사·조직학회
Korean Academy of Management
http://www.kam.or.kr/

한국경영학회
http://www.kasba.or.kr/

한국노동법학회
Korean Society Of Labor Law
http://www.ksll.org/

산업노동학회
Korean Association of Labor Studies
http://sanno.nodong.net/

한국노동경제학회 THE KOREAN LABOR ECONOMIC ASSOCIATION
http://www.klea.or.kr/

ilera International Labour and Employment Relations Association
http://ilo.org/public/iira/english

JIRRA.org
일본노사관계연구협회
http://www.jirra.org/

LERA
http://www.lera.uiuc.edu/index.html

■ 노동경제학에서는 시장이 주된 연구대상

것을 중시한다. 이러한 차이점에도 불구하고, 두 학문은 서로의 연구성과를 활용하고 있기 때문에 상호보완적으로 볼 수 있다.

(3) 고용관계론과 산업사회학

산업사회학은 산업화과정에서 파생되는 여러 사회문제, 특히 노동문제를 중점적으로 다루는 사회학의 한 분야이다. 특히, 기업의 고용관계와 사회현상이 서로 영향을 미치는 상호작용을 주된 관심의 대상으로 삼는다. 구체적으로, 산업화가 사회구성원에 미치는 영향, 빈곤근로자들의 삶에 대한 연구, 산업화와 계층간의 갈등 등을 사회전체의 시각에서 연구하는 점이 큰 특징이다. 산업화가 사회전체에 미치는 다양한 영향을 분석의 대상으로 한다는 의미에서 산업사회학은 고용관계론보다 관심의 대상이 더 거시적이라고 할 수 있다. 이에 반하여 고용관계론은 노사관계에 집중하여 연구하는 경향이 강하다. 즉 산업사회학은 산업발달이 사회 전체에 미치는 다양한 영향에 대하여 연구하는 반면에 고용관계는 기업 내 노사간의 관계나 국가별 고용관계시스템의 차이 등에 대하여 중점을 둔다는 측면에서 차이점이 있다고 하겠다.

(4) 고용관계론과 산업심리학

산업심리학은 20세기 초에 시작되어 두 차례의 세계대전을 거치며 급격히 발전하게 되었으며, 인적자원관리론의 원류가 된 학문이기도 하다. 산업심리학은 심리학적 방법·사실·원리를 산업현장과 연결시켜 직장구성원에게 적용시킴으로써 조직의 유효성 제고와 근로자의 생활의 질을 높여 주는 것이 주된 관심사였다. 예를 들면 동기유발효과를 극대화하고 직무만족을 향상시키기 위해 효율적인 직무설계방법을 고안하며, 근로자들의 관심, 고민, 그리고 직무와 작업환경을 어떻게 개선할 것인가에 대한 그들의 의견을 알아보기 위해 면접·설문을 실시하는 것이 모두 산업심리학에서 시작된 연구주제들이다. 반면, 고용관계론은 출발이 제도경제학이었다는 점에서 초기의 산업심리학과는 뚜렷이 구분되는 특징을 지니고 있었다. 그러나 최근 들어 고용관계론에서도 심리학적인 연구방법이나 주제가 많이 도입되어, 지금의 고용관계론은 경제학적 전통과 심리학적인 영향이 혼재된 형태를 이루고 있다. 예를 들면, 최근 고용관계의 주요 이슈 가운데 하나는 경영참가를 통하여 노동생활의 질(Quality of Working Life: QWL)을 향상시키는 일이었고 이러한 연구는 산업심리학에 그 뿌리를 두고 있는 것이다.[12]

(5) 고용관계론과 노동법

노동법은 사용자와 근로자의 자유로운 거래에 의하여 생산수단과 노동력의 결합이 실현되도록 하는 수단으로서 개별적인 근로계약이나 집단적 단체협약의 법적인 성격을 주로 연구하는 학문이다. 노동법에서는 근로의 의사와 능력을 가진 자가 사용자와 맺게 되는 근로계약관계가 가장 중요한 연구대상이다. 최근에는 입법을 통한 정부의 역할이 고용관계에 있어서 갈수록 중요해지는 추세를 보임에 따라 노동자를 보호하기 위한 다양한 법적 수단에 대한 연구가 중요해지고 있다. 노동법에서는 법 그 자체가 주된 연구대상인 반면, 고용관계론은 노동법의 테두리와는 상관없이 노사간의 상호작용을 연구한다는 점에서 노동법과 구분된다.

☛ 노동법은 사용자와 근로자의 개별적인 근로계약이나 집단적 단체협약의 법적인 성격을 주로 연구하는 학문

주요 저널 Web site

 Industrial Relations Journal
http://www.blackwellpublishing.com/journal.asp?ref=0019-8692&site=1

 British Journal of Industrial Relations
http://www.blackwellpublishing.com/journal.asp?ref=0007-1080&site=1

 Industrial Relations
http://www.riir.ulaval.ca

 Monthly Labor Review
http://www.bls.gov/opub/mlr/welcome.htm

 Journal of Industrial Relations
http://jir.sagepub.com/

 European Journal of Industrial Relations
http://ejd.sagepub.com/

Industrial & Labor Relations Review
http://www.ilr.cornell.edu/ilr review/subscribe.html

> **Key Word**
>
> 산업혁명, 탈산업화현상, 노자관계, 노사관계, 노경관계, 산업관계, 고용관계, 효율성, 공정성, 고용관계의 당사자, 고용관계에서의 정부의 두 가지 역할, 고용관계시스템, 국제비교 고용관계, 인적자원관리, 노동경제학, 산업사회학, 산업심리학, 노동법

---

12 D. P. Schultz, *Psychology and Industry Today*(New York: MacMillan Publishing Co., 1978), 이훈구 옮김, 「산업 및 조직심리학」(서울: 법문사, 1985), p. 46.

post-case 1

LG 전자 노동조합 '노조의 사회적 책임' 선언[13]

　　LG 전자 노동조합이 노조의 사회적 책임(union social responsibility: USR)을 선언하고 실천을 다짐하였다.

　　지난 28일 경주의 한 콘도에서 LG 전자 부회장과 노조위원장을 비롯한 LG 전자 노경대표 300여 명이 참석한 가운데 노조와 회사의 발전적인 동반자 관계를 모색하고 고객을 위한 가치창출에 앞장서는 노동조합의 새로운 패러다임으로 'USR 헌장' 선포식을 거행하였다.

　　LG 전자의 USR 체계를 살펴보면 다음과 같다.

〈LG 전자 노동조합의 USR 비전체계도〉

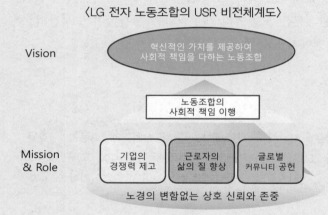

　　LG 전자 노동조합의 USR 비전체계를 살펴보면 노동조합은 노경의 변함없는 상호 신뢰와 존중을 기반으로 '기업의 경쟁력 제고', '근로자의 삶의 질 향상' 및 '글로벌 커뮤니티 공헌' 등을 통해 '혁신적인 가치를 제공하여 사회적 책임을 다하는 노동조합'을 달성하고자 한다.

13　중앙일보, "LG 전자, 회사-노조 손잡고 곳곳서 나눔 활동, 사회적 책임 정착," 2013-11-28; 문화일보, "LG 전자가 6개월 컨설팅 … 생산성 60% 쑥," 2013-11-25 등의 기사 내용과 임효창, "노조의 사회적 책임(USR) 확산을 위한 컨설팅 방안," 「경영컨설팅연구」제13권 제1호 2013년 3월, pp. 383-399; 한동균, "노조의 사회적 책임(SUR), 현재와 미래 그리고 노조의 과제," 「노동저널」 Vol 2011, No. 4, pp. 54~68 등의 논문을 중심으로 재작성함.

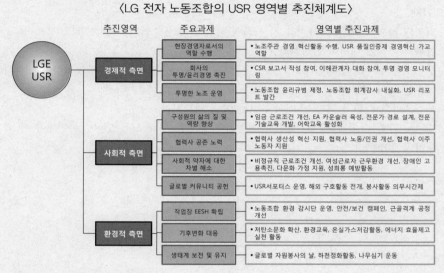

〈LG 전자 노동조합의 USR 영역별 추진체계도〉

*EESH(Energy, Environment, Safety, Health)

① 경제적 측면: 현장 경영자로서의 역할, 회사의 투명·윤리경영 촉진, 노조운영의 투명성 제고를 세 축으로 노조의 경영혁신 과제 추진, 노조 윤리규범 제정 등을 추진한다.

② 사회적 측면: 노조는 구성원 삶의 질 및 역량 향상, 협력사 공존, 사회적 약자 차별해소와 글로벌 공동체 공헌을 큰 틀로 세우고 직무센터 운영, 산학연계과정 운영, 성희롱 예방교육, 직장 보육시설 확충, 협력사 생산성 혁신컨설팅 지원 등을 제시했다.

③ 환경적 측면: 온실가스 감축, 생태계 보전, 작업장 환경보전 활동이 주축이 된다. 자전거 타기 생활화, 나무심기, 하천정화 운동들도 추진된다.

한편 이날 노조위원장은 "노동운동도 사회의 흐름에 맞게 혁신과 변화과정을 거쳐야 살아 남을 수 있다"고 말했다. 이에 LG 전자 부회장은 "USR 선포는 노동조합이 진보하고 회사가 지속성장 기반을 마련하는 계기가 될 것"이고 또 "세계 최고의 자리에 오르는 데 지금까지와 같이 노동조합이 큰 힘이 될 것"이라고 화답하였다.

◎ 토의과제
1. 기업의 사회적 책임(CSR), 노·사 사회적 책임 및 노동조합의 사회적 책임(USR) 등의 공통점과 차이점에 대하여 설명하라.
2. 노동조합의 사회적 책임(USR)에 대한 논의가 증가하게 된 원인은 무엇이라고 생각하는지 이유를 들어 설명하라.
3. 노동조합의 사회적 책임(USR)과 ISO26000를 비교하라.
4. '노동조합의 사회적 책임(USR)'의 지속적인 발전을 위해 노동조합이 수행해야 할 과제에 대하여 설명하라.

post-case 2

「공산당 선언」 중[14]

　(그러나) 산업이 발전하면서 프롤레타리아트는 숫자가 증가할 뿐만 아니라 보다 큰 무리로 집중되어 힘이 더욱 성장하며, 그 힘을 자각하게 된다. 기계가 노동의 모든 차이들을 소멸시키고 거의 모든 곳에서 임금을 동일하게 낮은 수준으로 감축시키는 것과 비례하여 프롤레타리아트 대열 내의 다양한 이해관계와 생활조건은 더욱 더 평준화된다. 부르주아들 간의 경쟁이 격화되고 그 결과 상업공황이 일어나면서 노동자의 임금은 갈수록 동요하게 된다. 기계가 급속히 발전하고 끊임없이 개선되면서 노동자의 생활은 갈수록 불안정해진다. 따라서 개별 근로자와 개별 부르주아 간의 충돌은 갈수록 두 계급 간의 충돌이라는 성격을 띠게 된다. 그 결과 노동자들은 부르주아에 반대하는 결사체(노동조합)를 결성하기 시작하며, 임금률을 높이기 위해 한데 뭉치고, 때때로 일어날 충돌에 미리 대비하기 위해 단체를 창건한다. 여기저기에서 싸움은 폭동으로 터지게 된다.

　때때로 노동자는 승리하기도 하지만 그것은 잠시일 뿐이다. 싸움의 실제적 결실은 직접적인 결과에 있는 것이 아니라 끊임없이 팽창하는 노동자들의 단결에 있다. 현대산업이 만들어 낸 전달수단으로 인해 여러 지역의 노동자들이 서로 접촉할 수 있게 됨으로써 단결은 한층 확대 된다. 바로 이 접촉이야말로 같은 성격을 지니는 수많은 지역적 투쟁을 계급들 간의 하나의 전국적 투쟁으로 집중시키는 데 필요한 것이다. 그러나 모든 계급투쟁은 정치투쟁이다. 중세 시대의 시민이 옹색한 도로를 가지고 수백년의 기간을 거쳐 달성한 그 단결을 현대 프롤레타리아는 철도에 힘입어 수년간에 이룩한다.

◎ 토의과제
1. 공산당선언에 나오는 마르크스 중 옳다고 생각하는 점과 그르다고 생각하는 점을 각각 설명하라.
2. 20세기 말 공산주의국가의 붕괴와 자본주의사회의 발전은 마르크스의 예언이 이루어지지 않았음을 보여준다. 마르크스의 예언이 실패한 이유를 설명하라.

14　마르크스 · 엥겔스, 「공산당선언」남상일 옮김(백산서당, 1989), pp. 77~79.

2

한국의 고용관계

Modern Employment Relations

pre-case 2

2016년 최대근로시간 68시간에서 52시간으로 단축[1]

정부와 새누리당은 2016년 주당 최대 근로시간은 현행 68시간에서 52시간으로 줄이는 것을 골자로 하는「근로기준법」개정안을 마련하였다.

주요 내용을 살펴보면 주당 근로시간 한도를 하루 8시간씩 주 40시간을 유지하되 종전과 달리 휴일근로를 연장근로 한도에 포함해서 한 주간 노동자의 초과근로 가능시간을 12시간으로 제한하는 것이다.

현행 근로기준법은 1일 8시간, 1주일 40시간으로 정하고 연장근로는 1주 12시간을 넘지 못하도록 규정하고 있으며 고용노동부는 휴일 근로를 연장 근로 한도에 포함하지 않아 현실적으로 토요일과 일요일에 8시간씩 일할 경우 1주에 최장 68시간 근무가 가능하다고 행정해석하고 있다.

당정은 근로기준법 개정으로 인한 충격을 완화하기 위해 근로시간 단축을 상시 300인 이상 사업장은 2016년부터, 30~299명은 2017년부터, 30명 미만은 2018년부터 단계적으로 시행하는 방안을 검토 중인 것으로 알려졌다.

이와 관련하여 경영계 특히 중소기업측은 근로시간 단축으로 생산차질과 인건비 부담 가중으로 노사갈등이 증폭되지 않을까 우려하고 있다. 또한 근로시간의 단축이 고용창출과 연계될 것이라는 주장은 현실과 거리감이 있다고 주장하다. 반면에 노동계는 근로시간의 단축은 필연적인 수순이라고 인정하면서 나아가 근로시간 단축에 따른 임금보전이 이루어져야 한다고 주장한다.

이에 대한 한국노동연구원 노사·사회정책연구본부장은 "노동시간 축소문제보다는 임금향상에만 관심을 가졌던 노동계와, 기업들의 법정 근로시간 준수에 대한 감독을 소홀히 했던 정부 모두 이 문제에 책임이 있다"며 "현재 40시간인 주당 노동시간은 늘려주되 하루 최대노동시간과 휴일노동을 엄격히 제한하는 대안을 모색해야 한다"고 말했다.

---

1   연합뉴스, "2016년부터 주당 최장 근로시간 68 → 52시간 단축," 2013-10-07; 한국경제, "근로시간 단축 시행해야 하나," 2013-11-29; MK뉴스, "중기 '근로시간 단축 때 경영난.'" 2013-12-25 등의 기사를 참고로 재구성함.

한국의 고용관계는 19세기 말 개항과 더불어 노동운동이 시작된 지 이미 100년 이상의 역사를 지니고 있다. 1980년대 말부터 민주화가 진전이 되면서 노사간의 갈등수위가 높아진 이래, 사안별로 노사정간의 의견이 첨예하게 맞부딪치는 상황이 수십년째 계속되고 있다. 본장에서는 우리나라 고용관계에 대한 이해를 넓히기 위하여 19세기 말부터 현재까지 한국 고용관계의 역사를 살펴보고, 한국의 노동시장과 고용관계의 최근 동향들을 분석해 보고자 한다.

1. 한국 고용관계의 발전과정

고용관계는 단순히 피고용인과 사용자의 관계라기보다는 그 형태와 내용에 영향을 미치는 기업외적 요인과 기업내적 요인에 의하여 이루어지는 복합적인 관계라고 할 수 있다. 즉, 기업외적 요인인 사회문화적·기술적·정치적 및 경제적 요인과 기업내적 요인인 경영의 규모, 조직형태, 생산업종 등의 요인에 의하여 고용관계의 형태와 내용이 결정된다고 할 수 있다.

이러한 관점에서 보면 우리나라 고용관계의 발전도 시대에 따른 내적·외적 환경변화에 영향을 받으면서 발전하여 왔다고 할 수 있다. 이하에서는 우리나라의 고용관계를 노동운동 태동기, 일제강점기, 미군정기, 제1공화국, 경제개발기, 민주화이행기, 외환위기 이후 시기 등으로 구분하여 검토해 보기로 한다.

1.1 노동운동 태동기의 고용관계

우리나라의 노동운동은 1876년 강화도조약이 체결된 이후 일본인 소유 공장체제의 출현과 임금노동자의 성장과 더불어 그 역사적 출발을 보게 된다. 최초의 근대화된 형태의 노동쟁의는 1888년 함경도 갑산군 초산역에서 광산노동자인 광점군들에 의하여 일어난 파업이며, 우리나라 최초의 노동운동조직은 1898년 함경도 성진에서 47명의 부두노동자들이 조직한 노

☛ 우리나라의 노동운동은 1876년 강화도조약이 체결된 이후 출발

동조합이었다. 이러한 조직들은 다른 개항장에서도 부두노동자들에 의하여 조직되었고, 경우에 따라서는 변두(弁頭)·접장(接長)·십장(什長) 등의 통솔 하에 무형의 조직으로 단결되어 있었다.[2] 이 조직들은 아직은 원시적인 형태의 노동조합이었다.

개항 이래 1919년까지의 기간에 있어 일본자본주의의 침투에 따르는 임금노동의 형성과정은 각 개항장의 물동량 증대에 따르는 부두노동자의 성장과정이며 상품 및 원료시장으로서의 식민지에 있어서 이에 필요한 가공업의 점차적 발달에 따르는 공장노동자의 형성과정이라고 할 수 있다. 이러한 배경하에서 한국의 노동운동이 태동되었다.

1.2 일제하의 고용관계

1910년 한일강제합병으로 한국의 노동자들은 대부분 일본사용자의 지배 하에 들어가게 되었다. 일본자본주의는 1920년을 전후하여 독점자본을 확립하고 제1차 세계대전 기간을 통하여 비약적으로 축적한 자본력을 가지고 1920년에 들어 적극적인 자본수출의 단계에 들어서게 되었다. 즉, 일본은 자국 내에서 급격하게 자본축적이 진행되어 많은 투자여력을 갖게 되자 조선을 단순한 상품시장 및 식량·원료공급지로서가 아니라 보다 많은 초과이윤을 보장할 수 있는 자본수출시장으로 개척할 필요성이 절박하게 되었던 것이다. 이에 일본은 조선에서 「조선회사령」에 의하여 회사설립의 허가주의를 채택하고 있던 종래의 정책을 지양하고 1920년 조선회사령 철폐와 아울러 보다 적극적인 자본수출정책을 쓰기에 이르렀다. 따라서 한반도에서의 공업시설도 급증하였고, 임금노동자의 숫자와 노동운동도 함께 증가하였다.[3] 당시의 고용관계는 단순한 노동자와 사용자의 관계가 아니라, 식민지지배에 대항하는 민족독립투쟁의 정치적 목적과 자본에 대항하는 노동자의 투쟁이라는 경제적 목적을 동시에 가지고 있었다. 따라서 매우 투쟁적이었으며, 이에 따라 일제의 격렬한 탄압을 받았으므로 자연히 노동운동은 표면화되고 합법화되지 못하였으며, 말기에는 지하운동화하여 공산주의

☛ 민족독립투쟁의 정치적 목적과 자본에 대항하는 노동자의 투쟁이라는 경제적 목적을 동시 추구

---

2 김윤환, 「한국노동운동사 I: 일제하 편」(서울: 청사, 1982), p. 39.
3 상게서, p. 89.

와 연계되는 현상을 나타냈다.

(1) 1920년대 전반기까지(1910∼1922/23)

한일합방 초기에 일제는 조선의 노동운동을 탄압하였으나 1919년의 3·1만세운동 이후 유화적인 정책으로 전환하였다. 즉, 1920년대 전반기는 일제에 의한 이른바 문화정치의 시행을 배경으로 노동운동이 발전하기 시작하였다. 한편, 일본에서 조선인의 노동운동도 활발하였는데 1922년 11월에 최초의 조선인 노동조합(조선인노동동맹회)이 결성되어 1920년대 중반 무렵까지 활동이 지속되었다.

(2) 1920년대 중·후반기(1924∼1928/29)

두 번째의 시기는 노동자들의 전국 조직인 조선노농총동맹이 1924년에 결성되고 사회주의 사상이 본격적으로 보급되었던 것을 배경으로, 식민지시기 전반에 걸쳐 합법적인 형태의 노동운동이 가장 활발하게 전개된 시기였다. 일본에서는 이 시기에 조선인노동동맹회가 활동을 계속하는 가운데 1925년 2월에 재일본조선노동총동맹이 조직되어 활동하였다.

(3) 비합법운동기(1930∼1937/38)

다음에 세 번째의 비합법운동기는 1928년 공산계열인 코민테른이 '12월 테제'를 발표한 것에 영향을 받아 본격적인 비합법, 혁명적 노동조합운동이 전개되었던 1930년 무렵부터 시작되었다. 이 해 발표된 조선의 노동운동에 대한 프로핀테른(적색노동조합 인터내셔널)의 '방침' (이른바 9월 테제)과 이듬해의 범태평양노동조합에서 보낸 '지도부 서신'(이른바 태로 10월 서신)을 배경으로 전국의 각 공장과 사업장에서 비합법 노동조합 건설이 운동의 주류를 이루었으며, 이는 전시체제로 이행하는 1938년 무렵까지 지속되었다. 일본에서는 이 시기에 재일본조선노동총동맹이 해산된 이후 노동운동가에 대한 대

|그림 2-1| 1929년 원산총파업

규모 강제연행이 시작되기 직전까지의 시기로서, 일본에서 조선인 노동운동이 가장 활발히 전개된 시기이다. 이 시기에 조선인 노동자들은 일본노동조합과 별도로 독자적으로 활동하면서, 특히 지역운동으로서의 노동운동을 주도하였다.

(4) 종전기(1939~1945)

이 시기는 일제의 만주침략과 중일전쟁의 발발에 따라 조성된 전시동원 체제로부터 일제의 패망에 이르는 기간까지이다. 일제의 극심한 탄압으로 노동운동은 사실상 지하로 잠적하여 활동하던 시절이었다. 일본의 경우에는 강제연행당한 조선인들이 대거 일본으로 유입하면서 1930년대 후반에 일시 정체되는 현상을 보였던 노동운동이 다시 활발하게 전개되었던 시기이다. 이와 같이 새로운 노동층의 유입은 일본 국내에서 일본인에 의한 노동운동이 사실상 절멸한 상태에서 조선인에 의한 노동운동이 일본에서의 노동운동을 주도하게 하였다.

이와 같은 식민지시기의 노동운동은 노동자의 사회적·경제적 이익을 수호하는 생활보호라는 경제적 임무와 식민지주의에 대항하는 정치적 임무라는 이중의 과제를 목표로 하고 있다. 이에 따라 노동자의 생활보호를 위한 경제적 임무는 단결권·단체교섭권·단체행동권을 중심으로 하는 노동자계급의 민주적 권리확립과 연결되며, 식민지주의에 대한 투쟁은 노동운동의 국제적 연대강화를 바탕으로 한 것이었다.[4] 이러한 점에서 보자면 일제하의 노동운동은 확실히 다른 시기에는 찾아볼 수 없는 정치·경제적 요인들의 상호작용을 통해 이 시기에 독특한 노동운동의 양상과 성격을 만들어 내었다고

|그림 2-2| 일제강점기 공장노동자 모습 및 노동자대회 표어

---

4 상게서, p. 349.

볼 수 있을 것이다. 역사상 유례를 찾아보기 힘들 정도로 혹독하였던 일제 식민통치하에서 자라난 노동운동은 다른 어느 시기의 노동운동보다도 현실 비판적이었고 또 정치지향적이었다. 일제치하에서는 전반적인 노동운동이 념의 다양성과 복잡성에도 불구하고 노동운동은 폭넓은 대중적 기반을 가지고 있었다.[5]

1.3 미군정하의 고용관계

제2차대전 종전 후 미군정하에서 노조의 활동은 비교적 자유롭게 활성화되었다. 일제하의 많은 제약이 일시에 풀림에 따라 정치·경제·사회의 혼란 속에 노동조합도 무질서하게 난립되었으며 그들의 요구도 매우 다양하였다. 1945년 11월 산별노조가 급진좌경 색채를 띤 '조선노동조합전국평의회'(전평)를 결성하여 총파업을 주동하는 등의 노동운동을 주도해 갔으며, 이에 대응하여 우익의 지도층은 1946년 3월 10일 대한독립촉성노동총연맹(대한노총)을 결성하여 반공을 정면에 내세운 노동운동을 전개하여, 노동운동 내에서도 공산주의자 대 반공산주의자의 분파가 형성되었다.

이리하여 광복 직후부터 정부수립까지의 3년 동안은 정치적인 소용돌이 속에서 노조간·노사간의 대립과 충돌이 심하였다. 이 시기에 대한노총은 전평과의 유혈적인 투쟁을 지속하였다. 대한노총은 미군정, 과도정부, 각 정당, 사회단체의 적극적인 후원에 힘입어 결국은 전평을 압도하게 되었으나 노동자의 지위향상보다도 조직의 확대와 정치적 영향력 강화에 노력을 기울였다. 따라서 이 시기의 노동운동은 지나치게 정치적이어서 근로자의 실질적인 생활수준 향상과는 거리가 먼 것이었다. 기업가도 노동운동에 대한 이해부족과 혈연중심의 전제주의적 관리방식으로 노사의 대립적 의식이 심화된 시기였다고 할 수 있다.

☞ 노동자의 지위향상
보다도 조직의 확대
와 정치적 영향력
강화

---

5 김경일·곽건홍·정혜경, 「일제하의 노동운동: 1920-1945」(서울: 고려대학교 노동문제연구소, 2004).

1.4 제1공화국의 고용관계

1948년 정부수립으로 어느 정도 정국은 안정되고 동시에 미국의 신탁통치의 영향으로 미국식 단체교섭중심의 고용관계방식을 택하기 시작했으나, 당시의 우리나라 정치·경제·사회·문화적 여건으로 볼 때 이를 수용하는 데에는 문제가 많았다. 그리고 전평을 타도한 대한노총은 강한 친정부적 정치성향과 내부의 파벌로 노동운동을 적극적으로 전개하기 어려운 상황을 만들고 있어서 노동자의 사회적 지위와 경제적 복지에 기여하지 못하였다. 정부수립 후부터 추진중이던 노동관계법이 한국전쟁 중인 1953년에 임시수도인 부산에서 제정·공포되었다. 이와 함께 대한노총은 1954년 4월 '대한노동조합 총연합회'로 개칭되었으나 정부수립 이후 노동자의 이익을 대변하기보다는 정치권력과의 밀접한 관계로 그 본래의 기능을 수행하지 못하였다. 1959년에는 대한노총의 친정권적 성향에 반기를 들고 자주적 노동운동을 주창하는 전국노동조합협회(전노협)가 결성되었다. 대한노총은 자유당 말기에 정치에 종속되어 자유당의 기간 단체화하였고 4·19혁명이 발발하여 이승만 정권이 몰락하면서 동시에 해체되었다.[6]

이 시기의 노동쟁의는 주로 인플레이션으로 인한 물가상승에 못 미치는 실질임금의 보상요구, 체불임금의 지급요구 등 주로 임금문제로 인하여 일어났다. 또한 기업가는 종업원의 능력개발이나 창의력 개발, 혁신에 의한 기업성장보다는 저임금에 의한 이윤획득에 치중하는 경영방침을 가지고 있었다.

1960년 4·19혁명 이후 들어선 민주당이 경제제일주의를 표방하면서 고용관계는 일대 전환의 계기가 마련되는 듯하였다. 4·19혁명 직후 민주화의 바람을 타고 노동조합이 폭발적으로 결성되었으며 노동쟁의가 빈발하고 단체협약과 임금인상이 뒤따르기도 하였다. 그러나 이러한 여건 속에 민주당 파벌간의 권력투쟁으로 경제제일주의도 아무런 성과를 거두지 못하고 경기침체로 인한 민생고가 가중되었으며 4·19학생혁명 후 불과 1년 만인 1961년 5·16군사쿠데타를 맞이하게 되었다.

---

6 박영기·김정한, 「미군정기 노동관계와 노동운동」(서울: 고려대학교 노동문제연구소, 2004).

1.5 경제개발기의 고용관계

경제개발기의 고용관계기간은 1961년 5·16군사쿠데타 발발로부터 1987년 여름 노동쟁의가 폭발하기 전까지의 약 26년간에 걸쳐 있다. 이 기간은 군부가 권력을 장악하고 경제개발이 본격화한 시기이며 이를 위한 강압적인 노동통제가 일관되게 관철된 시기였다. 그러나 각 시기별로 노동운동에 대한 구체적인 제약조건이 변화하고 있고 그에 대한 노동자와 노동조합의 대응양식이 달라졌기 때문에 다음의 네 시기로 구분이 가능하다.[7]

(1) 경제개발과 노동운동(1961~1969)

이 기간은 노동운동의 재출발기이다. 이 시기에는 군사정권이 들어서고 두 차례 경제개발계획이 추진되었다. 이 기간 동안 노동운동은 5·16군사쿠데타에 의한 노동조합 해산으로 단절되었다가 군사정부로부터의 노동조합 재편을 통해 한국노총 체제가 출범하였다. 조직체계는 이전의 기업별 노조체제에서 독일을 모델로 한 산업별 체계로 재편성되었으며 개정된 노동관계법의 테두리 안에서 합법적인 쟁의가 가능하였다.

5·16군사쿠데타로 노동운동은 일시적인 공백이 있었으나 곧 정상화되었으며, 노동조합의 형태도 산업별 노조형태로 바뀌고 기업가측에서도 경영자단체를 결성하였다. 또한 1960년 이후 경제개발5개년계획의 입안에 따라 인력관리가 경제개발에 중요한 전략적 요소로 인식됨에 따라, 노동행정의 효율화를 위하여 1963년에 기존의 보건사회부 노동국을 노동청으로 개편, 승격시켰다. 이 시기에 정부는 노사의 대립이 경제개발의 저해요인으로 작용할 것을 우려하여 노동관계법을 수차례 개정하였다. 이러한 개정법은 노동보호입법과 사회보장입법의 강화, 노동조합의 산업별 체제로의 전환, 그리고 노조의 노동쟁의에 대해 제약을 가하는 대신 노사협조를 목적으로 한 노사협의제의 신설 등의 특징을 가졌다. 그러나 정부주도의 고도경제성장추진 앞에서 노동정책은 경제정책을 위한 수단으로 인식되었으며, 기업도 대체로 인력에 대한 저투자, 저임금의 고용정책을 유지하였다. 노동조

---

7 이원보, 「경제개발기의 노동운동(1961-1987)」(서울: 고려대학교 노동문제연구소, 2004).

합 역시 1950년대에 이어 정부의 노동정책에 종속되는 경향을 보였다.[8]

(2) 노동기본권 제약하의 노동운동(1970~1979)

1970년대는 중화학공업의 육성이 강력히 추진되었고 국가안보가 우선시되던 시대로서 이러한 정치 · 경제상황으로부터 고용관계도 중요한 영향을 받았다. 박정희정권의 유지를 위하여 1971년 12월에 비상사태가 선포되고 「국가보위법」이 공포되었으며 1972년 유신헌법이 제정 · 공포되었다. 그리고 노동관계법률이 개정되어 노동운동을 엄격히 규제 · 탄압하는 한편, 정부가 근로자를 보호하는 데 주도적인 역할을 수행하는 정부주도적 고용관계가 형성되었다. 정부가 주도적으로 노사문제를 해결하려는 목적은 지속적인 경제성장의 장애요인을 제거하려는 데 있다고 볼 수 있으나 결과적으로는 노동운동을 제약하는 방향으로 일관되었다. 1976년 1월부터는 5인 이상의 영세사업장에도 「근로기준법」을 적용하였으며, 공장새마을운동을 통한 노사간의 협조를 강조하는 시도도 있었으나 근로자의 생활의 질과 고용관계의 향상에 별 뚜렷한 성과를 거두지 못하였다.

|그림 2-3| 1979년 YH기업 여공들의 노동운동

1970년대의 고용관계는 국가안보와 '선 경제성장 후 배분정책'으로 단체행동권에 제약을 가하는 한편, 노사협력 중심의 고용관계를 유지하기 위하여 노사협의회기능을 강화하는 정부주도주의로 이끌어가 노사문제는 표면상으로 안정적이라고 할 수 있다. 그러나 근로자의 근로조건은 실질적으로 개선되지 못하였으며 산업간 · 학력간 · 남녀간의 임금격차가 심화되는 등 근로자의 불만이 표면화되기 시작하였다. 이런 현상으로 급기야는 1979년 정치적 요인과 함께 YH노동쟁의사건이 일어나고 1979년의 10 · 26사태 이후에는 사북탄광, 동국제강 등에서 폭력적

---

8 상게서.

인 노동쟁의가 발생하는 등 극한적인 노사문제가 발생하였다.[9]

(3) 신군부정권의 억압과 노동운동(1980~1983)

1980년대는 10·26사태와 12·12쿠데타 등 정치적인 혼란과 대기업의 노사분규, 중화학공업의 과잉투자로 인한 경제의 침체 등으로 어려운 출발을 하였다. 정치적·경제적으로 불안한 상태 속에서 출발한 신군부정권은 근로자 복지나 경제적 편익에서 정책을 펴나가기보다는, 사회안정을 위하여 노동운동을 과거보다 더 제약하는 방향으로 노동관계법을 개정하여 공포·실시하였다. 「노동조합법」 개정의 주요 내용은 유니온 숍제도의 불인정, 기업단위 노동조합체제로의 전환, 단체교섭 위임금지, 제3자 개입금지, 노동조합 결성요건의 강화, 단체협약 유효기간의 연장, 임원의 자격제한 등을 들 수 있다. 「노동쟁의조정법」에서도 국가, 지방자치단체, 국공영기업체 및 방위산업 근로자에 대해서는 쟁의행위를 금지시켜 쟁의행위를 더욱 억제하였다. 한편, 신군부정부는 노동운동에 대한 유화책도 동시에 실시하였다. 즉, 새로 제정된 「노사협의회법」은 노사협의제를 제도화시켜 노사 쌍방의 이해와 협조를 통해 산업평화의 유지에 기여하도록 하였고, 노동청을 노동부로 승격시켜 노동행정을 체계적으로 강화시키고자 하였다. 반면, 노동운동은 광주민중항쟁을 유혈진압한 신군부의 노동조합 정화조치와 노동관계법의 전면적 개정, 민주노조에 대한 당국의 극심한 탄압 등을 거치면서 침체국면에 빠졌다.

|그림 2-4| 1980년 초 신군부정권의 노동운동 탄압

정치적·사회적 혼란 속에서 전개된 1980년 초의 노동운동의 특징은 다음 몇 가지로 요약할 수 있다. 첫째, 기업별 단위노조의 기능이 강화되었으며, 이로 인해 노조 하부조직의 상부조직에 대한 노선비판이 자주 일어났다. 둘째, 노사문제는 경제적 기반이 약하여 종업원에 대한 처우가 미약하였던 중소기업에서 더 첨예화되었다. 셋째, 근로자들의 연대강화가 이루어지는

---

9 상게서.

가운데 자연발생적인 노동운동이 조직화되면서 한국노총과는 거리를 둔 재야노동운동세력을 형성해 나갔다.[10]

(4) 유화국면과 노동운동의 활성화(1984~1987 초)

이 시기의 노동운동은 신군부정권이 정치적 유화책을 쓰면서 다시 활기를 되찾았다. 신규조직이 늘어나고 쟁의도 격화되었으며 많은 대학출신 지식인들이 위장취업자로서 노동현장에 투신하였다. 이런 가운데 여러 갈래의 노동운동조직들이 출현하여 새로운 운동양식을 모색하였다. 이들 조직과 활동가들은 노동운동을 사회변혁의 중심으로 부각시키고 노동운동의 조직과 투쟁노선을 둘러싼 치열한 논쟁과 실천활동을 전개하였다. 그러나 이들 논쟁과 실천활동은 1987년 여름 노동자대투쟁 이후에 통일된 모습을 보이게 된다.[11]

1.6 민주화 이행기의 고용관계

1987년 이후 노동운동 전개는 대략 세 시기로 구분할 수 있다. 첫 번째 시기는 1987~1988년의 기간으로서 노동운동의 폭발적 고양과 '민주노조운동'의 기반구축을 특징으로 한다.

두 번째 시기는 1989~1995년의 기간으로서 노동운동의 침체와 새로운 방향의 모색기라 할 수 있으며, 민주노총이 출범한 시기이다. 세 번째 시기는 1996~1997년의 기간으로서 노동법 개정과 총파업투쟁의 시기라고 할 것이다.[12]

■ 노동운동의 폭발적 고양과 '민주노조운동'의 기반구축
■ 노동운동의 침체와 새로운 방향의 모색기
■ 노동법 개정과 총파업투쟁의 시기

(1) 노조 조직역량의 확대와 '민주노조운동'의 기반 구축(1987~1988)

한국 노동운동은 1987년 '노동자대투쟁'을 경과하면서 확장단계로 전환하게 되었다. 1987년 이후의 노동운동은 특히 조직과 활동(투쟁), 운동노

---

10 상게서.
11 상게서.
12 김금수, 「민주화 이행기의 노동운동: 87년 노동자대투쟁과 노동운동의 고양」(서울: 고려대학교 노동문제연구소, 2004).

선, 정치세력화의 면에서 괄목할 만한 성장을 실현했다.[13]

1987년 노동자대투쟁이 갖는 특징은 다음과 같다. 첫째, 우리나라에서 노동자계급이 형성된 이래 최대 규모의 파업투쟁이었으며, 대중적 항쟁의 성격을 띠었다. 따라서 전국적·전산업적 범위에 걸친 노동자의 투쟁은 오랫동안 억눌려 왔던 노동자들의 불만과 요구가 폭발적으로 거의 동시적으로 표출되었음을 의미한다.

둘째, 임금·노동조건 개선을 비롯한 현장 내의 다양한 요구가 주요 쟁점으로 떠올랐고, "인간답게 살고 싶다"는 투쟁의 슬로건이 표현하듯 기본권리 보장이 강력하게 제기되었다. 이런 가운데 투쟁이 확대 진행됨에 따라 노조조직과 기존노조의 민주적 개편이 주요 목표로 떠올랐다.

셋째, 종래의 투쟁들에 비해 훨씬 더 대중적이고 대규모적이었으며, 장기성과 완강성을 보여주었다. 대부분의 파업투쟁은 노동자들이 노동조합이 없는 상황에서 '자생적'으로 조직했으며, 운수부문의 지역적 파업이나 현대그룹계열사 노조들의 경우에 있어서와 같이 노동조합간의 연대투쟁들이 시도되었다.

넷째, 중화학공업부문 대규모 사업장의 생산직 남성노동자층이 노동자투쟁의 선도세력으로 등장하게 되었다. 이런 사실은 중화학공업부문이 전체 산업을 주도함에 따라 대규모 사업장이 생산의 중심부로 정착되었다는 것과 그런 생산과정에서 결합·훈련·조직된 생산직노동자들이 노동운동의 주력으로 대두되었음을 말해 주는 것이다.

다섯째, 노동자투쟁은 1987년 6월의 민주화투쟁과 연계되면서, 다른 민중운동이나 사회운동 발전을 촉진하는 계기가 되었다. 민주화 투쟁과정에서 노동자들은 조직적인 형태로 참여하지는 못했지만, 광범위한 참여를 통해 자신들의 요구를 확인하고 요구해결을 위한 행동을 곧바로 제기하게 되었다. 또한 노동운동이 중요 사회운동의 하나로 자리잡게 되었다.

1987년 노동자대투쟁 이후 미조직 사업장에 대한 조직화가 급속히 진행되었으며, 미조직부문에서 노조결성이 한꺼번에 확대되었다.

---

13 상게서.

(2) 노동운동의 침체와 새로운 방향의 모색기(1989~1995)

|그림 2-5| 1990년대 민주노총의 총파업

1987년 이후 급속히 팽창한 노동운동에 대한 정부와 사용자의 견제와 통제가 1989년경부터 본격적으로 취해지는 가운데 노동운동은 일시적인 침체기로 접어들게 된다. 한편, 민주노조진영은 이에 대한 대응책으로 '전국노동조합협의회'(전노협)를 결성하였다. 전노협은 민주노조세력을 총괄하는 느슨한 연합체로서의 역할을 하였다. 1993년 김영삼정권의 등장으로 노동운동에 대한 강압적 통제가 다소 완화된 가운데 노동운동이 조직개편과 활동강화 등을 통한 재정비에 나서게 되었고, 결국 전노협의 후신으로서 민주노조진영이 전국중앙조직인 '전국민주노동조합총연맹'(민주노총)이 1995년 결성되었다.

(3) 노동법 개정과 총파업 투쟁(1996~1997)

1996년 김영삼정부는 노동기본권의 인정을 통해 고용관계제도를 선진화하고 노동시장의 유연성을 높여 국제경쟁력을 강화하는 제도개선을 추진하였다. 이를 위해 노사단체와 정부 및 공익단체가 참여하는 노사관계개혁위원회를 설치하여 노사관계제도의 개선(예: 복수노조 금지조항, 제3자 개입금지조항 및 노동조합 정치활동금지조항, 정리해고제, 근로자파견제 및 변형근로시간제 등의 허용)을 논의하였다. 그러나 노사관계개혁위원회에서 노사간의 협상이 결렬되자 정부는 일방적으로 사용자에게 유리한 방향으로 법개정을 진행하였고 결국은 여당의원들만이 모인 가운데 법안을 통과시켰다. 이에 항의하여 양대 노총에서는 연대총파업을 2주간 실시하였고, 결국 정부가 노동계의 요구를 받아들여 이미 통과된 법을 다시 개정한 법안을 제시하여 1997년 3월 노동관계법 개정안이 최종적으로 국회를 통과하게 된다.[14] 이 사태는 노동분야에 대한 정부의 권위가 상당히 약화되었음을 보여주는 것으로

---

14 이성희, "노사관계 개관: '87년 이후 15년 동안 노사관계의 변화,"이원덕 편, 「한국의 노동: 1987~2002」(한국노동연구, 2003), pp. 33~34.

서 과거의 권위주의 정부하에서는 상상
하기 힘든 사건이었다. 1996년 12월과
1997년 3월 두 차례에 걸쳐 통과된 법안
의 주요 개정내용은 노조활동에 대한 제
3자개입 금지조항 삭제, 노동조합의 정치
활동금지조항 삭제, 복수노조설립을 단계
적으로 허용, 노조전임자 임금지급금지,
무노동·무임금 원칙의 명문화, 정리해고
제의 법제화, 변형근로기간제의 도입 등
으로서, 집단적 노동기본권을 강화하는
한편 노동시장 유연화 등의 제도적 기반

|그림 2-6| 1996년 말 노동법개정에 따른 양대 노총의 항의
집회

을 확보하여 노사 양당사자의 입장을 모두 반영하는 것이었다.

1.7 외환위기 이후 시기(1998~현재)

http://www.imf.org/

1990년대 중반 이후 국내 경제상황이 급속도로 악화되기 시작하여 급
기야 국제통화기금(IMF)로부터 구제금융을 받는 사태로까지 이어졌다. 이
에 김대중정부는 외환부족사태를 IMF 및 국제자본의 금융지원을 통해 해결
하고, 금융기관의 부실화와 실물경제의 위기는 외자유치와 내국기업의 국
제경쟁력 강화 및 국민의 고통분담 등을 통해 극복해야 한다는 방향에서 위
기에 대처하였다. 위기대처방안 중의 하나로 경제주체의 참여와 협력을 기
반으로 하는 사회적 협의기구(노사정위원회)를 설치·운영하였으며 또 한편
으로는 기업경쟁력을 제고하기 위하여 신자유주의적 개혁을 확대·시행하
였다. 노사정위원회는 1998년 2월 '경제위기 극복을 위한 노사정 대타협'을
도출하여, 노동자의 집단적 권리의 강화와 정리해고의 법제화를 노사가 맞
교환하는 방식으로 타협을 이루었다. 1998년의 대타협은 경제위기극복에
큰 도움이 되었다. 그러나 외환위기 이후 노사정위원회는 의미있는 합의를
도출하지 못하였다. 2000년대 들어 기업의 상시적인 구조조정과 비정규직
의 양산으로 빈부격차는 갈수록 악화되었다. 비정규직과 특수고용직의 분
규가 증가하는 반면에, 대기업의 정규직은 분규가 줄어드는 등 상대적으로

안정된 노사관계를 보여주어, 노사분규의 양극화현상이 일어났다. 한편, 노동조합조직률은 1989년 이래 지속적으로 감소하고 있으며, 2000년대 들어 일부 노조지도부의 부패와 강성일변도의 극한적 투쟁으로 노동조합에 대한 일반국민의 여론이 부정적으로 바뀌어가는 경향을 보였다.

|그림 2-7| IT산업의 해저광케이블 공사

2. 통계로 본 한국 고용관계의 최근 동향

지금까지는 지난 100여년간 한국 고용관계의 역사와 발전과정을 주로 서술을 통하여 알아보았다. 이하에서는 최근 30여년간의 변화상을 파악하기 위하여 주로 통계수치를 이용하여 노동시장과 고용관계의 최근 동향을 논의하기로 한다.

〈도표 2-1〉에서 보듯이 제조업의 주당 근로시간은 1986년 54.7시간으로 최고점을 기록하였다. 이 수치는 세계의 주요 국가 중 가장 긴 편에 속하는 것으로서 당시 한국 근로자들의 열악한 근로환경을 보여주고 있다. 그 이후 근로자들의 삶의 질이 점차 향상되면서 주당 근로시간도 1998년에는 46.1시간까지 줄어들었다. 그러나 외환위기 중 주당 근로시간이 급격히 늘어나서 1999년에는 50시간에 달하였으나 그 이후 다소 부침이 있었으나 대체로 감소하여 2012년 43.5시간을 기록하였다.

10인 이상 제조업의 월급은 1980년 14.7만원에 불과하였으나 1997년에는 132.6만원까지 16년간 거의 9배로 급속히 증가하는 현상을 보였다. 이는 이 기간 중 한국의 경제가 급격히 발전하였음을 보여준다. 그러나 외환위기로 128.4만원으로 하락하였으나 그 이후 지속적으로 증가하여 2012년 340.7만원으로 증가하였다.

한국의 노동조합원수는 1989년 193만여 명을 정점으로 점차 감소하는 추세를 보여, 1998년 140만여 명으로 최저점을 기록하였다. 외환위기 이후

|그림 2-8| 경제사회발전노사정위원회의 회의 장면

1999년부터 조합원수가 다시 증가하여 2011년 172만여 명으로 증가하였다. 노동조합조직률은 1989년 18.6%의 최고점을 기록한 후 점차 하락하는 추세를 보여 2011년 9.9%까지 하락하였다. 2000년대 이후 노동조합원수는 다수 증가하였으나 분모인 조직대상 근로자숫자의 증가 폭이 더 커서 조직률이 하락하는 것으로 나타났다.

쟁의행위발생건수는 1987년 3,700건 이상의 폭발적인 분규양상을 보이다가 점차 줄어들어 1997년에는 78건까지 감소하였다. 외환위기 이후 1999년부터 경제전반의 구조조정과 비정규직을 둘러싼 갈등이 더해져서 쟁의건수가 증가한 결과 2004년에는 462건까지 올라갔으나 그 이후 다시 감소하여 현상을 보이고 있다. 다만, 2011년 이후 쟁의발생건수와 노동손실일수 등이 다소 증가하는 조짐을 보여 향후 고용관계가 순탄치만은 아닐 것으로 예상된다.

따라서 세계경제의 불확실성과 더불어 저출산·고령화 현상, 세대·계층간 갈등 및 사회 양극화 현상 등과 같은 국내 사회경제적 이슈가 고용관계시스템에 어떻게 투영되고 어떤 과정을 거쳐 해소될 것인지 관심을 갖고 지켜봐야 할 것이다.

대한민국 소속
경제사회발전 노사정위원회
Economic and Social Development Commission
http://www.esdc.
go.kr

한국고용정보원
Korea Employment Information Service
http://www.keis.or.kr/

믿을 수 있는 취업포털
구인/구직 취업정보 WORKNET
http://www.work.go.kr/

KLI 한국노동연구원
http://www.kli.re.kr/

LATI 한국기술교육대학교
노동행정연수원
http://elti.kut.ac.kr/
aolms

도표 2-1		우리나라의 고용관계 주요 지표					
연도	제조업 근로시간 (시간/주)	조합원수 (천명)	노동조합 조직률 (%)	쟁의행위 발생건수 (건)	쟁의행위 참가자수 (천명)	노동손실 일수 (천일)	제조업 임금총액* (천원/월)
1980	53.1	948	14.7	206	49	61	147
1985	53.8	1,004	12.4	265	29	64	270
1986	54.7	1,036	12.3	276	47	72	294
1987	54.0	1,267	13.8	3,749	1,262	6,947	329
1988	52.6	1,707	17.8	1,873	293	5,401	393
1989	50.7	1,932	18.6	1,616	409	6,351	492
1990	49.8	1,887	17.2	322	134	4,487	591
1991	49.3	1,803	15.4	234	175	3,271	690
1992	48.7	1,735	14.6	235	105	1,528	799
1993	48.9	1,667	14.0	144	109	1,308	885
1994	48.7	1,659	13.3	121	104	1,484	1,022
1995	49.2	1,615	12.5	88	50	393	1,124
1996	48.4	1,599	12.1	85	79	893	1,261
1997	47.8	1,484	11.1	78	44	445	1,326
1998	46.1	1,402	11.4	129	146	1,452	1,284
1999	50.0	1,481	11.7	198	92	1,366	1,476
2000	49.3	1,527	11.4	250	178	1,894	1,601
2001	48.3	1,569	11.5	234	89	1,083	1,702
2002	47.7	1,538	10.8	322	94	1,580	1,907
2003	47.6	1,550	10.8	320	137	1,299	2,074
2004	47.4	1,537	10.3	462	185	1,199	2,280
2005	46.9	1,506	9.9	287	118	848	2,458
2006	44	1,559	10.0	138	131	1,201	2,595
2007	45.5	1,688	10.6	115	93	536	2,772
2008	44.5	1,666	10.3	108	114	809	2,871
2009	44.1	1,640	10.0	121	81	627	2,928
2010	45	1,643	9.7	86	40	511	3,190
2011	44.5	1,720	9.9	65	33	429	3,210
2012	43.5	—	—	105	—	933	3,407

주: * 10인 이상 기업.
자료: 한국노동연구원, 「각 연도 KLI 노동통계」(서울: 한국노동연구원, 각 연도).

Key Word

함경도 초산금광파업, 함경도 성진부두노동조합, 조선인 노동동맹회, 조선노동조합 전국평의회(전평), 대한독립촉성노동총연맹(대한노총), 보건사회부 노동국, 노동청, 노동자대투쟁, 전국노동조합협의회(전노협), 전국민주노동조합총연맹(민주노총), 한국노동조합총연맹(한국노총), 전국노동조합협회(전노협), 노사관계개혁위원회, 외환 위기, 노사정위원회

post-case 3

우리나라 고용관계의 방향을 바꾼 주요 사건들

(가) 전태일[15]

1948년 대구에서 2남 2녀의 장남으로 태어난 전태일은 가난 때문에 17살(1965년)에 평화시장 봉재공장에서 일하게 되었다. 처음에는 보조원(시다)로 출발하였으나 이후 재봉사, 재단사 등으로 일하였다.

당시 평화시장은 1층은 상가, 2~3층은 500여 개의 영세한 봉제업체가 밀집되어 근로조건이 매우 열악하였다. 13~17살의 어린 소녀들이 햇빛도 비추지 않고 환기장치도 거의 없는 좁은 실내에서 하루 14시간씩의 장시간 노동과 저임금 노동에 시달려야 했다. 이를 안타깝게 여긴 전태일은 이들을 돕기 위해 애쓰다가 자신도 해고되기도 하였다. 1968년 근로기준법의 존재를 알고 법이 준수되지 않는 현실을 개선하기 위하여 노력하였으나 이 사실이 사업주에게 알려지자 전태일은 해고되었다. 한동안 공사장에서 막노동을 하던 전태일은 1970년 9월 평화시장으로 다시 돌아와 '삼동회'를 조직하여 평화시장의 근로조건에 대한 설문조사 결과를 노동청, 서울시, 청와대 등에 제출하였고 이 내용이 언론에 알려지면서 사회적 주목을 받았다. 그러나 행정기관과 사업주의 조직적 방해로 노동환경 개선과 노동조합 결성이 무산되자 1970년 11월 13일 근로기준법 화형식을 벌이고 "근로기준법을 준수하라!, 우리는 기계가 아니라!" 등의 구호를 외치며 분신하였고 당일 세상을 떠났다.

전태일의 죽음은 최소한의 법적 보호도 받지 못한 채 저임금 장시간 근로에 시달리던 노동자들의 현실에 대한 사회적 관심을 높이고 노동자 스스로 근로환경 개선을 위해 노력하여야 한다는 깨달음의 계기가 되었다. 2005년 청계천 6가 버들다리 위에 그의 정신을 기리려 전태일 동상을 설치하였다.

(나) 동일방직사건[16]

인천시 만석동에 있었던 동일방직은 당시 종업원 수 1,370여 명 규모의 섬유업체로 노동조합은 전국섬유노조의 한 지부로 예속되어 한국노총의 감독하에 있었다. 섬유산업의 특성상 종업원 중 여성근로자는 1,000여 명 이상으로 전체의 73%를 차지하고 있었으나 노동조합은 소수의 남성근로자가 중심이 되어 어용노조로 타락하였다.

이 당시 도시산업선교회 목사가 6개월간 취업하면서 여성근로자들과 저임금, 장시간노동, 열

---

15 http://terms.naver.com/entry.nhn?docId = 1256959&cid = 40942&categoryId = 33385; http://
    ko.wikipedia.org/wiki/%EC%A0%84%ED%83%9C%EC%9D%BC 등의 내용을 재작성함.

16 http://terms.naver.com/entry.nhn?docId = 920463&cid = 830&categoryId = 830; http://terms.
    naver.com/entry.nhn?docId = 920576&cid = 2342&categoryId = 2342 등의 내용을 재작성함.

악한 작업환경 등에 대한 의견을 나누었다. 그 결과 동일방직 여성근로자는 자신의 권리를 획득하기 위해서는 노동조합을 민주적으로 운영할 필요성을 인식하게 되었다. 그래서 1972년 노조 집행부의 선거에서 여성근로자가 22대 노조지부장으로 선출되었고 이후 1978년까지 지속되었다. 특히 1976년 7월 노조지부장이 경찰에 연행된 틈에 사측에 우호적인 24명의 대의원만 모아 사측 인물을 지부장으로 선출하였다. 이에 수백명이 즉각 농성에 돌입하여 회사측의 비열한 처사에 항의하였다. 농성 4일째 사측은 경찰을 투입하였고 농성 중이던 조합원은 작업복을 벗어 던지고 알몸으로 저항했으나 경찰은 대의원을 포함한 72명을 무차별 연행하였다.

한편 1978년 2월 새지도부 선출을 위한 대의원 선거 날 4~5명의 남성근로자가 방화수통에 분뇨를 담아 와서 선거하려는 여성근로자들에게 마구 뿌렸고 탈의장, 여성기숙사까지 난입하였다. 이후 동일방직 분규는 데모, 단식투쟁, 농성 등이 장기화되었으나 사측은 이를 '노노갈등'이라고 하여 결국 4월 여성 근로자 124명을 집단해고 하였다.

(다) 도시산업선교회[17]

개신교의 산업선교 단체로 1970년대 도시화와 산업화 과정에서 소외된 도시 빈민과 직장인, 노동자들의 선교와 교양 교육, 구호 활동을 전개하였다. 초기 한국노총과 협조적 관계를 갖고 있었으나 한국노총이 유신헌법을 지지하자 관계를 단절하고 민주노동운동 지원사업을 추진하였다. 대표적인 사건으로 동일방직, 해태제과, 한국모방 등이 있으며 최근에는 외국인 이주 노동자 지원활동 등에 참여하고 있다.

(라) 가톨릭 노동청년회[18]

가톨릭 노동청년단체로 1958년 설립되었다. 초기에는 빈민촌 무료진료, 윤락여성 선도, 파독 간호원과 광부들을 위한 활동, 가정부 생활실태조사 등을 주요 수행하였다. 1960~1970년대 산업화가 이루어지자 근로청년들을 대상으로 각 산업체의 노동조합 결성, 임금인상 등 처우개선 활동, 노동강좌, 직업여성실태조사 등 노동자의 인권신장과 복지향상을 위한 활동을 수행하였다.

---

17 http://terms.naver.com/entry.nhn?docId=1820705&cid=1605&categoryId=1605 내용 정리.
18 http://terms.naver.com/entry.nhn?docId=532281&cid=1618&categoryId=1618; http://terms.naver.com/entry.nhn?docId=920465&cid=1018&categoryId=1018 등의 내용을 정리.

(마) 87년 노동자대투쟁[19]

1987년 7월부터 9월까지 전국의 모든 산업현장에서 벌어진 노동자들의 대규모 파업투쟁을 말한다. 6월 민주항쟁이 노동자들의 생존권 확보 및 조직결성으로 연계되었고 노동자대투쟁기간 동안 파업 참가 노동자수는 2백만명, 파업건수 3,300건이었으며 이때 1,200개의 신규노조가 결성되었다.

◎ 토의과제

1. 산업화 과정에서 나타날 수 있는 노동문제는 무엇이며 우리나라는 어떻게 해소하여 왔는지 위 사례를 보고 설명하라.
2. 동일방직 사례를 읽고 노조의 민주성 확보가 왜 중요한지 설명하라.
3. 노사관계 발전과정에서 도시산업선교회나 가톨릭 노동청년회 등과 같은 외부 기관의 역할을 설명하라. 또한 이러한 역할이 적절한지 아니면 부적절한지 이유를 들어 설명하라.
4. '87년 노동자대투쟁'이 우리나라 고용관계에 어떤 영향을 주었는지 설명하라.

---

19 http://terms.naver.com/entry.nhn?docId＝920582&cid＝830&categoryId＝830; http://ko.wikipedia.org/wiki/%EB%85%B8%EB%8F%99%EC%9E%90_%EB%8C%80%ED%88%AC%EC%9F%81 등의 내용을 정리.

3

노동조합과
경영자조직 및 정부

Modern Employment Relations

pre-case 3

기중기 노동자들 노조 결성[1]

　　기중기노동자가 노동조합을 결성하고 원청 건설사를 상대로 건설현장의 불법·부당한 행위에 맞설 것을 다짐했다. 이들은 "(10월 5일) 전체 20여 개 업체 120명의 기중기 노동자 중 100여 명의 노동자들이 노동조합에 가입하였다"고 노조 결성을 알렸다. 또한 "적절한 임대단가를 확보하는 것과 대금 체불 관행을 근절시켜 나가는 것으로부터 시작하여 노동자들의 권리를 현실적으로 실현해 나가기 위해 노력해 갈 것"이라 선포했다.

　　다만 노조는 노조 결성 이후 발생하고 있는 상황에 대해 "건설기계 노동자들이 민주노조가 창립되자 일부 재벌 대기업이 반노조 행위를 자행하며 하청업체 사장들을 협박하는 정황이 발생하고 있다"며 "원청 건설사들의 노조탄압 상황을 주시하고 있으며 만에 하나 구체적 사실이 확인되면 결사적 투쟁을 통해 해당 건설사의 불법 반노조 행위에 철퇴를 가해 나갈 것"이라 밝혔다.

　　끝으로 "노동조합을 만든 이유는 노동자들의 근로조건을 개선하기 위함이지 자본과 싸움을 하기 위해서 만든 것이 아니다"면서 "노동조합 결성이 더 이상 분쟁과 대립이 아닌 대화와 타협으로 이어져 모두가 상생할 수 있도록 제 관계 업체와 기관들이 적극 나서길 희망한다"고 강조했다.

---

t　민중의 소리, "기중기 노동조들 노조 결성 … 노동자 피 빠는 대기업 행태, 좌시하지 않을 것," 2013-10-09; 경향신문, "GS칼텍스, 기중기노조 가입업체에 공사중지 협박 의혹: 2013-10-07; 한국일보, "GS칼텍스, 노조 와해시키려 공사 중지 협박 의혹," 2013-10-08 등을 참고하여 재작성.

위 사례에서 보는 바와 같이 고용관계가 복잡해지면서 정규직 근로자 이외에 특수고용직 종사자와 비정규직 근로자 등과 같은 다양한 근로형태가 발생하고 있다. 한국의 노동조합은 특수고용직 종사자와 비정규직 근로자들을 조직하려고 노력중이며 노동조합은 이들의 권익을 보호하는 유력한 수단이 될 것으로 기대된다. 본장에서는 근로자의 집합단체로서 노동조합의 본질, 정의, 기능과 조직형태를 살펴보고, 근로자들의 조직인 노동조합에 대항하기 위하여 사용자들이 조직한 경영자조직을 간략하게 설명한 후 사용자와 노동조합의 고용관계전략을 논의하고자 한다. 마지막으로 정부에 대하여 살펴보고자 한다.

1. 노동조합의 이데올로기, 역할 및 기능

1.1 노동조합의 이데올로기

노동조합은 근로자가 집단적으로 단결하여 요구조건을 달성하고자 자주적으로 조직한 항구적인 단체이다. 노동조합은 이러한 공통적인 특징을 가지고 있지만, 각 국가가 처한 역사적 상황과 지배적인 사상에 따라 노동조합의 이데올로기는 차이를 보이게 된다. 노동조합의 이데올로기는 대체로 혁명적 노동조합주의, 사회주의적 노동조합주의, 경제적 노동조합주의 등 세 가지로 구분이 가능하다.

☞ 노동조합은 근로자가 집단적으로 단결함으로써 협상력을 강화하고 단체교섭을 통하여 요구조건을 달성하고 자 자주적으로 조직한 항구적인 단체

(1) 혁명적 노동조합주의(revolutionary unionism)

혁명적 노동조합주의는 정부와 자본주의체제를 전복시키고 공산주의나 무정부주의 등 새로운 사회를 건설하는 것을 목표로 한다. 부의 재분배, 체제변화 등 극단적인 구호와 정치적인 주장을 내세우고 자본주의체제 내에서 피고용자들의 지위와 대우가 향상되는 것을 거부하는 특징을 지닌다. 프랑스노동총연맹(CGT)이 대표적인 예이다.

http://www.cgt.fr/

(2) 사회주의적 노동조합주의(social unionism)

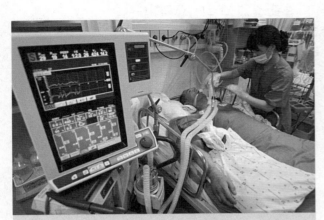

|그림 3-1| 중환자실에서 근무하는 간호사 모습

사회주의적 노동조합주의는 진보주의적인 성격이 강한 스웨덴, 덴마크 등 북유럽의 노동조합이 신봉하고 있다. 정치체제로는 자본주의보다는 사회민주주의를 선호하며 선거 등의 정치적 수단을 통하여 사회체제의 점진적 변혁을 기도한다. 단체협상과 같은 경제적 수단과 의회를 통한 로비와 입법과 같은 정치적인 수단을 병행한다. 주로 사회민주당 등과 노동운동이 연계하여 활동하고 있다. 노동조합원뿐만 아니라 노동계층 전부를 위한 노동운동으로서 무덤에서 요람까지를 정부가 책임지는 사회전체의 복지체제 구축과 인간다운 삶과 양질의 일자리 창출을 목표로 한다. 핀란드, 스웨덴의 LO, 한국민주노총이 대표적인 예이다.

전국민주노동조합총연맹
Korean Confederation of Trade Unions
http://www.nodong.org/

(3) 경제적 노동조합주의(business unionism)

경제적인 노동조합주의는 자본주의체제를 인정하고 시장경제체제하에서 노동조합원의 임금이나 노동조건의 개선을 가장 직접적이며 중요한 목표로 삼는다. 입법을 통한 정치적인 수단보다는 단체협상 등의 순수한 경제적인 수단을 중시한다. 노동계층 전부를 위하기보다는 노동조합원들만의 경제적인 지위향상에 전력을 기울이는 특징이 있다. 미국의 AFL-CIO나 일본의 렌고(連合) 및 한국노총 등이 경제적 노동조합주의의 대표적인 예이다.

AFL-CIO
http://www.aflcio.org/

RENGO
http://www.jtuc-rengo.or.jp/new/index.html

한국노동조합총연맹
FEDERATION OF KOREAN TRADE UNIONS
http://www.inochong.org

1.2 노동조합의 역할

근로자가 사용자와의 개별적인 교섭을 통해서는 협상력의 불리함 때문에 그들에게 유리한 근로조건을 획득하기가 어렵다. 따라서 노동조합을 결성하게 되는데 노동조합의 역할은 크게 동원·선동역할과 서비스역할의 두 가지로 구분이 가능하다.

(1) 동원 · 선동역할(organizing model)

노동조합은 노동조합의 존립과 발전을 위하여 노조원을 조직하고 조직된 조합원을 동원 · 선동하여 자신들의 주장을 관철하는 역할을 수행한다. 즉 노동조합은 조합원들의 다양한 요구조건을 민주적으로 수용하고 또 조합원들을 지속적으로 조직 · 관리 · 동원하여 노동조합의 영향력을 유지하여야 한다. 만약 노동조합이 조합원들의 요구를 달성할 수 없다면 노동조합의 역할을 제대로 수행한다고 할 수 없기 때문이다. 따라서 노동조합은 조합원들의 권익과 사회적 지위 향상을 실현할 수 있는 영향력을 유지하는 조합원들의 동원 · 선동역할이 중요하다.

☛ 노조원을 조직하고 조직된 조합원을 동원 · 선동하는 역할

(2) 서비스역할(service model)

노동조합은 조합원들의 구성체이며 노조의 대표자들이 조합원을 위하여 각종 서비스를 제공하므로 노동조합은 서비스역할(serving model)을 가진다. 마치 보험회사의 피보험자가 보험수수료를 납부하고 보험사고가 발생하였을 경우 이에 대한 보상을 받는 것처럼, 노동조합의 조합원은 조합비를 납부하고 노조대표로부터 고용안정이나 임금인상 등 각종 서비스의 혜택을 받는다는 것이다. 노동조합의 서비스가 노조원의 요구를 만족시킨다면 노동조합은 노조원의 지속적인 지지를 받을 수 있지만, 반대의 경우에는 노조는 조합원의 외면을 받게 된다. 따라서 노동조합의 서비스역할도 노동조합의 운명을 결정하는 중요한 역할이다.[2]

☛ 조합원을 위하여 각종 서비스를 제공

1.3 노동조합의 기능

노동조합의 기능은 노동조합을 조직하고 유지 · 확장하는 기본적 기능, 조합이 결성된 후에 조합원의 근로조건의 유지 · 향상을 위한 집행기능, 그리고 앞의 두 기능을 보조하는 참모기능으로 분류할 수 있다.[3]

☛ 노동조합을 조직하고 유지 · 확장하는 기본적 기능. 조합이 결성된 후에 조합원의 근로조건의 유지 · 향상을 위한 집행기능. 두기능을 보조하는 참모기능

---

2 John W. Budd, *Labor Relations: Striking a Balance*(Boston: McGraw-Hill Irwin, 2003), p. 187.

3 김성진, 「노동경제론」(서울; 법문사, 1973), p. 99.

(1) 기본기능

노동조합의 기본기능은 조직기능을 말한다. 이는 노동조합을 형성하기 위하여 비조합원인 노동자를 조직하는 1차적 기능과 노동조합이 조직된 후에 그 조합원들을 관리하는 2차적 기능으로 나누어진다.

(2) 집행기능

집행기능은 크게 근로자들의 노동조건 유지·향상을 위한 단체교섭기능과 그 이외의 경제적 기능, 그리고 정치적 기능으로 나누어진다. 첫째, 노동조합은 단체교섭을 통하여 근로조건의 유지·개선을 꾀하며, 노사간에 의견이 일치하면 단체협약을 맺는다. 그러나 의견이 일치하지 않는 경우에는 쟁의행위를 통해서 근로조건의 유지와 개선을 시도하게 된다. 이 기능은 노동조합의 가장 본질적이고 핵심적인 기능이라고 할 수 있다. 둘째, 경제적 기능은 노동조합이 단체교섭 이외의 활동을 통해서 조합원들의 복지와 경제적 이익을 달성하는 것으로서 공제활동과 협동활동을 예로 들 수 있다. 공제활동은 조합원들이 질병·재해·노령·사망 또는 실업 등에 의하여 생계를 유지하기 곤란할 때에 노동조합이 미리 마련한 공동기금으로부터 필요에 따라 조합원에게 지급하는 상호부조활동이며, 이를 상호보험(mutual insurance)이라고도 부른다. 이는 초기의 직업별 조합에서는 중요한 기능이었으나, 단체교섭제도가 확립되고 사회보장제도가 발전한 현재에는 그 중요성이 감소하였다. 한편, 협동적 활동은 노동자가 획득한 임금을 소비할 때 경제적인 편의를 제공하는 활동으로서 생산자협동조합·소비자협동조합·신용조합 등이 이에 속한다. 셋째, 정치활동기능은 노동조합과 근로자의 활동이 노동관계법의 통제를 받기 때문에 노동조합과 노동운동에 유리한 법률을 제정하고 불리한 법률을 폐지하려는 노력을 말한다. 노동조합은 특정법률의 제정·개정 및 폐지의 촉구와 특정 정당에 대한 지지나 반대를 통해서 이를 실현할 수 있다.

(3) 참모기능

교육훈련, 의전활동, 연구조사활동, 사회사업활동

이는 노동조합의 기본기능과 집행기능이 더욱 효과적으로 수행될 수 있도록 보조하는 기능이다. 여기에는 조합간부 및 조합원에 대한 교육훈련(리더십개발훈련·단체교섭대비훈련·직업훈련 등), 의전활동, 연구조사활동, 사

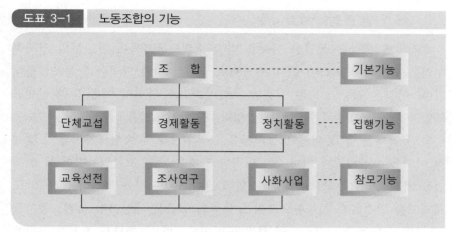

도표 3-1　　노동조합의 기능

주: 이준범, 「현대노사관계론(제2전정판)」(서울: 박영사, 1997), p. 246.

회사업활동 등이 포함된다. 이상과 같은 노동조합의 기능을 정리하면 〈도표 3-1〉과 같다.

2.　노동조합의 조직형태

2.1 노동조합 조직형태의 분류

　　노동조합은 근로자들의 근로조건을 유지·향상시키기 위한 조직이지만 그 힘과 효율성은 조직의 기반이나 노동시장을 통제하는 방법 등에 따라 달라질 수 있다.[4] 그러므로 노동조합측에서는 어떤 조직형태를 갖느냐가 영향력을 좌우할 수 있는 중요한 사항이 된다. 이하에서는 노동조합의 유형구분과 노동조합 유형별 특징 및 조직원리 그리고 장·단점을 중심으로 정리하였다. 노동조합의 조직형태는 직업별 노동조합(craft union), 산업별 노동조합(industrial union), 일반노동조합(general union) 및 기업별 조합(enterprise union) 등으로 나누어 볼 수 있다.[5]

4　이준범, 「현대노사관계론(제2전정판)」(서울: 박영사, 1997), p. 250.
5　Robert Hoxie, *Trade Unionism in the United States*(New York: Appleton, Century,

(1) 직업별 조합(craft union)

직업별 조합은 동일한 직능을 가진 숙련노동자들이 자신들의 경제적 이익을 확보하기 위하여 만든 조직체로서 가장 일찍 발달한 노동조합형태이다. 이것은 직능별 또는 직종별 조합이라고도 불리며 예를 들면 인쇄공조합·선반공조합·목공조합 등이 있다. 직업별 조합은 '직업독점'과 '노동력의 공급제한'을 통해서 노동시장을 통제함으로써 숙련노동자들의 경제적 이익을 보장하고자 한다. 즉, 일정한 자격을 가진 조합원들만이 특정 직업을 가질 수 있게 함으로써 그 직업에 관한 노동시장을 독점하게 하고, 도제제도를 엄격하게 시행함으로써 노동력의 공급을 제한하여 숙련노동자들의 과잉으로 인한 임금수준의 하락을 방지하였다. 그러므로 직업별 조합은 노동조합의 기득권을 중시하는 조직논리(doctrine of vested interest)를 가지고 있다.[6]

직업별 노동조합은 ① 동일한 직종을 가지고 있는 피고용인들로 조직되기 때문에 단체교섭 사항과 그 내용이 명확하고, ② 동직자로서의 유대의식이 강하기 때문에 조직의 단결력이 공고하여 사용자에게 종속될 우려가 없으며, ③ 직장단위가 조직의 중심이 아니므로 실업자라 하더라도 조합의 가입이 가능하고 조합원의 실업을 예방할 수 있는 등의 장점이 있다.

단점으로는 ① 숙련피고용인 중심의 배타적이고 독점적인 조직이기 때문에 조직대상이 한정되어 있으며, ② 미숙련피고용인 등의 반발을 불러일으켜 전체 피고용인의 분열을 가져올 수 있으며, ③ 기업을 초월한 조직이기 때문에 조합의 자주성을 지킬 수 있으나 사용자와의 관계가 희박하다는 점 등이 지적되고 있다.

대체로 산업화 초기의 노동조합들은 직업별 조합의 형태를 띠고 있었다. 그러나 산업이 발전됨에 따라 작업의 기계대체, 기술의 단순화 및 새로운 직업의 등

|그림 3-2| 전교조의 지도부 석방요구 집회장면

Crofts Inc., 1921).
6 김성진, 전게서, p. 89.

장 등으로 조합원들의 직능 중요도가 점차 감소하여 전통적인 직업별 조합의 상대적 협상력은 약화되는 추세이다. 그러나 공무원, 교사 등 공공기관의 화이트칼라노조가 20세기 중후반부터 등장하면서 화이트칼라중심의 직업별 노조가 새로이 부상하고 있다. 현재 우리나라의 직업별 노동조합은 초·중등학교의 교원들로만(즉, 초·중고등학교의 행정직원과 대학교수를 제외하고) 구성된 전국교직원노동조합과 한국교원노동조합 등을 들 수 있다.

(2) 일반조합(general union 또는 omnibus union)

일반조합은 숙련이나 직능, 산업과는 관계없이 모든 피고용인들이 가입자격을 가지고 있으며, 지역이나 전국에 걸쳐 조직하는 단일노동조합을 말한다. 초기단계에서는 직업별 조합에서 배제되었던 미숙련 피고용인들과 잡노동에 종사하는 피고용인들이 중심이 되어 단일조직으로 결성되었으나, 최근에 와서는 특정 대상집단을 정하지 않고 누구나 가입이 가능한 일반조합이 생겨나고 있다.

일반조합은 주로 미숙련자들이 중심인 조직이므로 지켜야 할 기득권도 없으며, 노동력의 만성적 과잉 때문에 노동력의 공급을 제한한다는 것도 불가능하다. 그러므로 일반조합에서는 최저 노동기준의 준수, 즉 안정된 고용의 확보, 노동시간의 최고한도 규제, 임금의 최저한도 준수 등을 중요한 요구조건으로 한다.[7]

일반조합은 이러한 요구조건의 실현을 위해 입법활동을 중시하는데, 입법을 통해 최저생활을 확보하려고 한 이유는 다양한 조합원을 포괄하는 일반조합의 조직성격상 내적으로 통일과 단결을 꾀하기 어려웠기 때문이다. 일반조합은 광범위한 피고용인들을 조직하므로 노동시장을 효율적으로 통제하기는 어렵다. 또한 조직된 훈련을 거치지 않은 수동적이고 미숙련상태인 피고용인을 중심으로 한 조합원들을 결속시키기 위해서는 중앙집권적 관료체제가 불가피해지는데, 이는 조합민주주의의 실현을 저해하는 요인이 될 수 있다. 또한 이해관계가 다른 이질적 피고용인들을 조직하기 때문에 조합원간 의견의 조정 및 통합이 곤란하며 단체교섭기능이 약화될 수 있다.

일반조합은 영국의 경우 직업별 조합에 뒤이어 일찍부터 발달했으며,

www.eduhope.net

전국교직원노동조합
http://www.eduhope.net

한국교원노동조합
http://www.kute.or.kr

▶ 일반조합은 모든 피고용인들이 가입자격을 가지고 있으며, 지역이나 전국에 걸쳐 조직하는 단일노동조합

---

7 상게서, p. 93.

http://www.
womanunion.org

미국의 노동기사단(Knights of Labor)을 비롯하여 현재의 AFL-CIO 산하의 일부 노동조합에서도 그 예를 찾아볼 수 있다. 우리나라의 경우에도 종전의 연합노동조합이나 비정규직 노조인 전국여성노동조합연맹 등이 이에 해당된다고 할 수 있다.

(3) 산업별 조합(industrial union)

▶ 산업별 조합은 동일 산업에 종사하는 모든 근로자가 하나의 노동조합을 구성하는 조직형태

산업별 조합은 직종과 계층에 관계없이 동일산업에 종사하는 모든 근로자가 하나의 노동조합을 구성하는 조직형태이다. 역사적으로 볼 때 산업별 조합은 직업별 조합이나 일반조합보다 늦게 발달했으며, 사회적 분업과 기계화의 진전에 따라 철강공장이나 자동차공장 등에서 많은 미숙련 근로자들이 출현함에 따라 결성되었다. 산업별 조합은 기업 또는 공장을 넘어선 조직을 결성하고 다수 근로자의 단결력을 바탕으로 단체교섭을 통해 기업 또는 공장을 넘어선 산업단위의 노동조건을 성취하고자 하였다. 산업별 조합은 대체로 '1산업 1조합'을 조직원리로 하는데, 이는 산업 내에서는 노동조건의 균일화가 이루어지도록 하여 한 산업 내에서 사용자간의 노동조건악화를 향한 경쟁을 막는 것을 목표로 하고 있다. 일반적으로 산별 조합은 산업 전체의 이슈를 다루는 정부

|그림 3-3| 전국택시산업노동조합의 설립대회장면

의 산업정책과도 밀접한 관련을 가지게 되므로 압력단체 및 로비단체로서 정치적 성향을 강하게 보인다. 산업별 조합의 장점으로는 ① 조합원수에 있어서 거대한 조직이므로 커다란 압력단체로서의 지위를 확보할 수 있어서 자본의 집중화에 따른 거대 자본의 출현에 대응할 수 있고, ② 산업 내 근로조건의 통일화를 유지할 수가 있다. 그러나 이와 반대로 각 산업별 조직의 내부에서 직종간의 이해대립과 반목을 초래할 우려가 있다.

대표적인 산업별 노조로는 전국전력노동조합, 전국금융산업노동조합, 전국담배인삼노동조합, 전국우정노동조합(이상 한국노총 소속), 전국대학노동조합, 전국금속산업노동조합, 보건의료노동조합(이상 민주노총 소속) 등이 있다.

🔲 ⚡ 전국전력노동조합
The Korea National Electrical Workers Union

http://power.
inochong.org/

🔲 🌏 전국우정노동조합
KOREAN POSTAL WORKERS' UNION

http://twww.kpwu.
or.kr/

🔲 👥 전국대학노동조합
Korean University Workers' union

http://www.kuwu.
or.krt

🔲 전국보건의료산업노동조합
http://bogun.nodong.org

http://bogun.nodong.
org

(4) 기업별 조합(enterprise union)[8]

기업별 조합은 동일한 기업에 종사하는 피고용인으로서 조직되는 노동조합을 의미한다. 기업별 조합은 일반적으로 피고용인의 의식이 계급의식 등 횡단적 연대의식을 뚜렷이 갖지 않은 환경에서 조직되거나, 동종산업 또는 동일직종이라 하더라도 단위기업간의 시설규모나 지불능력의 차이 등 기업격차가 심한 곳에서 많이 나타난다. 기업별 조합은 정부 주도의 경제개발로 거대 기업이 먼저 생성되는 환경에서 발생하며 주로 후발공업국에서 나타난다.

> 🖙 기업별 조합은 동일한 기업에 종사하는 피고용인으로서 조직되는 노동조합

기업별 조합은 개별기업을 존립의 기반으로 하기 때문에 노동시장에 대한 지배력은 거의 없고 조직으로서의 역량도 비교적 약하다. 즉, 기업별 조합은 ① 당해 기업 내 각 직종간의 요구조건이 상충할 수 있고, ② 직원만이 노동조합에 가입할 수 있으므로 중소기업의 경우에는 직원의 수가 많지 않아 뚜렷한 자기 기능을 발휘하기 어렵고, ③ 조합원이 모두 사용자와 종속관계에 있는 직원이기 때문에 사용자의 영향력이 강해져 조합이 어용화될 가능성이 있다는 단점이 있다. t기업별 조합은 일본에서 발달하였는데, 이는 일본의 종신고용제와 '家' 중심의 노사화합적 사고방식에 기인하였다고 볼 수 있다.[9] 대표적인 기업별 노조로는 한국타이어노동조합, 한국농수산물유통공사노동조합 등이 있다.

한국타이어노동조합

http://www.hankooktire-nojo.com/

2.2 결합방식에 의한 유형

노동조합은 보다 강력한 교섭력을 확보하기 위하여 전국적 노동조합을 지향한다. 이때 근로자 개개인이 개인 자격으로서 전국적 조직에 가입하는 조합의 형태를 단일조직으로 부르고, 개별단위 노동조합이 전국적 조직의 구성원으

|그림 3-4| 전국사무금융노동조합연맹의 임단투결의대회 장면

---

8 기업별 조합을 'company union'이라고 잘못 사용하는 경우가 있는데 엄격한 의미에서 'company union'이란 어용 노동조합을 지칭할 때 사용됨.

9 이준범, 전게서, p. 256.

로 가입하는 형태를 연합체라고 한다. 일반적으로 산업별 조합과 일반조합은 단일조직의 형태를 가지고 있으며 직업별 조합과 기업별 조합이 전국적으로 결합할 경우 연합체조직을 이룬다.

(1) 단일조직

단일조직은 개개의 근로자가 개인자격으로 중앙조직의 구성원이 되는 것을 말한다. 이 경우 각 지역, 또는 기업이나 사업장별로 분회나 지부를 두는 것이 보통이지만 각 분회나 지부는 독자적인 결정권을 행사할 수 없다. 다만, 내부의 규약에 의해 각 분회나 지부가 어느 정도의 결정권한을 가질 수도 있다.[10] 대표적인 단일노동조합 조직으로는 한국타이어노동조합, 한국토지주택공사노동조합, 전국철도노동조합, 전국전력노동조합, 전국담배인삼노동조합, 전국우정노동조합 등이 이에 속한다.[11]

(2) 연합체조직

각 지역이나 기업 또는 직종별 단위조합이 단체의 자격으로 지역적 내지 전국적 조직의 구성원이 되는 형태를 연합체조직이라고 한다. 이때 구성원인 각 조합은 단위조합이라고 하며 지역적 또는 전국적 조직을 연합조직이라고 한다. 우리나라의 경우 단위조합은 각 기업별 조합이며 이들이 산업별 전국연맹의 구성원으로 가입되어 있는데, 산업별 전국연맹이 연합조직이다. 우리나라에는 연합체조직으로 전국공공노동조합연맹, 전국섬유유통노동조합연맹, 전국광산노동조합연맹, 전국공공운수서비스노동조합연맹, 전국여성노동조합연맹 등이 있다.[12]

[여백 주석]

☞ 단일조직은 개개의 근로자가 개인자격으로 중앙조직의 구성원이되는 것

🖥 LH 한국토지주택공사노동조합
http://www.lhu.or.kr

🖥 전국전력노동조합
http://power.inochong.org/

🖥 전국우정노동조합
http://twww.kpwu.or.kr/

☞ 각 지역이나 기업 또는 직종별 단위조합이 단체의 자격으로 지역적 내지 전국적 조직의 구성원이 되는 형태를 연합체조직

🖥 전국섬유·유통노동조합연맹
www.tex-inochong.org/

---

10 김형배, 「노동법(제13판)」(서울: 박영사, 2002), p. 542.

11 http://www.kli.re.kr/

12 http://www.kli.re.kr/

3. 노동조합의 설립과 운영

3.1 노동조합의 설립요건, 결격사유 및 신고주의

한국의 노동법상 노동조합은 "근로자가 주체가 되어 자주적으로 단결하여 근로조건의 유지·개선 기타 근로자의 경제적·사회적 지위의 향상을 도모함을 목적으로 조직하는 단체 또는 연합단체"이다.[13] 이 요건들을 구체적으로 살펴보면 첫째, '근로자가 주체가 되어 조직한다'는 것은 노동조합이 근로자 이외의 제3자, 특히 고용관계의 당사자인 사용자로부터의 독립성을 유지해야 한다는 의미이다.[14]

|그림 3-5| 2001년 노조인정을 요구하는 대한항공 조종사들의 집회장면

둘째, '자주적으로'라는 내용은 근로자 스스로의 의사에 의하여 조직하고, 운영에 있어서 사용자는 물론 행정관청, 정당, 또는 종교 등으로부터 독립해야 한다는 것을 말한다.

셋째, '근로조건의 유지·개선 기타 피고용인의 경제적·사회적 지위향상을 도모함을 목적으로'라는 내용은 노동조합이 근로조건의 유지·개선이라는 경제적인 측면을 주목적으로 하여야 한다는 의미이다. 또한 노동조합은 부차적으로 공제·복리 등의 사업을 하는 것도 가능하다.

넷째, '단결하여 조직하는 단체 또는 연합단체'란 단위노조 또는 단위노동조합의 단체들이 결합한 조직체를 의미한다.

우리의 노동법에서는 노동조합의 설립과 관련하여 신고주의를 채택하고 있다. 즉, 노동조합이 노동법의 보호를 받기 위해서는 행정관청에 설립신고서와 규약을 제출·신고하고 신고증을 교부받아야 한다.[15]

---

13 「노동조합 및 노동관계조정법」 제2조 제4호.

14 이준범, 전게서, pp. 273~274.

15 「노동조합 및 노동관계조정법」 제10조, 제11조, 제12조.

3.2 노동조합의 운영과 노동조합 규약

선거를 통하여 선출되는 모든 정치적 조직과 함께 노동조합도 지도자의 독재로부터 자유로울 수 없었다. 과거 영국이나 미국에서 전국조합의 요직을 1인이 종신 동안 독재하였던 사례[16]도 있었고, 피고용인의 이익을 옹호하기 위하여 등장한 노동조합조직이 오히려 소수의 노조지도자들의 이익만을 옹호하고 피고용인을 지배하고 착취하는 노동조합의 귀족화현상도 노동조합사에 존재하였다. 따라서 노동조합의 민주적 운영(union democracy)은 전통적으로 노동조합원들에게는 중요한 이슈였다.

(1) 노동조합 규약

노동조합의 민주적 운영의 중요성을 고려할 때, 이의 초석이 될 수 있는 민주적인 노동조합규약은 필수적이라고 할 수 있다.[17] 규약이라 함은 통상 노동조합의 조직과 운영에 관하여 기본적인 사항을 정해 놓은 준칙이다.[18] 또한 노동조합의 규약에는 조합의 능률성과 효율성을 지향하고 그의 조직이 탄력적으로 운영될 수 있는 길이 모색되어야 한다. 그러나 노동조합의 규약이 민주성만을 고려하여 과도하게 효율성을 저해하거나, 규약의 능률성이 조합운영의 민주성을 저해하는 것도 곤란하다. 노동조합의 규약에는 민주성과 능률성 모두 중요하게 고려되어야 하지만, 조합운영은 조합의 민주성이 대전제가 되고 그를 보장하는 한도 내에서만 능률성이 인정된다고 하여야 할 것이다.[19] 노동법에서는 노동조합의 규약에 다음의 사항을 기재하도록 하고 있다.[20]

   1. 명칭

☞규약이라 함은 통상 노동조합의 조직과 운영에 관하여 기본적인 사항을 정해 놓은 준칙

---

16 영국의 경우 전국조합의 서기장은 종신제가 많고 미국의 경우 AFL의 S. Gompers는 38년간, W. Green은 28년간, AFL-CIO의 G. Meany는 24년간 재임하였다. 또한 W. Kirkland는 1980년부터 1995년까지 15년간 재임했다; 정종진·이덕로, 「신노사관계론」(서울: 법문사, 1998), p. 148.

17 정종진·이덕로, 「신노사관계론」(서울: 법문사, 1998), pp. 148~149.

18 이철수·김정한·김재훈, 「노동조합 규약분석: 단위노동조합 규약을 중심으로」(서울: 노동연구원, 1996), p. 1.

19 이준범, 전게서, p. 291.

20 「노동조합 및 노동관계조정법」 제11조.

2. 목적과 사업

3. 주된 사무소의 소재지

4. 조합원에 관한 사항(연합단체인 노동조합에 있어서는 그 구성단체에 관한 사항)

5.소속된 연합단체가 있는 경우에는 그 명칭

6.대의원회를 두는 경우에는 대의원회에 관한 사항

7. 회의에 관한 사항

8. 대표자와 임원에 관한 사항

9. 조합비 기타 회계에 관한 사항

10. 규약변경에 관한 사항

11. 해산에 관한 사항

12. 쟁의행의와 관련된 찬반투표 결과의 공개, 투표자 명부 및 투표용지 등의 보존·열람에 관한 사항

13. 대표자와 임원의 규약위반에 대한 탄핵에 관한 사항

14. 임원 및 대의원의 선거절차에 관한 사항

15. 규율과 통제에 관한 사항

노동조합 규약에 대한 실태조사[21]에 따르면 노동조합의 내부민주주의가 점차 향상되고 있음을 알 수 있다. 그러나 그러나 아직 우리나라의 노동조합 규약에는 조합과 조합원 간의 다툼이 발생할 경우 이를 조정할 수 있는 기구나 방안 등에 대한 규정이 제대로 마련되어 있지 않고, 또한 조합의 정보(예를 들어 재정이나 회계정보 등)를 쉽게 접근하고 공유하도록 하는 규정이 미흡한 편이며, 조합의 민주적 절차와 투명성을 담보할 수 있는 규정도 다소 부족한 것으로 나타났다.

(2) 노동조합의 기관

노동조합의 기관으로는 결의기관(예: 총회·대의원회), 집행기관 및 감사기관 등이 있다.

① **결의기관**　　노동조합의 기본적 결의기관으로는 총회와 대의원

☞ 결의기관으로는 총회와 대의원회

21　이철수·김정한·김재훈, 전게서; 김정한·윤문희·김재훈, 「노동조합 규약분석 Ⅱ」(서울: 노동연구원, 2005).

도표 3-2	노동조합 규약의 각종 규정 존재 여부				(단위: %)
		1996년 조사		2005년 조사	
		규정 없음	규정 있음	규정 없음	규정 있음
총 칙	전문	84.6	15.4		
	명칭	0.0	100.0		
	목적	0.8	99.2	1.2	98.8
	주된 사업소의 소재지	1.2	98.8	1.4	98.6
조 직	조합원 자격	13.9	86.1	0.4	99.6
	노조의 가입절차	18.5	81.5	3.0	97.0
	노조의 탈퇴절차	48.8	51.2	18.4	81.6
	조합원의 자격상실	3.5	96.5	3.3	96.7
권리와 의무	권리	1.0	99.0	0.3	99.7
	권리제한 규정 여부	35.2	64.8	38.2	61.8
	의무	0.4	99.6	0.5	99.5
기 관	기관의 종류	0.0	100.0	0.0	100.0
	총회				
	정기총회 개최시기	30.7	69.3	34.3	65.7
	정기총회 소집공고	19.7	80.3	9.5	90.5
	정기총회 소집공고 변경기간	74.4	25.6	45.8	54.2
	임시총회 개회요건	25.6	74.4	10.3	89.7
	총회의 기능	18.9	81.1	7.4	92.6
	대의원회				
	정기대의원대회 개최시기	15.2	84.8	34.3	65.7
	대의원 선출기준	19.0	81.0	25.6	74.4
	대의원 임기	19.1	80.9	26.5	73.5
	대의원회 기능	6.4	93.6	18.2	81.8
	임시대의원대회 개최요건	10.2	89.8	23.7	76.3
	집행·운영위원회				
	상무집행위원회의 구성	15.0	85.0	14.1	85.9
	상무집행위원회의 소집요건	39.6	60.4	31.4	68.6
	상무집행위원회의 기능	13.3	86.7	13.6	86.4
	운영(중앙)위원 임기	74.0	26.0	64.9	35.1
	운영위원회 개최요건	29.9	70.1	36.7	63.3
	운영위원회 기능	29.3	70.7	35.4	64.6
	운영위원회 구성	32.8	67.2	36.4	63.6
	회의				
	성립	6.6	93.4	3.7	96.3
	의결	2.2	97.8	3.0	97.0
	특별결의 요건	5.5	94.5	10.1	89.9

		1996년 조사		2005년 조사	
		규정 없음	규정 있음	규정 없음	규정 있음
기　관	임원				
	종류	0.0	100.0	0.4	99.6
	임기	0.4	99.6	2.5	97.5
	탄핵 발의기관	11.7	88.3	36.6	63.4
	위원장의 임원탄핵발의요건	72.3	27.7	45.8	54.2
	위원장의 탄핵 발의요건	72.1	27.9	46.6	53.4
	각 부서				
	종류	4.1	95.9	2.6	97.4
	부서장 임면절차	12.1	87.9	37.4	62.6
단체교섭 및 노동쟁의	협약체결 인준방법	27.9	72.1	8.8	91.2
	단체교섭의 위임				
	위임규정 여부	17.2	82.8	18.6	81.4
	위임결정기관	20.5	79.5	20.1	79.9
	위임시 절차	50.2	49.8	42.6	57.4
	단체교섭 위원수	62.1	37.9	45.4	54.6
	보충(수정)협약 규정 여부	81.6	18.4	94.9	5.1
	교섭위원 연명 서명규정	86.7	13.3	75.2	24.8
	근로자위원 선정 절차	14.6	85.6	21.5	78.5
	노동쟁의 발생신고 절차	17.2	82.8	8.2	91.8
	노동쟁의 결의 절차	27.9	72.1	9.9	90.1
노동조합의 재정	조합재정의 구성	3.9	96.1	9.2	90.8
	조합비 징수기준	4.5	95.5	88.5	11.5
	조합비 일괄공제	76.9	23.1	88.5	11.5
	특별기금 설치 여부	53.9	46.1	51.3	48.7
	회계연도	3.6	96.4	3.7	96.3
	결산승인기관	22.3	77.7	18.2	81.8
	회계감사 실시시기	2.7	97.3	20.6	79.4
표창과 징계	표창심의기관	15.0	85.0	13.7	86.3
	징계사유	1.6	98.4	2.6	97.4
	징계의 종류	5.9	94.1	5.4	94.6
	징계결의기관	7.4	92.6	7.2	92.8
	징계시 소명기회 여부	71.3	28.7	71.3	28.7
	징계시 재신청구권 여부	12.1	87.9	11.3	88.7
해산·부칙	해산사유	9.6	90.4	9.5	90.5
	청산위원 선정기관	19.1	80.9	26.9	73.1
	부칙의 준칙규정	10.5	89.5	20.8	79.2
	유권해석	24.4	75.6	87.5	12.5
	유권해석기관	25.0	75.0	86.3	13.7

자료: 이철수·김정한·김재훈, 「노동조합 규약분석: 단위노동조합 규약을 중심으로」(서울: 노동연구원, 1996); 김정한·윤문희·김재훈, 「노동조합 규약분석 Ⅱ」(서울: 노동연구원, 2005).

|그림 3-6| 한국노총 산별 대표자회의

회 등이 있다. 일반적으로 총회는 조합원 전원에 의해 구성되지만 조합원 전원의 참가가 곤란한 대규모의 조합에서는 총회를 대신하여 대의원회를 두기도 한다. 총회는 정기적으로 열리는 정기총회와 필요시 수시로 개최하는 임시총회가 있다. 총회의 의결사항으로는 규약의 제정과 변경, 임원의 선거, 단체협약, 예산·결산, 기금의 설치·관리, 또는 처분, 연합단체의 설립·가입 또는 탈퇴, 합병·분할 또는 해산, 조직형태의 변경, 기타 주요한 사항 등이 있다.

② 집행기관　　「노동조합 및 노동관계조정법」에 의하면 집행기관으로서 노동조합의 임원은 그 조합원들 중에서 선출되어야 하며, 임원의 임기는 규약으로 정하되 3년을 초과할 수 없다.

☞ 집행기관으로서 노동조합의 임원

☞ 회계감사

③ 감사기관　　현행 「노동조합 및 노동관계조정법」에 의하면 조합의 대표자는 그 회계감사원으로 하여금 적어도 6개월에 한 번 이상 당해 노동조합의 모든 재원 및 용도, 주요한 기부자의 성명 및 현재의 경리상황 등에 대한 회계감사를 실시하게 하고 그 내용과 감사결과를 전체조합원에게 공개해야 한다.

(3) 노동조합의 재정

노동조합을 유지하고 그 목적하는 바의 기능을 수행하기 위해서는 일정한 조합재정수입이 필요하다. 조합재정수입의 원천은 조합원이 납부하는 조합비가 대부분이며, 그 이외에 교부금·가입금·임시징수금·기부금·사업수익 등이 있다.

① 조 합 비　　조합비를 징수할 때 사용자가 노동조합의 의뢰에 의하여 조합비를 급료계산시에 일괄공제하여 노동조합에 전달해 주는 방법이

☞ 체크오프시스템(조합비 일괄공제제도: check off system)

체크오프시스템(조합비 일괄공제제도: check off system)이다. 이 제도가 없다면 노동조합은 조합비를 거두기 위하여 많은 행정력을 낭비하여야 하고 그럼에도 불구하고 조합비의 완전한 징수가 어려워지므로, 이 제도는 노동조합

의 행정편의와 재정안정을 위하여 대단히 중요하다. 한 조사에 따르면 우리나라의 경우 94.3%가 조합비일괄공제제도를 실시하고 있는 것으로 나타났다.[22]

　② 교 부 금　　산업별 전국노조체제하에서는 경우에 따라 모든 지부와 분회의 조합비를 산업별 노조본부에서 일괄공제하고 산업별 노조본부로부터 교부금을 지급받아 지부나 분회를 운영하는 방법도 있다. 우리나라의 경우도 철도·체신(우정)·전력 등의 노동조합이 이와 같은 방식을 채택하고 있다.

　③ 가 입 금　　노동조합에 신규로 가입하는 피고용인에 대하여 가입금(initiation fee)을 징수하는 경우가 있다. 과거 직종별 조합에서 사용하였으나 우리나라에는 가입금이 없다.

　④ 임시징수금　　노동조합의 활동과정에서 특별한 사업 또는 활동을 위하여 임시적으로 일정금액을 징수하는 것을 임시징수금이라고 하는데, 우리나라에서는 극히 예외적이다.

　⑤ 기 부 금　　노동조합은 복지후생과 관련하여 약간의 기부금을 사용자 기타 외부로부터 받을 수가 있다. 노동법에서도 근로자의 후생자금 또는 경제상의 불행 기타 재액의 방지와 구제 등을 위한 기금의 기부와 최소한 규모의 노동조합사무소의 제공은 허용하고 있다. 단, 사용자가 노조전임자의 급여를 지원하거나 노조 운영비를 원조하는 행위는 부당노동행위로서 금지하고 있다.

　⑥ 사업수익　　노동조합이 실시하는 협동사업이나 출판사업, 기타 등에서 발생한 사업수익 중 일부를 조합의 일반회계에 전입할 때 이는 사업수익에 의한 노동조합의 재정수입이 된다. 그러나 우리나라의 경우는 아직 그 액수가 미미한 편이다.

　결론적으로 일부 대규모 노조를 제외한 한국의 대부분 노동조합은 그 재정이 빈약하여 조직활동비도 충분치 않고 조합원의 복리후생사업에의 지출도 미약한 편이다.

22　김정한·문무기·전재식,「단체협약분석 Ⅲ」(서울: 한국노동연구원, 2001), p. 71.

3.3 노동조합의 가입과 탈퇴

(1) 조합에의 가입

헌법 제33조에서는 근로자들의 단결권을 인정하고 있고 「노동조합 및 노동관계조정법」 제5조에서는 "근로자는 자유로이 노동조합을 조직하거나 이에 가입할 수 있다"라고 규정하고 있다. 그러므로 근로자들은 자유의사에 의하여 조합에 가입할 자유가 보장되어 있다.

(2) 숍 제 도

숍(shop)제도란 노동조합의 가입과 취업을 관련시키는 것으로서 노동조합의 규모와 통제력을 좌우할 수 있는 제도이다. 즉, 조합원 자격이 고용의 전제조건이 된다면 보다 많은 근로자가 노동조합에 가입하려고 할 것이며, 조합의 조합원에 대한 통제력도 강화될 것이다.

대표적인 숍제도로서 오픈 숍, 클로즈드 숍, 유니온 숍 등이 있다. 첫째, 오픈 숍(open shop)제도는 노동조합의 가입 여부에 관계없이 채용할 수 있으며, 피고용인은 조합원이 될 의무가 없는 제도이다. 이 경우 비노조원은 노조의 단체협상의 결과로 간접적인 혜택을 입으므로 무임승차(free-riding)의 문제가 발생한다. 둘째, 클로즈드 숍(closed shop)제도는 채용이나 충원을 할 경우 조합원 중에서만 고용하도록 하는 규정으로 우리나라의 노동법에서는 원칙적으로 금지하고 있다. 셋째, 유니온 숍(union shop)제도는 취업 후에 일정기간이 경과하면 본인의 의사와 관계없이 자동적으로 노조에 가입하게 되는 제도이다. 즉 새로 채용되는 근로자를 노동조합원으로 조직화하고 기존 조합원이 조합으로부터 탈퇴하는 것을 방지하려는 목적으로 체결되는 협정이다. 다만 유니온 숍협정은 근로자의 선택자유를 침해할 수도 있으므로 근로자의 3분의 2 이상을 조직하고 있는 노동조합이 있을 경우에만 이 협정을 둘 수 있도록 「노동

|그림 3-7| 지하철공사 차량기지에서 쇠로 된 바퀴를 깎는 삭정선 작업장 모습

조합 및 노동관계조정법」에서 정하고 있다.

그 외에도 단체교섭의 당사자인 노동조합이 그 기업의 노조원과 비노조원 모두에게 조합회비나 교섭경비를 징수하는 '에이전시 숍'(agency shop), 채용에 있어 노동조합원에게 우선순위를 부여하는 '프리퍼런셜 숍'(preferential shop), 조합원이 되면 일정기간 동안 조합원의 지위를 유지하여야 하는 '메인티넌스 오브 멤버십 숍'(maintenance of membership shop) 등이 있다.

우리나라에서는 클로즈드 숍제도는 원칙적으로 부당노동행위로서 금지하고 있으며, 전체 단체협약 중 56%가 오픈 숍제도를 채택하고 있고, 36.9%가 유니온 숍제도를 채택하고 있다.[23]

(3) 조합원 지위의 상실

조합원으로서의 지위는 조합원의 사망, 혹은 조합규약에서 정한 조합원 자격의 상실요건에 해당되는 경우에 조합원 지위를 상실한다. 예컨대 조합원이 승진 또는 승격해서 사용자의 이익을 대표하는 자가 되었다든가 기업별 조합에서 퇴직 또는 해고 등으로 근로관계가 종료되면 그 시점에서 조합원으로서의 지위를 잃는다. 다만, 사측이 해고하였으나 노측이 이에 불응하여 해고의 법적 효력을 다투고 있는 자는 근로자가 아닌 자로 해석해서는 안 된다고 노동법에서 규정하고 있다.

조합원의 지위를 상실하게 되는 또 다른 이유는 탈퇴이다. 탈퇴라 함은 조합원이 그의 자유의사에 의해 조합원의 지위를 종료하는 것을 의미한다. 제명은 노동조합이 내부의 통제를 유지하기 위하여 단결의 유지·강화에 반하는 행위를 한 조합원에게 가하는 극단적인 제재조치이다. 제명은 조합원으로서의 권리와 자격을 박탈하는 것이므로 그 이유와 절차에 있어서 정당성이 있어야 할 것이다.

▸에이전시 숍(agency shop)

▸프리퍼런셜 숍(preferential shop)

▸메인티넌스 오브 멤버십 숍(maintenance of membership shop)

▸조합원의 사망, 조합원이 승진 또는 승격 – 근로관계가 종료

▸탈회

23 　김정한·문무기·전재식, 전게서, p. 35.

4. 노동조합의 추세와 현황

4.1 한국 노동조합의 추세와 현황

(1) 연도별 노동조합 및 노동조합원수 현황

우리나라에서 노조의 조직형태는 기업별·산업별·직종별 및 지역별 등 어떤 형태도 법적으로는 가능하다. 오랜 기간 동안 우리나라의 대표적인 노동조합의 형태는 기업별 노조였다. 그러나 노동계가 노동조합 조직률 제고 및 교섭력 강화를 위해 1990년대 말 이후 산별 노조 건설에 주력하여 초기업단위노조가 크게 늘어났다. 조합원수를 기준으로 노조의 조직형태를 살펴보면 기업별 노조와 초기업단위노조(산업별·직종별·지역별 노조)의 노조원 비율은 약 55.2 : 44.8 정도이다.[24]

〈도표 3-3〉에는 1963년부터 2012년까지의 노동조합의 가입자 수, 조직률, 단위노조수가 정리되어 있다. 도표에서 보는 바와 같이 노동조합이나 조합원 수가 1987년을 기점으로 대폭 증가하는 현상을 보였는데, 이는 1987년 6·29선언 이후 민주화의 분위기 속에서 자유로운 노동운동현상을 나타낸 결과라 할 수 있다. 또한 1989년 노동조합수, 조합원수 및 조직률 등에서 정점에 도달한 후 계속 하락하는 추세를 보였다.

이러한 하락 원인으로는 ① 전통적인 노조조직률이 낮은 서비스업이나 비정규직의 증가, ② 인권 등에 대한 권리보호법률의 제정으로 집단적 노사관계에 대한 필요성 감소 및 ③ 반노조적인 사회정치적 분위기 등을 들 수 있다. 특히 기업 측에서 피고용인의 노조에 대한 욕구를 대체할 수 있는 각종 제도, 예를 들어 합리적인 인적자원관리제도, 고충처리절차 또는 경영참가 등을 활성화 또는 확대시키는 방법이 노조활동을 하락시킨 원인으로 풀이된다.

한편 2011년 복수노조제도 시행 등의 영향으로 노동조합수, 조합원수 및 조직률 등이 다시 증가하는 추세로 보이고 있다.[25]

---

24 고용노동부,「2012년 전국노동조합 조직현황」(2013), p. 17: www.moel.go.kr.
25 상게서, p. 10.

| 도표 3-3 | 연도별 노동조합 및 조합원수 |

연 도	전체 노조수	산별 노련(조)수	단위노조		조합원수		단위노조 평균조합원수	노조 조직률(%)
			개 수	증가율(%)	명 수	증가율(%)		
1963	2,150	16	1,820	—	224,420	—	—	—
1965	2,634	16	2,255	—	301,522	—	—	—
1970	3,500	17	3,482	—	473,259	—	135.9	—
1975	4,091	17	4,073	16.9	750,235	58.5	184.2	—
1980	2,635	16	2,618	−35.7	948,134	26.3	362.2	14.7
1985	2,551	16	2,534	−3.2	1,004,398	5.9	396.4	16.9
1987. 6	2,742	16	2,725	—	1,050,201	—	—	15.7
1987. 12	4,103	16	4,086	61.2	1,267,457	26.1	310.2	18.5
1988	6,164	21	6,142	50.3	1,707,456	34.7	278.0	19.5
1989	7,883	21	7,861	27.9	1,932,415	13.1	245.8	19.8
1990	7,698	21	7,676	−2.3	1,886,884	−2.3	245.8	18.4
1991	7,656	21	7,634	−0.5	1,803,408	−4.4	236.2	17.2
1992	7,527	21	7,505	−1.6	1,734,598	−3.8	231.1	16.4
1993	7,147	26	7,120	−5.1	1,667,373	−3.8	234.2	15.6
1994	7,025	26	6,998	−1.7	1,659,011	−0.5	237.1	14.5
1995	6,606	26	6,579	−5.9	1,614,800	−2.6	245.4	13.8
1996	6,424	26	6,397	−2.7	1,598,558	−1.0	249.9	13.3
1997	5,733	41	5,733	−10.4	1,484,194	−7.2	258.9	12.2
1998	5,560	42	5,560	−3.0	1,401,940	−5.5	252.7	12.6
1999	5,637	43	5,637	1.4	1,480,666	5.6	262.7	11.9
2000	5,698	44	5,652	0.3	1,526,995	3.1	270.2	12.0
2001	6,150	45	6,150	8.8	1,569,000	2.8	255.1	12.0
2002	6,506	41	6,463	5.1	1,538,000	2.4	236.4	11.0
2003	6,257	43	6,212	−3.9	1,550,000	0.8	247.7	11.0
2004	6,107	42	5,973	−3.8	1,537,000	−0.8	251.7	10.6
2005	5,971	42	5,927	−0.8	1,506,000	−2.0	254.1	10.3
2006	5,889	41	5,836	−1.5	1,559,000	3.5	267.1	10.0
2007	5,099	40	5,057	−13.3	1,688,000	7.0	329.8	10.6
2008	4,886	41	4,843	−4.2	1,666,000	−0.1	344.0	10.3
2009	4,689	43	4,644	−4.1	1,640,000	−1.6	353.1	10.0
2010	4,420	42	4,376	−5.8	1,643,000	0.2	375.5	9.7
2011	5,120	50	5,067	15.8	1,720,000	4.7	339.5	9.9
2012*	5,177	52	—	—	1,781,337	3.6	—	10.3

주: * 고용노동부 통계로 2011년 이전 통계치와 다소 차이가 있을 수 있음.
자료: 한국노동연구원, 「각 연도 KLI 노동통계」 (서울: 한국노동연구원, 각 연도).
　　 고용노동부, 「2012년 전국노동조합 조직현황」(2013).
　　 http://www.kli.re.kr/

도표 3-4	규모별 조합수 및 조합원수					(단위: 개소, 1,000명, %)	
구 분	총 계	50인 이하	50~99인	100~299인	300~499인	500~999인	1,000인 이상
노동조합수	5,177 (100.0%)	2,637 (50.9%)	877 (16.9%)	1,028 (19.9%)	236 (4.6%)	188 (3.6%)	211 (4.1%)
조합원수	1,781,337 (100.0%)	42,856 (2.4%)	61,650 (3.5%)	168,578 (9.5%)	89,553 (5.0%)	129,431 (7.3%)	1,289,269 (72.4%)

자료 : 고용노동부, 「2012년 전국노동조합조직현황」(2013), p.16; www.moel.go.kr

(2) 규모별 노동조합 및 노동조합원수 현황

규모별로 살펴보면 조합원 500인 이상의 대규모 노동조합은 399개소, 141만여 명으로 전체 조합수의 7.7%, 조합원수의 79.7%를 차지하고 있으며 조합원 50인 이하의 소규모 노동조합은 2,637개로 전체 조합수의 50.9%, 조합원수는 4만 2천여 명이 소속되어 2.4%를 점유하고 있는 것으로 나타났다(〈도표 3-4〉 참조).[26] 즉, 우리나라 노동조합은 소규모 영세한 조합이 조합수로는 상당수를 차지하고 있으나, 대규모 노동조합이 조합원수로의 대부분을 차지하고 있다는 것을 알 수 있다.

(3) 산별 및 전국중앙조직 현황

☞ 한국노동조합총연맹
(한국노총)과 전국민주
노동조합총연맹(민주
노총)

전국민주노동조합총연맹
Korean Confederation of Trade Unions
http://www.nodong.org/

한국노동조합총연맹
FEDERATION OF KOREAN TRADE UNIONS
http://www.inochong.org

전국중앙조직으로는 한국노동조합총연맹(한국노총)과 전국민주노동조합총연맹(민주노총)이 있다. 한국노총은 1946년 당시의 좌익노동운동에 대항하여 우익정치인을 주축으로 결성된 대한독립촉성노동총연맹에서 그 기원을 찾을 수 있다. 그 후 1954년 대한노동조합총연합회(대한노총)로 개편되었다가 1960년 한국노동조합총연맹(한국노총)으로 개칭하고 오늘에 이르고 있다. 한국노총은 권위주의 정권하에서 정부에 종속된 노동운동을 전개하다가, 민주화 이후 독립된 노동운동으로 거듭나게 되었다. 따라서 우리나라 노동운동이 걸어온 질곡의 역사를 그대로 보여주고 있다. 한국노총은 상대적으로 온건한 경제적 조합주의 노선을 걷고 있으며, 한국노총에 소속된 기업들은 중소기업이 많은 편이다.

민주노총의 모태는 1990년 1월 결성된 진보적 성향을 가진 전국노동조합협의회(전노협)이었다. 민주노총은 민주화운동의 물결을 타고 1995년 창

---

26 상게서, p. 16.

도표 3-5	산업별 노동조합수 및 조합원수(2012. 12. 31 현재)				(단위: 개소, 명)

총연맹별		조합수	조합원수		
			계	남성	여성
총 계		5,177	1,781,337	1,358,699	422,638
한 국 노 총	계	2,310	808,664	640,992	167,672
	전국금속노동조합연맹	465	129,652	98,282	31,370
	전국금융산업노동조합	1	98,833	49,938	48,895
	전국택시노동조합연맹	306	74,018	73,156	862
	전국자동차노동조합연맹	106	83,722	81,825	1,897
	전국화학노동조합연맹	445	65,185	53,199	11,986
	전국연합노동조합연맹	353	57,044	43,785	13,259
	전국공공노동조합연 맹	75	36,664	27,422	9,242
	전국해상산업노동조합연맹	63	26,719	26,546	173
	전국우정노동조합	1	28,832	21,286	7,546
	전국항운노동조합연맹	42	22,749	21,843	906
	전국외국기관노동조합연맹	19	11,419	9,195	2,224
	전국섬유유통노동조합연맹	75	12,528	7,901	4,627
	전국 관광서비스노동조합연맹	75	11,934	7,369	4,565
	전국IT사무서비스노동조합연맹	31	39,805	31,790	8,015
	전국식품산업노동조합연맹	47	10,894	8,293	2,601
	전국고무산업노동조합연맹	14	9,677	8,972	705
	전국의료산업노동조합연맹	12	7,400	1,814	5,586
	전국전력노동조합	1	14,729	10,855	3,874
	전국담배인삼노동조합	1	6,053	4,687	1,366
	한국철도산업노동조합	1	3,846	2,245	1,601
	전국사립대학교노동조합연맹	23	4,494	3,171	1,323
	전국광산노동조합연맹	7	2,852	2,747	105
	전국아파트노동조합연맹	4	1,349	1,338	11
	전국출판노동조합연맹	22	1,086	798	288
	한국공무원노동조합연맹	3	2,171	1,199	972
	전국공공산업노동조합연맹	18	18,065	16,229	1,836
	전국건설기계	1	16,352	16,339	13
	직가입노조	99	10,592	8,768	1,824

총연맹별		조합수	조합원수		
			계	남성	여성
민주노총	계	383	604,705	443,745	160,960
	전국금속노동조합	1	142,558	–	–
	전국공공운수노동조합연맹	72	122,227	103,837	18,390
	전국교직원노동조합	1	60,249	21,417	38,832
	전국사무금융노동조합연맹	73	60,598	34,724	25,874
	전국보건의료산업노동조합	1	42,304	14,804	27,500
	전국정보경제서비스노동조합연맹	12	6,028	3,503	2,525
	전국건설 산업 노동조합연맹	37	68,392	65,932	2,460
	전국민주화학섬유노동조합연맹	19	13,647	12,611	1,036
	전국민간서비스산업노동조합연맹	82	14,337	6,469	7,868
	전국언론노동조합연맹	2	12,385	10,385	2,000
	전국민주환경시설일반노동조합연맹	6	6,147	4,690	1,457
	전국대학노동조합	1	6,846	4,010	2,836
	전국 학교비정규직노동조합	1	25,600	2,093	23,507
	전국여성노동조합연맹	3	3,863	600	3,263
	직가입노조	72	19,524	16,112	3,412
국민노총	계	100	17,914	14,833	3,081
	전국지방공기업노동조합연맹	43	10,019	8,113	1,906
	전국건설플랜트산업노동조합연맹	2	1,700	1,700	0
	자유교원조합	8	2,402	1,453	949
	한국건설기업노동조합연맹	6	1,936	1,890	46
	직가입노조	41	1,857	1,677	180
미가맹	계	2,384	350,054	259,129	90,925
	대한민국공무원노동조합총연맹	62	65,769	48,348	17,421
	전국민주택시노동조합연맹	31	7,934	7,885	49
	전국예능인노동조합연맹	17	1,082	849	233
	화학산업광주전남지역노조연합	13	2,007	2,001	6
	전국화학산업노동조합연맹	13	1,469	1,327	142
	순수미가맹	2,248	271,793	198,639	73,074

※ 연맹의 노조수는 소속 노조수에 연맹 자신의 수 1을 더한 수임
※ 각 총연맹별 직가입 노조수는 산별연맹에 가입하지 아니하고 각 총연맹에 직접 가입한 단위노조의 수, 조합원수 1,000명 미만의 연합단체(소속 노조 포함) 및 총연맹 자신의 수 1을 더한 수임
※ 대한민국공무원노동조합총연맹의 조합수 및 조합원 수는 전국시·도교육청공무원노동조합, 광역자치 단체공무원노동조합 연맹과 이들 각 연맹에 가입한 수와 조합원 수에 행정부공무원노동 단위노조의 조합 등 직가입한 단위노조의 수와 조합원 수를 합한 수임
※ 순수미가맹은 미가맹 노조 중 연맹에 가입하지 아니한 단위노조 및 1,000명 미만의 연합단체(소속 노조 포함)를 포함하여 산정
※ 자유교원조합은 연합단체임
자료: 고용노동부, 「2012년 전국 노동조합 조직현황」(2013), pp. 23 – 25.

립하여 그간 법외노총으로 활동하여 왔으나, 1999년 전국중앙조직에 대한 복수노조가 허용됨에 따라 합법조직이 되었다. 민주노총은 비교적 진보적이고 투쟁적인 정치적 조합주의 노선을 걷고 있으며, 민주노총에 소속된 기업들은 대기업과 공기업이 많다. 또한 2011년 11월 국민노동조합총연맹이 결성되었으며 주로 전국 지방공기업노동조합을 주축으로 하고 상대적으로 보수적인 성향을 가졌다.

2012년 12월 말 현재 한국노총에 가입되어 있는 노동조합(연맹)은 2,310개(44.6%)이고 가입조합원 수는 80.9만여 명으로 전체의 45.3%를 차지하고 있다. 또한 민주노총의 경우에는 383개(7.4%)의 노동조합(연맹)이 가입하고 있으며 조합원 수는 60.5만여 명으로 전체의 33.9%를 차지하고 있다. 또한 국민노총 가입 노동조합은 100개(1.9%)이며 조합원수는 1.8만여 명(1.0%)이며 상급단체가 없는 비가맹노조는 총 2,384개(46.0%)이며 조합원

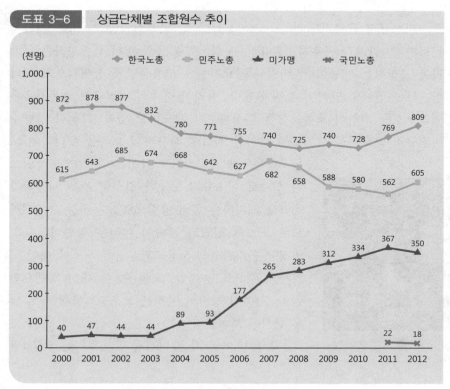

도표 3-6 상급단체별 조합원수 추이

자료 : 고용노동부, 「2012년 전국 노동조합 조직현황」(2013), p. 12.

수는 35.0만여 명으로 전체의 19.7%에 달한다(〈도표 3-5〉 참조).[27]

한편 상급단체별 조합원수 추이를 살펴보면 2010년까지 한국노총과 민주노총의 조합원수는 지속적으로 감소하는 추세를 보이고 있다. 반면에 비가맹노조는 꾸준한 증가세를 보이고 있다. 이와 같은 이유는 첫째, 단위노조의 상급노조 가입이 임의사항이기 때문에 가입을 안 해도 무방하고 둘째, 일부 대규모 노조가 상급단체와의 노선 차이에 따른 갈등으로 상급단체 탈퇴 후 미가맹노조로 전환하였거나(예: 현대중공업 노조, GS칼텍스 노조 등) 셋째, 새 노동운동을 표방하는 등 독자노선을 걷는 노동조합이 증가하였기 때문인 것으로 풀이된다.

4.2 노동조합과 관련된 최근 이슈

(1) 비정규직노조

☞ 비정규직 근로자
(contingent worker)

비정규직 근로자(contingent worker)란 ① 한시적 근로자 또는 기간제 근로자 ② 단시간 근로자 ③ 파견·용역·호출 등의 형태로 종사하는 근로자를 포함하는 개념이다. 비정규 근로자들은 고용불안과 상대적으로 열악한 근로조건에 시달리는 경우가 많다. 따라서 다수의 비정규직 노동자들은 권익보호를 위하여 노동조합을 결성하고자 시도하고 있다. 그러나 상당수 비정규직 근로자들은 고용이 불안한 까닭에 사용자의 보복을 우려하여 노동조합운동에 적극적으로 나서는 것을 꺼리고 있으며 실제로 비정규직 노조가 결성될 경우 사용자가 계약을 해지하는 등의 방법으로 노동운동을 저해하므로 노조의 설립과 존속이 어려운 형편이다. 즉, 비정규 근로자들의 노동조합운동은 노조에 대한 근로자의 수요도 높지만, 노동운동에 대한 장애요인들의 힘이 더 강하여 아직은 노조조직률이 극히 낮은 현상을 보여준다.

2012년 8월 기준 비정규직 근로자는 591.1만

|그림 3-8| 선거에 출마한 노동조합 추천후보

27 상게서, pp. 23~25.

도표 3-7	비정규직 근로형태별 노동조합 조직률 추이								(단위: %)	
	2003	2004	2005	2006	2007	2008	2009	2010	2011	2012
임금근로자	11.4	12.4	11.8	11.3	12.1	12.7	12.2	11.4	10.9	11.5
정규직	15.3	16.7	15.9	15.1	16.0	17.0	17.3	15.7	15.2	15.8
비정규직	3.4	5.2	4.6	4.3	5.1	4.4	2.5	2.8	2.6	2.9
한시적 근로	4.0	5.9	5.8	5.9	7.3	6.4	3.5	4.1	3.9	4.5
기간제	3.9	4.9	6.0	5.0	6.8	6.9	3.9	3.8	3.4	4.2
반복갱신	10.6	14.9	13.3	15.4	14.5	11.0	6.8	12.4	11.6	12.1
기대불가	0.4	0.8	0.7	1.6	1.3	1.2	0.3	0.5	0.7	0.8
비전형 근로	2.6	4.2	2.8	1.9	2.3	2.4	1.5	1.8	1.4	1.6
파견	5.9	5.1	8.8	5.7	5.0	7.1	3.1	3.9	4.6	1.6
용역	1.1	3.3	4.8	4.9	5.4	4.0	3.5	4.9	3.7	4.9
특수형태근로	5.1	7.6	3.4	0.8	1.4	1.9	0.5	05	0.1	0.0
가정 내 근로	0.7	3.2	0.9	0.2	0.0	0.0	1.0	0.0	0.0	0.0
일일근로	0.5	0.4	0.0	0.1	0.0	0.5	0.3	0.1	0.0	0.0
시간제 근로	0.3	0.5	0.2	0.4	0.2	0.3	0.4	0.2	0.3	0.3

주: 한시적 근로자＝기간제＋반복갱신＋기대불가
　　기간제: 근로계약기간을 정한 근로자
　　반복갱신: 계약의 반복갱신으로 계속 일할 수 있는 근로자
　　기대불가: 고용계약기간을 정하지 않고 계약의 갱신을 기대할 수 없는 근로자
　　비전형 근로자＝파견＋용역＋특수형태 근로＋가정 내 근로＋일일근로
　　파견근로자: 파견사업주가 근로자를 고용한 후 사용사업주의 사업장에서 사용사업주를 위
　　　하여 근무하는 근로자
　　용역근로자: 용역업체에 고용되어 이 업체의 지휘 하에 이 업체와 용역계약을 맺은 다른 업
　　　체에서 근무(청소, 경비 등)하는 근로자
　　특수형태근로종사자: 개인적으로 모집, 판매, 배달, 운송 등의 업무를 통해 고객을 찾거나
　　　맞이하여 상품이나 서비스를 제고하고 소득을 얻는 형태의 근로종사자로 보험설계사, 학
　　　습지교사, 퀵서비스 배달기사, 골프장 경기보조원(캐디) 등이 이에 속함
　　가정 내 근로자: 재택근무, 가내하청 등과 같이 가정 내에서 근무가 이루어지는 근로자로 파
　　　출부, 입주 보모, 입주 가정교사 등이 이에 속함
　　일일근로자: 근로계약을 정하지 않고 일거리가 생겼을 경우 며칠 또는 몇 주씩 일하는 형태
　　　의 근로자로 건설일용근로자, 파출부, 간병인 등이 이에 해당됨
　　시간제 근로: 소정 근로시간보다 1시간이라도 짧은 근로자로 평소 1주에 36시간 미만 일하
　　　는 근로자
자료: 한국노동연구원, 「2012 KLI 비정규직 노동통계」(2012), p. 50.

여 명으로 전체 피고용인의 33.3%를 차지하고 있으나 비정규직 노조의 조직률은 2.9%로 정규직 노조 조직률 15.8%보다 무려 1/5수준이다. 특히 한시적 근로 중 반복갱신 집단의 조직률이 가장 높으며 비전형 근로 중 특수형태근로, 가정 내 근로, 일일근로는 0%의 조직률을 보이고 있으며 시간제

|그림 3-9| 체신산업의 비정규직 사원의 시위

근로, 한시적 근로 중 기대불가 집단은 1%에도 미치지 못하고 있다(〈도표 3-7〉 참조).[28]

한편 비정규직 노조의 일반적인 특징[29]을 정리하면 첫째, 거의 모든 비정규직 노조가 단체교섭의 확보를 위하여 파업을 거친 것으로 나타났다. 이는 노조가 결성되어도 사용자의 거부로 협상이 이루어지지 않기 때문에 파업을 통해야만 단체협상이 이루어지는 현실을 반영하고 있는 것이다. 분석결과에 따르면 기존 노조의 평균 파업보다 11~16배에 해당하는 파업발생률을 보이고 있는 것으로 나타났다. 둘째, 대부분의 비정규직 노조는 전략적으로 중요하지 않은 직무, 예를 들어 보조적 업무나 숙련도가 낮은 업무 등을 수행하기 때문에 교섭력이 상대적으로 약하다는 한계를 갖고 있다. 셋째, 비정규직 노조의 협상 상대방이 모호한 점이 있다. 예를 들어 원하청의 사용자가 서로 다르고, 고용주와 사용주가 다른 까닭에 협상을 진행할 상대를 정하기도 어렵다. 따라서 효과적인 단체협상 및 단체협약 체결을 어렵게 하는 요인 중의 하나이다. 넷째, 비정규직 노조의 교섭단위와 조직단위가 불일치하는 경우가 많다. 예를 들어 전국여성노조의 경우에는 조합원이 지역적으로 산재해 있어서 이들을 고용한 수많은 사용자가 노조의 조직단위에 상응하는 전국 혹은 지역단위의 사용자단체를 구성하기가 어렵다. 따라서 노조는 지역, 혹은 전국적으로 조직되어 있지만 협상은 기업별로 이루어지는, 일종의 대각선교섭을 하는 경우가 흔히 있다.

---

28 한국노동연구원, 「2012 KLI 비정규직 노동통계」(2012), p. 4, 50.
29 진숙경·김동원, "비정규직 노조의 현황과 이론적 시사점: 18개 노조 사례분석을 중심으로,"한국노사관계학회 2005년 동계학술대회.

5. 경영자조직

경영자들의 조직을 사업자조직(trade or business association)과 사용자조직(employers association)으로 구분할 수 있다. 이 경우 사업자조직은 경쟁, 관세, 대정부로비 등 기업경영상의 일반적인 문제를 다루는 조직을 의미하며 사용자조직은 기업경영상의 노동문제를 중점적으로 다루기 위한 조직을 의미한다.[30] 일반적으로 사업자조직이 먼저 형성되고 노동운동이 격화되는 시점에서 노동문제를 다루기 위한 사용자조직이 설립되는 경향을 보이는데 우리나라도 예외는 아니다. 한국의 경우도 전경련, 대한상의 등 사업자조직이 먼저 결성되고 노동운동이 대두되는 시점에서 사용자조직인 경총이 설립되었다.

사용자조직은 국가별로 다양한 형태를 띠고 있다. 첫째, 스웨덴이나 독일 등에서는 사용자조직이 직접 단체교섭에 참가하거나 노사정협의체에서 사용자조직의 이해관계를 대변하는 등 강력한 영향력을 발휘하는 사용자조직이 있다. 또 일본처럼 기업별 노사관계가 주를 이루는 경우 사용자조직이 사용자를 대표하여 로비활동을 하고 각종 정보와 전문기술을 제공하는 역할을 수행하기도 한다. 둘째, 미국이나 영국처럼 사용자조직이 산별교섭을 직접 참여하지 않거나 중앙조직을 갖고 있지 않는 경우도 있다.[31]

한편 한국은 산별협상이 활발하지 않았기 때문에 산별 사용자조직보다는 국가단위의 사용자조직이 설립되었으며 주로 사용자의 상호 관심사에 관해 협의하고 로비를 하는 역할을 수행하였다. 그러나 최근 노사정위원회와 산별노조 등이 등장함에 따라 사용자조직의 역할에 대한 관심이 높아지고 있다. 이하에서는 경영자조직의 특성, 현황 및 성격 등에 대하여 살펴보고자 한다.

---

30 김동원·전인·김영두, 「한국의 사용자와 사용자단체에 관한 연구」(한국노총 중앙연구원, 2007), p. 289.

31 Michael Poole, *Industrial Relations: Origins and Patterns of National Diversity* Routledge & Kegan Paul LTD.: London and New York, 1986).

5.1 경영자조직의 역할

경영자조직은 정책참여, 단체교섭, 분쟁대응 및 회원서비스 등의 역할을 수행한다. 첫째, 정책참여역할이란 노동, 사회 및 경제정책들에 대한 사용자들의 입장을 정리하고 이를 사회적 협의기구(예: 노사정위원회 등)나 정부와 정당 등에게 의견을 개진하고 영향을 행사하는 역할이다. 예를 들어 비정규직입법안에 대한 사용자측 주장이 이에 속한다. 둘째, 단체교섭역할이란 단체교섭에 직접 참여하거나 또는 이를 지원하는 활동을 의미한다. 주로 산업교섭이나 전국단위 교섭이 이루어지는 경우 다수의 사용자를 대표하여 사용자조직이 단체교섭을 수행한다. 우리나라의 경우 금속산업노조와의 산별교섭에 참여하는 금속산업사용자협의회가 그렇다. 또한 단체교섭이 기업별로 이루어질 경우 일반적 권고나 지침, 자료 제공 및 조율 등을 통해 개별기업의 단체교섭을 지원하는 활동 등이 있을 수 있다. 셋째, 분쟁대응 역할이란 노조와의 분쟁에 대하여 상호지원,[32] 파업기금을 통한 공동의 방어,[33] 직장폐쇄를 통한 반격, 분쟁 조정과정에서의 사용자 대변 등의 활동을 의미한다. 마지막으로 회원서비스 역할이란 사용자조직의 회원에게 다양한 유형의 조사와 연구를 전담하고 이를 통해 통계, 제도분석 등의 정보를 산출해 준다. 또한 회원사에게 단체교섭이나 인적자원관리 등에 대한 기법, 노동자 숙련훈련 등의 교육서비스도 제공한다.

5.2 한국 경영자조직 현황 및 성격

경영자조직은 사용자조직과 사업자조직이 있다. 경총은 사용자조직이고 전경련, 대한상의, 중기협 등은 사업자조직이다.

(1) 한국 사용자조직 현황

① **한국경영자총협회**   경총은 한국의 유일한 전국단위의 사용자

---

32 파업이 발생할 경우, 사용자들 간에는 파업 노조원을 고용하지 않거나 고객을 서로 빼돌리지 않거나 재고를 비축하거나 대금지급을 연기시켜 주는 등의 지원활동.

33 스웨덴이나 독일 등에서는 중앙사용자조직의 정관규정에 의해 파업기금을 모았다가 파업이 발생하는 기업에게 파업기금을 보상함.

조직으로서 경영계의 긴밀한 제휴와 노사간의 협력체제 확립 그리고 건전한 고용관계 방향정립을 이룩하기 위해 1970년 7월 15일 설립된 공익단체로서 노사문제에 대한 사용자 대표기구이다. 경총은 창립 이후 현재까지 전국적으로 13개 시·도 지방경협을 두고 있으며 전국 회원 업체수는 4천여 개에 이르고 있다. 또한 경제 5단체 및 주요 업종별 단체로 구성된 경제단체협의회 사무국이 경총 내에 운영되고 있다. 경총의 주된 사업은 사용자의 이익에 부합하는 노동법제와 노동행정, 정책 운용방향을 제시하고, 임금교섭준거를 제공하며,

|그림 3-10| 한국경영자총협회의 임금가이드라인 논의 장면

기업의 인재양성을 위한 각종 세미나 및 계층별·직능별 연수과정의 운영, 국제노동기구(ILO) 등과의 노동외교 전개, 고급인력정보 센터, 인재은행의 운용을 통한 인력수급의 효율성 향상 등 다양한 분야에 걸쳐 이루어지고 있다. 경총은 한국노총, 민주노총에 대한 주된 상대역으로서 노사정위원회 등에서 사용자를 대표하여 활동을 하고 있다.

한국경영자총협회
KOREA EMPLOYERS FEDERATION
http://www.kef.or.kr/

▶ 노사문제에 대한 사용자 대표기구

(2) 한국 사업자조직 현황

① **전국경제인연합회**　전국경제인연합회(이하 전경련)는 경제정책 및 제도개선에 관한 민간경제계의 의견개진, 대외교류를 통한 민간 경제외교 활동을 목적으로 1961년 민간경제인들에 의해 설립된 경제단체이다. 전경련 회원사는 제조업, 무역, 금융, 건설 등 전국적인 업종별 단체 65개와 우리나라의 대표적인 대기업 380여 개사로 구성되어 있으며 여기에는 외자계 기업 15개사도 포함되어 있다.[34] 전경련은 주로 재벌들의 이해관계를 대변해 왔으며, 노동문제에 있어서도 같은 경향을 보이고 있다.

FKI 전국경제인연합회
http://www.fki.or.kr/

▶ 경제정책 및 제도개선에 관한 민간경제계의 의견개진, 대외교류를 통한 민간 경제외교활동을 목적으로 설립된 경제단체

② **대한상공회의소**　대한상공회의소(또는 대한상의)는 경제 현안 및 업계 실태조사, 회원기업의 권익 대변과 상공업계의 정책건의 및 국제교류 확대 등을 목적으로 설립된 법정민간단체로서 그 역사는 1884년부터 시작되었다. 회원사로는 65개 지방상공회의소, 3만 5천여 개인 및 법인, 74개 단체 및 협회 등으로 있으며 대한상의는 전국 지방상공회의소의 운영 및 사업을 종합·조정하고 그 의견을 대표하며, 국내외의 경제단체와 상호 협조

대한상공회의소
http://www.korcham.net/

▶ 경제 현안 및 업계 실태조사, 회원기업의 권익 대변과 상공업계의 정책건의 및 국제교류 확대 등을 목적으로 설립된 법정민간단체

---

34 http://www.fki.or.kr/

하고 있다.[35] 대한상의 역시 노동문제에 대한 회원사들의 입장을 대변하고 있다.

③ **중소기업중앙회**   중소기업중앙회는 업종별로 조직화된 각급 협동조합을 중심으로 전체 중소기업의 이익을 대변하기 위하여 설립한 경제단체로서 1962년에 설립되었다. 이 조직의 주요 목적은 중소기업의 이익을 대변하기 위하여 중소기업 조직화 지원, 영역보호 및 자금지원사업 등을 수행하고 있다.[36] 노동문제에 관련하여서 중소기업중앙회는 중소기업의 입장을 대변하는 역할을 하고 있다.

이상의 경영자조직을 정리하면 다음과 같다.

🄢 **Kbiz** 중소기업중앙회
http://www.kbiz.or.kr/

☞ 전체 중소기업의 이익을 대변하기 위하여 설립한 경제단체

도표 3-8 경영자조직(경제4단체) 현황

단체명	설립연도	구성(회원사)	목적 및 활동
한국경영자총협회	1970년	373개사	사용자의 이익대변, 협력적 노사관계 구축, 산업평화 도모
전국경제인연합회	1961년	424개사	경제계, 특히 재벌의 관심사항, 경제전반에 걸친 회원사간 협의 및 국제경제 교류촉진 등
대한상공회의소	1884년	68개 지방상공회의소 (48,709개 상공업자)	주요 경제현안 및 업계 실태에 관한 조사연구
중소기업중앙회	1962년	25개 중소기업연합회, 175개 전국조합	중소기업의 애로파악, 조사·연구 및 정책건의 등

주: 한국경영자총협회와 별도로 광역시·도 단위로 지역경영자총협회가 구성되어 있으며 지역경영자총협회 회장은 한국경영자총협회의 이사가 되어 조직간 협조체제 유지.
자료: 노동부, 「2004 노동백서」(2004), pp. 85~86; http://www.molab.go.kr/

6. 노동조합과 사용자의 고용관계전략

지금까지 노동조합과 경영자조직의 조직구조에 대하여 주로 살펴보았다. 노사간의 상호작용은 조직구조라는 유형의 하드웨어뿐만 아니라, 당사자의 고용관계전략이라는 무형의 소프트웨어로부터도 많은 영향을 받게 된다. 이하에서는 사용자와 노동조합의 전략을 차례로 설명하고자 한다.

---

35 http://www.korcham.net/

36 http://www.kbiz.or.kr/

6.1 사용자의 협상전략과 고용전략

(1) 사용자의 협상전략

사용자가 선택할 수 있는 협상전략은 회피전략(escaping strategy), 강압전략(forcing strategy), 포용전략(fostering)의 세 가지 선택이 있다(〈도표 3-9〉 참조).

1990년대 중반 이후 사용자들은 고용관계를 전략적인 시각에서 보아 기존 노사구도의 근본적 변화를 모색하는 노사협상전략을 채택하여 왔다. 기존의 고용관계의 이론적 틀은 점진적 협상(incremental negotiations)이라는 개념으로 볼 수 있으며, 비교적 안정된 고용관계구도에 기초한 미시적 변화 추구에 중점을 둔 것으로서, 한국의 경우에는 아마 1987년 이후 1990년대 중반까지 기간의 분석에 적합한 것이다. 즉, 노사가 서로의 존재를 묵시적

도표 3-9	사용자의 협상전략과 고용전략		
구 분	전 략	전략의 특징	전략수행에 적합한 환경 및 목표
사용자의 협상전략	회피전략	노조회피, 약화, 무력화	비노조 환경이 경쟁력에 절대적으로 유리할 때
	강압전략	노조의 반대를 억누르고 사측의 의견 관철	즉각적이고 실질적인 양보를 얻어야 하며, 노조가 동의할 가능성이 거의 없고, 사용자의 협상력이 강하고, 고용관계의 악화가 상대적으로 덜 중요할 때
	포용전략	노사합의에 의한 변화를 추구	장기적이고 점진적인 혁신이 목표이고, 실시과정에서 노조의 동의가 필요하며, 노조가 사용자의 제안에 동의할 가능성이 클 때
사용자의 고용전략	신자유주의적 전략	외부노동시장에 의존하여 노동력의 수적인 유연성 추구	노동조합이 없거나 그 세력이 약하고 고용보호에 대한 법적인 제재수단이 없거나 약한 환경, 혹은 기술 축적이 크게 필요하지 않은 저임금의 대량생산부문
	이원화 전략	핵심인력에 대하여는 기능적 유연성의 확보에 치중하고, 주변인력에 대하여는 비정규직, 외주, 하청에 의존	조직 내 핵심인력과 주변인력의 구분이 뚜렷하고, 핵심인력의 근무성과가 조직전체를 위하여 월등히 중요하며, 주변인력의 근무성과가 조직전체 성과에 영향을 크게 미치지 않을 때
	사회조합주의적 전략	내부노동시장을 활용하여 다기능공화를 통한 기능적 유연성 추구	노동조합의 힘이 강력하여 기업과 정부에 영향력을 행사할 수 있는 경우와 고기술의 노동력이 생산하는 부가가치 높은 제품이 상품시장에서 지속적으로 수요를 창출할 수 있을 때

자료: 김동원·배종석, "한국기업의 생산적 고용관계에 대한 연구,"「경영학 뉴패러다임: 조직인사·노사관계」경영학연구총서 (2002).

으로나마 인정하고 기존의 노사간의 역학구도 내에서 단체협상을 통하여 서로의 요구사항을 대립적 혹은 협조적인 방식으로 반영해 나가는 것이다.[37]

한편, 노사협상을 연구하는 최근의 학자들은 환경의 급격한 변화와 구조조정의 필요에 따라 고용관계구도의 근원적인 변화가 시도되고 있으며, 기존의 이론적인 틀로는 고용관계의 근본적인 틀을 바꾸려는 이러한 추세가 적절히 설명될 수 없다고 주장한다. 즉, 1990년대 후반 이후 한국의 고용관계를 이해하기 위해서는 전략적인 노사협상(strategic negotiations)의 개념이 필요하다는 것이다. 변화를 모색하는 어느 일방(주로 사용자측)이 선택하는 고용관계전략으로는 세 가지가 있을 수 있다.[38]

|그림 3-11| 소고기 경매 모습

첫째는 회피전략으로서 노조를 회피하고자 하는 전략이다. 예를 들어 하청(subcontracting), 아웃소싱(outsourcing) 등을 통하여 노조원의 숫자를 축소하거나, 무노조공장에 대한 투자를 증가하여 노조공장의 비중을 줄여가고, 노조원의 탈퇴를 유도하여 노동조합을 무력화하거나, 노조가 결성된 공장을 폐쇄하고 무노조/해외공장을 신설하는 전략 등이다. 이 전략은 그 자체로는 협상전략이 아니지만 사용자측의 BATNA(best alternative to a negotiated agreement), 즉 협상에 실패할 경우 선택할 수 있는 최선의 대안으로서의 역할을 하며 다른 전략과 동시에 사용될 수 있으며 다른 전략의 지원군 역할을 한다.

☞ 회피전략은 노조를 회피하고자 하는 전략

☞ 강압전략은 사용자측의 강력한 협상력을 바탕으로 노조로부터 양보를 강제하는 전략

둘째는 강압전략으로서 사용자측의 강력한 협상력을 바탕으로 노조로부터 양보를 강제하는 전략이다. 강압전략의 목표는 노조로부터 즉각적이고 실질적인 양보(임금동결, 노조권한 약화)를 얻는 데에 있으며, 노조가 자발적으로 동의할 가능성이 거의 없고, 고용관계의 악화는 상대적으로 덜 중요

---

37 R. E. Walton, J. E. Cutcher-Gershenfeld, and R. B. McKersie, *Strategic Negotiations: A Theory of Change in Labor-Management Relations*(Harvard Business School Press, 1994).

38 상게서.

하다고 간주될 때에 주로 쓰인다. 강압전략의 성공요건으로는 사용자측의
강한 협상력과 절박한 변화의 필요성을 들 수 있다. 강압전략의 구체적 전
술로는 협상과정에서 대립적·분배적 협상기법(즉, 정보의 왜곡, 자신의 입장을
강력히 주장/고수, 우월한 협상력을 과시/위협, 상대의 실질적인 양보를 요구, 파업,
직장폐쇄 불사 등)을 사용하고, 상대방과의 관계측면에서도 공격적/부정적
인 태도를 취하며, 특히 자기그룹의 단결을 위하여 상대와의 갈등을 과장하
는 경우도 있다. 그룹 내부의 관계측면에서는 협상도중에는 자기그룹 내에
서는 단결을, 상대그룹 내에서는 분열을 조장(divide & conquer)하지만, 협상
종료시에는 타협안이 잘 받아들여질 수 있도록 양 그룹 내부의 합의를 희망
하게 된다.

마지막으로 포용전략은 노사 양측의 목표를 달성하기 위하여 노사합의
에 의한 변화를 추구하는 전략이다. 포용전략의 목표는 노조와 직원들로부
터 장기적이고 자발적인 변화노력을 이끌어 내고, 고용관계의 장기적인 개
선과 문제해결에 치중하는 것이다. 포용전략을 쓰는 경우는 점진적인 변화
가 목표이고 노조가 사용자의 제안에 동의할 가능성이 클 때이다. 포용전략
의 성공요건으로는 노사간의 신뢰와 변화의 필요성에 대한 노사간의 인식
을 들 수 있다. 포용전략의 구체적 전술로는 협상과정에서는 상호이익협상
(상호정보교환, 양측의 실제관심사항을 모색, 설득 및 교육, 대립적인 자세지양, 문제
해결식 접근방식 등)을 사용하고 상대방과의 관계측면에서는 우호적/긍정적
인 태도를 견지하며 상대방과의 관계개선을 위하여 노사공동프로그램을 실
시하기도 한다. 또한 그룹 내부의 관계측면에서는 자기그룹 내에서의 이견
을 해소하고 합의를 도모하며, 포용전략에 대한 그룹 내부의 지지를 호소하
게 되는데, 특히 노조측에서는 어용시비의 극복이 중요하다.

기존의 협상사례를 분석한 연구에 의하면, 고용관계구도의 근본적인
변화를 성공적으로 수행하기 위해서는 위 세 가지 전략을 적절히 혼합하여
구사할 때 가장 바람직한 결과를 얻었음을 지적한다. 즉, 각 전략마다 나름
대로의 한계가 있으므로 각 전략의 장점을 살려서 적절히 혼합하여 사용하
는 것이 효과적이라는 것이다.[39]

▶ 포용전략은 노사 양
측의 목표를 달성하
기 위하여 노사합의
에 의한 변화를 추
구하는 전략

---

39 상게서.

(2) 사용자의 고용전략

사용자들은 경제환경이 변함에 따라 인적자원의 고용유연성을 조절할 필요성이 대두되었는데, 고용유연성의 측면에서 사용자에게는 신자유주의적 전략(neo-liberal model), 이원화 전략(dualistic model), 사회조합주의적 전략(quasi-corporatist model)의 세 가지 선택이 있다.[40]

신자유주의적 전략은 철저히 외부노동시장에 의존하여 고용유연성을 확보하는 전략이다. 즉 경기가 좋을 때는 추가고용을 통하여 노동력을 확보하고 경기가 나쁠 때는 노동력의 해고를 통하여 인력을 축소하는 전략이다. 따라서 이러한 전략은 주로 노동력의 수적인 유연성을 추구하게 되어 노동력규모의 확대와 축소가 반복된다. 이 전략은 주로 노동조합이 없거나 그 세력이 약하고 고용보호에 대한 법적인 제재수단이 없거나 약한 환경에서 주로 쓰인다. 이 전략은 특히 근로자들의 기술축적이 크게 필요하지 않은 저임금, 대량생산부문에서 주로 사용된다. 대표적인 예로는 영세규모기업의 저임금노동시장을 들 수 있다.

이원화 전략은 기업 인력의 종류에 따라 서로 다른 전략을 구사하는 것이다. 즉 기업의 핵심적 역량을 수행하는 핵심인력에 대하여는 외부노동시장에 거의 의존하지 않고 내부노동시장을 적극 활용하여 다기능공화를 통한 기능적 유연성(functional flexibility)의 확보에 치중하며 비교적 장기고용을 보장하는 전략이다. 반면 기업의 주변적인 기능을 수행하는 주변인력에 대하여는 내부노동시장에 거의 의존하지 않고 철저히 외부노동시장을 활용하여 고용과 해고가 비교적 자유로운 비정규직이나 외주, 하청에 주로 의존하는 전략이다. 경제위기 이후 많은 수의 한국기업들이 업무의 중요성에 따라 정규직과 비정규직으로 구분하여 채용하고 관리하는 경향을 보이는데 이러한 고용전략이 이원화 전략에 속한다. 상당수의 한국의 중규모 이상 기업들이 이원화 전략을 사용하고 있다.

사회조합주의적 전략은 노동력의 유연성을 확보함에 있어서 외부노동시장에 거의 의존하지 않고, 내부노동시장을 적극 활용하여 다기능공화를 통한 기능적 유연성을 확보하는 전략이다. 이 전략은 노동조합의 힘이 강력

---

40 Greg J. Bamber, and Russel D. Lansbury, *International and Comparative Employment Relations*(London: Sage Publications, 1998).

하여 기업의 고용결정과 정부의 노동정책에 영향력을 행사할 수 있는 환경
에서 주로 일어난다. 기능적 유연성(혹은 내부적 유연성)은 주로 노사간의 긴
밀한 협조와 참여를 통하여 생성된다. 이 전략을 통하여 형성되는 고기술의
노동력이 생산하는 부가가치 높은 제품이 상품시장에서 지속적으로 수요를
창출할 수 있느냐가 이 전략의 경쟁력을 결정짓는 결정적인 요소가 된다.
이러한 전략이 쓰이는 대표적인 예로는 참여와 협조적인 노사관계를 추구
하는 한국의 소수 대기업과 노사공동결정(co-determination)으로 유명한 독
일과 스웨덴을 들 수 있다.[41]

6.2 노동조합의 전략적 선택

노동조합은 사용자가 혁신이나 구조
조정을 시도할 때 다양한 반응을 보일 수
있는데 이를 요약하면 다음의 네 가지로
정리할 수 있다. 이하에서는 이러한 네
가지 전략에 관하여 (1) 절대반대(just say
no), (2) 불개입(sit tight/wait and see), (3)
소극적 개입(protective involvement), (4)
적극적 참여(participation)의 순서로 논하
기로 한다.

|그림 3-12| 우체국 집배원이 오토바이에 우편물을 싣는 모습

첫째, 절대반대(Just Say No)의 전략은 혁신이나 구조조정의 도입이 노
조를 위해서나 노조원들을 위하여 부정적인 영향을 미칠 것으로 예상되는
경우, 노조지도부에서는 이의 시행에 반대하여 경영층의 실시의지를 약화
시키는 전략을 펴는 것을 의미한다. 예를 들면, 혁신이나 구조조정이 노조
를 약화시키는 수단으로 채택되었다고 의심할 소지가 있거나, 실시의 결과
가 노조원들의 이익을 옹호하기보다는 오히려 노동강도의 증가 등으로 노
조원들의 근무환경을 악화시킬 것으로 판단될 때, 노조에서는 적극적인 반

▶ 절대반대(just say no)
의 전략은 혁신이나
구조조정의 도입이
노조를 위해서나 노
조원들을 위하여 부
정적인 영향을 미칠
것으로 예상되는 경
우, 노조지도부에서
는 이의 시행에 반대
하여 경영층의 실시
의지를 약화시키는
전략을 펴는 것

41 김동원·배종석, "한국기업의 생산적 고용관계에 대한 연구."「경영학 뉴패러다임: 조
     직인사·노사관계」경영학연구총서 (2002).

대전략을 펴게 되는 것이다. 노조가 이러한 전략을 펴게 되는 경우는 대부분 제품시장에서 회사의 경쟁력이 유지되고 있다고 보아 현상을 유지하여도 노조원들의 이익을 충분히 보호할 수 있다고 판단되는 경우이다. 만약 회사의 경쟁력이 위기에 처해 있다고 느낀다면, 노조가 반대전략을 채택하기보다는 오히려 경영참여 등을 통하여 혁신과 구조조정에 동참하여 경쟁력을 높이는 방향으로 노선을 정리할 가능성이 크다. 즉, 외부의 기업환경이 노조의 전략선택에도 절대적인 영향을 미치게 되는 것이다. 노조가 절대반대를 할 경우, 혁신과 구조조정의 실시과정에서 많은 갈등이 예상되므로 사측에서도 이의 시행을 보류하게 될 가능성이 크고, 시행을 강행하더라도 긍정적인 효과를 거두지 못할 가능성이 크다.

둘째, 불개입(sit tight/wait and see)의 전략은 혁신이나 구조조정이 노동조합이나 노조원들을 위하여 바람직한 결과를 가져올지에 대한 확신이 서지 않는 경우, 대부분의 노동조합지도부에서는 이에 대하여 반대도 찬성도 하지 않는 불개입의 태도를 취하게 되는 것을 의미한다.

특히, 동종업계나 인근지역에서 이를 시도한 전례가 없어서 이 제도의 실시결과에 대한 예측이 곤란한 경우가 이에 해당된다. 노조가 불개입의 태도를 취할 경우, 혁신이나 구조조정은 사용자의 주도하에 개개 종업원의 차원에서 결정되게 된다. 이 경우, 만약 혁신이나 구조조정이 조직에 큰 영향을 미치지 않고 종료되는 경우 노조에는 별 영향이 없지만, 혁신이나 구조조정이 조직과 노조원에 큰 영향을 미치게 될 경우 노동조합은 그 위상에 타격을 입게 된다. 즉, 노조는 노조원들의 주요 이해관계가 걸린 제도의 실시에 아무런 기여를 하지 못한 것이다.

셋째, 소극적 개입(protective involvement)은 혁신이나 구조조정의 실시에 따라 노조나 노조원들이 불이익을 당하지 않도록 노동조합지도부에서 소극적인 개입을 하게 되는 경우이다. 이 경우 노조에서는 사측과의 협상을 통하여, 혁신이나 구조조정의 실시가 이미 단체협약에 규정된 사항을 변경하지 못한다거나, 작업조직과 근무환경에 영향을 미치게 될 사전에 노조와 상의하도록 하는 합의를 할 수 있다. 노조가 소극적 개입을 하는 경우에는 이 제도가 노동조합과 노조원에 미치는 부정적인 영향을 극소화하는 것이 그 목적이라고 할 수 있다. 노조의 이러한 전략은 구조조정이 성공하든 실패하든 노조의 위상을 지켜줄 수 있는 전략으로 인식되어 많은 수의 노동조

■ 불개입(sit tight/wait and see)의 전략은 혁신이나 구조조정이 노동조합이나 노조원들을 위하여 바람직한 결과를 가져올지에 대한 확신이 서지 않는 경우, 반대도 찬성도 하지 않는 불개입의 태도를 취하게 되는 것

■ 소극적 개입(protective involvement)은 혁신이나 구조조정의 실시에 따라 노조나 노조원들이 불이익을 당하지 않도록 노동조합지도부에서 소극적인 개입을 하게 되는 경우

합들이 실제로 채택하는 전략 중의 하나이다. 그러나 기업의 경쟁력이 한계
에 달하여 구조조정의 성패가 기업과 노조원의 장래에 중요한 의미를 가질
때에 노동조합의 소극적인 전략만으로는 기업의 경쟁력회복에 기여하지 못
한다는 것이 이 전략의 약점이라고 할 수 있다.

넷째, 적극적 참여(participation)는 회사의 경쟁력이 위기에 달하여 기
존의 경영방식을 유지하기보다는 적극적인 혁신과 구조조정이 필요하다
고 인식되는 경우, 노조에서는 이의 도입과 운영에 적극 참여하게 된다. 기
존의 전통적·대립적 고용관계에서 협조적 고용관계로 이행하기 위해서는,
노사 양측으로 하여금 위기상황을 맞게 하는, 외부로부터의 자극이 필요하
다. 즉, 회사가 존립의 위기를 맞는 경우 노조는 다수조합원들의 생계를 보
호하는 현실적인 방안으로서 구조조정과 혁신에의 동참을 전환을 적극적으
로 고려하게 된다는 것이다. 다만, 그간의 고용관계가 적대적인 성향을 강
하게 띠고 있는 경우와 노사간에 불신의 장벽이 높을 때 현실적으로 노조가
이러한 참여적 전략을 채택하기가 어려운 경우도 있다. 노조가 참여적 전략
을 택하여 구조조정과 혁신이 궁극적으로 성공할 경우, 노동조합은 조합원
들의 이익을 적극적인 수단을 통하여 보호한 셈이며 노조원들의 지지를 확
충하는 계기가 된다. 그러나 노동조합이 협조를 선택할 경우, 일부 노조원
들로부터 회사측에 영합하였다는 어용시비가 제기될 수도 있다. 또한 구조
조정이나 혁신이 실패로 돌아가거나 그 결과가 노조원들의 기대수준에 미
치지 못할 경우, 노동조합 지도부는 조합원들의 불신을 사게 되어 차기 선
거에서 불신임을 당할 수도 있다. 미국의 경우, 일부 노조지도부가 참여전
략을 펴다가 재선에 실패하는 것은 이러한 경우에 해당된다고 보인다. 그러
나 날로 격심해지는 경쟁시대에서, 조합원의 고용안정과 생계를 적극적으
로 보호하기 위하여 노조가 취할 수 있는 수단이라는 점에서 이 전략은 그
당위성을 인정받고 있다.

> ☛ 적극적 참여(participation)는 회사의 경쟁력이 위기에 달하여 기존의 경영방식을 유지하기 보다는 적극적인 혁신과 구조조정이 필요하다고 인식되는 경우, 노조에서는 이의 도입과 운영에 적극 참여

7. 정부

정부는 노동조합과 사용자와 더불어 고용관계시스템의 한 축을 담당하

고 있다. 자본주의의 발전이 이루어지면서 고용관계에 있어서 정부의 역할이 중요하게 되었고, 최근 선진국을 중심으로 노동조합조직률이 하락하면서 정부가 개별차원에서 근로자를 보호하기 위한 입법을 하는 추세여서 정부의 역할은 더욱 커지고 있다. 이하에서는 고용관계시스템에서 정부의 역할에 대하여 살펴보고 고용노동부와 경제사회발전노사정위원회 등 노동행정 조직에 대하여 기술하기로 한다.

☛ 사용자의 역할

7.1 정부의 역할

|그림 3-13| 작업을 위해 타워크레인에 오르는 모습. -조종실까지 40미터, 20분 소요-

☛ 집단적 고용관계의 절차와 게임의 법칙을 정하는 역할

고용관계에 있어서 정부의 역할은 크게 4가지로 구분할 수 있는데 각각을 살펴보면 다음과 같다.[42]

첫째, 사용자의 역할이다. 정부는 공무원과 공공부문 피고용인 등을 고용하는 사용자로서의 역할을 수행하며 법령을 준수하고 정부의 고용정책을 실제로 집행하면서 민간부문의 사용자에게 모범을 보여야 하는 역할을 한다. 특히 최근 민간부문에 비하여 공공부문의 상대적으로 높은 노동조합 조직률, 구성원간의 동질성, 안정된 재정 등을 기반으로 고용관계에 있어서 공공부문의 비중이 커지는 상황에서 사용자로서 정부의 역할은 점점 더 중요해지고 있다. 특히, 프랑스, 남아공 등 공공부문의 비중이 큰 나라에서는 사용자로서의 정부의 역할이 대단히 중요하다.

둘째, 집단적 고용관계의 절차와 게임의 법칙을 정하는 역할을 수행한다. 집단적인 노사관계에 있어서 노동조합과 사용자는 협상력을 사용하여 단체협상, 단체행동 등을 통하여 임금 및 근로조건을 정하게 된다. 이 과정에서 정부는 노와 사의 갈등이 과도하게 흐르

---

42 Richard Hyman, "The State in Industrial Relations," in *The Sage Handbook of Industrial Relations*, ed. Paul Blyton, Edmund Heery, Nicolas Bacon and Jack Fiorito(Sage Publications Ltd., 2008) Chapter 14, pp. 258~283.

지 않도록 게임의 룰을 정하는 역할을 하게 된다. 즉, 정부는 노사간의 협상을 주로 하는 집단적 고용관계 전반에 대한 원칙과 절차를 정립하는 역할을 한다.

셋째, 개별 고용관계에 대한 근로기준 설정 역할이다. 근로시간, 최저임금, 개별 해고와 집단해고, 건강 및 안전 등과 같은 고용관계에 있어서 개인의 법적 권리에 대한 사안에 대하여 정부는 기본적인 근로기준을 정하게 된다. 만약 피고용인 개인이 사용자과 개별적으로 교섭한다면 교섭력의 현격한 차이로 인하여 공정한 교섭결과를 기대하기 어려울 것이다. 특히, 노동조합이 존재하지 않는 사업장의 경우 개별근로자의 권익은 대부분 정부의 법령에 의존할 수밖에 없다. 특히, 인간의 삶을 영위하는 데 필요한 최소한의 조건, 예를 들어 최저 소득수준(최저임금)의 확보, 질병·산업재해·노령·실업 등 근로생활에서 나타날 수 있는 불안의 해소(4대 보험) 등을 위해 정부가 법제화를 하거나 지원·혜택방안을 마련하여 피고용인이 최소한의 근로복지를 누리도록 하는 역할을 한다.

▶ 개별 고용관계에 대한 근로기준 설정 역할

넷째, 거시경제적 관점에서 노동시장의 수요공급을 조정하여 노동시장의 안정을 도모하고 인력의 취업역량을 함양하는 역할이다. 노동시장의 안정을 위해 정부의 재정·금융정책과 더불어 중앙은행의 금리정책 등이 적절하게 운영하여 노동시장의 안정을 도모할 역할을 수행한다. 또한, 국가경제발전을 위해 필요한 인력의 수급조절이 중요하다. 지식정보화사회가 도래된 지금은 인력의 양적 확보뿐만 아니라 질적 역량의 개발이 중요하다. 즉 인력의 취업역량(employability)을 개발하는 것이 정부의 역할이라고 할 수 있다.

▶ 거시경제적 관점에서 노동시장의 수요공급을 조정하여 노동시장의 안정을 도모하고 인력의 취업역량을 함양하는 역할

7.2 정부조직(고용노동부) 현황

정부조직 중 노동행정을 책임지고 있는 기구는 고용노동부이다. 1963년 노동청으로 시작하여 1981년 노동부로, 2010년 현재의 고용노동부로 개칭되었다. 주요 업무는 노사관계, 근로기준, 산업안전보건, 고용정책, 고용서비스, 직업능력정책, 고용평등 및 국제협력 등을 수행하고 있다. 소속기관으로는 서울지방고용노동청, 부산지방고용노동청, 대구지방고용노동청,

▶ 고용노동부

🖳 ℓ 고용노동부
http://moel.go.kr

중부지방고용노동청, 광주지방고용노동청, 대전지방고용노동청 등 6개 지방청·40개 지청 및 1개 출장소, 노동위원회(중앙노동위원회, 11개 지방노동위원회), 최저임금위원회, 산업재해보상보험재심사위원회, 고용보험심사위원회 등 15개 위원회가 있으며 근로복지공단, 한국산업인력공단, 안전보건공단, 한국장애인고용공단, 한국고용정보원, 한국사회적기업진흥원, 한국폴리텍대학, 한국기술교육대학교, 한국잡월드, 한국승강기안전기술원, 건설근로자공제회 등 11개 산하기관이 있다.

중앙노동위원회
http://www.nlrc.
go.kr/

7.3 경제사회발전노사정위원회

경제사회발전노사정위원회는 (정부기구가 아닌)노사정협의기구로서 1998년 설립된 노사정위원회에서 그 기원을 찾을 수 있다. 처음의 노사정위원회는 모든 경제주체의 참여와 협력을 통해 외환위기를 극복하자는 국민적 바람에 힘입어 발족하였다. 제1기 노사정위원회는 경제위기의 와중에 결성된 후 1998년 2월 6일 정리해고와 노동기본권 보장을 교환하는 사회적 협약을 이끌어 내어 경제위기 극복에 기여하였다. 그러나 제2기와 제3기 이후부터는 그 활동과 성과가 갈수록 하락하는 양상을 보이고 있다. 노사정위원회는 2007년 4월부터 경제사회발전노사정위원회로 명칭을 바꾸어 활동하고 있다.

경제사회발전노사정위원회

http://www.esdc.
go.kr

혁명적 노동조합주의, 사회조합주의적 노동조합주의, 경제적 노동조합주의, 동원·선동역할, 서비스역할, 기본적 기능, 집행기능, 참모기능, 단체교섭, 상호부조활동, 정치활동기능, 직업별 노동조합, 산업별 노동조합, 일반노동조합, 기업별 노동조합, 단일조직, 연합체조직, 설립요건, 신고주의, 노동조합의 귀족화, 노동조합 규약, 결의기관, 총회, 대의원회, 집행기관, 감사기관, 조합비, 교부금, 가입금, 임시징수금, 기부금, 사업수익, 숍제도, 오픈숍, 클로즈드숍, 유니온숍, 에이전시 숍, 프리퍼런셜 숍, 메인티넌스 오브 멤버십 숍, 한국노동조합연맹, 전국민주노동조합총연맹, 비정규직 노조, 경영자조직, 정책참여역할, 단체교섭역할, 분쟁대응역할, 회원서비스역할, 한국경영자총협회, 전국경제인연합회, 대한상공회의소, 중소기업중앙회, 회피전략, 강압전략, 포용전략, 전략적인 노사협상, 하청, 아웃소싱, BATNA, 신자유주의전략, 기능적 유연성, 이원화 전략, 사회조합주의적 전략, 절대반대, 불개입, 소극적개입, 적극적 참여, 정부의 역할, 고용노동부, 노사정위원회

post-case 4

현대중공업 노동조합

우리나라 대표적인 노동조합 중의 하나인 '현대중공업 노동조합'에 대하여 살펴보면 다음과 같다.

연   혁

- 1987년   7월 21일 : 사측 주도하의 권OO 외 50여 명이 모여 노조설립 기습신고
  - 25일 : 김OO 등 11인 민주노조 대책위 구성
  - 28일 : 11인 대책위 주도로 어용노조 퇴진, 근로자의 기본생활 개선 등을 17
    개항 요구사항을 내걸고 총파업 시작 − − − 총 56일 파업
- 87년   7월, 8월 근로자 대투쟁 전개됨(투쟁이 전국으로 확산)
  - 8월 14일 : 2대 이형건 집행부 출범
  - 8월 18일 : 현중노조를 포함한 계열사 4만여 명이 울산공설운동장까지 가두시위
  - 9월 2일 : 임금협상 결렬로 포크레인, 트랜스포터 등 중장비를 앞세우고 시청
    까지 가두 진출(거리 약 14km)
  - 6일 : 임투관련 이형건 외 30여명 구속
  - 19일 : 조업정상화 합의서 작성(구속자 석방, 임금인상, 단체협약 등을 빠른
    시일 내에 한다는 합의)
- 1988년   2월 11일 : 3대 서태수 위원장 당선, 다음날 서태수 위원장 교통사고
  - 4월 19일 : 심재경 직무대행 임금협상 직권조인
  - 12월 12일 : 총파업 돌입(89년 3월까지−128일 파업 투쟁 전개)
    (해고자복직 및 단체협상요구, 어용노조퇴진 서울상경투쟁 전개)
- 1989년   2월 21일 : 폭행사건 발생
  - 3월 24일 : 회사측 55명 해고
  - 30일 : 1만 5천명 공권력 투입하여 강제해산
  - 31일 : 동구 지역 가두투쟁 전개(4월 10일까지 진행됨)
  - 4월 28일 : 4대 송명주 집행부 출범
  - 8월 12일 : 임금협상 및 해고자복직 협상으로 정리
- 1990년   1월 20일 : 5대 이영현 집행부 출범
  - 2월 7일 : 전조합원 집단조퇴(공판 참석차)

9일 : 구속자 석방 투쟁으로 취임식도 못하고 이영현 위원장 구속

4월 11일 : 단체협상 상견례(사측 불참)

25일 : 골리앗 총파업(임·단협 성실교섭 요구와 노동운동 탄압 중지 요구)

28일 : 공권력 투입(1만 5천명)

30일 : 동구지역 가두투쟁 전개

5월 10일 : 골리앗 농성 해제

9월 11일 : 임금협상 합의

- 1991년 4월   1일 : 단체협상 시작

9월   1일 : 임금협상 합의

- 1992년 1월 24일 : 6대 이원건 집행부 출범

8월 31일 : 파상파업, 잔업금지 등 준법쟁의 실시

9월   8일 : 노사 잠정합의안 부결(총회)

18일 : 이원건 위원장 임·단협 직권조인

(직권조인무효화 투쟁 전개 및 집행부 사퇴 및 부위원장 불신임 실시)

- 1993년 3월 31일 : 노조 민주화투쟁 전개

(우진범 직무대행 불신임 및 법원의 가처분 결과 부분 승소)

5월 26일 : 7대 윤재건 집행부 출범

6월~8월 : 현총련, 임·단협 공동투쟁 전개

(현대정공의 직권조인으로 인한 현총련공동투쟁, 직장폐쇄 철회요구 투쟁 등)

11월 24일 : 8대 이갑용 집행부 출범

- 1994년 6월~8월 : 골리앗 및 L.N.G선상 63일 파업투쟁 전개

(임·단협 성실 교섭 요구와 직장폐쇄 철회 투쟁)

11월 29일 : 9대 윤재건 집행부 출범

- 1995년 6월 16일 : 단체 교섭을 무분규 상태에서 협상으로 마무리

11월 23일 : 10대 김임식 위원장 당선

- 1996년 1월 10일 : 10대 집행부 출범

4월 26일 : 단체협상 시작한 이후 단협, 월급제, 임금투쟁 실시

7월 11일 : 부분파업, 잔업금지 등 실시

9월 20일 : 잠정합의안 총회 가결

12월 26일 : 날치기 노동법 통과 항의 파업

■ 1997년   7월 25일 : 단체교섭을 무분규상태에서 협상으로 정리

11월 28일 : 11대 임원선거, 윤재건 당선

■ 1998년   1월 12일 : 11대 윤재건 집행부 출범

5월 20일 : 98 임·단협 및 해고자복직협상시작

10월 2일 : 잠정합의안 총회가결

■ 1999년   4월 16일 : 99 임금요구안 발송

7월 15일~19일 : 쟁의찬반투표(회사측의 반대로 중단)

26일 : 임금교섭 조인식

10월 26일 : 12대 임원선거, 김종철 당선

12월 1일 : 12대 김종철 집행부 출범

■ 2000년   4월 19일 : 2000년 임·단협 요구안 발송

7월 3일 : 2000년 임·단투상견례

11월 28일 : 조합텐트 철거(해고자), 22차 단협교섭 재개

11월 29일 : 임금교섭 상견례

■ 2001년   1월 16일 : 2000년 임·단협 대한 조합원 총회

[안건] 1) 단·임협 회사제시안에 대한 찬반투표

2) 선거관리규정 개정건

3) 중앙선거관리위원장 선임건

4) 2001년 1월, 2월 가예산 승인건

1월 19일 : 2000년 임·단투조인식

2월 21일 : 제5대 대의원 선거

3월 6일 : 정기 대의원 대회

11월 1일 : 13대 임원선거 김덕규 당선

12월 1일 : 13대 김덕규 집행부 출범

■ 2002년   4월 11일 : 2002년 임·단협 요구안 발송

7월 23일 : 13대 김덕규 집행부 전원 사퇴의사 발표

10월 1일 : 제14대 최윤석 집행부 출범

11월 8일 : 1) 단·임협 회사제시안에 대한 찬반투표

2) 해고자 복직안에 대한 찬반투표

11월 29일 : 단·임협 회사제시안에 대한 찬반투표

12월 3일 : 임·단협 조인식

■ 2003년 5월 26일 : 민주노총 울산 지역본부 정기대의원 대회

      5월 27일 : 2003년 임금협상 상견례

      7월 5일 : 03년 임금협상 잠정 합의안에 대한 조합원 찬·반 투표

      7월 8일 : 03년 임금협상 조인식

■ 2004년 2월 14일 : 비정규직원인 인터기업의 고 박일수 분신자살(4월 6일 분신사망관련
            잠정합의)

      3월 26일 : 금속연맹 중앙징계위원회가 비정규직원 분신자살에 대한 현대중공업
            노조의 미온적 대처를 문제삼아 현대중공업노조를 제명할 것을 결의

      4월 8일 : 주 5일제 관련 정규직 노조와 사용자 간 잠정합의

      5월 20일 : 04년 단·임협 교섭 상견례

      7월 19일 : 04년 단·임협 잠정합의(20일 조합원 총회 54.78% 가결)

      9월 15일 : 금속연맹 현대중공업노조 제명

■ 2005년 6월 21일 : 임금교섭 노·사 상견례

      7월 22일 : 05년 임금교섭 잠정합의안 조합원 총회(64.99% 가결)

            1995년 이래 11년 동안 정규직 노조와 사용자는 연속 무분규로 단체
            협상 타결

■ 2006년 5월 23일 : 06년 단·임협 요구안 발송식

      5월 30일 : 단·임협 상견례

      7월 21일 : 06년 단·임협 잠정합의(25일 조합원 총회에서 57.7%로 가결)

■ 2007년 3월 22일 노사공동선언문 선포

      6월 7일 : 07년 단협 요구안 전달식

      6월 19일 : 단체교섭 상견례

      7월 24일 : 07년 단체교섭 조합원 총회 55.7% 가결

■ 2008년 5월 6일 : 08년 단·임협 요구안 발송식

      5월 15일 : 단·임협 상견례

      7월 23일 : 08년 단·임협 조합원 총회(64.2%) 가결

■ 2009년 2월 23일 : 09년 임금인상 위임관련 조합원 설명회(사내체육관)

      3월 12일 : 2009년 임금인상 위임 전달식

       7월　16일 : 09년 임금인상 회사 제시

- 2010년　5월　14일 : 2010년 단체교섭 출정식 및 요구안 전달식
　　　　　7월　12일 : 2010년 단·임협 조합원 총회(66.4% 가결)
　　　　　7월　14일 : 단체협상 조인식

- 2011년　6월　2일 : 2011년 임금요구안 전달식
　　　　　7월　15일 : 2011임금협상 조합원총회(78% 가결)
　　　　　10월　21일 : 현중노조 제19대 임원 선거(김진필 위원장후보 당선 56%)
　　　　　12월　2일 : 제18·19대 집행부 이·취임식

- 2012년　4월　18일 : 노사파트너십 협약식
　　　　　5월　22일 : 2012년 단·임협 요구안 전달식
　　　　　7월　19일 : 2012년 단임협 조합원총회(78.8%) 가결
　　　　　　　　　　18년 연속 무분규 타결

조직구성

- 총회 : 전체조합원
- 대의원대회 : 대의원은 조합원 100명 단위로 1명씩 선출
- 운영위원회 : 조합 임원 전원과 대의원 중 조합원 총회에서(대의원회) 선출된 25명 이내의 운영위원으로 구성함
- 분과 : 노동조합의 업무의 효율성을 꾀하고 소속 분과 조합원의 단결력 강화를 위해 해당 분과의 대의원 중 1명의 분과장을 둔다.
- 집행부 : 조합의 업무집행을 위하여 8실을 두고 각 실에는 실장 1명과 약간 명의 부장을 둘 수 있다.
  1. 정책기획실 : 조합활동 기획과 정책연구 인압에 관한 사항
  2. 조사통계실 : 통계자료 분석 및 정보수집, 단체협약에 관한 사항
  3. 재정지원실 : 조합비 수납 및 지출과 재산관리에 관한 사항
  4. 조직문화실 : 조직 관리 및 연대사업, 쟁위 행위 대책수립, 여성 조합원에 관한사항과 노동문화 선전교육에 관한 사항 및 전사업부 분소를 관장
  5. 고용법률실 : 조합원 법률상담 지원 및 고충상담처리, 고용관련 연구분석 및 대응에 관한 사항
  6. 노동안전보건실 : 작업환경 개선 및 산업재해 예방과 보건위생에 관한 사항
  7. 후생복지연대실 : 대외사업 및 정치활동 지원과 지역사회 발전에 관한 사항, 후생복지

에 관한 사항

8. 홍보편집실 : 조합의 대내, 외, 기관지, 조합신문, 노보 등 간행물 제작 배포 및 홍보에 관한 사항

- 노동문화정책연구소 : 현장중심의 노동운동 정책과 중장기 정책 개발능력을 강화하고 대내외 노동환경 변화를 분석하여 노동조합의 발전을 도모하기 위해 설치
- 회계 감사 : 조합의 재산 및 예산집행 사항을 매 분기별로 감사하여 그 결과를 위원장에게 통보한 후 총회(대의원희)에 보고하여야 함

http://www.hhiun.or.kr

◎ 토의과제

1. 위의 연혁을 살펴볼 때 현대중공업의 노사관계는 설립 초의 갈등적인 노사관계에서 점차 원만한 노사관계로 변화하였다고 볼 수 있는가? 그렇게 본다면 그 이유는 무엇 때문이라고 생각되는가?

2. 위의 연혁에서 유추하여 볼 때 현대중공업 사용자의 전반적인 협상전략과 정규직 노동조합의 대응전략을 어떻게 규정지을 수 있는가? 본장의 내용을 참고하여 답하라.

3. 위 사례는 현대중공업의 정규직 노조를 중점적으로 다루었다. 최근 설립된 현대중공업의 사내하청노조에 대하여 조사하여 그 현황을 설명하라.

4. 현대중공업 사용자의 협상전략이 정규직 노조와 비정규직 노조에 대하여 어떻게 다른지 설명하라.

post-case 5

현대차 비정규노조(사내하청[43]) 76명 기소[44]

현대자동차 울산공장의 생산라인을 점거하고 폭력을 휘두른 비정규직 노조 간부와 노조원 등 76명이 무더기로 기소되었다. 생산라인 불법 행위에 대해 법원이 처벌 수위를 높이고 있는 데 다 검찰도 무관용 원칙으로 사법 처리하면서 생산현장 무단 점거에 제동이 걸릴 전망이다.

과거 2010년 11월부터 12월까지 25일간 전원 정규직화를 요구하며 울산1공장 CTS 생산라인 을 점검 농성하였으나 이 때에는 파업을 참가한 비정규직 노조원 210여 명에 대해 벌금형으로 약 식 기소한 바 있다. 그러나 금번 사태에 대해서 검찰이 무더기 기소를 하게 된 것은 비정규직 노조 의 불법 행위가 폭력까지 동반하는 등 도를 넘어서고 있다는 판단에 의한 것으로 해석되고 있다.

비정규직 노조는 사법당국의 강경 조치에 대해 "대법원 판결에 따라 정규직 전환을 요구하는 노조를 상대로 무더기 기소와 거액의 배상 판결을 내리는 것은 노조를 파괴하려는 행위"라며 "강 경 투쟁으로 맞서겠다"고 반발했다. 하지만 노동계는 비정규직 노조원들이 한번에 100명 이상 재 판에 회부되는 데다 거액의 손해배상 판결까지 이어지면서 조직력이 급격히 약화돼 과거와 같은 투쟁을 이어갈지는 불확실하다는 관측을 내놓고 있다.

한편 금속노조 현대차 비정규직지회는 2010년과 2012년 대법원으로부터 불법파견과 관련한 소송에서 정규직 인정 판결을 받았고 이에 모든 비정규직을 정규직으로 전환해줄 것을 요구하고 있다.

◎ 토의과제

1. 비정규직의 유형을 파악하고 비정규직에게 노동조합이 필요한 이유를 설명하라. 또한 노동 조합을 결성하지 못하는 경우는 어떤 경우인지 사례를 들어 설명하라.
2. 비정규직 노조의 조직률이 정규직 노조조직률보다 낮게 나타나는 이유가 무엇인지 설명하라.
3. 비정규직의 문제를 해결하기 위한 정규직 노조의 역할에 대해서 설명하라.

---

43 원청업체로부터 위임된 생산공정을 책임지고 수행하는 것으로 사내하도급이라고도 함. 근로자 조 달은 물론 이를 노동에 대한 지휘감독도 하청업체에서 맡게 된다. 따라서 사용업체가 직접 사업을 수행하고 근로자만 파견업체로부터 받아 사용하는 근로자파견제와는 다르다. http://terms.naver. com/entry.nhn?docId = 19663&cid = 2897&categoryId = 2897

44 천지일보, "현대차 비정규직 노조 76명 기소," 2014-01-13; 뉴스핌, "불법파업 주도 비정규직 노 조원 76명 기소," 2014-01-13; 한국경제, "불법파업 현대차 비정규 노조 76명 기소," 2014-01-13; 오마이뉴스, "현대차 비정규직, 거액 손배 이어 조합원 76명 무더기 기소," 2014-01-13 등의 기사 를 재정리함.

단체교섭 및 단체협약

Modern Employment Relations

pre-case 4

알바노조, 프랜차이즈 개인사업자와 첫 단체협약 체결[1]

아르바이트노동조합(알바노조, alba.or.kr)과 프랜차이즈 개인사업자가 처음으로 '단체협약'을 체결하였다. 협약 내용에는 주휴수당 등 체불임금 지급, 근로기준법 준수, 임금명세서 지급, 화상 등 상해를 대비한 안전조치, 정기 협의, 협약사항 게시, 가맹본부에 단체교섭 제안 등이 담겼으며 협약에는 알바노조 위원장과 집행위원, 개인사업자 및 지역 조합원 등이 참석하였다.

가톨릭대 재학생 백모(20) 조합원은 5월부터 음식점에서 근로계약서를 쓰지 않고 쉬는 시간도 거의 없이 일했다. 4대보험·야근수당·주휴수당이란 게 있는 줄도 몰랐다. 하지만 밤새 일한 다음날 늦잠을 자다 딱 1번 지각했다는 이유로 한 달 만에 일방적인 해고 통보를 받았다. 이후 노조를 통해 백모 조합원은 임금을 적게 받았다는 사실을 알게 되었고 못 받은 임금을 달라고 요구하며 공식적인 단체교섭 요청을 하였다. 그러나 사장은 최저임금의 90%만 줘도 되는 수습기간을 맘대로 적용해 "오히려 6만원을 더 줬다"고 주장하며 단체교섭 요청에 침묵하였다. 이에 노조와 가톨릭대 조합원들은 지난 11일 지방노동청에 진정서를 제출하고 당일 음식점 앞에서 저녁 피켓 시위를 벌였다.

결국 음식점 사장은 노조와 교섭에 응하겠다는 연락을 취해, 16일 교섭과 더불어 단체협약이 체결됐다. 백씨는 못 받은 임금 23만 5,000원을 받았다. 또 사장은 앞으로 해고가 필요할 때는 알바생에게 최소 1개월 전 서면으로 사유를 통보하기로 했다. 사장은 알바생을 위한 응급약품도 구비하기로 약속했다.

한편 '안심 알바' 운동을 벌이고 있는 알바노조는 비정규직 아르바이트 종사자 단체로서 지난 8월 7일 고용노동부 서울서부지청으로부터 설립신고증을 받아 정부로부터 공식적으로 인정받은 최초의 아르바이트 종사자 노동조합이다.

---

1 뉴시스, "알바노동자들, 노동조합 결성 추진," 2013-08-06; 아시아경제, "국내 최초 '아르바이트 노도조합' 탄생," 2013-08-07; 경향신문, "고깃집 사장·알바노조 첫 단협 체결 … 못 받은 임금 23만 5,000원 받게 해줘," 2013-11-17; 한국대학신문, "알바노조, 프랜차이즈 개인사업자와 첫 협약," 2013-11-19 등을 재작성.

위의 사례에서 보는 바와 같이 단체협약은 고용관계 문제를 쌍방의 합의를 통하여 해결하는 효과적인 방안이다. 본장에서는 노동조합의 주된 기능으로서 단체교섭과 단체협약의 유형, 절차 및 내용 등에 대하여 살펴보고자 한다.

1. 단체교섭

단체교섭(collective bargaining)이란 피고용인들이 노동조합이라는 교섭력을 바탕으로 임금을 비롯한 피고용인의 근로조건의 유지·개선과 복지증진 및 경제적·사회적 지위향상을 위하여 사용자와 교섭하는 것을 의미한다. 즉 단체교섭은 피고용인의 단결체(노동조합)가 피고용인들의 경제적 지위향상을 도모할 목적으로 사용자 또는 사용자단체와 단결(solidarity)의 힘을 배경으로 교섭하는 것을 말한다. 이하에서는 노사가 단체교섭을 어떤 순서에 따라 진행하여 나갈 것이며, 그리고 각 단계에서 고려하여야 할 사항은 무엇인지를 단체교섭 준비과정으로부터 협상과정에 이르기까지 살펴보고자 한다.

한국의 경우 단체교섭(광의)을 다시 협의의 단체교섭과 임금교섭으로 나누어 별도로 실시하는 관행이 있다. 본서에서 단체교섭이라 함은 협의의 단체교섭과 임금교섭을 포함한 광의의 의미로 사용하였고, 협의의 단체교섭과 임금교섭을 설명할 때에는 이 둘을 특별히 구분하여 서술하였다.

1.1 단체교섭의 의의

(1) 단체교섭의 기능과 성격

산업사회에서 노동조합이 대두된 원인 중의 하나는 노사간에 이해가 대립되는 근로조건을 사용자가 일방적으로 결정하고 이로 인하여 개인인 피고용인이 불공평한 생활조건에 놓인다는 문제의식에서 비롯되었다. 따라서 노사가 대등한 입장에서 협상과 타협을 통하여 근로조건을 결정하는 단

▶ 단체교섭(collective bargaining)은 피고용인들이 노동조합이라는 교섭력을 바탕으로 임금을 비롯한 피고용인의 근로조건의 유지·개선과 복지증진 및 경제적·사회적 지위향상을 위하여 사용자와 교섭하는 것

▶ 작업장의 규칙을 제정하고 수정하는 기능, 피고용인의 보상의 양을 결정하는 기능, 분규를 해결하는 방법을 제공하는 기능

|그림 4-1| 2인 1조로 전봇대에서 작업하는 전기원 모습

체교섭은 노동조합의 가장 중요한 기능이며, 집단고용관계의 핵심이라고 할 수 있다. 구체적으로 단체교섭은 세 가지 중요한 기본적인 기능을 갖고 있다.[2] 첫째, 단체교섭은 작업장의 규칙을 제정하고 수정하는 기능을 갖는다. 둘째, 단체교섭은 피고용인의 보상의 양을 결정하는 기능을 갖는다. 셋째, 단체교섭은 협약기간 중 그리고 단체협약의 만료시 또는 재연장시 제기되는 분규를 해결하는 방법을 제공하는 기능을 갖는다.

이러한 기능을 수행하는 단체교섭은 다음의 세 가지 성격을 지니게 된다.[3]

첫째, 단체교섭은 피고용인대표인 노동조합과 사용자대표 간에 쌍방적 결정의 성격을 가진다. 즉 노동조합이 사용자와 대등한 별개의 인격을 가진 단체가 되어, 과거 사용자측이 일방적으로 결정해 온 피고용인의 근로조건에 관한 사항에 있어서 노동조합과 사용자가 대등한 위치에서 쌍방적으로 결정하게 된다.

결정의 성격

☞ **단체교섭은 목적이나 귀결점이 아닌 과정**

둘째, 단체교섭은 이 자체가 목적이나 귀결점이 아닌 과정이다. 단체교섭은 노동조합과 사용자 또는 사용자단체가 근로계약과 이에 부수되는 노사 간의 관계를 규정하는 규범을 공동으로 작성하는 하나의 과정이다. 단체교섭을 통하여 단체협약이라는 규범을 탄생시키게 되며 이 단체협약이 목적이며 귀결점이고 단체교섭은 이러한 목적을 향해 나가는 일련의 과정이다.

☞ **단체교섭은 일련의 정치적 과정**

셋째, 단체교섭은 노사가 서로 상반되는 주장에 대하여 다양한 수단과 방법을 동원하여 타결점을 찾으려는 일련의 정치적 과정이다. 단체교섭을 함에 있어 노동조합과 사용자는 서로 상반된 이해관계에서 자신들의 주장을 관철하기 위하여 강력한 발언과 행동을 하기도 하고 새로운 안을 제시하고 호소하는가 하면 설득과 회유의 방법을 사용하기도 한다. 또한 노동조합과 사용자의 협상대표는 각각의 구성원들의 요구사항을 결집하여 단체협약과정에서 구성원들의 요구사항을 관철하여야 하는 정치적인 역할을 수행한다.

---

2 이준범, 「현대노사관계론(제2전정판)」(서울: 박영사, 1997), pp. 303~304.
3 문향남, 「노동조합·노동쟁의」(서울: 중앙경제사, 1988), pp. 170~172.

(2) 단체교섭이 피고용인과 기업경영에 미치는 영향

작업장의 규칙을 제정하고 분규해결을 위한 방안을 제시하는 단체교섭은 근로자와 경영자에게도 다음과 같은 중대한 영향을 미친다.

첫째, 노동조건을 통일적으로 형성하는 역할을 한다. 노동조합이 노동을 집단적으로 조직하고 통제하며 경영자와 단체교섭을 함으로써 노동조건은 개개의 피고용인에 의하여 제각기 결정되지 않고 통일적으로 형성된다.

☞ 노동조건을 통일적으로 형성하는 역할

둘째, 피고용인의 욕구불만을 조정하는 역할이다. 노동조합은 조직 내의 피고용인의 욕구불만을 검토·집약하고, 정책적 배려를 가하여 취사선택하며, 요구를 종합하여 경영자측에 제출함으로써 단체교섭이 행해지게 된다. 만일 단체교섭이 행해지지 않으면 개개의 피고용인의 욕구나 불만에 사용자가 일일이 대응하여야 하고, 그 대응이 미흡하다면 소위 침묵파업(silent strikes)이라고 불리는 사기저하, 결근 또는 이직 등의 다양한 형태로 불만이 표출될 것이다.

☞ 피고용인의 욕구불만을 조정하는 역할

셋째, 경영의 제 분야를 압박, 자극하여 전문화를 유도하는 기능을 한다. 단체교섭의 중심적인 과제는 노동조건의 결정에 있으므로, 그것은 경영의 제 분야와 밀접한 관련이 있고, 교섭의 결과는 기업경영에 중대한 영향을 미치는 경우가 많다. 무노조기업에서 노조가 결성되면 경영이 보다 전문화되는 경향을 보이는데, 이를 쇼크효과(shock effect)라고 부른다. 노조가 결성될 경우 경영층은 노조의 견제와 도전을 의식하여 보다 전문적인 경영을 하게 되는 것이다.

☞ 경영의 제 분야를 압박, 자극하여 전문화를 유도하는 기능

넷째, 단체교섭은 노조부문과 무노조부문 등 사회전체 고용관계의 패턴을 정하는 역할(pattern setter)을 한다. 단체교섭은 노조원은 물론 무노조기업의 근로자들에게도 영향을 미친다. 왜냐하면 단체교섭을 통하여 만들어진 규칙과 기준이 무노조기업에도 모델사례가 되어 자극과 영향을 주게 되기 때문이다.

☞ 사회전체 고용관계의 패턴을 정하는 역할(pattern setter)

1.2 단체교섭의 목표, 주체, 대상 및 구분

단체교섭의 기본요소인 교섭목표, 당사자와 담당자, 대상, 그리고 단체협상과 임금협상의 구분 등에 대하여 알아보고자 한다.

(1) 노사 당사자의 교섭목표

▶ 노동조합의 교섭목표는 노동의 대가를 노동자에게 유리하도록 교섭·결정

노동조합의 교섭목표는 노동조합의 형태나 유형, 즉 직업별·산업별 노조 또는 기업별 노조 등의 유형에 따라 약간의 차이가 있을 수 있으나 대체로 노동의 대가를 노동자에게 유리하도록 교섭·결정하는 데 있다. 따라서 노동조건에 관한 교섭에 있어서 특히 임금·노동시간 등에서 노동자에게 좋은 조건으로 결정되도록 하는 것이 그 목적이다.[4]

▶ 사용자측의 단체교섭목표는 주주나 기업주에게 충분한 보상이돌아오도록 교섭을 추진하는 일

사용자측의 단체교섭목표는 주주나 기업주에게 투자한 데 대한 충분한 보상이 돌아오도록 교섭을 추진하는 일이다. 따라서 노동조합측과 교섭을 통해서 노동조건에 관한 사항, 고용관계에 관한 사항, 노사간에 자주적으로 결정할 수 있는 사항에 대하여 교섭을 할 때, 가장 합리적이고 적절한 선에서 협상이 이루어지도록 함으로써 기업의 지속적인 성장이 가능하도록 노력하게 된다.[5]

(2) 단체교섭의 당사자와 담당자

▶ 단체교섭의 당사자는 단체협약상의 권리·의무의 주체

단체교섭의 결과인 단체협약이 체결되는 경우에 협약상의 권리·의무의 주체가 되는 자를 단체교섭의 당사자라 한다. 노측의 단체교섭 당사자는 항상 노동조합이며, 사용자측 당사자는 근로계약에 의하여 근로자들을 채용한 계약상의 당사자인 사용자 또는 사용자단체이다.[6]

단체교섭의 담당자라 함은 단체교섭을 직접적으로 담당하는 자를 말한다. 단체교섭을 담당하는 것은 현실적으로 협의하고 교섭한다는 뜻이며 담당자는 노사를 각각 대표하여 협의·교섭을 하는 자이다. 노동조합측의 교섭의 담당자로는 교섭방식에 따라 단위노동조합의 대표자 및 교섭위원으로 지명된 조합원(기업별 교섭

|그림 4-2| 재래시장 상인을 직접 찾아가 입출금 및 공과금 수납을 하는 파출수납원 모습

---

4 김식현·정재훈, 「노사관계론(제 2 판)」(서울: 학현사, 1999), p. 362.
5 양운섭, 「신노사관계론」(서울: 법문사, 1993), pp. 121~135.
6 박상필, 「한국노동법」(서울: 대왕사, 1989), p. 421.

의 경우), 단위노동조합의 대표자 중에서 선정된 자(집단교섭의 경우), 단위노
동조합으로부터 위임을 받은 연합노동조합의 대표자(산업별 교섭·대각선교섭
의 경우) 등이 될 수 있다. 한편 사용자측의 교섭담당자로는 사용자나 사용
자가 기업경영에 관한 포괄적 대리 또는 특별한 위임을 한 지배인 또는 사
용자단체의 대표자, 사용자단체가 자체 정관 등에 의하여 지정한 자 등을
들 수 있다.

☛ 단체교섭의 담당자
는 단체교섭을 직접
적으로 담당하는 자

(3) 단체교섭 대상

단체교섭의 대상은 의무적 교섭사항(mandatory subjects), 임의적 교섭사
항(permissive subjects) 및 불법적 교섭사항(prohibitive subjects)으로 분류된다.[7]
첫째, 의무적 교섭사항이란 근로자의 권리로 보장되어 있고 사용자의
의무로 되어 있는 사항을 지칭한다. 따라서 사용자가 의무적 교섭사항을 거
부하거나 성실하게 교섭하지 않을 경우 부당노동행위로 간주한다. 또한 의
무적 교섭사항이 노사간에 합의가 이루어지지 않았을 경우 쟁의발생신고를
하고 쟁의행위를 할 수 있다. 의무적 교섭대상에는 근로자의 노동조건 등과
관련성이 있는 사항들,[8] 노동조합과 단체협상에 관련된 사항들[9] 및 경영상
불가피하게 취해진 조치로서 근로자의 이해와 직접 관련이 있다고 할 경우[10]
등이 있다.

☛ 의무적 교섭사항이
란 근로자의 권리로
보장되어 있고 사
용자의 의무로 되어
있는 사항

둘째, 임의적 교섭사항이란 사용자의 의무적인 교섭사항은 아니지만
근로자의 요구에 따라 단체교섭을 할 수 있는 사항을 말한다. 따라서 사용
자가 임의적 교섭사항에 대하여 교섭에 응하지 않는다고 하여 부당노동행
위가 성립되는 것도 아니며 이를 이유로 노조가 쟁의행위를 할 수도 없다.

☛ 임의적 교섭사항이
란 사용자의 의무적
인 교섭사항은 아니
지만 근로자의 요구
에 따라 단체교섭을
할 수 있는 사항

---

7 미국 연방노사관계법(National Labor Relations Act 일명 Wagner법 이라고도 함) 제8
   조(d)를 기초로 분류하는 방식을 한국에 적용한 것임; 김형배, 「신판 노동법」(서울: 박
   영사, 2004), p. 737.
8 임금·휴직·퇴직금, 근로시간·휴가시간·휴일·휴가, 해고·휴직·전직·배치전환·
   승진·강등·정년제·징계, 안전·보건, 재해보상, 복리후생시설, 근로자의 단결, 노동
   조합의 활동보장과 관련되는 사항 등; 박상필, 전게서, p. 428.
9 유니온 숍, 노동조합에 대한 편의제공, 단체교섭의 절차, 쟁의행위에 관한 절차, 노동
   조합과 사용자 사이의 여러 가지 관계에 대한 사항 등
10 새로운 기계설비의 도입 및 변경, 생산방법, 공장사무소의 이전, 영업양도, 회사조직
   의변경, 작업의 하도급 등; 대법원판례 1994. 3. 25, 93다30242 김형배, 전게서, pp.
   594~595.

인사권, 경영권, 영업양도, 회사조직변경 등이 임의적 교섭사항에 해당한다.

셋째, 불법적 교섭사항이란 노사간의 교섭 자체가 불법이므로 교섭의무가 존재하지 않을 뿐만 아니라 교섭이 이루어지지 않았다는 것을 이유로 쟁의행위도 허용되지 않는 사항들을 말한다. 이 경우에는 협약의 체결 역시 허용되지 않는다. 예를 들면, 성차별을 허용하는 교섭 등이 이에 해당한다.

(4) 단체협상과 임금협상의 구분

우리나라의 경우 노사협상(혹은 광의의 단체협상)을 협의의 단체협상과 임금협상으로 나누어 각각 실시하는 것이 관행으로 되어 있다. 즉, 임금협상에서는 당해 연도의 임금인상률을 결정하고, 단체협상(협의)에서는 임금인상률이외의 보수에 관한 사항과 근로조건을 다룬다. 매년 단체협상과 임금협상을 각각 실시하는 경우가 대부분이지만 교섭에 걸리는 시간과 비용이 너무 크다는 지적이 있다. 따라서 최근에 와서는 단체협상은 2년에 한번씩 실시하고 임금협상은 매년 실시하는 경우도 있고, 단체협상과 임금협상을 통합하여 한꺼번에 실시하는 경우도 나타나고 있다.

1.3 단체교섭의 유형

단체교섭을 수행하는 당사자는 노동조합과 사용자 또는 사용자단체가 되는데 이를 어떤 방식으로 교섭하는 것이 바람직한가는 그동안의 관행과 기업의 특성에 따라 차이를 나타낸다. 여기에서는 우리나라에서 실제로 행하여지고 있거나 가능한 교섭방식으로 기업별 교섭, 집단교섭, 통일교섭, 대각선교섭, 공동교섭 등을 소개하고자 한다.

(1) 기업별 교섭

우리나라에서는 가장 보편적인 교섭방식으로 기업 내 조합원을 협약의 적용대상, 즉 교섭단위로 하여 기업단위 노조와 사용자 간에 단체교섭이 행하여지는 것을 말한다. 기업별 노조가 형성되어 있거나, 산별 노조가 있더라도 기업간의 격차가 크고 사용자단체가 형성되지 못하였을 때 주로 기업별 교섭을 하게 된다. 이 기업별 단체교섭하에서는 노조의 교섭력이 사용자

에 비하여 취약하다는 지적이 있지만 노동조건의 결정에 있어 개별기업의
특수한 실정이 잘 반영될 수 있는 장점이 있다. 일본과 한국의 단체교섭은
주로 기업별 교섭으로 이루어진다. 예를 들면, 도요타자동차회사와 도요타
자동차회사노동조합 간의 교섭이나, 한국도로공사와 한국도로공사노동조
합 간의 교섭이 기업별 교섭에 해당된다.

한국도로공사노동조합
http://www.exunion.
or.kr/

(2) 집단교섭(혹은 연합교섭, 집합교섭)

여러 개의 단위노조와 사용자가 집
단으로 연합전선을 형성하여 교섭하는
방식으로 연합교섭 혹은 집합교섭이라고
도 한다. 일반적으로 노동조합이 상급단
체에 소속되어 있지 않거나 상급단체가
없는 경우에 기업별 교섭의 약점을 보완
하기 위하여 이와 같은 교섭방식을 취하
게 된다. 그러나 상급단체에 소속되어 있
는 경우에도 상부단체의 통제 혹은 지도
하에 단위노동조합이 집단적으로 교섭
할 경우도 있다. 예를 들면, 면방직업계

|그림 4-3| 금융산업에서의 단체교섭장면

의 임금인상교섭을 들 수 있는데 섬유노련의 주선으로 복수의 대기업 노사
양측이 각각 협상대표를 선출하여 임금교섭을 실시하고 있다. 버스업계에
서도 1960년대부터 지역별로 다수의 버스사업주와 노조가 각각 교섭대표를
선출하여 집단적으로 단체교섭을 실시해 오고 있다.

☞ 여러 개의 단위노조
와 사용자가 집단으
로 연합전선을 형성
하여 교섭하는 방식

(3) 통일교섭

전국에 걸친 산업별, 지역별 노조와 이에 대응하는 산업별, 혹은 지역
별 사용자단체간의 단체교섭을 일컬으며 산업별, 지역별 교섭이라고도 한
다. 노동조합이 산업별 또는 직종별로 전국적 또는 지역적인 노동시장을 지
배하고 강력한 통제력을 가지고 있는 경우 이와 같은 교섭구조를 취한다.
독일 등 산별 노조가 발달한 국가에서 주로 발생하는 교섭형태이다. 한국의
경우 최근 산별 노조가 대두되면서 산업별 교섭이 금융, 보건, 금속 등 일부
산업에서 진행되고 있다. 이와 같은 교섭형태의 예로서 금융노조와 은행연

☞ 전국에 걸친 산업별,
지역별 노조와 이에
대응하는 산업별, 혹
은 지역별 사용자단
체 간의 단체교섭

전국은행연합회
Korea Federation of Banks
http://www.kfb.or.kr/

전국금융산업노동조합
Korean Financial Industry Union
http://www.kfiu.org/

http://www.kha.or.kr/
main

합회, 금속산업노조와 금속산업사용자협의회,[11] 보건의료노조와 병원협회
등이 실시하는 협상이 있다.

(4) 대각선교섭

☞ 산별 노조나 지역별
노조와 이 노조에
소속된 개별기업의
사용자간에 이루어
지는 교섭방식

대각선교섭은 산별 노조나 지역별 노조와 이 노조에 소속된 개별기업
의 사용자간에 이루어지는 교섭방식이다. 산별 노조나 지역별 노조가 결성
되어 있지만 사용자측에서 사용자단체가 조직되어 있지 않다든지 또는 조
직되어 있는 경우라도 각 기업에 특수한 사정이 있는 경우에는 이와 같은
교섭방식을 취한다. 우리나라의 경우 과거 산별 노조인 전국손해보험노동조
합과 개별 손보회사간의 교섭,[12] 그리고 대학교직원의 산별 노조인 전국대
학노조가 개별 대학교의 사용자와 벌이는 교섭이 대각선교섭에 해당된다.

http://www.kuwu.or.kr

(5) 공동교섭

☞ 노동조합연맹과 개
별 노동조합이 공동
으로 한 사용자와
교섭

산별 노조와 지부노동조합연맹과 개별 노동조합이 공동으로 한 사용자
와 교섭하는 것을 의미한다. 이러한 교섭은 거대 사용자의 근로자들이 다수
의 지역별 노조로 결성되어 있을 때 근로조건의 통일을 기하기 위하여 지역
별 노조들과 이들의 연합체가 공동으로 단일사용자와 교섭하는 경우에 이

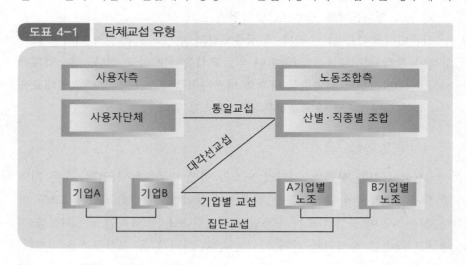

도표 4-1 단체교섭 유형

---

11 금속노조와의 교섭을 목적사항에 명시하고 2006년 노동부로부터 설립인가를 받은 국
   내 첫 사용자단체임.

12 한국노동연구원, 「단체협약분석」(서울: 노동부, 2003), p. 133.

용되는 형태이다. 예를 들면, 陸上上下車業務 종사자들을 조합원으로 하는 19개 지역단위 항운노조와 이들의 연합체인 항운노련이 공동으로 사용자인 대한통운과 교섭을 벌이는 방식이다.

이상의 각 교섭방식을 정리하면 〈도표 4-1〉과 같다. 노사합의에 의한 근로조건 결정제도로서의 단체교섭은 노조형태나 업종의 특성에 따라 각각 다른 모습을 보이고 있다. 개별기업의 노사는 기업의 상황이나 노조의 형태 등을 고려하여 적절한 교섭방식을 선택하는 것이 바람직하다. 우리나라의 경우 과반수 이상이 기업별 교섭을 실시하고 있으며, 최근 산별 노조가 대두됨에 따라 통일교섭과 대각선교섭이 증가하는 추세를 보이고 있다. 산업의 특징과 노사의 선택에 의해서 집단교섭과 공동교섭을 실시하는 기업이 존재하지만 소수에 불과하다.

1.4 단체교섭의 과정

단체교섭의 과정은 노사 당사자의 자율적 교섭단계, 노동쟁의조정단계 및 쟁의행위단계 등으로 구분할 수 있다. 여기에서는 노사 당사자간의 자율적 교섭단계만을 한정하여 설명하고 쟁의와 관련된 사항은 다음 장에서 다루고자 한다.

(1) 교섭 전 노조측의 준비사항

노동조합은 단체교섭을 요청하는 입장이므로 요구안을 작성하게 된다. 이 요구안의 핵심내용은 구체적인 요구사항과 배경설명이다. 요구사항으로는 단체협약을 수정하는 내용과 임금인상안 등이다. 노조측의 요구안을 작성함에 있어서 특히 중요한 것은 요구사항을 설득력 있게 전달하여야 한다는 점이다. 즉, 요구사항에 대한 근거자료의 준비가 단체교섭의 대외적 명분과 성과를 좌우한다고 볼 수 있다. 근거자료로는 내부 조합원의 불만과 요구, 조합원의 생활실태, 근로조건, 임금변동현황, 동종산업 유사규모 사업장의 평균 근로조건, 산업별 또는 직종별 노조의 방침과 기준, 그리고 기업의 경영실적 및 전망 등을 활용할 수 있다. 노조의 요구수준이 객관적으로 보아 타협가능하고 납득할 수 있는 적정수준으로 설정하는 것이 협상의

☛ 노동조합은 요구안을 작성

타결에 도움이 된다.

(2) 교섭 전 사용자측의 준비사항

☞ 사용자측 교섭담당
자는 노조가 요청한
요구안을 세밀히 검
토하여야

사용자측 교섭담당자는 협상에 나가기 전에 노조가 요청한 요구안을 세밀히 검토하여야 한다. 특히, 각각의 요구사항을 받아들일 때 회사가 추가적으로 부담해야 할 비용증가액을 계산해 두어야 한다. 교섭항목의 검토가 끝나면 협상에 들어가기 전에 상대방을 이해·설득시킬 수 있는 자료, 즉 법령(노동관계법령 및 행정규칙, 판례, 정부정책 등), 동종 업체의 상황(수익성, 생산성, 임금수준, 기술변화, 타 업종의 단체교섭내용 등) 및 경제적 상황(경제성장률, 생계비지수의 변화, 국민개인소득 등) 등을 수집·분석하여야 한다. 노동조합의 요구내용을 반박하는 형식으로 준비한다면 오히려 노사갈등을 부추길 가능성이 있다. 노조의 요구사항을 그대로 들어주기 힘든 상황이라면 다른 대안과 장기적이고 연차적인 처리방안을 강구하여 가능한 노동조합의 요구를 긍정적으로 검토하는 자세가 바람직하며 이러한 자세를 가질 때 단체교섭과정에서의 갈등을 줄일 수 있다.

(3) 예비회담

☞ 예비회담을 통해 협
상절차를 결정하고
본격적인 단체교섭
에 들어갈 태세를
취한다.

단체교섭의 준비가 끝나고 협상단계에 들어가면 예비회담을 통해 협상절차를 결정하고 본격적인 단체교섭에 들어갈 태세를 취한다. 예비회담에서는 상호 교섭하고자 하는 항목을 교환하여 두는 것이 본 협상을 위한 전략수립에 도움을 준다. 예비회담에서 상호 교환한 항목 외의 사항은 본 협상 진행중에 제안할 수 없다는 것을 명시하여야 한다. 또한 예비회담에서 협상의 시기와 장소, 교섭위원의 수 및 자격요건, 단체협약 체결방법 등에 대하여 결정하여야 한다.

(4) 본 회담의 진행

☞ 상호 교환된 교섭사
항과 정보를 면밀히
검토한 후 본 협상

노사 양측은 예비회담에서 상호 교환된 교섭사항과 정보를 면밀히 검토한 후 본 협상에 들어간다. 본 회담의 전개과정을 살펴보면 다음과 같다.

① 제1차 회담에서 쌍방 대표단의 소개, 그리고 제안된 항목에 관한 배경설명과 이해증진을 위한 질의교환을 통해 협상분위기를 조성한다. 특히 첫 번째 회담은 전체 분위기를 좌우할 수 있으므로 그 의의가 아주 크다. 따

라서 제1차 면담에서는 사용자측도 반드시 조직의 대표자(예를 들면, 사장, 원장, 이사장 등)가 참석하여 노조를 존중하는 자세를 보이는 것이 원만한 합의를 이끄는 분위기조성에 도움이 된다. 구체적인 요구안을 토의할 때 노동조합은 근거자료 등을 통하여 요구의 배경, 내용을 설득력 있게 설명하고, 사용자측은 기업경영의 성과와 현황, 경제여건과 기업유지의 전망 등을 충분히 설명한다.

② 제1차 면담을 통하여 분위기가 조성되면 실무교섭을 전개하여 각 항목에 대한 세부적인 의견교환을 한다. 이 단계에서는 노사 쌍방에서 의견차이가 적거나 비교적 덜 중요한 항목에 대한 합의나 교환을 먼저하고 이들 항목에 대한 합의서를 작성한다.

③ 처리되지 않은 중요한 사항에 대하여 최종합의에 도달하도록 협상을 계속한다. 이러한 협상과정 사이에 노사 쌍방은 사용하는 어휘나 자세 등에 세심한 주의를 기울여 상대방의 감정을 자극하거나 오해를 사지 않도록 할 것이며, 유연성과 인내심을 가지고 상대방의 의견을 청취하는 자세가 매우 중요하다. 실제로 단체협상의 결렬은 단체교섭과정에서 발생하는 감정상의 문제가 상당한 원인이 된다는 점을 노사 양측은 유의하여야 한다.

(5) 합의에의 도달

노사 쌍방의 노력에 의하여 최종합의에 도달하면 양측은 서로 악수를 나누고 협약서를 작성하여 서명·날인한다. 단체교섭이라는 갈등·마찰이 해소되었음을 선언하고 노사 쌍방은 조인식을 통하여 노사 대표자들이 앞으로 평화적인 노사 분위기 속에서 서로 협력한다는 것을 결의하는 것이다. 이상의 과정을 도표로 나타내면 〈도표 4-2〉와 같다.[13]

☞ 협약서를 작성하여 서명·날인

---

13 단체교섭 결과에 대해 조합원의 인준(ratification)을 받기 위해 찬반투표를 실시하는 경우가 상당수 있다. 이는「노동조합 및 노동관계조정법」제16조에서 단체협약은 총회의 의결사항이라고 규정한 데 기인한다. 따라서 인준은 반드시 필요한 절차라는 소수 주장이 있다. 그러나 대법원에서는 제16조는 단체교섭 대표의 선임이나 단체교섭에 대한 포괄적·사전적 위임을 받는다는 것을 뜻하는 것이며 반드시 조합원의 승인이 있어야만 단체협약을 체결할 수 있다는 뜻은 아니라고 해석한다. 즉, 단체협약의 체결을 위하여 반드시 조합원의 인준을 받을 필요는 없다는 것이다. 따라서 노조의 내부 규약으로 인준투표를 받도록 한 경우에 노조위원장이 인준투표없이 단체협약을 체결하였을 때 대내적으로는 사임을 하거나 탄핵의 대상이 될 수 있지만 대외적으로는 단체협약이 체결되었으므로 유효하다는 것이다.

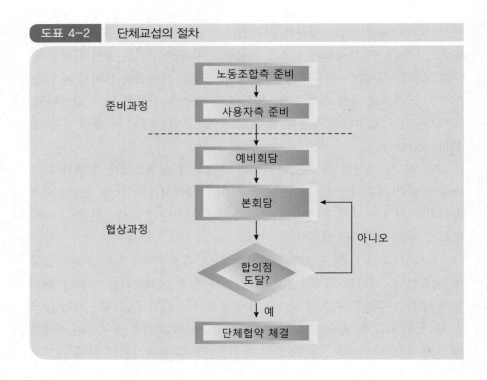

도표 4-2 단체교섭의 절차

준비과정

노동조합측 준비

사용자측 준비

- - - - - - - - - - - - - - - - - - -

예비회담

협상과정

본회담

합의점 도달?   아니오

예

단체협약 체결

1.5 단체교섭의 구성요소

☞ 단체교섭은 내부조
직적 교섭, 태도적
구성, 분배적 교섭,
통합적 교섭의 4가
지 요소로 구성된다
고 주장

　　단체교섭에 대한 행동과학적인 이론을 정립한 Walton과 McKersie에
의하면 단체교섭은 내부조직적 교섭, 태도적 구성, 분배적 교섭, 통합적 교
섭의 4가지 요소로 구성된다고 주장하였다.[14] 이들은 다수의 단체교섭을 관
찰한 귀납적 연구의 결과로서 4가지 구성요소를 밝혀내었다. 이 네 가지 구
성요소는 단체교섭을 진행하는 시간순으로 발생하는 것은 아니며 단체교섭
을 개념적으로 형성하는 4개의 부분으로 이해할 수 있다. 네 가지 구성요소
를 각각 설명하면 다음과 같다.

(1) 내부조직적 교섭(intraorganizational bargaining)

　　내부조직적 교섭이란 노조의 내부 또는 사용자들의 내부에서 이루어지

14　Richard E. Walton, and Robert B. McKersie, *A Behavioral Theory of Labor
　　Negotiation*(New York: McGraw-Hill, 1965).

는 타협과정이다. 노조는 다양한 특성(예:
연령별, 성별, 학력별, 직급별, 직종별, 기술수
준 등)을 가진 조합원으로 구성되어 있고
이들의 이해관계는 동질적일 수도 있지
만 서로 상충되는 경우도 없지 않다. 따라
서 노조 내부의 이해관계로 야기될 수 있
는 갈등을 사전에 조율할 필요가 있다. 노
조의 내부조직적 교섭에 적합한 방법으
로 교섭 전에 조합원들을 대상으로 한 설
문조사를 실시하여 요구안에 반영하거나,
전체 노조원의 의견이 반영되도록 교섭내
용을 공개하고 교섭과정을 투명하게 관리

|그림 4-4| 생활폐기물 재활용선별장에서 재활용품을 선별
하는 모습

하는 것 등이다. 한편, 사용자들 내부, 예를 들어 최고경영자, 인적자원관리
자, 일선감독자 등도 서로 상충되는 견해를 갖고 있을 수 있기 때문에 교섭
이 이루어지지 전에 경영층내부의 조율도 필요하다. 사용자의 내부조직적
교섭은 노사협상에 관련 있는 모든 경영층이 모여서 노조의 요구안에 대응
하는 전략을 수립하는 과정에서 이루어지게 된다.

☛ 내부조직적 교섭이
란 노조의 내부 또
는 사용자들의 내부
에서 이루어지는 타
협과정

(2) 분배적 교섭(distributive bargaining)

분배적 교섭은 한정된 파이(pie)의 몫을 분배할 때 이루어지는 전통적
인 단체교섭으로서 당사자간의 이해관계에 따른 갈등을 해소하기 위한 협
상이라고 할 수 있다. 따라서 일방이 보다 더 많이 받을수록 상대방은 보다
더 적게 받게 되는 '제로섬 교섭'(zero-sum bargaining)이라고 할 수 있다. 사
용자는 생산을 위해서 근로자가 필요하고 근로자는 소득을 얻기 위해 직장
을 다녀야 하는 등 교섭 당사자들이 생산단계에서는 상호 의존성을 띠고 협
조관계를 유지하여야 한다. 그러나 분배측면에서는 한정된 부가가치를 서
로 나누게 되어 서로 대립관계이다. 따라서 단체협약에서 교섭당사자는 상
대방을 약화시키기 위한 협상전술(예: 노조측의 전술로 파업, 태업, 기업의 부정
적 이미지 부각 등, 사용자측의 전술로는 조업계속, 직장폐쇄 등)이나 협상기법(예:
상대방을 속이거나, 허세를 부려 상대방이 잘못된 의사결정을 하도록 유도하는 방법
등) 등을 사용하여 자신의 이익을 극대화하고자 한다. 교섭당사자는 자신

☛ 분배적 교섭은 한정
된 파이(pie)의 몫을
분배할 때 이루어지
는 전통적인 단체교
섭으로서 당사자간
의 이해관계에 따른
갈등을 해소하기 위
한 협상

■ BATNA(best
alternative to
a negotiated
agreement)

들이 내부적으로 보유하고 있는 대안(즉, 단체협상이 파국을 맞을 때의 대안, 즉 BATNA(best alternative to a negotiated agreement))보다 단체협약안이 바람직하다고 판단될 때 단체협약을 수용하게 된다.

(3) 통합적 교섭(integrative bargaining)

■ 통합적 교섭이란 노
사공통의 관심사, 예
를 들어 생산성 증
대, 비용절감, 교육
훈련, 또는 안전관리
등에 대하여 노사가
교섭하여 노사 모두
이익을 얻게 되는
교섭유

통합적 교섭이란 노사 공통의 관심사, 예를 들어 생산성 증대, 비용절감, 교육훈련, 또는 안전관리 등에 대하여 노사가 교섭하여 노사 모두 이익을 얻게 되는 교섭유형으로 상호이익협상(mutual gain bargain 또는 win-win bargain)이라고도 한다. 즉, 분배적 교섭이 한정된 파이의 몫을 나누기 위한 다툼이었다면, 통합적 교섭은 파이의 크기를 증대시키기 위한 쌍방간의 노력이라고 할 수 있다. 따라서 노사 양측을 함께 만족시키는 합의안을 이끌어 내는 통합적 교섭은 대립적·분배적 단체교섭을 대치 및 보완할 수 있는 개념이다. 통합적 교섭이 성공하기 위해서는 노사의 공통 관심사를 해결할 수 있는 창조적 대안을 브레인스토밍(brain storming)[15] 같은 방법을 통하여 모색하여야 한다. 통합적 교섭에서는 분배적 교섭과는 달리 쌍방간의 신뢰와 양적·질적 정보를 공유하는 것이 필요하다.

(4) 태도적 구성(attitudinal structuring)

■ 태도적 구성이란 노
사 간의 전반적인
관계를 개선하기 위
한 정서적인 교섭

태도적 구성이란 노사간의 전반적인 관계를 개선하기 위한 정서적인 교섭이라고 할 수 있다. 분배적 교섭이나 통합적 교섭은 물질적 거래를 기본으로 이루어지며 그 결과물이 문서의 형태로 남게 되지만 태도적 구성은 쌍방간의 관계를 근간으로 하여 사회적 계약의 형태를 취하게 된다. 교섭당사자는 교섭과정에서 상대방에 대한 성격, 신뢰가능성 등에 대한 개인적 경험을 하게 되고 이것이 상호간의 신뢰관계를 구축할 수도 있고 또는 불신을 불러일으킬 수도 있다. 노사가 각각 상대방을 대하는 태도는 태도적 구성의 결과로 나타나고 노사교섭의 과정과 결과에 중대한 영향을 미치게 된다.

---

15 1950년대 미국의 Alex Osborn에 의하여 처음 개발된 집단문제 해결기법의 일종이다. 브레인스토밍은 주어진 문제점에 대하여 가능한 많은 숫자의 창조적인 대안을 개발하는 것이 그 목적이며 조직내부에 쉽게 해결되지 않는 문제점이 존재할 때 혹은 문제해결을 위하여 다양한 시각에서의 접근이 요구될 때에 집단을 대상으로 사용되는 문제해결기법이다; 김동원, 「종업원참여제도의 이론과 실제」(서울: 한국노동연구원, 1996), p. 116.

1.6 단체협상의 교섭력이론

교섭력이란 어느 일방이 자신의 교섭조건에 동의하도록 상대방을 이끌어내는 능력이다. 단체협상의 결과는 노동조합이 자신들이 요구하는 사항을 획득할 수 있는 능력과 사용자가 노조의 요구사항에 버틸 수 있는 능력, 즉 교섭력(bargaining power)에 의하여 결정된다. 단체협상에 있어서 사용자의 교섭력은 노조의 교섭력과 서로 반비례한다. 따라서 이해의 편의를 위하여 노조의 교섭력만을 설명하고자 한다. 노조의 교섭력은 사용자가 고임금과 근로조건 향상을 위해 지불할 수 있는 능력(employer ability to pay)과 사용자로 하여금 지불하도록 하는 노조의 능력(union ability to make employers pay)에서 발생된다고 할 수 있다.[16] 〈도표 4-3〉에는 교섭력이론의 개념을 요약한 것을 보여주고 있다.

▶ 교섭력이란 어느 일방이 자신의 교섭조건에 동의하도록 상대방을 이끌어내는 능력

도표 4-3 **교섭이론의 개념요약**

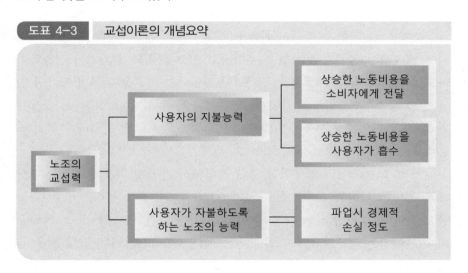

노조의 교섭력 ─┬─ 사용자의 지불능력 ─┬─ 상승한 노동비용을 소비자에게 전달
　　　　　　　　 │　　　　　　　　　　　└─ 상승한 노동비용을 사용자가 흡수
　　　　　　　　 └─ 사용자가 자불하도록 하는 노조의 능력 ── 파업시 경제적 손실 정도

(1) 사용자의 지불능력

사용자의 지불능력이란 노조가 요구하는 임금인상이나 근로조건 개선 등을 수용할 수 있는 사용자의 능력을 말한다. 사용자는 노조의 요구사항을

▶ 사용자의 지불능력이란 노조가 요구하는 임금인상이나 근로조건개선 등을 수용할 수 있는 사용자의 능력

---

16 Charles Craypo, *The Economics of Collective Bargaining: Case Studies in the Private Sector*(The Bureau of National Affairs, Inc., Washington, D.C.: 1986).

수용하게 되면 그만큼 기업으로서는 이윤이 감소하게 될 것이다. 따라서 이를 해소할 수 있는 방법으로는 소비자에게 노동비용을 전가시키는 방법이나 생산성 향상을 통하여 이를 흡수하는 방법이 있는데 이를 사용자의 지불능력이라고 한다.

① 소비자에게 인상된 노동비용을 전가　　소비자에게 노동비용을 전가시킬 수 있는 경우로는 다음의 네 가지가 있다. 첫째, 산업 내 시장점유율이 높거나[17] 가격결정자(price maker)의 역할을 갖는 시장지배적인 사용자의 경우이다. 예를 들어 해당기업이 산업 내 시장점유율이 높고 상품가격을 결정할 위치에 있으면 대대적인 광고나 가격을 올린 신제품의 출시 등을 통하여 비교적 손쉽게 인상된 노동비용을 소비자에게 전가할 수 있다. 또한 기업들은 시장점유율을 높이기 위하여 경쟁자와의 합병을 선택하는 경우[18]가 있다. 이 경우에 합병된 기업은 시장지배적이 되어 기업의 지불능력을 높여주게 된다.

시장지배적인 사용자의 경우

둘째, 지역적인 제약(spatial limitation)이 있는 경우로서 사용자가 특정 지역 내에서 성공적으로 기업을 운영하고 있고 타지역의 기업이 진출하기가 어려운 경우이다. 새로운 경쟁기업이 진입하기 어려운 지역적 제약이 있는 산업은 건설업, 해운업 등이 대표적이다. 특정 지역을 지배하는 사용자의 경우 그 지역에서 사용자간 경쟁이 미약하므로 비교적 손쉽게 인상된 노동비용을 소비자에게 전가할 수 있다.

지역적인 제약이 있는 경우

셋째, 노동조합의 영향력이 강한 산업에서 그 산업의 근로자들을 대상으로 동일한 임금과 근로조건(regulatory rate-setting)을 적용하는 것이 가능한 경우이다. 강력한 산별 협상이 이루어지거나 패턴교섭(pattern bargaining)이 이루어지는 경우가 대표적이다. 예를 들면, 한국의 금융산업의 경우 금융산별노조에 속한 근로자들은 산별 협상에 의하여 거의 동일한 임금과 근로조건을 제공받게 된다. 또한 미국의 자동차산업의 경우 GM, Ford,

강력한 산별협상이 이루어지거나 패턴교섭이 이루어지는 경우

17　동일 산업에 속하는 상위 기업들의 시장점유율 합을 산업집중도(industrial concentration)라고 하는데 주로 상위 3개 기업들의 시장점유율 합(3firm concentration)으로 계산함.

18　기업집중(corporate consolidation)의 종류에는 여러 회사가 한 회사의 소유로 바뀌는 일종의 '트러스트'같은 집중(consolidation), 두 회사가 한 소유회사로 결합하는 합병(merger) 및 한 회사의 주식을 다른 회사가 구입하는 인수(acquisition) 등이 있다. 기업집중 방식에는 수평적 합병, 수직적 합병, 다각화적 합병, 지주회사 합병, 다국적 합병 등이 있다. Charles Craypo, 전게서, pp. 24~25.

Chrysler의 근로자들은 먼저 타결된 노사협상의 결과를 다른 두 회사에서도 같이 적용하는 패턴교섭에 의하여 거의 유사한 임금과 근로조건을 가진다. 이 경우 전체 산업의 임금과 근로조건이 동일하게 결정되기 때문에 사용자들은 노동비용의 저하를 위하여 서로 경쟁하지 않고 소비자에게 노동비용을 전가할 수 있는 구조를 갖게 된다.

넷째, 정부의 지원이 있는 경우이다. 예를 들어 정부가 특정산업이나 직종을 육성하기 위하여 비용보전이나 운영보조금 등의 지원을 약속하거나, 정부로부터 독점사업을 인가받거나, 국민으로부터 이용료를 거둘 수 있도록 허용된 산업의 경우이다. 이 경우 기업의 지불능력이 확보되므로 근로자들의 요구사항을 수용할 가능성이 높아지게 된다. 한국의 경우 정부의 재정지원을 받거나 해당산업에서 독점적인 사업권을 가진 공기업(예를 들면, 한국가스공사, 한국석유공사 등)이나, 시청자로부터의 시청료를 받는 공영방송국이 대표적인 예로서 사용자의 지불능력이 높은 경우이다.

> 정부의 지원이 있는 경우

② **사용자가 인상된 노동비용을 흡수**   노조의 요구조건을 수용한 후 그 비용증가분을 기업에서 흡수하는 방법이다. 먼저, 생산성증대를 통하여 인상된 노동비용을 흡수하는 방법이 있는데 제지산업, 전화사업 및 정유산업 등과 같은 자본집약적인 산업에서 신규자본투자를 통한 생산성증가가 용이한 산업의 경우이다.[19] 또한 초과이윤을 획득하던 독과점기업에서 그간 주주에게 지불되던 초과이윤을 축소하여 근로자에게 분배함으로써 인상된 노동비용을 흡수하는 방법도 있다.

> 노조의 요구조건을 수용한 후 그 비용 증가분을 기업에서 흡수

(2) 사용자로 하여금 지불하도록 하는 노조의 능력

노조가 사용자의 지불을 강제할 수 있는 능력을 갖추고 있을 경우 노조의 교섭력은 사용자에 비하여 상대적 우위를 확보하게 된다. 사용자로 하여금 지불하도록 하는 노조의 능력은 주로 파업위협에서 발생한다. 즉, 노조가 보유하고 있는 가장 중요한 교섭력의 원천은 바로 파업위협이며 사용자측 교섭력의 원천은 파업을 억제하는 능력이라고 할 수 있다. 교섭력은 파업으로 인한 우리측의 손실과 상대방측의 손실 간의 차이에서 발생한다고 할 수 있으며 이를 수식으로 표현하면 다음과 같다.

> 노조가 보유하고 있는 교섭력의 원천은 바로 파업 위협이며 사용자측 교섭력의 원천은 파업을 억제하는 능력

---

19 Charles Craypo, 전게서, pp. 20~28.

$$교섭력(Bargaining\ Power) = \frac{파업시\ 상대방의\ 손실}{파업시\ 나의\ 손실}$$

파업으로 인한 노조측의 손실이 사용자측의 손실보다 작다면 노조측의 교섭력은 사용자측의 교섭력보다 강하기 때문에 노조의 파업은 커다란 영향력을 갖게 된다. 반대로 노조측의 손실이 사용자측의 손실보다 크다면, 즉 사용자측의 교섭력이 강하다면 노조의 파업위협은 그만큼 파괴력이 작아지게 될 것이다. 이 수식에서 손실은 단순히 단기적·경제적 손실만을 의미하는 것이 아니라 정부와 소비자의 압력이나 여론의 부정적인 동향 등 노사 당사자에게 미치는 모든 부정적 영향을 의미하는 것이다. 예를 들어서 파업이 발생하였을 때 파업을 일으킨 노조를 비판하는 여론이 사회 전체적으로 형성이 되었다면 노조의 협상력은 감소하게 되고, 노조가 파업을 일으키도록 한 사용자의 경영방침에 대하여 예컨대 정부가 위법 여부를 조사한다면 사용자의 협상력은 감소하게 될 것이다.

☞ 노사쌍방의 교섭력을 결정하는 요인

파업시 당사자의 손실 정도에 영향을 주어 노사쌍방의 교섭력을 결정하는 요인을 살펴보면 다음과 같다. 첫째, 회사에서 생산하는 제품의 내구성이나 유형에 따라 파업에 의한 경제적 손실이 차이가 난다. 예를 들어 석탄이나 철강제품 등과 같이 내구성이 있는 제품을 생산하는 회사는 대량으로 재고를 저장한 후 파업기간 동안 재고를 판매할 수 있기 때문에 파업의

☞ 회사에서 생산하는 제품의 내구성이나 유형

위협은 상대적으로 작다. 반대로 장미와 카네이션 등의 화초, 양상추 등 채소, 생선회 등 활선어와 비행기 티켓처럼 손상되기 쉽고 시기를 놓치면 상품의 가치가 없어지는 제품을 생산하는 경우에는 파업에 따른 경제적 손실이 막대하므로 노조의 교섭력을 그만큼 강하다고 할 수 있다. 또한 계열사간에 부품을 공급하는 수직적 계열화회사에서는 그렇지 않은 회사보다 파업으로 인한 연관회사의 타격이 크므로 노조의 교섭력이 상대적으로 강하

|그림 4-5| 콘크리트를 타설하는 건설노동자 모습

다. 평시의 재고비용을 최소화하기 위하여 부품재고를 거의 보유하지 않고 생산에 필요한 부품을 적기에 조달하는 저스트인타임(just in time: JIT)방식의 생산라인을 가진 사용자의 경우에도 부품회사가 파업을 하면 조립공장의 피해가 크므로 노조의 교섭력이 상대적으로 강하다.

둘째, 노동조합과 노조원의 구성상의 특징과 성격도 교섭력에 영향을 미친다. 우선, 기업운영에 필요한 전략적 기능(strategic position)을 수행하는 핵심인력들이 노조에 가입하여 조합원이 된 경우 파업이 발생할 때 사용자는 결정적인 타격을 입기 때문에 노조의 교섭력은 증대하게 될 것이다. 또한 한 기업이나 산업 내에 경쟁노조가 없고 모든 가입대상 근로자를 한 노조가 독점하여 조직한 경우이다. 이 경우 독점적 지위를 갖는 노조는 한 회사나 산업의 조업을 일시에 정지시킬 수 있으므로 교섭력이 강해지고 사용자에게 지불을 강제할 능력을 확보하게 된다. 반면, 핵심인력을 노조원으로 가입시킨 다른 노조가 있다면 노조가 조업을 전면 중단시킬 수 없으므로 노조의 교섭력은 약해진다. 이 경우 경쟁노조간의 병합도 노조의 사용자 지불 강제력이 높아져서 노조의 협상력을 높이는 한 방법이다.

☞ 노동조합과 노조원의 구성상의 특징과 성격

셋째, 노동집약도에 따라 교섭력이 차이가 날 수 있다. 노동집약적인 산업(예: 섬유, 건설, 백화점, 자동차조립 등)에서는 생산과정에서 노동력이 매우 중요하고 노조의 파업이 기업운영에 치명적인 영향을 미치므로 사용자의 교섭력이 상대적으로 약하다. 반대로 고도로 자동화되고 자본집약적인 산업(예: 전화, 정유산업 등)에서는 노조의 파업에도 불구하고 조업이 가능한 경우가 많으므로 노조의 교섭력이 상대적으로 약하다.

☞ 노동집약도

넷째, 경제적 여건은 교섭력을 결정하는 중요한 요소이다. 호경기인 경우에는 사용자는 매출을 증가시킬 기회를 잃어버리기 때문에 파업을 가능한 한 기피하려고 하므로 사용자의 교섭력이 약화된다. 또한 호경기에는 근로자들이 파업으로 실직하더라도 재취업이 비교적 용이하므로 파업을 쉽게 감행할 수 있어서 노조의 교섭력이 강화된다. 불경기일 때에는 초과 재고를 처리할 수 있어 사용자측에서 파업을 반길 수도 있는 상황이 벌어지므로 사용자의 교섭력이 강화된다. 또한 불경기에는 근로자들은 파업으로 실직할 수 있다는 부담이 작용하여 파업을 자제하려고 하기 때문에 노조의 교섭력은 상대적으로 약화된다.

☞ 경제적 여건

다섯째, 교섭구조 역시 파업시의 교섭력을 결정하는 중요한 요소이다.

☞ 교섭구조

예를 들어, 산업별 교섭은 노조의 파업시 전체 산업의 가동을 중단시킬 수 있으므로 국가경제 전체에 미치는 파급효과가 커진다. 따라서 사용자와 정부는 가능한 한 파업을 회피하려고 노력하게 되므로 노조의 교섭력은 기업별 교섭에 비하여 상대적으로 강해진다.

여섯째, 교섭력을 결정하는 주관적이고 심리적인 요소로서 노조나 사용자의 투쟁력과 단결력을 고려할 수 있다. 예를 들어 노조가 일치단결하여 장기간 파업을 지속할 수 있다는 투쟁력과 단결력을 보여준다면 그렇지 않은 노조와의 교섭 때와는 달리 사용자는 상대적으로 위축되고 사용자의 교섭력이 약화될 것이다. 반면에 사용자의 경영층이 결연한 의지를 가지고 단결된 모습을 보여준다면 노조의 교섭력이 약화될 것이다.

☛파업에 대한 정부의
규제

일곱째, 파업에 대한 정부의 규제는 노사의 협상력에 영향을 미치게 된다. 예를 들면, 한국의 필수공익사업장의 경우 파업시 필수유지업무가 지정되어 있고 대체근로자를 절반까지 고용할 수 있으며 긴급조정의 대상이 된다. 공무원과 교사의 경우에도 법으로 파업권을 금지하였다. 이러한 파업에 대한 규제는 결과적으로 파업시 사용자의 손실을 줄여주거나 파업을 일으키지 못하게 하여, 규제가 없는 경우와 비교할 때 사용자의 협상력을 높여주는 역할을 한다. 반면에 노조의 파업이 발생한 이후에만 사용자가 직장폐쇄를 할 수 있도록 법으로 규정한 것은 사용자가 선제적으로 노조에 타격을 주는 것을 방지한 조치이므로 사용자의 협상력을 약화시키는 조항이다.

마지막으로, 노조는 파업시 사용자측에게 손실을 끼쳐서 자신의 교섭력을 높이기 위하여 여러 방안을 취하기도 한다. 예를 들면, 교섭이 타결될 때까지 소비자에게 자사 제품의 구매를 자제하도록 하는 보이콧(boycott), 의도적으로 작업능률이나 속도를 저하시키는 태업(sabotage), 회사의 주요

☛회사에게 경제적 이
익이나 대외적 이미
지를 훼손하는 기업
유세전술

이해관계자에게 회사의 부당함을 알려 회사에게 경제적 이익이나 대외적 이미지를 훼손하는 기업유세전술(corporate campaign tactics) 등이 있다. 한편 사용자가 파업시 발생할 손실을 줄이기 위하여 취할 수 있는 교섭력 증대방안으로는 파업보험에 가입하는 것이다. 파업보험이란 보험가입회사 중 어느 한 회사가 파업이 발생하게 되면 다른 회사들이 경제적 지원을 제공하는 것이다. 파업보험은 아직 우리나라에서는 일반화되어 있지 않다.

2. 단체협약

2.1 단체협약의 개념과 성격

(1) 단체협약의 의의와 개념

근로자의 임금 기타 근로조건은 개별 근로자와 사용자 간의 자유로운 계약에 의하여 결정되는 것이다. 그러나 개별 근로자와 사용자가 실제적으로 평등한 입장에서 계약을 체결할 수는 없다. 따라서 근로자들은 실제적인 행동을 확보하기 위하여 단결하여 노동조합이라는 단체를 만들고 이 단체의 힘에 의하여 사용자와 대등한 입장에서 교섭을 하여 임금 기타 근로조건 등을 결정할 수 있다. 이렇게 결정된 내용을 문서화한 것이 바로 단체협약이다.[20] 즉 단체협약(collective agreement)이란 노동조합 또는 그 연합체와 사용자 또는 사용자단체간에 체결되는 집단적 근로관계에 관한 계약이다.[21]

▶ 단체협약은 노동조합 또는 그 연합체와 사용자 또는 사용자단체 간에 체결되는 집단적 근로관계에 관한 계약

단체협약은 협약 당사자인 노동조합과 사용자가 체결하는 서면상의 계약의 형식을 띠고 있으나[22] 그 내용은 여러 가지 상이한 요소로 구성되어 있다. 예를 들면 임금, 근로시간, 기타 근로자의 대우에 관한 사항, 조합원의 범위, 숍제도, 조합활동을 위한 절차와 요건, 단체교섭절차, 쟁의행위에 관한 사항 등이 그것이다.

▶ 단체협약의 특징은 노사 양측에 의한 단체적인 약속, 즉 합의라는 성격

형식면에서 본 단체협약의 특징은 노사 양측에 의한 단체적인 약속, 즉 합의라는 성격을 들 수 있다. 단체협약은 근로계약이나 취업규칙과는 구별된다. 즉, 근로계약(고용계약)은 노사가 합의에 의해 결정한다는 점에서는 동일하나 그 당사자가 노동자집단이 아닌 개개인과 사용자라는 점에서 단체협약과 다르고 취업규칙은 그 대상이 다수 노동자라는 점에서 단체계약과 유사하나 그 결정을 사용자가 미리 일방적으로 결

|그림 4-6| 광산의 작업장 현장

20 문향남, 전게서, p. 192.
21 박상필, 전게서, p. 430.
22 「노동조합 및 노동관계조정법」, 제31조.

정하는 것이 다르다. 결국 단체협약은 다수의 노동자와 사용자나 사용자단체간의 상호협의에 의해 합의된 사항이라는 성격을 가진다.[23]

(2) 단체협약의 기능

단체교섭의 결과 노사간의 타협으로 합의에 도달하게 되면 단체협약이 체결된다. 단체협약은 사용자 및 노조가 근로자의 근로조건의 기준을 정하고 협약 당사자간의 권리와 의무를 설정한 문서이다. 특히 단체협약은 집단노동관계의 당사자인 노조와 사용자의 행동을 규제하는 자체 규범이기 때문에 협약의 성실한 이행과 운용은 고용관계 안정에 중요한 영향을 미친다. 따라서 단체협약은 다음과 같은 기능을 가진다.

① **근로조건의 개선기능**　단체협약은 고용관계에 여러 가지 기능을 하고 또한 이익을 가져다주고 있는데, 그 하나가 근로자에 대한 노동조건의 개선기능이다. 즉, 노동조합의 단결권 혹은 쟁의행위는 투쟁력을 배경으로 하여 이루어진 것이므로 단체협약에서 정해진 근로조건상의 기준은 개인 근로자와 사용자 사이의 교섭에서 기대할 수 없는 보다 좋은 근로조건을 확보하게 될 것이다.[24]

☛ 보다 좋은 근로조건을 확보

② **산업평화의 기능**　단체협약이 성립되면 그 유효기간 중 노사 쌍방이 이를 존중하고 준수할 의무를 지게 되므로 그 기간 중에는 불필요한 분쟁을 피하고 산업평화를 유지시키는 기능을 하게 된다. 즉 단체협약에 의해 일정기간 동안 근로조건 등에 관한 일정기준을 설정해 놓으면 그 기간 내에는 무의미한 분쟁을 피할 수 있고 그 기준을 유지하기 위해 노사는 협약내용을 성실히 준수할 의무를 지는데, 이를 단체협약의 평화기능이라 한다.

☛ 단체협약의 평화기능

2.2 단체협약의 성립과 관리

단체협약의 체결 및 관리에 대하여 살펴보면 다음과 같다.

23　노동조합사전편찬위원회, 「노동조합의 기초활동」(서울: 형성사, 1985), pp. 613~616.
24　이준범, 전게서, pp. 272~273.

(1) 단체협약의 당사자

단체협약을 체결할 수 있는 법률상의 능력 또는 지위를 협약능력이라 하며 이러한 능력을 가진 자를 단체협약의 당사자라 한다. 단체협약의 당사자는 노동조합과 사용자 또는 사용자단체이며 개개 근로자는 단체협약의 당사자가 될 수 없다.

☞ 단체협약의 당사자
는 노동조합과 사용
자 또는 사용자단체

(2) 단체협약의 작성방식

현행법에 의하면 단체협약이 법적 효력을 갖기 위해서는 다음의 두 가지 조건이 충족되어야 한다. 첫째, 단체협약은 반드시 서면으로 작성하여 당사자 쌍방이 서명·날인하여야 한다. 둘째, 단체협약 체결일로부터 15일 이내에 이를 행정관청에 당사자 쌍방의 연명으로 신고하여야 한다. 또한 행정관청은 단체협약의 내용 중에 위법한 내용이 있는 경우에는 노동위원회의 의결을 얻어 그 시정을 명할 수 있다.

☞ 반드시 서면으로 작
성하여 당사자 쌍방
이 서명·날인, 단체
협약체결일로부터
15일 이내에 이를 행
정관청에 당사자 쌍
방의 연명, 신고

(3) 단체협약의 유효기간

「노동조합 및 노동관계조정법」에서는 단체협약이 2년을 초과하는 유효기간을 정할 수 없으며, 유효기간을 정하지 않았거나 2년을 초과하는 유효기간을 정한 때에는 그 유효기간은 2년으로 된다고 규정하고 있다. 이 조항은 단체협약과 임금협약을 분리하여 실시하는 경우 양 협약에 모두 적용된다. 또한 노사 쌍방이 새로운 단체협약을 체결하지 못하였을 경우 종전의 단체협약은 그 만료일로부터 3개월까지 계속 효력을 갖는다고 정하였다.

☞ 단체협약이 2년을
초과하는 유효기간
을 정할 수 없음

2.3 단체협약의 내용

단체협약의 내용은 다양한 항목들을 포괄하고 있다. 1990년, 1996년, 1999년 및 2003년의 단체협약 내용을 조사한 결과를 살펴보면 〈도표 4-4〉와 같다.[25] 단체협약에 포함된 중요한 내용을 정리하면 다음과 같다.

---

25 단, 2003년의 연구는 채용 및 정리해고 등에 대한 노조의 참여 여부, 기업변동시 합의 등에 대한 분석이 중점적으로 이루어져 과거의 연구와 직접적인 비교가 어려운 한계점을 갖고 있다.

(1) 노조안정과 경영권

노동조합은 그 활동의 안정과 보장을 기하기 위하여 (1) 조합원수를 어떻게 용이하게 많이 확보하는가, (2) 조합원의 활동을 보다 활발하고 자유스럽게 할 수 있는 방안 등을 모색하고 있다. 사용자는 만일 노동조합이 경영자의 의사결정영역에 점점 더 많이 참여하게 된다면 위축될지도 모를 경영권을 보호하는 데 관심을 갖고 있다. 이와 같이 노사 쌍방이 스스로의 권익을 보호하고 안정된 지위확보를 위해 노조측에서는 숍제도, 노동조합 활동조항 등에 대하여, 사용자측은 경영권에 대하여 다음과 같은 내용을 단체협약에 반영하는 것이 일반적이다.

① 숍 제 도   숍제도는 비조합원의 존재로 인한 노조활동의 불이익을 막기 위하여 취해지는 제도이다. 그러나 일부 숍제도(예를 들어 노조원만을 고용할 수 있도록 한 클로즈드 숍)는 근로자의 단결선택의 사유를 침해할 수 있기 때문에 대부분의 경우에서는 금지된다. 다만, 이미 설명한 대로 유니온 숍제도는 노동조합이 당해 사업장에 종사하는 근로자의 3분의 2 이상을 대표하고 있을 경우에 한하여 실시가능하다.[26] 한 조사에 따르면 단체협약 중 숍제도에 대한 규정이 있는 경우 오픈 숍제를 규정하는 경우가 56%, 유니온 숍제를 규정하는 경우가 36.9%라고 한다.[27]

② **노동조합활동조항**   노동조합활동조항으로 조합활동의 보장, 근로시간 중 조합활동, 노조전임자조항, 조합비 공제편의제공조항 등이 있다. 첫째, 조합활동의 보장조항은 헌법과 「노동조합 및 노동관계조정법」에 의하여 조합활동이 보장되어 있으나 대부분의 단체협약은 '조합활동의 자유' 또는 '조합활동의 자유 및 불이익 처우의 금지' 등의 규정을 설정하고 있다.

둘째, 근로시간 중의 조합활동조항이다. 기업별 노동조합의 경우 조합원이 동시에 직원이기 때문에 직원은 근로계약에 기초하여 취업중에는 사용자의 지휘명령하에 노무를 제공할 의무가 있으며 조합활동은 취업시간 외에 행하여야 하는 것이 계약상의 원칙으로 간주된다. 그러나 노동조합은 단결의 유지·강화를 위한 일상활동과 필요한 기본활동을 취업시간 중에

▶노동조합활동조항으로 조합활동의 보장, 근로시간중 조합활동, 노조전임자조항, 조합비 공제편의제공조항 등

---

26 김형배, 전게서, pp. 957~958.
27 한국노동연구원, 전게서, pp. 60~62.

도표 4-4	단체협약 규정의 존배비율				(단위: %)
		1991년도 조사[1]	1996년도 조사[2]	1999년도 조사[3]	2003년도 조사[4]
총 칙	유일교섭단체*	97.9	97.3	96.7	−
	협약의 우선	81.9	87.8	87.9	−
	근로조건의 저하금지	64.3	71.7	72.1	−
	열람편의 및 자료제공	49.1	76.4	74.8	−
	숍제도	87.2	81.3	78.9	81.0
	비조합원의 범위	66.1	82.9	83.9	80.7
조합활동	조합전임형태	90.3	87.0	90.1	82.1
	전임자 수	78.9	83.0	83.5	73.3
	근무시간 중 조합활동 절차	95.4	86.9	86.4	−
	조합비 공제인도	92.5	94.1	94.3	−
	시설편의 제공	96.1	94.4	94.9	−
인사권	인사(권)원칙	79.0	88.7	83.3	−
	휴직요건	90.1	85.3	85.9	−
	정년	88.2	86.1	77.6	−
	징계 해고	76.5	61.8	56.4	−
	인원정리시 노조참여	75.6	46.6	26.3	−
근로조건	주당 기준근로시간	93.1	89.3	88.5	−
	유급휴일	97.1	97.1	93.7	−
	임금의 구성	44.3	40.2	42.9	−
	상여금 지급원칙	80.2	74.4	72.0	−
	퇴직금 지급제도	84.8	85.8	86.1	−
복리후생/ 교육훈련	복리후생제도	86.0	81.0	83.7	−
	교육훈련	47.1	57.0	44.9	−
산업안전 및 보건	산업 안전보건위원회의 활동	29.9	52.4	26.9	−
	작업환경 측정	17.9	34.6	32.5	−
집단적 고용관계	단체교섭 대상	63.5	65.1	−	67.0
	교섭요구	69.5	82.8		
	교섭의무	63.7	74.3	−	−
노동쟁의	평화의무조항	35.3	48.1	45.1	−
	중재신청	35.9	61.4	−	−
	쟁의행위기간 중 임금지급	7.4	8.8	12.5	10.5
노사협의	노사협의회 결정사항 효력	40.4	59.3	47.3	54.4
	단체협약 유효기간	97.6	98.9	92.8	98.4

주: * 복수노조의 허용으로 유일교섭단체 조합은 단체협약에서 제외
자료: 1) 윤성천·이선·김정한, 「단체협약분석」(서울: 한국노동연구원, 1990).
2) 윤성천·김정한, 「단체협약분석(Ⅰ)」(서울: 한국노동연구원, 1998).
3) 김정한·문무기·전재식, 「단체협약분석(Ⅲ)」(서울: 한국노동연구원, 2001).
4) 한국노동연구원, 「단체협약분석」(서울: 노동부, 2003)의 내용 수정 게재.

추진할 필요가 제기될 경우가 있는데, 이에 따라 취업시간 중의 조합활동에 대하여 노사간의 협의와 교섭이 필요하게 된다.

셋째, 노조전임자조항이다. 노동조합의 규모가 큰 경우에 조합활동에 전임할 수 있는 임원이나 간부를 필요로 한다. 이에 따라 노사간의 협정에 의해 직원으로서 신분을 가지면서도 조합업무에 전임하는 이론적 조합전임제를 택하게 된다. 이와 관련한 주된 협약내용으로 전임자의 수, 인선에의 부당한 간섭배제, 전임중의 급여와 노동조건에 관한 사항, 전임 소멸 후 직장복귀시의 처리, 전임시간 등에 대한 규정을 단체협약에 두는 경우가 많다.

넷째, 조합비 공제편의제공조항이다. 노동조합활동을 전개하기 위한 재정적 기초는 조합원으로부터 징수한 조합비이며 조합비의 납입 여부는 조합운영에 커다란 영향을 미치게 된다. 우리나라의 경우 조합비의 징수는 일반적으로 노사간의 협정에 따라 기업이 매월 노동자에게 지불하는 임금 중에서 조합비를 일괄 공제하여 노동조합측에 제공하는 체크오프제(check-off system)를 도입하고 있다. 이러한 회비징수방법은 노조측에게 편리한 조건이며 시간과 경비뿐만 아니라 조합의 제도적 신분을 더욱 강화시킨다.[28]

③ 경영권　경영권(employer prerogatives)이란 회사운영과 노동력 지휘 등에 관하여 사용자가 가진 전통적인 기능인 인사권이나 관리권을 지칭하는 것이다. 우리나라의 경우 경영권을 사용자의 고유권한이라 하여 조합원이 간섭할 수 없도록 규정하는 경우가 많다. 미국 경우 경영권이라 함은 대체로 경영자에 귀속되는 전권으로 생산과 노동력 수준의 결정권, 적절한 이유에 의한 고용징계 또는 면직, 관리자 및 경영자 선발, 작업일정 그리고 작업방법 등이 해당된다.

(2) 보　수

임금을 비롯하여 일시금(상여금 또는 기말수당)과 퇴직금에 관한 사항은 단체협약에서 가장 중심이 되는 부분이다. 그러나 단체협상과 임금협상이 별도로 이루어지는 우리나라의 경우 단체협약에서 임금에 대한 원칙, 상여금, 퇴직금에 관한 조항을 두고 있고, 매년의 임금인상률이나 임금인상액은 임금협약에서 정한다.

---

28 최종태, 「현대노사관계론」(서울: 경문사, 1981), pp. 373~374.

① **임금조항**   임금조항을 규정하고 있는 단
체협약은 우리나라에서는 비교적 적으며 대체로 임금
협약이나 취업규칙, 또는 회사의 임금규정에 위임하고
있는 경우가 많다. 임금공제항목을 단체협약에 규정하
기도 하는데 조세공과금, 본인부담 각종 보험료, 본인
부담 각종 대부상환금, 본인부담 각종 저축금과 상환
금, 회사가 지불보장한 각종 채무상환금, 기타 회사와
노조가 합의한 항목 등을 포함한다. 그 밖에 단체협약
에 본인의 청구가 있을 때 급료지급일 전이라도 이미
근로한 일수에 대한 임금을 미리 지급할 수 있는 비상
지불에 대한 조항과 휴업수당에 관한 조항을 명시하기
도 한다.

② **상여·일시금**   회사에 따라서 생활보조
금 또는 생활일시금의 성격을 갖는 상여금을 지급하
는 경우가 많은데, 그 수준이나 금액은 단체교섭을 통
하여 결정되는 것이 통례이다. 이러한 상여금 지급에

|그림 4-7| 비행기 조립작업 모습

대한 단체협약의 조항은 정기적으로 일정률을 지급하
는 경우가 73.0%, 단체협약에 의한 것이 14.8%, 경영실적에 따라 차등지급
7.8%, 근무성적에 따라 차등지급 3.3% 등의 순서로 나타나고 있다.[29]

③ **퇴직금조항**   현행 「근로기준법」에는 "사용자는 계속 근로연수
1년에 대하여 30일 이상의 평균임금을 퇴직금으로 퇴직하는 근로자에게 지
급할 수 있는 제도를 설정하여야 한다"고 규정하고 있다. 단체협약중 퇴직
금 규정은 법정퇴직금과 퇴직금누진제의 두 가지가 있다. 법정퇴직금은 근
로기준법에서 정한 대로 근속연수 1년에 30일분의 평균임금을 지급하는 것
이고, 퇴직금누진제는 오래 근무할수록 근로기준법에서 정한 것보다 퇴직
금이 누진적으로 많아지는 제도(예를 들면, 1년근무의 경우 30일분의 평균임금, 2
년근무의 경우 70일분의 평균임금, 3년근무의 경우 110일분의 평균임금 등으로 규정)
이다.

---

29 김정한·문무기·전재식, 전게서, p. 246.

(3) 인사조항

종업원이 기업에 채용된 후부터 퇴직할 때까지의 기간 중 신분이나 대우 등을 규정하고 있는 것이 인사조항이다. 이 인사조항은 경영권 또는 인사권에 관하여 노동조합의 입장과 주장을 반영하고자 하는 노동조합측과 경영권을 확보함으로써 직장의 위계질서를 유지함과 동시에 가능한 한 능률적이고 적절한 인사를 실현하고자 하는 사용자측의 의도의 접점으로서 중요한 의미를 가진다. 노동조합의 지위가 확고하고 경영측이 조합측의 의사를 중시하는 경우에는 채용·이동·해고 등에 대해 조합과 협의하도록 하는 조항을 두기도 한다. 일반적으로 인사조항은 다음과 같은 사항 등이 있다.

① **수습기간**　　채용 후 일정한 수습기간을 규정하는 협약이다.

② **해고협의**　　"조합원을 해고하고자 할 때는 노동조합의 협의(혹은 합의)를 요한다"는 규정을 두는 협약도 있다. 이 조항은 해고권에 관한 자율적 제약을 설정한 것이기 때문에 이 조항을 위반한 해고는 법적으로는 무효로 보아야 한다. 이 조항에서 협의는 노사가 타결점을 발견하기 위하여 성실하게 심의하는 것을 의미하며 반드시 합의점에 도달할 필요는 없다는 의미이다. 반면에 동의는 노동조합의 해고에 대한 실질적인 동의가 있어야 한다는 것을 의미한다.

(4) 작업안전·보건조항

우리나라의 경우 산업재해와 직업병의 발생정도가 OECD 회원국의 평균에 비해 높은 편이어서 산업안전과 보건문제에 대한 노사의 관심이 요구된다. 노동조합으로서도 작업환경 및 시설의 개선, 임금·노동조건의 개선, 관리체계의 합리화, 보건에 대한 교육기회의 확대 등이 단체협약에서의 중요한 요구사항이 된다. 상당수의 단체협약에서 산업안전보건위원회 구성, 작업환경 측정, 건강진단에 대한 규정을 두고 있다.

(5) 근로조건

① **근로시간**　　근로시간에는 사용자의 지휘명령하에서 노무를 제공하는 시간만을 가리키는 경우와 노무의 제공에서 벗어나는 휴식시간을 포함시키는 경우가 있는데, 전자를 실무시간이라고 하고 후자를 구속시간이라 한다. 「근로기준법」과 「산업안전보건법」은 근로기준시간의 범주를 셋

☛실무시간

☛구속시간

으로 나누어 성인노동자에 대하여는 1주일 40시간의 기준근로시간을, 유해위험작업에 종사하는 노동자에 대하여는 1일 6시간, 1주일 34시간의 근로기준시간을, 연소근로자에 대해서는 1일 7시간, 1주 40시간의 기준근로시간을 규정하고 있다. 대부분의 단체협약에서 근로시간을 규정하고 있다.

② 유급휴일　　　휴일은 근로자가 사용자의 지휘명령으로부터 완전히 이탈하는 날을 말하며 근로자의 건강유지와 문화적 생활의 향상을 위하여 마련된 것이다. 협약상에 규정되어 있는 유급휴일의 종류를 보면 근로기준법상의 유급주휴일과 노동절(5월 1일)[30]을 제외하고 총 30~40여 종이 되며 대부분의 사업장에서 인정하고 있는 것으로 나타났다.[31]

③ 휴　　가　　　협약상의 휴가는 연차 유급휴가, 생리 무급휴가(1일/월), 산전·산후 휴가(90일) 및 기타 휴가로 구별된다.[32] 이 중 기타 휴가는 경조휴가(예: 결혼, 회갑 및 사망 등)가 대부분이다.

(6) 단체교섭과 쟁의에 관한 조항

① 단체교섭조항　　　단체교섭조항을 별도로 규정하고 있는 이유는 단체교섭실시에 따른 절차·운영에 대한 사항을 미리 정해 두기 위해서이다. 이 조항은 교섭절차에 있어 사전에 요청서를 제출하도록 규정하고 있거나 협약의 갱신, 또는 운영에 관한 사항, 단체교섭의 인원수 및 선임방법에 관한 사항 등을 포함한다.

② 쟁의조항　　　이것은 쟁의행위를 감행할 때의 규범을 정한 협약조항이다. 그 주된 내용으로는 첫째, 쟁의행위를 취할 경우에는 수일 전에 상대방에게 통고한다는 '쟁의행위예고조항', 둘째, 보안요원 기타 일정한 범위에 있는 사람은 쟁의행위에 참가하지 않는다는 '쟁의행위 불참가자조항', 셋째, 대체근로자(쟁의 중 회사와 관련없는 인력이 외부에서 임시로 고용된 경우)에 의하여 쟁의조합원을 대체하지 않는다고 하는 '대체근로금지조항'(혹은, Scab 금지조항) 등이 있다. 한편 노사간의 분쟁을 가능한 한 평화적 교섭

▶ 쟁의행위를 감행할 때의 규범을 정한 협약조항

▶ 쟁의행위예고조항, 쟁의행위 불참가자 조항, 대체근로금지 조항, 평화의무조항

30　노동절을 법정유급휴일로 하는 것은「근로자의날제정에관한법률」(1963년 제정, 1994년 개정)에서 이 날을「근로기준법」에 의한 유급휴일로 정해 놓았기 때문임.

31　김정한·문무기·전재식, 전게서, p. 218.

32　2003년 9월「근로기준법」을 일부 개정하였는데, 이 중'월차 유급휴가'는 국제적인 입법례에 따라 폐지(제57조 삭제), '생리 유급휴가'는 무급화하였음(제71조 개정); http://www.moleg.go.kr/

에 의하여 해결할 목적으로 쟁의행위의 개시에 대하여 그 요건을 정한 협약 조항을 '평화의무조항'이라고 한다. 근로자의 입장에서는 쟁의행위의 개시에 관한 요건 내지 제한이 자칫하면 타이밍이 결정적인 중요성을 갖는 쟁의행위에 대하여 가장 유리한 시점을 포착하여 쟁의행위에 돌입하는 것을 방해하는 결과가 되기 때문에 일반적으로 평화의무조항의 삽입에 반대하거나 또는 주저한다. 사용자측에서는 조합측의 쟁의행위 돌입을 될 수 있는 대로 억제하기 위하여 엄격한 평화조항을 규정하려고 하므로 노사간에는 이 조항에 대해 상충된 이해관계를 가지고 있다.

(7) 노사협의제 조항

「근로자참여 및 협력증진에 관한 법률」에는 노사협의회가 설치·구성·운영방식이 규정되어 있다. 단체협약에서도 노사협의회에 관한 사항을 규정하기도 한다. 최근 조사에 따르면 노사협의회 결정사항 효력을 규정하고 있는 단체협약이 54.4%로 1999년도의 47.3%보다 다소 높아진 것으로 나타났다.[33]

> **Key Word**
>
> 단체교섭, 단체교섭의 기능, 단체교섭의 성격, 당사자, 담당자, 단체교섭 대상, 의무적교섭 사항, 임의적 교섭 사항, 불법적 교섭 사항, 기업별 교섭, 집단교섭, 연합교섭, 집합교섭, 통일교섭, 대각선 교섭, 공동교섭, 예비회담, 내부조직적 교섭, 분배적 교섭, 통합적 교섭, 태도적 구성, 교섭력, 사용자의 지불능력, 사용자로 하여금 지불하도록 하는 노조의 능력, 단체협약, 단체협약의 성격, 단체협약의 기능, 경영권, 조합활동조항, 노조전임자조항, 근로시간, 유급휴일

---

33 한국노동연구원, 전게서, p. 81.

post-case 6

한국철도공사 단체협약

단체교섭 과정[34]

2010년	1월	19일	2009년 단협 교섭 재개 협의 및 실무접촉
	2월	2일	제22차 단협통합 실무교섭

– 단체협약 주요 쟁점

	안 건	노조요구	공사제시
1	제1조 유일교섭단체	① 법개정 내용과 충돌되지 않으나 교섭단체의 지위를 명시하는 내용으로 수정안 제시 가능	① 노조법 개정 및 복수노조 시행에 따라 조항 삭제 요구
2	제2조 조합원의 자격과 가입	① 추후 논의하자.	① 작년 노조법 개정에 따라 수정안을 추후 제시하겠다.
3	제4조 기존의 노동조건과 조합 활동 권리보장	① 공사수정안에 대해 추후 입장을 공사수정안에 대해 추후 입장을 제시하겠다.	① "관행으로 실시해온 조합활동 권리 보장"을 "근로기준법보다 상회하는 것을 이유로 조합활동 권리"로 수정 제시
4	제5조 규정의 제정 및 개정	① 징계운영세칙 및 인사운영규정 등 근로조건에 영향을 주는 규정의 제개정은 조합과 합의하여 개정할 것을 요구	① 법에서 이미 보장하고 있고 단협 간소화 차원에서 삭제 입장. 또한 공사의 경영·인사권을 제약할 수 있어 삭제 입장
5	제6조 균등대우	① 단서 조항 삭제 등 검토 후 의견제시키로 함	① 헌법에 기초한 선언적 문구로 단서 조항의 노사합의를 노사협의로 수정하자
6	제10조 근무시간중 조합활동	① 법에서 보장한 산업안전을 위한 노안국장 회의도 진행되지 못하고 있다. 안전에는 노사가 없다. ② 조합의 일상적인 활동을 보장하는 업무협조를 요구한다.	① 작년 노조법 개정에 따라 수정안을 추후 제시 ② 업무협조는 단협의 내용대로 진행하고 있다. 노안국장 회의는 산업안전 보건위원회를 준비하기 위한 목적으로 열리는 것은 검토할 수 있다.

---

34 전국철도노동조합(http://krwu.nodong.net.)의 알림 내용을 재구성하여 일자가 다소 차이가 있을 수 있음.

7	제11조 시설공여 및 편의제공 제15조 조합 전임자 제17조 홍보활동 보장	① 추후 논의하자. ② 다만 전임자는 노조법 부칙에 따라 조합의 재정자립기금과 연동해서 논의해야 한다.	① 작년 노조법 개정에 따라 수정안을 추후 제시
8	제18조 조합교육	① 현행유지 입장. ② 2만 5천을 대표하는 조합과 800여 명을 대표하는 조합을 비교해서 얘기하는 것은 부적절하다.	① 복수노조허용, 교육기간 단축으로 교육시간 삭제요구
9	제119조 사내근로 복지기금	① 기금의 출연으로 기존 후생복지를 후퇴시킬 수 없음 ② 기금은 출연취지에 맞게 노사합의로 설치 및 운영되어야 함 ③ 근본적인 기금 출연 및 경조비 집행대책 마련이 시급함	① 예산편성지침으로 인건비에서 지출이 금지됨 ② 2010년 예산에서 100억원을 사내근로복지기금으로 출연 경조비 지급 예정. ③ 노사합의로 신청 보류 및 지급 유보 요구

2월 18일	제23차 단협통합 실무교섭
2월 25일	제24차 단협통합 실무교섭
3월 17일	제25차 단협통합 실무교섭
4월 6일	제13차 단체교섭
4월 14일	제26차 단협통합 실무교섭
4월 20일	제27차 단협통합 실무교섭
4월 22일	제28차 단협통합 실무교섭
4월 24일	제29차 단협통합 실무교섭
4월 27일	제30차 단협통합 실무교섭(10:00~15:30)
	제14차 단체교섭(16:00~17:00)
	제31차 단협통합 실무교섭(20:00~23:00)
4월 28일	제32차 단협통합 실무교섭
5월 5일	제33차 단협통합 실무교섭
5월 7일	제34차 단협통합 실무교섭
5월 11일	제15차 단체교섭(잠정 합의 도출)
	18:50 본 교섭 후 정회

	20:00 실무교섭 재개(21:30 정회, 재개 후 23:00 정회)
(다음 날)	00:20 본교섭 속개
	02:40 잠정 합의 도출
5월 13일	09 단체협약 잠정합의에 대한 확대쟁의대책위원회 심의 보고
5월 27일	2009년 단체협약서 인준 조합원 총회 결과 공고
	(투표율 82.84%, 찬성률 76.65%)

단체협약

전 문

전국철도노동조합(전국운수산업노동조합 철도본부)과 한국철도공사는 헌법과 노동관계법의 기본정신에 따라 상호권리를 존중하고 노동조건과 생활조건을 유지·개선함으로써 조합원의 정치·경제·사회·문화적 지위 향상을 기하며, 철도산업이 공공교통수단이라는 데 대하여 인식을 같이 하고 향후 철도산업의 공공적 발전과 국민경제의 건전한 발전을 도모하고자 이 협약을 체결하며 상호 진실과 성의로써 이를 준수함을 확약한다.

총 칙

제1조【교섭단체】 한국철도공사(이하 '공사'라 한다)는 (전국운수산업노동조합 철도본부) 전국철도노동조합(이하 '조합'이라 한다)이 조합원을 대표하여 노사협의와 단체교섭을 하는 유일한 노동단체임을 인정한다.

제2조【조합원의 자격과 가입】 철도직원은 입사와 동시에 철도노조의 조합원이 된다. 다만, 다음 각 호의 1에 해당하는 자는 제외한다.

1. 임원 및 2급(부장) 이상 직원 및 현업의 과장급 이상(열차팀장 제외)
2. 회계 · 경리 · 인사 · 조직 · 홍보 · 급여 · 후생 · 복지 · 노무관리 · 비상계획(방호포함)업무를 직접 담당하는 직원
3. 관제사
4. 감사 · 안전 등 감찰/조사업무 담당직원과 인재개발원 교수(강사)
5. 임원 이상 귀빈의 수행업무를 담당하는 직원(특동, 비서 등)
6. 법령에 의해 가입이 금지된 자

제3조【적용범위】 이 협약은 공사와 조합원에게 동등하게 적용된다. 다만, 보칙에 별도로 정한 경우에는 그러하지 아니한다.

제4조【노동조건의 유지 및 결정】 ① 공사는 이 협약에 규정되어 있지 않음을 이유로 기 실시하고 있는 노동조건과 조합활동 권리를 조합과 합의 없이 저하시키지 아니한다.

② 노동조건은 공사와 조합이 대등한 입장에서 결정한다.

제5조【규정의 제정 및 개정】 ① 공사는 노동조건에 영향을 미치는 제규정·규칙을 제정 또는 개폐하고자 할 때에는 사전에 조합과 협의한다.

② 공사는 노사합의 사항 중 제규정과 관련된 사항은 개정 또는 신설하도록 한다.

제6조【균등대우】 공사는 조합원의 성별·종교·사회적신분·신체장애 등을 이유로 노동조건에 대해서 차별적 처우를 하지 아니한다. 단, 이 문제에 대하여 다툼이 있는 경우에는 공사와 조합이 합의하여 결정한다.

제7조【신의성실과 승계의무】 ① 공사와 조합은 이 협약을 성실히 준수 이행할 의무를 진다.

② 공사 조직의 통합·분리 변경시에는 노동조합·단체협약·고용을 자동 승계한다.

제8조【협약의 우선】 이 협약과 협약에 의거 제정되는 기준은 공사의 제 규정, 내규, 여타의 개별적 노동계약에 우선하며, 이 기준에 미달되거나 저촉되는 사항은 무효로 하고 그 부분은 협약 기준에 따른다.

제2장 조합활동

제9조【조합활동보장】 ① 공사는 조합원의 조합 활동을 보장하고 조합운영에 개입하지 아니한다.

② 공사는 정당한 조합 활동을 한 것을 이유로 차별대우 또는 불이익을 주지 아니한다.

③ 공사는 조합 활동을 저해할 목적으로 조합원에 대하여 어떠한 노사관련 교육도 실시할 수 없다.

④ 공사는 조합간부의 정당한 조합 활동을 이유로 평점 등 인사상의 불이익을 주지 아니한다.

⑤ 공사는 노동관계법상 부당노동행위 및 이와 유사한 조합활동 방해행위를 일체 하지 아니한다.

⑥ 공사는 조합 및 조합원의 정보통신망을 이용한 조합 활동을 감시 또는 방해해서는 안된다.

제10조【근무시간 중의 조합활동】 ① 다음 각 호의 1에 해당하는 경우에는 사전에 공사와 협의를 거쳐 근무시간 중이라도 조합활동을 할 수 있다. 이때 조합활동 참가자는 사전에 소속장에게 통보하여야 한다.

1. 지부장이 소속장의 승인 후 소속관내 조합활동을 할 때(월 5일)

2. 지부장, 대의원, 중앙위원, 중·상집위원, 회계감사 등이 조합의 규약에 따른 각종회의나 행사에 참여할 때

3. 노사협의회·산업안전보건위원회·단체교섭에 위원으로 참여할 때

4. 조합선거(위원장, 지방본부장)시 입후보자에 대하여 조합요청이 있을 경우 선거관련 활동을 할 때

5. 기타 공사와 조합이 협의로 결정한 업무를 수행할 때

② 공사는 전항 각 호의 각종회의나 행사에 참여할 때 이를 정상근무 한 것으로 본다.

제11조【시설공여 및 편의제공】 ① 공사는 조합활동을 위한 사무실을 제공한다.

② 조합은 조합활동에 필요한 제반시설을 업무에 지장을 주지 아니하는 범위 내에서 공사와 협의하여 이용할 수 있다.

③ 조합은 공사로부터 대여 받거나 임시로 사용하는 공사의 시설물, 집기 및 비품에 대한 관리에 주의를 다해야 한다.

④ 공사는 특별한 사유 없이 조합(지부)과 관련된 단체 및 외부인사의 조합(지부)사무실 방문에 대해 출입을 제한할 수 없다.

제12조【통지의무】 공사와 조합은 다음 각 호의 사항을 상호 서면으로 통지한다.

1. 공사가 통지할 사항

   가. 제반 규정 개폐

   나. 본부장급 간부 및 소속장의 임면과 보직 변경

   다. 조직 및 직제개편

   라. 예산 및 결산서

   마. 기타 조합이 알아야 할 사항으로 노사가 합의한 사항

2. 조합이 통지할 사항

   가. 규약 및 조직 변경

   나. 상급단체 가입 및 탈퇴

   다. 전임자 보직변경 및 지부장 변경

   라. 기타 공사가 알아야 할 사항으로 노사가 합의한 사항

제13조【문서열람, 자료제시 및 문서송부의 편의】 ① 공사는 조합의 요청이 있을 시 조합원에 관한 사항, 임금과 노동조건에 관한 사항, 산업안전에 관한 사항 등 조합 활동에 필요한 제반 문서 및 자료를 제공한다. 단, 조합은 공사 기밀로 정하는 사항은 보안을 유지해야 한다.

② 공사와 조합은 상대방이 제안한 사항에 대하여 단체교섭, 노사협의회 및 산업안전보건위원회 등에 각종자료를 제시한다.

③ 공사가 발행하는 간행물과 현업에 시달하는 문서 중 조합업무에 관련된 문서를 조합에 송부한다.

제14조【조합비 공제】 ① 공사는 매월 조합원으로부터 조합비를 일괄 공제하여 조합이 지정하는 계좌에 불입하고 공제명세서(소속, 개인명세)를 조합에 송부한다.

② 본인 동의를 득한 조합결의 의무금에 대해서도 일괄 공제하여 조합계좌에 불입한다.

③ 공사는 소정의 탈퇴절차를 조합으로부터 거치지 아니한 조합원에 대하여는 조합비를 공제하여야 한다.

제15조【조합 전임자】 ① 공사는 조합의 임원 또는 조합원 중에서 조합 대표가 추천하는 자의 전임을 인정하고 구체적인 인원은 별도의 노사합의에 따른다.

② 조합의 임원 또는 조합원이 상급단체의 전임으로 피선되거나 피임되었을 때 전임자 범위 내에서 전임을 인정한다.

③ 전임기간중의 근무는 통상 일근근무로 간주한다.

제16조【원직복직】 공사는 조합의 직무에 전임되었던 자가 조합직책에서 해임되었을 경우에는 원래의 직에 복직시켜야 한다. 이하 원래의 직이란 원소속 원직명으로서 원근무지에서 대중교통으로 20분 이내에 해당하는 곳을 말한다.

제17조【홍보활동】 ① 공사는 조합의 공사 내에서의 홍보활동을 보장한다.

② 공사는 조합의 홍보전용 게시판을 별도로 설치하는 것을 인정하고, 조합은 위치, 규모 등을 소속장과 협의한다.

③ 조합은 통신 및 방송시설을 이용시 사전에 요청하고 해당 소속장은 이에 협조한다.

④ 공사와 조합은 게시판, 홈페이지 등을 이용시 상호 명예를 존중한다.

제18조【조합교육】 공사는 신규자 교육 및 1주일 이상의 재직자 교육시 2시간의 조합 교육 시간을 배정한다.

제3장 고용안정

제19조【고용보장】 공사는 조합원의 고용안정에 최선을 다한다. 또한 조합원의 고용과 관련된 사항은 조합과 사전에 협의하여야 한다.

제21조【인원감축협의】 ① 공사는 다음의 경우에는 그 내용을 조합에 통지하고 이를 사전 협의하여야 한다.

1. 조직의 전환, 기구개폐 및 인력운영상 직제개정 등으로 인원을 감축할 경우

2. 시설장비의 현대화로 인해 인원감축이 초래될 경우

3. 기타의 이유로 인원을 감축할 경우

② 1, 2, 3호에 의해 노사가 합의하는 경우 그 직에 근무하는 현원에 대해서 배치전환 등을 통해 임금과 노동조건을 포함한 고용을 보장한다.

제4장 인　　사

제22조【인사의 원칙】 ① 공사는 합리적이고 공정한 인사제도를 확립 운영함으로써 인사관리 전반에 걸쳐 객관성, 공정성, 타당성이 보장되도록 한다.

② 공사는 직급별 정원을 조정함에 있어 현업소속간 형평성을 기한다.

③ 공사는 조합원에 대한 부당 인사로 본인의 시정요구가 있는 경우 고충처리기구를 통하여 합리적으로 처리한다.

제41조【신기술의 도입과 교육훈련】 ① 공사는 노동조건 변화가 수반되는 신기계(차량, 시설, 장비 포함), 신기술의 도입시 관계법령에 따라 조합과 사전에 협의한다.

② 신기계, 신기술 도입으로 인한 작업공정의 개선, 배치전환 등에 따라 필요한 교육훈련 실시하여야 하며, 교육훈련의 일정과 방식에 대해서는 노사협의회에서 협의한다.

③ 2항의 교육훈련은 근무시간 내에 하는 것을 원칙으로 하되, 불가피하게 근무시간 외에 하여야 하는 경우 사전에 조합과 협의한다.

제5장 임　금

제49조【임금협정】 ① 임금에 관한 사항은 매년 단체교섭을 통하여 결정한다.

② 전항에 의한 임금내역은 별도 임금협정서에 의한다.

제50조【임금의 정의 및 구성】 ① 임금은 노동력의 대가로 조합원에게 지급되는 일체의 금품을 말한다.

② 기본급 및 제 수당은 별도의 임금협정에 의하여 지급한다.

제51조【통상임금】 ① 통상임금이란 직원에게 정기적, 일률적으로 소정근로에 대하여 지급하기로 정하여진 임금을 말한다.

② 통상임금 산정에 포함되는 임금의 범위는 별도 임금협정에서 정한다.

제52조【평균임금】 ① 평균임금이란 산정하여야 할 사유가 발생한 날 이전 3개월간에 지급된 임금총액을 그 기간의 총 일수로 나눈 금액을 말한다. 이때 산출된 금액이 통상임금보다 낮을 경우에는 통상임금을 평균임금으로 한다.

② 평균임금 산정에 포함되는 임금의 범위는 별도 임금협정에서 정한다.

제57조【퇴직금】 ① 공사는 조합원에게 계속근로연수 1년에 대하여 30일분 이상의 평균임금을 퇴직금으로 지급한다. 다만 근로연수가 1년 미만인 경우에는 그러지 아니한다.

② 연금특례를 신청하여 연금특례 기간이 경과한 후 1년 미만 근속하고 퇴직하는 경우에는 1년 미만의 기간에 대하여 퇴직금을 월할 및 일할 계산하여 지급한다.

제59조【명예퇴직 수당】 공사는 20년 이상 근속하고 정년 잔여기간이 1년 이상인 자로서 명예퇴직을 신청한 조합원에 한하여 다음 각 호의 기준에 따른 명예퇴직수당을 지급한다. 단, 명예퇴직은 강제하지 않는다.

1. 정년 잔여기간 1년 이상 5년 이내인 자: 퇴직당시 월 기본급의 반액×정년 잔여월수

2. 정년 잔여기간이 5년 초과 10년 이내인 자: 퇴직당시 월 기본급의 반액×[60 ＋(정년 잔여월수－60)/2]

3. 정년 잔여기간이 10년 초과자는 정년 잔여기간이 10년인 자로 본다.

제6장 근로조건

제61조【노동조건의 변경】 공사는 노동조건에 영향을 미치는 새로운 근무제도를 도입할 경우 사전에 조합과 협의한다. 다만 노동조건이 불이익하게 변경되는 경우 조합의 동의를 받아야 한다.

제7장 남녀평등 모성보호

제80조【남녀평등과 모성보호】 ① 공사는 헌법의 평등이념과 남녀고용평등법 등에 따라 고용과 모든 노동조건에서 남녀의 평등한 기회와 대우를 보장하여야 한다.

② 모성을 보호하고 직업능력을 개발하여 여성노동자들의 지위향상과 복지증진에 노사가 공동으로 노력한다.

제81조【정년·퇴직·해고에서 직·간접 차별금지】 ① 공사는 성별 차등정년을 두거나 혼인, 임신, 출산, 육아 등을 이유로 퇴직을 강요하거나 해고할 수 없다.

② 합리적이고 공정한 기준 없이 회사는 사내부부, 맞벌이 부부, 여성 집중 부서를 해고의 우선순위로 삼을 수 없다.

③ 공사는 징계사유나 절차 등에서 남성에 비해 불리하게 대우할 수 없다.

제82조【직장내 성희롱 폭행, 폭언 금지와 예방】 ① 공사는 여성 조합원이 안전한 환경에서 일할 수 있도록 직장 내 정기적인 예방교육을 실시한다.

② 공사는 직장 내 성희롱, 폭행, 폭언 행위가 발생한 경우 가해 당사자의 사과와 재발방지 각서를 받는 등 신속한 조치를 취해야 한다. 사안이 중하거나 재발시에는 징계위원회에 회부하고, 피해자 조사시 조합이 지정하는 1인을 참석시킨다.

③ 공사는 피해 당사자에게 성희롱, 폭행 등과 관련해 일체의 불이익 조치를 취하여서는 아니 된다.

제83조【양성평등교육】 ① 공사는 직장 내 양성평등문화를 만들기 위해 직원대상으로 양성평등교육을 실시한다.

② 양성평등교육은 신규채용자 2주 이상 교육과정은 2시간, 기타 1주 이상 교육과정은 1시간을 실시한다.

③ 전항에 필요한 강사와 교육방식에 대해서는 노사간 협의하여 추진한다.

제9장 후생복지

제118조【후생복지위원회】 ① 피복 및 후생복지위원회를 노사 동수로 구성한다.

② 후생복지위원회는 직원의 후생복지 관련 사항 등 제반을 다룬다. 단, 피복관련 사항은 피복제정위원회에서 논의한다.

제119조【사내복지기금】 ① 공사는 조합원의 복지후생을 위하여 사내근로복지기금을 설치하

고 출연금을 적립한다.

② 공사는 사내근로복지기금의 설치를 이유로 기존의 복지후생제도 및 시설의 운영을 중단하거나 감축할 수 없다.

제120조【후생시설】 공사는 조합원의 복리후생을 위하여 다음과 같은 시설을 설치한다.

1. 사택
2. 숙사(부속시설, 침구 등 포함)
3. 휴게실, 탈의실, 목욕탕, 식당, 조리실, 음료수, 화장실(시설개선)
4. 세탁시설 및 건조시설(세탁기구 및 건조기구 포함), 공기청정시설

제10장 비정규직

제135조【비정규직의 보호】 ① 공사는 비정규직의 처우개선과 고용안정을 위해 노력한다.

② 공사는 비정규직의 정규직 채용시 동일 업무수행 경력을 소정의 기준에 따라 인정한다.

제11장 단체교섭

제136조【교섭요구】 어느 일방이 단체교섭을 요구할 때에는 교섭일시, 장소, 안건 등을 명시하여 문서로서 요구한다.

제137조【교섭의무】 ① 어느 일방의 단체교섭 요구가 있을 때 이에 응해야 하며 정당한 이유 없이 이를 거부 또는 늦출 수 없다.

② 상대방은 부득이한 사정으로 일시를 연기하고자 하는 경우 접수일로부터 7일 이내에 연기사유와 함께 연기 일시를 명시하여 통지하여야 한다.

제138조【교섭위원구성】 교섭위원은 노사동수로 각 10명으로 하되, 교섭의 편의를 위하여 10명 이내의 범위에서 예비위원을 두며, 사전에 그 명단을 상호 제출한다.

제139조【교섭의 절차】 ① 쌍방의 대표위원은 단체교섭에 참석하는 것을 원칙으로 하고, 부득이한 사정으로 불참할 때는 대리인에게 교섭의 권한을 부여하고, 위임장을 제시하여야 한다.

② 회의의 의장은 대표위원이 교대로 한다.

③ 노사 쌍방은 간사 각 1명을 두어 교섭에 필요한 사전준비, 교섭진행, 교섭 후 사후조치 등을 취하게 한다.

④ 노사 쌍방은 교섭위원 외 서기 1명을 두어 녹취 및 회의록을 작성토록하고, 회의종료시 간사의 날인으로 회의록을 채택하여 노사 각 1부씩 보관한다.

제140조【합의서 작성】 단체교섭에 합의된 모든 사항은 문서로 작성하고, 쌍방 교섭위원 전원이 서명 날인하여야 한다.

제141조【노동쟁의 중재의 원칙】 ① 노사쌍방은 노동쟁의의 자율적 타결을 위하여 노력을

다한다.

② 노동쟁의 중재는 노사 쌍방의 명의로 신청한다. 단, 직권중재의 경우는 예외로 한다.

제142조【쟁의행위 중 교섭 및 협의】 ① 공사와 조합은 쟁의중일지라도 어느 일방이 교섭이나 노사협의를 요구할 경우에는 이에 응해야 한다.

② 조합은 가입한 상급단체에 교섭을 위임하여 교섭을 할 수 있다.

제143조【쟁의행위의 보장 등】 공사는 정당한 쟁의행위에 대하여 다음 행위를 할 수 없다.

1. 공사는 쟁의행위에 대한 간섭, 방해 및 조합원을 이간하는 어떠한 행위도 할 수 없다.

2. 공사는 쟁의행위 기간중 쟁의행위를 이유로 징계나 전출 등 인사조치를 할 수 없다.

3. 공사는 쟁의행위에 대한 손해배상을 조합과 조합원에게 청구할 수 없다.

4. 공사는 조합원이 쟁의행위에 참여한 이유로 쟁의행위 이후 어떠한 불이익과 차별을 줄 수 없다.

제144조【노사협의회】 ① 공사는 조합의 참여와 협력을 확대하고 노사 신뢰확보와 노사관계 안정을 위하여 노사협의회를 설치 운영한다. 단 협의회의 구성과 운영은 별도의 노사협의회운영규정에 의한다.

② 노사협의회에서 의결된 사항은 노사관계안정을 위해 성실히 이행하여야 한다.

부   칙

제1조【유효기간】 본 협약의 유효기간은 체결일로부터 2년으로 한다.

제2조【협약갱신】 노사 쌍방 중 어느 일방이 본 협약을 갱신코자 할 때에는 유효기간 만료 30일 전에 갱신요구안을 제출하여야 한다. 요구가 없을 때 본 협약은 자동갱신 된 것으로 간주한다.

제3조【효력유지】 ① 본 협약의 유효기간이 만료되더라도 갱신체결시까지 협약의 효력은 지속된다.

② 공사와 조합은 쌍방이 교섭을 계속하였음에도 불구하고 새로운 단체협약이 체결되지 아니한 때에는 협약만료일부터 3개월간 효력을 유지하며, 그 기간이 경과한 후에도 새로운 단체협약이 체결되지 아니하면, 어느 일방이 6개월 전에 협약해지를 통고하고 협약을 해지할 수 있다.

제4조【효력이연】 본 협약의 기간 만료 전에 공사 또는 조합의 명칭 혹은 조직체가 변경될 경우에는 이 협약의 변경 없이 그에 이연되는 것을 조건으로 한다.

2010. 5. 14.

◎ 토의과제

1. 노사 간의 단체교섭 주요 쟁점이 단체협약에서 어떻게 합의되었는지 안건별로 설명하라.

2. 단체협약 중 노동조합의 활동을 보장하는 데 중요한 조항은 무엇이며 그 이유는?

3. 제21조(인원감축협의)에서 인원감축시 협의하도록 규정하고 있다. 협의와 합의는 어떠한 차이가 있는지 구체적으로 예를 들어 설명하라.

4. 체결된 단체협약을 성실하게 준수하기 위하여 노와 사가 행하여야 할 사항은 무엇이며 만약 이를 준수하지 않을 경우 해결하는 방안은 무엇인가?

5

노동쟁의, 쟁의조정 및 부당노동행위

Modern Employment Relations

pre-case 5

세아제강, 25년 무파업 기록 깨져[1]

2012년 사상 최대실적을 올린 철강업계의 알짜 기업인 세아제강이 2013년 파업으로 25년간 무파업 기록이 깨졌다.

지난 해 새로이 구성된 노조 집행부는 사상 최대 실적을 올렸다는 점을 감안하여 기본급 8.8% 인상과 상여금 730%에서 800%로 인상을 요구하였다. 사측은 "기본급 인상으로 고정비 부담이 급증할 수 있다"면서, 기본급 3.2% 인상과 성과급 200% 지급안을 고수하였다. 특히 노조의 주장을 받아들이기 어려운 이유로 "포항·창원 공장 생산직 직원의 평균 연봉은 8,200만원에 달하고 경쟁업체보다 연봉이 2배 가까이 많고 노조원 10%가량은 억대 연봉자인 상황"을 들고 있다. 노사는 30여 차례의 임단협 교섭을 하였지만 합의안 도출에 실패하였고 결국 8월 30일 노조는 파업을 감행하였다. 또한 노조는 9월 23일 상급단체 변경안(한국노총에서 민주노총으로 변경)을 총 참여인원 393명 중 293명의 찬성으로 가결하면서까지 강경 대응을 고집하였다. 이에 사측은 9월 24일 창원공장을 직장폐쇄하였고 10월 4일에는 포항공장도 직장폐쇄하였다. 결국 노조는 복귀 의사를 밝히면서 10월 7일부터 포항 및 창원공장이 정상가동에 들어갔다. 이로서 파업은 40여 일 만에 끝났지만 사측 추산 하루 22억원씩 600억원이 넘는 매출 손실이 발생하였다.

한편 협상내용은 기본급 3.2% 인상을 포함해 사측의 최종협상안이 반영된 것으로 알려졌으며 노조는 민주노총을 탈퇴하고 현재 소속 상급단체가 없는 상황이다.

---

1 이데일리, "세아제강, 포항공장 직장폐쇄 결정'," 2013-10-04, 조선일보, "파업·직장폐쇄 … 알짜 청강사 세아제강에 무슨 일이," 2013-09-26, EBN, "'세아제강', '임단협 타결' … 노조, 민노총 탈퇴," 2013-10-19 등의 기사를 참고로 재작성.

위 사례에서 보는 바와 같이 노동쟁의는 노사 모두에게 씻을 수 없는 심리적 아픔과 경제적 피해를 안겨다 주었다. 노사가 단체교섭과정에서 각자의 주장을 관철할 수 있는 단체행동권은 보장하되, 단체행동의 정도가 지나쳐서 국민경제에 심각한 여파를 미치지 않도록 제도를 설계하는 것이 중요하다. 이러한 이유에서 거의 모든 시장경제국가에서 단체행동권을 법으로 보장하고 있는 한편, 노사간의 분쟁이 극한적인 상황까지 가지 않도록 하기 위하여 노동쟁의조정제도를 두고 있다.

이하에서는 노사 쌍방간에 분쟁을 의미하는 쟁의에 대하여 알아보고, 쟁의를 해결하기 위한 조정절차에 대하여 살펴보기로 한다. 사용자의 부당노동행위는 쟁의와는 구별되는 개념이지만 노사간의 갈등을 가져온다는 점에서 쟁의와도 밀접한 관련이 있다. 따라서 본 장에서는 사용자의 부당노동행위의 내용과 그 구제절차에 대하여도 알아보고자 한다.

1. 노동쟁의

노동쟁의는 노사간의 주장의 불일치로 인하여 발생한 분쟁상태를 의미한다. 노동쟁의는 노사의 교섭 내지 절충과정에서의 의견이 상충되어 노사 당사자간에 정상적인 대화나 교류가 이루어지지 못하는 긴장상태를 말한다. 한편, 쟁의행위는 노동쟁의의 결과로 발생하는 것인데, 파업·태업·직장폐쇄 등 노사가 주장을 관철할 목적으로 행하는 행위로 업무의 정상적인 운영이 방해를 받는 행위를 의미한다. 즉, 쟁의행위는 노동자의 쟁의행위(예를 들면, 파업이나 태업)와 사용자의 대항행위(예를 들면, 직장폐쇄)를 포함하는 개념이다(〈도표 5-1〉 참조). 노동쟁의와 쟁의행위의 본질을 이해하기 위해서는 먼저 노사간의 갈등에 대한 다양한 시각을 파악할 필요가 있다. 왜냐하면 노사갈등에 대한 관점에 따라 쟁의에 대한 이론적 시사점과 정책적인 방향이 크게 달라지기 때문이다.

☛ 노동쟁의는 노사간의 주장의 불일치로 인하여 발생한 분쟁상태

☛ 쟁의행위는 노동쟁의의 결과로 발생하는 것인데, 파업·태업·직장폐쇄 등 노사가 주장을 관철할 목적으로 행하는 행위

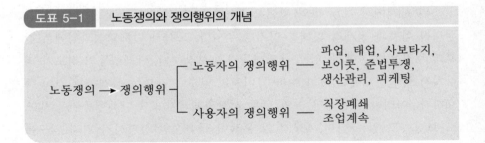

도표 5-1	노동쟁의와 쟁의행위의 개념

1.1 노사갈등의 개념

(1) 노사갈등에 대한 세 가지 시각

☞ 일원론적인 입장은 노사간에 갈등이 존재하지 않는 것으로 보는 시각

노사갈등을 보는 시각에는 일원론적(Unitarism)인 입장, 급진적인 입장, 다원론자의 입장 등 세 가지가 있다. 첫째, Taylor,[2] Mayo[3] 등으로 대표되는 일원론적인 입장은 노사간에 갈등이 존재하지 않는 것으로 보는 시각이다. 즉, 한 기업 내에서 노사간의 이해관계는 완전히 일치하며 서로간의 갈등이 생기는 것은 오직 경영자의 그릇된 경영방식에서 비롯될 뿐이라는 주장이다. 또한 노조의 발생은 부실경영에서 발생하며 경영자가 올바른 경영을 한다면 노동조합이 생길 이유가 없다고 보는 것이다. 즉, 노동조합의 존재 이유와 노사갈등을 부정하는 시각이다. 그러나 이 시각은 허술한 경영을 하는 중소기업보다 체계적이고 치밀하게 경영을 하는 대기업에 노조가 발생하는 비율이 평균적으로 더 높은 이유를 설명하지 못하는 한계를 가진다.

☞ 급진주의자들은 노사간의 갈등이 자본주의 사회에서 피할 수 없는(inevitable) 것으로 봄

둘째, Karl Marx로 대표되는 급진주의자들[4]은 노사간의 갈등이 자본주의사회에서 피할 수 없는(inevitable) 것으로 보며 자본주의가 발달할수록 노사간의 갈등은 격화된다고 본다. 이들에 의하면 노사간의 갈등을 해결(solve)하는 유일한 방법은 무산자계급의 혁명을 통하여 생산수단을 공유하는 공산주의체제로 전환하는 것이다. 즉, 자본주의사회와 사용자의 존재가

---

2 Frederick W. Taylor, *The Principles of Scientific Management*(New York: Harper & Brothers, 1911).

3 Elton Mayo, *The Social Problems of an Industrial Civilization*(Cambridge, Mass: Harvard Univ. Press, 1945).

4 예를 들어 마르크스·엥겔스, 남상일 옮김, 「공산당선언」(백산서당, 1989).

치를 인정하지 않는 시각이다. 그러나 자본주의의 발달에도 불구하고 노사 간의 갈등이 혁명으로 연결되지 않았다는 사실은 이 시각의 한계점으로 작용하고 있다.

셋째, Kerr로 대표되는 다원론자(Pluralists) 혹은 신제도학파(Neo-institutionalists)는 한 기업 내에 노사 등 서로 다른 이해관계를 가진 집단이 존재하는 것을 인정하고 갈등은 필연적인(inevitable) 것으로 본다. 갈등이 필연적인 것으로 보는 측면에서 다원주의자들은 급진주의자와 비슷하다. 그러나 이들은 노사갈등이 표출됨으로 해서 자본주의사회에서 가진자와 못가진자 간의 긴장이 간헐적으로 해소(resolve)되어 혁명을 피할 수 있다고 본다. 즉, 단체교섭이나 파업을 통하여 주기적으로 노사간의 갈등이 해소됨으로 해서 노동자계급의 불만을 줄이게 되어 오히려 자본주의를 더욱 공고하게 만드는 효과가 있다고 주장한다. 노동조합과 존재와 파업의 존재가 자본주의제도가 기능하는 데에 긍정적인 영향을 미친다고 보는 시각은 급진론자와 구별되는 견해이다.

(2) 노사갈등의 기본 성격

노사갈등과 파업에 대한 다원론자 혹은 신제도학파의 시각은 노사관계에서 가장 널리 받아들여지는 이론이며 현대 시장경제국가의 노동정책의 기본철학을 제공하였다. 즉, 대부분의 시장경제국가에서 단결권, 단체교섭권, 단체행동권 등 노동 3권을 법으로 보장하고 있는 것은 노동조합과 파업의 필요성을 인정하는 다원론자의 견해에 따른 것으로 볼 수 있다. 갈등에 대한 다원론자 혹은 신제도학파의 시각을 보다 상세히 살펴보면 다음과 같다.

첫째, 갈등의 불가피성(inevitability)을 인정한다. 노사 당사자가 이성적이고 상대방에 대하여 긍정적인 사고를 갖고 있다 하더라도 노사갈등은 불가피하다는 것이다. 그 이유는 ① 노사 당사자의 무한한 욕구수준과 이를 충족시킬 재원의 한정으로 말미암아 분배를 통한 만족을 이

> 다원론자(Pluralists) 혹은 신제도학파(Neoinstitutionalists)는 한 기업 내에 노사 등 서로 다른 이해관계를 가진 집단이 존재하는 것을 인정하고 갈등은 필연적인(inevitable) 것으로 봄

> 긴장이 간헐적으로 해소(resolve)되어 혁명을 피할 수 있음

> 갈등의 불가피성

|그림 5-1| 회사의 공장청산 계획에 맞서 점거농성중인 노조원들 모습

|그림 5-2| 노동의 사업장에서의 파업찬반투표를 위한 집회 장면

끌어 내는 데 한계를 드러내게 되기 때문이며, ② 고용인과 피고용인이라는 입장 및 이해관계의 차이는 항상 존재하기 마련이고, ③ 적정 분배방식이 수립되었다고 해도 원가상승, 제도변경, 소비자 구매패턴 변화 등과 같이 새로운 변수가 나타나게 되면 다시 분배방식을 수립하여야 한다는 산업사회의 역동성 때문이며, 마지막으로 ④ 노조와 기업조직은 태생적으로 상반된 목적을 갖고 있기 때문에 갈등이 나타날 수밖에 없다는 것이다.

☞ 노사갈등의 다양성

　둘째, 노사갈등의 다양성(variety)을 인정한다. 갈등을 겪는 개인이나 집단은 파업, 보이콧, 태업, 고충제기 등 눈에 보이는 노사갈등 이외에도 이직, 결근 등과 같은 방식으로도 갈등상태를 표출하고 있다. 이직, 결근 등의 방식으로 갈등을 해소하는 것을 침묵파업(silent strikes)이라고 부른다. 따라서 파업만을 노사갈등의 유일한 표출방식으로 간주하는 것은 옳지 않다는 것이다.

☞ 노사갈등의 수용가능

　셋째, 대부분의 노사갈등은 자본주의사회에서 수용가능(acceptability)하다고 본다. 즉, 노사갈등이 없으면 분쟁을 해결하는 데 보다 많은 비용과 시간이 필요하지만 노사갈등이 표출되게 되면 당사자들이 이를 해결하기 위하여 노력하므로 결국 분쟁을 해결하고 긴장감을 줄여주며 노사간의 힘의 균형을 되찾아주는 긍정적인 효과가 있다는 것이다.[5] 따라서 적절한 수준의 갈등표출은 사회와 기업을 위하여 순기능을 한다고 주장한다. 다만, 과도하고 습관적이거나 병적인 갈등은 그 기업의 노사와 사회전체에 피해를 줄 뿐이므로 바람직하지 않은 것으로 본다.

1.2 노동자의 쟁의행위

　노동자의 쟁의행위에는 노동조합이나 노동자집단이 주체가 되어서 발

5　Clark Kerr, *Labor and Management in Industrial Society* (NY: Anchor, 1964).

생하는 파업, 태업·사보타지, 준법투쟁, 보이콧, 생산관리, 피케팅 등과 부
수적인 쟁의행위가 있다. 이하에서는 노동자의 쟁의행위를 차례로 설명하
고자 한다.

(1) 파   업

파업은 노사간의 주장의 불일치가 원인이 되어 노동조합이나 노동자집
단의 주도하에 노동력을 생산수단과의 결합상태에서 분리시키고 사용자의
노동력에 대한 지휘·명령으로부터 노동자를 벗어나게 하는 상태를 의미한
다. 파업은 여러 가지 측면에서 구분이 가능하다. 이하에서는 파업의 종류
에 대하여 알아보기로 한다.

① **의사결정의 성격에 따른 구별방법**   의사결정의 구성내용에 따
라 계산적 파업(rational strike), 착오적 파업(nonrational strike) 및 충동적 파
업(irrational strike) 등으로 구분할 수 있다.

첫째, 계산적 파업이란 상황에 대한 정확한 이해와 목적지향적인 행동
에 근거하여 수행되는 파업으로 대체로 실제적 갈등이나 유도된 갈등에서
발생하게 된다. 여기에서 실제적인 갈등(real conflict)은 근로자나 소유주 등
의 당사자가 상대방보다 많은 권력이나 이익을 얻고자 하거나, 조직을 강화
시키려거나, 불만이나 긴장을 해소하려는 목적을 가지고 의도적으로 실행
하는 파업이다. 또한 유도된 갈등(induced conflict)이란 기업의 관리자, 사용
자단체, 노조의 대표자들이 자신들의 중요성을 과시함으로써 자신의 지위
를 강화하거나, 또는 내부적 갈등을 봉합하기 위해서 일부러 파업을 유도하
는 정치적인 요인에 의해서 발생하는 파업이다.

둘째, 착오적 파업이란 상대방의 의도나 행위를 오해하거나 파업으로
발생하게 될 결과를 잘못 추정하는 등 정확한 정보나 지식이 없거나 상황을
착오해서 발생하는 파업이다. 예를 들어 노조의 대표가 사측보다 경영상황
을 낙관하여 과다한 요구를 할 때 발생하는 파업이 착오적 파업에 해당한다.

셋째, 충동적 파업이란 근로자들이 순간적인 감정에 흥분되어 방향성
이나 목적성 없이 수행되는 충동적인 파업이다. 탄광 등에서 산업재해가 빈
번하게 일어날 때 근로자들이 흥분하여 일으키는 파업이 충동적 파업에 해
당한다. 대체로 노조의 조직·지휘가 제대로 이루어지지 않는 파업이다. 노
사간의 협상경험이 쌓이고 조직이 보다 체계화된다면 충동적 파업은 감소

> 노사간의 주장의 불
> 일치가 원인이 되
> 어 노동조합이나 노
> 동자 집단의 주도하
> 에 노동력을 생산수
> 단과의 결합상태에
> 서 분리시키고 사용
> 자의 노동력에 대한
> 지휘·명령으로부터
> 노동자를 벗어나게
> 하는 상태

> 상황에 대한 정확한
> 이해와 목적지향적
> 인 행동에 근거하여
> 수행되는 파업

> 상대방의 의도나 행
> 위를 오해하거나 파
> 업으로 발생하게 될
> 결과를 잘못 추정하
> 는 등 정확한 정보
> 나 지식이 없거나
> 상황을 잘못 이해하
> 여 발생하는 파업

> 근로자들이 순간적
> 인 감정에 흥분되어
> 방향성이나 목적성
> 없이 수행되는 충동
> 적인 파업

하게 된다.[6]

후술할 노동쟁의에 대한 조정제도는 전문조정인이 노동쟁의 당사자를 설득하여 갈등을 원만히 해결하려고 시도하는 제도이다. 조정제도는 이성적 파업보다는 착오적 파업이나 충동적 파업을 줄여주는 역할을 한다. 즉, 조정자(또는 조정위원)는 격앙된 분위기에 있는 노사 당사자들이 객관적이고 이성적으로 사태를 파악하도록 도와주고, 쟁점사항에 대한 정보를 노사 쌍방에게 제공하므로 정보를 잘못 해석하는 착오나 충동적으로 발생하는 파업을 억제하는 효과가 있다.

② 조직상의 구별방법　　파업은 노동조합의 조직·지시하에서 이루어지는 조직파업과 노조의 규약 또는 지시에 위반하는 비조직파업으로 구분된다. 특히 노동조합에 의하여 주도되지 않거나 소수의 조합원들에 의하여 행해지는 파업을 와일드 캣 파업(wildcat strike)이라고 하며 주로 충동적 파업인 경우가 많다.

③ 참가범위에 의한 구별방법　　노동조합은 파업에 참가하는 피고용인들의 범위와 수를 조정하면서 여러 가지 전략적 투쟁을 벌이기도 한다. 전국적으로 전 산업에 걸쳐서 행하여지는 파업을 총파업(general strike)이라고 한다. 반면에, 일정산업 또는 일정기업의 모든 피고용인이 파업에 참가할 때 이를 전면파업이라고 하고, 그 일부만이 파업에 참가할 때 이를 부분파업이라고 한다.

④ 쟁의행위의 선후에 의한 구별방법　　쟁의행위는 노사의 공방적 실력행사이다. 파업이 사용자의 직장폐쇄보다 선제적으로 행해질 때 이를 공격적 파업이라고 하고, 사용자의 직장폐쇄가 있은 다음에 행해지는 파업을 방어적 파업이라고 한다.

⑤ 투쟁목적상의 구별방법　　파업이 상대방인 사용자의 주장을 꺾고 노동조합의 주장을 관철하려는 목적을 가지고 행해질 때 이를 투쟁파업이라고 한다. 사용자에 대한 직접적인 투쟁목적이 없을 때 이를 시위파업이라고 한다. 또한 임금협상이나 단체협상에서 임금 등 근로조건에 관한 다툼으로 일어나는 파업을 경제파업이라고 하고, 사용자의 부당노동행위(즉, 단체협약 위반)를 시정할 목적으로 행하는 파업을 부당노동행위파업이라고 한다. 한편, 파업의 상대방이 정부나 의회로서 정치적인 문제나 노동정책에

☛ 노동조합의 조직·지시하에서 이루어지는 조직파업과 노조의 규약 또는 지시에 위반하는 비조직파업

☛ 총파업, 전면파업, 부분파업

☛ 공격적 파업, 방어적 파업

☛ 투쟁파업, 부당노동행위파업

---

6 상게서.

대하여 일으키는 파업을 정치파업이라고 한다.

⑥ 독자성 유무에 의한 구별방법   파업을 수행하는 피고용인들이 스스로의 주장을 관철하려고 할 때 이를 자조적(自助的) 파업이라고 하고, 다른 파업의 지원을 목적으로 하는 경우에는 동정파업, 또는 연대파업이라고 한다.

☞ 자조적 파업, 동정파업, 연대파업

⑦ 기한에 의한 구별방법   기한을 정하지 않은 파업을 무기한파업이라고 하고 일정한 파업기간이 정해져 있는 경우를 시한파업이라고 한다. 이러한 시한파업이 반복되어서 파상적으로 행해질 때는 파상파업이라고 한다.

☞ 무기한파업, 시한파업, 파상파업

(2) 태업·사보타지

태업(soldiering)은 피고용인들이 단결해서 의식적으로 작업능률을 저하시키는 것을 말한다. 구체적으로는 생산작업의 속도를 늦추어서 생산품의 양적 감소를 초래하거나, 고의로 불량품을 생산하거나 서비스의 질을 떨어뜨리는 것이다. 반면에 사보타지(sabotage)는 생산 또는 사무를 방해하는 행위로서 태업(소극적 사보타지: passive sabotage)에 그치지 않고 의식적으로 생산설비를 파괴하는 행위(적극적 사보타지: active sabotage)까지를 포함하는 개념이다. 적극적 사보타지는 사업장에 대한 방해행위, 업무의 고의적 방해, 기계류의 파괴 등에 의하여 사용자의 생산 또는 사무를 의식적이고 적극적으로 방해하는 행위이다. 또한 적극적 사보타지의 한 형태로서 피고용인이 노조의 지시에 따라 불량품을 생산하는 경우도 있다. 파업이 노동력을 생산수단과의 결합상태에서 분리시키고 사용자의 노동력에 대한 지휘·명령으로부터 피고용인들을 완전히 벗어나게 하는 것이라면 태업 또는 사보타지는 다만 사용자의 지휘·명령을 그대로 따르지 않게 한다는 점에서 차이가 있다.

☞ 태업은 피고용인들이 단결해서 의식적으로 작업능률을 저하시키는 것

☞ 태업은 생산 또는 사무를 방해하는 행위

☞ 사보타지는 의식적으로 생산설비를 파괴하는 행위

(3) 준법투쟁

피고용인들이 그들의 주장을 관철하기 위하여 업무수행과정에서 법규정을 엄격히 준수하거나 법률에 정한 피고용인의 권리를 동시에 집단적으로 행사함으로써 사용자의 업무를 저해하는 행위를 준법투쟁(work to rule)이라고 한다.[7] 만약, 준법투쟁이 단순히 당해 규정의 철저한 준수를 요구하

☞ 업무수행과정에서 법규정을 엄격히 준수하거나 법률에 정한 피고용인의 권리를 동시에 집단적으로 행사함으로써 사용자의 업무를 저해하는 행위

---

7 김형배,「신판 노동법」(서울: 박영사, 2004), p. 664.

는 수준이라면 작업능률이 크게 저하되지 않지만, 당해 규정이 객관적으로 요구하는 정도를 벗어나는 방법으로 준수되는 경우에는 작업의 능률이 저하되어 사용자에게 압력수단이 될 수 있다. 준법투쟁의 예를 들면, 지하철 열차의 운행전 규정에 정해진 모든 정비절차를 일시에 수행하여 지하철의 운행을 지연하게 한 경우, 관행화되어 있는 연장근로를 피고용인들이 집단적으로 거부할 경우, 연차·월차·병가 등의 집단적 사용을 요구할 경우 등이 있다.[8]

(4) 보이콧

보이콧(boycott)[9]은 不買同盟이라고도 하며, 사용자 또는 그와 거래관

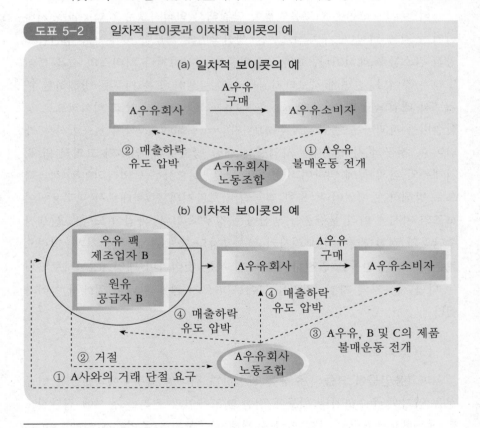

도표 5-2   일차적 보이콧과 이차적 보이콧의 예

8　상계서, pp. 664~665.

9　1880년에 영국의 한 귀족영지 관리인인 C. C. Boycott이 소작료를 체납한 소작인들을 그 토지에서 추방하려다가 C. S. 파넬의 지도 아래 단합한 전체 소작인들의 배척을 받고 물러난 데서 유래된 말.

계에 있는 제3자의 제품의 구입, 기타 시설의 이용을 거절한다든가, 사용자 또는 그와 거래관계에 있는 제3자와 근로계약의 체결을 거절할 것을 요구하는 행위이다. 이 경우 사용자의 제품의 구매 또는 시설의 이용을 거부함으로써 사용자에게 압력을 가하는 것을 일차적 보이콧(primary boycott)이라고 한다. 예를 들어 〈도표 5-2의 (a)〉에서 보는 바와 같이 'A 우유회사'에서 쟁의가 발생한 경우, A 우유회사 노조에서 소비자들로 하여금 'A 우유회사'가 생산한 우유를 구매하지 못하게 유도하여 'A 우유회사'를 압박하는 것이다.

|그림 5-3| 비정규노조대표, '국회기습점거농성' 장면

☞ 일차적 보이콧

한편, 사용자와 거래관계에 있는 제3자에게 사용자와의 거래를 단절할 것을 요구하고 이에 응하지 않을 때에는 소비자로 하여금 제3자의 제품구입이나 시설이용, 또는 노동력 공급을 중단하도록 유도하는 것을 이차적 보이콧(secondary boycott)이라고 한다. 예를 들어 〈도표 5-2의 (b)〉에서 보는 바와 같이 'A 우유회사'의 노조가 우유 생산에 필요한 '우유팩 원료 공급업자(B)'와 '원유 공급업자(C)'에게 'A 우유회사'와의 거래를 단절하도록 요구하였으나 '우유팩 공급업자(B)'와 '원유 공급업자(C)'가 이를 수용하지 않을 경우 이들에게도 제품의 불매운동이나 노동력 공급의 중단 등 압력을 가하는 것을 이차적 보이콧이라고 한다. 이와 같은 보이콧은 단독으로 사용되기보다는 파업을 지원하기 위한 부수적인 수단으로 행하여지는 경우가 많다.

☞ 이차적 보이콧

(5) 생산관리

생산관리는 피고용인들이 단결하여 사용자의 지휘·명령을 거부하면서 사업장 또는 공장을 점거하고 조합간부의 지휘하에 노무를 제공하는 투쟁행위이다. 생산관리의 경우 피고용인들이 종전의 경영방침을 그대로 따르면서 다만 피고용인들이 직접경영을 하되 수익은 회사를 위하여 보관하고 임금을 종래대로 지급하는 다소 온건한 경우가 있고, 더 나아가서는 회사 자재를 마음대로 처분하거나 회사의 수익금을 일방적으로 인상한 임금에 충당하는 극단적인 경우도 있다.[10] 생산관리는 단순히 노무를 거부하는

☞ 피고용인들이 단결하여 사용자의 지휘·명령을 거부하면서 사업장 또는 공장을 점거하고 조합 간부의 지휘하에 노무를 제공하는 투쟁행위

---

10 김형배(2004), 전게서, p. 666.

것이 아니라 공장·사업장 또는 설비 등을 점유하여 사용자의 지휘·명령을 배제하기 때문에 사용자의 소유권과 기업경영권을 침해하는 것이다.[11]

(6) 피 케 팅

☞ 파업을 효과적으로 수행하기 위하여 근로희망자(파업 비참가자)들의 사업장 또는 공장의 출입을 저지하고 파업참여에 협력할 것을 요구하는 행위

피케팅(picketing)은 파업을 효과적으로 수행하기 위하여 근로희망자(파업 비참가자)들의 사업장 또는 공장의 출입을 저지하고 파업참여에 협력할 것을 요구하는 행위이다. 이것은 파업중 사업장의 사용자에 대하여 노동력의 제공을 철저히 차단함으로써 경제적인 타격을 확대하려는 것이다. 보통 피케팅은 사업장 또는 공장의 입구에서 플래카드를 들고 확성기 등을 이용하여 출입자를 감시하고 파업 비참가자들에게 파업에 참여할 것을 요구하는 형태로 실시된다. 피케팅은 파업이나 보이콧 등과 같은 주된 쟁의행위의 보조적인 수단으로 사용된다.

(7) 부수적 쟁의수단

① **문서의 배포, 부착, 현수막의 게시**　　노동조합은 조합원들의 쟁의행위 참가 및 설득을 위해 전단 및 벽보 등의 배포, 부착, 현수막의 게시 등을 하기도 한다.

② **리본·완장·머리띠·어깨띠 등의 부착**　　조합원들이 항의를 표시하거나 단결을 고취하기 위해 리본·완장·머리띠·어깨띠 등을 부착하기도 한다.

③ **직장점거**　　직장점거는 파업을 할 때에 사용자의 의사에 반해서 사업장에 체류하는 행위이다. 파업에 참가한 피고용인이 단결을 유지하고 더불어 파업의 실효성을 확보하기 위하여 수반되는 부수적인 쟁의행위이므로 연좌 또는 농성을 하는 연좌파업의 모습을 띠는 경우도 있다.[12]

1.3 사용자측의 대항행위

피고용인측의 쟁의행위에 대항하여 사용자측이 취할 수 있는 대항행위

11　이준범,「현대노사관계론(제 2 전정판)」(서울: 박영사, 1997), p. 414.

12　김형배(2004), 전게서, p. 667.

로는 직장폐쇄와 조업계속이 있다.

(1) 직장폐쇄

　　직장폐쇄(lockout)는 사용자가 자기의 주장을 관철하기 위하여 피고용인 집단에 대하여 생산수단에의 접근을 차단하고, 피고용인의 노동력 수령을 조직적·집단적·일시적으로 거부하는 행위이다. 직장폐쇄는 노사간의 의견 불일치가 있는 경우에 사용자가 자기의 주장을 관철하기 위한 목적으로 행하는 것이므로 사용자가 경영상의 사정으로 휴업을 한다든가 사업장을 폐쇄하는 행위, 또는 다수의 피고용인에 대하여 취업규칙 위반 등을 이유로 출근정지처분을 하는 행위는 직장폐쇄가 아니다. 또한 직장폐쇄는 일단 쟁의행위가 종료하면 노무의 수령이 거부되었던 피고용인들을 사용자가 다시 취업시킨다는 것을 전제로 하고 있다.

> ■ 사용자가 자기의 주장을 관철하기 위하여 피고용인 집단에 대하여 생산수단에의 접근을 차단하고, 피고용인의 노동력 수령을 조직적·집단적·일시적으로 거부하는 행위

(2) 조업계속

　　조업계속은 이 자체로는 쟁의행위가 아니고 노동자의 쟁의행위에 대한 사용자의 대항행위이다. 노동조합이 파업을 감행할 때 사용자는 파업에 참가한 노동조합원 이외의 인력을 사용하여 조업을 계속하기도 한다. 조업계속은 파업의 위력을 약화시키는 방편이므로 파업에 대한 사용자의 중요한 대항전술이 된다. 즉, 사용자가 조업을 계속할 경우에는 고객에게 제품을 공급할 수 있어 파업중에도 수익을 창출할 수 있는 반면에 노조측은 파업으로 인한 임금이 지급되지 않아 경제적 손실을 보게 된다.

> ■ 노동조합이 파업을 감행할 때 사용자는 파업에 참가한 노동조합원 이외의 인력을 사용하여 조업을 계속

1.4 노동쟁의의 의사결정

　　노동쟁의는 노사간의 교섭력을 증대시키기 위한 전술적인 수단이지만 '파업에 승자 없다'(no one wins a strike)는 말처럼 파업은 해당기업의 노사는 물론 국가경제 전체에 악영향을 줄 수 있기 때문에 파업결정에 신중하여야 할 것이다. 파업에 대한 사용자와 노조의 의사결정에 있어서 유의할 점은 다음과 같다.[13]

13　Marcus Hart Sandver, *Labor Relations: Process and Outcomes*(Boston: Little, Brown

① **사용자측 의사결정**　　단체교섭을 진행하는 과정에서 파업의 발생가능성이 항상 존재하고 있으므로 사용자측에서 파업이 발생하였을 때를 대비하여 다음 사항을 검토하여야 한다. 먼저 파업기간 동안 조업의 지속 여부를 결정하여야 한다. 조업을 계속할 경우에는 사용자는 수익을 계속 창출할 수 있는 반면에 노조원들은 임금을 지급받지 못하므로 파업의 조기철회를 종용할 수 있는 장점이 있다. 한편 파업의 가능성이 높아질 경우 사용자는 고객에게 파업가능성을 공지시키고 고객에게 대응방안(예: 본사 제품의 추가구매 또는 대체품의 매입알선 등)을 강구하여 주어야 한다. 안전요원을 추가배치하여 보안에 주의를 기울이는 것이 필요하며, 비노조원인 관리자들에게 파업시 적법한 행동의 범위를 알려주는 것도 필요하다. 또한 종업원들에게 파업에 대한 사용자의 입장이나 종업원이 취해야 할 올바른 행동 등에 대하여 홍보하는 등 커뮤니케이션 채널을 확보하는 것도 중요하다.

　　무엇보다도 파업이 발생할 경우 파업으로 경제적 손실을 입을 수 있으므로 사용자는 파업으로 인한 손익계산을 사전에 정확하게 산출할 필요가 있다.

② **노조측 의사결정**　　파업은 노조에게 있어서는 극히 중요한 의사결정이므로 사태에 대한 정확한 판단과 예측이 필요하다. 우선, 노동조합측에서는 파업에 돌입하기 전에 파업으로 인한 득실을 평가할 필요가 있다. 노동조합측에서 먼저 고려하여야 할 사항은 얼마나 많은 조합원이 파업에 동참하여 사용자의 조업을 무산시킬 수 있는가? 파업이 장기화되었을 경우 파업기금에서 조합원들을 지속적으로 지원을 할 수 있는가? 또한 노조의 요구사항이 사용자의 지불능력 범위 내에 있는가? 등에 대하여 엄격한 평가가 있어야 한다. 더불어 정부나 여론의 향배가 파업에 미칠 영향에 대하여도 엄밀한 분석이 필요하다.

1.5 한국의 노동쟁의 법규

　　쟁의행위는 노사 등 쟁의행위의 당사자는 물론 국가경제에도 심각한 영향을 미칠 수도 있다. 우리나라는 쟁의행위가 국가경제에 미치는 영향을

───────────────

and Company, 1987), pp. 330~333.

(좌측 여백 주석)
- 파업기간 동안 조업의 지속 여부
- 고객에게 파업가능성을 공지시키고 고객에게 대응방안 강구
- 커뮤니케이션 채널을 확보
- 파업으로 인한 손익계산을 사전에 정확하게 산출
- 파업에 대한 정확한 판단과 예측이 필요
- 정부나 여론의 향배

고려하여 특별히 엄격한 법규를 적용하는 국가 중의 하나이다. 「노동조합 및 노동관계조정법」에서 쟁의행위라 함은 파업·태업·직장폐쇄 기타 노동관계 당사자가 그 주장을 관철할 목적으로 행하는 노동조합의 행위와 이에 대항하는 사용자의 행위로서 업무의 정상적인 운영을 저해하는 행위를 말한다고 규정하고 있다. 이하에서는 쟁의행위를 규정한 우리나라의 법규에 대하여 설명하고자 한다.

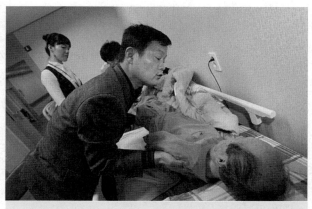

|그림 5-4| 요양보호사가 노인을 물리치료실 침대에 눕히는 모습

(1) 쟁의행위의 목적

노사간의 분쟁에는 법령이나 단체협약·취업규칙·근로계약 등에 의하여 이미 확정된 권리의 해석·적용·준수 등을 둘러싼 권리분쟁(예를 들면, 체불임금의 청산, 해고자 복직, 단체협약 이행, 부당노동행위 구제 등)과 단체협약 체결을 통하여 미래에 확정될 것으로 기대되는 임금·근로시간·복지·해고 기타 대우 등 향후의 근로조건을 대상으로 한 이익분쟁(예를 들면, 임금협상이나 단체협상 중 교섭이 결렬되어 일어나는 분쟁)으로 나눌 수 있다. 우리나라의 노동법규는 이익분쟁만을 적법한 쟁의로 간주하고 있으며, 권리분쟁은 적법한 쟁의로 보지 않고 있다. 따라서 해고자 복직이나 단체협약 위반에 관한 사항, 노조전임자나 조합활동 보장에 관한 사항, 사용자의 인사권과 경영권 등 권리분쟁에 대한 사항은 쟁의행위의 정당한 목적으로 보지 않으므로, 이를 이유로 한 쟁의는 불법쟁의로 간주된다. 또한 제3자를 위한 동정파업이나 정치파업도 당사자간의 이익분쟁이 아니므로 적법한 쟁의행위가 아닌 것으로 간주된다.[14]

☞ 권리분쟁

☞ 이익분쟁

☞ 우리나라의 노동법규는 이익분쟁만을 적법한 쟁의로 간주하고 있으며, 권리분쟁은 적법한 쟁의로 보지 않음

(2) 쟁의행위의 절차

쟁의행위는 다음과 같은 사항을 갖추었을 때 비로소 적법한 것으로 인정되고 후술할 「노동조합 및 노동관계조정법」에 의한 형사상·민사상의 면책을 받게 된다. 첫째, 쟁의의 내용이 노동조합과 사용자 사이의 문제, 즉

---

14 김형배(2004), 전게서, pp. 660~661.

경제적 지위의 향상에 관한 것이어야 한다. 따라서 정치적인 문제를 이유로 한 파업은 불법으로 간주된다. 둘째, 사회적 통념에 비추어 부당하거나 불가능한 또는 과대한 요구를 내세운 쟁의가 아니어야 한다. 셋째, 노동조합 조합원의 직접·비밀·무기명 투표에 의한 조합원 재적 과반수(투표자의 과반수가 아님)의 찬성을 받아야 한다.

또한 현행법에서는 조정전치주의를 채택하여, 노동조합이 쟁의행위를 하기 전에는 후술하는 대로 반드시 노동위원회의 조정을 받아야 하도록 규정하고 있다. 또한 쟁의행위의 사전신고의무를 부과하여 노동조합이 쟁의행위를 하고자 할 때에는 고용노동부장관과 관할 노동위원회에 쟁의행위의 일시·장소·참가인원 및 그 방법을 신고하여야 한다고 규정하였다.[15]

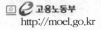

http://moel.go.kr

(3) 피고용인의 쟁의행위와 민형사상 면책

현행「노동조합 및 노동관계조정법」에서는 정당한 쟁의행위에 대한 민형사상의 면책을 규정하고 있다. 즉, 피고용인이 근로조건을 유지·개선하기 위하여 단체교섭 기타의 행위를 함에 있어서 그 행위가 정당성을 가지는 한 이를 처벌하지 않는다고 형사상의 면책을 규정하고 있으며, 사용자는 정당한 쟁의행위로 인하여 손해를 받은 경우에 노동조합 또는 근로자에 대하여 그 배상을 청구할 수 없다는 민사상의 면책을 규정하고 있다. 단, 노동조합과 근로자가 행하는 불법파업에 대하여는 민형사상의 책임을 피할 수 없다. 예를 들면, 피고용인이 사용자에 대하여 현행법상 불법적인 쟁의행위를 한다면 사용자는 노동조합에 대하여 업무방해로 형사고발할 수 있고 민사상의 손해배상책임을 물을 수 있다.

(4) 쟁의행위시 폭력행위 및 주요시설 점거행위의 금지

현행법에서는 쟁의행위시 폭력행위 및 주요시설 점거행위 등을 금지하고 있다. 즉, 쟁의행위는 폭력이나 파괴행위 또는 생산 기타 주요업무에 관련되는 시설을 점거할 수 없도록 규정하였다. 따라서 태업이나 소극적 사보타지로서 단순히 작업능률을 저하시키는 데 그치는 한 위법한 쟁의행위는 아니지만, 의식적으로 생산설비물 등을 파괴하는 적극적 사보타지는 위법한 쟁의행위로 간주된다. 또한 쟁의행위시 주요 생산시설을 점거하고 파업

---

15 상게서, p. 696

을 진행하는 점거파업(sit down strike)도 불법한 쟁의행위이다.

(5) 사용자의 대항행위에 대한 법규

① **직장폐쇄**　　　현행법에서는 쟁의행위시 직장폐쇄와 계속조업 등 사용자의 대항행위에 대하여도 규정하고 있다. 즉, 사용자는 노동조합이 쟁의행위를 개시한 이후에만 직장폐쇄를 할 수 있다고 규정하여, 수동적·방어적인 직장폐쇄만을 사용자의 정당한 쟁의행위로서 인정하고 있다.

> 수동적·방어적인 직장폐쇄만이 사용자의 정당한 쟁의행위

② **조업계속과 대체근로**　　　사용자는 노동조합의 쟁의행위시에 파업불참자와 비노조원을 시용하여 조업을 계속하는 것은 무방하다. 그러나 현행법에 의하면 사용자는 쟁의행위기간 중 그 쟁의행위로 중단된 업무의 수행을 위하여 당해 사업과 관계없는 자를 채용 또는 대체할 수 없다고 하여 사용자가 쟁의행위 중에 신규로 피고용인들을 채용해서 조업을 계속하는 일을 금지하고 있다. 단, 노동쟁의가 필수공익사업장(예를 들면, 철도, 항공운수, 수도, 전기사업, 가스사업, 석유정제공급, 병원, 혈액공급, 한국은행, 통신, 우정사업)에서 발생하는 경우 파업인원의 절반까지 신규인력이나 외부인력을 일시로 고용하거나 다른 회사에 외주를 주어서 조업을 계속하는 것을 허용하고 있다.

> 사용자가 쟁의행위 중에 신규로 피고용인들을 채용

(6) 쟁의행위 중의 임금지급

현행법에서는 쟁의행위기간 중의 임금지급을 금지하였다. 즉, 사용자는 쟁의행위에 참가하여 근로를 제공하지 아니한 근로자에 대하여는 그 기간 중의 임금을 지급할 의무가 없고, 노동조합은 쟁의행위 기간에 대한 임금의 지급을 요구하거나 이를 관철할 목적으로 쟁의행위를 하여서는 아니 된다고 규정하고 있다. 이는 무노동·무임금의 원칙에 따른 것이다.[16]

> 무노동·무임금의 원칙

1.6 한국의 노동쟁의 현황

(1) 1987년까지 한국 노동쟁의의 특징: 정치적 위기와 파업

19세기 말 한국의 노동운동이 처음 시작된 이후 정부와 사용자들은 노

16　상계서, pp. 720~721.

동운동을 억제하는 데에 초점을 두었다. 일제하에서는 물론 광복 후의 권위주의적인 군사정권들도 경제성장을 위하여 분배를 도외시하였고 그 결과 공정한 분배를 주장하는 노동운동은 통제의 대상이었다. 따라서 노동법도 파업을 억제하기 위하여 파업의 요건을 까다롭게 규정하였었다. 정부의 노동운동 통제정책에 편승하여 대부분의 사용자들도 노동운동을 억제하는 데에 중점을 둔 노사관계전략을 사용하였다. 이러한 노동운동에 대한 통제의 시기는 1987년 노동자대투쟁이 일어날 때까지 계속되었다.

1987년까지 파업의 특징은 정부의 통제력이 약화되는 시기에 파업이 집중적으로 일어났다는 점이다. 즉, 평소에는 정부의 감시와 통제를 받아 파업을 하기 어려웠던 노동자계층이 대규모 민중시위나 정치적인 위기상황에서 정부가 노동조합을 통제할 여력이 없는 시기에 내재되었던 불만과 경제적·정치적 요구사항을 분출해 내는 창구로 파업이 발생하였던 것이다.

노동네트워크
http://nodong.net/

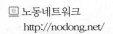
Korea Labour & Society Institute
http://www.klsi.org/

한국사회과학연구소
Korea Social Science Institute
http://kssi.jinbo.net/

(재)전태일재단
http://www.chuntaeil.org/

고려대학교 노동문제연구소
Korea University Labor Education & Research Institute
http://www.korealabor.ac.kr/kuleri/main.htm

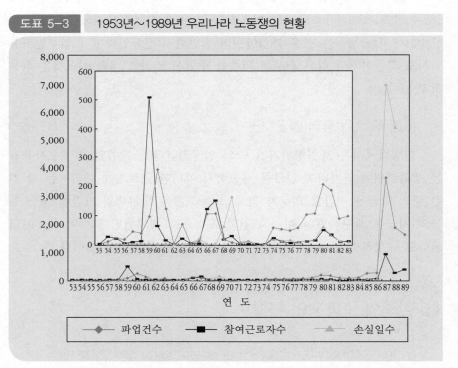

| 도표 5-3 | 1953년~1989년 우리나라 노동쟁의 현황 |

범례: ◆ 파업건수   ■ 참여근로자수   ▲ 손실일수

주: 안쪽의 그래프는 1983년까지의 노동쟁의 현황을 보여주는 것이며, 바깥쪽의 그래프는 1989년까지의 노동쟁의 현황을 보여주는 것임.
자료: Dong-One Kim, "An Analysis of Labour Disputes in Korea and Japan: the Search for an Alternative Model," *European Sociological Review*, 9, 1993, p. 144.의 그림을 수정 게재.

우리나라 노동쟁의에 대한 실증연구[17]에 따르면 정치적 혼란이나 사회적 무질서가 나타난 시기에 파업이 집중적으로 발생하는 특징을 보이고 있다. 즉, 1919년(3·1만세운동), 1929년(광주학생의거), 1945년(광복), 1960~61년(4월민주혁명), 1966~67년(한일국교정상화 및 베트남파병 반대시위), 1980~1981년(10·26사태 및 민주항쟁), 1987~88년(6월민주항쟁과 노동자대투쟁) 등 사회적으로 큰 변혁이 발생하였을 때 노동쟁의가 많이 발생하는 현상이 나타났다.(〈도표 5-3〉 참조). 특히, 1919년(3·1만세운동), 1929년(광주학생의거), 1945년(광복)에 일어난 파업은 일제강점기하에서 독립을 요구하는 정치적인 요인이 강한 독립운동의 성격을 띤 파업이었다. 한국 현대사에서 정치위기나 사회적 혼란기를 의미하는 이 시기에는 파업의 발생건수, 참여인원수 및 근로손실일수가 모두 증가하는 특징을 보였다.

▶ 정치위기나 사회적 혼란기에는 파업의 발생건수, 참여인원수 및 근로손실일수가 모두 증가하는 특징을 보임

(2) 1987년 이후 한국 노동쟁의의 특징

1987년 이후 한국의 정치는 민주화가 이루어지면서 특별한 정치적 위기를 겪지 않았고 노동쟁의도 정치·경제·사회분야의 특별한 요인에 의하여 좌우되는 패턴을 보이고 있지는 않다. 1987년 이후 우리나라의 노동쟁의 발생현황은 〈도표 5-4〉에서 보는 바와 같다.

이하에서는 1987년 이후 우리나라의 노동쟁의의 특징을 몇 가지로 나누어 정리하고자 한다. 첫째, 쟁의건수가 1987년을 정점으로 그 이후부터 차츰 감소하는 추세를 보이다가, 1997년 경제위기 이후 다시 증가하는 추세를 보였으며 2004년 이후 다시 감소하였다가 2012년부터 다시 상승세를 보인다. 즉, 1987년 이후의 파업발생은 완만한 사이클을 보이면서 하락과 상승을 반복하고 있다.

둘째, 발생원인별 현황을 살펴보면 2011년의 경우 노사분규발생건수 65건 중 임금협약관련 분규건수가 25건(38.5%)이며, 단체협약관련 35건(53.9%), 기타 5건(7.7%)으로 대체로 임금보다는 근로조건과 고용에 대한 이슈가 파업의 주요 원인인 것으로 나타났다. 이는 구조조정이 파업의 주된 원인이 되어온 경제위기 이후의 추세를 반영하는 것이다. 이러한 특징은 임금관련분규가 대부분을 차지하던 1980년대 후반의 파업과는 차이가 나는

17　Dong-One Kim,"An Analysis of Labour Disputes in Korea and Japan: the Search for an Alternative Model," *European Sociological Review*, 9, 1993.

| 도표 5-4 | 노동쟁의 발생기준별 현황(1987년 이후) | | | | | | | | | | | | (단위: %, 명, 일) | | |

연도	쟁의발생건수	발생원인				규 모		업종별						평균쟁의지속일수(일)	쟁의참가자수(천명)	근로손실일수(천일)
		임금[1]	단체협약[2]	부동노동행위[3]	기타[4]	300인미만	300인이상	제조업	운수·창고·통신	광업	금융·보험·부동산등	사회·개인서비스	기타			
1987	3,749	2,674	577	116	382	-	-	1,955	1,365	135	294			53	1,262	6,947
1990	322	177	58	18	70	209	113	227	44	15	36			19.1	134	4,487
1995	88	33	49	1	5	48	40	57	8	0	9	5	9	22.6	50	393
1996	85	20	62	-	3	38	47	56	8	0	5	9	7	28.6	79	893
1997	78	21	51	-	6	45	33	42	14	0	4	11	7	22.7	43	444
1998	129	53	57	3	10	62	67	72	37	0	8	9	2	26.1	146	1,452
1999	198	62	89	-	47	99	99	116	26	0	21	22	13	19.2	92	1,366
2000	250	54	167	2	27	130	120	121	25	-	28	54	22	30.0	178	1,893
2001	235	65	149	-	21	149	86	117	38	-	17	43	20	31.7	89	1,083
2002	322	46	249	-	27	215	107	136	72	-	23	81	10	30.2	94	1,580
2003	320	48	249	-	23	218	102	167	66	-	29	41	17	29.0	137	1,299
2004	462	59	386	-	17	337	125	140	165	-	32	99	26	24.7	185	1,197
2005	287	36	236	-	15	199	88	170	35	-	15	64	3	48.6	118	848
2006	138	26	97	-	15	71	67	64	14	-	12	41	7	54.5	131	1,201
2007	115	24	78	-	13	65	50	54	17	-	16	20	8	33.6	93	536
2008	108	22	72	-	14	48	60	71	8	-	6	19	4	37.0	114	809
2009	121	27	84	-	10	53	68	58	9	-	6	28	20	27.9	81	627
2010	86	18	60	-	8	49	37	30	13	-	1	38	4	36.2	40	511
2011	65	25	35	-	5	35	30	22	11	-	4	21	7	30.6	33	429
2012	105	-	-	-	-	-	-	-	-	-	-	-	-	-	-	933

주: 1) 임금관련＝체불임금, 임금인상
    2) 단체협약＝휴·폐업 및 조업단축, 근로조건 개선, 단체협약
    3) 부당노동행위＝해고, 부당노동행위
    4) 기타＝근로조건 개선, 조업단축, 정리해고, 회사 매각에 따른 해고, 인사발령 등
자료: 고용노동부,『각 연도 고용노동백서』, 각 연도.
    한국노동연구원,『KLI 노동통계』(서울: 한국노동연구원), 각 연도.

점이다.

셋째, 업종별 현황을 보면 제조업, 사회·개인서비스, 운수·창고·통신업, 금융·보험·부동산업의 순서로 파업이 자주 발생하고 있다.

넷째, 노동쟁의의 강도를 말해주는 건당 지속일수는 1987년 5.3일에

불과하였던 것이 그 후 계속 증가하여 2000년 이후에는 30일 정도로 증가하는 추세를 보이고 있다. 노동쟁의의 장기화현상은 1990년대 중반 이후 한국 노동쟁의의 특징으로 자리잡고 있다. 1999년까지는 비교적 타결이 용이한 편인 임금인상을 요구조건으로 내건 파업이 많았으나, 2000년대 이후에는 상대적으로 조속한 타결이 어려운 고용과 근로조건을 이슈로 한 파업이 많아지면서 건당 지속일수가 늘어난 것으로 해석된다.

2. 쟁의조정

노동쟁의는 노사 쌍방의 경제적인 손실은 물론이고 국민경제에도 손실을 가져오기도 한다. 따라서 가급적 노사 쌍방의 노력과 대화에 의하여 사전에 방지하는 것이 필요하다. 그러나 어느 사회에서나 쟁의의 발생을 완벽히 방지하는 것은 불가능하다. 쟁의조정은 노사 쌍방이 자주적으로 해결하기 어렵고 쟁의로 인하여 사회전체의 질서와 안녕이 위태로울 때 부득이하게 국가 등 제3자가 협상타결을 위해 조력을 하는 것을 의미한다. 다만 쟁의조정에 지나치게 의존한다면 노사 당사자들은 스스로 양보안을 내는 등 협상에 적극적인 자세를 보일 필요가 없어지는 냉각효과(Chilling Effect)가 발생하며, 많은 노력이 수반되는 당사자간의 협상보다는 정부의 중재에 갈수록 더 의존하는 중독효과(Narcotic Effect)가 나타난다. 그간의 연구에 따르면 노사간의 자주적인 협상을 촉진하는 방법으로는 파업의 가능성을 열어두는 것이 가장 효과적인 방법이라는 것을 보여주고 있다.

2.1 쟁의조정의 유형

노동쟁의의 조정제도는 알선, 조정 및 중재 등으로 구분할 수 있다. 알선, 조정과 중재는 노동쟁의에 국가가 개입하는 제도적인 형태이다.

① **알선**(conciliation)　　　　알선은 분쟁 당사자가 서로 만나서 대화하고 문제를 토론하게 하는 것으로서 가장 간단한 쟁의조정방법이다. 알선의

목적은 분쟁당사자의 중개자가 되는 것이며 당사자들을 만나게 하면 스스로 분쟁을 해결할 수 있는 방안을 모색하리라는 가정하의 방법이다. 알선자는 갈등해결안을 제시하지 않는 것이 일반적이다.

　② 조정(mediation)　　　　조정과정은 조정자가 관계당사자의 의견을 들어 조정안을 작성하여 노사의 수락을 권고한다. 다만 그 권고는 강제가 아니므로 그 수락 여부는 전적으로 당사자들의 임의에 의한다. 한편 조정의 기능으로는 첫째, 조정은 격앙된 상태에 있는 당사자의 흥분을 가라앉히고 이성적인 상태로 사태를 파악하도록 도와주어서 비이성적 쟁의를 방지한다. 둘째, 조정은 쟁점사항에 대한 정보를 노사쌍방에게 제공하여 우발적 쟁의를 억제하는 효과를 가진다. 셋째, 조정은 당사자와 함께 쌍방이 받아들일 수 있는 해결책을 모색한다. 넷째, 조정은 필요시에는 어느 일방 혹은 쌍방이 명예롭게 양보(Graceful Retreat)할 수 있도록 명분을 함께 탐색한다. 다섯째, 조정은 갈등의 비용을 상승시킴으로써 갈등을 줄이는 방향으로 행동하도록 유도한다. 예를 들면, 조정안에 대하여 어느 일방은 수용하였으나 다른 일방은 거부하려고 할 경우, 거부한 측이 여론의 질타를 받게 됨을 주지시켜서 양측이 모두 조정안을 수용하도록 유도하는 경우이다.[18]

　③ 중재(arbitration)　　　　중재는 조정과는 달리 관계 당사자를 구속한다는 데 그 특징이 있다. 중재는 준사법적 절차로서 마치 재판에서 판사가 내리는 판결과 같은 효력을 지니기 때문에 관계 당사자는 중재안을 수용하여야 한다. 즉, 중재안은 당사자를 구속하고 그 단계에서는 최종적인(binding and final) 해결안으로서의 성격을 지닌다. 다만, 중재안에 불만이 있을 경우 그 다음 단계로서 재심청구를 할 수 있도록 하는 것이 일반적이다.

> 조정자가 관계당사자의 의견을 들어 조정안을 작성하여 노사의 수락을 권고

2.2 한국의 쟁의조정 및 중재제도

우리나라의 경우 노사분규의 발생을 줄이기 위한 목적으로 정부가 민간기업의 노사갈등에 개입하는 정도가 비교적 큰 편이다. 우리나라의 쟁의조정 및 중재제도는 「노동조합 및 노동관계조정법」에 의해 규정된다. 현행

18　Clark Kerr, and Abraham J. Siegel, "The Interindustry Propensity to Strike: An International Comparison," *Society for the Psychological Study of Social Issues*, ed. by Arthur W. Kornbauser(McGraw-Hill, 1954), pp. 180~186.

법에서는 조정, 중재 및 긴급조정 등의 제도를 두고 있다.

(1) 조정(mediation)

① 조정의 대상　　　우리나라의 노동법규는 이익분쟁만을 적법한 쟁의로 간주하고 있으며, 권리분쟁은 적법한 쟁의로 보지 않고 있다. 따라서 근로조건에 관한 이익분쟁만이 노동위원회의 조정대상이 된다.

② 조정전치주의　　　노사간의 단체교섭이 결렬되면 노동쟁의가 발생한 것으로 간주되며 당사자 일방의 신청에 의하여 노동위원회의 조정이 행하여진다. 조정은 분쟁 당사자의 일방이 노동위원회에 신청하면 지체없이 개시된다. 우리나라는 조정전치주의를 채택하여 조정절차를 거치지 않으면 쟁의행위를 할 수 없도록 규정하고 있다.

③ 조정의 과정　　　조정신청이 이루어지면 노동쟁의가 발생한 사업장의 소재지를 관할하는 지방노동위원회가 조정을 담당한다. 중앙노동위원회는 2개 이상의 지방노동위원회의 관할구역에 걸친 노동쟁의의 조정사건을 담당한다. 조정은 노동위원회 내에 구성된 조정위원회가 담당한다. 조정위원회는 조정위원 3명으로 구성하고 이 위원들은 당해 노동위원회의 위원 중에서 사용자를 대표하는 자, 근로자를 대표하는 자 및 공익을 대표하는 자(위원장) 각 1인으로 당해 노동위원회의 위원장이 지명한다. 조정기간은 일반사업은 10일, 공익사업은 15일이다.[19]

▶ 공중의 일상생활과 밀접한 관련이 있거나 국민경제에 미치는 영향이 큰 사업으로서 정기노선여객운수사업, 수도·전기·가스·석유정제 및 석유공급사업, 공중위생 및 의료사업, 은행 및 조폐사업, 방송 및 통신사업

(2) 공익사업에 있어서의 쟁의조정

공익사업이란 공중의 일상생활과 밀접한 관련이 있거나 국민경제에 미치는 영향이 큰 사업으로서 정기노선여객운수사업, 수도·전기·가스·석유정제 및 석유공급사업, 공중위생 및 의료사업, 은행 및 조폐사업, 방송 및 통신사업으로 규정하고 있다. 공익사업[20]에 대해서는 현행법상 일반 사업과

19　김형배,「노동법(제13판)」(서울: 박영사, 2002), pp. 745~746.

20　공익사업과 공기업은 서로 다른 개념이다. 공익사업은 일반사업에 대비되는 개념으로서 사업의 공익적 성격이 사회에 미치는 영향이 큰 사업을 지칭하는 것이고 공기업은 사기업에 대비되는 개념으로서 소유권이 정부 등에 있는 사업을 의미함. 즉 한국마사회는 소유권이 정부에 있는 공기업이지만 사업의 성격이 공적인 면이 적은 일반사업장이고 하나은행이나 삼성서울병원은 소유권이 민간에 있는 사기업이지만 사업의 공익적 성격이 강한 공익사업장임.

|그림 5-5| 필수공익사업장인 서울대병원에서의 단체협약 조인식 장면

는 달리 조정절차상에 특칙을 두고 있다. 우선, 공익사업에 있어서는 관계 당사자 일방에 의한 조정신청이 있는 때로부터 15일간 쟁의행위를 할 수 없다. 이는 공익성을 참작하여 마련한 규정으로서 일반사업의 경우에는 10일로 규정하고 있다. 공익사업의 조정은 특별조정위원회가 담당하는데 특별조정위원의 선임은 노동위원회의 공익대표를 하는 위원으로 구성된다.[21] 또한 공익사업은 후술할 긴급조정을 행할 수 있다.

공익사업 중 그 업무의 정지 또는 폐지가 공중의 일상생활을 현저히 위태롭게 하거나 국민경제를 현저히 저해하고 그 업무의 대체가 용이하지 아니한 사업으로서 철도, 항공운수, 수도, 전기사업, 가스사업, 석유정제공급, 병원, 혈액공급, 한국은행, 통신, 우정사업을 필수공익사업으로 규정하고 있다. 필수공익사업은 특별조정위원회가 15일간 조정을 하는 것에 추가하여 노동쟁의시 필수유지업무를 운영하여야 하며 파업자의 절반에 대한 대체근로가 허용된다 (〈도표 5-5〉 참조).[22]

고용노동부
http://www.moel.go.kr

도표 5-5	공익사업장과 필수공익사업장의 쟁의적 제한		
구 분	일반사업장	공익사업장	필수공익사업장
쟁의권 제한내용	−쟁의 전 10일간 조정	−쟁의 전 15일간 조정 −특별조정위원회구성 −긴급조정적용가능	−쟁의 전 15일간 조정 −특별조정위원회 구성 −긴급조정 적용가능 −파업중 필수유지업무 지정 −파업인력 절반까지 대체가능

(3) 긴급조정

쟁의행위가 공익사업에 관한 것이거나 그 규모가 크고 중대한 것이어

---

21 김형배(2002), 전게서, p. 751.
22 노동계에서는 필수공익사업자의 경우 쟁의행위에 대한 3중의 제한(필수유지업무, 파업인력의 절반까지 대체근로허용, 긴급조정 적용가능)을 두는 것은 헌법에 보장된 노동3권을 침해하는 것이라고 주장하고 있다.

서 국민경제나 국민의 일상생활을 위태롭게 할 위험이 있는 경우에는 긴급
조정이 행하여질 수 있다. 이 절차는 쟁의당사자의 의사를 묻지 아니하고
고용노동부 장관의 결정에 의하여 강제적으로 개시되는 것이므로 쟁의권에
대한 중대한 제약이다. 따라서 이 제도의 운영에 있어서는 모든 대규모의
쟁의행위가 다 금지되는 일이 없도록 법의 해석 및 적용을 엄격하게 할 필
요가 있다.[23]

  ① **긴급조정의 요건** 긴급조정의 실질적 요건으로는 쟁의행위가
공익사업에 관한 것이거나 또는 그 규모가 크거나 그 성질이 특별한 것이어
야 하며 그 이외에 이와 같은 쟁의행위에 의하여 국민경제를 해하거나 국민
의 일상생활을 위태롭게 한 위험이 '현존'하여야 한다. 또한 형식적 요건으
로 고용노동부 장관이 중앙노동위원회 위원장의 의견을 들은 다음 긴급조
정의 결정을 내려야 한다.

  ② **긴급조정의 절차** 중앙노동위원회는 고용노동부장관의 통고를
받으면 지체없이 조정을 개시하여야 하며, 조정이 성립할 가능성이 없다고
인정되는 경우에는 긴급조정 결정통고를 받은 날로부터 15일 이내에 중재
에의 회부 여부를 결정하여야 한다. 중앙노동위원회는 중재회부의 결정을
한 때에는 지체없이 중재를 행하여야 한다.

  ③ **긴급조정과 쟁의행위의 금지** 긴급조정의 결정이 공표되면 관
계당사자는 즉시 쟁의행위를 중지하여야 하며, 공표일로부터 30일이 경과
하지 않으면 쟁의행위를 재개할 수 없다.

  ④ **긴급조정의 효과** 긴급조정에 의하여 조정안이 관계당사자에
의하여 수락되거나 또는 중재결정이 내려지면 조정안과 중재재정은 단체협
약과 동일한 효력을 가진다.[24]

2.3 우리나라 노동쟁의에 대한 조정 및 중재현황

  우리나라 노동쟁의의 조정과 중재처리 결과를 살펴보면 〈도표 5-6〉

---

23 김형배(2002), 전게서, p. 753.
24 긴급조정은 1993년 현대자동차 파업에서 처음 공표되었으며 2005년 KAL, 아시아나
  파업에서도 공표되었다.

☞ 쟁의조정 신청건수,
외환위기를 거치면
서 점차 증가하다가
2002년부터 쟁의조
정신청건수가 감소

과 같다. 쟁의조정 신청건수가 1997년 외환위기를 거치면서 점차 증가하다
가 2002년부터 쟁의조정 신청건수가 감소하였다. 그 이유는 외환위기 이후
구조조정을 둘러싼 노사간의 갈등이 증폭되면서 조정신청건이 많아졌으나
2002년부터는 임·단협이 산별노조의 공동교섭에 의해 이루어지는 경우가
많아졌기 때문에 기업별 교섭을 하던 과거보다 조정신청건수가 줄어드는
것으로 풀이된다.[25] 2012년 쟁의조정 신청건수는 조정신청 752건이며 조정
성립률(=조정성립/(조정성립+조정불성립))은 61.9%로 2001년의 43.2%에 비
하여 높으나 전년도에 비하여 다소 낮아졌다.

도표 5-6   연도별 조정과 중재사건 처리 현황

구분 / 연도별	접수건수	처리건수	조정			행정지도 (조정·중재)	취하 (조정·중재)	기타	진행
			성립*	불성립**	성립률(%)				
2001	1,129	1,119	385	507	43.2	133	83	−	10
2002	1,088	1,076	382	485	44.1	92	102	−	12
2003	910	899	396	389	50.4	39	69	−	11
2004	889	873	379	407	48.2	29	47	−	16
2005	891	875	433	317	57.7	16	43	0	16
2006	758	739	340	303	52.9	22	64	10	19
2007	885	871	500	272	64.8	37	61	1	14
2008	851	839	480	252	65.6	55	51	1	12
2009	726	713	357	253	58.5	36	67	0	13
2010	708	694	381	210	64.5	53	50	0	14
2011	695	681	405	172	70.2	52	52	0	14
2012	752	741	394	243	61.9	38	66	0	11

주: * 성립＝조정안 수락＋지도합의
　　** 불성립＝조정안 거부＋조정중지
자료 : 중앙노동위원회, "각 연도 업무추진실적," 「조정과 심판」 각 연도.
　　　중앙노동위원회, 「2006년도 노동위원회 연보」(2007), pp. 1~4.
　　　http://www.nlrc.go.kr/

---

25 중앙노동위원회, 「노동쟁의 조정사건 분석: 2000년~2003년」(2004), p. 3.

3. 부당노동행위

3.1 부당노동행위의 의의와 특색

부당노동행위제도(unfair labor practice)는 노동3권의 구체적인 보장을 위한 행정적인 구제제도이다. 사용자로부터 노동3권에 대한 침해를 받을 경우에는 사법적인 절차에 의하여 구제를 받을 수 있다. 그러나 법원에 의한 사법적인 구제는 시간과 비용면에서 효율적이지 않다. 우선 그 시일이 오래 걸려서 급변하는 고용관계에 효과적으로 대처할 수 없을 뿐 아니라, 개개 피고용인의 입장에서는 비용이 과다하게 소요되는 단점이 있다. 따라서 오늘날에는 사법적 심사를 조건으로 하는 행정기관에 의한 구제방법을 채택함으로써 고용관계에 신속히 대처하고자 하는 제도가 세계 각국에 널리 채택되고 있으며 이것이 부당노동행위제도이다.[26]

부당노동행위제도는 1935년 미국의 Wagner법에서 처음으로 창설된 이후 ILO조약 제98호에서도 부당노동행위제도의 창설을 요구하고 있다. 우리나라에서는 「노동조합 및 노동관계조정법」에서 부당노동행위를 정하고 있다. 단, 미국에서는 노사 양측의 부당노동행위를 각각 규정하고 있음에 비하여 우리나라는 사용자의 부당노동행위만을 규율하고 있다. 본 장에서는 한국의 현행법에 규정된 부당노동행위를 중심으로 살펴보기로 한다.

▶ 노동3권의 구체적인 보장을 위한 행정적인 구제제도

3.2 부당노동행위의 종류와 요건

현행법상 부당노동행위에는 불이익대우, 황견계약 또는 비열계약, 단체교섭의 거부, 지배·개입 및 경비원조의 네 가지가 있다.

(1) 불이익대우

「노동조합 및 노동관계조정법」에서는 근로자가 노동조합에 가입 또는 가입하려고 하였거나 기타 노동조합의 업무를 위한 정당한 행위를 한 것을

---

26 이준범, 전게서, pp. 226~227.

근로자가 노동조합에 가입 또는 가입하려고 하였거나 기타 노동조합의 업무를 위한 정당한 행위를 한 것을 이유로 그 근로자를 해고하거나 그 근로자에게 불이익을 주는 행위를 부당노동행위

이유로 그 근로자를 해고하거나 그 근로자에게 불이익을 주는 행위를 부당노동행위로 규정하고 있다. 또한 근로자가 정당한 단체행위에 참가한 것을 이유로 하거나 또는 노동위원회에 대하여 사용자가 법규를 위반한 것을 신고하거나 그에 관한 증언을 하거나 기타 행정관청에 증거를 제출한 것을 이유로 그 근로자를 해고하거나 그 근로자에게 불이익을 주는 행위를 부당노동행위로 규정하고 있다. 이 중 노동조합을 위한 정당한 행위는 일반적으로 조합활동을 의미하는 것으로서 단체교섭, 쟁의행위는 물론 조합간부의 선거·발언·결의·업무출장 등 조합운영상의 행위를 말한다. 반면에 조합원의 행위라 할지라도 조합의 결의, 또는 지시에 위반되는 행위는 조합의 의사와 유리된 개인적인 행위이므로 조합활동이라고 할 수 없다. 그러므로 모든 조합활동에 대한 불이익대우가 부당노동행위로서 금지되어 있는 것이 아니라 정당한 조합활동만이 보호를 받는 것이다.

구체적인 불이익대우로서는 해고나 전근, 배치전환, 출근정지, 휴직, 복직거부, 계약갱신 거부, 고용거부, 차별승급, 강등 및 복지시설의 차별적 이용, 공장폐쇄 등을 들 수 있다. 그러나 한 가지 유의해야 할 사항은 사용자의 이러한 행위나 조치가 불이익대우로 성립되기 위해서는 사용자의 불이익대우와 피고용인의 조합활동 사이에 인과관계가 있어야 한다는 점이다. 즉 사용자가 부당노동행위의사 또는 반조합적 의사에 의해 불이익대우를 행할 경우에 부당노동행위가 된다.

(2) 황견계약 또는 비열계약

조합에 가입하지 않을 것과 조합으로부터 탈퇴할 것, 혹은 특정 노조에 가입할 것을 내용으로 하는 고용계약

황견계약(yellow-dog contract)[27]은 조합에 가입하지 않을 것과 조합으로부터 탈퇴할 것, 혹은 특정노조에 가입할 것을 내용으로 하는 고용계약이다. 부당노동행위제도는 피고용인의 노동3권 보장활동을 저해하는 사용자의 행위를 배제하는 데 그 목적이 있으므로 조합에 가입하더라도 조합활동을 하지 않는다든가 어용조합에의 가입을 고용조건으로 하는 것도 역시 황견계약에 포함된다. 유니온숍은 황견계약의 한 종류로 볼 수 있으나 우리나

---

27 영국에서는 비굴한(또는 비열한) 사람을 yellow-dog이라 하는데, 고용계약에 있어 서 조합에의 불가입·탈퇴, 어용조합에의 가입을 사용자가 시키는 대로 응낙하는 자를 말하고 그러한 계약을 yellow-dog contract라고 한다. 이를 비열조약이라 부르기도 한다. 이준범, 전게서, p. 231.

라의 경우 유니온숍은 황견계약이라는 부당노동행위에 해당되지 않는다는 특칙을 두고 있다.

(3) 단체교섭의 거부

「노동조합 및 노동관계조정법」에서 "노동조합의 대표자 또는 노동조합으로부터 위임을 받은 자와의 단체협약체결 기타 단체교섭을 정당한 이유없이 거부하거나 해태하는 행위"를 부당노동행위로 규정하고 있다. 단체교섭은 노동조합의 본래적이고 핵심적인 기능이기 때문에 이와 같은 교섭을 사용자가 거부한다는 것은 조합의 존재이유를 무의미하게 하는 것이다. 그러므로 단체교섭의 거부를 부당노동행위로 규정한 것은 사용자에게 조합승인의 법적 의무를 부과하는 셈이다.

사용자가 처음부터 협약체결의 의사 없이 조건을 붙여 고의적으로 교섭을 지연시키거나 회피하는 행위는 부당노동행위가 된다. 타당한 장소와 시간임에도 불구하고 사용자대표가 출석하지 않는다든지, 이유없이 대안을 제시하지 않는다든지, 쟁의에 대한 사실을 왜곡하여 상대방을 혼란시킨다든지, 최종합의단계에서 이유없이 협약의 체결을 거부한다든지 하는 경우에는 단체교섭에 성의를 갖고 임하지 않는 것으로서 부당노동행위에 해당된다. 그러나 이 조항은 사용자가 교섭을 함에 있어서 반드시 노조와 합의를 하여야 한다는 것을 의미하지는 않는다.

> 노동조합의 대표자 또는 노동조합으로부터 위임을 받은 자와의 단체협약체결 기타 단체교섭을 정당한 이유없이 거부하거나 해태하는 행위

(4) 지배·개입 및 경비원조

「노동조합 및 노동관계조정법」에서 "근로자가 노동조합의 조직 또는 운영하는 것을 지배하거나 이에 개입하는 행위와 노동조합의 전임자에게 급여를 지원하거나 노동조합의 운영비를 원조하는 행위"는 부당노동행위라고 규정하고 있다. 다만, "근로자가 근로시간 중에 사용자와 협의 또는 교섭하는 것을 사용자가 허용함은 무방하며 또한 근로자의 후생자금 또는 경제상의 불행 기타 재액의 방지와 구제 등을 위한 기금의 기부(예를 들면, 사용자가 사내복지기금에 출연하는 것)와 최소한의 규모의 노동조합사무소의 제공은 예외로 한다"고 규정하고 있다.

경비원조에 해당되는 것으로서, ① 조합의 전임임원에 대한 급여의 지급, ② 조합운영비의 지급, ③ 조합간부의 출장비 지급, ④ 조합대회의 경

> 근로자가 노동조합의 조직 또는 운영하는 것을 지배하거나 이에 개입하는 행위와 노동조합의 전임자에게 급여를 지원하거나 노동조합의 운영비를 원조하는 행위

비 원조, ⑤ 쟁의행위기간 중의 임금상당액의 지급 등을 들 수 있다.

3.3 부당노동행위의 구제제도

중앙노동위원회
http://www.nlrc.
go.kr/

부당노동행위에 대한 구제절차는 〈도표 5-7〉에서 보는 바와 같다. 먼저 권리를 침해당한 피고용인 또는 노동조합이 노동위원회에 부당노동행위가 있은 날부터 3개월 이내에 구제신청을 하여야 한다. 노동위원회의 심사는 2심제를 원칙으로 하는데 신청을 접수한 지방노동위원회가 초심을, 중앙노동위원회가 재심을 관할한다.

|그림 5-6| 중앙노동위원회의 부당노동행위 심판 장면

먼저 지방노동위원회는 부당노동행위가 성립한다고 판정되면 구제명령을 내리고, 성립되지 않는다고 판정되면 구제신청을 기각한다. 지방노동위원회의 부당노동행위에 대한 판정(예를 들어 구제명령이나 기각 등)에 불복이 있는 관계 당사자는 명령서나 결정서를 받은지 10일 이내에 중앙노동위원회에 재심판정을 신청할 수 있다. 또한 중앙노동위원회의 재심판정에 대해서 이의가 있는 경우에는 결정서를 받은지 15일 이내에 행정소송을 제기할 수 있다. 한편 노동위원회의 구제명령이 확정되면 사용자는 구제명령을 이행하여야 하며 불이행을 할 경우 벌칙[28]이 적용된다.

3.4 부당노동행위의 신청과 구제현황

〈도표 5-8〉은 부당노동행위 신청과 구제에 대한 통계자료이다. 부당노동행위의 신청건수는 1980년대 말에 정점을 기록하다가 그 후 꾸준한 하락세를 보였으며 경제위기 이후 다시 증가하여 2001년에 정점을 이룬 뒤 다

---

28 3년 이하의 징역 또는 5천만원 이하의 벌금 「(노동조합 및 노동관계조정법」제89조 ②).

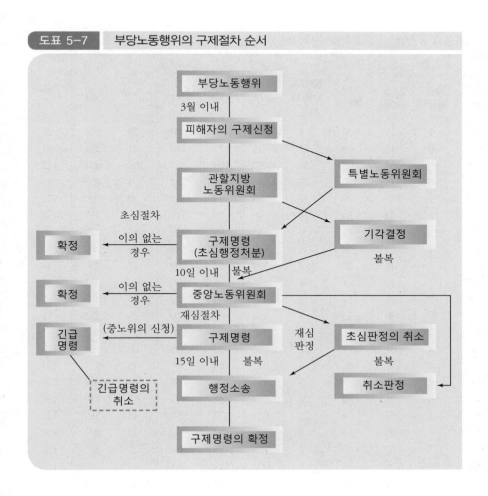

도표 5-7　부당노동행위의 구제절차 순서

시 하락하고 있다. 우리나라 부당노동행위의 추세는 파업의 발생추이와 흡사한 양상을 보이는 점이 흥미롭다. 그 이유로는 파업시에 노동조합이 사용자를 압박하기 위하여 부당노동행위신청을 집중적으로 하기 때문이라는 설명이 있다.

2012년의 경우 모두 918건의 부당노동행위 구제신청이 있었으며 그 중 대부분이 노동조합활동에 대한 사용자의 불이익처분(709건, 77.2%)에 관한 것이었고, 이어서 지배개입(106건, 11.5%), 교섭해태(55건, 6.0%)의 순서로 나타났다. 부당노동행위에 대한 구제명령은 2012년의 경우 56건으로서 전체 처리건수 825건 중 6.8%에 해당하며 노사가 화해하여 신청인이 자진하여 취하한 경우도 298건(36.1%)으로 나타났다. 반면 노동위원회에서 부당노

도표 5-8	부당노동행위 유형별 · 판정결과별 구제신청										(단위: 건)
연도	계	유형별 구제신청 현황					처리내용					이월
		불이익 처분[1]	황견 계약[2]	교섭 해태[3]	지배 개입[4]	불이익 보복적 처분[5]	소계	인정	기각[6]	각하[7]	취하[8]	
1986	322	277	1	19	22	4	292	47	70	19	161	26
1987	522	543	9	45	45	15	441	79	110	21	231	81
1988	1,439	935	6	380	98	20	1,297	169	264	190	674	142
1989	1,721	1,233	8	315	142	23	1,546	194	352	94	906	175
1990	1,160	832	5	185	79	59	1,088	149	341	89	509	72
1991	784	636	14	68	34	32	746	75	311	43	317	38
1992	689	585	13	63	19	9	643	85	232	53	273	46
1993	619	502	12	63	34	8	589	87	189	24	289	30
1994	548	470	1	43	27	7	504	62	189	17	236	44
1995	566	487	7	47	21	4	534	61	196	40	237	32
1996	539	419	7	77	32	4	493	55	129	36	273	46
1997	495	406	10	50	23	6	444	52	120	20	252	51
1998	787	679	7	62	36	3	700	78	216	23	383	87
1999	950	821	4	61	47	17	840	55	305	60	420	110
2000	1,285	831	2	79	124	4	1,031	104	365	48	514	254
2001	1,830	1,366	3	55	75	3	1,454	196	435	159	664	376
2002	1,355	1,195	6	53	92	9	1,172	231	443	52	446	183
2003	947	811	3	67	54	12	824	77	359	43	345	123
2004	908	761	—	90	53	4	716	82	308	27	299	192
2005	968	831	5	65	60	7	795	78	384	20	313	173
2006	1,134	987	35	76	33	3	992	113	563	49	267	142
2007	904	794	2	42	57	9	765	47	382	22	314	139
2008	936	195	3	64	67	7	828	78	398	29	323	108
2009	1,151	948	1	23	178	1	983	65	475	60	443	168
2010	1,723	1,342	3	27	348	3	1,567	33	682	289	563	156
2011	988	760	4	61	97	66	795	16	378	6	340	193
2012	918	709	4	55	106	44	825	56	448	23	298	93

주: 1) 「노동조합 및 노동관계조정법」 제81조 제1호 위반(정당한 노조활동에 대한 보복)
  2) 「노동조합 및 노동관계조정법」 제81조 제2호 위반
  3) 「노동조합 및 노동관계조정법」 제81조 제3호 위반
  4) 「노동조합 및 노동관계조정법」 제81조 제4호 위반
  5) 「노동조합 및 노동관계조정법」 제81조 제5호 위반 (노동위원회 등에 신고한 것을 보복)
  6) 기각: 소송에 있어서 원고의 소에 의한 청구나 상소인의 상소에 의한 불복신청을 이유가 없다고 하여 배척하는 판결 또는 결정
  7) 각하: 행정법상으로는 행정기관이 신청서 · 원서 · 신고서 · 심판청구서 등의 수리(受理)를 거절하는 행정처분
  8) 취하: 취하: 민사소송법상 원고가 제기한 소의 전부 또는 일부를 취하하는 법원에 대한 의사표시
자료: 고용노동부, 「각 연도 고용노동백서」(각 연도).

동행위 신청을 기각하거나 각하한 경우도 각각 448
건(54.3%), 23건(2.8%)건이었다.[29]

|그림 5-7| 부당노동행위 근절을 요구하는 노
동자들의 시위

Key Word

노동쟁의, 쟁의행위, 일원론적 입장, 급진적 입장, 다원론적 입장, 갈등의 불가피성,
노사갈등의 다양성, 노사갈등의 수용가능, 파업, 태업, 사보타지, 준법투쟁, 보이콧,
생산관리, 피케팅, 계산적 파업, 착오적 파업, 충동적 파업, 총파업, 전면파업, 부분
파업, 공격적 파업, 방어적 파업, 투쟁파업, 부당노동행위파업, 자조적 파업, 동정파
업, 연대파업, 일차적 보이콧, 이차적 보이콧, 직장폐쇄, 조업계속, 노동조합 및 노동
관계조정법, 권리분쟁, 이익분쟁, 조정전치주의, 쟁의행위의 사전신고의무, 민형사
상 면책, 대체근로, 쟁의행위 중의 임금지급, 쟁의조정, 자주적 해결의 원칙, 최소개
입의 원칙, 알선, 조정, 중재, 지방노동위원회, 중앙노동위원회, 공익사업, 부당노동
행위, 와그너법, 불이익대우, 황견계약, 비열계약, 단체교섭의 거부, 지배·개입 및
경비원조

29   고용노동부, 「2013 고용노동백서」(2013), pp. 684~685; http://www.moel.go.kr/

post-case 7

대우자동차 사태

대우자동차 관련일지

1999년 8월 26일＝정부 및 채권단, 워크아웃 결정

11월 25일＝채권금융기관 협의회, 기업개선계획 확정

2000년 1월 12일＝대우차 입찰사무국 설치

2월   ＝대우차 사무직 724명 희망퇴직

2월 14일＝국제입찰 초청장 발송 및 입찰 참여의향서 접수

(GM, 포드, 다임러 크라이슬러, 피아트, 현대자동차)

3 ～ 6월＝입찰참여업체 실사 실시

6월 29일＝우선 협상 대상자로 포드 선정

7월 10일 ～ 8월 19일＝포드, 2차 정밀실사 실시

9월 15일＝포드, 대우차 인수 포기

10월 9일＝GM－피아트 컨소시엄, 대우차 인수논의 개시 발표

10월 10일＝대우차. 대우자판 전 임원 일괄사표

10월 31일＝대우차 자구계획 발표

12월 5일＝대우자동차 '6,900명 감축'

12월 14일＝대우자동차 감원 반발

2001년 2월 7일＝대우자동차 8·9일 총파업

2월 15일＝대우자동차 정리해고자 명단 16일 통보

2월 16일＝대우자동차 노사교섭 긴급 재개

2월 20일＝대우자동차 공권력 투입

5월 29일＝대우자동차 채권단, GM협상단 공식협상 시작

10월 9일＝대우자동차 사태로 구제신청 급증

2002년 10월 17일＝GM대우 설립

2006년 5월＝정리해고자 복직 완료

6월＝군산 분임조 대통령상 금상 수상

2011년 3월＝쉐보레(회사명) 전면 도입

GM대우 노사相生의 교훈[30]

법정관리 상태였던 대우자동차 부평공장은 미국의 GM이 대우차를 인수하기 전 해인 2001년 1,700여명을 정리해고했다. 사원주택에 살다가 엄동설한에 길거리로 내몰린 근로자와 가족 5,000여명의 절규를 기억하시는가? 갓난아기를 등에 업은 채 밖으로 나온 젊은 아낙네들이 경찰의 최루가스에 맞서며 울부짖던 장면…. 부평지역의 지역경제도 쇠락해 식당 등 수많은 자영업체가 문을 닫았다. 부실경영의 참혹한 결과를 일깨우기에 충분했다. 당시 대우그룹 총수는 해외로 도피했다. 정리해고 등 자체 노력에도 불구하고 GM은 대우차를 인수하면서 극한적 노사갈등의 대명사였던 이 공장을 제외해 버렸다. '위탁생산업체'로 활용하되 향후 6년간 생산성과 노사안정에 있어 GM이 전 세계에 가지고 있는 공장의 평균 이상을 충족하면 다시 인수를 검토한다는 것이었다. 낙동강 오리알 신세가 된 부평공장은 간판을 '대우인천자동차'로 고쳐 달아야 했다.

최근 이 공장의 재기가 화제다. 작년 8월 무분규 임금타결에 성공했으며 GM의 전 세계 여러 사업장 중에서도 경쟁력 있는 공장으로 인정받았다. 이에 따라 GM은 인수대상에서 제외한 지 4년만인 작년 10월 대우인천차를 인수했다. 다시 'GM대우차 부평공장'이 된 것이다. 그리고 16일에는 "올 상반기 중 복직 희망자를 모두 복직시키겠다"고 발표하기에 이르렀다. 이 같은 변신 뒤엔 달라진 노사관계가 큰 몫을 차지했다. 과거 대우차노조는 '대표적 투쟁노조'였지만 일련의 사태 이후 상생을 위한 노사협조에 팔을 걷어붙이고 나섰다. 노동자들도 품질을 높이는 데 앞장섰다. 이 같은 변화는 제품에 그대로 반영돼 자동차 판매도 늘어났다. 특히 GM대우차 노조위원장의 이력이 눈에 띈다. 서울대를 졸업한 그는 1986년 대우자동차에 위장취업을 한 이래 2번의 해고와 복직을 거치고 1년간 실형을 살기도 했다. 하지만 일터의 중요성을 깨달은 그는 노사 상생의 전도사로 변신했다고 한다. 노동해방의 투사가 노사협조의 선구자로 바뀐 것이다.

GM대우차 부평공장의 사례는 한국 노동운동의 여러 측면을 집약적으로 함축하고 있다. 위장취업한 운동권 출신의 위원장, 높은 임금 및 복지와 직업의 안정성 등 혜택을 누리면서도 과격 투쟁 일변도였던 막강 대기업노조, 그것이 요인의 하나로 작용한 기업의 경쟁력 상실, 그에 이은 법정관리와 근로자 실직 등이다. 이 사례는 또한 여러 가지 시사점을 던져주고 있다. 우선 "경영자의 가장 큰 죄악은 직원들을 실업자로 내모는 것이다"는 오쿠다 히로시 일본 도요타자동차 회장의 말이 떠오른다. 무슨 설명이 더 필요하랴. 둘째, 이 경험은 우리에게 '근로자를 살린 것은 노조의 극한투쟁이 아니고 상생을 위한 노사협조와 기업의 생존'임을 가르쳐 주고 있다. '노동운동의 진정한 목적이 무엇이어야 하느냐'를 새삼 우리에게 묻고 있는 것이다.

극한적 노사갈등의 경험으로 '이래서는 안 되겠다'는 학습효과를 얻어 생산적인 노사관계를 이룬 경우는 사실 적지 않다. 국내 기업으로는 LG전자, 현대중공업, 서울메트로 등이 있고 해외 기업으로는 제록스, 코닝, 누미(도요타와 GM의 합작회사) 등이 있다. 실패가 성공을 낳듯이 현재

30   김동원, "GM대우 노사상생의 교훈,"동아일보 시론, 2006. 3. 18.

의 노사갈등은 미래의 노사협조를 이끄는 초석이 될 수도 있다. '자동차 전쟁'이라는 세계시장의 경쟁 속에서 노사협조를 통해 경쟁력을 이뤄 낸 노사 지도부는 박수를 받을 만하다. GM대우차의 사례가 비슷한 처지에 있는 많은 기업의 노사관계에 역할 모델이 되기를 바란다.

◎ 토의과제
1. 위 사례에서 쟁의행위의 적법성을 확보하기 위하여 노조가 행하여야 할 조치들을 설명하고, 이 조치들이 모두 이루어졌는지를 평가하라.
2. 파산한 회사에서 행해지는 노조의 파업이 피고용인의 고용안정과 회사의 회생가능성에 미칠 긍정적, 부정적인 영향을 각각 논하라.
3. 파업시 경찰이 공권력을 투입하여 해결하는 관행에 대하여 찬성 혹은 반대의 의견을 서술하고, 찬성 혹은 반대하는 이유를 상세히 설명하라. 또한 공권력의 투입되어야 하는 경우와 그렇지 않은 경우를 구분하여 서술하라.

노사협조와 경영참가

Modern Employment Relations

pre-case 6

대구텍, '오픈도어 경영'으로 연 20% 고속성장[1]

대구지역 최대 외국인 투자기업인 대구텍의 노사가 지역에서 처음으로 내년도 임금인상에 합의했다. 대구텍 노사는 협상이 시작한 후 2차례의 교섭을 거쳐 8일만에 기본급 5% 인상, 성과급 550만원 지급 등 내년도 임금인상 잠정 합의안을 도출했고 노조는 78%의 찬성으로 이를 통과시켰다.

대구텍은 텅스텐 절삭공구 및 관련 산업제품을 생산하는 회사로 1916년 창립되었으며 대한중석광업의 모태가 되는 회사였다. 1950년대 우리나라 수출액의 약 60%를 차지할 정도로 건실한 공기업이었으나 1994년 정부의 공기업 민영화 방침에 따라 거평그룹으로 매각되었다가 거평그룹이 부도나자 외국에 매각된 국내 1호 기업이 되었다.

대구텍을 인수한 외국인 경영진과 조직원간의 문화적 차이로 극심한 노사 갈등을 겪었으며 2003년 이후 매년 파업이 반복적으로 발생하였고 2006년에는 125일 동안 파업을 벌이기도 하였다. 그 후 노사는 위기해결을 위해서 협력해야 한다는 공감대를 형성하고 직접적인 문제해결을 위해 노사협의회를 활용하였다. 노조간부가 직접 사장실을 방문하여 의견을 제시하거나 경영진과 직원, 혹은 동료 직원들과의 직접적인 소통의 자리도 크게 늘었다. 이를 '오픈도어 경영'이라 명명하고 적극적으로 실천함으로써 고질적인 사내 분규가 사라졌고 고속성장을 거듭하고 있다.

한편 대구텍의 샤론 사장은 "회사가 어렵더라도 직원의 고용안정은 보장해야 한다"며 "구조조정은 가장 최후의 수단이 돼야 한다"며 위기일수록 사람에 투자를 아끼지 않는 기업으로 성장시키겠다고 하였다.

---

1 파이낸셜뉴스, "125일 파업하던 대구텍, '오픈도어 경영'으로 년 20% 성장," 2013-05-09; 이데일리뉴스, "대구텍, 125일 파업 상처 딛고 연 20% 고속성장 … 비결은?," 2013-3-28; 연합뉴스, "대구텍 노사, 대구 첫 내년도 임금협상 합의," 2013-11-21 등의 기사를 바탕으로 재작성함.

위 사례에서 보듯이 노사협조와 갈등, 근로자들이 경영참가는 고용관계에서 흔히 발생하는 이슈들이다. 본 장에서는 노사간의 상호작용에 중점을 두고 노사협조와 경영참가를 주로 다루기로 한다. 노사간의 관계가 협조적인 기업이 있는가 하면 대립적인 기업도 있다. 노사협조와 대립은 주로 태도적인 문제로서 노사가 서로를 우호적이거나 적대적으로 바라보는 정서적인 측면을 의미한다. 반면에 경영참가는 노사가 각각 작업장을 관할하는 경계를 설정하는 것을 의미하며 주로 제도나 관행적인 측면을 의미한다. 노동조합이나 피고용인의 발언권이 높고 의사가 경영에 반영되는 회사는 경영참가가 활발한 것이고, 노동조합이나 피고용인의 의사가 거의 무시되거나 의사표현의 기회가 주어지지 않는 경우는 경영참가가 미흡한 것으로 볼수 있다. 과거 노동조합 및 피고용인이 경영에 대하여 갖고 있던 관심사가 주로 임금수준 및 근로조건의 향상에 국한되었다고 한다면, 최근에는 경영 전반에 걸쳐 관심이 확대되어 가고 있다. 극단적인 경우에는 위 사례에서 보듯이 경영참여를 넘어서 노동자가 경영을 전담하는 노동자자주관리기업이 운영되기도 하고 있다.

본 장에서는 먼저 노사간의 태도적·정서적인 관계를 의미하는 노사협조의 개념을 논의하고, 이어서 제도와 관행으로서의 경영참가에 대하여 이론과 유형 등에 대하여 설명하고자 한다. 그 후 우리나라에서 법으로 정한 경영참가제도로서 노사협의회를 소개하고자 한다.

1. 노사협조

1.1 노사협조의 개념

(1) 노사협조의 정의

노사협조(labor-management cooperation, union-management cooperation)의 개념에 대한 연구는 1940년대부터 미국과 영국, 독일 등을 중심으로 발전해 왔다. 많은 학자들이 노사협조의 개념에 대한 정의를 하였는데 이를

☛ 신뢰를 기초로 노사
가 공동으로 노력할
수 있는 영역을 찾
아 목표를 설정하고,
이를 달성하기 위한
노사간의 공동노력
을 통해 생산성 및
근로자 생활의 질을
증가시키는 것

종합정리하면 "신뢰를 기초로 노사가 공동으로 노력할 수 있는 영역을 찾아 목표를 설정하고, 이를 달성하기 위한 노사간의 공동노력을 통해 생산성 및 근로자 생활의 질을 증가시키는 것"이라고 할 수 있다.

(2) 노사협조에 대한 개념

노사협조에 대한 여러 학자들의 다양한 개념들 중 가장 대표적인 모델을 소개하면 다음과 같다. Walton과 McKersie[2]는 노사협조를 양 당사자간의 사회적 상호작용의 관점에서 분석하여 보다 입체적으로 동기, 상대방 인정도·신뢰도·호감도의 여러 차원에서 구분하였다. 이들에 의하면 '갈등'은 상대방을 파괴하고 약화시키기 위하여 노력하는 것으로서 상대방의 정당성을 거부하고 불신하며 증오하는 수준에까지 이른 상태를 의미한다. '견제 및 공격'도 상대방을 파괴하고 약화시키기 위하여 노력하는 것으로서 상대방의 정당성을 마지못해 인정하지만 여전히 불신하며 반감을 갖는 수준이다. '양보'는 상대방의 의견에 동의하여 자신의 주장을 수정하는 것으로서 현상을 인정하고 상대방에 대하여 제한적인 신뢰를 갖고 있으며 호감도는 중간 정도에 이르는 상태이다. '협조'는 호의를 가지고 상대방의 정당성을 완전히 인정하는 것에서 출발하며, 노동조합은 경영의 성공이 피고용인들에게도 중요한 문제라는 것을 받아들이고 경영진도 안정적이고 효과적인 노동조합운동이 경영에 도움이 된다는 사실을 인정한다. 상대방의 목적을 달성할 수 있도록 하는 노력을 하고, 이것은 서로의 조직을 강화시켜 주는 방식으로 작용한다. 마지막으로 '공모'의 유형은 노사가 지나치게 친밀하여 서로의 본질에서 벗어난 행위를 하는 것으로서 노사대표의 어느 일방이나 쌍방이 스스로가 대표하는 구성원의 이해관계를 무시하고 상대방에게 양보하거나 협조하는 행위를 의미한다. 예를 들면, 어용노조 지도부가 노조원의 권익에 피해를 주면서 사용자에게 협조하는 행위를 하는 것이 이 유형에 해당된다(〈도표 6-1〉 참조).

---

2 Richard E. Walton, and Robert B. McKersie, *A Behavioral Theory of Labor Negotiation*(New York: McGrew-Hill, 1965).

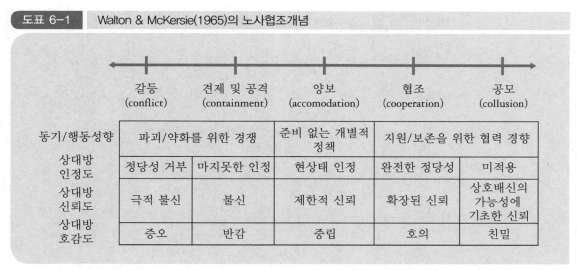

도표 6-1 Walton & McKersie(1965)의 노사협조개념

동기/행동성향	갈등 (conflict)	견제 및 공격 (containment)	양보 (accomodation)	협조 (cooperation)	공모 (collusion)
동기/행동성향	파괴/약화를 위한 경쟁		준비 없는 개별적 정책	지원/보존을 위한 협력 경향	
상대방 인정도	정당성 거부	마지못한 인정	현상태 인정	완전한 정당성	미적용
상대방 신뢰도	극적 불신	불신	제한적 신뢰	확장된 신뢰	상호배신의 가능성에 기초한 신뢰
상대방 호감도	증오	반감	중립	호의	친밀

자료: Richard E. Walton, and Robert B. McKersie, *A Behavioral Theory of Labor Negotiation*(New York: McGrew – Hill, 1965).

1.2 노사협조에 대한 경제학적인 이해

노사협조의 원리를 경제학적인 시각에서 '파이 굽기와 나누기'(baking and dividing pies)라는 비유를 활용하여 설명할 수도 있다.[3] 즉, 노사는 고용관계에서 야기되는 경제적 효용(외적 보상과 내적 보상을 포함)의 절대적 수준을 극대화하려는 공통의 이해관계를 가지고 있다고 한다. 특정시점에서 고정된 효용의 합은 경영진과 노동측에게 배분되는데, 노사 양측이 고용관계로부터 더 많은 효용을 선호한다고 가정하면 결국 각 당사자들은 각자의 이익을 최대화하려고 할 것이다. 이를 절대효용(absolute utility)이라 한다.

그러나 동시에 고용관계는 근본적으로 이해관계의 갈등을 내포하는 것이다. 즉, 한쪽 당사자의 이익은 상대방에게는 이익의 감소가 된다. 이와 같은 이익갈등은 특정시점의 상대적 힘(relative power)에 의해 해소된다. 절대효용은 각 양 당사자들에 의해 향유되지만 고용관계로부터 도출되는 총효용(total utility)에 의존할 수밖에 없는 것이다. 이것이 총효용의 분할에 있어

---

3 William N. Cooke, *Labor–Management Cooperation: New Partnership or Going in Crisis*"(Michigan: W. E. Upjohn Institute for Employment Research, 1991).

도표 6-2	절대효용과 총효용의 개념도

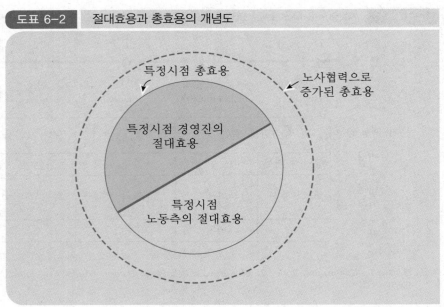

특정시점 총효용

노사협력으로
증가된 총효용

특정시점 경영진의
절대효용

특정시점
노동측의 절대효용

자료: William N. Cooke, *Labor–Management Cooperation: New Partnership or Going in Crisis?"*(Michigan: W. E. Upjohn Institute for Employment Research, 1991).

과도한 힘의 행사를 자제하게 하는 고용관계의 변합(variable-sum) 차원인 것이다.

즉, 노사 양측이 상대적 힘만을 발휘하여 절대효용을 극대화하려고 과도한 갈등을 초래할 경우 양 당사자 모두 얻는 것이 없게 된다. 결국, 이와 같은 고용관계의 변합차원은 노사의 상대적 힘에 의한 함수가 아니라, 노사의 조직적 힘을 결합한 함수를 구성하게 된다(〈도표 6-2〉 참조). 따라서 기업성과의 변화는 노사간의 협조의 강도가 노사관계의 패턴을 생산적인 과정으로 변화시키는 정도에 따라 총효용의 증대를 가져올 수 있다고 보는 것이다.

2. 경영참가

2.1 경영참가의 개념

노사협조와 경영참가가 모두 고용관계의 한 측면이지만, 노사협조가 고용관계의 태도적·정서적인 측면임에 비하여 경영참가는 공식적·제도적인 측면이다. ILO에 따르면 경영참가란 노동자가 경영의 의사결정에 참가하는 것이다. 피고용인의 경영참가란 넓은 의미로 해석하면 종래 경영자의 권한이라고 생각되어 온 경영권 또는 경영전권에 대하여 피고용인이나 노동조합이 그들의 이익과 노사 쌍방의 이익을 증진시킴을 목적으로 노사간에 공동으로 경영관리기능을 수행함을 의미한다.[4] 여기에서 노동자 또는 노동조합은 기업의 경영에 참가하여 경영자와 함께 경영상의 권한과 책임을 분담하는 것이다.

☞ 노동자가 경영의 의사결정에 참가하는 것

피고용인을 경영에 참가시키는 일은 경영자가 갖는 의사결정상의 자유를 제약하게 된다. 그러나 이를 통하여 피고용인들의 자발성을 신장시키고 창의력과 지식을 활용할 수 있을 것이다. 한편 피고용인측도 경영참가를 실시함에 있어서 노동조합이나 피고용인의 이익만을 강조하여 무책임하게 자기의사만을 주장하거나 경영자의 권한을 통제하는 것으로 일관해서는 아무런 건설적인 결과도 낳지 못할 것이다. 피고용인들의 경영참가제도는 산업민주주의를 목표로 함과 동시에 노사의 공동선을 목적으로 하는 장치이므로 쌍방의 이해관계가 충분히 반영되도록 노력하여야 할 것이다.[5]

2.2 경영참가제도의 유형

피고용인이 경영에 참가하는 방식은 그 국가의 문화·경제·사회 및 정치적 환경에 따라 다양하게 나타나고 있다. 따라서 경영참가제도는 피고용

---

4 Daniel Quinn Mills, *Labor Management Relation*(New York: McGraw-Hill Co., 1986), pp. 370~371
5 강석인, 「노사협의제: 경영참가의 본질과 조건」(서울: 일조각, 1981), pp. 3~4.

도표 6-3 경영참가제도의 유형

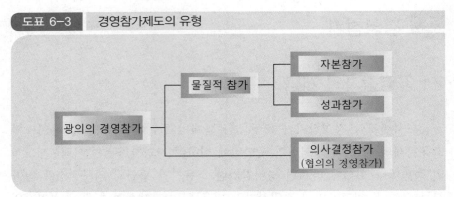

자료: 최종태, 「현대경영참가론」(서울: 경문사, 1988), p. 73.

인이 경영에 간접적으로 참가하느냐 또는 직접적으로 참가하느냐 하는 것
과 또한 피고용인이 거기서 수행하는 역할에 따라서 구분할 수 있다. 이와
같은 수많은 경영참가제도에 대하여 학자들에 따라 다양한 분류방식[6]이 제
시되고 있는데, 본서에서는 경영참가제도의 형태에 따라 자본참가, 성과참
가 및 의사결정참가로 나누고자 한다.[7] 넓은 의미의 경영참가는 피고용인의
생산수단운영과정, 즉 의사결정과정에의 참가뿐만 아니라 운영결과에도 참
가하는 것으로 보고 있으며 또 생산수단운영뿐만 아니라 생산수단소유에도
참가하는 것으로 확대해석이 가능하다고 한다. 이를 정리하면 〈도표 6-3〉
과 같다.

(1) 자본참가(participation in capital)

피고용인들로 하여금 자본의 출자자로서 기업경영에 참여시키는 방식

---

6 John L. Cotton, *Employment Involvement: Methods for Improving Performance and Work Attitude*(Newbury Park, CA: SAGE, 1993); H. Peter Dachler, and Bernhard Wilpert, "Conceptual Dimensions and Boundaries of Participation in Organizations: A Critical Evaluation," *Administrative Science Quarterly*, 23, 1978, pp. 1~39 David I. Levine, and Laura D'ndrea Tyson, "Participation, Productivity, and the Firm' Environment," in *Paying for Productivity*, ed. by Alan S. Blinder(Washington, D. C.: The Brookings Institution, 1990), pp. 183~243 Thomas A. Kochan, Harry C. Katz, and Robert B. McKersie, *The Transformation of American Industrial Relations*(New York: Basic Books, 1984); Edwin A. Locke, and David M. Schweiger, "Participation in Decision Making: One More Look," *Research in Organizational Behavior* (Greenwich, CT: JAI, 1979)

7 최종태, 「현대경영참가론」(서울: 경문사, 1988), pp. 73~122.

으로 소유참가, 재산참가라고도 한다. 구체적으로 피고용인의 기업재산참가 방식으로 자기자본참가와 타인자본참가로 구분할 수 있다. 먼저 자기자본참가는 피고용인으로 하여금 주식의 매입을 유도하는 우리사주제도(employee stock ownership plan: ESOPs)와 일정한 조건하에서 피고용인이 노동을 제공하는 것에 대하여 주식을 내주는 노동주(actions de travail)제도가 있다. 또한 타인자본참가방식은 기업채무에 채권자로서 참가하는 경우로 기업의 일반사채, 전환사채 발행의 참가나 종업원특수사채 발행 등에 참가하는 형태이다. 자본참가에 대하여는 7장에서 구체적으로 설명하고자 한다.

☞ 자본의 출자자로서 기업경영에 참여시키는 방식
☞ 우리사주제도, 노동주

(2) 성과참가(participation in profit)

피고용인의 경영참가 실현 중 가장 용이한 유형으로 이익참가를 들 수 있다. 경영성과를 높이는 데 피고용인 또는 노동조합이 적극적으로 참가하고 그 협조의 대가로 경영성과, 즉 업적·수익 또는 이익의 일부를 임금 이외의 형태로 피고용인에게 분배하는 방식이다. 성과참가에 대하여는 Ⅶ장에서 구체적으로 설명하고자 한다.

☞ 경영성과를 높이는 데 피고용인 또는 노동조합이 적극적으로 참가하고 그 협력의 대가로 경영성과의 일부를 임금 이외의 형태로 피고용인에게 분배하는 방식

(3) 의사결정참가(participation in decision)

좁은 의미의 경영참가라고 함은 피고용인 또는 노동조합이 경영의사결정에 참여하거나 경영기능에 대하여 영향력을 미치는 것으로 볼 수 있다. 자본참가와 성과참가가 소유와 성과배분 등과 같은 물질적 참가라면 의사결정참가는 경영의 내용이 되는 관리상의 의사결정에 참여하는 형태라고 할 수 있다. 본장에서는 주로 의사결정참가제도에 대하여 상세하게 살펴보고자 한다.

☞ 피고용인 또는 노동조합이 경영의사결정에 참여하거나 경영기능에 대하여 영향력을 미치는 것

3. 의사결정참가의 분류

의사결정참가제도를 분류하는 방식은 학자들[8]마다 다양한데, 그 이유

---

8 이원덕·유규창, 「근로자의 참여적 경영의 실태: 한국과 미국 기업의 비교」(서울: 한국노동연구원, 1997) Edwin A. Locke, and David M. Schweiger, 전게논문, John L.

는 의사결정참가제도의 개념이 폭넓고 또 그 형태나 범위 등이 매우 다양하기 때문이다. 이하에서는 의사결정참가제도를 참가근거, 참가 정도, 참가수준, 참가영역, 참가시기, on-line참가형과 off-line참가형, 효율성지향 참가형과 형평성지향 참가형 등으로 구분하여 살펴보고자 한다.

3.1 참가근거에 따른 분류: 공식적-비공식적 참가

☛공식적 참가
☛비공식적 참가

　　의사결정참가를 하게 되는 근거의 확보 여부에 따라 공식적 참가와 비공식적 참가로 구분할 수 있다. 공식적 참가란 헌법, 각종 법규 및 시행령 등과 같은 법적 근거나, 노사간의 단체교섭에서 체결된 쌍방적 협약사항에 근거를 두거나, 경영자들의 일방에 의한 정책 및 제도로서 실시할 수 있는데 일정한 형식을 갖춘 기구를 통하여 참여하는 것을 의미한다. 비공식적 참가란 경영자가 '그렇게 하는 것이 유익하기' 때문에 법이나 계약 등에 의거하지 않고 결정을 내리기 전에 하위자들의 조언이나 의견을 구하는 경우를 의미한다. 따라서 참여적 경영이 공식적인가 또는 비공식적인가 라는 문제는 본 프로그램을 설계한 사람의 가치관이나 참여적 경영을 실시함으로써 얻고자 하는 목적 및 기업이 갖고 있는 상황 등에 따라서 달라질 수 있다.

　　일반적으로 독일, 스웨덴 등 유럽대륙의 국가들은 공식적 참가를 사용하고 있는 반면에, 일본 등과 같은 국가들은 비공식적 참여를 실시하고 있다. 이러한 차이는 이들 국가가 갖고 있는 역사적 발전과정, 사회적 특성, 법적 또는 정치적 체계 및 고용관계시스템 등의 차이에 기인한다고 할 수 있다.

3.2 참가방식에 따른 분류: 직접적-간접적(direct-indirect) 차원

☛직접적 참가
☛간접적 참가

　　직접적 참가는 QC나 제안제도와 같이 작업장에서 개개 종업원이 의사결정과정에 직접 본인의 의견을 내놓는 것을 의미하고, 간접적 참가란 노

Cotton, 전게서; H. Peter Dachler, and Bernard Wilpert, 전게논문.

사협의회나 각종 위원회, 기타 의사결정 기구에 종업원을 대표하는 노동조합이나 대표자를 통하여 이루어지는 참가형태를 말한다. 대체로 참여수준이 높아질수록 간접적인 참가유형이 나타나고 있다. 이는 사업장이나 그 이상의 참여에서는 대표자를 통한 간접적인 참가가 일반화되어 있기 때문이다.

|그림 6-1| 아파트 벽면을 그리는 슈퍼그래픽 도장공의 작업 모습

3.3 참가강도에 따른 분류

근로자들이 경영상의 의사결정에 참가하는 정도를 참가강도에 따라 구분할 수 있다. 첫째, 근로자들이 의사결정에 관한 아무런 사전정보를 받지 못하는 경우, 둘째, 사전에 정보를 제공받는 경우, 셋째, 의사결정에 의견개진이 가능한 경우, 넷째, 노동자 의견이 의사결정에 고려되는 경우, 다섯째, 의사결정에 대한 거부권을 가지는 경우, 여섯째, 의사결정이 전적으로 구성원들에게 달려 있는 경우 등으로 구분할 수 있다. 첫째의 경우는 전적으로 사용자가 의사결정을 하는 것이고, 마지막의 경우는 전적으로 근로자들이 의사결정을 하는 것이다.

3.4 참가의 내용에 따른 분류

의사결정참가의 다른 차원과는 달리 내용 차원은 학자간에 의견이 정리되지 못한 상황이며, 몇몇 학자들의 주장을 살펴보면 다음과 같다. 첫 번째로, Locke와 Schweiger[9]는 참여적 경영은 내용에 따라 4가지로 구분하였다. 즉, ① 고용, 훈련규율 및 성과평가 등과 같은 일상적인 인사관련 사항, ② 과업할당, 직무설계 및 작업속도 등의 작업자체 사항, ③ 휴식, 작업시간, 작업의 배치 및 조명 등의 작업환경, ④ 해고, 이윤배분, 자본투자 및 전

☞ 일상적 의사결정, 작업자체 사항, 작업환경, 기업정책

---

9 Edwin A. Locke, and David M. Schweiger, 전게논문.

반적인 회사정책과 관련된 기업정책 등으로 구분하였다. 일반적으로 의사결정참가가 자발적·비공식적·직접적인 경우에는 인사관련 사항, 작업환경, 특히 작업자체사항에 국한되고 있으며, 강제적·공식적·간접적인 경우에는 회사정책과 관련된 기업정책 등을 내용으로 삼는 경향이 있다고 한다.

3.5 참가의 수준에 따른 분류

전략적 수준, 기능적 수준, 작업장 수준

Kochan, Katz와 McKersie[10]는 노사관계의 활동을 3가지 수준, 즉 전략적 수준, 기능적 수준, 작업장 수준으로 구분하였다. 전략적 수준(strategic level)의 의사결정참가란 기업의 장기정책 혹은 전략의 의사결정과정에 종업원 혹은 종업원 대표가 참가하는 형태이며, 기능적 수준(functional level)의 의사결정참가란 단체협상이나 기업의 인사, 노무관리에 노동조합을 통하거나 각종 위원회를 통해서 참가하는 형태이다. 작업장 수준(workplace level)의 의사결정참가란 실제 작업장에서 발생하는 일상적인 활동이나 직무설계나 작업장 배치와 같은 종업원의 근무환경에 영향을 미치는 의사결정에 참가하는 형태를 말한다.

3.6 기존 의사결정구조와의 관계에 따른 분류: on-line참가 및 off-line참가

on-line 참가란 기존의 작업조직과 의사결정구조를 전면개편하여 기존의 조직을 대체하는 형태의 의사결정참가유형

off-line 참가는 기존의 의사결정구조를 변경시키지 않고 기존의 조직에 병행하여 시행되는 종업원참여제도

경영참가를 on-line참가형과 off-line참가형으로 구분할 수 있다. 먼저 on-line참가형이란 기존의 작업조직과 의사결정구조를 전면 개편하여 기존의 조직을 대체하는 형태의 의사결정참가유형으로 현장자율경영팀, 참여형 성과배분제, 근로자이사제 및 근로자평의회제 등이 이에 속한다. 이와는 달리 off-line참가형은 기존의 의사결정구조를 변경시키지 않고 기존의 조직에 병행하여 시행되는 종업원참여제도로서 QC, 노사합동위원회 및 종업원설문조사제도 등이 이에 속한다.

---

10 Thomas, A. Kochan, Harry C. Katz, and Robert Mckersie, *The Transfarnation of American Industrial Relations*(New York: Basic Books, 1983).

3.7 참가의 목적에 따른 분류: 형평성지향 참가와 효율성 지향 참가

의사결정참가를 바라보는 노사의 현실적 입장과 관점의 차이에서 새로운 분류방식이 나타났다. 즉 경영자 입장에서 경영참여는 생산성 증대와 같은 조직효율성을 제고하는 목적을 가지며, 피고용인 입장에서는 성과배분이나 근로자의견의 반영 등 작업장에서의 형평성을 추구하는 목적을 가지는 것으로 인식되고 있다. 구체적으로 효율성지향 경영참가는 참여를 통해 노동자의 자율성과 창의성을 개발함으로써 이를 품질개선과 생산성 향상 등 조직성과의 향상에 기여할 수 있도록 하기 위해 설계·추진되는 경영참여라고 할 수 있다. 주로 사용자 주도로 이루어지며 일차적으로 조직성과의 향상을 위하여 이루어지는 다양한 혁신활동들로 예를 들어 QC, 제안활동, 문제해결팀 등이 이에 속한다. 반면, 형평성지향 경영참가는 인간으로서의 삶을 보장받기 위한 고용의 최저표준 설정, 산업민주주의 그리고 그러한 과정에의 적극적인 개입을 통해 절차 및 의사결정과정의 정당성을 확보하고자 하는 경영참여라고 할 수 있다. 예를 들어 인사위원회, 징계나 해고와 관련된 참여, 복리후생적 노동조건의 개선, 인사고과 등에 관련된 참여 등이 이에 속한다고 할 수 있다.

이상에서 언급된 경영참가의 유형을 정리하면 〈도표 6-4〉와 같다.

> ☛ 효율성지향 경영참가는 참여를 통해 노동자의 자율성과 창의성을 개발함으로써 조직성과의 향상에 기여할 수 있도록 설계·추진되는 경영참여

> ☛ 형평성지향 경영참가는 인간으로서의 삶을 보장받기 위한 절차 및 의사결정과정의 정당성을 확보하고자 하는 경영참여

도표 6-4	의사결정참가의 분류 비교 정리	
분류 기준	**유형**	**개념**
참가근거	공식적	−법적, 노사 협약 또는 정책 등에 의거하여 일정한 형식을 갖춘 기구를 통한 경영참여 형태
	비공식적	−법이나 계약에 의거하지 않고 경영자가 의사결정을 내리기 전에 하위자들의 조언이나 의견을 구하는 경우
참가방식	직접적	−종업원이 직접 본인의 의견을 내놓는 경영참가 형태
	간접적	−종업원을 대신해 노조나 대표자가 하는 경영참가 형태
참가강도	① 관련 정보도 없는 경우	−의사결정 시 근로자의 의견반영 정도에 따라 구분하는데 ①은 사용자 의사결정이며 ⑥은 근로자에 의한 의사결정으로 볼 수 있음
	② 사전 정보 제공	
	③ 의사결정 시 의견개진	
	④ 의사결정 시 노동자 의견 고려	
	⑤ 의사결정에 대한 거부권	
	⑥ 전적으로 구성원 의견 반영	

의사결정 참가내용	일상적 인사관련 사항	-고용, 훈련 규율 및 성과평가 등에 대한 에 대한 의사결정 참가 유형
	작업 자체 사항 내용	-과업할당, 직무설계 및 작업속도 등에 대한 의사결정 참가 유형
	작업환경 사항	-휴식, 작업시간, 작업의 배치 및 조명 등에 대한 의사결정 참가 유형
	기업정책 등의 사항	-해고, 이윤배분, 자본투자 및 전반적 회사 정책 등에 대한 의사결정 참가 유형
의사결정 참가수준	전략적 수준의 경영참가	-종업원(대표)이 기업의 장기정책이나 전략 등에 대하여 의사결정을 하는 참가 유형
	기능적 수준의 경영참가	-단체협상이나 기업의 인사 노무관리에 노조를 통하거나 각종 위원회를 통하여 의사결정하는 참가 유형
	작업장 수준의 경영참가	-작업장에서 발생하는 일상적인 활동이나 직무설계나 작업장 배치 등의 근무환경에 대해 의사결정하는 참가 유형
기존 의사결정 구조와의 관계	on-line의 경영참가	-기존의 조직구조를 개편한 형태의 의사결정유형(예: 현장자율경영팀, 참여형 성과배분제, 근로자이사제 등)
	off-line의 경영참가	-기존 의사결정구조를 변경시키지 않고 기존의 조직에 병행하여 시행되는 경영참가 유형(예: QC, 종업원설문조사 등)
참가목적	형평성 지향의 경영참가	-피고용인 입장에서 성과배분이나 근로자 의견반영 등의 경영참가 유형(예: 인사위원회, 징계·해고 등의 결정참여 등)
	효율성 지향의 경영참가	-경영자 입장에서 생산성 증대와 같은 조직효율성을 제고하는 목적의 경영참가 유형(예: QC, 제안제도, 문제해결팀 등)

4. 의사결정참가의 주요 제도

중요한 의사결정참가제도로는 품질관리분임조, 노사합동위원회, 현장자율경영팀, 근로자이사제도, 노사협의회 등이 있다.[11] 이 각각의 제도들을 상세히 살펴보고자 한다. 〈도표 6-5〉에는 이하에서 언급할 의사결정참가제도의 내용이 요약되어 있다.

---

11 이 부분의 내용 중 일부는 김동원, 「종업원 참여제도의 이론과 실제」(한국노동연구원, 1996)의 주요 부분을 요약한 것이다.

도표 6-5	의사결정참가제도의 특징 비교		
	개 요	특 징	효 과
품질관리 분임조	5~15명의 종업원이 정기적으로 모여 품질향상 등 작업장의 문제해결을 도모하는 제도	−최고경영층의 도입결정 후 종업원의 자발적인 참여로 운영 −구성원에 대한 교육 후 주 1회(1~2시간) 정도의 주기적 모임	−장기적인 생산성 향상을 도모 −의사소통구조의 원활화 −문제해결, 대인관계 개선 및 통계처리방법 등에 대한 훈련으로 장기적인 생산성 향상에 도움이 됨
노사합동 위원회	생산성 및 품질 향상, 근무환경 개선 등을 목표로 기존 제도의 문제점이나 개선방안 등을 찾는 위원회로 경영층과 노조의 대표로 구성	−참가자에 대한 교육과 구성에 대한 양측의 합의가 필요 −기존 조직구조에 대응하는 다양한 계층의 위원회가 구성(예: 공장별·작업장별 등)	−협력적 고용관계 증진, 품질 및 생산성 향상 등의 효과를 보임
현장자율 경영팀	15명 미만의 종업원이 생산에 관한 결정을 스스로 내리며 독자적으로 생산활동을 수행하는 팀제도	−상호보완적인 직무를 대상으로 팀제 실시 −강한 성장욕구를 가진 종업원들을 대상으로 철저한 교육훈련 실시 필요	−성과 및 생산성 등을 향상하고 직무만족도 개선 및 결근율 저하 등의 효과를 보임
근로자 이사제도	노조 또는 종업원 대표가 기업의 이사회에 참석하여 공식적으로 기업 최고의사결정과정에 참여하는 제도	−유럽은 산업민주주의 실현을 위한 제도로 인식하여 법률에 의해 강제됨 −미국은 노사 자율에 의해 실시되며 1~3명으로 소수임	−노사간의 정보 공유가 원활해지고 인사상 피고용인의 의견 반영 강화 −의사결정구조에 영향은 상대적으로 미비하여 상징적인 의미가 강함
노사 협의회	사용자와 근로자가 작업장에서의 문제해결과 공동 관심사를 협의하는 제도	−한국은 법률에 의해 30인 이상 사업장에서 반드시 실시 −고충처리위원회 운영	−사용자는 경영정보에 대해 보고 설명 −노사가 대응한 지위에서 생산노무인사 등에 대한 협의 −사내복지 및 노사공동기구 등에 대한 의결

4.1 품질관리분임조

(1) 개   관

품질관리분임조(QC)는 소규모의 종업원집단이 정기적으로 모임을 갖고 품질향상 등 작업장에서의 문제해결을 도모하는 제도로서 기존의 조직의 권한과 제도, 그리고 위계질서와 상충되지 않고 기존의 조직에 덧붙여

소규모의 종업원집단이 정기적으로 모임을 갖고 품질향상 등 작업장에서의 문제해결을 도모하는 제도

서 그 활동이 이루어지는 경영참가제도의 한 종류이다. 가장 보편적 형태의 품질관리분임조는 약 5~15명 이내의 종업원으로 구성되며 한 번씩 구성원들이 모임을 갖고 품질향상 등 작업장에서의 문제해결을 도모하는 제도로서 상부관리자들의 통제나 간섭 없이 자체 내에서 선출한 분임조장을 중심으로 작업 후나 점심시간에 모여 각자가 경험하거나 당면한 문제를 제기하고 그 해결방안과 실천방법을 논의하는 등 의사결정 기능을 자치적으로 수행하는 것이다. 품질관리분임조는 1980년대 이후 급속한 확산을 보이고 있지만 그 원형은 1910년대의 미국 산업체에서 활용되기 시작했던 것으로 알려져 있다. 품질관리분임조는 1950년대에 들어서 일본의 기업들에 의해 본격적으로 도입되었는데, 미국 학자들의 영향이 컸다. 특히 데밍(Edward Deming)은 통계적 방법을 이용한 품질관리의 개념을 확립하였으며, 쥬란(Joseph Juran)은 종업원들의 제안제도를 이용한 품질향상기법의 도입을 주장하였다. 미국은 1970년대에 와서야 품질관리분임조가 다시 주목받기 시작하였다.[12] 미국에서는 품질관리분임조가 근로생활의 질프로그램(QWL, quality of working life)이라는 이름으로 그 성격이 다소 변경되어 도입된 경우가 많았다. 근로생활의 질프로그램은 품질관리리분임조의 전통적인 기능인 참가적 문제해결(participative problem-solving) 기능 이외에 작업설계(work design), 작업환경개선(work environment improvement), 혁신적 보상시스템(innovative reward system)의 기능이 추가된 다양한 형태의 경영참가를 포괄적으로 의미하는 개념으로서 품질관리분임조와 유사하지만 보다 광범위한 제도로 이해된다.[13]

(2) 시행방법

① **도입결정**　　　품질관리분임조는 흔히 상의하달의 방식으로 처음 도입하게 된다. 즉, 기업의 최고 경영층에서 조직의 효율성 증가를 위한 종업원 경영참가의 필요를 느끼고 품질관리분임조의 도입을 결정하면서 그 도입과정은 시작하게 된다. 품질관리분임조의 도입이 결정되면 그 조직의 각 부서에서 품질관리분임조의 구성을 위한 자발적인 참여자들을 모집하고 각 품질관리분임조에서는 자체모임을 통하여 안건과 진행방식을 결정하게

12　김동원, 전게서, pp. 21~23.
13　John L. Cotton, 전게서, p. 33.

된다. 품질관리분임조의 도입과정에서 대체로 중간관리자들이 소외되는 현상이 나타나게 되는데, 이는 품질관리분임조의 도입결정은 조직의 최상층에서 이루어지고 각 부서의 실무 담당자가 품질관리분임조의 주요 역할을 담당하기 때문이다.

② **교육훈련**   품질관리분임조를 처음 도입함에 있어서 그 구성원에 대한 집중적인 교육훈련을 실시하는 것이 중요하다. 대부분의 경우 품질관리분임조의 구성원들은 품질관리분임조활동을 실시하기 이전에 컨설턴트 등 전문가가 실시하는 3~4일간의 교육훈련, 예를 들어 단체토의 요령, 합의도출방법, 문제해결능력 배양 등과 같은 교육훈련을 거치게 된다.

③ **진행방식 및 권한**   구성원들은 한 번에 1~2시간씩 주 1회 정도의 주기로 함께 모여서 그 부서의 당면 문제점과 이의 해결방안을 토의하는 것이 일반적이다. 한편 구성원들이 문제해결을 위한 제안사항을 작성하여 보고할 권

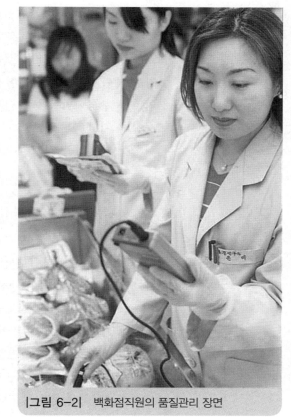

|그림 6-2| 백화점직원의 품질관리 장면

한이 주어지지만 이러한 제안을 실시할 권한은 주어지지 않는다. 품질관리분임조의 제안사항을 수용하고 이를 시행하는 결정은 상급 관리층에서 내리므로 품질관리분임조의 제안이 반드시 채택된다는 보장은 없는 것이다.

④ **실시과정**   품질관리분임조의 실시과정은 일반적으로 다음의 아홉 단계를 거친다. 첫째, 품질관리분임조를 도입하기 위한 기업의 최고경영층이 품질관리분임조의 필요성을 인식하고 품질관리분임조에 대한 다른 경영진들의 지지를 이끌어 낸다. 둘째, 품질관리분임조의 도입결정이 이루어지면 품질관리분임조가 추구하는 목표를 설정하여야 한다. 셋째, 중간관리자들과 작업현장의 감독자들을 대상으로 품질관리분임조에 대한 교육훈련을 실시하여 품질관리분임조의 시행을 보조할 수 있도록 한다. 넷째, 품질관리분임조의 실시를 종업원들에게 홍보하고 품질관리분임조에 참여할 것을 희망하는 종업원들을 모집한다. 다섯째, 품질관리분임조의 리더와 구

성원들에 대한 교육훈련을 실시한다. 여섯째, 품질관리분임조를 구성하고 각 구성원에게 품질관리분임조의 목표와 임무, 권한과 활동의 범위를 주지시킨다. 일곱째, 리더를 선출하고 서로 역할을 분담하며 품질관리분임조에 관한 제반사항에 친숙해질 수 있도록 준비기간을 둔다. 여덟째, 품질관리분임조가 구성되었음을 공식적으로 선포하고 활동을 시작한다. 아홉째, 일정 시간이 지난 후, 품질관리분임조의 활동과 성과를 평가하고 개선이 필요한 사항이 있는지를 점검한다.

(3) 효   과

품질관리분임조가 기업경영에 주는 효과는 다음과 같다. 첫째, 품질관리분임조의 구성원들이 조직 내의 문제점을 발견하고 이를 시행하는 과정에서 조직의 전반적인 생산과정, 혹은 작업수행과정에 대한 안목이 넓어지게 되고 이는 장기적인 생산성 향상을 도모하는 데에 도움이 된다.

▶ 장기적인 생산성 향을 도모

둘째, 품질관리분임조를 시행하는 과정에서 일선 조직구성원들이 조직운영에 대하여 느끼는 바가 최고경영층에게 전달되는데, 이는 품질관리분임조를 시행하지 않는 권위적인 경영방식하에서는 기대하기 힘든 것이다. 따라서 품질관리분임조는 하의상달의 의사소통구조를 원활히 하여 기업의 의사소통구조를 점진적으로 개선하는 효과가 기대된다.

▶ 기업의 의사소통구조를 점진적으로 개선하는 효과

셋째, 품질관리분임조를 시행함으로써, 말단 사원들이 경영자의 방침과 고충을 이해하게 되고 회사의 당면 문제점들을 파악하게 되어 상의하달의 의사소통이 자연스럽게 이루어지게 된다.

마지막으로 품질관리분임조가 시행되는 과정에서 품질관리분임조의 구성원들은 문제해결, 대인관계개선, 통계처리방법 등에 대한 훈련을 받게 되는데, 이러한 훈련은 장기적으로 종업원들의 생산성 향상에 기여한다.

품질관리분임조의 효과를 실증적으로 연구한 논문들에 의하면 품질관리분임조가 기업의 경영성과를 획기적으로 개선하지는 않는 것으로 나타난다. 그러나 품질관리분임조는 기업성과에 주는 효과가 미약하지만 긍정적인 편이며, 생산성이나 품질향상 등 객관적인 지표보다는 직무만족도나 품질관리분임조에 대한 만족도 등 구성원들의 주관적 평가에서 특히 바람직한 결과를 보여주고 있다.[14]

---

14 John L. Cotton, 전게서; 김동원, 전게서, pp. 31~32.

4.2 노사합동위원회

노사합동위원회(Union-Management Joint Committee)는 노조의 경영참가를 통하여 기업의 경쟁력을 높이고 노조원의 고용안정을 도모하기 위한 제도이다. 노사합동위원회는 경영층과 노조의 대표로 구성된 위원회에서 생산성향상, 품질향상, 근무환경개선 등을 목표로 기존의 제도에 대한 문제점을 제기하고 이를 개선할 수 있는 방안을 찾는 노동조합이 주체가 된 경영참가제도의 일종이다.

☞ 노조의 경영참가를 통하여 기업의 경쟁력을 높이고 노조원의 고용안정을 도모하기 위한 제도

(1) 위원회 참여동기

노동조합이 노사합동위원회에 참여하는 것은 이 제도가 기존의 단체협상이 갖지 못하는 장점이 있기 때문이다. 특히 기업의 경쟁력이 저하되거나 위기를 느낄 때, 노사협조를 통하여 난국을 극복하기 위한 수단으로 채택되는 경우가 많다. 특히 이러한 경우에 노동조합의 입장에서는 회사의 경쟁력 강화를 위하여 사용자측과 함께 노력함으로써, 노조원들의 고용안정이라는 노조의 본래 목적을 경영참가라는 보다 적극적인 수단을 통하여 달성할 수 있는 기회가 된다.

☞ 기존의 단체협상이 갖지 못하는 장점

사용자의 입장에서 노사합동위원회는 회사의 경쟁력 강화를 위한 수단으로서 뿐만 아니라 노조와의 대립적인 관계를 개선할 수 있는 기회로 활용될 수 있다. 즉, 노사합동위원회의 활동을 통하여 노조가 기업운영에 대한 이해가 깊어지고 사용자측도 노조의 애로사항을 파악하게 되면, 이는 결국 전반적인 고용관계가 개선되는 결과를 가져온다. 또한 노사합동위원회는 필요한 경우 노사가 항상 만나서 협의할 수 있는 상설기구이므로 노사 양측은 단체협상에서 논의되지 않은 사안들을 협조적인 분위기에서 수시로 토의할 수 있다.

노사합동위원회의 실시과정을 보면, 우선 기업차원의 노사합동위원회가 먼저 구성이 되고, 각 공장 및 작업장의 상황에 따라 가장 적합한 부서에 먼저 노사합동위원회를 구성하고 그 성과를 보아 점차 전 부서로 확대 실시되는 과정을 밟게 된다. 노사합동위원회의 실시 결과 종업원참여제도에 대한 관심이 높아지면, 노사 양측은 다른 형태의 경영참가제도를 도입하기도 한다. 예를 들면 성과배분제도, 현장자율경영팀 등이 노사합동위원회의 결

정에 의하여 도입·실시되는 경우가 많다. 즉, 노사합동위원회는 그 자체로서 경영참가제도의 일종이지만, 다른 형태의 경영참가제도와 상충되지 않고 서로 보완하는 역할을 하는 것이다.

(2) 사전 준비사항

① 참가자에 대한 교육훈련의 실시　　노사합동위원회를 실시하기 이전에 노사 양측의 참가자들에 대한 교육훈련을 실시하여야 한다. 노사합동위원회를 위한 훈련에서는 노사협조의 이론에 대한 소개, 노사합동의 문제해결기법, 노사 양측의 정보공유, 회사의 경영상태 및 경쟁력 현황, 노사협조에 임하는 노사 양측의 입장 등을 주로 다루고 있다. 이러한 교육훈련은 노사합동위원회에 참가하는 전 인원을 대상으로 이루어지며, 짧게는 하루에서 길게는 일주일 이상이 소요된다.

② 구성을 위한 노사간의 합의　　노사합동위원회를 구성하고 이를 시행함에 있어 양측이 준수해야 할 상호간의 합의를 단체협약 혹은 별도의 양해각서(letter of understanding, or letter of agreement)에 작성한다. 일반적으로 이 문서에 포함되는 내용으로 첫째, 임금·근로시간 기타 근무조건 등과 같이 기존의 단체협약에서 충분히 논의되는 사항을 배제한다는 조항이다. 이러한 조항을 합의에 포함시키는 이유는 노사합동위원회가 기존의 제도를 대체하는 것이 아니고 다만 이를 보완하는 것이기 때문이다. 또한, 노동조합의 입장에서는 노사합동위원회의 결정으로 기존의 단체협상결과가 영향을 받는다면 단체협상의 위상이 저하되고 나아가서는 노조의 독립성에도 영향을 미칠 가능성이 있기 때문이다.

둘째, 노사합동위원회 활동의 결과로 노조원들이 해고되지 않도록 한다. 이 조항이 가지는 의미는 노사합동위원회에서 생산과정의 효율화를 위한 논의가 이루어지더라도 그 결과 노동인력이 감축되어 노조원들이 해고되는 경우가 없도록 하기 위한 것이다. 만약, 작업효율과 생산성을 향상시키는 과정에서 노조원이 해고되는 사태가 발생한다면, 노사합동위원회 활동을 위한 노조원의 지지를 확보할 수도 없을 뿐만 아니라 이는 노사협조의 정신에도 어긋나기 때문이다.

■ 노사 양측의 참가자들에 대한 교육훈련을 실시하여야

■ 양측이 준수해야 할 상호간의 합의를 단체협약 혹은 별도의 양해각서 작성

(3) 구조 및 활동

노사합동위원회는 기존의 조직구성과 권한에 상충되지 않고 기존의 조직에 덧붙여서 그 활동이 이루어지는 경영참가제도이다. 노사합동위원회는 기존의 조직구조에 대응하는 여러 계층의 위원회로 구성된다. 즉, 기업차원의 노사합동위원회가 있고, 그 아래 단계에는 공장별 노사합동위원회가 구성되며, 각 작업장에는 작업장별 노사합동위원회가 구성된다. 노사합동위원회가 여러 단계로 구성되는 것은 기업과 노조의 위계질서를 반영한 것으로 볼 수 있다.

> 기존의 조직구조에 대응하는 여러 계층의 위원회로 구성

노사합동위원회에 참가하는 인원은 노사간의 합의에 의하여 결정되며 각 단계별 노사합동위원회의 구성과 논의되는 사안은 다음과 같다.

첫째, 중간관리자와 노조의 대의원, 혹은 종업원 대표로 구성된 작업장별 노사합동위원회에서는 그 작업장에서의 업무와 관련된 문제점 해결, 산업안전에 관한 사항, 생산비 절감 등을 토의한다. 따라서 작업장에 설치된 노사합동위원회는 품질관리분임조(QC)와 비슷한 활동을 하게 된다.

둘째, 공장의 경영층과 노조지부의 간부, 종업원에 의하여 선출된 종업원 대표로 구성된 공장별 노사합동위원회에서는 단체협상에서 다루어지지 않는 생산성 향상, 품질개선, 작업환경개선, 종업원 교육훈련, 납품업자 관리 등 각 공장별로 특별한 주제를 다루게 된다.

셋째, 사측의 최고 경영자와 노조의 간부로 구성된 기업차원의 노사합동위원회에서는 투자계획·제품전략·공장신설 등의 이슈를 논의하고, 노사합동위원회를 어느 부문에서 먼저 시작할 것인가를 결정한다. 특히 이러한 최상층의 노사합동위원회를 전략적 의사결정에의 참여(participation in strategic decision-making)라 하여 다른 노사합동위원회와 구분하기도 한다. 최근 전략적 의사결정에의 참여를 통하여 경영성과를 호전시킨 사례들(예: Tailored Technology Corporation, Western Airlines, Xerox 등)은 많은 주목을 받고 있다.

□ **xerox** ◉
http://www.xerox.com

(4) 권   한

노사합동위원회는 기존의 조직에 덧붙여진 경영참가기구로서 기존 조직의 의사결정구조를 근본적으로 변경시키는 것은 아니다. 즉, 노사합동위원회는 자문기구로서의 역할은 하지만, 조직체의 공식적인 의사결정기구로

> 기존 조직의 의사결정구조를 근본적으로 변경시키는 것은 아니다.

|그림 6-3| 증권사 직원이 오전 7시 30분 당일 주요 사안에 대해 회의하는 모습

서의 성격은 약하다는 의미이다. 노사합동위원회에서의 결정은 노사 양측 대표간의 합의에 의하여 이루어지며 투표에 의한 과반수 결정방식이 채택되는 경우는 극히 드물다. 다수결에 의한 의사결정은 노사협조의 정신을 해치고 노사 쌍방간에 대결구도를 유도할 염려가 있기 때문이다. 일단 노사합동위원회에서 합의가 이루어지면 이는 조직의 해당 부서로 통보되어 실시과정을 밟게 된다. 이 과정에서 노사합동위원회의 합의사항이 경영층 혹은 조합원들의 강한 반대에 부딪칠 경우,

합의사항이 이행되지 못하는 경우도 생길 수 있기 때문에 기존 조직의 중요 의사결정권을 실제로 행사하는 인물들이 노사합동위원회에 포함시켜 합의사항의 이행을 유도하도록 하는 것이 필요하다.

(5) 효과 제고를 위한 고려사항

노사합동위원회가 긍정적인 성과를 거두기 위해서는 일정한 환경적 요인이 존재하여야 하며, 노사 양측이 이를 실행하는 과정 역시 그 결과에 영향을 미친다고 한다. 이하에서는 노사합동위원회의 성과를 결정짓는 환경적·실행상 요인들에 대하여 논하기로 한다.

첫째, 노사합동위원회가 긍정적인 효과를 거두기 위해서는 노사 양측에서 실제 의사결정권을 가진 인물들이 노사합동위원회의 위원으로 참가하여야 한다. 노사합동위원회는 자문기구로서의 성격이 강하기 때문에 구성원들의 개인적인 영향력이 노사합동위원회의 실제 영향력을 결정하게 된다.

☞ 실제 의사결정권을 가진 인물들이 노사합동위원회의 위원으로 참가하여야

둘째, 노사합동위원회의 목표가 노사간의 합의에 의해서 사전에 명확히 정해지는 것이 바람직하다. 그렇지 않은 경우 노사합동위원회는 광범위한 주제를 놓고 산만한 토의로 일관하게 될 가능성이 있다.

☞ 노사합동위원회의 목표가 노사간의 합의에 의해서 사전에 명확히 정해지는 것이 바람직

셋째, 여러 단계의 노사합동위원회(예를 들면 기업차원의 노사합동위원회, 공장별 노사합동위원회, 작업장별 노사합동위원회)의 역할이 서로 상충되지 않도록 조정하는 작업이 필요하다. 각 단계별 노사합동위원회에서 다루는 사안

☞ 노사합동위원회의 역할이 서로 상충되지 않도록 조정하는 작업이 필요

의 범위가 명확히 규정되어 있지 않으면 의사결정과 시행과정에서 많은 혼란을 가져올 수 있다.

넷째, 경영스타일과 기업문화가 노조의 경영참가를 수용할 수 있는 참여적인 조직일 때 노사합동위원회가 성공할 가능성이 크다.

(6) 노사합동위원회의 효과

노사합동위원회를 실시함으로 인해서 기대되는 효과에 대한 실증적인 연구의 결과를 소개하고자 한다. 노사합동위원회의 성과에 관한 실증적인 연구들[15]을 종합하여 보면 노사합동위원회는 협조적 고용관계의 증진, 제품 및 서비스의 품질 향상, 생산성 및 경쟁력 제고 등 기업과 근로자들에게 대체로 긍정적인 영향을 주는 것으로 밝혀졌다. 특히 노사합동위원회는 기업의 경영성과 향상보다는 고용관계의 증진에 더 큰 영향을 미친다고 볼 수 있다. 이는 노사합동위원회가 기존 조직의 의사결정구조를 근본적으로 변경시키는 제도가 아니며 자문기구로서의 성격이 강한 점에 기인한 것으로 해석할 수도 있다. 다만, 노동조합이 전략적인 의사결정에 실질적으로 참여할 경우에는 경영성과와 고용관계의 증진에 긍정적인 기여를 한다는 점은 주목할 만하다.

4.3 현장자율경영팀

(1) 개   관

현장자율경영팀(self-managing work team, self-directed team, autonomous work team)이란 15명 미만의 종업원들이 팀을 구성하여 감독자 없이 생산에 관한 결정을 스스로 내리며 독자적으로 생산활동을 수행하는 경영참가제도의 한 형태이다. 이 현장자율경영팀을 구성하는 목적은 집단구성원의 사

▸ 경영스타일과 기업 문화가 노조의 경영 참가를 수용

▸ 협조적 고용관계의 증진, 제품 및 서비스의 품질 향상, 생산성 및 경쟁력 제고 등 기업과 근로자들에게 대체로 긍정적인 영향

▸ 15명 미만의 종업원들이 팀을 구성하여 감독자 없이 생산에 관한 결정을 스스로 내리며 독자적으로 생산활동을 수행하는 경영참가제도의 한 형태

---

15 R. H. Guest, "Tarrytown: Quality of Work Life at a General Motors Plants,"in *The Innovative Organization: Productivity Programs in Action*, ed. by R. Zager and M. P. Rosow(New York: Pergamon, 1982); R. H. Guest, "The Sharonville Story: Worker Involvement at a Ford Motor Company Plant,"in *The Innovative Organization: Productivity Programs in Action*, ed. by R. Zager and M. P. Rosow(New York: Pergamon, 1982); D. E. Hegland, "Saturn Assembly Lifts Off," Assembly, 1991, pp. 14~17.

http://www.saturn.com/

xerox
http://www.xerox.com/

FedEx
http://www.fedex.com

TRW
http://www.trw.com/

P&G
http://www.pg.com/

LG
http://www.lg.co.kr

Levi Strauss
http://www.levistrauss.com

회적 욕구를 충족시켜 협동시스템을 구축하고 개개 종업원이 갖고 있는 노하우가 공동작업을 통해 시너지효과를 높이고, 개인의 성장욕구를 충족시켜 직무만족이나 기업의 성과를 높이는 것이라고 할 수 있다. 현재 미국에서 이러한 제도를 도입하고 있는 기업으로는 Saturn, Xerox, FedEx, TRW, P&G 등이 있다. 한국에서도 LG그룹 등 일부 기업(예를 들면, 캐논코리아, LG전자, LG필립스 등)에서 실험적으로 도입하여 긍정적인 성과를 거두고 있다.

(2) 시행방법

① **도입과정**　　현장자율경영팀의 도입은 대체로 그 기업의 최고경영층의 결정에 의하여 경영층에서 이를 먼저 제기함으로써 시작된다. 특히, 중간관리자는 그동안 자신들이 행사했던 상당부분의 의사결정권이 조직의 하부구조로 이양되므로 중간관리자들은 이 제도의 도입에 반대하는 경우가 많다. 따라서 중간관리자들이 스스로의 관리방식을 자율경영조직의 도입에 맞추어 탈권위주의적으로 개선하는 것이 중요하다.

또한 조직의 하부구성원이 자율적인 경영방식을 항상 환영하는 것은 아니며 일부에서는 새로운 자율경영의 방식에 부담을 느끼며 이에 적응하지 못하는 경우도 있다. 따라서 현장자율경영팀을 도입하기 위해서는 기존의 경영방식과 기업문화를 고려하여 상당기간 동안 세밀한 준비를 거치는 것이 바람직하다.

② **구　　성**　　현장자율경영팀을 운영하기에 가장 적합한 부서를 선정하여야 한다. 이 제도가 적합한 작업조직의 성격은 작업간의 상호보완성이다. 즉, 각각 독립적으로 작업이 이루어지는(예를 들면, 외판원 등) 조직에서는 굳이 팀을 만들어서 상호간의 협조나 공동작업을 강조할 필요가 없는 것이다. 따라서 개개 작업간의 상호 보완적인 성격이 강한 부서가 우선적인 대상이 되며 그 팀의 성과를 보아 그 사업장 내의 다른 부서로 확대 적용되는 것이 일반적이다. 이때 팀의 규모가 너무 큰 경우에는 팀원간의 팀워크 형성에 문제가 생기며 구성원간의 응집력이 저하되므로 팀원의 수를 적정선에서 유지하는 것이 중요하다.

③ **교육훈련**　　팀의 구성원들을 현장자율경영팀에 원만하게 적응시키기 위해서는 철저한 교육훈련이 필요하다. 이때의 교육훈련으로는 현장훈련(OJT)을 통하여 직무를 수행하면서 새로운 기술을 습득하는 기술습

득훈련과 새로운 작업조직 내에서 상호간의 관계를 원만히 하고 합의에 의한 집단의사결정을 할 수 있도록 하는 대인관계 개선훈련이 필요하다.

④ **도입시 유의사항**　　　현장자율경영팀은 팀워크와 자율을 중시하는 제도이기 때문에 도입시 유의하여야 할 사항은 다음과 같다. 첫째, 각 직무간의 상호 보완적인 연관성이 있는 작업조직이 실시에 적합하고, 둘째, 성장욕구가 강하고 자율적인 직무수행을 선호하는 종업원집단에서 실시하는 것이 바람직하다. 마지막으로 구성원들이 자율경영팀에서 작업을 원만히 수행하기 위해서는 기술습득훈련과 대인관계 개선훈련 등을 철저히 실시하여야 한다.

(3) 효　　　과

현장자율경영팀은 경영참가제도 중 긍정적인 효과가 가장 강한 제도이다. 일반적으로 현장자율경영팀을 도입하였을 경우 나타난 실증결과를 정리하면 다음과 같다. 첫째, 자율적 작업집단은 성과 및 생산성 향상에 긍정적 영향을 주는 것으로 나타났다. 둘째, 현장자율경영팀 구성원들이 다른 구성원보다 높은 직무만족도를 보인다. 셋째, 현장자율경영팀의 실시 후 결근율이 줄어드는 것으로 나타났다. 이상에서 보듯이 대부분의 연구들이 현장자율경영팀이 조직과 그 구성원에 미치는 영향에 대하여 긍정적으로 평가하고 있다. 이는 현장자율경영팀의 경영참가의 정도(예를 들면, 의사결정의 자율성 등)가 경영참가제도 중 가장 강하기 때문인 것으로 풀이된다.

☞ 자율적 작업집단은 성과 및 생산성 향상에 긍정적 영향

☞ 구성원들의 직무만족도 증가, 결근율 감소

4.4 근로자이사제도

(1) 개　　　관

근로자이사제도(Employee Representation on Board)는 노동조합의 대표 혹은 종업원 대표가 기업의 이사회(board of directors)에 참석하여 공식적으로 기업의 최고의사결정과정에 참여하는 제도이다. 근로자이사제도는 유럽 국가들의 경우 산업민주주의 실현을 위한 한 수단으로서 법률에 의하여 강제되는 경우가 많으며, 당사자자율주의(voluntarism)를 지향하는 미국에서는 노사간의 합의에 의해서 이를 실시하는 경우가 대부분이다.

☞ 노동조합의 대표 혹은 종업원 대표가 기업의 이사회(board of directors)에 참석하여 공식적으로 기업의 최고의사결정과정에 참여하는 제도

(2) 유   형

① 유럽의 근로자이사제도

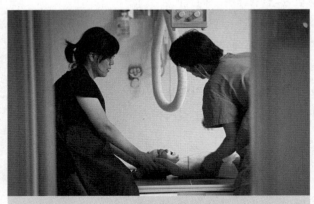

|그림 6-4| 정확한 촬영을 위해 환자의 자세를 교정하는 방사선사 모습

근로자이사제도는 독일에서 처음 시도된 이후 스웨덴·오스트리아·노르웨이·룩셈부르크·덴마크·네덜란드 등으로 전파되었다. 최근 유럽의 통합의회에서도 근로자이사제도를 통합된 유럽에 실시하는 것을 규정하고 있다. 이들 국가에서 근로자이사제도가 법률로서 강제된 배경은 이 제도의 실시로 인하여 기업의 경영성과를 향상시킨다는 실용적인 이유보다는, 기업 내에서 피고용인들의 의견이 경영에 반영되도록 보장하고 사회 전체적으로도 자본가와 피고용인간의 세력균형을 이루어 산업민주주의를 실현한다는 이데올로기적 동기가 강하게 작용하였다.[16]

이들 국가에서는 근로자이사제도의 실시대상, 실시과정 등을 세밀하게 법률로 정해 놓고 있다. 이들 법률은 대체적으로 일정 규모 이상의 기업들은 의무적으로 근로자이사제도를 실시하도록 규정하고 있다. 근로자이사제도의 형태는 각국의 이사회제도와 밀접한 관련을 갖는다. 특히, 독일과 네덜란드의 경우처럼 이원적 이사회제도(즉, 감독이사회와 실행이사회)를 운영하고 있는 경우, 근로자이사는 그 중의 한 이사회(독일의 경우는 감독이사회)에만 포함이 된다. 반면에 아일랜드·스웨덴·룩셈부르크 등에서는 단일 이사회제도를 실시하고 있으므로, 근로자이사는 단일 이사회의 구성원으로서 회사의 운영에 관한 모든 사안에 관여할 기회가 주어진다.

② 미국의 근로자이사제도   당사자자율주의를 존중하는 미국에서는 근로자이사제도가 법률로 강제되지 않고 있으며 일부 기업에 한해서 노사간의 합의에 의해서 시행되고 있다. 미국의 경우에는 1980년대 초부터

☛유럽에서는 근로자이사제도의 실시대상, 실시과정 등을 세밀하게 법률로 규정

☛미국의 근로자이사제도를 법률이 아닌 노사간의 합의에 의해서 시행

16 단, 영국의 경우는 대부분의 유럽 국가와는 다르게 법률에 의하지 않고 근로자이사제도가 실시되었다. 영국의 대표적인 사례로는 1960년대 말의 영국철강과 1970년대 말 영국체신청에서 시도된 근로자이사제도를 들 수가 있다. 근로자이사제도는 영국의 극히 일부 사기업과 공기업에서 제한적으로 실시된다(김동원, 전게서, p. 78).

미국기업들이 노사협상에서 노동조합의 양보(concession bargaining)를 얻어
내는 반대급부로서 노동조합에게 이사회의 의석을 할당하게 되면서 이 제
도가 많은 주목을 받기 시작하였다. 특히, 1980년 미국 자동차노조의 위원
장이던 Douglas Fraser가 Chrysler자동차의 이사로 임명된 것이 가장 유명
한 사례라고 할 수 있다. 이 외에도 근로자이사제도를 실시한 기업으로는
East Airlines, Pan American Airlines 등이 널리 알려져 있다.

또한 미국의 경우에는 주로 경영위기에 처한 기업이 노동조합의 협조
를 통하여 경영성과의 개선을 도모하기 위하여 이 제도를 도입하게 된다.
미국의 근로자이사 숫자는 이사회의 극소수에 불과한데, 대부분의 경우 근
로자이사의 수는 전체 이사 중 1~3명에 불과하다. 따라서 미국의 경우 근
로자이사가 이사회의 의사결정에 미치는 영향도 유럽의 경우보다 훨씬 제
한적이라고 볼 수 있다.

(3) 효   과

근로자이사제도의 효과를 실증적으로 분석한 연구는 상당히 축적되어
있는 편이다. 근로자이사제도가 긍정적인 성과를 거두고 있다고 주장하는
학자들에 의하면, 근로자이사제도를 실시하여 노사간에 서로 정보를 활발
히 공유하게 되었고, 기업의 의사결정과정에서 노동문제의 중요성이 보다
잘 반영되었다고 한다. 특히, 노동문제와 직접 관련된 이슈인 인사관리 및
고용관계에 대한 의사결정에 있어서는 근로자이사의 의견이 이사회의 의사
결정에 많은 영향을 미치고 있다고 한다. 따라서 이들은 근로자이사제도의
실시로 인하여 기업의 의사결정방식이 피고용인의 입장을 보다 존중하는
방향으로 바뀌었으며, 기업의 의사결정과정에서 피고용인의 전반적인 영향
력이 강화되었다고 주장하고 있다.

그러나 다른 그룹의 학자들은 근로자이사제도가 산업민주주의의 상징
으로서의 역할은 하지만, 실제 기업의 의사결정구조에는 거의 영향을 미치
지 못하고 있는 것으로 결론짓고 있다.

이러한 결론을 내리게 된 이유로서 우선, 근로자이사의 숫자가 대부분
의 경우 이사회에서 소수에 불과한 점을 들고 있다. 즉, 독일의 석탄철강산
업을 제외한 대부분의 경우에, 근로자이사는 전체 이사 숫자의 3분의 1을
넘지 못하며, 특히 미국의 경우에 근로자이사의 숫자는 전체 이사 중 1~3

명에 그치는 경우가 대부분이라는 것이다. 따라서 근로자이사는 이사회에서 소수그룹의 위치를 점하여 의사결정에 중요한 영향을 미칠 수 있는 세력기반이 결여되어 있다는 것이다. 또한, 노동조합 혹은 종업원 대표자격으로 이사회에 참석하는 근로자이사들은 주주의 권리를 대변하는 이사회의 본질적 기능을 수행하여야 하는 과정에서 경험하게 되는 역할갈등의 문제 역시이 제도의 성공적인 정착에 걸림돌이 되고 있다고 한다. 더욱 중요한 것은 이사회에 참석하는 전문경영인들에 비하여, 근로자이사들은 이사회에서 다루는 분야(예를 들면 회계·재무·마케팅 전략)에 대한 전문지식이 결여되어 있어서 의사결정에 실질적인 영향력을 미치기 어렵다는 점을 들고 있다. 즉, 이러한 주장을 펴는 학자들은 근로자이사제도의 효과는 실질적이라기보다는 상징적이라는 견해를 가지고 있다.

한편, 근로자이사제도가 기업의 경영성과에 대한 효과를 측정한 연구들에 의하면, 이 제도가 생산성, 품질효율성, 종업원의 태도 등에 가지는 영향이 극히 미약한 것으로 나타나고 있다. 이러한 연구결과 역시 근로자이사제도가 실질적인 효과를 거두기 위한 제도라기보다는 산업민주주의(유럽의 경우)나 노사협조(미국의 경우)의 상징으로서의 역할이 더 크다는 주장을 뒷받침하고 있는 것으로 보인다.

☞ 생산성, 품질효율성, 종업원의 태도 등에 가지는 영향이 극히 미약

4.5 노사협의회

☞ 작업장 단위에서 사용자와 피고용인들이 작업장에서의 문제해결과 공동관심사를 협의하는 제도

노사협의회(labor-management committee) 혹은 작업장평의회(works council)는 작업장 단위에서 사용자와 피고용인들이 작업장에서의 문제해결과 공동관심사를 협의하는 제도이며, 다수의 국가에서 시행되고 있다. 한국, 프랑스, 벨기에 등 노사대표로 구성되는 경우에는 노사협의회(labor-management committee)라고 지칭하며, 독일, 오스트리아, 네덜란드, 스페인 등에서처럼 피고용인 대표만으로 구성하여 별도로 구성된 사용자대표와 협의하는 경우는 작업장평의회(Works Council)라고 부르는 것이 일반적이다. 노사협의회(혹은 작업장평의회)는 작업장 단위에서 사용자와 피고용인들이 작업장에서의 문제해결과 공동관심사를 협의하는 제도이다. 노사협의회(혹은 작업장 평의회)를 통하여 피고용인들의 의견이 경영에 반영된다는 점에서

이 제도는 종업원참여제도의 일종으로 간주할 수 있다. 단체협상에서 노사 양측의 이익이 상충되어 대립적 구도로 흐르기 쉬운 경향이 있음에 반하여, 노사협의회는 대립을 지양하기 위한 수단으로서 작업장 단위에서 종업원의 참여를 목표로 설립되었다는 점이 그 특징이라고 할 수 있다. 노사협의회 (혹은 작업장평의회)는 일부 유럽과 아시아국가에서 법률로 그 시행을 강제하고 있고, 영국과 미국에서는 극히 드문 경우이지만 노사간의 합의에 의하여 실시되기도 한다.

한국의 경우 법률로 그 시행이 강제되어 있고, 노사대표가 함께 참여하게 되므로 노사협의회(Labor-Management Committee)라고 부른다. 구체적으로 「근로자참여 및 협력증진에 관한 법률」에서 "노사협의회라 함은 근로자와 사용자가 참여와 협력을 통하여 근로자의 복지증진과 기업의 건전한 발전을 도모함을 목적으로 구성하는 협의기구"라고 규정하고 있다(제3조 제1항). 단체협약이 주로 분배적인 이슈를 다루고 노사간의 대립적인 관계를 가정한다면, 노사협의제도란 노사공동의 이익을 증진하는 이슈를 다루고 참여와 협력을 바탕으로 하는 노사의 협동적 관계를 수립하기 위한 경영참가제도이다.

(1) 노사협의회와 단체교섭간의 관계

노동조합이 노조원만을 대표함에 비하여 노사협의회는 노조가입 여부와 관계없이 모든 근로자를 대표한다. 즉, 자동차공장의 예를 들면 노동조합은 노조원인 생산직 직원만을 대표한다면, 노사협의회는 생산직 직원뿐만 아니라 중간간부와 사무직 직원까지 모두 대표한다. 노사협의회는 경영참가라는 생산수단의 운영에 의한 가치생산과정에 있어서 노사 이해공통적 관계의 해결을 본질적 과제로 삼는 데 반하여 단체교섭은 가치배분과정에 있어서 노사 이해대립적 관계의 해결을 그 본질적 과제로 삼는다. 즉 전자는 파이(pie) 생산에 참여하는 것이며 후자는 파이 배분에 참여하는 것이다. 더욱이 단체교섭에 있어서도 쟁의권이 전제되어 있는 데 반하여 노사협의는 평화적 처리가 전제로 되어 있다는 점이 다르다. 또한 노사협의회는 노조가입 여부에 관계없이 근로자는 누구나 노사협의회 위원으로 선출될 수 있으나 단체교섭에서는 노조원 대표만이 참가하는 차이점이 있다. 이를 정리하면 〈도표 6-6〉과 같다.

도표 6-6	노사협의회와 단체교섭의 비교	
	노사협의회	단체교섭
근거법	근로자참여 및 협력증진에 관한 법률	노동조합 및 노동관계조정법
목 적	노사공동의 이익증진	근로자의 지위향상 및 근로조건의 개선유지
사업장	30인 이상의 사업 또는 사업장	노동조합이 있는 사업장
배 경	노동조합의 설립 여부나 쟁의행위라는 위협의 배경없이 진행	노동조합 및 기타 노동단체의 존립을 전제로 하고 자력 구제로서의 쟁의를 배경
구성 (당사자)	노사협의회 근로자위원 및 사용자위원 근로자위원은 노조가입 여부와 관계없이 선출	노동조합 및 사용자(사용자단체)
활 동	사용자의 기업경영상황 보고와 안건에 대한 노사간 협의 의결	노사간 교섭 및 협약체결
대상사항	기업의 경영이나 생산성 향상 등과 같이 노사간 이해가 공통	임금, 근로시간, 기타 근로조건에 관한 사항처럼 이해가 대립
결 과	법적 구속력 있는 계약체결이 이루어지지 않을 수 있음	단체교섭이 원만히 이루어진 경우 단체협약 체결
기 타	쟁의행위를 수반하지 않음	교섭결렬시 쟁의행위 가능

☞ 분리형은 단체교섭과 노사협의회를 별도의 제도로 분리하여 운영하는 방식

☞ 연결형은 단체교섭과 노사협의회를 운영

☞ 대체형은 단체교섭과 노사협의회 양 제도를 서로 구분하지 않고 노사협의회에서 단체교섭사항까지 논의하는 운영방식

노사협의회와 단체교섭을 효과적으로 운영하기 위하여 두 제도의 관계를 어떻게 정립할 것인가가 중요하다. 한국의 기업에서 주로 관찰되는 이 두 제도간의 관계는 분리형, 연결형, 대체형이 있다. 첫째, 분리형은 단체교섭과 노사협의회를 별도의 제도로 분리하여 운영하는 방식으로 노사협의회에서는 단체교섭사항을 다루지 않는 방식이다. 둘째, 연결형은 단체교섭과 노사협의회를 각각 별도의 제도로 분리하여 운영하지만 단체교섭사항에 대하여서도 노사협의회에서 예비적으로 의견교환과 절충을 행함으로써 양 제도가 유기적인 관련성을 맺고 운영되는 것이다. 마지막으로 대체형은 단체교섭과 노사협의회 양 제도를 서로 구분하지 않고 노사협의회에서 단체교섭사항까지 논의하는 운영방식이다.[17] 대체형은 상호이익이 되는 관심사를 다루는 노사협의회가 대립적인 이슈가 많은 상호단체교섭사항을 다루게 되면서 갈등구도로 흐르기 쉽다는 점에서 노사협의회의 장점을 살리지 못하므로 바람직하지 않은 것으로 간주된다.

---

17 김훈, 「노사협의회의 운영실태에 관한 조사」(한국노동연구원, 1992).

(2) 노사협의회의 구성

　「근로자참여 및 협력증진에 관한 법률」에 의하면 노사협의회는 30인 이상의 사업장에서 반드시 구성하도록 정하였다. 〈도표 6-7〉에는 노사협의회 설치현황을 보여주는데 2012년 현재 전국에 약 4만 7천여 개의 노사협의회가 설치되어 있는 것으로 나타난다. 노사협의회는 근로자와 사용자를 대표하는 동수의 위원으로 구성하되 그 수는 각 3명 이상 10명 이내로 하도록 하며, 노사협의회의 의장을 두며 위원 중에서 호선하도록 규정하였다. 노사협의회위원으로 근로자위원은 근로자가 직접 선출하는 것을 원칙으로

☞ 30인 이상의 사업장에서 반드시 구성

도표 6-7	연도별·규모별 사업장 노사협의회 설치현황						(단위: 개소)
연 도	계	100인 미만		100~199	200~499	500인 이상	
1989	14,065	7,115		3,776	2,178	996	
1990	14,895	7,890		3,831	2,118	1,056	
1991	14,789	8,013		3,789	2,026	961	
1992	14,624	7,962		3,718	1,964	980	
1993	14,490	7,899		3,674	1,962	955	
1994	14,606	7,951		3,754	1,948	953	
1995	14,782	8,036		3,888	1,943	915	
1996	15,197	8,349		3,987	1,948	913	
1997	24,411	16,985		4,366	2,106	954	
1998	26,249	18,870		4,334	2,120	925	
1999	26,509	19,157		4,281	2,161	903	
연 도	계	30~49	50~59	100~299인	300~499	500~999	1,000인 이상
2000	27,802	11,525	8,881	4,273	2,142	596	385
2001	29,626	12,604	9,326	4,485	2,207	600	404
2002	30,420	13,111	9,418	4,541	2,316	621	413
2003	31,821	13,950	9,854	4,625	2,364	632	396
2004	34,867	15,668	10,735	5,030	2,388	666	380
2005	35,968	15,644	11,277	5,382	2,567	709	389
2006	40,015	16,797	12,606	6,272	3,045	783	512
2007	40,133	16,843	12,489	6,403	3,168	773	457
2008	42,689	18,423	13,239	7,222	2,437	828	540
2009	46,005	19,755	14,538	7,746	2,510	893	563
2010	46,675	19,922	14,736	8,027	2,523	885	582
2011	47,621	19,579	15,384	8,582	2,490	998	588
2012	47,456	18,925	15,676	8,778	2,376	1,034	667

자료: 고용노동부, 「각 연도 고용노동백서」(각 연도).

하되, 근로자의 과반수로 조직된 노동조합이 있는 경우에는 노조 대표자와 그 노동조합이 위촉하는 자로 하고, 노동조합원이 과반수를 넘지 못하거나 노동조합이 없는 경우에는 근로자의 직접·비밀·무기명투표에 의하여 선출하도록 정하였다. 사용자는 근로자위원의 선출에 개입이나 방해를 할 수 없도록 정하였다. 한편 사용자위원은 당해 사업 또는 사업장의 대표자와 그 대표자가 위촉하는 자로 하도록 하였다. 위원의 임기는 3년으로 하되 연임이 가능하며, 위원은 비상임·무보수로 하도록 정하였다. 사용자는 근로자위원에게 노사협의회원으로서 직무수행과 관련하여 불이익한 처분을 할 수 없도록 하여 노사협의회활동으로 인한 불이익이 없도록 하였다.

(3) 노사협의회의 운영 및 임무

① 노사협의회의 운영　　노사협의회 운영에 대한 사항은 「근로자 참여 및 협력증진에 관한 법률」에 상세히 규정하고 있다. 노사협의회는 3개월마다 정기적으로 회의를 개최하도록 되어 있고, 필요에 따라 임시회의를 개최할 수 있도록 하였다. 노사 일방의 대표자가 회의의 목적사항을 문서로 명시하여 회의의 소집을 요구할 때에는 의무적으로 소집하여야 하고, 회의는 근로자위원과 사용자위원의 과반수 이상의 출석으로 개최하고 출석위원 3분의 2 이상의 찬성으로 의결하도록 정하였다.

② 노사협의회의 임무　　노사협의회가 가지는 주된 임무는 보고사항, 협의사항, 의결사항의 세 가지로서 각각을 살펴보면 다음과 같다.

－ 보고사항　　사용자가 협의회에서 보고·설명하여야 할 사항은 주로 경영정보공유의 성질을 가진 사항들이다. 경영계획 전반 및 실적에 관한 사항, 분기별 생산계획과 실적에 관한 사항, 인력계획에 관한 사항, 기업의 경제적·재정적 상황 등은 사용자가 협의회에 보고하도록 규정하고 있다.

－ 협의사항　　근로자위원과 사용자위원 등이 대등한 지위에서 협의하여 합의에 도달할 수 있는 사항들로서 주로 생산·노무·인사관리에 관한 사항들이 이에 속한다. 구체적으로 생산성 향상과 성과배분, 근로자의 채용·배치 및 교육훈련, 노동쟁의의 예방, 근로자의 고충처리, 안전·보건 기타 작업환경 개선과 근로자의 건강증진, 인사·노무관리의 제도개선, 경영상 또는 기술상의 사정으로 인한 인력의 배치전환·재훈련·해고 등 고용조정의 일반원칙, 작업 및 휴게시간의 운용, 임금의 지불방법·체계·구조

☛ 33개월마다 정기적으로 회의를 개최, 필요에 따라 임시회의를 개최

☛ 보고사항: 경영정보 공유의 성질을 가진 사항들

☛ 협의사항: 생산·노무·인사관리에 관한 사항들

등의 제도개선, 신기계 기술의 도입 또는 작업공정의 개선, 작업수칙의 제정 또는 근로자의 재산형성에 관한 지원, 근로자의 복지증진 기타 노사협조에 관한 사항 등이다. 이 사항에 관해서는 단순히 의견의 교환으로 그치지 아니하고 쌍방이 원한다면 의결을 통하여 적극적으로 합의에 도달할 수도 있다.

    － 의결사항   사용자가 반드시 협의회의 의결을 거쳐야만 시행할 수 있는 사항들로서 주로 사내복지관련시설 및 노사공동기구의 설치·관리에 관한 사항들이 이에 속한다. 그 내용들을 살펴보면 근로자의 교육훈련 및 능력개발 기본계획의 수립, 복지시설의 설치와 관리, 고충처리위원회에서 의결되지 아니한 사항, 각종 노사공동위원회의 설치 등이다. 의결된 사항은 신속히 공지하고 노사 양측은 성실하게 이행하여야 할 의무를 부과하였다. 다만, 의결사항에 대한 의결이 성립되지 아니하거나 의결사항에 대한 해석 또는 이행방법에 대하여 당사자간에 다툼이 있는 경우에 이를 해결하기 위해 협의회에 중재기구를 두어 해결하거나, 노동위원회 기타 제3자에 의한 중재를 받을 수 있도록 규정하였다.

☞ 사내복지관련시설 및 노사공동기구의 설치·관리에 관한 사항들

(4) 고충처리제도

    「근로자참여 및 협력증진에 관한 법률」에서는 상시 30인 이상의 근로자를 사용하는 모든 사업 또는 사업장에는 고충처리위원을 두도록 규정하고 있다. 고충처리위원은 노사를 대표하여 3인 이내의 위원으로 구성하되 협의회가 설치되어 있는 경우에는 협의회가 그 위원 중에서 선임하고 협의회가 없는 경우에는 사용자가 위촉하도록 하였다. 고충처리위원은 근로자로부터 고충사항을 청취한 때에는 10일 이내에 조치사항 기타 처리결과를 당해 근로자에게 통보하여야 하며 처리가 곤란한 경우에는 협의회에 부의하여 협의처리하도록 정하였다.

☞ 30인 이상의 근로자를 사용하는 모든 사업 또는 사업장에는 고충처리위원을 두도록 규정

    일반적인 고충처리절차를 예시하면 〈도표 6-8〉과 같다. 예를 들어 인사·경제·복지 및 작업관계 등에 고충을 갖고 있는 근로자는 건의함, 간담회 상담 등을 통해 자신의 고충을 제기하게 된다. 이때 고충처리위원회에서는 즉시 고충에 대한 해결방안을 모색하고 10일 이내에 처리결과를 당해 근로자에게 통보한다.[18]

---

18 노동부, 「신노사문화 정착을 위한 노사협의회 운영매뉴얼」(2000).

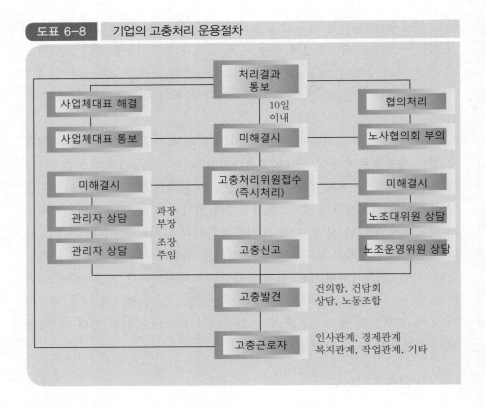

도표 6-8 기업의 고충처리 운용절차

대부분의 국가에서 고충처리를 노동조합에 일임하고 있음에 비하여, 우리나라의 경우 법률에 의하여 노사협의회에게 고충처리의 역할을 맡기고 있다. 또한 고충처리제도를 노조와 무노조기업 모두에게 설치하도록 강제한 점이다. 이는 피고용인의 권익을 보다 철저히 보호하기 위한 취지로 해석된다.

Key Word

노사협조, 갈등, 견제 및 공격, 양보, 협조, 공모, 경영참가, 자본참가, 성과참가, 의사결정참가, 공식적 참가, 비공식적 참가, 직접적 참가, 간접적 참가, on-line 참가, off-line 참가, 효율성지향 경영참가, 형평성지향 경영참가, 품질관리분임조, 노사합동위원회, 현장자율경영팀, 근로자이사제도, 노사협의회, 유럽의 근로자이사제도, 미국의 근로자이사제도, 보고사항, 협의사항, 의결사항, 고충처리제도

post-case 8

A산업의 품질관리분임조 활동[19]

1. 회사개요 및 역사

A산업은 1990년대 말 설립되어 현재 약 70명의 직원으로 구성된 중소기업이다. A산업의 공장은 대도시 인근의 공단지역에 위치하고 있으며, 2005년에는 매출액이 50억원 정도였으나 2008년에는 100억원으로 급증한 유망한 회사이다. A산업의 주된 생산품은 방송장비 및 전기통신시설이다. 주로 아파트, 호텔 그리고 콘도미니엄의 방송시스템, 소방설비시스템 등을 생산, 설치하는 사업을 하였으며, 최근에는 CCTV와 CATV 시스템설치분야로 사업영역을 확장하였다.

A산업의 직원 수는 약 70명으로서 7명의 임원, 약 20명의 관리직, 연구직, 품질관리 사원, 20여 명의 생산직 사원과 약 20명의 설비담당 사원으로 구성되어 있다. A산업에는 노동조합이 결성되어 있지 않으며, 노사관계는 대체로 원활한 편이다. A산업의 기업문화는 가부장적인 경영방식과 노사간의 가족적인 분위기로 특징되는 전통적인 한국중소기업의 조직문화라고 할 수 있다. A산업에는 회사 창립 때부터 함께 하였던 조직 구성원들이 지금 중간관리자의 위치에 포진하고 있어서 직원들과 회사 사이에 조정자로서의 역할을 잘 수행하여 그동안에는 큰 파국이나 어려움 없는 노사관계를 유지해 왔다.

그러나 시간이 지남에 따라 조직 내부에 관료적이고 경직적인 상의하달식 관행이 싹트기 시작하면서, 최고경영자와 직원들 사이의 의사소통기능을 강화할 필요성이 대두되었으며, 품질관리분임조와 제안제도는 이를 위한 한 수단으로서 실시된 것이다. 또한, 조직이 확대되면서 연공서열에 따른 승진과 임금제도의 비효율성이 지적됨에 따라 능력위주의 인적자원관리제도로의 전환이 주요 현안으로 대두되고 있다. 또 최근에는 건설경기의 침체로 인한 건설업체들의 부도와 건설물량의 감소로 인한 매출액 감소로 기업경영에 위기감을 느끼게 되면서 인원감축의 필요성을 검토하기도 하였으나, 노사간의 협의를 거쳐서 직원 감원보다는 전 직원의 임금 삭감을 통한 고용유지를 선택하였다.

2. 품질관리분임조의 도입

A산업에서 품질관리분임조를 도입하게 된 것은 최고경영자의 주도로 시작되었다. 2002년에 방송장비분야의 새로운 기술을 견학하고 도입하기 위하여 일본을 방문한 A산업의 대표이사가 일본기업에서 당시에 활발하게 전개되는 품질분임조활동과 제안제도를 접하게 되었다. 당시, 일본기업의 품질관리분임조는 노사협조와 경영참가의 세계적인 모범사례로서 벤치마킹의 대상이었

---

19 본 사례는 박대선(고려대학교 노동대학원 석사)이 최초 발굴한 것을 수정, 보완하여 본고에 게재한 것이다.

다. A산업의 대표이사는 새로운 아이디어를 통한 제품개발과 품질향상을 위한 방안을 강구하던 차에 종업원의 참여를 주된 메커니즘으로 하는 품질관리분임조에 관심을 갖게 되었다. 귀국 후 품질관리분임조의 도입을 위하여 자료를 수집하던 중 A산업의 대표이사는 당시 한국표준협회에서 우리나라 중소기업을 위한 품질관리기법 및 품질관리 분임조와 제안제도 등에 관한 강좌가 개설된다는 점을 알게 되었다. 품질관리분임조를 도입하기 위한 준비과정으로서 A산업의 대표이사는 중간관리자와 함께 한국표준협회에서 단체토론 요령, 합의도출 방법, 문제해결능력배양 등의 품질관리분임조에 관련된 교육과 제안제도에 관한 위탁교육을 받게 된다.

한국표준협회에서 품질관리분임조와 제안제도 등의 품질관리 기법을 배운 최고경영자와 중간관리자들은 2004년 품질관리분임조의 도입을 결정하게 된다. 또한 제안제도 및 품질관리분임조 활동을 보조하고 조정할 전문보조자의 필요성을 느낀 A산업은 품질관리 기사자격증을 취득한 신입직원들을 채용하여 직원들이 품질관리 분임조 활동과 제안제도의 실시를 보조하도록 하였다. 이외에도, 한국표준협회에서 파견된 전문가를 활용하여 회의진행 및 의사결정방법, 단체토의 요령 등 품질관리분임조의 운영에 필수적인 활동을 사원들을 대상으로 교육하도록 하였다. 품질관리분임조의 도입과 관련하여 이 활동이 종업원들의 적극적인 참여를 보장할 수 있도록 품질관리 분임조의 모임은 모든 생산직 직원이 반드시 참여하도록 하였다.

3. 품질관리분임조의 실시현황

A산업의 품질관리분임조활동은 (가) 그룹별 품질관리분임조활동과 (나) 개인별 제안제도로 나누어 볼 수 있다.

(가) 품질관리분임조의 활동

A산업에서는 품질관리분임조 실시 이전에 사용자와 노동자대표로 구성된 품질관리경영위원회를 구성하여, 이 위원회에 품질관리에 관한 전반적인 사항을 위임하여 적극적으로 제안제도 및 품질관리 분임조활동을 할 수 있도록 지원하였다. 2007년에 품질관리 경영위원회에서는 생산직 직원들을 '성실', '도약', '봉사'의 3개의 소그룹으로 나눠 1주에 한 번씩 월요일 아침 8시 30분부터 10시까지 분임조활동을 하도록 주선하였는데, 분임조활동에서 나타난 직원들의 의견은 가능한 한 적극적으로 경영에 반영하도록 검토한다는 방침을 정하였다. 분임조의 토의내용은 단순히 품질향상에만 국한하지 않고 생산성 향상, 고객만족도 증진, 작업환경개선 등 회사의 경영성과를 높이고 직원의 복리를 증진할 수 있는 모든 주제를 다룰 수 있도록 하였다. 회사에서는 각 팀들에게 소액의 운영비를 지원하여 구성원들의 친목도모 및 품질관리 분임조 활동이 원활하게 이뤄질 수 있도록 지원하였다. 그리고 각 품질관리 분임조 팀에서 제출한 건의사항들은 생산부, 공사부, 영업부의 각 부서장들이 검토하여 경영층에 보고하고, 경영층에서는 그 타당성을 분석하여 최고경영자에게 보고한다. 따라서 분임조에서 건의한 사항의 실시 여부는 최고 경영자가 결정하게 되

며, 건의가 채택된 팀은 포상을 하거나 단체회식 등을 베풀어 준다. 과거에는 품질관리 분임조 활동을 매주 실시하였으나, 최근에 와서는 분임조 모임을 격주에 한 번씩 개최하고 있다.

(나) 개인별 제안제도

개인별 제안제도는 품질관리분임조의 실시와 더불어 2007년에 도입되었다. 품질관리분임조가 그룹별로 토의하고 조원들간의 의견조율을 거쳐서 경영층에 건의하는 집단적 경영참가방식인 반면, 제안제도는 개인차원에서 회사의 운영효율화를 위한 창의적인 아이디어를 제출하는 개인적 경영참가방식이라고 할 수 있다. 또한 품질관리분임조는 생산직 직원들만을 대상으로 한 활동이었으나, 개인별 제안제도는 생산직직원뿐만 아니라 관리자 그리고 경영층까지 전 직원이 참여하는 제도이다. 모든 직원은 품질관리, 생산성향상, 원가절감, 작업장 개선 등 모든 분야에 대해 한 달에 한 건 이상 의무적으로 제안을 제출하도록 하였다. 제안을 의무화한 이유는 모든 직원의 동참을 유도하기 위한 것이었다. 개인별 제안도 분임조에서의 제안과 마찬가지로 부서장, 경영층, 최고경영층의 검토를 거쳐서 실시 여부가 결정되었다. 제안 자체에 대한 보상은 주어지지 않으며, 다만 제안이 채택되면 제안의 기대효과에 따라 A, B, C의 세 등급으로 나누어 약간의 포상금(C급: 10,000원, B급: 30,000원, A급: 50,000원)을 지급하였다. 그러나 시간이 갈수록 개인별 제안건수가 줄어듦에 따라 현재는 제안 1건당 도서상품권을 주어서 제안을 유도하고, 또한 포상금의 금액도 약간 높여서(C급: 30,000원, B급: 50,000원, A급: 100,000원) 직원들의 보다 활발한 참가를 유도하고 있다.

〈도표 6-9〉에서 나타나듯이 2007년 품질관리분임조가 처음 시작될 때에는 직원들의 활발한 참여가 있어서 2007년 1년간 84건의 제안이 제출됨에 따라 전체 70명의 직원이 연간 평균 1건 이상 제안한 것으로 나타났다. 그러나 2006년 이후 제안건수가 현저히 줄어들기 시작하여 2008년에는 불과 16건뿐이었으며, 2009년에는 한 건의 제안도 없다가 2010년과 2011년에는 경영층의

도표 6-9 A산업의 연도별 제안 및 채택건수 현황

연 도	제안건수(A)	제안건수(B)	채택률(B/A)
2007	84	5	6%
2008	16	0	0%
2009	0	0	0%
2010	12	2	16.7%
2011	14	2	14.3%
계	126	9	7.1%

적극적인 독려에 힘입어 다시 12건과 14건을 각각 기록하였다. 이는 연간 직원 5-6명당 제안 1건을 제출한 셈이었다.

시행초기에 제안건수가 많은 것은 우선 2007년 제안제도를 처음 시작할 때에는 공장내부에 개선할 점이 많이 누적되어 있었고, 그동안 의사개진의 창구가 없어서 나타나지 않던 직원들의 의견이 일시에 쏟아져 나온 것으로 볼 수 있다. 그러나 시간이 지나면서 더 이상 개선할 점을 찾기가 쉽지 않게 되고 이 제도에 대한 직원들이나 경영층의 열의가 서서히 식으면서 제안의 건수가 급격히 줄어든 것으로 해석된다. A산업의 경우, 제출된 제안을 채택하는 비율은 2007년에서 2011년간 5년의 기간 중 평균 7.1%로서 다른 기업의 제안제도에 비하여 다소 낮은 편인 것으로 생각된다. 채택률이 너무 낮으면, 직원들의 입장에서는 제안을 하여야 할 동기가 약해지는 측면이 있다. 구체적으로, 2007년에는 84건의 제안 중 단 5건만이 채택되어 채택률이 6%에 불과하였으나, 2010년과 2011년에는 각각 16.7%와 14.3%로서 다소 향상이 되었다. 이는 최근에 제출된 제안들의 내용이 보다 현실적이고 실용적으로 바뀌었음을 나타낼 수도 있으나, 한편으로는 최근 들어 제안건수자체가 줄어듦에 따라 경영층에서 의식적으로 채택률을 높여서 직원들이 더 많은 제안을 할 수 있도록 노력한 흔적인 것으로 보인다.

4. A산업 품질관리분임조의 효과와 시사점

A산업에서 품질관리분임조를 2007년 도입한 이래 이 회사의 구성원들은 이 제도가 노사간의 의사소통과 기업의 경영성과에 긍정적인 역할을 한 것으로 평가하고 있다. 우선, 노사 양측이 모두 품질관리분임조의 실시 후 직원들의 품질관리에 대한 지식이 증가하였고 근로자와 경영자간의 의사소통을 원활히 하는 긍정적인 효과가 있었음을 지적하고 있다. 아직까지도 상당부분의 의사전달방식이 상의하달의 방식이지만 품질관리분임조의 실시로 인하여 어느 정도 직원들이 자기의 의사를 전달할 수 있는 기회가 제공되고 있는 것으로 보인다. 또한, 경영층에서는 2007년 품질관리 분임조 활동을 시작한 후 제품의 품질이 향상되어 애프터서비스 요청이 매년 10% 감소하였고, 생산성은 약 15% 증가하였고 그 주된 원인으로서 품질관리분임조의 실시를 들고 있다. 특히, 품질관리 분임조 활동은 ISO인증을 받기 위한 품질관리경영에 큰 도움이 되었음을 지적하고 있다. 구체적으로 다음과 같이 긍정적인 효과를 요약할 수 있을 것이다.

(1) 직원들이 회사의 상황과 형편에 대한 이해의 폭이 넓어졌다.
(2) 전체적인 생산과정에 관한 안목과 지식이 증가하였다.
(3) 최고 경영층과의 의사소통이 원활해졌다.
(4) 제품의 불량률이 감소하였다.
(5) 생산성 향상이 있었다.
(6) 다른 부서의 업무에 대한 이해가 증진되었다.

또한 품질관리분임조는 기존의 조직의 권한과 제도 내에서 이루어지기 때문에, 기존의 조직 위계질서에 대한 위협 없이 도입할 수 있고 구성원들의 반대에 부딪치는 경우도 적다. A산업의 경우에도 최고경영자의 결단에 의하여 상의하달식으로 도입되는 과정에서 구성원의 반발은 거의 없었다고 한다.

그러나 A산업의 품질관리분임조의 문제점이나 시사점도 지적할 수 있다. 우선, 품질관리분임조는 도입과 실시가 용이한 것만큼이나 이 제도로 인한 조직의 큰 변화나 혁신을 기대하기는 힘들다. A산업의 경우도 품질관리 분임조의 활동에 의한 기업경영의 급격한 변화나 기업성과의 획기적인 개선이 이루어진 것은 없다고 한다.

근로자들은 주로 품질관리분임조의 운영과 관련한 문제점들을 지적하고 있다. 제안의 채택률이 2007~2011년의 기간 중 7% 남짓인 점이 말해 주듯이, 개개근로자의 입장에서는 자신이 제안한 또는 팀이 건의한 사항이 거의 대부분 채택되지 않으므로 동기가 저하되는 경우를 들 수 있다. 특히, 참신한 아이디어인 데도 비용부담이 크거나 회사의 기술력 부족이라는 이유로 제안사항이 채택되지 않았을 때는 회사에 대한 실망감이 든다는 의견도 있었다. 또한, 제안이 채택되지 않았을 경우 그 이유나 추후 조치에 대한 피드백이 미흡하여 다소의 불만이 있다고 한다. 또한, 제안의 채택여부를 논의할 때, 제안자의 의견보다는 회의진행자 위주로 회의가 진행되는 점도 개선되어야 할 부분으로 지적된다.

한편, 경영자의 입장에서는 제안의 내용에 대한 개선점을 지적하고 있다. 시간이 갈수록 시간에 쫓긴 형식적인 제안과 중복제안이 자주 발생한다는 점을 들고 있다. 또한, 새로운 기계의 도입 등 비용이 너무 많이 드는 제안사항이 자주 등장하며, 전반적으로 제안의 참신성이 부족하다는 점을 지적하고 있다.

◎ 토의과제
1. 시간이 지나면서 제안건수가 줄어들고 분임조의 활동이 미약해지는 현상은 직원 제안제도의 실시과정에서 흔히 나타나는 한계현상(혹은 고원효과, Plateau effect)으로서, A산업에서만 나타난 문제점은 아니다. 이를 극복하기 위한 대안을 제시하라.
2. 품질관리분임조를 도입하여 성공을 거둔 국내기업의 사례와 이를 도입하여 별 성과를 거두지 못한 국내기업의 사례를 각각 소개하라. 또한, 이렇게 성과가 달라진 이유를 설명하라.
3. 품질관리분임조는 일본에서 긍정적인 성과를 거둔 것으로 평가받은 반면, 일본의 제도를 도입한 미국의 기업들에서는 대체로 큰 성공을 거두지 못한 것으로 평가되고 있다. 그 이유는 무엇이라고 생각하는가?

post-case 9

캐논코리아, 비즈니스 솔루션의 고성과작업시스템 진화 사례[20]

1. 회사개요

캐논코리아는 1985년 5월 10일 일본의 캐논과 한국의 롯데계열사가 50:50 지분을 가지고 설립되었다. 서울에 본사를 두고 있으며, 경기도 안산 반월공단에 공장을 두고 있다. 표준산업분류상 사무용 기계 및 장비 제조업에 해당하며, 전자복사기, 프린터, 팩시밀리, 스캐너, 복합기 등 첨단 OA기기의 제조, 도소매 및 임대업을 하고 있다. 최근에는 문서관리 토탈솔루션 업체를 표방하고 있다. 2011년 4월 현재 종업원은 총 1,058명이다. 2010년 기준 매출액은 5,309억 원이며, 자본금은 89억 2,500만원이다. 캐논코리아의 매출액, 당기순이익의 변화과정과 캐논코리아의 발전과정에 큰 영향을 미친 사건들을 표시해 보면 〈도표 6-10〉과 같다.

캐논코리아의 특징 중 하나는 캐논의 다른 글로벌 공장과는 달리 생산, 연구, 영업부분을 모

| 도표 6-10 | 캐논코리아의 매출액과 당기순이익 | (단위: 백만원) |

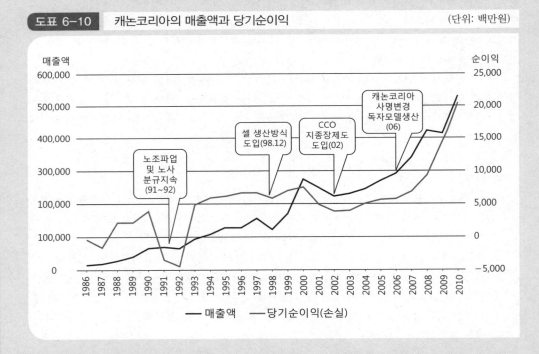

20　이 사례는 김윤호·이정훈·김동원, "캐논코리아, 비즈니스 솔루션의 고성과작업시스템 진화 사례," KBR(2014, 18권 2호 게재 예정)을 요약한 것임.

두 보유하고 있다는 것이다. 공장의 직원은 1,000명 정도이며 평균연령은 32세로 젊다.

한편 캐논코리아는 '인간존중, 가치공유 및 기술혁신'이라는 경영철학을 바탕으로 '고객과 직원 모두에게 사랑받고 신뢰받는 정직한 기업', '디지털 네트워크 정화 시대의 변화를 주도하는 기업', '인간과 기계의 조화를 중심으로 사회와 환경과의 조화를 추구하는 기업'이라는 비전을 추진하고 있다. 또한 경영진도 제조업의 중심은 현장이고, 현장의 직원들을 신뢰하고 그들이 회사의 중심이라는 분위기가 형성되어야 한다는 일관적인 리더십 철학이 캐논코리아에 자리 잡고 있는 것이다.

2. 노사관계 연혁

(1) 컨베이어 벨트생산 하의 집단적 노사갈등기(1985~1998)

① 경영환경: 1980년대까지 국내 복사기 시장은 신도리코(1960년 설립), 코리아제록스(1974년 설립, 현 한국후지제록스) 및 롯데캐논(1985년 합작, 현 캐논코리아) 등이 시장을 주도하였다가 1987년 이후 삼성, 금성, 현대 등 대기업의 참여로 치열한 시장점유 각축을 벌였다.

합작 초기 캐논코리아는 주로 일본이 기술을 국산화하여 원가를 절감하는 수준으로 이루어졌고 대기업의 시장 진입 후 가격경쟁력이 약화되어 어려움을 겪었다. 또한 정부의 수입선 다변화 정책 폐지 이후에는 일본 캐논이 한국에 직접 수출할 수 있게 되자 한국공장의 철수를 고려할 정도로 상황은 악화일로를 걸었다. 이때 외환위기가 터지자 일본 캐논의 일본 직원들은 모두 철수하여 합작을 유지하는 것조차도 위험하게 된 상황이 되었다.

② 갈등적 노사관계: 1987년 캐논코리아에 강성 노동조합이 조직되었고 노사간의 갈등이 증폭되면서 당해 매출실적이 목표의 약 70% 수준으로 감소하였고, 회사의 존폐 자체가 문제가 될 상황에 도달하였다. 이에 경영진은 직원들과의 괴리를 없애기 위해 노력하였고 신임 사장은 "저를 노조위원장이라고 생각해 달라"고 얘기하며 직원들을 독려하였다.

③ 컨베이어벨트 생산과 현장경시 풍조: 한편 생산방식에서도 문제가 발생하였다. 컨베이어벨트 생산방식은 근로자들의 감독비용을 줄여 관리비용을 절감하고 가장 효율성을 극대화할 수 있는 방법이었지만, 주문수요의 변화에 대처할 수 있는 유연성을 확보하기가 어렵다는 점(예: 생산품의 기종을 바꿔 생산하려면 라인을 멈추고 새로운 자재로 변경한 후 다시 라인을 가동한다거나, 공정의 최소 생산단위가 40대였기 때문에, 주문이 10대가 들어와도 어쩔 수 없이 40대를 만들어야 한다는 점 등)과 생산성 향상에서도 한계가 있다는 점 등이 문제점으로 지적되었다. 또한 컨베이어 시스템하에서는 현장인력들을 단순 생산시스템의 한 부품처럼 인식되고 차별하는 분위기가 팽배하였고 또는 시정할 만한 마땅한 인사관리제도가 없었다.

따라서 이 시기는 대내외적으로 고용관계가 개선될 기미가 없었던 노사갈등기라고 할 수 있다.

(2) 셀 생산으로의 전환과 고성과 작업관행 도입기(1998~2006)

① 경영환경: 1980년대 후반 복사기 시장에 진입했던 대기업들이 복사기 전문 브랜드로서의 입지를 구축하는 데 실패하여 결국 1990년대 후반 사업을 중단하였고 복사기 전문3사의 시장점유율은 95%를 상회하는 양상을 보였다. 또한 1999~2000년 내수와 수출 동반성장에 의해 매출액의 급격한 증가가 있었고 기존의 복사기 외에 프린터와 팩스분야에서도 경쟁력을 갖추기 시작하였다.

② 셀 생산 방식의 도입: 외환위기(IMF)를 벗어나기 위해 캐논코리아는 셀 생산방식을 도입

|그림 6-5| 컨베이어 벨트 생산(왼쪽)과 셀 생산(오른쪽)의 작업방식

자료: 캐논코리아

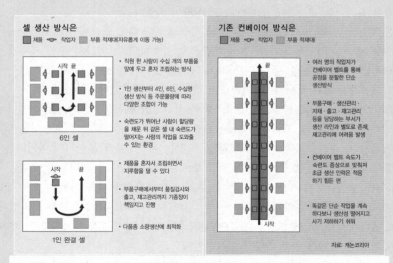

|그림 6-6| 컨베이어 벨트 생산(왼쪽)과 셀 생산(오른쪽)의 작업방식비교

하였다. 이는 당시 고급화, 다양화된 OA 기기를 생산하기 위해서 필수적인 조치였으나 직원들의 반대가 적지 않았다. 이에 경영진은 직원들을 설득하여 시범적으로 1개 셀을 구성하고 운영하도록 하였다. 반대하던 직원들은 셀 생산 작업자들의 일하는 방식과 분위기를 자연스럽게 관찰하게 되었으며, 결국 많은 구성원들이 셀 생산방식에서 일하는 동료들의 즐거운 분위기와 만족도, 그리고 우수한 생산성에 대해 조금씩 긍정적인 태도를 형성하게 되었다.

③ 기종장제도 도입: 또한 셀 생산방식에서 나타날 수 있는 폐해(예: 숙련 및 미숙련 등에 따른 작업자들간 생산속도 차이, 제품 불량 발생 등)를 해소하기 위하여 2002년 기종장(CCO, Cell Company Organization)제도를 도입하였다. CCO란 생산관리, 자재, 검사, 기술, 제조 등 생산활동에 필요한 모든 기능을 셀에 집약한 일종의 자율경영팀으로서 COO에게 자재구매, 생산, 검사, 물류, 마케팅 등 모든 기능에 대한 권한을 부여하고 공정한 경영성과 평가시스템(예: 2002년 1년치 자료를 기반으로 평가기준 마련)과 보상시스템(예: 우수팀에게는 월급의 약 5%에 해당하는 성과급 등)을 연계시켜 직장 내에서 명예와 보람을 갖도록 하였다. 그 결과 CCO구성원들은 의욕이 넘치기 시작했고 제도의 효과가 본격적으로 나타나기 시작한 것이다.

CCO의 특징 중 하나가 기종장의 권한으로 인력을 반납하도록 하였는데 이는 적은 인원으로 높은 생산성을 달성해야 높은 점수를 받을 수 있기 때문에, CCO는 최소한의 인원으로 목표를 달성하도록 독려하였다. 따라서 기종장은 매일 스케줄에 따라 인력구성을 결정하고, 반납된 인력은 지원부서에서 적합한 셀에 배분하는 방식으로 운영하여 인원의 효율적 운용이 가능하게 되었다.

|그림 6-7| 베스트 CCO휘장과 마이스타/마이다스의 밤

④ 마이스터/마이다스 제도: 한편 생산직을 위한 「마이스터(약 2년 소요) → 슈퍼마이스터(약 3년 소요) → 멀티 슈퍼마이스터(약 5년 소요)」로 이어지는 경력경로를 수립하였는데 생산직

원은 2급 마이스터, 1급 마이스터, 슈퍼 마이스터, 멀티 슈퍼 마이스터로 등급이 올라갈수록 큰 명예로 생각하고 자부심을 가질 수 있게 되었다. 별도의 자격수당은 없지만, CCO에 여러 명의 마이스터가 있으면 CCO간의 자체 경쟁에서 우승할 수 있는 확률이 높아지게 되기 때문에 자격획득에 대한 동기부여는 매우 높은 수준이다. 이 자격획득을 위해 생산직 종업원들이 휴일에 도서관에 가서 공부를 할 정도이다. 지원부문에는 마이다스 제도가 있다. 마이스터와 같이, 2급, 1급, 슈퍼 마이다스로 등급이 구분되는데, 슈퍼 마이스터가 되면 독자적으로 자재구매, 생산, 물류, 검사 부문의 업무를 책임지고 처리할 수 있는 능력을 갖추고 있다는 의미이다.

⑤ 일일혁신프로그램 1500제도: 일일혁신프로그램 1500제도를 운영하여 혁신을 체화하고 실천하도록 유도하였다. 구체적인 실행과정은 "매일 각 팀에서 4명 차출하여 혁신팀 구성 → 오전 8:30~9:30 혁신교육 → 개선대상에 투입되어 현장파악 후 개선안 도출 → 점심식사 후 오후에는 개선활동 실시 → 당일 활동 후 개선활동 성과발표 " 등을 거치도록 하였다. 예를 들어 "부품을 이동시켜올 때 작업동선과 맞도록 배치하여 시간을 단축한다든지, 작업 선반의 높이를 조절하여 몸의 피로도를 줄이는 제안, 작업 치공구를 보다 편한 도구로 교체"하는 등 사소하지만 실제 현장에서는 직접 와닿는 개선안들이 즐비하게 나오게 되어 일일혁신팀으로 인해 연간 3억원의 낭비를 줄이는 효과를 달성하였다.

⑥ 현장참여형 인사관리: 인사관리 관행도 개선되어 현장 참여형으로 개선되었다. 예를 들어 승진과 교육프로그램에서도 현장을 중요시 하는 풍토가 확산되면서 일방적으로 배제되던 기존의 관행이 변화하였고, 기종장 중심의 셀조직이 운영되면서 평가와 작업장 배치, 여유인력에 대한 배정 등이 현장중심으로 이루어졌다. 인사관리시스템은 이러한 활동이 원활하게 이루어질 수 있도록 지원하는 역할 중심으로 전문화되었다.

⑦ 노사협의회: 노동조합이 없는 상황에서 정기적으로 노사협의회를 통해 인사제도, 임금, 기타 근로조건 등에 대하여 근로자 대표기구와 협의를 꾸준히 하여 상호 신뢰를 구축하였다.

(3) 현장중심의 고성과 작업시스템 형성기(2006~2012)

① 경영환경: 2002년 셀 생산과 기종장제도가 도입된 후 인력은 2배가 증가하였지만 생산량은 19배 증가하였고 절대적인 생산성도 전 세계 캐논생산기지 중 최고수준이 되었다. 또 일본 캐논은 롯데캐논의 경영역량을 높이 평가하고 합작관계는 굳건해졌다. 그 결과 2006년 캐논코리아로 사명을 변경하고 독자적인 제품개발권까지 확보하게 되었다. 또한 IT기술의 발전과 인터넷의 일상화로 복합사무기기 영역에서 소프트웨어적인 역량이 주요 제품 경쟁력이 되면서 통합문서관리 솔루션업체로의 변신은 필연적인 과정으로 인식되었다.

② 현장인력 중심의 조직운영 및 분위기: 현장 인력에게 많은 권한을 부여하였고 기종장에게는 생산에 드는 비용을 결재를 거치지 않고 직접 운용할 수 있는 권한을 줄 정도이다. 또한 지원인력은 말 그대로 현장인력의 작업이 잘 이루어지도록 지원기능을 성실히 수행한다.

③ **다이렉트 출하시스템**: 기존의 생산 및 포장이 완료된 제품을 창고에 보관하였다가 주문 수량에 맞게 적재하여 출하하는 전통적인 방식을 벗어나, 창고를 없애고 주문량만큼만 생산하여 포장-적재-출하가 다이렉트로 이루어지는 다이렉트 출하시스템(DDD, Direct Delivery to Demand)을 도입하였다. 도입 이후 생산에 차질이 생기면 납기를 맞출 수 없는 상황이 발생하지 않을 정도로 성공적으로 운영되고 있다.

④ **복리후생의 강화**: 캐논코리아는 노사화합과 일하고 싶은 기업을 만들기 위한 목적에서 지속적으로 복리후생 시스템의 강화를 추진하고 있다. 예를 들어 식당, 화장실, 탈의실 등 직원들이 회사생활에서 빈번히 활용하는 공간은 최대한 쾌적한 환경을 조성하도록 노력하고 있으며 이것이 결국 생산성향상으로 이어질 것으로 믿고 있다. 또한 연1회 오케스트라 초빙 공연, 매월 생일자 파티, 야유회 및 체육대회 등과 우수사원의 일본 캐논 연수, 여직원 대상 분기별 테마교육(비즈공예, 토피어리 등) 등도 실시하고 있다. 특히 3박 4일의 일본 연수프로그램은 회사에서 전액 부담하고 개인별 용돈도 별도로 지급하는 등 호응도가 가장 높다.

⑤ **역할급 제도 도입과 스타상 시상식**: 2006년부터 역할급 제도를 시행하는데 역할급이란 일종의 범위직무급으로 역할과 성과에 기초하여 공평한 처우를 실현하고 자율성이 강한 개인을 육성하기 위해 도입하였다. 먼저 모든 직무에 대한 직무분석과 직무평가를 통해 역할등급을 분류하고 각 등급에 따라 기본급과 상여기본액을 정한다. 또한 인사평가 결과를 반영하여 개인 업적가액을 차등하여 지급한다. 인사평가 시 1차적 평가는 기종장으로부터 시작하여 팀장, 부장, 본부장의 평가를 거쳐 확정하는 방식으로 전환함으로써 현장참여형을 완성하였고 평가의 공정성과 수용도를 향상시키는 효과를 가져왔다.

또한, 2006년부터 우수사원들을 선발하여 스타상 시상식 행사를 매년 실시하고 있는데 직원들의 호응도가 매우 높다.

⑥ **셀 자체적 학습방식 정립**: 셀 구성원들간이 서로 친분을 나누면서 옆의 동료인 작업자들과 서로 기술과 지식을 공유할 수 있기 때문에 셀은 그 자체가 숙련시스템이라고 할 수 있다. 또한 마이스터 제도로 인해 숙련에 대한 동기부여가 잘 되어 있기 때문에, 별도의 교육훈련에 큰 투자를 하지 않아도 셀 자체에서 숙련향상이 이루어진다.

⑦ **장애인 채용**: 2009년 장애인고용촉진공단과 협약을 맺고 장애인 고용을 위해 노력하기 시작하였다. 우선 의사소통이 가능한 장애인을 선발하여 한 개의 CCO를 장애인으로 구성하도록 하였다. 이들은 우수한 성과를 보여주었고 1호 슈퍼마이스터가 탄생하였다.

3. 새로운 도전

지금까지 살펴본 바와 같이 캐논코리아의 고성과 작업시스템은 실적부진에 따른 위기를 극복하기 위하여 생산방식을 변경하고 직원들의 신뢰를 획득하면서 진화하였다. 캐논코리아가 지속적으로 성장하고 있는 핵심동력은 경영진의 현장중심의 경영과 경영진에 대한 종업원의 신뢰라고 할 수 있다. 여기에 더해 캐논코리아 특유의 셀 생산방식과 이를 진화시켜 만든 CCO 중심의 최적화된 생산력은 경쟁력을 더욱 강화시키는 계기가 되었다. 생산현장의 기술력을 높이기 위한 역할급의 도입, 일일혁신제도의 시행, 현장 중심의 인적자원 관리와 자발적인 학습지원 등은 고성과 작업시스템을 강화시키는 중요한 제도적 장치라고 할 수 있다. 그러나 이러한 선순환이 영원하리라는 법은 없기 때문에 항상 미래의 새로운 도전에 대한 준비가 필요하다.

캐논코리아는 신공장 이전이 이루어지는 2013년 이후 조직규모나 경영전략 등 다양한 대내외적 환경의 변화가 예상된다. 현재 시점에서 캐논코리아에 대한 SWOT 분석을 간단히 해 본다면, 직원들의 신뢰가 확산되어 있고, 셀 생산방식이 구축되어 안정화되어 있다는 점은 캐논코리아가 가진 현재의 강점(Strength)이라고 할 수 있다. 그리고 일본 본사의 강한 신뢰는 일의 기회를 많이 제공받을 수있는 외부적 기회(Opportunity)이다. 그러나 현장중심의 관리방식이 체계화가 덜 되어 있다는 점, 외부 경쟁력이 심화됨과 동시에 안전과 환경규제가 강화되고 스마트폰, 노트패드 등 인쇄물을 대체할 수 있는 IT기기가 발달되고 있는 점은 각각 약점(Weakness)과 위협(Threat)으로 작용하고 있다. 따라서 현재 구축된 작업시스템이 캐논코리아가 경쟁우위를 획득하는 데 큰 역할을 하였다는 점은 모두 인정하지만, 앞으로의 환경변화에도 과연 지속적인 경쟁우위를 보유할 수 있는지에 대한 고민을 시작해야할 시점인 것이다. 몇 가지 변화될 내용에 대해 살펴보면 다음과 같다.

첫째, 인력규모의 증가이다. 신공장은 구공장보다 5배 정도 확장될 것이기 때문에, 아무리 자동화 설비를 확대 적용한다고 하더라도 현재보다는 훨씬 대규모의 인력이 근무하게 될 것이 분명하다. 문제는 기존 캐논코리아의 현장중심경영의 핵심이 생산담당 본부장과 근로자들간의 직접적인 인간관계에 의존하는 측면이 강했다는 점이다. 1,000명 수준의 근로자들은 하루에 3~4명씩만 점심을 함께하면 1년이면 모든 근로자들과 직접 대화를 나눌 수 있는 규모이지만, 그 이상 인력규모가 커지면 대면접촉을 통한 신뢰의 형성은 매우 어렵게 된다. 현재는 개별적인 고충 접수 등 신뢰를 바탕으로 한 자율적인 건의의 형태로 경영참여가 이루어지고 있지만, 이를 체계화시켜야 할 과제도 안고 있다. 현재 운영 중인 1500제도를 발전적으로 활용하는 방안도 고려해볼 만하다.

최근에 이러한 문제를 인식한 회사는 생산직원의 70% 이상이 여성이라는 점에 착안하여 최근에 '여성직원회'를 새롭게 설치하였다. 1년마다 회장단을 선출하고, 이 대표들이 회사와 밀접한 관계를 유지하고 있다. 대표들은 근로자들의 전반적인 만족도와 고충사항을 수렴하고, 불만사항들을 회사에게 알리고 해결책을 모색하는 역할을 한다. 방식은 변화되었지만, 직원들의 마음을 얻기 위한 노력은 계속되어야 한다는 것이 회사의 입장이다.

둘째, 전략의 변화이다. SWOT 분석에서 살펴본 바와 같이 외부의 위협으로 여겨지고 있는 환경변화에 대응하기 위하여 의료기기, 자동화설비 및 사업인쇄 분야로 영역을 확대하는 전략이 검토되고 있다. 셀 생산방식의 우수성이 입증되면서 다른 영역의 제품들도 생산해보자는 의견이 회사 외부와 내부에서 모두 제기되고 있다. 이러한 변화는 인적자원관리 시스템의 측면에서 여러 가지 이슈를 제공한다. 즉, 사업영역의 다양화는 인력군 다양화를 가져오고, 이것은 현재 단수의 인사시스템에서 복수의 인사시스템을 도입해야 할 필요성을 의미하기도 한다. 복수의 인사시스템이 도입되면, 각 인사시스템의 적용을 받는 인력 간에 사회적 비교과정을 통한 상대적 박탈감이 고조되는 등 다양한 부작용도 나타날 수 있다. 특히, 복수노조시대를 맞이하여 새롭게 노조가 설립될 가능성도 간과할 수 없다.

마지막으로 리더의 교체로 인한 지속적인 시스템의 유지 가능성 여부를 들 수 있다. 최근 생산을 총괄하던 본부장이 다른 계열사의 대표이사로 승진하여 이전함에 따라 강력하게 CCO를 추진하고 관리하던 리더가 바뀌게 된 것이다. 캐논코리아의 경우에는 이미 셀 생산방식과 자율경영체제가 견고히 자리를 잡았으나, 이러한 체제를 지속적으로 운영하고 현장을 매일같이 살펴보던 강한 리더십이 연속적으로 이어질 수 있도록 하기 위해서는 경영진이 특히 많은 관심과 노력을 기울여야 할 것으로 판단된다.

앞서 살펴본 새로운 도전과제를 달성하기 위해서는 현행 체계에 대한 꾸준한 분석과 대안의 모색, 신성장동력에 대한 부단한 탐색과 시도, 현장중심의 리더십을 이어나가기 위한 노력들이 전제되어야 하며, 이러한 전략들이 내적, 외적 적합성을 가지면서 선순환될 때 캐논코리아는 한 단계 더 도약할 수 있을 것이다.

◎ 토의과제
1. 고성과작업시스템 관점에서 캐논코리아 사례를 설명하라.
2. 캐논코리아의 CCO와 유사한 자율경영팀을 도입하여 성공적으로 운영하는 기업사례와 도입하였지만 성과를 보지 못한 기업사례를 각각 소개하고 그 이유를 설명하라.
3. 새로운 제도나 프로그램(예: CCO, 역할급 등)을 도입할 때 일부 구성원들이 반대하는 경우가 있을 수 있다. 이를 해소할 수 있는 방안은 무엇인지 설명하라.
4. 새로운 도전을 성공적으로 달성하기 위해 캐논코리아가 해야 할 과제가 무엇이 있는지 설명하라.

임금제도와 성과참가

Modern Employment Relations

pre-case 7

대법원 "정기상여금, 통상임금 포함. 단, 추가 임금 소급은 불허" 판결[1]

정기적으로 모든 근로자에게 지급되는 상여금은 통상임금에 해당한다는 대법원의 최종 판단이 나왔다. 통상임금에 포함되는 임금명목은 ① 정기적으로 지급이 확정된 상여금, ② 부양가족 수와 관계없이 모든 근로자에게 지급되는 가족수당, ③ 근속기간에 따라 지급 여부나 지급액이 달라지는 근속수당, ④ 기술이나 자격 보유자에게 지급되는 자격수당, ⑤ 근무실적에서 최하등급을 받더라도 최소한 일정액은 보장되는 성과급, ⑥ 퇴직자도 근무일수에 비례해 지급하는 수당(여름휴가비, 설·추석 상여금, 개인 연금지원금 등) 등으로 결정되었다. 또한 과거 노사가 상여금 등을 통상임금에서 제외하기로 합의했더라도 이는 근로기준법에 위반돼 무효라는 점을 명확히 했다.

대법원 판결로 본 통상임금 기준

임금명목	임금특징	통상임금 해당여부
상여금	정기상여금(정기적으로 지급이 확정된 상여금)	통상임금
	기업 실적에 따라 일시적·부정기적·사용자재량에 따른 상여금(격려금·인센티브·경영성과분배금)	해당안됨
가족수당	부양가족수에 따라 차등 지급하는 가족수당	해당안됨
	부양가족 수와 관계 없이 모든 근로자에게 지급되는 가족수당	통상임금
근속수당	근속기간에 따라 지급 여부나 지급액이 달라지는 임금	통상임금
기술수당	기술이나 자격 보유자에게 지급되는 수당(자격수당·면허수당 등)	통상임금
성과급	근무실적을 평가해 지급하는 경우	해당안됨
	근무실적에서 최하등급을 받더라도 최소한 일정액은 보장되는 경우	통상임금
여름휴가비/설·추석 상여금/개인 연금지원금	재직자에게만 지급하는 경우	해당안됨
	퇴직자도 근무일수에 비례해 지급하는 경우	통상임금

연합뉴스

자료: 연합뉴스, "대법 전원합의체 '정기상여금은 통상임금 해당'," 2013-12-18, yonhapnews.co.kr

---

1 연합뉴스, "대법 전원합의체 '정기상여금은 통상임금 해당'," 2013-12-18; 조선인보, "[대법원 통상임금 판결]노동계 비판 목소리 '추가임금 청구 불허는 정치적 판결'," 2013-12-19; 이데일리, "경총, '통상임금 확대돼 내년 14조 추가부담'," 2013-12-18; 경향신문, "정부 임금제도 개편안 내달 말까지 확정키로," 2013-12-22; 뉴시스, "조선업계, '통상임금 관련 기준 명확히 해야'," 2013-12-25 등의 기사를 참고하여 재작성.

다만 과거 합의가 무효이더라도 근로자들이 차액을 추가임금으로 청구할 경우 사용자측에게 예기치 못한 과도한 재정적 지출을 부담토록 해 경영상 어려움을 초래하게 되면 정의와 형평 관념에 비춰 용인할 수 없고 '신의성실의 원칙'에 위반되기 때문에 소급해서 초과근무수당 차액을 청구할 수 없다고 판결하였다.

대법원의 판결에 대하여 노동계와 재계 등의 반응은 다르다. 우선 노동계는 대법원의 판결은 당연한 결과라고 평가하면서도 '신의성실의 원칙'을 이유로 과거 3년치 임금을 추가로 청구할 수 없다는 판단에 비판을 목소리를 냈다. 반면에 한국경영자총협회는 보도참고자료를 통해 통상임금의 범위가 확대됨으로써 내년 재계가 더 부담해야 할 금액이 13조 7,509억원이라며 우려를 표명했다.

특히 현대중공업, 삼성중공업, 대우조선해양 등 조선업계는 통상임금 관련 소송이 진행 중인데 이번 대법원 판결문에서 밝힌 정기적 상여금의 범위, 추가임금 청구에 대한 기준 등의 해석에서 사측과 노측의 입장이 엇갈리고 있다. 즉 업계마다 상여금을 지급하는 방식과 체계가 다르기 때문에 일반화하기 힘들다는 점, 또 추가임금을 지급하지 않아도 될 조건 중 기업에 중대한 경영상의 어려움을 초래하거나 기업의 존립 자체가 위태롭게 될 경우를 들고 있는데 이 부분에 대한 의견 차이가 있다. 이에 업계 관계자는 "(대법원 판결의) 모호한 기준으로 현장에서 혼란이 가중시킬 수 있기 때문에 고용노동부가 근로기준법 시행령 개정, 통상임금 산정규칙, 통상임금 적용 시점 등을 명확하게 정리해서 노사간의 불필요한 갈등을 해소시켜줘야 한다"고 말했다.

한편 고용노동부는 임금제도개선위원회를 구성하여 다음 달 말 임금제도개편안을 확정해 노사정위원회에 제출할 예정이다.

임금은 피고용인은 물론 기업 모두에게 경제적·사회적 관점에서 매우 중요하며 본질적으로 분배적(distributive) 특성을 지니고 있어 기업과 종업원간의 갈등의 주요인이 되고 있다. 기업의 입장에서는 임금관리를 통해 경제적 효율성을 극대화시키는 동시에 노사간의 갈등을 최소화시키기 위해 임금의 공정성을 추구하는 것이 필요하다. 본 장에서는 임금제도의 내용과 우리나라의 임금제도의 특성, 문제점 및 개선방안에 대하여 살펴보고, 임금제도의 일부로서 성과참가제도 및 자본참가제도에 대하여 설명한다.

1. 임금제도

1.1 임금제도의 의의와 중요성

☞임금은 사용자가 근로의 대상으로 근로자에게 지급하는 일체의 금품

임금은 사용자가 근로의 대상으로 근로자에게 지급하는 일체의 금품을 의미한다. 임금은 기업과 직원 모두에게 중요한 의미를 갖는다.

(1) 기업측면에서의 중요성

기업의 입장에서 임금은 다음과 같은 의미를 갖고 있다. 첫째, 임금은 조직의 목표달성에 핵심적 요소가 되는 생산성에 영향을 미친다. 따라서 기업은 생산성 향상을 위해 먼저 임금에 대해 합리적인 설계를 구상하게 된다. 둘째, 임금은 기업이 생산하는 상품 제조원가의 상당한 부분을 차지하여 기업의 이윤획득은 물론 시장에서의 해당 상품의 경쟁력을 결정하는 데 중요한 요소가 된다. 셋째, 임금은 기업이 노동시장에서 인력을 확보하는 데 중요한 역할을 한다.

(2) 종업원 측면에서의 중요성

임금은 종업원 소득의 주 원천으로서 생계를 충족시키고 종업원의 생활의 질을 향상시키는 데 중요한 역할을 한다. 또한 임금은 종업원의 사회적 지위를 반영한다. 사내에서는 공식 직제상의 서열, 직무수행능력 및 성과에 따라 개인의 임금액이 결정되므로 임금수준 자체가 종업원의 직위를

판단하는 기준이 된다. 경제적으로도, 물질적으로도 풍요한 생활을 영위할 수 있게 하기 때문이다.

1.2 임금관리의 목적

임금관리의 목적은 크게 효율성(efficiency), 공정성(equity) 및 적법성 (compliance)을 들 수 있다. 첫째, 효율성은 임금의 수준에 있어서 직원간에 격차를 둠으로써 직원의 동기유발을 위하여 공헌하여야 한다는 점이다. 둘째, 공정성은 비슷한 자격을 갖추거나 동일한 공헌을 한 직원에게는 비슷한 수준의 임금이 지급되도록 하여 임금이 직원간 불만족의 원인이 되어서는 안 된다는 점이다. 불공정한 임금의 지급은 직무불만족과 이직의 주요 원인이 된다. 셋째, 임금은 시장경제하에서 사회구성원의 행위에 큰 영향을 미치므로 대부분의 국가에서 임금에 대한 많은 법령을 두고 이를 준수하도록 요구하고 있다. 따라서 임금관리의 마지막 목적은 법령에 대한 준수, 즉 적법성이다.

☞ 효율성(efficiency), 공정성(equity) 및 적법성(compliance)

|그림 7-1| 좁고 어둡고 냄새 하는 맨홀속에서 작업하는 케이블 매니저 모습

1.3 임금의 제 개념

이하에서는 임금과 관련된 개념으로서 임금수준과 임금체계에 대하여 논의하고자 한다.

(1) 임금수준의 관리

임금수준(pay level)이란 기업이 일정한 기간 내에 구성원들에 대해 지불하는 임금의 평균이다. 즉, 한 기업에서 근로의 대가로 지불되는 금품의 평균적인 크기를 의미한다.

☞ 기업이 일정한 기간 내에 구성원들에 대해 지불하는 임금의 평균

개별기업의 임금수준이 무엇을 기준으로 결정되느냐 하는 것은 임금협상시 노사 모두에게 중요한 문제이다. 또한, 많은 학자들이 임금결정기준에 관한 학설을 제시하고 있다. 여기에서는 임금수준의 결정요인으로 간주되는 비교임금·물가수준·생계비·지불능력을 중심으로 살펴보고자 한다.

① 생 계 비 임금이 근로자 생계의 원천이 되므로 최소한 종업원들의 생계를 보장해 줄 수 있는 정도가 임금수준 결정요인의 하한선이 된다. 생계비 수준을 결정하는 방법으로는 귀납적인 방법에 의존하는 실제생계비와 연역적인 방법에 의한 이론생계비가 있다. 실제생계비는 실제로 다수의 근로자 가구를 모집단으로 하여 표준조사를 통해 생계지출의 평균치를 파악하는 방법이다. 이는 현실적이라는 장점이 있지만 소비수준이 이미 수입의 정도에 의해 제한되어 있는 상태이므로 생계비의 정확한 계산이 어려운 단점이 있다. 이론생계비는 근로자가 생계유지를 위해 필요하다고 인정되는 소비내용을 항목별로 나열하고 물가수준을 고려하여 항목별로 적정 비용을 계산한 뒤 이를 합산하여 결정하는 것이다. 그러나 이론생계비를 산정하는 데 필요한 항목에 대하여 노사가 동의하는 객관적인 방법을 찾기가 어려우므로 노사간의 의견일치를 보기 어렵다는 단점이 있다.

☞ 실제생계비

☞ 이론생계비

② 지불능력 기업의 임금지불능력은 기업이 최대한으로 지불할 수 있는 재정적 능력이라기보다는 정상적인 기업경영을 허용하는 범위 내에서의 지불능력을 의미한다. 일정시점에서 기업의 임금지불능력이 매우 크다고 해도 임금지불의 원천이 되는 기업의 성과는 시장환경 및 기업사정에 따라 증감하는 반면 임금은 하방경직성(한 번 상승한 임금은 하락하지 않는 현상)이라는 특성을 지니므로 미래의 대책 없이 당시의 임금지불능력만큼 임금을 대폭 인상하는 것은 비합리적이다. 지불능력을 판정하는 기준으로는 기업의 수익성과 생산성을 들 수 있다.

☞ 정상적인 기업경영을 허용하는 범위 내에서의 지불능력

③ 물가수준 물가의 변동은 화폐가치의 변동을 의미하므로 근로자의 명목상 임금(명목임금)이 일정하다 해도 물가가 상승하면 그 실질가치(실질임금)는 감소하게 된다. 따라서 물가수준은 임금수준 결정시 반드시 고려되는 중요한 요소이다.

☞ 명목임금

☞ 실질임금

④ 비교임금 비교임금이란 동일노동·동일임금의 원칙에 입각하여, 동일노동시장에서 활동하고 질적·양적인 면에서 동일한 노동을 제공하는 피고용인들은 동일한 수준의 임금을 지급받아야 한다는 공정임금 개

☞ 동일노동·동일임금 원칙에 입각한 공정임금 개념

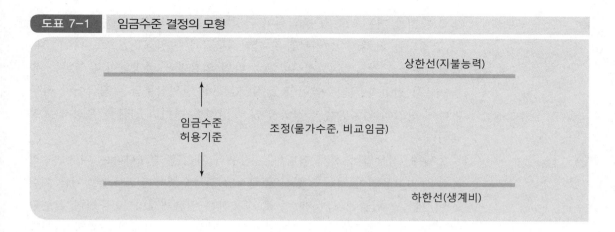

도표 7-1 임금수준 결정의 모형

상한선(지불능력)

임금수준
허용기준   조정(물가수준, 비교임금)

하한선(생계비)

념이다. 비교임금 역시 임금수준 결정시에 고려되어야 할 요소이다. 이상과
같은 임금수준결정의 요인을 단순화시키면 〈도표 7-1〉과 같다.

(2) 임금체계의 관리

임금체계(pay structure)란 임금수준을 결정하는 기준을 의미하는 것으 ☛ 임금수준을 결정하
로서 피고용인에게 지급되는 임금이 어떠한 항목들로 구성되어 있고 또한 는 기준을 의미
각 임금항목이 어떠한 기준에 의해 결정되는가를 나타내 주는 개념이다. 개
별 피고용인에게 지급되는 임금은 일반적으로 여러 가지 구성요소로 이루
어져 있으며 그 결정기준도 다양하다.

임금체계의 유형에는 연공급, 성과급, 직능급 및 직무급 등이 있다. 첫
째, 연공급은 흔히 각 종업원에게 지급되는 기본급의 의미를 가지며 주로 ☛ 연공급은 개인의 근
개인의 근속연수에 의해 결정되는 임금체계이다. 이는 장기고용과 정기승 속연수에 의해 결정
급을 전제로 근속연수와 학력·연령·성별 등 완전히 속인적 요소를 기준으 되는 임금체계
로 개인간의 임금격차가 결정되는 임금체계이다. 연공급은 근속연수가 길
어질수록 직원의 기술수준이 비례적으로 증가함을 전제로 한 것이다. 따라
서 초임수준이 낮고 기술진보의 속도가 급격하지 않았던 시기에는 연공급
이 바람직한 것이었으나 최근 기술진보의 속도가 급속히 증가하면서 점차
그 정당성이 퇴색되어 가고 있다. 특히, 한국과 일본의 경우 연공급의 전통
을 가지고 있었으나, 1990년대 이후 이 전통이 현저히 약화되는 현상을 보
이고 있다.

둘째, 직무급은 직무평가(job evaluation)의 결과로 밝혀진 각 직무의 상

📌 직무급은 직무평가의 결과로 밝혀진 각 직무의 상대적 가치를 기준으로 각 종업원이 담당하고 있는 직무에 의해서 임금격차가 결정되는 체계

📌 직능급은 피고용인이 지니고 있는 총체적인 직무수행능력이 개인별 임금격차의 기준으로 작용하는 임금체계

📌 성과급은 종업원이 달성한 성과의 크기에 따라 임금액을 결정하는 제도

대적 가치를 기준으로 각 종업원이 담당하고 있는 직무에 의해서 임금격차가 결정되는 체계이다. 직무급은 단일직무급과 범위직무급으로 나뉘는데, 단일직무급은 직급 또는 직무마다 하나의 임률만을 설정하여 운영하는 유형으로서 전형적인 직무급이라 할 수 있으며, 범위직무급은 직급이나 직무마다에 단일의 임률만을 설정하지 않고 일정한 범위의 임률을 설정하는 형태이다.

셋째, 직무급이 현재 담당하는 직무의 가치를 중요시하는 데 비해 직능급은 피고용인이 지니고 있는 총체적인 직무수행능력(예를 들면 기술, 지식 등)이 개인별 임금격차의 기준으로 작용하는 임금체계이다. 총체적 직무수행능력이란 현재 직무를 수행하면서 발휘되고 있는 현재적 능력과 기회가 주어지지 않아 발휘되지 못하고 있는 잠재적 능력을 모두 포함하는 개념이다. 이는 동일능력·동일노동의 능력주의를 실현하는 것이라 할 수 있다.

넷째, 성과급은 종업원이 달성한 성과의 크기에 따라 임금액을 결정하는 제도로서 산업화 초기부터 성과의 측정이 용이한 직무에 한하여 쓰여 왔던 임금제도이다. 특히, 개인성과의 측정이 용이한 직무, 제조원가에서 인건

도표 7-2 임금체계 유형별 장·단점

	장 점	단 점
연공급	생활보장으로 귀속의식 확대 연공질서 확립과 사기 유지 폐쇄적 노동시장에서 용이 실시가 용이 성과평가가 곤란한 직무에 적용가능	동일노동에 대한 동일임금 실시곤란 전문기술인력의 확보 곤란 능력있는 젊은 종업원의 사기 저하 인건비 부담 가중 소극적 근무태도 야기
직무급	능력주의 인사풍토 조성 인건비의 효율성 증대 개인별 임금차 불만해소 동일노동에 대한 동일임금 실현	절차가 복잡 학력, 연공주의 풍토에서의 저항
직능급	능력주의 임금관리 실현 유능한 인재의 지속적 보유 종업원의 성장욕구기회 제공 승진정체의 완화	초과능력에 적용 곤란 직능평가가 어려움 적용 직종의 제한 직무 표준화가 선행되어야 함
성과급 (개인성과급)	생산성 향상, 종업원 소득 증대 작업절차에 대한 감독의 필요성 감소 인건비 측정 용이	품질관련 문제 발생 가능성 종업원의 신기술 도입 저항 생산기계의 고장에 종업원 불만 고조 작업장내 인간관계 문제 발생 가능성

비 비율이 높은 기업(노동집약기업), 제품시장에서 원가경쟁이 치열한 기업등에서 성과급체계를 선호하고 있는 것으로 나타나고 있다. 우리나라의 경우 최근 연공급을 대체하는 임금체계로서 성과급(연봉제)이 대두되고 있다.

이상에서 논의된 각 임금체계의 유형을 비교하면 〈도표 7-2〉와 같다.

(3) 임금의 인접 개념들

임금과 인접한 개념으로서 통상임금, 평균임금, 보수비용, 노동비용, 그리고 인건비가 있다. 통상임금과 평균임금은 근로자의 입장에서 본 개념이며, 보수비용과 노동비용은 사용자의 입장에서 본 개념이다. 이들을 차례로 설명하면 다음과 같다.

① **통상임금**   우리나라에서 노동법과 행정해석을 통하여 통상임금과 평균임금이라는 개념을 사용하고 있다. 통상임금은 매월 고정 지급되는 급여를 말한다. 즉, 기업이 일정한 룰에 의거하여 종업원에게 공통적·고정적으로 지급하는 기본급과 모든 근로자에게 매월 정기적·일률적으로 지급하는 통상제수당(예를 들면, 직무수당, 직책수당, 자격수당, 책임자수당, 위험작업수당, 벽지수당, 기술수당, 승무수당 및 초과근로수당 등)의 산정에 활용된다.

통상임금의 경우에는 연·월차 수당 산정과 중도 퇴사자나 중도 입사자들의 근무일에 따른 급여 산정에 이용된다. 예를 들어 12일치만 근무한 중도퇴사자의 급여는 1개월 통상임금을 30으로 나눈 금액이 1일 통상임금이므로, 이 1일 통상임금에 12를 곱한 것이 12일치 급여가 된다.

② **평균임금**   평균임금은 정기적이든 부정기적이든 월급여로 받는 모든 금액을 의미한다. 즉, 평균임금은 통상임금에 통상외급여 (초과급여, 즉 1년에 1, 2회만 지급하는 정근수당, 부정기적으로 지급하는 연장근로수당, 야간근로수당, 휴일근로수당 등), 상여금(예를 들면, 해당월에 발생한 성과급) 및 임금성 복리후생(예를 들면, 학자금보조) 등을 더한 개념이다. 평균임금의 산정기준은 평균임금 산정 사유 발생 직전 3개월의 금액을 기준으로 산정한다. 일반적으로 평균임금의 경우에는 퇴직금 산정에 이용된다. 퇴직금 산정의 경우에는 퇴직발령일 직전 3개월간 받은 총 급여를 해당기간의 근무일수로 나눈 1일 평균임금이 된다. 이 1일 평균임금에 30을 곱한 것이 1개월 평균임금이 되고, 이 1개월 평균임금이 1년 근무에 대한 퇴직금이 된다.

③ **보수비용**   보수비용(compensation costs)은 평균임금에 사용자

도표 7-3 임금관련 제 개념의 명칭과 범위

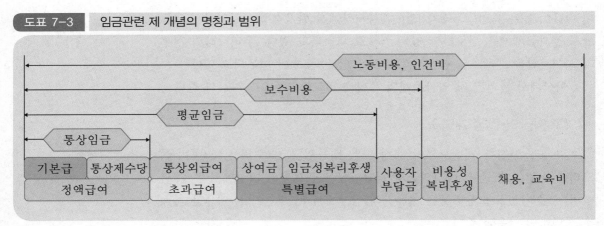

자료: 박준성, 「임금관리 이론과 실제」(명경사, 2004)

부담금(예를 들면, 사용자가 지불하는 의료보험, 산재보험 등에 대한 부담금 등)을 합한 금액이다.

④ **노동비용**　　노동비용(labor costs 혹은 인건비)은 보수비용에 비용성 복리후생(부정기적으로 발생하는 식대, 교통비, 출장비)과 인적자원에 대한 채용 및 교육비 등을 포함한 금액을 의미한다. 즉 노동비용은 사용자가 인력운영을 위해 지출하는 모든 비용을 의미한다(〈도표 7-3〉 참조).

1.4 임금의 법률적 보호제도

임금문제는 피고용인에 있어서도 가장 큰 관심의 대상이며 사회전체의 관점에서도 중요한 의미를 지닌다. 따라서 우리나라는 물론 거의 모든 국가에서 정부는 임금에 대한 다수의 법령을 통하여 임금의 관리를 세밀하게 규정하고 있다. 이하에서는 피고용인의 최저한 근로조건을 정하는 「근로기준법」, 사용자의 변제능력 상실에 따른 피고용인의 기본생활 안정도모를 위한 「임금채권보장법」 및 임금액의 최저한도를 보장하는 「최저임금법」 등에 대하여 살펴보기로 한다.

http://www.moleg.
go.kr

(1) 근로기준법

근로기준법에서는 다음의 조항을 두어 근로자를 보호하고 있다.

첫째, 사용자는 연장근로, 야간근로, 휴일근로의 경우 통상임금의 100분의 50 이상을 가산하여 지급하여야 한다.

둘째, 사용자가 도산 또는 파산하거나 사용자의 재산이 다른 채권자에 의하여 압류되었을 경우 피고용인의 임금채권을 일반채권자의 채권 또는 조세·공과금보다 우선하여 변제받도록 규정하고 있다.

▰ 피고용인의 최저한 근로조건을 정한 근로기준법

셋째, 사용자의 귀책사유로 인하여 휴업하는 경우에 사용자는 휴업기간중 당해 근로자에게 평균임금의 100분의 70 이상의 수당을 지급하여야 한다고 규정하고 있다.

(2) 임금채권보장법

「임금채권보장법」은 '경기의 변동 및 산업구조의 변화 등으로 사업의 계속이 불가능하거나 기업의 경영이 불안정하여 임금 등을 지급받지 못한 상태로 퇴직한 근로자에게 국가가 그 지급을 보장하는 조치'이다. 사업주가 파산하는 경우에 고용노동부 장관은 근로자의 청구가 있는 경우 근로자의 미지급 임금과 퇴직금을 임금채권보장기금에서 지급하고, 그 지급한 금액의 한도 안에서 당해 사업주에 대한 당해 근로자의 미지급 임금 및 퇴직금 청구권을 대위(代位)한다.[2]

▰ 사업의 계속이 불가능하거나 기업의 경영이 불안정하여 임금 등을 지급받지 못한 상태로 퇴직한 근로자에게 국가가 그 지급을 보장하는 조치

(3) 최저임금법

최저임금제(minimum wage system)란 1894년 뉴질랜드에서 시작하여 현재 많은 국가에서 도입하고 있는 제도로 국가가 노사간의 임금결정 과정에 개입하여 임금의 최하수준을 정하여 저임금 피고용인을 보호하는 제도이다.

① **최저임금제의 의의** 임금수준은 노동시장에서의 노동의 수급상태를 배경으로 노사간의 교섭을 통해 결정되는 것이 원칙이지만 그러한 방식으로 결정된 임금수준이 피고용인의 최저생계비에 미달할 만큼 지나치게 낮은 수준인 경우에는 국가가 임금수준의 결정에 개입하게 된다. 즉 국가가 임금의 최저수준을 결정하고 사용자에게 그 이상의 임금을 지급하도록 법률적으로 강제하는 제도를 최저임금제도라 한다. 이때 국가의 기관이 조사·심의하여 결정한 최저의 임금을 법정최저금이라 하며 법률적 강제란 사용자가 법정최저임금 이하의 임금을 지급할 경우 형사상 처벌을 받게 됨

▰ 국가가 임금의 최저수준을 결정하고 사용자에게 그 이상의 임금을 지급하도록 법률적으로 강제하는 제도

---

2 김형배, 「노동법(제13판)」(서울: 박영사, 2002), p. 314.

|그림 7-2| 최생계비 현실화 촉구 '3보 1배' 장면

🖙 최저임금결정기구로
최저임금위원회가
있음

을 의미한다.

② 최저임금제의 목적   최저임금제도를 시행하는 일반적인 목적은 다음과 같다. 첫째, 저임금 피고용인 소득을 증대시켜 빈곤을 퇴치하고 교섭력이 미약한 미숙련·비조직 피고용인의 노동력 착취를 방지하려는 사회정책적 목적, 둘째, 소비성향이 높은 저임금 피고용인의 구매력을 증대시켜 유효수요를 확대하고 불황에 발생하기 쉬운 임금절하로 인한 유효수요의 축소를 방지하려는 경제정책적 목적, 셋째, 임금의 최저한도를 규정함으로써 저임금에 의존하는 경쟁을 지양하고 장기적으로 기술개발 및 생산성 향상을 통한 기업간의 공정한 경쟁이 이루어지도록 하려는 산업정책적 목적 등이 있다.

이러한 일반적 목적달성을 위해 시행되는 최저임금제도는 각국의 상황에 따라 최저임금의 결정방식·결정기준·적용범위 등을 달리하며 여러 가지 형태로 시행되고 있다.

③ 최저임금제의 문제점과 효과   최저임금제는 위에서 열거한 긍정적 측면이 있으나 노동시장에서 노동력의 공급이 과잉될 때 기업은 최저임금 이하의 성과를 창출하는 피고용인의 고용을 피할 가능성이 높으며 이것은 바로 실업률 증가로 연결될 수 있다는 문제점을 안고 있다. 또한 최저임금은 인건비 인상을 가져오고 기업은 최저임금으로 인해 상승된 비용을 제품의 가격에 반영시켜 그 부담은 결국 소비자에게 돌아가게 될 가능성이 높다는 점이다.

그러나 최저임금제는 국가 전체 차원에서 최저생계비를 보장함으로써 빈곤퇴치, 기업간 공정한 경쟁유도 및 제품시장에서의 유효수요 창출에 기여하고 있다. 뿐만 아니라 노동조건의 개선에 따른 근로의욕을 제고시키고 노사간에 존재하는 임금관련 갈등을 줄일 수 있는 제도로 평가된다.

④ 우리나라의 최저임금결정기구   우리나라의 최저임금결정기구로 최저임금위원회가 있는데, 그 구성은 근로자위원, 사용자위원 및 공익위원 각 9인으로 이루어지며 임기는 3년으로 하되 연임이 가능하다. 본 위원

적용연도	시간급	일급 (8시간 기준)	인상률	적용대상근로자	수혜근로자	영향률
'14.1.1~'14.12.31	5,210	41,680	7.2	17,734,000	2,565,000	14.5
'13.1.1~'13.12.31	4,860	38,880	6.1	17,510,000	2,582,000	14.7
'12.1.1~'12.12.31	4,580	36,640	6.0	17,048,000	2,343,000	13.7
'11.1.1~'11.12.31	4,320	34,560	5.1	16,479,000	2,336,000	14.2
'10.1.1~'10.12.31	4,110	32,880	2.75	16,103,000	2,566,000	15.9
'09.1.1~'09.12.31	4,000	32,000	6.1	15,882,000	2,085,000	13.1
'08.1.1~'08.12.31	3,770	30,160	8.3	15,351,000	2,214,000	13.8
'07.1.1~'07.12.31	3,480	27,840	12.3	14,968,000	1,784,000	11.9
'05.9~'06.12	3,100	24,800	9.2	14,584,000	1,503,000	10.3
'04.9~'05.8	2,840	22,720	13.1	14,149,000	1,245,000	8.8
'03.9~'04.8	2,510	20,080	10.3	13,631,000	1,035,000	7.6
'02.9~'03.8	2,275	18,200	8.3	13,216,000	849,000	6.4
'01.9~'02.8	2,100	16,800	12.6	7,152,499	201,344	2.8

도표 7-4 연도별 최저임금 적용범위 및 최저임금액

자료 : 최저임금위원회, 적용연도별 최저임금액, http://www.minimumwage.go.kr

회에서 근로자의 생계비, 유사근로자의 임금 및 노동생산성을 고려하여 사업의 종류별로 구분하여 최저임금을 정한다. 현재, 우리나라의 최저임금 적용범위 및 최저임금액은 〈도표 7-4〉와 같다.

최저임금위원회
http://www.
minimumwage.go.kr

1.5 우리나라 임금현황

(1) 우리나라 임금현황

최근 우리나라의 임금현황을 연도별·내역별·성별·규모별·산업별·학력별·연령별로 구분하여 통계적으로 살펴보고자 한다. 자세한 통계는 〈도표 7-5〉에 수록되어 있다.

KLI 한국노동연구원
http://www.kli.re.kr

① 증 가 율   2012년 상용근로자 10인 이상 비농전산업의 월평균 명목임금은 335.2만원으로 전년 대비 5.6% 증가하였다. 실질임금 상승률은 3.3%인 것으로 나타났다(〈도표 7-5 참조).

② 성별 임금현황   여성 임금은 남성임금수준과 비교하여 상대적

도표 7-5	임금관련 주요 동향

연 도		1980	1985	1990	1995	1996	1997	1998	1999	2000
임금총액*		176	324	642	1,222	1,368	1,463	1,427	1,599	1,727
증감률* (%)	명목임금 증감률	23.4	9.2	18.8	11.2	11.9	7	−2.5	12	8
	실질임금 증감률	4.2	6.6	9.4	6.4	6.6	2.4	−9.3	11.1	5.6
내역별* (천원/월)	정액급여	129	239	444	828	925	1,012	1,050	1,114	1,196
	초과급여	26	39	70	111	117	118	100	131	149
	특별급여	21	46	128	283	325	334	276	354	383
성별* (천원/월)	남자	224	397	753	1,382	1,536	1,635	1,579	1,786	1,938
	여자	99	190	403	823	936	1,015	1,006	1,131	1,225
규모별* (천원/월)	10 ~ 29	166	308	549	1,082	1,118	1,283	1,228	1,376	1,497
	30 ~ 99	177	314	572	1,108	1,233	1,342	1,307	1,439	1,567
	100 ~ 299	173	308	603	1,175	1,323	1,418	1,382	1,561	1,713
	300 ~ 499	183	340	698	1,334	1,517	1,619	1,570	1,794	1,973
	500인 이상	178	344	741	1,511	1,693	1,774	1,765	2,019	2,195
산업별*, (천원/월)	제조업	147	210	591	1,124	1,261	1,326	1,284	1,473	1,601
	광업	203	325	606	1,195	1,380	1,535	1,525	1,581	1,702
	전기·가스·수도	283	575	954	1,608	1,917	2,079	2,022	2,328	2,490
	건설	258	400	745	1,384	1,501	1,624	1,502	1,691	1,840
	도소매	211	372	655	1,174	1,317	14,274	1,397	1,471	1,598
	음식숙박업				995	1,112	1,202	1,178	1,192	1,251
	운수업	203	342	584	1,070	1,260	1,398	1,351	1,576	1,771
	통신업									
	금융·보험업	282	519	852	1,828	1,987	2,054	1,967	1,833	1,953
	부동산임대업				1,141	1,242	1,362	1,329	1,445	1,533
	사업서비스업									
	교육서비스업	275	484	827	1,934	2,037	2,302	2,190	2,019	2,096
학력별* (천원/월)	중졸 이하	124	226	477	959	1,053	1,133	1,199	1,157	1,289
	고졸	181	303	569	1,100	1,235	1,342	1,334	1,359	1,513
	전문대 졸	265	393	668	1,193	1,327	1,428	1,431	1,442	1,572
	대졸 이상	413	686	1,056	1,715	1,926	2,088	2,109	2,164	2,399
연령별* (천원/월)	20세 미만	72	130	278	523	612	646	646	627	725
	20 ~ 24	104	186	400	758	857	941	919	944	998
	25 ~ 29	177	294	569	1,031	1,147	1,251	1,227	1,262	1,366
	30 ~ 34	227	388	702	1,325	1,492	1,601	1,566	1,620	1,787
	35 ~ 39	250	432	763	1,443	1,627	1,755	1,750	1,833	2,048
	40 ~ 44	256	440	777	1,456	1,658	1,783	1,824	1,867	2,077
	45 ~ 49	264	447	767	1,429	1,640	1,748	1,804	1,833	2,036
	50 ~ 54	287	466	739	1,345	1,552	1,686	1,736	1,727	1,905
	55 ~ 59	299	485	694	1,207	1,358	1,437	1,465	1,470	1,624
	60세 이상	336	507	663	1,064	1,174	1,233	1,303	1,327	1,407

주: * 는 상용근로자 10인 이상 사업장.
　　** 2008년부터 제9차 표준산업분류 적용. 따라서 이전의 임금수준과 차이가 있음.
자료: 한국노동연구원, [각 연도 KLI노동통계] (서울: 한국노동연구원).

2001	2002	2003	2004	2005	2006	2007	2008	2009	2010	2011	2012
1,825	2,036	2,228	2,373	,2525	2,667	2,823	2,940	3,001	3,196	3,176	3,352
5.6	11.6	9.4	6.5	6.4	5.6	5.9	4.1	2.1	6.5	−0.6	5.6
1.5	8.7	5.7	2.8	3.6	3.3	3.3	−0.5	−0.7	3.4	−4.4	3.3
1,274	1,436	1,567	1,677	1,795	1,918	2,047	2,115	2198	2,296	2,413	2,552
149	144	150	157	173	181	191	203	198	221	205	207
402	456	511	539	557	567	586	622	606	679	558	593
2,044	2,281	2,503	2,668	2,837	2,898	3,035	3,220	3,198	3,285	3,447	—
1,315	1,458	1,574	1,663	1,778	1,863	1,927	2,036	2,037	2,110	2,216	—
1,606	1,705	1,808	1,945	1,081	2,187	2,331	2,385	2,442	2,561	2,562	2,711
1,680	1,856	2,005	2,124	2,259	2,413	2,574	2593	2,682	2,837	2,864	3,046
1,785	2,067	2,239	2,387	2,517	2,646	2,836	2,928	2,957	3,126	3,113	3,355
2,135	2,357	2,474	2,683	2,822	2,943	3,064	3,921	3,934	4,291	4,273	4,424
2,313	2,718	3,043	3,327	3,541	3,660	3,939					
1,702	1,907	2,074	2,380	2,458	2,595	2,772	2,871	2,928	3,190	3,210	3,407
1,780	1,994	2,304	2,457	2,537	2,616	2,835	3,049	2,957	3,178	3,461	3,636
2,875	3,243	3,661	3,860	4,138	4,354	4,703	5,213	5,204	5,572	5,594	5,513
1,835	2,063	2,287	2,352	2,374	2,577	2,731	2957	2,939	3,252	2,962	3,137
1,827	1,979	2,218	2,301	2,573	2,718	2,883	2,810	2,934	3,178	—	—
1,336	1,527	1,615	1,686	1,781	1,830	1,851	1,948	2,005	3,110	3,338	3,518
1,803	1,666	1,852	1,947	2,121	2,191	2,308	2,328	2,313	2,422	2,421	2,621
	3,545	3,665	3,743	3,809	3,878	4,196	3,386	3,407	3,567	3,890	4,060
2,065	3,027	3,395	3,646	3,854	4,198	4,532	4,602	4,677	4,887	5,055	5,289
1,597	1,254	1,391	1,431	1,566	1,746	1,867	1,947	2,038	2,164	2,169	2,419
	2,024	2,115	2,256	2,364	2,541	2,677	1,781	1,791	1,917	1,767	1,859
2,138	2,597	2,850	3,053	3,052	3,192	3,232	3,843	3,901	3,963	3,724	3,902
1,355	1,406	1,521	1,888	1,737	1,834	1,993	2,003	1,986	2,026	2,055	—
1,602	1,719	1,848	2,023	2,061	2,202	2,265	2,405	2,362	2,388	2,537	—
1,669	1,761	1,895	2,915	2,128	2,220	2,311	2,479	2,472	2,518	2,711	—
2,519	2,647	2,889	3,945	3,271	3,433	3,545	3,721	3,638	3,709	3,885	—
826	911	965	961	1,213	1,353	1,369	1288	1,244	1,131	1,436	—
1,064	1,143	1,219	1,294	1,471	1,486	1,521	1,576	1,575	1,588	1,798	—
1,436	1,552	1,654	1,738	2,006	1,951	1,976	2,109	2,114	2,174	2,306	—
1,870	2,064	2,220	2,333	2,607	2,537	2,605	2,761	2,705	2,798	2,898	—
2,163	2,346	2,541	2,693	2,896	2,997	3,115	3,274	3,206	3,287	3,387	—
2,207	2,379	2,595	2,784	2,946	3,143	3,285	3,478	3,434	3,510	3,649	—
2,185	2,348	2,543	2,713	2,940	3,161	3,333	3,465	3,455	3,504	3,712	—
2,033	2,166	2,370	2,507	2,758	3,078	3,309	3,421	3,300	3,355	3,525	—
1,715	1,802	2,042	2,124	2,206	2,612	2,795	2,963	2,862	2,911	3,040	—
1,418	1,453	1,589	1,654	1,737	1,900	2,007	2,114	2,061	2,067	2,035	—

으로 적다. 그 이유는 여성근로자의 특성(예를 들어 보조적 직무, 단기 근속, 고용기회의 제한, 교육수준 등)[3]이나 남녀차별에서 기인한다고 설명된다. 최근 성별 임금격차는 과거보다는 많은 개선을 보여주고 있어 남성 임금을 100으로 할 때 여성 임금은 약 64.3% 수준에 이르고 있다(〈도표 7-5〉 참조).

③ **규모별 임금현황**　　500명 이상 사업체의 임금수준은 10~29명 규모에 비해 1980년 1.07배에서 1985년 1.12배, 1990년 1.35배, 1995년 1.40배로 증가하였다. 2012년 300명 이상 사업체의 임금수준은 10~29명 규모에 비해 약 1.63배로 대기업과 중소기업간의 임금격차가 확대되고 있음을 보여준다(〈도표 7-5〉 참조).

④ **산업별 임금현황**　　2012년 산업별 임금현황을 보면 전기·가스·수도업 등 장치산업이 가장 높고, 사업서비스업이 가장 낮게 나타났다. 이는 장치산업의 경우 전체 매출액에서 노동비용이 차지하는 비중이 상대적으로 적어서 임금인상이 용이하고, 사업서비스업과 같은 노동집약적인 산업은 노동비용이 차지하는 비중이 커서 임금인상이 어렵기 때문인 것으로 보인다. 여기서 하나의 특징은 산업간 임금순위는 시대적으로 큰 변화를 보이지 않으나 산업간 임금격차는 많이 완화되고 있다는 점이다(〈도표 7-5〉 참조).

⑤ **학력별 임금현황**　　우리나라 임금체계의 특색 중 하나가 학력별 임금구조라는 것이었으나 최근 이러한 격차가 많이 해소되었다. 예를 들어 1980년 중졸 이하의 임금이 월 12.4만원, 고졸 18.1만원, 전문대졸 26.5만원, 대졸이상 41.3만원(중졸 이하의 3배)이었으나, 2011년의 경우 중졸 이하의 임금이 월 171.3만원, 고졸 211.4만원, 전문대졸 225.9만원, 대졸 이상 323.8만원(중졸 이하의 약 1.9배)으로 학력간 임금격차가 상대적으로 완화되었다(〈도표 7-5〉 참조). 이러한 현상은 저학력중심의 기능인력이 부족한 점과 노동조합원이 생산직위주로 구성되어 단체교섭으로 인한 임금인상이 저학력인력에게 유리하게 작용한 것으로 보인다.

⑥ **연령별 임금현황**　　피고용인의 연령이 증가함에 따라 자녀출산, 교육 및 결혼 등과 같이 생계비가 많이 소요되게 된다. 따라서 임금수준을 결정할 때 피고용인의 라이프사이클(life cycle)을 고려하는 경우도 있다.

---

3 이준범, 「현대노사관계론(제2전정판)」(서울: 박영사, 1997), pp. 570~574.

현재 우리나라의 연령별 임금현황을 보면 45~49세 경우에 가장 많은 임금 수준을 받고 있는 것으로 나타나고 있으며, 그 이후에는 조금씩 감소하는 것으로 나타났다(〈도표 7-5〉 참조). 이는 40세 이후의 직장인들의 경우 한 직장에 계속 머물면서 임금이 지속적으로 상승하는 경우가 흔치 않음을 보여 준다.

(2) 임금인상 결정방법과 임금체계 현황

우리나라 기업들의 임금인상 결정방법은 대체로 노동조합과의 임금교섭을 통해 이루어지는 경우가 대부분이며 노조가 없는 경우 노사협의회를 통해 이루어지고 있는 것으로 나타났다.[4]

우리나라 기업의 임금체계는 직위·직급과 호봉에 따라 산출되며 직위·직급과 호봉은 주로 학력·성·근속 등 연공요소로 결정되므로 임금결정체계는 연공급적 성격이 강하였다. 그러나 연공서열 위주의 경직적인 임금체계에 연봉제·성과배분제 등 능력·성과위주 임금체계와 병행하려는 기업이 1997~1998년 외환위기 이후 크게 증가하였다. 최근의 조사에 따르면 피고용인 100인 이상 1,000개 사업장 중 호봉제를 실시하는 사업장은 537개로, 연봉제를 시행하는 사업장은 539개 그리고 임금피크제를 실시하는 사업장은 66개로 나타났다. 또한 호봉제는 유노조기업에서, 보건복지업, 금융 및 보험업 등에서 상대적으로 더 많이 시행하는 것으로 나타났으며 연봉제는 무노조기업에서, 도소매·숙박음식업, 통신업, 부동산임대업 등에서 상대적으로 더 많이 시행하는 것으로 나타났다(〈도표 7-6〉 참조).[5] 그러나 한국의 연봉제는 아직도 연공서열임금제도를 기본으로 하고 이에 부가하여 연봉제를 실시하는 성격이 강하여 연봉제 및 성과배분제의 도입이 증가하는 통계가 반드시 연공서열임금제도를 탈피하는 것을 의미하지는 않는다.

▶ 임금인상 결정방법은 노동조합과의 임금교섭을 통해 이루어지는 경우가 대부분

---

4 한국노동연구원, 「2003년도 임금실태조사」(2003), p. 133.

5 정진호·김정한·김동배·이인재, 「노동력 고령화와 임금체계 혁신」(서울: 한국노동연구원, 2013), pp. 49−59.

도표 7-6	호봉제, 연봉제 및 임금피크제 도입 현황			
		조사대상업체 수	호봉제	연봉제	임금피크제
적용 업체 수		1,000	537(53.7%)	539(53.9%)	66(6.6%)
규모	300인 미만	758	410(54.1%)	386(50.9%)	42(5.5%)
	300인 이상	242	127(52.5%)	153(63.2%)	24(9.9%)
산업별*,**	제조업	222	122(55.0%)	127(57.2%)	24(10.8%)
	전기·하수폐기,건설	73	41(56.2%)	47(64.4%)	2(2.7%)
	도소매 숙박음식업	61	23(37.7%)	44(72.1%)	0(0.0%)
	운수업	181	99(54.7%)	57(31.5%)	5(2.8%)
	통신업	30	12(40.0%)	24(80.0%)	4(13.3%)
	금융 및 보험업	52	45(86.5%)	25(48.1%)	9(17.3%)
	부동산임대업	29	7(24.1%)	17(58.6%)	0(0.0%)
	전문과학기술	91	33(36.3%)	72(79.1%)	6(6.6%)
	사업시설	107	43(40.2%)	45(42.1%)	6(5.6%)
	교육서비스	42	27(64.3%)	22(52.4%)	4(9.5%)
	보건복지	88	67(76.1%)	42(47.7%)	5(5.7%)
	공공행정, 기타	24	18(75.0%)	17(70.8%)	1(4.2%)
노조유무	유노조기업	480	316(65.8%)	224(46.7%)	42(8.8%)
	무노조기업	520	221(42.5%)	315(60.6%)	24(4.6%)

주: 1,000개 기업을 대상으로 조사하였지만 호봉제, 연봉제 및 임금피크제 등이 직급, 직종에 따라 적용범위를 달리 할 수 있기 때문에 합이 1,000을 상회할 수 있음
자료: 정진호·김정한·김동배·이인재, 「노동력 고령화와 임금체계 혁신」(서울: 한국노동연구원, 2013), pp. 49~59.

1.6 우리나라 임금제도의 최근 이슈: 퇴직연금제도

퇴직연금이란 기업이 퇴직금재원을 사내에 적립하던 퇴직금제도를 대체하여 금융기관에 매년 퇴직금 해당금액을 적립하고 근로자가 퇴직할 때 연금 또는 일시금으로 지급받아 노후설계가 가능하도록 하는 준 공적연금이며 2005년 12월 1일부터 시행되었다.

① **퇴직연금의 도입 배경**　　　우리나라의 고령화는 저출산 현상과 결합되어 가속화되고 있는데 고령화속도는 OECD 회원국 중 가장 빠른 편이다. 이러한 현상은 퇴직 이후의 생애가 길어지게 됨을 의미하고 보다 안정

된 노후대책이 필요함을 의미한다. 그간 퇴직금제도가 있었으나 많은 근로자들이 퇴직금을 중간정산하여 생활비로 소진함으로써 노후대책이 되지 못하였고, 기업에서는 퇴직금 지급을 위한 재원을 별도로 적립하지 않고 기업의 운영비로 이용하는 경우가 많아 기업의 도산시 퇴직금이 체불되는 사례가 빈번하게 발생하고 있다. 퇴직연금제도는 노후대책으로서 연금의 성격을 강화하고 기존 퇴직금제도의 수급불안을 해소하기 위하여 도입되었다.

② **퇴직연금의 종류** 퇴직연금에는 확정급여형(defined benefit: DB형), 확정기여형(defined contribution: DC형) 및 개인퇴직계좌(individual retirement account: IRA형) 등이 있다. DB형과 DC형 모두 외부금융기관에 사용주가 부담한 퇴직연금 적립금을 보관하면서, 적절한 금융자문을 받아 수익률을 달성하여 퇴직 시점에 연금 또는 일시금의 형태로 연금을 지급받는다. 다만 DB형은 사용자가 퇴직연금 적립금을 운용하며 퇴직급여액은 퇴직 전 평균임금에 근로연수를 곱하여 사전에 결정된다. DC형은 근로자 개개인이 퇴직연금 적립금을 운용하는 데 퇴직급여는 사용자가 매년 납부한 퇴직부담금에 근로자가 운용한 운용수익을 더하여 결정되므로 퇴직급여액이 운용수익에 따라 달라진다는 특징이 있다. 한편 IRA형은 근로자가 퇴직시에 받은 퇴직일시금을 개인퇴직계좌를 설정하여 운용하는 제도이다.[6]

③ **퇴직연금의 장점 및 도입현황** 퇴직연금의 장점은 기업도산에 따른 지급불능사태에 대응할 수 있다는 점이다. 퇴직금을 금융기관을 선정하여 맡겨놓아 사업장이 도산해도 떼일 염려가 없다는 점이 가장 큰 장점이다. 또한, 퇴직연금제도는 중도인출(중간정산) 요건을 엄격하게 제한함으로써 노후재원인 퇴직급여가 중도에 인출되어 생활자금으로 소진되지 않도록 하고 있다.

한편 2012년 12월 기준 확정급여형(DB) 68,031개소, 확정기여형(DC) 101,086개소, DB&DC 4,610개소, IRA특례 29,148개소 등 총 203,488개 사업장이 퇴직연금제도를 도입하였다.[7]

---

6 http://pension.molab.go.kr/pension/ito/ito_02_31.jsp
7 고용노동부, 「2013 고용노동백서」(2013), p. 376.

2. 성과참가제도

2.1 성과참가제도의 의의 및 종류

■ 성과참가제도란 기업의 경영성과 달성에 직접·간접적으로 공헌한 이해관계자 집단 간에 그 성과의 배분이 이루어지는 과정

성과참가제도란 기업의 경영성과 달성에 직접·간접적으로 공헌한 이해관계자 집단간에 그 성과의 배분이 이루어지는 과정이다. 즉 노사간의 협동적 노력을 통하여 증대되는 경영성과가 경영자나 자본가에게 독점되는 것이 아니라 그 중 일정한 부분을 기본급 이외의 참여적 임금으로 근로자에게 추가로 지급하는 제도이다. 따라서 기업의 성장과 더불어 피고용인이 받는 경제적 혜택도 증대시켜 공동체의식을 형성하고 경영성과의 증대와 기업의 발전을 위한 자발적 노력을 강화시키려는 목적으로 시행되는 제도이다.

■ 이익배분이란 기업의 이익을 기초로 모든 피고용인에게 이익의 일부분을 배분하는 것

성과참가제도는 성과배분기준 및 피고용인의 참여 여부에 따라 이익배분과 성과배분으로 구분할 수 있다. 먼저 이익배분(profit-sharing)이란 정기적인 임금에 덧붙여 기업의 이익을 기초로 모든 피고용인에게 이익의 일부분을 배분하는 것으로서, 회계기간 말에 즉시 지급하는 현금급부와 수년 후 지급하는 이연급부로 나눈다. 즉, 이익배분은 분배대상성과를 이익으로 보고, 통상 지불되는 임금에 부가되어 지급되며 이익배분방식은 노사간의 교섭에 의하여 결정되는 제도 이다. 또한 이익배분은 경영참가의 요소를 포함하고 있지 않는 것이 일반적이다.

성과배분(gainsharing)은 피고용인이 기업의 성과를 향상시키기 위해 필요한 노력, 예를 들어 생산원가의 절감, 생산품질 및 생산성 향상 등에 의해 발생한 이익을 피고용인에게 금전적인 형태로 배분해 주는 제도이다. 즉 의사결정참가제도와 성과배분을 결합한 것으로서 피고용인 동기유발을 위한 효과적인 급여제도이다. 성과배분제도는 경영참여제도를 동반하는 경우가 많기 때문에 참가형 성과배분제도로 불리기도 한다. 참가형 성과배분은 그룹단위의 보너스제도와 의사

|그림 7-3| 자동차성능검사소에서 차량엔진 시험을 준비하는 연구원 모습

결정참가제도가 결합된 조직개발기법(organizational development)으로 정의
된다. 즉, 참가형 성과배분에서는 피고용인이 경영에 참가하여 원가절감,
생산성 향상 등의 활동을 통하여 조직성과의 향상을 도모하고 그 과실을 회
사와 피고용인이 분배하는 제도인 것이다. 참가형 성과배분은 매출액이나
이익(profit) 증대가 아닌, 생산비 절감 및 생산성 향상을 목표로 한다는 점
에서 이익배분과는 구별이 된다.[8]

> 성과배분은 피고용
> 인이 기업의 성과
> 를 향상시키기 위해
> 투입한 노력에 의해
> 발생한 이익을 피고
> 용인에게 금전적인
> 형태로 배분해 주는
> 제도

2.2 이익배분제도

(1) 이익배분제도의 유형

이익배분의 유형은 발생시점과 실제 지급시기의 차이에 따라 세 가지
로 구분하는데, 각각을 살펴보면 다음과 같다.

① **현금배분제도**　　　현금배분제도는 현시점에서의 이익을 현금으로
일정한 배분 기간(예컨대 1개월, 분기, 반기 및 1년 단위)에 따라 배분하는 제도
이다. 통상 이익배분제도를 월별로 지불하면 피고용인은 이익배분을 정기적
으로 임금의 일부로 생각하기 쉽기 때문에 분기, 반기, 혹은 1년 단위로 지
급한다.

> 현시점에서의 이익
> 을 현금으로 일정한
> 배분기간에 따라 배
> 분하는 제도

② **이연배분제도**　　　이연배분제도에서는 피고용인에 대한 이익배분
몫이 공제기금(trust fund)에 예치된다. 그리고 각 피고용인에 대한 계좌가
설치되어 배당금액을 파악할 수 있도록 되어 있다. 실제 배분은 사전에 규
정된 사건(예컨대, 퇴직, 사망, 고용관계 단절 등)이 발생했을 경우 사전 결정된
규정에 따라 이루어진다. 또한 공제기금은 자사주나 타사주, 부동산, 그리
고 공채 등에 투자된다. 일반적으로 현금배분제도와는 달리 이연배분제도
는 세제상의 혜택을 받게 된다. 미국에 있어서 이익배분제에 따른 분배 몫
은 현실적으로 연금이나 퇴직금의 형태를 띠는데, 회사의 관점에서 보면 이
러한 연금이나 퇴직금이 이익의 변동과 연계되어 있기 때문에 경영자의 입
장에서는 위험이 줄어드는 장점이 있다. 이연배분제도의 이와 같은 이점에
도 불구하고 제도 그 자체가 가진 복잡함 때문에 관리나 설치에 상당한 어

> 이익배분 몫을 공제
> 기금으로 예치하고
> 규정에 따라 지급하
> 는 제도

> 사전에 규정된 사건
> 이 발생했을 경우
> 사전결정된 규정에
> 따라 지급

8　김동원, 「종업원참가제도의 이론과 실제」(서울: 한국노동연구원, 1996), p. 59.

려움이 있다.

☛ 현금배분제도와 이
연배분제도를 혼합
한 제도

③ **혼합배분제도**　　이 제도는 현금배분제도와 이연배분제도를 혼합한 제도로서 미래의 급부와 현재의 보상을 혼합한 제도이다. 이와 같은 형태의 배분제도는 사전 결정된 일정 부분의 이윤을 현재 시점으로 지불하고 잔여분은 공제기금의 형태로 지불하는 것이다. 이 중에서 공제기금 부분은 순수한 이연제도와 똑같은 형태로 지불한다.

(2) 이익배분제도의 효과

☛ 협동정신을 함양 강
화

☛ 능률증진

☛ 장기근속을 장려

이익배분제도의 효과는 다음과 같다. 첫째, 기업측과 피고용인과의 협동정신을 함양·강화하여 고용관계의 개선에 도움이 된다. 둘째, 피고용인은 자기의 이익배당액을 증가시키려고 작업에 열중하게 되고 따라서 능률증진을 기할 수 있다. 셋째, 피고용인의 이익배당 참가권과 분배율을 근속연수와 관련시킴으로써 피고용인의 장기근속을 장려하게 된다.

그러나 수입의 안정성이 적고 분배는 결산기를 기다려서 확정되므로 작업능률의 자극이 부족하다. 또한 보너스 산정의 기준을 회계상의 이익액수로 삼고 있는데 기업이익이 기업측의 능력 또는 경영 외적 조건(물가변동, 경기순환, 기타 사회적·정치적 현상)에 의하여 좌우되는 수가 있다는 점, 그리고 회계처리과정에서 기업의 결산이익을 사용자가 어느 정도 자의적으로 조정할 수 있다는 점 등으로 이익배분 참가자들의 동기를 유발하는 수단으로서는 한계가 있다는 견해도 있다. 이익배분이 기업의 경영성과에 미치는 영향을 측정한 연구들에 의하면, 이익배분제도는 성과배분제도에 비하여 훨씬 미약한 효과를 가지는 것으로 밝혀지고 있다. 다만, 이익배분제도는 사원들에게 노사가 공동운명체임을 알리는 상징적인 효과를 가지고 있다고 할 수 있다.[9]

9　상게서, p. 59.

2.3 참가형 성과배분제도

(1) 참가형 성과배분제도의 유형

참가형 성과배분은 집단보너스제도에 경영참가를 결합한 것으로서 처음 미국에서 개발되었으며, 최근에는 각국으로 전파되어 실시중이다. 1930년대에 가장 널리 알려진 Scanlon plan이 고안되었고, 이 Scanlon plan은 파산의 위기에 몰린 철강회사를 재건하는 데에 주된 역할을 함으로써 널리 알려지게 된다. Scanlon plan은 노동비용을 생산액으로 나눈 비율을 사용하여 보너스를 산정한다. 즉, 과거의 실적에 따라 기준비율을 정하고 이 비율보다 낮아졌을 때 절감한 노동비용을 노사가 배분하고 근로자들에게 집단적으로 보너스를 지급하는 것이다. 예를 들어, 기준비율이 60%라면 이 비율보다 낮게 (예를 들면, 50%) 달성한 경우 절약이 된 노동비용 중 사용자의 몫을 제하고 나머지를 근로자들에게 집단적으로 보너스를 지급하는 것이다.

1940년대에는 Scanlon plan의 보너스산정방식을 보다 안정된 계산방식으로 수정한 Rucker plan이 고안되었다. Rucker plan에서는 노동비용을 부가가치로 나눈 비율을 보너스산정공식으로 사용하였다. 한편, 1970년대 초에는 새로운 형태의 참가형 성과배분으로 임프로쉐어(Improshare)가 고안되었다. 임프로쉐어는 실제생산시간을 표준생산시간으로 나눈 비율을 보너스산정공식으로 사용하였다. 이 제도는 산업공학의 원칙을 이용하여 보

도표 7-7	참가형 성과배분제도의 유형		
	Scanlon plan	Rucker plan	Improshare
배경이론	조직개발이론	노동경제이론	산업공학
기본철학	참가형 경영	효율적 경영	효율적 경영
종업원참가제도의 구조	생산위원회, 조정위원회	조정위원회	생산성향상 팀
종업원제안제도	있음	있음	없음
집단보너스 기본공식	노동비용/생산액	노동비용/부가가치	실제생산시간/표준생산시간
보너스 지급주기	월별 또는 분기별	월별 또는 분기별	주별 혹은 격주별
보너스의 분배(종업원:회사)	75 : 25	50 : 50	50 : 50

자료: 김동원, 「종업원참가제도의 이론과 실제」(서울: 한국노동연구원, 1996), p. 59.

너스를 산정하는 것이 그 특징이다. 최근 들어서는 기존의 정형화된 프로그램을 각 기업의 환경과 상황에 맞추어서 수정하여 적용하는 커스톰 플랜(customized plan)이 있다.[10] 이러한 커스톰 플랜에서는 성과측정의 기준으로서 노동비용이나 생산비용, 생산성뿐만 아니라 품질향상, 소비자 만족도 등을 새로운 지표로 사용하기도 한다(〈도표 7-7〉 참고).

(2) 참가형 성과배분의 성과

참가형 성과배분은 현장자율경영팀과 함께 경영참가제도 중에서 가장 긍정적인 효과를 보이는 제도이다. 참가형 성과배분이 다른 경영참가제도에 비하여 보다 긍정적인 효과를 거두는 이유 중의 하나로는 이 제도가 참가자들의 참가욕구와 금전욕구를 다 함께 만족시킬 수 있는 형태로서 동기유발효과가 크다는 점이 꼽히고 있다. 이하에서는 우선 참가형 성과배분제도를 실시함으로 인하여 발생하는 효과에 대한 실증연구의 결과를 종합하여 간략히 소개하고자 한다.

그간의 연구는 주로 참가형 성과배분이 생산성 향상에 미치는 영향을 측정한 경우가 많지만, 이 제도가 고용관계와 종업원의 근무태도에 갖는 효과를 측정한 연구도 있다. 이러한 연구들의 결과를 종합하면 다음과 같이 요약할 수 있다. 첫째, 참가형 성과배분이 성공하는 비율(즉 경영성과에 긍정적인 효과를 가져오는 비율)은 50~80%에 이르고 있는 것으로 알려져 있으며, 이 제도를 실시한 기업 중 평균 65% 정도의 기업이 긍정적인 효과를 경험한 것으로 나타나고 있다. 둘째, 참가형 성과배분은 생산성 향상에 가장 뚜렷한 효과를 가져오는 것으로 대부분의 연구결과가 밝히고 있다. 셋째, 일부 연구결과에 의하면, 참가형 성과배분제도가 제품품질의 향상에 긍정적인 기여를 하는 것으로 나타난다. 넷째, 참가형 성과배분을 실시한 결과 고용관계가 증진되었으며, 종업원들의 동기유발과 기업에의 소속감이 향상되었다는 결과를 보이는 것으로 나타났다.

---

10 상게서, p. 60.

2.4 우리나라 성과참가제도의 운영실태

한국의 경우 성과참가제도 중 참여형 성과배분제도를 실시하는 경우는 드문 편이며, 이익배분제도를 실시하는 경우는 상대적으로 많은 것으로 알려졌다. 한 조사[11]에 따르면 조사대상업체의 약 30% 정도가 이익배분제도를 도입한 것으로 나타났으며 노조 유무별·상급단체별·산업별·규모별 현황은 〈도표 7-8〉과 같다.

이 조사에 의하면 노조 유무나 해당 노조의 소속 상급단체는 기업이 이익배분제도를 실시하는 것과 큰 관련이 없는 것으로 나타났다. 단, 제조업체가 서비스업 등 비제조업체보다 이익배분제도를 실시하는 비율이 10% 이상 높았으며 실시기업의 매출액과 영업이익, 단기순이익의 정도가 실시하지 않는 기업에 비해 상당히 높은 편에 속했다.[12]

☞ 한국의 경우 참여형 성과배분제도를 실시하는 경우는 드문 편이며, 이익배분제도를 실시하는 경우는 상대적으로 많음

도표 7-8	이익배분제도 실시현황				(단위: 대상기업수, %)
		2003년		2004년	
		실　시	미실시	실　시	미실시
노동조합 유무	있다	279(36.1)	493(63.9)	399(31.2)	879(68.8)
	없다	393(32.6)	812(67.4)	278(38.6)	442(61.4)
상급단체	한국노총	150(33.5)	298(66.5)	135(36.2)	238(63.8)
	민주노총	72(34.0)	140(66.0)	68(33.8)	133(66.2)
산업별	제조업	453(33.5)	899(66.5)	394(37.7)	652(62.3)
	기타서비스	216(24.5)	664(75.5)	262(25.0)	787(75.0)
재무관련정보 (백만원)	매출액	823,475	302,971	595,363	205,909
	영업이익	118,558	27,994	54,870	15,943
	당기순이익	62,202	14,614	32,282	10,653
전　　체		680(29.9)	1,595(70.1)	678(31.3)	1,486(68.7)

자료: 이주희·이승협, 「경영참여의 실태와 과제」(한국노동연구원, 2005), p. 26.

11　이주희·이승협,「경영참여의 실태와 과제」(한국노동연구원, 2005), p. 26. 단, 조사기간별(2003년과 2004년)로 조사대상업체 수가 다르므로 비율을 해석하는 데 유의하여야 함.

12　상게서.

3. 자본참가제도

3.1 자본참가제도의 개념

☞ 자본참가란 피고용인으로 하여금 자본의 출자자로서 기업경영에 참가시키는 제도

　　자본참가란 피고용인으로 하여금 자본의 출자자로서 기업경영에 참가시키고자 하는 것으로 소유참가, 재산참가라고도 불린다. 자본참가의 주된 형태로는 우리사주제도가 있으며 최근에는 스톡옵션(Stock Option)제도가 특히 벤처기업에서 피고용인의 동기유발기법으로 각광받고 있다. 이하에서는 우리사주제도와 스톡옵션제도에 대하여 살펴보고자 한다.

3.2 우리사주제도

|그림 7-4|　방사한 곰의 위치를 안테나로 추적하는 국립공원 멸종위기종복원센터 직원 모습

　　우리사주제도(Employee Stock Ownership Plans: ESOPs)는 자본참가의 대표적인 유형으로서 직원들의 애사심을 북돋우거나, 안정주주의 확보라는 기업방어적인 관점에서 강조되고 있다. 최근에는 피고용인의 재산형성 촉진의 일환으로 더욱 장려되기도 한다. 또한, 이 제도는 피고용인의 참가에 의한 협조적 고용관계의 형성과 경제성장에 따른 부의 격차현상의 해소책으로 이용되고 있다.

(1) 우리사주제도의 특징

　　우리사주제도는 다음과 같은 특징을 지니고 있다.

　　첫째, 회사의 경영방침으로서 피고용인에게 자사 주식을 보유하도록 추진하는 것이다. 따라서 피고용인이 개별적으로 자기의사에 의해 자사주(自社株)를 구입한 경우는 해당되지 않는다.

☞ 회사의 경영방침으로서 피고용인에게 자사 주식을 보유하도록 추진

둘째, 회사가 특별한 편의를 제공하여야 한다. 이때 제공되는 편의로는 자금의 보조로서 장려금의 교부 및 매매수수료의 부담, 매입자금의 대부로서 구입자본의 무이자 또는 저리대부, 구입자금의 분할변제, 자금융자의 알선, 주식의 저가 양도 또는 공로주의 증여 등이 있을 수 있다.

셋째, 자사주의 취득 및 장기보유를 목적으로 하는 것이어야 한다. 이 제도는 피고용인의 재산형성정책인 동시에 회사의 주식안정정책이 되기도 한다.

넷째, 자사주의 취득·보유가 제도화되어 있어, 증자시에 자사주 구입운동과 같은 일시적인 것이 아니고, '자사주 투자회'와 같은 항구적인 것이다.

(2) 우리사주제도의 중요성

우리사주제도는 국민경제적으로 뿐만 아니라 고용관계 및 재무관리의 측면에서도 중요한 의의를 갖고 있다.

① 고용관계적 중요성 피고용인에게 주주의 지위를 부여함으로써 피고용인이 경영과 분배에 참가할 기회를 가능하게 하여 노사협조를 촉진시킨다. 나아가 회사의 경영이 피고용인 자신의 이익과 직결됨으로써 근로의욕의 증진과 생산성 향상 및 애사정신을 함양시킬 수 있다. 또한 피고용인에게 재산형성의 기회를 제공하고 장기근속을 용이하게 하는 효과를 갖고 있다.

② 재무관리적 중요성 우리사주제도는 자본조달의 수단으로 활용할 수 있으며 주주의 안정성을 도모하고 주가를 안정시키며 기업지배의 방지효과를 갖는다. 또한 안정적·우호적 주주를 확보함으로써 적대적 M&A로부터 경영권을 방어하는 데 효과적인 방안이 될 수 있다.

(3) 우리사주제도의 실시 현황

우리사주제도는 〈도표 7-9〉와 같이 2012년 현재 총 2,987개 기업이 도입하였으며 예탁조합수는 1,025개소, 예탁주식수는 457백만주이고 주식취득가는 5조 6천 6백여 억원에 이른다. 이는 전체 기업의 0.77% 정도로 나타났다.[13] 특히 상장법인의 경우에는 우리사주제도의 결성률이 86.0%이며 코스닥 법인은 78.1%로 매출규모나 영업이익의 규모 등과 긍정적인 상관관계를 보이고 있다. 또한 예탁주식수는 기업전체 발생주식의 1.44% 지분율

---

13 고용노동부, 전게서, p. 382.

특별한 편의를 제공

자사주의 취득 및 장기보유를 목적

자사주의 취득·보유가 제도화되어 항구적

도표 7-9	우리사주제도 실시 현황										
구분	2002	2003	2004	2005	2006	2007	2008	2009	2010	2011	2012
설립조합수 (개소)	2,036	2,136	2,259	2,376	2,514	2,650	2,664	2,768	2,818	2,921	2,987
예탁조합수 (개소)	793	772	766	808	855	900	936	988	1,001	1,024	1,025
예탁주식수 (개소)	325	312	308	301	316	443	371	401	388	436	457
주식취득가 (조원)	2.97	2.81	2.96	3.29	3.85	4.45	4.30	4.56	5.42	5.07	5.06

자료 : 고용노동부, 「2013 고용노동백서」(2013), p. 382.

을 보이고 있다.[14]

3.3 스톡옵션제도

☞ 회사가 임·직원에게 일정기간 내에 자기회사의 주식을 사전에 약정된 가격으로 일정수량만큼 매수할 수 있는 권리를 부여하는 제도

스톡옵션제도는 주식매입선택권이라고도 하며 회사가 임·직원에게 일정기간 내에 자기회사의 주식을 사전에 약정된 가격으로 일정 수량만큼 매수할 수 있는 권리를 부여하는 제도이다. 특히 이 제도는 경영자보상제도의 한 방법으로 전문경영자가 주인의식을 갖고 경영을 하도록 하는 것을 목적으로 하고 있다. 그러나 최근 중소창업기업의 증가에 따라 전문우수인력의 확보를 위한 기법으로 활용범위가 확대되고 있다.

(1) 도입배경

우리나라에서 스톡옵션제도를 도입하게 된 취지 중의 하나는 중소기업이 유능한 인재를 유치할 수 있도록 하기 위한 것이다. 따라서 기술집약형 중소창업기업이 고급인력을 유치하기 위해서 스톡옵션을 활용하는 경우가 많았다. 대체로 중소창업기업들은 유동성이 적어서 어려움을 겪을 가능성이 많은데, 이러한 기업들은 상대적 봉급차액 부분을 스톡옵션에 근거한 보상으로 대체하는 것이 유리하다. 또한 스톡옵션제도를 시행함으로써 고급

---

14 상게서, p. 617.

인력의 이직을 방지하고, 동기부여를 할 수 있다는 측면을 갖고 있다.

(2) 도입현황 및 고려사항

스톡옵션 실시 여부에 대한 조사[15]에 따르면 스톡옵션을 실시하고 있는 기업은 조사대상기업의 약 5% 내외인 것으로 나타났다. 또한 스톡옵션을 실시하는 기업은 대체로 기업규모가 클수록, 제조업보다는 금융·보험 및 부동산업에서, 소유주 중심의 경영체제를 가진 기업보다는 독립 전문경영체제를 가진 기업에서 그리고 협력적 고용관계 성격을 갖는 기업일수록 높은 것으로 나타났다.

Key Word

임금관리의 목적, 생계비, 실제생계비, 이론생계비, 지불능력, 물가수준, 비교임금, 임금체계, 연공급, 직무급, 직능급, 통상임금, 평균임금, 보수비용, 노동비용, 근로기준법, 임금채권보장법, 최저임금법, 최저임금제의 문제점과 효과, 퇴직연금, 확정급여형(DB형), 확정기여형(DC형), 개인퇴직계좌(IRA형), 이익배분제도, 현금배분제도, 이연배분제도, 혼합배분제도, 참가형 성과배분제도, Scalon plan, Rucker plan, Imporshare, 자본참가제도, 우리사주제도, 스톡옵션 제도

15　이주희·이승협, 전게서.

post-case 10

최저임금 위반 및 임금체불 대책마련 시급[16]

아르바이트 최저임금의 실태와 사례 조사결과, 대다수 학생들이 노동청과 최저임금제도에 대해 모르고 있는 것으로 밝혀졌다.

경남 진주지역의 중고등학생들 대상으로 한 조사결과, 현재 청소년들의 아르바이트 최저임금이 법적으로 정해져 있음에도 대부분의 업주들이 청소년에게 최저임금의 30~50%를 인하하여 지급하는 것으로 나타났다. 최저임금 위반시 업주는 3년 이하의 징역이나 2천만원 이하의 벌금형을 받게 됨에도 일부 업주들은 이를 위반한 채 신고를 못하는 학생들의 신분을 악용하는 것으로 드러났다. 악덕 업주들의 최저임금 위반사례를 살펴보면 다음과 같다.

▲ 아르바이트 당시 교육기간이 있다고 하지 않았으나 교육생이라는 이유로 월급을 부당하게 축소함(최저임금보다 한참 아래)

▲ PC방 아르바이트 게시를 최저임금 이상으로 게시한 후 막상 임금협상을 위해 방문하면 최저임금 밑으로 임금을 제시함

▲ 뷔페 아르바이트를 하는 도중 손님이 많다며 추가근무를 하였으나 추가분에 대해서는 임금을 주지 않음

▲ 시급제를 월급으로 준다고 했다가 월급을 받으러 가면 가게가 어렵다며 10만원 이상을 적게 지급함

▲ 3개월 이상 근무하면 급여를 올려주고 근무여건도 좋아질 것이라 했지만 임의적으로 2개월 근무 후 퇴사조치

▲ 단기아르바이트라는 것을 이용하여 처음 약속했던 임금이 아닌 훨씬 낮은 임금을 주면서 그런 약속한 적 없다고 일방적인 태도를 보임

▲ 돈이 급하다는 것을 알고 적게 임금을 주면서 싫으면 일하지 말라는 태도를 보임. 이럴 경우 학생은 어쩔 수 없이 적은 임금을 받으며 일을 함

춘천지역도 예외는 아니다. 춘천지역 3개 고등학교에서 아르바이트 경험이 있는 173명을 대상으로 한 실태조사 결과에 따르면 최저임금에 미치지 못하는 임금을 받는 경우가 20%를 넘었고 2/3 이상의 학생은 근로계약서를 작성하지 않고 아르바이트를 한 것으로 나타났다.

겨울방학이 시작되는 요즘에는 아르바이트 구하기가 정말 어렵다고 한다. 또한 아르바이트

---

16 매일신문, "'고3까지 가세…'아르바이트 시장, 최저임금은 없었다. '아르바이트 시즌'현실은 … 고3까지 가세인력 쏟아져 시급 3500원 법정기준 미달,"2011-11-26 내일신문, "춘천지역 고교생 아르바이트 실태조사 결과 최저임금 위반 및 임금체불 대책마련 시급,"2011-10-18 천지일보, "한청년, 진주지회 학생권리 찾기운동 개회,"2011-11-02 등의 기사를 참고하여 재작성.

자리를 구한다 하더라도 대졸 청년 구직자 절반이 아르바이트로 생활하는 이른바 '프리터족'인데다 예비대학생인 고3까지 가세하면서 아르바이트 시급이 헐값에 책정될 개연성이 높다고 한다. 그 결과 최저임금법(2011년 기준)에서는 4,320원이지만 현장에서는 3,500원에서 이루어지기도 한다. 수요에 비해 공급이 많다보니 최저임금 위반, 임금 체불 등 업주의 횡포도 넘친다. 심지어 "일할 수 있는 나이도 아닌데 우리니까 너를 써주는 거다"는 식의 반협박은 물론 일을 그만둘 때도 "사람 구하기 힘드니까 다른 사람을 구해놓고 가라"는 말까지 나온다.

임금 관련 문제가 발생하면 사업장 관할 노동청이나 고용노동부 종합상담센터(국번 없이 1350)에 신고하면 된다. 이 경우 업주는 당해 근로자에게 최저임금 이상을 지급했다는 점을 입증해야 하며 만약 임금을 지급하지 않거나 최저임금보다 적게 지급하였다면 사업장 관할 노동청 근로감독관이 문제를 해결해준다. 임금체불도 법 규정이 있어 근로관계 종료일로부터 14일 이내에 급여를 지급해야 한다.

◎ 토의과제

1. 현재 최저임금제도가 청소년이나 대학생들을 대상으로 잘 지켜지지 않고 있다고 한다. 그 원인은 무엇이며 개선방안이 무엇인지 근거를 제시하여 설명하라.
2. 현행 최저임금의 수준이 적정한지에 대하여 의견을 제시하고 그 이유를 써라.
3. 최근 일부에서 최저임금제의 폐지를 주장하는데 이들의 주장 근거는 무엇인지 설명하라. 또한 이들 주장에 찬성한다면 그 이유는 무엇이며, 만약 반대한다면 그 이유는 무엇인지 설명하라.

post-case 11

유한킴벌리의 임금제도[17]

유한킴벌리는 1997년 외환위기 당시 인력구조조정의 소용돌이 속에서도 사람을 구조조정하지 않았으며 오히려 종업원의 고용을 보장하고 교대제 도입을 통해 해고 없이 턴어라운드를 완수한 경험을 가지고 있다.

(1) 고용보장

유한킴벌리는 창립 이후 줄곧 무해고 정책을 추진해 왔고 위기가 있을 때마다 경영진이 이를 공언했을 뿐 아니라 구체적으로 이를 실천했다. 외환위기 당시 인력구조조정의 소용돌이 속에서도 사람을 구조조정하지 않았으며 오히려 종업원의 고용을 보장하고 교대제 도입을 통해 해고 없이 턴어라운드를 완수한 경험을 가지고 있다. 이 같은 무해고 약속의 실천은 경영진에 대한 노동조합의 신뢰를 얻게 한 계기가 되었고 경영혁신에 노동조합이 협력하고 참여하게 된 기초가 되었다.

(2) 임금체계

임금체계의 특징은 임금이 학습노력과 깊게 연계된다는 점이 특징이라 하겠다. 생산직의 경우 다기능화의 직무향상교육, 자기개발교육 기회 제공으로 인해 직무만족도와 직무몰입도가 매우 높으며 종업원들의 교육훈련에 대해 충분한 수당을 지급해 왔다. 생산직의 임금체계는 연공서열 호봉을 근간으로 한 직능급 체제이며 직능을 평가하기 위한 평가제도(시험제도, 직능자격제도)가 광범위하게 시행되고 있다. 이 평가제도는 종업원을 탈락시키고 개별화 또는 서열화하려는 의도로 시행되는 것은 아니며 근로자들이 누구나 직무 및 기술에 대한 향상 욕구를 가지고 개발할 수 있도록 유인하고 자극하기 위한 의도로 진행되어 왔다. 이런 제도를 통해 교육과 임금을 효과적으로 연계함으로써 종업원들의 다기능화와 계속 학습을 유도하고 있다. 사무직의 경우 모두 누진적 직무 연봉제를 시행하고 있으며 개별 계약형태를 취하고 있다. 개별 직무가치 및 성과에 대해 성과급을 차등하고 있으나 제도의 외관상 개인별 차등폭이 타 우량기업에 비해 크지는 않아 보인다.[18]

총체적으로 판단할 때 미국식의 우량기업들이 대체로 종업원간 내적 경쟁을 강조하고 개별화를 유발한 체제인 데 비해 유한킴벌리의 임금체계는 평생고용 보장과 더불어 온정적 성격이 비교적 높은 편이며 부분적 개별화와 차등화가 종업원 서열화를 위한 것이 아니라 기능직 직원들의 학습동기유발을 위한 것으로 맞추어져 운영되고 있는 양태이다.

---

17 김동원 외, 「한국 우량기업의 노사관계 DNA」(서울: 박영사, 2008), pp. 338~340.
18 예를 들면 유한킴벌리는 누적적 연봉제형태이기 때문에 전년도에 비해 임금이 동결되거나 오르는 형태이지만 비슷한 직무성과급을 시행하는 중견기업 S사의 경우 비누진적 연봉제라 반드시 전년 수준의 연봉을 유지한다는 보장이 없다.

이와 같은 임금체계의 특징은 새로운 제도를 도입할 때 구성원들의 민주주의적 참여과정을 중시하는 회사의 정책과 집단적 결속과 호혜를 중시하는 노조의 성향이 상호 결합하여 생산직의 임금체계에 영향을 미쳤으며 반대로 노조의 영향력이 취약한 생산직을 제외한 직종의 경우 개별화된 임금체계를 가지는 양면적 모습을 가지게 되었다고 추론된다. 그럼에도 불구하고 직능자격을 결정하기 위한 개별 평가제도를 생산직의 노조가 수용했다는 것은 경영상의 대단한 진전이다.

(3) 직능자격수당

생산직의 경우 직능등급이 올라갈수록 절대액수나 기본급 대비 상대적 비율측면에서 자격수당이 모두 높아지는 구조를 가진다. 이런 직능수당은 상여금 지급항목에도 포함되어 연장근로수당, 야간근로수당, 휴가보상금 및 퇴직금 계산시에도 반영되고 있다.

(4) 직능등급평가

직능등급평가의 항목은 안전, 업무능력 및 팀워크 등의 세 부문으로 구성되어 있다. 직능등급평가는 시험제도에 합격하게 되어 있다. 이 평가제도는 엘리트를 추려내는 것이 아니라 공장의 보통 사람이 노력만 하면 누구나 합격할 수 있게 함으로써 시험에 매우 부담을 느꼈던 평범한 노조원 및 종업원들 대다수를 사내 교육체제 안으로 포섭하고 이들의 지속적인 학습동기 및 의욕을 유도하는 의도로 운영되고 있다.

(5) 승진체계

생산직의 경우 직능자격제도에 의해 승진이 이루어지는데 위에서 언급한 직능등급평가에 의해 사원(1년) – 기원(3년) – 기선(3년) – 기사(4년) – 지도기사(4년) … 기성까지 다양한 직능자격이 존재하고 직능등급평가에 의해 승진이 되는 체제이다. 반면 사무직의 경우 각 직무의 등급과 가치가 먼저 고려되고 직무성과 평가를 고려하여 승진이 이루어지고 있다. 즉 사무직의 경우 승진, 임금, 직책이 분리·운영되고 있는 직무급식 승진체제로 되어 있다고 한다.

◎ 토의과제

  1. 유한킴벌리의 임금제도가 국내의 일반적인 기업들과 다른 점을 쓰시오.

  2. 유한킴벌리의 임금체계의 장단점을 쓰시오.

  3. 유한킴벌리와 흡사한 임금제도를 가진 국내외 기업 1개를 골라 설명하시오.

근로자복지와
사회보장제도

Modern Employment Relations

pre-case 8

'눈먼 돈' 산재보험 ··· 부정수급 형사고발 급증[1]

최근 3년간 산재보험을 지급받기 위해 부정을 저질러 고용노동부가 형사고발하는 사례가 두 배 이상 늘었다. 수사의뢰를 포함한 형사 고발건수는 2009년 30명에서 2010년 49명, 2011년 8월 62명으로 매년 증가하는 것으로 나타났다.

지난 (2011년) 4월 인천의 한 노무사는 산재지정의료기관에서 산재환자 명단을 넘겨받아 산재보상신청업무를 수임하고 병원 담당자에게 사례를 한 혐의로 경찰의 수사를 받으면서 보험사기가 드러났다. 적발된 노무사는 의뢰인이 퇴근 후 자택에서 장롱 위에 있는 물건을 내려놓다가 다친 것을 다음날 회사에서 다친 것으로 재해 경위를 조작해 요양 급여를 받도록 했다. 또 장해가 없는 데도 있는 것처럼 꾸미거나 병원과 공모해 소견서를 위조, 과장해 장해급여를 받도록 했다.

이처럼 산재보험 사기가 급증하는 것은 민간보험보다 상대적으로 조사가 전문적으로 이뤄지지 않는다는 '눈먼 돈'이라는 잘못된 인식 탓이다. 게다가 갈수록 산재보험 사기가 대범해지고 지능화되고 있는 것은 더 큰 문제로 지적되고 있다.

이에 고용노동부는 보험급여 지급 단계별, 부정수급 행위 주체별로 확인·검증을 위한 업무 프로세스를 구축하고 있음에도 "보험가입자와 근로자, 의료기관이 공모를 하거나 산재 브로커에 의한 기획 산재사건의 경우 발견하기 어렵다"고 토로했다.

아울러 고용노동부의 '산재보험 부정수급 현황'에 따르면 산재보험 부정수급 건수와 부정수급액은 2008년 167건(26.4억원), 2009년 329건(22억원), 2010년 123건(18.3억원), 2011년 8월 116건(31.7억원)을 기록하고 있다.

부정수급 적발 건수와 적발 금액은 증가했지만, 징수결정액에 비해 실질적으로 회수하는 비율은 낮은 것으로 나타났다. 회수율은 2007년 76.6%에서 2008년 52.8%, 2009년 54.5%, 2010년 22.9%로 집계됐다. 이 중 회수되지 않은 액수만 ▲ 2008년 27.4억원 ▲ 2009년 19.7억원 ▲ 2010년 27.2억원 ▲ 2011년 51.7억원에 달한다.

따라서 정부는 "허위로 재해를 조작하다가 적발되면 벌금으로 두 배에 해당하는 금액을 징수당한다. 또한 재해 조작에 가담한 사업자, 병원기관 등도 같은 형사처벌 등 연대책임을 물을 수 있다"고 강조했다.

---

1 뉴스토마토, "'눈먼 돈'산재보험 ··· 부정수급 형사고발 급증: 산재브로커와 가입자·의료기관 공모에'무방비', "2011-11-14 이투데이, "산재보험 사기 기승: 작년 94건 115억 적발,"2011-06-13 등의 기사를 참고로 재작성.

노동조합의 조직은 피고용인에 대한 고용보장 및 근로조건의 유지·향상을 도모할 수 있는 수단으로 작용할 수 있다. 그러나 피고용인의 실직·고령화, 질병 및 산업재해 등으로 발생할 수 있는 문제를 해결하기에는 어려움이 엄연히 존재하게 된다. 따라서 본 장에서는 이러한 문제점을 해결하기 위한 방안으로서 근로자복지제도와 사회보험에 대하여 살펴보고자 한다.

1. 용어와 개념상의 문제

복지(welfare)라 함은 사회이념으로서 인간의 생활에 기대되는 안정, 조화, 생활내용의 충실, 행복 등과 같은 이상적인 상태를 말한다. 그러나 이러한 정도의 해석으로 복지의 개념이 명확해지지는 않는다. 오히려 복지라는 말은 다른 말과 합성어로 사용되는 경우에 보다 구체적으로 드러나게 된다. 예로서 복지국가, 사회복지, 산업복지, 기업복지, 노동자복지 등 다양한 표현이 우리 주변에서 흔히 사용되고 있다. 이 가운데 사회복지, 산업복지, 기업복지 등의 세 가지 용어에 대해서 그 개념을 여기서 살펴보기로 한다.

▶ 복지란 사회이념으로서 인간의 생활에 기대되는 안정, 조화, 생활내용의 충실, 행복 등과 같은 이상적인 상태

사회복지(social welfare)는 가장 흔하게 쓰이는 용어 중의 하나이다. 일반적으로 사회복지의 개념과 내용은 다음 두 가지로 설명되고 있다.

▶ 사회복지

그 하나는 사회복지란 국가부조의 적용을 받는 자(신체장애자·아동 등)가 자립하여 그 능력을 발휘하는 데 필요한 생활지도, 기타 원호·육성을 행하는 제도이다. 다른 또 하나는 사회복지란 노인·신체장애자·범죄자 등과 같은 특별한 주의를 필요로 하는 자들의 복지에 국한되는 것이 아니고 사회의 모든 구성원을 대상으로 하여 그들이 속하고 있는 사회와 적절한 관계를 확보할 수 있는 수단을 제공하는 제도라고 규정하고 있다.

사회복지는 두 가지의 개념이 있다. 넓은 의미로는 1950년대의 영국의 사회서비스(social service)의 개념이 여기에 해당되며, 구체적으로는 교육·소득보장·보건의료·고용·주택 등이 포함된다. 반면에 좁은 의미의 사회복지는 생활보호·아동복지·노인복지·신체장애자복지 등이 부문별 사업으로 포함되어 있다.

오늘날 사회복지라는 용어는 일반화되어 있지만 이와 관련하여 산업복

지·기업복지라는 용어가 고용관계론의 문헌에서 일부 등장하고 있다. 산업복지는 근로자를 대상으로 하는 복지의 의미로 사용되고 있으며 기업복지·근로복지·경영복지·복지후생 또는 자주복지 등과 같은 다른 표현으로 사용되고 있어, 용어의 개념이 분명하게 정의되지 않고 있다. 이것은 사회복지보다는 협의의 개념이며 근로자의 생활수준의 향상과 생활조건의 안정을 위해 실시되는 것이다. 이러한 의미에서 볼 때 산업복지는 기업복지와 개념이 분명하게 구분되는 것은 아니다.

☞ 기업복지

기업복지(company welfare)라는 말은 종래 노무관리의 일환으로 실시해 오던 복리후생이라는 말에 대한 반성에서 비롯되었다고 할 수 있다. 선진국에 있어서 기업복지는 제2차 세계대전 이후 기업의 사회적 책임, 노동조합의 정착, 단체교섭력의 증대, 근로조건의 법제화, 산업민주주의의 확대, 경영사회정책의 발달 등에 의하여 종래 사용자의 자발적·임의적·온정주의적 제도로 운영되어 오던 것이 근로조건적 성격이 강조되면서 단체협약적·계약적·법적 성격이 강해져서 임의적인 성격이 점차 퇴색되고 복지권을 기반으로 한 권리의무적 성격이 증대되기에 이르렀다. 이러한 기류를 타고 종래의 복리후생이라는 말 대신에 넓은 의미로 기업복지라는 새로운 용어가 유행하고 있다. 그러나 선진국에서도 이 용어가 여러 가지로 혼용되고 있으며 내용과 성격도 국가에 따라서 다양하게 전개되고 있다.

☞ 자주복지

위에서 언급한 용어 가운데 근로자의 자주복지라는 것은 근로자들이 노동조합 등을 통하여 자구책으로 복지수단을 강구하는 것을 의미한다. 근로자를 위한 복지는 결국 국가에 의한 사회보장·기업복지 및 자주복지가 서로 보완적으로 발전할 때 그 성과를 기대할 수 있는 것이며 어느 하나의 제도에 의해서만 근로자들의 복지욕구가 완전하게 충족되는 것은 아니다.

☞ 근로자복지

위에 설명한 바와 같이 용어의 다양화 및 개념상의 혼동 등에도 불구하고 여기에서 근로자복지라는 제목을 붙인 것은 복지 가운데 그 범위를 좁혀 근로자에게 한정시킨 개념으로 받아들이기 위한 것이다. 그러나 이 경우에도 그 내용은 매우 복잡하며 포괄적이어서 한정된 지면으로는 모두 설명할 수 없다. 예로서 근로자복지를 대상별로 보면 근로청소년복지·근로여성복지·장애자근로복지·중고연령근로복지 등으로 구분된다. 또한 근로자복지의 구체적인 내용을 보면 법정복지제도로서 산업재해보상보험·의료보험·연금보험·고용보험 이외에 복지프로그램으로서 근로자를 위한 중년생활설계·생애교육·재산형성제도·주택복지·건강복지 등 극히 다양하다. 여기서는 이러한 제도 가운데 법정제도로서 모든 기업에 적용되는 산업재해보상보험 등의 이른바, 사회보험에 대해서 구체적으로 설명하기로 한다.

2. 근로자복지의 유형

2.1 공공복지

우리나라에서 근로자복지제도는 실시 주체에 따라 국가 및 공공단체가 중심이 되는 공공복지, 사용자의 책임과 비용부담으로 실시하는 기업복지, 근로자의 자주적 연대에 의해서 자조적 노력의 일환으로 실시하는 자주복지 등 세 가지로 구분되고 있다.

이른바 공공복지는 후술한 사회보험이 중심이 되고 그 이외에 근로복지회관, 근로청소년회관, 근로자 임대아파트의 건립, 재산형성, 종업원지주제 등이 여기에 포함된다. 기업복지로는 주택·급식·피복·통근차, 종업원 자녀 학자금 등의 지원이 중심이 되고 있으며, 마지막으로 자주복지는 한국노총이나 개별 노동조합을 중심으로 하는 노동금고의 설립, 협동조합, 장학사업, 체육대회 등이 해당된다. 이들 제도에 대해서는 실태를 간단하게 살펴보기로 한다.

공공복지는 크게 분류하여 공공복지시설·사회교육시설·근로자 재산형성·노동문화제 등 여러 가지가 포함될 수 있다.

공공복지시설은 미혼여성근로자 임대아파트·시범탁아소·근로청소년회관이 대표적이다. 미혼여성을 위한 임대아파트는 1981년부터 건립을 추진하고 있으며 수도권지역이 중심이 되고 있다. 건립 주체는 지방자치단체·근로복지공단·사업주단체·서울특별시 등이다. 기혼여성을 위한 탁아소는 1987년부터 시작하여 1995년 고용보험 실시 이후 크게 보급되고 있다.

탁아소의 설치 및 운영에 관한 각종 지원은 1990년대 이후 여성근로자의 권리증진과 정치·경제에 있어서 여성단체의 역할이 커짐에 따라 다른

☞ 공공복지란 국가 및 공공단체가 중심이 되는 복지제도

☞ 기업복지란 사용자의 책임과 비용부담으로 실시하는 제도

☞ 자주복지란 자주적 연대에 의해서 자주적 노력의 일환으로 실시하는 제도

어느 부문보다도 탁아소의 설치·운영, 보육교사 지원, 육아휴직기간의 연장 및 육아수당의 지급 등을 통하여 활발하게 전개되고 있다.

근로청소년회관은 사회교육시설의 중심이 되고 있으며 1981년 서울, 익산에서 시작되어 1988년부터 전국 각지로 보급되고 있다. 청소년회관은 근로청소년의 취미교육·소양교육·그룹활동 등을 지원하고 있다. 또한 정상교육기회의 확대를 위하여 1977년부터 특별학급 및 산업체 부설학교를 운영하고 있다.

근로자를 위한 복지증진은 최근 근로복지공단이 중심이 되어 추진하고 있다. 근로복지공단은 중소영세기업 근로자의 가계부담을 경감시키고 근로의욕을 높이기 위하여 체불근로자의 생계비 대부 등 생활안정자금 대부사업, 근로자 장학금지급, 여가활동 지원 등의 복지사업을 추진하고 있다. 이러한 사업을 위하여 공단은 근로자생활향상기본계획(1998~2000년)을 수립하여 추진하고 있는데, 주요 내용은 주거안정 지원, 능력개발 기회확충, 재산형성지원, 근로자 건강증진, 복지시설의 확충, 문화예술활동의 활성화 등이다.

이상과 같은 근로자복지를 위한 각종 사업은 근로복지진흥기금 등에 의존하고 있으며, 특히 중소기업 복지증진사업을 위하여 「중소기업근로자복지진흥법」(1993년)과 「근로자의생활향상과고용안정지원에관한법률」(1997년)이 그 토대가 되고 있다. 「중소기업근로자복지진흥법」의 내용은 근로복지시설의 설치·운영·위탁·기금조성 및 운용을 규정하고 있다. 기금조성은 위하여 복권을 발행하고 있으며 1999년에는 18억원의 복권판매 수익금을 마련하였다.

「근로자의생활향상과고용안정지원에관한법률」의 주요 내용은 근로자의 주거안정을 주택자금 재원조성 및 융자, 생활안정을 위한 학자금·의료비 지원, 복지시설 설치지원, 근로자우대저축, 고용안정을 위한 직업전환훈련과 창업교육훈련의 지원, 인력재배치 지원, 인력은행의 설치·운영, 이직자 및 재고용 지원, 적응훈련의 지원사업을 규정하고 있다.

근로자복지정책 가운데 가장 중요한 것은 근로자 재산형성이다. 이 제도는 우리사주제도와 재산형성저축 두 가지로 구분할 수 있다. 우리사주제도(employee stock ownership)는 기업이 공개 유상증자를 할 때 우리사주조합을 만들어 근로자에게 혜택이 돌아가도록 마련된 것이다.

우리사주제도는 소속 회사가 경영방침으로 특별한 편의를 제공하여 자기 회사의 주식을 취득·보유하게 하는 제도로서 당초 자본소유의 분산을 통한 주식대중화를 촉진하고(「기업공개촉진법」, 「자본시장육성법」 등), 부의 공정한 분배를 통하여 경제민주주의를 달성하기 위한 정책수단으로 1970년대에 개발되었다. 그러나 그 시행과정에서 증권시장의 기복현상과 IMF체제 등의 영향으로 많은 문제점을 나타내고 있었다.

근로자의 재산형성저축은 저소득근로자에 대한 생활보장을 위하여 1976년 4월부터 도입하였다. 이 제도는 근로자들에게 저축에 대한 장려금 지급, 고율의 이자보장, 세제혜택 등의 부여를 통하여 임금근로자들을 중산층으로 육성하려는 취지에서 개발되었다. 1980년대는 이 제도가 당초의 취지대로 근로자 재산형성에 기여한 공로가 있었지만 다른 한편으로 장려금 지급이 미약하고 1997년 IMF체제 이후 근로자의 임금동결, 삭감, 정리해고, 금리인하, 각종 사회보험료 부담액의 인상 등으로 이 제도에 대한 근로자들의 저축능력 부족과 매력이 떨어지고 있다.

2.2 기업복지

근로자복지제도는 크게 분류하면 소속 사업장이 임금과 기본적인 근로 조건 이외에 추가적인 기업부담으로 종업원 또는 그 가족에게 제공되는 모든 편익을 통칭하는 法定外 福祉制度와 다음에 설명할 4대 사회보험을 중심으로 한 法定福祉制度 두 가지로 구분할 수 있다.

기업복지는 법정외 복지를 의미하며 이것은 사업주의 경영방침에 따라 주거·식사·의료·보건·문화·체육·오락·경조 등의 비용을 부담하며 기업은 임금 이외에 이와 같은 현물급여의 성격을 가진 비용을 부담하므로 노동비용의 규모는 그만큼 커지게 된다. 오늘날 산업사회에서 근로자들은 직접 또는 노동조합을 통하여 그들의 복지에 대한 요구를 강하게 나타내고 있으며 중요한 것 중의 일부는 단체교섭의 대상으로서 큰 비중을 차지하고 있다.

기업이 주관하여 운영하고 있는 여러 가지 복리후생제도는 주위의 다른 제도와 중복·경합 또는 대립관계에 있게 되는 경우가 적지 않다. 그 이유는 근로자는 종업원으로서 기업이 주관하고 있는 각종 복지제도의 수혜

☛ 기업복지는 법정외 복지를 의미하며 이것은 사업주의 경영방침에 따라 주거·식사·의료·보건·문화·체육·오락·경조 등의비용을 부담하며 기업은 임금 이외에 이와 같은 현물급여의 성격을 가짐

대상이며, 국민으로서 사회보험 및 공공복지와 직접 관련되어 있다. 그뿐만 아니라 조합원으로서 노동조합이 주관하는 복지제도의 이해관계자이다. 따라서 국가의 사회보험(또는 사회복지), 기업복지 및 노동조합의 자주적인 복지는 내용적으로 또는 재원부담에서 서로 밀접한 관련성이 있고 이들 제도가 상호 보완적으로 발전할 때 그 공존관계를 통하여 근로자들의 생활안정은 가능한 것이다.

우리나라 근로복지제도의 근간은 법적으로 보장된 4대 사회보험(산재보험·건강보험·국민연금·고용보험)이지만 그 이외의 법정외 복지비용은 단체교섭 또는 노사협약에 따라 운영되는 것으로 기업의 경영활동, 특히 고용관계와 인력관리와 밀접한 관련이 있다. 1998년 외환위기를 맞이하여 기업의 구조조정과정에서 임금보다 복지부문의 비용이 우선적으로 감소되는 현상이 나타나고 있는데 그 이전에 비하여 법정외 복지비용은 감소되고 있다.

법정외 복지비용은 단체협약으로 노사간 합의되거나 기업에서 근로자 복지를 위하여 비정기적으로 지급되는 경우가 많기 때문에 기업의 경영상태에 따라 탄력적으로 반응하는 경향이 있다. 법정외 복지비용은 우리나라에서 10여 개 이상의 부문으로 구성되어 있는데, 주거·보건의료·식사·문화·체육·오락·보험료지원·경조·재형저축 장려금·사내복지기금 출연·보육비·휴양시설·종업원지주제도 등으로 되어 있다. 그 비중은 1998년의 경우 식사(31.4%), 학비보조(17.0%), 보험료(10.7%), 주거(7.9%), 기타(11.7%) 등이 차지하는 비중이 컸으며, 외환위기 과정에서 삭감이 큰 부문은 문화·체육·오락·종업원지주제도·휴양시설·보육비·재형저축 등이었다.

이상의 경우는 대기업에서 나타나고 있는 현상을 중심으로 한 것이며, 중소기업은 대기업보다 복리비의 지출규모가 매우 낮으면서도 필수적인 식사에 관한 비용에 집중되어 복리제도의 다양성이 매우 부족한 실정이다. 전통적으로 우리나라 기업의 복리후생제도 문제점은 법정제도를 중심으로 기업의 비용부담 문제이다. 최근 4대 사회보험을 중심으로 기업의 비용부담이 커지고 있지만 노동조합의 입장에서 그 효과는 긍정적이지 못하다. 특히 외환위기 이후 법정외 복지제도는 퇴보하고 있으며 저성장기의 수익성 중시경영은 인건비에서 적지 않은 비용을 차지하고 있는 복리비용 통제의 압력이 크게 작용하고 있다. 반면에 종업원들은 의식변화와 복리욕구의 다양화에 따라 육아 및 교육문제를 중심으로 새로운 기업복지체제를 요구하고 있다.

최근 미국을 중심으로 한 선진국에서는 카페테리아 복리후생제도 (cafeteria plans)라고 하는 선택적 복리제도(flexible benefit plans)가 보급되고 있고 우리나라 기업에서도 관심을 가지고 있다. 선택적 복리제도는 일반적으로 종업원 개인이 혜택받기를 원하는 복리제도의 내용이나 그 수혜 정도를 선택할 수 있는 제도이다. 미국의 「내국세법」(제125조) 규정은 세법규정에 따라 과세가 면제되는 복리제도와 현금 가운데 선택이 가능하도록 되어 있다. 이 제도의 도입동기와 효과는 복리에 대한 종업원의 다양한 욕구충족, 세금절약 효과, 복지비용 통제, 복지에 대한 이해증진 등이다.

☞ 카페테리아 복리후 생제도

2.3 자주복지

근로자자주복지는 노동조합 등이 운영하는 복지시설로서 구내식당·휴게실·합숙소·소비조합(구판장) 등이 그 예이다. 그 이외에 노동조합은 새마을금고, 신용조합, 주택조합, 노조 자체의 복지기금을 운영할 수 있으며, 한국노동조합총연맹은 장학사업(1977년), 혼수품센터(1987년)를 운영하고 있다. 노동조합의 복지기능은 위에서 언급한 각종 복지제도가 있음에도 불구하고 그 수준은 재원부담 등의 이유로 만족할 수 없기 때문에 조합원에 대한 조합 자체의 복지기능은 그 어느 기능보다 중요하다. 선진국의 경우 19세기 이후 법정복지제도가 기반을 구축하지 못하고 있을 때 퇴직연금 등을 위하여 노동조합의 공제적 기능이 큰 역할을 수행하였다. 우리나라는 노동조합의 재정이 빈약하여 복지제도의 운영은 미약하지만 대기업의 노동조합 및 산업별 조합을 중심으로 조합원 복지에 적극 관여하는 것이 조합원의 단결력과 소속 조합에 대한 관심을 증대시키는 수단이 될 것이다.

☞ 근로자자주복지는 노동조합 등이 운영하는 복지시설로서 구내식당·휴게실·합숙소·소비조합(구판장) 등

3. 법정복지제도로서의 사회보험

법정복지제도는 그 적용대상 또는 시행이 강제되는 제도로서 사회보험
(social insurance)이 그 주된 내용을 형성하고 있다. 사회보험은 사회정책을
위한 보험으로서 국가가 사회정책을 수행하기 위해서 보험의 원리와 방식
을 도입하여 만든 사회경제제도이다. 구체적으로는 근로자를 중심으로 한
모든 국민을 대상으로 질병·사망·산업재해·노령·실업 기타 신체장해 등
으로 인하여 노동능력의 상실과 소득의 감소 또는 중단이 발생하였을 때에
보험방식에 의하여 그것을 보장하는 제도라고 할 수 있다.

흔히 사회보험은 사회보장(social security)과 용어상 혼동하는 경향이 있
다. 사회보험은 공적 부조(public assistance)와 더불어 사회보장의 2대 지주
를 이루고 있으며 사회보장의 한 부분으로서 사회보험을 이해할 필요가 있
다. 사회보험에는 여러 가지 제도가 포함될 수 있지만 산업재해보상보험(약
칭 산재보험), 의료보험, 연금보험 및 실업보험이 주류를 형성하고 있다. 여
기서 이 제도에 대해 설명하기로 한다.

3.1 산업재해보상보험

(1) 산업재해의 의의와 발생원인

산업재해(industrial accident)의 개념은 국가에 따라 다소의 차이가 있기
때문에 한마디로 정의를 내릴 수 없다. 산업재해에 대하여 법률상으로 규
정되어 있는 용어는 없으며, 일반적으로 취업중에 예기치 못한 사건이 발
생하는 것을 산업재해라고 하고 있다.[2] ILO의 구 규정에 의하면, "산업재해
란 근로자가 물체, 물질, 타인과 접촉 또는 각종 물체나 작업환경하에서 작
업동작으로 인하여 사람에게 장해를 일으키는 것으로 말한다"라고 되어 있
다. 그러나 1964년에 채택된 제21호 조약(업무상해 경우의 급부에 관한 조약)에
서는 그 개념을 확대하고 있는 것이 주목할 만하다.

협의의 산업재해는 위험한 물체나 농후한 가스 또는 액체의 접촉에서

---

2 성유운, 「산업재해와 직업병」(홍문관, 1975), p. 23.

일어나는, 급성재해(그 후유증 포함)를 말한다. 재해의 결과는 인체의 손상일 수도 있고 재해예방이 목적하는 바는 인명의 구제와 인체손상의 방지에 있는 것이고, 재산상의 피해는 부수적인 것으로 볼 수 있지만 재산상의 피해가 상황 여하에 따라 인명피해도 초래할 수 있으므로 양자를 구분하기 곤란하다.

이상과 같은 산업재해의 발생원인은 우선 그 통계를 작성하고 원인별 예방대책을 수립하기 위해서 기준에 따라 분류할 필요가 있다. 이 분류기준과 내용은 ILO의 분류기준, 미국 표준연구소, 일본의 노동성산업안전연구소의 통계분류 등이 각각 다르다. 산업재해가 발생할 때 그 원인은 사용자 측에서는 근로자의 부주의로 단정하는 경향이 있으나 사실은 다음과 같은 일반적인 원인을 열거할 수 있다.

① 단순·단조로운 작업에서 오는 정신신경의 피로에 의한 수족부상

② 숙련작업의 경우 자신과잉에 의한 재해

③ 안전 부주의

④ 능률급과 같은 자극적 임금제도

⑤ 심신피로에 의한 판단력·주의력, 또는 반응속도의 저하

⑥ 직장의 정리 또는 규율의 해이

⑦ 안전시설 미비

ILO의 자료에 의하면 1914년에서 1919년까지 제1차 세계대전으로 사상한 영국의 군인은 160만명임에 비하여, 1914년에서 1918년 동안의 산업재해에 의하여 사상한 영국의 근로자는 230만명으로 추정하고 있다. 여기에 비하여 제2차 세계대전 기간을 통하여 영국군의 희생자는 매월 사상·행방불명자가 8,126명이었고, 이 기간 동안 제조공업만의 사상자는 매월 평균 22,002명으로 지적되고 있다. 이와 같이 전쟁으로 인한 인명피해도 늘어나고 있지만 산업사회의 산업재해와 직업병도 계속 늘어나고 있는 것은 주목할 만하다.

일반적으로 기계적 산업의 발전은 산업재해상의 위험성을 증대시키게 되는데, 이것은 특히 자본주의 생산양식에 있어서는 피할 수 없는 일이었다. 즉 이윤을 최대한으로 추구할 목적으로 자본가는 장시간 노동·노동강화·정원감축 등에 의하여 근로자를 피로하게 하고, 고정자본지출을 절약하기 위해서 근로자에 대한 안전·위생시설의 비용을 줄여 나쁜 근로환경

을 조성하게 되므로 근로자는 끊임없는 산업재해의 위험에 놓여 왔다. 이와 같이 자본주의적 생산양식은 숙명적으로 산업재해를 발생시켜 근로자의 생명과 건강뿐만 아니라 그 가족의 생활을 위협·파괴할 수 있어 오래 전부터 사회적 문제로 제기되어 왔다.

자본주의적 생산양식과 산업재해의 기본적 관계는 산업재해의 역사에서 볼 때 자본주의적 발전의 각 단계에 따라서 변화하여 왔다. 산업자본주의의 초기에는 수공업생산이 중심이었기 때문에 일반적으로 산업재해의 수는 많지 않았고 탄광을 제외한 업종에서 큰 재해는 거의 볼 수 없었다. 그 후 자본주의 경제의 발전, 산업혁명의 진행, 기계제 생산의 지배적인 보급으로 산업재해는 비약적으로 증가되고 대규모화하였으며 근로자의 궁핍화를 촉진시키게 되었다.

산업자본주의의 확립기에 들어오면서 노동조건의 개선, 임금인상, 노동시간 제한입법, 최저연령법의 제정 등을 촉구하는 노동운동의 발전에 따라 각국에서 근로자보호안전입법이 제정되었다. 그것에 의하여 시간단축, 안전규제 등으로 많은 국가에서 산업재해의 감소현상을 볼 수 있었지만, 다른 한편으로는 반대로 증가현상이 나타났다. 즉 근로자보호입법의 실시는 노동조합운동을 약화시키고 생산성 향상을 위한 조건으로 작용하여 시설의 대규모화, 기계의 도입에 의한 근로능률의 향상과 노동의 집약화는 상대적으로 산업재해의 증대를 초래하였다.

독점자본주의의 단계에 들어오면서 이윤율의 저하를 막기 위한 새로운 관리기법(과학적 관리법)의 채용에 의하여 노동강화가 이루어짐에 따라 산업재해는 크게 증가하였다. 특히 제1·2차 세계대전은 산업재해를 격증시켰고, 전후 급속한 기술혁신은 새로운 재해위험을 증대시켜 양적·질적 변화가 일어났으며 재해의 대형화, 직업병의 빈발은 근원적으로 막을 수 없는 사실이 되었다.

산업재해는 19세기 이후 증기동력의 사용과 전기 이용에 의한 산업기계의 도입으로 경이적으로 증가하였지만, 현대사회에 있어서 에너지혁명은 석탄이용에서 석유·가스 이용, 원자력의 등장을 초래하여 산업재해도 초보적·고정적 위험에서 새로운 유형의 위험으로 전환되었다. 현대의 중화학공업시대는 최신의 위험과 각종 직업병을 유발시키게 되었고, 특히 교통수단의 발달과 혼잡으로 인한 출장도상 및 통근상의 교통재해도 새로운 의미에서 산업재해로 인정되고 있다.

(2) 산재보상제도의 형성과 발전

위에서 고찰한 바와 같이 자본주의적 생산양식은 산업재해가 많이 발생하였지만 초기자본주의적 사회에서는 이러한 새로운 사회적 사고에 대한 보상을 인도적·윤리적 측면에서는 물론, 법률적으로도 용인하지 않았다. 이러한 사실은 자본주의의 전형적인 발전을 나타낸 영국의 산업사회에 있어서도 마찬가지였다.

근대시민법은 산업재해를 개인주의적인 책임이론의 범위 안에서 다루었고, 주로 불법행위의 법리에 의하여 처리하였다. 과실책임주의를 원칙으로 하는 불법행위에 있어서는 사용자과실의 존재를 매개로 하지 않으면 근로자는 산재에 의한 손해배상을 법적으로 청구할 수 없게 되었고, 실제 소송에 있어서 사용자측의 과실을 입증하는 것이 매우 곤란한 경우가 많았다. 또한 그 과실을 입증할 수 있는 경우에도 근로자측에 과실이 있다면 과실상계(過失相計)의 원칙에 의하며 손해배상액은 감액되고 충분한 보상은 이루어지지 않았다. 그 당시 영미에서는 기여과실의 원칙(contributory negligence), 동료근로자의 책임의 원칙(fellow servant rule), 위험인수의 원칙(assumption of risk) 등 사용자의 책임을 회피하기 위한 항변이론이 보급되어 있었고 법원에서도 이를 채용하고 있었다.

이상과 같은 법률논리에 따라 근로자는 산업재해에 대한 구제를 받지 못하였고, 그로 인한 노동불능이 빈곤계층으로 전락하여도 비생산적 시민 일반에 대한 구빈제도의 부조대상도 될 수 없었다. 영국의 경우는 근로자가 산업재해·노령·실업 등에서 생겨나는 생활파괴에 대처하기 위하여 우애조합에서 볼 수 있는 것처럼 근로자의 연대의식에 기초를 둔 자조적 상호공제제도에 의하여 해결하려고 하였다. 그 후 산업혁명에 의하여 산업재해가 비약적으로 증대되고 산업재해에 대한 정당한 배상을 요구하는 노동조합운동이 고조되어 산업재해는 사회적 문제로 취급되었고 국가로서도 피재근로자에 대한 법적 구제에 나서게 되었다. 그 결과 나타난 것이 산업재해에 대한 사용자의 배상책임에 관한 입법이다.

☛ 산업재해에 대한 사용자의 배상책임에 관한 입법

1880년의 영국 「사용자책임법」(Employer's Liability Act) 및 1871년 독일의 「사용자배상책임법」(Reichshaftpflichtgesetz)이 바로 그 예이다. 이러

☛ 무과실책임주의의
  채택

한 입법은 무과실책임주의를 채택함으로써 사용자의 배상책임이 확대되었고 배상청구에 있어서 피재근로자의 입장이 더욱 유리하였다. 그러나 사용자는 미리 근로자에게 배상청구권을 포기하게 하고, 해고권을 배경으로 소송의 제기를 사실상 봉쇄하였기 때문에 이러한 입법에 의한 근로자의 구제에는 한계가 있었다. 이러한 산업재해의 노동관계적 특질을 직시하여 새로운 법제도의 필요성이 인식되었는바, 그 새로운 산재보상입법은 1884년 독일의 「산재(재해)보험법」, 1897년 영국의 「근로자보상법」(Workmen's Compensation Act)의 제정이다.

☛ 직접보상방식
☛ 사회보험방식

위의 새로운 입법은 각국 산재보상입법의 제정에 하나의 규범이 되었고, 동시에 직접보상방식과 사회보험방식이라고 하는 보상입법에 있어서 두 가지 전형을 성립시켰다. 직접보상방식의 영국형에 있어서는 개개의 사용자가 그가 고용하는 근로자에게 직접 배상을 행하는 것이며, 사회보험방식을 취하고 있는 독일형은 개별 사용자가 피재근로자에 대하여 직접의 보상의무를 부담하지 않고, 보상의 법관계는 보험자와 근로자간에 해결되도록 하였다.

☛ 많은 국가에서 사회
  보험방식 채택

제2차 세계대전까지 이러한 직접보상방식은 약 반세기 동안 보상입법의 지배적 형태이었지만 전후 각국의 산재보상제도는 전환기에 들어갔다. 그때까지는 직접보상방식을 취하고 있던 많은 국가가 급속하게 사회보험방식으로 이행하여 오늘날에는 직접보상방식이 예외적인 형태가 되고 있다. 영국도 1946년에 「국민보험(산업재해)법」을 개정하여 전통적인 직접보상방식의 「산재보상법」을 폐지하였다. 이것은 전후 급속한 사회보장정책의 전개과정에서 산재보상제도도 사회보장을 구성하는 한 분야가 되었기 때문이다.

(3) 산재보상의 이론과 원칙

① **무과실배상책임이론과 그 발전**   과실책임주의의 불법행위법으로부터 무과실책임주의의 사용자책임법으로 이행한 산재보상입법과 그것에 의한 산재보상제도의 발자취를 보면, 현대의 산재보상제도는 전자의 결함에 대한 보충, 한계에 대한 반성 혹은 이를 극복하기 위하여 후자의 이론이 등장하여 그 발전의 기초를 부여한 것을 볼 수 있다. 이것은 자본주의경제, 특히 대기업의 발전에 따라 직장의 위험을 내재하고 조업을 하여 막대한 이익을 올리고 있는 기업에게, 고의 과실을 불문하고 근로자가 입은 재

해에 대하여 손해배상책임을 부과시키는 것이 공평과 정의에서 바람직한 것으로 보고 있다(보상책임의 원칙 및 기업책임의 원칙).

☞ 보상책임의 원칙
☞ 기업책임의 원칙

　　각국의 현행 산재보상제도의 공통적인 특징은 첫째, 재해의 배상이 근로자가 입은 손해의 보상에만 그치지 않고 생활보장적 성격을 갖고 있으며, 둘째, 보상방법의 특수성, 즉 보상의 정형화와 정률화, 셋째, 행정감독의 형벌에 의한 이행의 강제와 그것에 의한 보상의 신속화, 넷째, 보험제도와 결합에 의한 보상의 확보와 신속화 등이다. 이러한 점에서 산재보상제도는 민법상의 배상제도와는 다른 내용을 갖고 있다.

　　현행 산재보상제도에 있어서 사용자의 재해보상책임은 민법상의 불법행위 책임과는 다르며, 또한 무과실책임주의의 범위를 넘어선 내용으로 되어 있기 때문에 생존권 보장의 이념에 입각한 노동법 독자의 제도로 생각할 수 있다. 그러나 사용자의 보상책임의 근거나 근로자의 보상청구권의 법적 성질에 대해서는 여러 가지 견해가 있다. 이를 대별하면, 기업위험의 관념이나 산업재해가 사용자와 근로자에 대한 지배관계를 매개로 하여 생긴다는 점을 중시하여 피재근로자에 대한 손해보상에 입각한 이론(손실보상설)과 산업재해에 의한 근로자의 생활상의 위험을 중시하여 생존권 보장의 관점에서 근로자의 생활보장에 중점을 두는 이론(생활보장설)으로 나누어진다.

　　위의 두 가지 이론의 상위는 재해보상의 본질에 관한 역점을 어디에 두느냐에 있지만, 산재보상책임의 요건인 '업무상' 재해의 범위 및 결정의 기준을 둘러싼 중요한 대립이 생겨나고 있다. 후자는 피재근로자에 대한 보상이 생활보장적 성격을 가지고 있으므로 산재보장제도가 사회보장제도의 일환이 되어야 한다는 견해를 갖고 있음에 비하여 전자는 여기에 반대하고 있다. 현행 산재보상제도는 어디까지나 자본주의체제하에 있는 제도로서 그 의미는 타협적이어야 하는 것으로 보면 기본적으로는 위의 두 가지 기능(손실배상과 생활보장의 기능)을 포함하여 성립된 것이다.

　　② 배상이론과 배상원칙　　　근로자보상법과 무과실책임주의의 존재를 합리화시키는 데는 몇 가지 법률적 · 경제적 이론이 있다.[3]

　　첫째, 직업적 위험이론(occupational-risk theory)이다. 이 이론은 각 기업

☞ 직업적 위험이론

3　G. E. Rejda, *Social Insurance and Economic Security*(Englewood Cliffs, New Jersey: Prentice Hall Inc., 1976), pp. 295~296.

이 직업병이나 작업에 관련된 재해·질병 등의 비용을 생산비의 일부로서 제품가격에 전가해야 한다는 전제에 기초를 두고 있다. 이 이론의 몇 가지 결점은 ① 근로자가 산재의 비용을 부담하지 않는다고 하지만 사용자부담은 결국 근로자의 인건비예산에서 지출되는 것이며, ② 사용자가 비용부담한 것을 제품원가에 전가시킬 때 시장에서의 가격경쟁상 문제가 있으며, ③ 근로자는 재해에 대한 여러 가지 제한적인 보상 때문에 실질적으로 비용의 일부를 본인이 부담하게 된다는 것 등이다.

☞ 최저사회비용이론

둘째, 최저사회비용이론(least-social-cost theory)이다. 이 이론은 근로자재해보상법이 산업재해로 발생하는 경제적 손실을 최소한으로 감소시킨다는 개념에 입각한 것이다. 기업은 법률상의 경험요율(experience-rating provisions)이나 또는 보험에 가입하지 않았을 때의 지출비용이 보험비용의 부담을 초과하고 있다는 것을 알고 있기 때문에 산업재해를 감소시키는 데 자극을 받고 있다.

☞ 사회적 타협이론

셋째, 사회적 타협이론(social-compromise theory)이다. 이 이론은 근로자재해보상이 사용자와 근로자간에 손익의 균형을 나타낸다는 것이다. 즉 피재근로자는 소송을 제기하여 보다 큰 보상을 받는다는 절대적인 보장도 없고 비용 문제도 있으므로 배상청구권을 보상급여와 교환하려고 하고, 사용자는 소송에 패소하는 경우를 생각하여 무과실의 경우에도 보상하는 것이 유리하다는 생각에서 이 이론이 제기되었다. 위의 세 가지 이론 가운데 가장 합리적인 것은 둘째의 최저사회비용이론으로 볼 수 있다.

한편 산재보상의 원칙을 논할 경우 우선 산업재해의 기본적 원인을 어떠한 입장(근로자와 사용자)에서 보느냐 또는 어떠한 각도에서 이해할 것인가에 따라 근본적으로 달라진다. 이것은 사용자의 입장에서 산업재해는 기계적 생산에 있어서 불가피하고(기술주의), 산업재해는 오직 근로자의 부주의·오류·체질에 의하여 발생하는 것으로서 근로자의 부단한 주의에 의하여 방지할 수 있으며(정신주의), 개개의 산업재해는 현실적으로는 우연히 발생하는(우연주의) 것이라는 등의 견해를 가지게 되는 것은 산업재해의 책임을 근로자에게 전가하려는 것이다. 그러므로 산재보상에 있어서 우선 확립되어야 할 것은 산업재해가 결코 자연적·우연적인 것이 아니고 자본주의적 생산양식에서 필연적으로 발생하는 사고이다.

이상과 같은 기본이념에 입각하여 산재보상에는 다음과 같은 원칙의

확립이 필요하다.[4]

첫째, 산재보상의 인정에 관한 문제이다. 산재보상에 있어서는 무엇보다도 피재근로자와 그 가족의 구제에 기본을 두어야 한다. 그렇게 하기 위해서는 우선 당면하고 있는 업무상 재해와 업무 외의 재해를 결정할 때의 증거책임의 전환, 의사선택의 자유보장, 업무 외 상병에 대한 기업배상의 확립 등이 필요하다.

둘째, 산업재해의 치료 및 보상에 관한 것으로 다음 네 가지 문제가 있다. ① 장기치료 중 또는 상병치료 후에도 장애가 남아 있어 근로능력이 저하된 경우에 해고 또는 불이익한 취급을 받아서는 안 되며, 또한 직장복귀의 권리가 보장되어야 한다. ② 휴양 또는 취업제한을 받아 생기는 임금의 감소는 완전히 보상되어야 한다. ③ 휴양에 필요한 비용 및 치료행위, 재활은 모두 보상되어야 한다. ④ 후유장애가 있을 때 정신적 고통에 대한 보상(위자료)이 있어야 한다.

셋째, 유족보상에 대한 문제이다. 산업재해는 그 근로자뿐만 아니라 가족에 대해서도 물심양면으로 타격을 주게 된다. 그러므로 유족에 대한 보상은 우선 유족이 안심하고 생활할 수 있도록 임금보상을 하여야 하고 그 이외에 위자료로서의 보상(사망일시금)이 있어야 한다.

산업보상제도는 기본적으로 이미 발생한 산업재해에 대해서 사용자의 책임으로 피해자와 그 가족의 생활보장을 확보하기 위한 제도이다. 그러나 산업재해에 있어서 무엇보다도 중요한 것은 재해를 미연에 예방하는 것이다. 그러므로 산재보상운동은 산재방지운동과 밀접한 관계가 있다는 사실을 근로자와 사용자는 잊어서는 안 된다.

☛ 산업재해에 있어서 무엇보다도 중요한 것은 재해를 미연에 예방하는 것

(4) 산업재해보상보험법의 성격

1) 이면적 성격   산업재해보상에 관한 우리나라 법제도 가운데 가장 중요한 것은 「근로기준법」과 「산업재해보상보험법」이다. 「근로기준법」(1953년) 제78조 이하에서 사용자의 무과실책임으로서 보상의무를 규정하고 있으며, 근로자의 업무상 재해를 신속·공정하게 보상하고 이에 필요한 보험시설을 설치·운영하기 위하여 1963년 「산업재해보상보험법」을 제정

법제처
Ministry of Government Legislation
http://www.moleg.
go.kr/

4 사회보장사전편찬위원회, 「사회보장사전」(동경: 大月書店, 1976), p. 231.

하였다. 이 법에 의한 보험은「근로기준법」의 적용을 받은 사업장의 사용자가 당연히 가입자가 되고 동법의 적용범위·보상사유·보상내용 등 보상관계의 모든 내용은「근로기준법」상의 그것과 완전히 동일한 것이기 때문에 법률제정 당초의「산업재해보상보험법」은「근로기준법」상의 재해보상을 정부가 관장하는 보험을 통하여 담보하는 것과 같은 관계에 있는 것으로 파악되었다.

한편「산업재해보상보험법」은 1970년대 이후 9차에 걸친 개정을 통하여「근로기준법」과는 달리 수급권자의 선택에 따라 장해보상연금·유족보상연금·상병보상연금제도를 마련하였다. 또한 장해특별급여와 유족특별급여를 신설하여 민법상의 손해배상청구에 갈음할 수 있게 하였다. 이와 같이「산업재해보상보험법」은 점차「근로기준법」과 표리관계로부터 벗어나는 경향을 나타냄과 동시에, 오히려 오늘날은「산업재해보상보험법」이 재해보상제도의 핵심을 이루고 있는 것처럼 보이고 있다.「산업재해보상보험법」은 다음과 같은 양면적 성격을 지니고 있다.[5]

① 「산업재해보상보험법」은「근로기준법」의 사용자의 재해보상의무의 이행을 효과적으로 담보하는 성질을 지니고 있다. 즉 산업재해에 대하여 사용자로 하여금 피해근로자에 대한 최저한도의 보상을 형벌로써 강제하는「근로기준법」의 실효성을 정부가 주관하는 사회보험을 통해서 담보하려는 것이다. 이러한 의미에서「산업재해보상보험법」은「근로기준법」상의 재해보상책임에 대한 일종의 책임보험의 성격을 지니고 있으며, 보험료도 보험급여의 수급권자인 근로자가 부담하지 아니하고 보험가입자인 사용자가 부담하게 되어 있다.

② 「산업재해보상보험법」은 단지「근로기준법」상의 사용자의 보상책임을 담보하는 데 그치지 않고, 불충분하지만 그 범위를 넘어 피재근로자 내지 그 가족의 생활보장적 기능을 강화시켜 나가려고 하고 있다.

2) 업무상의 재해   산재보험에 있어서 보험급여의 지급사유는 업무상 재해(부상·질병)에 한정된다. 업무상 재해는「산재보험법」제1조(목적), 제4조(용어의 정의)에 명시되어 있고,「근로기준법」에서는 제40조 제1항 시행령과 제43조 제1항 시행령에서 구체적으로 재해의 종류를 열거하고 있다.

---

5 김진웅, "현행 노동재해보상제도의 구조와 법적 성격,"「노동법과 노동정책」(서울: 일신사, 1986), pp. 359~360.

「산재보험법」제4조에서 업무상 재해를 업무상의 사유에 의한 근로자의 부상·질병·신체장애 또는 사망이라고 규정하고 있다. 그러나 재해가 업무상인가 업무 외인가의 판단은, 특히 질병에 있어서는 판단이 곤란한 경우가 많고 노사간의 분쟁이 끊임없이 일어나고 있다.

☛ 업무상 재해란 업무상의 사유에 의한 근로자의 부상·질병·신체장애 또는 사망

산재보험의 업무상 재해에 관한 보험급여는 그 재해가 노동관계에서 일어나는 것을 전제로 한다. 즉 이것은 업무수행성과 업무기인성을 요건으로 하고 있는데, 업무수행성이란 예를 들어 취업중, 작업에 수반·관련되는 행위중, 작업의 준비 대기중, 사업장 시설 내의 휴식중, 출장도상 등을 말한다. 일본에서는 '통근도상에서 사업장 전용버스 이용중,' 즉 통근상의 재해를 포함시키고 있으나 우리나라는 이를 인정하지 않고 있어 1977년 한국노동조합총연맹에서 그 개정안을 건의한 바 있다. 그 결과 사업자의 통근버스 등을 이용하는 경우에 한하여 통근상의 재해를 인정하고 있다. 이것은 전술한 1964년 ILO의 조약 제121조에서도 인정하고 있는 산업재해이다.

재해가 업무수행상으로 볼 수 있는 경우에도 발생한 상병이 업무기인성으로 볼 수 있어야만 한다. 업무기인성의 내용은 사업주의 지배하에 있는 상태에 기인하여 사고가 발생하고 그 사고로서 상병이 일어나는 것을 말한다. 즉 업무와 상병과의 상당인과관계를 필요로 한다.

업무상 재해에 관한 견해는 재해보상의 본질을 어떻게 파악하느냐에 따라 그 범위를 달리할 수 있다.[6] 재해보상책임을 개별사용자의 손실보상의 하나의 형태에 불과한 것으로 이해하는 입장에서는 민사책임의 귀책구조의 유추에 의해서 업무상의 요건은 당연히 엄격하게 다루려고 하고 있으며, 반대로 재해보상의 생활보장적 기능을 중시하여 제도적으로 모든 기업에 보상책임을 부담하게 하는 재해보상제도가 일반화되어 있는 곳에서는 보상의 대상을 근로자의 생활보장의 관점에서 이해하려고 하고 있다.

3) 다른 배상과의 관계   산업재해가 발생한 경우 사용자는 재해보상책임과 손해배상책임을 지는 입장에 있게 된다.[7] 그러나 양자는 그 목적·요건·성질 등을 달리하므로 모든 산업에 대하여 두 가지의 책임이 언제나 사용자에게 부과되는 것은 아니다. 양자의 관계에 대하여 ① 두 제도의 경합을 인정하지 아니하고 재해보상이 성립되는 경우는 불법행위는 성

---

6 상계논문, p. 369.
7 상계논문, p. 364, pp. 370~373, pp. 384~385 참조.

립되지 아니 한다는 견해, ② 두 제도간의 상호보완성을 인정하지 않고 중복적으로 적용할 수 있다는 견해, ③ 두 제도간의 상호보완성을 인정하는 견해가 있다. 이 가운데 마지막의 경우가 다수설에 속한다.

위의 경우 입법례와 국가에 따라서는 ① 재해보상의 대상이 되는 재해에 대해서는 원칙적으로 사용자의 배상책임은 없다는 입장을 취하는 입법(독일 RVO 제636조), ② 재해보상과 손해배상의 어느 한쪽만의 청구를 인정하고, 피해근로자가 어느 한쪽을 선택하여 청구한 경우 다른 청구권이 부정되는 것을 인정하는 입법(1906년, 영국 「근로자보상법」), ③ 양자의 경합청구를 인정하면서 양자간의 상호조정을 기도하는 입법(제2차 세계대전 후 영국·일본·한국) 등이 있다.

우리나라 현행 「근로기준법」 제90조(다른 손해배상과의 관계)는 보상을 받게 될 자가 동일한 사유에 대하여 민법 기타 법률에 의하여 이 법의 재해보상에 상당한 금품을 받을 경우에는 그 가액의 한도에 있어서 사용자는 보상의 책임을 면한다고 규정하고 있다. 또한 「산업재해보상보험법」 제48조(다른 보상과 배상의 관계) 제1항에서는 "이 법에 의한 보험급여를 받은 때에는 보험가입자는 동일한 사유에 대하여는 근로기준법에 의한 모든 재해보상책임이 면제된다"고 규정함으로써 재해보상에 관한 「근로기준법」과 「산업재해보상보험법」의 관계를 분명히 하고, 동조 제2항과 제3항에서는 수급권자가 동일한 사유에 대하여 보험급여를 받았을 때에는 보험가입자는 그 금액의 한도에서 민법 기타 법률에 의한 손해배상책임이 면제되며, 이와 반대의 경우에 있어서는 보험급여를 지급하지 아니한다고 규정하고 있다.

「산업재해보상보험법」 제54조(제3자에 대한 구상권)는 제3자의 가해로 인한 경우에 대해서도 재해보상과 손해배상의 관계를 위의 경우와 동일하게 규정하고 있으며, 유족특별급여(「산업재해보상보험법」 제43조)에 대해서도 역시 동일한 취지를 규정하고 있다.

(5) 보험급여의 종류

요양급여는 업무상의 상병을 치료하여 직장에 복귀시키는 이른바, 원상회복을 목적으로 하는 보상

1) 요양급여　　　요양급여는 업무상의 상병을 치료하여 직장에 복귀시키는 이른바, 원상회복을 목적으로 하는 보상이므로 현물급여를 원칙으로 하고 있다. 이러한 요양급여는 요양비의 전액으로 하되, 노동부 장관이 지정한 의료기관에서 요양을 받게 되어 있고(현물급여), 다만 불가피한 경우

에는 요양비를 지급하게 된다(현금급여). 그러나 이 경우 상병이 3일 이내의 요양으로 치유될 수 있을 때에는 지급하지 아니하며, 요양급여의 범위는 다음과 같다(동법 제40조 제3항).

① 진찰, ② 약제 또는 진찰재료와 의지 기타 보철구의 지급, ③ 처치·수술 기타의 치료, ④ 의료시설에의 수용, ⑤ 개호, ⑥ 이송, ⑦ 기타 노동부 장관이 정하는 사항.

요양급여를 받은 근로자가 요양개시 후 2년이 경과된 날 이후에, ① 그 상병이 치유되지 아니한 상태에 있거나, ② 그 상병에 의한 폐질의 정도가 일정한 폐질 등급기준에 해당할 때에는 요양급여 외에 상병보상연금을 수급권자에게 지급한다. 상병보상연금은 3등급의 폐질 등급에 따라 지급하여 이러한 상병보상연금의 수급권자에게는 휴업급여를 지급하지 아니 한다(동법 제44조).

산업재해보상보험의 급여는 그 성격상 내용이 다양하고 질적 수준이 높은 것이 근로자의 입장에서는 바람직하다. 따라서 선진국의 노동조합에서는 급여개선이 사회보험투쟁운동의 중요한 대상이 되어 왔다. 우리나라는 1980년대부터 급여내용과 수준이 다소 개선되었으나 아직도 국제수준에는 미치지 못하고 있다. 일본의 경우만 해도 요양급여에 해당되는 기간을 정하지 않고 경미한 치료비까지 보험에서 부담하고 있으며, 상병보상연금의 요건은 요양개시 후 3년이 경과한 경우로 하고 있다.

2) 휴업급여·장해급여　　휴업급여는 요양으로 인하여 취업하지 못한 기간 중 1일에 대하여 평균 임금의 70%에 상당하는 금액을 지급한다. 그러나 취업하지 못한 기간이 3일 이내인 경우에는 지급하지 아니 한다(동법 제41조).

장해급여는 근로자의 업무상 상병이 치유된 후 신체에 장해가 남는 경우에 그 장해 정도에 따라 지급되는 급여이다. 장해급여는 장해등급(14등급)에 따라 장해보상연금 또는 장해보상일시금으로 지급한다. 그 보상수준은 연금의 경우 138일분(제7급)~329일분(제1급)이며, 일시금은 55일분(14등급)~1,474일분(제1급)이다. 연금 또는 일시금은 수급권자의 선택에 따라 지급되며, 연금은 수급권자의 선택에 따라 그 연금의 최초의 1년분 또는 4년분을 선급할 수 있다. 연금수급권자가 사망한 이미 지급한 연금합계액이 장해보상일시금에 미달할 때에는 그 차액을 유가족에게 일시금으로 지급한다

■ 휴업급여는 요양으로 인하여 취업하지 못한 기간 중 1일에 대하여 평균 임금의 70%에 상당하는 금액

■ 장해급여는 근로자의 업무상 상병이 치유된 후 신체에 장해가 남는 경우에 그 장해 정도에 따라 지급되는 급여

(동법 제42조).

한편 보험가입자의 고의 또는 과실로 업무상 재해가 발생하여 근로자가 장해를 입은 경우에 수급권자가 민법에 의한 손해배상청구에 갈음하여 장해특별급여를 청구한 때에는 상기 장해급여 외에 장해특별급여를 지급할 수 있다.

수급권자가 장해특별급여를 받은 때에는 동일한 사유에 대하여 보험가입자에게 민법 기타 법령의 규정에 의한 손해배상을 청구할 수 없으며, 장해특별급여를 지급한 때에는 노동부 장관은 그 급여액의 전액을 사용자인 보험가입자로부터 징수한다.

☞ 유족급여는 근로자가 사망하였을 경우 지급하는 것

3) 유족급여·장의비   근로자가 사망하였을 경우 지급되는 것이 유족급여이다. 유족급여는 수급권자의 선택에 따라 유족보상일시금 또는 유족보상연금이 지급된다. 일시금은 평균임금의 1,300일분에 상당하는 금액으로 하며, 연금은 기본금액과 가산금액을 합산한 금액으로 한다. 기본금액은 급여기초연액(평균임금×365)의 47%이며, 가산금액은 유족보상연금 수급권자 및 그에 의하여 부양되고 있는 유족보상연금 수급권자 1인당 급여기초연액의 5%에 상당하는 금액의 합산액으로 한다. 다만 이 경우 합산액은 급여기초연액의 20%를 한도로 한다(동법 시행령 제34조).

산업재해보상보험에는 또한 유족특별급여라는 것이 있다. 이것은 보험가입자의 고의 또는 과실로 업무상 재해가 발생하여 근로자가 사망한 경우에 수급권자가 민법에 의한 손해배상청구에 갈음하여 유족특별급여(평균임금의 1,000일분)를 청구한 때에 지급된다. 이 경우 급여를 받을 때에는 동일한 사유에 대하여 보험가입자에게 민법 기타 법령의 규정에 의한 손해배상을 청구할 수 없다.

그러나 현재까지 상기 상병보상연금은 크게 증가되고 있으나, 유족특별급여는 1984년의 경우 전혀 활용되지 않고 있다. 이것은 실제 민사소송으로 해결하고 있음을 의미하므로 이 제도의 실효성에 대해서 재검토해야 할 것이다. 마지막으로 장의비는 평균임금의 120일분에 상당하는 금액을 지급하고 있다.

☞ 상해보상연금은 상병이 폐질에 해당되는 등 중한 상태로 장기간 요양을 필요로 할 경우 지급

4) 상병보상연금   상병이 폐질에 해당되는 등 중한 상태로서 장기간 요양하는 경우 산재근로자와 그 가족의 생계가 어려워지므로 이들에게 휴업급여 수준보다 높은 수준의 급여를 지급하여 근로자의 의료보장과

그 가족의 생활안정을 도모하기 위하여 1982년 12월 31일 법 개정시 도입된 제도이다. 그 요건은 요양개시 후 2년이 경과된 후에도 부상 또는 질병이 치유되지 아니한 상태에 있고 질병에 의한 폐질등급기준에 해당하는 상태가 계속되는 근로자에게 휴업급여 대신 상병보상연금을 지급한다.

폐질등급은 3등급으로 되어 있고 257일분(제3등급)에서 329일분(제1등급)의 상병보상연금이 지급된다. 상병보상연금은 휴업급여와 함께 최저보상고시액을 적용하지 아니하지만 최저임금은 적용한다(최저임금액의 70/100 증액).

5) 특별급여 등   업무상 재해를 입은 산재근로자는 법에 의한 보험급여 청구권을 근로복지공단에 대하여 가지고 있음은 물론 사용자에 대하여 「근로기준법」에 의한 재해보상청구권과 민법에 의한 손해배상청구권을 동시에 가질 수 있다. 산재근로자가 보험급여를 받고 2차적으로 사용자에 대하여 청구권을 행사하는 데는 시간적·경제적 문제가 많기 때문에 소송권에 보험급여 외에 소정의 특별급여를 지급하여 민사소송에 따른 시간적·경제적 손해를 극소화하기 위하여 이 제도가 도입되었다. 특별급여는 사업주의 민사배상액에 상당하는 금액을 산재보험에서 보험급여 외에 수급권자에게 지급하고 그 상당액을 사용자로부터 징수하는 민사대불제도를 말한다. 특별급여에는 장해특별급여와 유족특별급여 두 가지 종류가 있는데, 지급요건은 다음과 같다.

① 재해가 사용자의 고의 또는 과실로 발생할 것
② 업무상 재해로 사망하거나 제1급 내지 제3급의 장해가 남을 것
③ 사용자와 산재근로자(또는 유족)간에 합의가 이루어질 것

한편 특별급여는 아니지만 요양급여와 관련하여 간병급여제도가 1999년 12월 31일 법개정으로 도입되었다. 간병급여는 요양급여를 받은 자가 치료 후 의학적으로 상시 또는 수시로 간병이 필요한 경우 지급되는 보험급여이다. 적용대상은 치료 후 장해등급 제1급 또는 제2급에 해당하는 자 중에서 정해진다.

특별급여란 피해근로 자가 사용자에게 손해배상청구권을 행사할 경우 소정의 특별급여 지급

(6) 재활사업

산재근로자는 정상인으로 직업을 유지하다가 업무상 재해로 신체장해가 남게 되어 심리적 갈등이 심하며 직장복귀율이 낮은 편이다. 또한 장기

간 입원 또는 요양을 하고 신체의 일부가 훼손되어 원래의 직무에 복귀하기 어려운 경우도 있기 때문에 요양기간중이나 그 후 사회복귀 또는 직장복귀를 위하여 서비스를 제공받는 직업재활과 장래 남게 될 기능장애를 고려하여 그 능력장애를 최소화시켜 사회복귀를 돕는 의료재활이 있다.

산재근로자에 대한 전문적인 의료·심리상담과 장애자의 개인별 특성에 부합되는 직업재활의 실천으로 적절한 직업훈련 연계, 고용지원, 사후관리 등 일관된 서비스제공은 산재근로자의 직업복귀를 효과적으로 지원·도모하는 것이다.

노동부는 2001년 5월 재활사업5개년계획을 수립하여 근로복지공단으로 하여금 산재보험의 부수사업으로 이 부문의 중대성을 크게 강조하고 있다. 직업재활훈련원은 원래 산재의료관리원에서 운영하여 왔으나 1997년부터 근로복지공단에 이관되었으며 기존의 훈련시설은 안산(1985년)과 광주(1992년) 두 곳에서 운영되고 있다. 훈련부문은 의상·인쇄매체·귀금속 공예·컴퓨터 광고디자인·광고미술·산업설비 등이며 각각 100여 명을 수용할 수 있는 기숙사 시설까지 갖추고 있다.

☞ 직업재활 및 의료재활 필요

☞ 산재근로자의 직업복귀를 효과적으로 지원·도모

안전보건공단
http://www.kosha.
or.kr

(7) 산재보험제도의 개선과 과제

1) 보험급여의 문제

가. 요양급여　　산재보험에서 재해자(요양환자)의 증가 및 요양 장기화 등으로 치료에 소요되는 요양급여의 지출규모가 계속 증가하고 있고 도덕적 해이의 발생은 요양급여와 휴업급여의 연결선상에서 크게 문제되고 있다. 재해자수는 2000년 69,000명에서 2003년 95,000명으로 증가하였고(3년 평균 12.6% 증가), 요양환자는 2000년 33,000명, 2003년 49,000명, 2004년 53,000명으로 4년 평균 15.2%가 증가했다. 요양급여에서 가장 큰 문제는 장기요양환자의 증가와 그에 대한 대책수립이다.

－1년 이상 요양환자는 2000년 13,000명에서 2004년 24,000명으로 증가(4년 평균 17.6%)하는 등 요양기간의 장기화가 지속되고 있음.

－기간별 요양환자는 6월 미만이 17,380명으로 전체의 32.75%를 차지하고 있으며, 5년 이상 10년 미만 4,106명, 10년 이상 2,221명(전년대비 증가율 22.37%)으로 크게 증가하고 있음.

－10년 이상 장기요양환자는 입원(890명)보다 통원(1,331명) 비율이 높

은 것도 문제임.

나. 휴업급여·상병보상연금　　휴업급여제도는 1989년 4월 지급률이 평균임금의 60%에서 70%로 상향됨에 따라 요양의 장기화와 더불어 휴업급여의 비중이 전체 급여 중(7개) 1/3 이상 차지하게 되었다. 이때부터 휴업급여는 요양급여 금액을 추월하고 있다. 휴업급여는 일부 대기업에서 단체협약에 의하여 평균임금의 20~30% 추가지급되는 사례가 인정되고 있다. 휴업급여 산출기준은 순수 상실소득(통상임금－세금 등 공제)이 아닌 평균인금을 기준으로 하고 있고 수급기간의 장기화도 문제되어 현역 근로자보다 휴업급여 수급자가 실질적으로 더 많은 급여를 받고 있는 경우도 허다하다.

휴업급여는 지급기간과 수급연령에 제한이 없는 것도 문제이다. 일정 연령 도달 이후에도 상병연금으로 계속 지급되고 있다. 2003년 65세 이상 휴업급여 수급자 6,945명, 상병연금 수급자 1,790명의 비중이 계속 증가하고 있는데 전체 급여에서 차지하는 비중은 2000년 29.0%, 2001년 30.2%, 2002년 31.1%, 2003년 33.0%, 2004년 33.4%이었으며 무리한 임금순응률제를 도입하고 있는 것도 일반적으로 공적연금의 슬라이드보다 높다.

다. 장해급여 및 유족급여　　2004년 장해급여 수급자는 49,588명으로 전년대비 14.68%가 증가하였고 금액으로는 7,523억원으로 20.13%가 증가하였다. 이러한 증가현상은 일시금은 물론 장해연금부분에서 크게 증가하였다. 산재보험 급여에서 일시금보다 연금을 선호하는 것은 금리인하 때문이다.

2) 개선방안
- 휴업급여 지급기간의 제한(최고 2년)
  예: 핀란드 1년, 독일 78주, 덴마크 18개월, 영국 168일, 오스트리아 2년
- 휴업급여 대기기간 확대적용, 사용자가 휴업급여의 지급의무를 부담하도록 하고 초과기간에 대해서만 산재보험에서 부담
- 임시장해연금과 영구장해연금으로 분리운영
- 휴업급여 수급기간 중 취업활동의 부분적 허용
- 휴업급여 수급기간 동안 다른 사회보험제도의 당연적용
- 다중근로자(two-jobs 또는 multi-jobs)에 대한 휴업급여 산정방식의 개선

－급여산출 기초로서 평균임금이 아닌 가처분소득을 기준으로 할 것

－장해보상 등에서 일시금 또는 선급금 지급을 재검토

3) 개선내용

위의 개선방안은 2004/2005년 산재보험제도발전위원회의 연구용역 결과 제안 내용인데 2006년 노사정위원회에서 최종 조정·개선하기로 합의된 내용은 다음과 같다.

－평균임금의 변동률 적용에서 60세 이후에는 소비자 물가변동률 적용

－부분 휴업급여제도 도입

－전체 근로자의 평균임금·부의 1/2 미만인 자의 휴업급여 수준 향상 (70 → 90%)

－휴업급여 및 상병보상연금 61세부터 매년 4%(65세 이후 20%) 감액

－장해보상연금 선급금은 연금의 1/2만 지급하고, 선급금에 대한 이자 공제 제도도입

－장해등급은 1회에 한하여 재판정 가능

－직업재활급여 신설

4) 책임준비금 적립의 부족

산재보험 재정제도의 개선을 위해 2004년부터 법정 책임준비금제도 개선방안을 연구하였고 그 결과에 따라 2006년 노사정위원회 관련위원회에서 12월 3일 도출한 개선내용은 오히려 과거 적립방안보다 후퇴시켜 놓았다. 산재보험은 1989년 4월 제도개선의 여파로 급여액이 크게 증가하고 IMF 이후 특히 연금급여 증가에도 불구하고 적립금은 감소하여 산재보험 재정의 불안정이 증대되었다. 특히 2000년부터 2002년까지 매년 수지상황이 흑자였으나 그 이후 보험수지가 적자로 적립금을 부험급여 재원으로 사용하여 적립금의 부족이 다음과 같이 심화되었다. 이때까지 법정 책임준비금의 산출기준은 연금지급액 6년분 + 당해연도 보험급여 지급액 3개월분으로 하였다.

2002년	△ 1,429억원
2003년	△ 7,435억원
2004년	△ 15,501억원

2005년   △ 24,398억원
2006년   △ 30,334억원

개정된 내용은 재정운영방식으로 현행 수정부과방식을 유지하되, 책임준비금 산정기준을 현행 "연금급여 6년분과 다음해 보험급여 1/4에서 전년도 보험급여 총액"으로 변경하였다. 변경된 산정기준에 따른 부족적립금은 단계적으로 확보한다는 막연한 정책방침을 발표하였다.

2004/2005년 산재보험 책임준비금의 부족은 앞으로 심각한 재정위기 상황으로 진단하고 그 보고서를 노동부에 제출하였다. 일본은 1989년 산재보험 재정개혁 당시 과거 부채규모가 2, 4년분 보험료에 해당했고, 2001년도 오스트레일리아의 개혁당시 1년분 보험료에 해당하였는 데도 그들은 위기상황으로 진단하였다. 한국은 연구결과 현가로 24조원(미래가치 47조원)에 해당하는 산재보험의 과거부채는 연간보험료의 7배에 해당되고 있음에도 불구하고 정부당국과 노사정위원회는 위기의식이 없이 제대로 대책마련을 하지 않았다.

산재보험의 재정대책은 장기적으로는 책임준비금 및 요율체계를 적립방식으로 전환하고, 단기적으로는 과거 · 현재 · 미래문제를 동시에 해결할 수 없는 어려운 상황이므로 순차적으로 해결해야 한다. 권장방법은 다음과 같다.

① 요율과 급여간의 불균형을 먼저 시정하고 과거 부채 해결
② 현재 증가추세에 있는 부채를 멈추게 하지 않는 한 과거 부채의 처리는 의미가 없고 불가능하다.
③ 산재보험 재정개혁은 광범위하고 적극적으로 추진되어야 하므로 모든 이해 당사자가 참여하는 개혁추진기구를 설치할 필요가 있다.
④ 요율조정은 장기급여(연금)와 단기급여분 모두 필요하지만 일단 장기급여를 우선적으로 조정
⑤ 적정요율이 산정되기 전까지 과도기적인 해법으로 현재 6년분 적립의무를 두고 있는 연금에 대해서 한시적인 적립방안 검토
⑥ 요율조정이 이루어지면 과거 부채 처리, 과거 부채는 일본과 같이 모든 산업에 균등배분하는 방안과 업종별로 차등배분하는 방안이 있다.

5) 요양분야 문제

가. 뇌심혈관계 질환 뇌심혈관계 질환을 업무상 재해의 범주로 인정하는 이유에 대한 사회적 합의가 없고 질병원인이 되는 매우 다양하며, 업무상 과로가 충분원인이 아니어도 업무상 질병으로 인정하고 있다. 또한 업무상 과로의 개념도 모호하고 객관적인 판단도 쉽지 않으며 근거자료가 축적되어 있지 않아 판단이 어렵다. 개선방안은 다음과 같이 제시할 수 있다.

① 인정기준 세부지침 마련
② 법원판례를 업무상 재해인정 기준에 지속적으로 편입
③ 행정집행 및 처분의 적합성, 공정성, 전문성 확보

나. 업무상 정신질환 최근 한국에서 스트레스 및 정신질환에 대한 관심 증가로 정신장애로 업무상 질병승인 요청건수가 증가하고 있고, 기존 재해로 요양중인 환자 가운데 추가상병으로 정신질환을 신청하는 사례가 늘어나고 있다. 업무상 정신질환에 대한 단계별 실무지침이 최근 마련중에 있는데 실무처리에서 객관성 및 공정성의 확보가 요망되고 있다. 실무처리에는 업무 이외의 원인을 포함하여 4단계로 구분하고 있다.

다. 진폐환자 및 합병증 현재 진폐환자로 진단받은 사람은 35,000명으로 추산되고 사망자를 제외하면 관리대상은 30,000명으로 보고 있다. 현재 요양중의 환자는 3,300명 수준이고 3,000명이 입원하고 있다. 진폐 합병증은 결핵과 심폐기능 장애가 가장 큰 비중을 차지하고 있으며, 진폐 요양관리의 문제점은 질환의 특성상 완치가 되지 않고 재활 및 사회복귀가 체계적으로 추진되고 있지 못하다. 현재 진폐 요양은 입원을 통한 요양이 위주이고 실제 입원요양의 의료적 필요성은 일부에 불과하다.

6) 간병급여의 개선

간병급여는 일률적으로 월급여 보전방식으로 지급되고 있어서 현물급여의 취지가 훼손되고 있다. 장해등급 해당자가 실제 간병을 받았는지에 대한 확인없이 급여가 계속 지급되고 장해급여에 추가적인 현금급여로 생각하는 경향이 있다. 또한 대상자 선정과정에서 전문적 판단이 어렵고 간병주체 및 급여 적절성에도 문제가 있다. 현재 80% 간병급여 수급자가 배우자나 자녀에 의하여 간병을 받고 있어 급여의 필요성을 확인하기 어려운 이유 중의 하나가 되고 있다.

간병급여는 간병을 필요로 하는 자에 대한 전문가의 판단이 불가결하고 현물급여 원칙이 우선되어야 한다. 단기적인 개선방안으로는 간병 정도의 확인 절차가 개선되어야 하고 상시와 수시로 2분화된 등급을 주간수시, 야간수시, 야간상시 등 3개 등급 이상으로 구분이 필요하다. 현물급여의 성격을 강화시키고, 전문가가 아닌 가족, 친족에 의한 간병은 급여액을 50~60% 수준으로 인하시킬 필요가 있다. 장기적으로는 현물급여로 완전히 전환시킬 필요가 있다. 지역별로 간병업체와 공급계약을 맺고, 의료시설이 아닌 생활시설에 입소도 가능하도록 해야 한다.

7) 다른 사회보험과 조정

가. 국민연금과의 중복　　최근 산재보험의 지출이 증가하고 있는바 그 원인 중의 하나는 후발제도와의 급여가 중복되고, 동시에 산재보험급여로 위험을 전가하는 것이 지적되고 있다.

- 산재보험의 중복급여가 발생할 수 있는 경우는 국민연금, 건강보험, 자동차보험과 고용보험인데 특히 문제가 되는 경우는 국민연금과 중복되는 경우임.
- 현행법은 산재보험법상의 장해·유족급여와 국민연금의 장애·유족연금만을 병급조정하되, 국민연금 부담을 완화하고 있음.
  - 국민연금의 장애연금 또는 유족연금 수급권자가 산재보험법에 의한 장해급여 또는 유족급여를 지급받을 수 있는 경우에는 국민연금의 장애연금액 또는 유족연금액의 50%를 감액하도록 함(국민연금법 제93조, 동법 시행령 제85조). 따라서 위험은 산재보험으로 전가하고 있음.
- 따라서 국민연금과의 관계에서는 병급조정을 위한 규정이 없는 경우에 이를 어떻게 할 것인가 하는 문제와

도표 8-1	국민연금이 산재보험과 중복 급여될 수 있는 경우					
장해연금 (산재보험)+ 장애연금 (국민연금)	유족급여 (산재보험)+ 유족연금 (국민연금)	장해연금 (산재보험)+ 노령연금 (국민연금)	상병보상 연금 (산재보험)+ 노령연금 (국민연금)	상병보상 연금 (산재보험)+ 장애연금 (국민연금)	휴업급여 (산재보험)+ 장애연금 (국민연금)	휴업급여 (산재보험)+ 노령연금 (국민연금)

도표 8-2	연도별 산재보험·국민연금 중복급여 수급자 총괄현황						(단위: 명)
구 분	장해연금 (산재)· 장애연금 (국민)	유족급여 (산재)· 유족연금 (국민)	장해연금 (산재)· 노령연금 (국민)	상병연금 (산재)· 노령연금 (국민)	상병연금 (산재)· 장애연금 (국민)	휴업급여 (산재)· 장애연금 (국민)	휴업급여 (산재)· 노령연금 (국민)
계	6,708	5,221	1,612	812	1,498	4,736	10,349
2002년	3,328	2,334	511	358	805	1,087	2,439
2003년	4,355	3,501	739	454	1,022	1,894	3,987
2004년	5,235	4,517	1,169	634	1,210	2,223	5,581
2005년 9월	5,561	5,127	1,340	696	1,198	1,694	3,142

- 중복급여가 행하여지는 경우 산재보험을 조정하지 않고, 국민연금을 조정하는 이유가 무엇인가(조정의 우선순위의 결정)하는 문제가 제기됨.
- 산재보험과 국민연금의 중복급여에 있어서는 과보장과 과소보호의 문제가 존재하고 있어 급여를 어떻게 조정할 것인가가 문제임.
  - 동일인이 각 해당연도에 중복수급인 경우 해당연도에 각각 합산, 총수급지수에는 1명으로 합산
  - 장해 및 유족연금 해당연도 최종 지급된 정기분이 2개월 이상 지급된 경우(해당월 지급액/해당지급기간 월수)로 재산정
  - 휴업 및 상병연금 해당연도 최종 지급된 정기분이 30일 미만 또는 32일 이상인 경우(해당월 지급액/해당지급기간 일수) 30으로 재산정
  - 유족연금 가입기간 산정은 각 연도말일 현재 최초 지급일로부터 만 10년 이상인지 여부로 판단
  - 국민연금 자료 중 월지급액이 0인 자료 제외
  - 산재보험 각 해당연도에 각 급여종류별 정기분 지급이 없는 자료

나. 건강보험과의 조정　　국민건강보험의 경우는 업무상 재해로 인하여 다른 법령에 의한 보험급여나 보상을 받게 되는 때에는 보험급여를 하지 않는다(국민건강보험법 제48조 제1항 제4호)고 하여 중복급여의 문제가 발생하지 않고, 질병과 사고의 사회적 위험 중 업무상 재해는 산재보험의 부담으로 하고 있다.

그러나 업무 내·외의 사고는 사회적 위험의 현실화로서 동일한 사유에의해 위험이 발생할 수 있는데, 왜 산재보험이 그 위험을 부담하여야 하

는가 하는 문제가 발생한다.

다. 중복급여 체제의 문제점   중복급여 체계의 가장 큰 문제는 과
잉보장이 발생함과 동시에 최저생계비에도 미치지 못하는 과소보장이 일어
나 급여의 적정성이 문제된다는 것이다.

- 산재보험과 국민연금간에 적정한 위험의 분산이 가능하도록 상호
  간의 연계가 전혀 이루어지지 못하여 어느 보험자가 일방적으로
  부담을 지고 있어 적정한 위험부담이 이루어지지 않았다는 것임.
- 중복급여와 관련해서는 일률적인 급여조정으로 과잉 또는 과소보장
  을 가져와 형평성을 상실하였음.
  - 위 표에서 보는 바와 같이 중복급여 유형이 다양하게 전개되는 점
    에서 볼 때 장애와 유족급여에서 천편일률적으로 중복급여 수급자
    를 대상으로 국민연금 급여를 일괄적으로 1/2 감액하도록 되어 있
    는 현재의 규정은 소득보장의 적정성이라는 측면에서 과잉보장을
    하거나 과소보장함으로써 사회보험의 기능을 제대로 수행하지 못
    하고 있음.
- 모든 중복급여시 보험주체 사이의 위험을 산재보험에 전가한다는
  것임.
  - 장애연금과 유족연금의 경우 국민연금법 제93조의 병급조정에 의
    해 국민연금의 부담은 1/2로 줄였음에도 불구하고 산재보험의 부
    담률은 87.15%에 이르고 있음.
  - 상병보상연금과 노령연금의 중복급여시는 93.4%에 이르도록 산재
    보험에 급여위험을 전가하고 있음.

도표 8-3	중복급여의 과잉보장과 과소보장 현황(2005년도 기준)						(단위: %)
구 분	장해연금· 장애연금*	유족급여· 유족연금	장해연금· 노령연금*	상병보상· 노령연금	상병보상· 장애연금	휴업급여· 장애연금	휴업급여· 노령연금
최저 하한선 이상* (80만원 미만)	8.9	40.5	11.5	0.8	0.5	24.15	10.15
최고 상한선 이상** (300만원 이상)	8.3	2.1	6.1	11.6	25.9	6.55	11.86

주: * 최저 하한선은 3인 가족 기준 최저생계비 810,431원을 기준으로 정한 것임.
　**최고 상한선은 근로자 임금 상위 10%를 기준으로 정한 것임.

도표 8-4	내부관계에서 위험부담률				(단위: %)
구 분	장해연금· 장애연금*	유족급여· 유족연금 (국민연금)	장해연금· 노령연금*	상병보상· 노령연금	상병보상· 장애연금
산재보험의 위험부담률	87.15	81.25~78.8	84.9	93.4	85.54
국민연금의 위험부담률	12.85	18.75~21.17	15.1	6.6	14.46

－산재보험이 피재근로자나 재활이나 근로활동을 전제로 하여 소득보장을 한다는 본연의 임무를 넘어 장해급여와 상병보상연금을 통해 피재근로자의 소득활동 이후의 노후생활 위험까지 인수하고 있다는 점임.
- 노후활동과 관련한 장해·장애연금의 중복급여시 87.15%의 위험을
- 장해연금과 노령연금의 경우는 84.9%의 위험을
- 상병보상연금과 노령연금의 중복급여시 93.4%의 위험을
- 상병보상연금과 장애연금의 중복급여시에는 85.54%의 위험을 부담하고 있음.
- 이는 산재보험 본연의 임무에 합당하지 않을 뿐만 아니라 노후생활 보장을 목표로 하는 국민연금 본연의 자세에도 맞지 않음.

3.2 건강보험

(1) 건강보험의 개념과 특성

☞ 의료보험이란 사회보험분야의 하나로서 상병을 보험사고로 하는 제도의 총칭

일반적으로 의료보험이라고 할 경우 이것은 사회보험 분야의 하나로서 상병을 보험사고로 하는 제도의 총칭이다. 이 명칭을 사용하고 있는 계기는 질병과 관련되는 여러 가지 보험을 제도마다 다른 고유한 명칭을 붙이지 않고 총괄적인 명칭을 고려한 것이다. 종래 영어에서는 sickness insurance, health insurance, hospital insurance, medical expense insurance, surgical and medical insurance 등의 여러 가지 표현이 있고 독일에서는 전통적으로 Krankenversicherung이라는 용어를 쓰고 있다. 그리고 최근에는 health services, medical services, medical care 등의 용어도 흔히 쓰이지만 이상과 같은 질병과 관련되는 보험제도의 총칭으로 건강보험이라는 표현이 최근 한국과 일본에서도 보편화되어 가고 있다.

일본에서는 영어의 sickness insurance와 독어 Krankenversicherung을 '질병보험'으로 표현하고 그들의 건강보험을 영어로 'health insurance'라고 번역하고 있다. 그리고 일본에서는 질병보험(sickness insurance: Krankenversicherung)이란 상병으로 인한 노동불능에 기인하여 임금상실이 있을 때에 상병수당금 내지 휴업수당금을 지급하는 것으로 이해하고 있다. 여기에 대해서 상병 그 자체의 치료에 대한 의료 내지 의료비를 급부내용으로 하는 것을 '건강보험'이라고 하고 질병보험과 건강보험을 합한 개념을 '의료보험'이라고 부르고 있다.

우리나라에서는 의료보험법의 개정과 이 제도의 시행에 따라 '의료보험'이라는 총괄적인 명칭이 실무계에서 통일화·보편화되어 가고 있지만, 아직까지 일부 문헌과 논문에서는 일본에서 사용하고 있는 용어를 정확하게 이해하지 못하고 우리나라의 의료보험을 때로는 건강보험, 질병보험으로 호칭하고 있는 현실을 고려하여 건강보험으로 명칭을 변경하였다.

일반적으로 보험제도는 보험자와 보험계약자의 관계에 있어서 미리 정한 계약내용에 따라서 보험사고의 발생이 확인된다면 보험자가 보험계약자에게 보험급여, 즉 보험금을 지급하게 된다. 그러나 건강보험에 있어서는 이 관계가 다르다. 건강보험의 경우 상병이라는 보험사고가 발생하면 우선 당사자인 피보험자 또는 그의 가족이 진찰을 받게 되지만 그것이 객관적으로 확정되는 것이 아니고 대개는 자기의 주관에 의하여 정하여지게 된다. 그러므로 수진 여부에 대한 판정이 피보험자가 주관적으로 결정하여 보험급부의 평등성이 결여된다. 이것은 단지 심리적인 요인에만 기초를 두는 것이 아니고 평상시의 건강상태, 상병의 인식, 시간적·경제적 여유, 지리적 조건 등의 주체적 요인에 의해서도 결정되므로 보험사고인 상병발생의 확인이 객관성을 결여하고 있는 것이 문제가 된다.

다음으로 수진할 때의 의료내용, 즉 급부내용이 의사의 주관적 판단에 의하여 결정되는 경향이 있고 그 내용은 환자에 따라 다르기 때문에 이른바, 의료의 개별성이 크게 강조되고 있어 획일적인 보험급여가 인정될 수 없다. 이와 같은 현상은 의료보험에 재정문제와 크게 관련되고 있다. 대개의 경우 보험제도는 수지상등의 원칙이 지배하고 있고, 또한 과거의 경험에 의하여 사고를 어느 정도 예측할 수 있지만 의료보험의 경우는 의료의 개별성과 의사의 주관적 판단 때문에 매우 곤란하다.

건강보험은 이상과 같은 특성을 감안하여 급여수준을 제한함으로써 보험재정의 악화를 방지하는 문제와 다른 한편으로는 급여의 다양화·충실화가 요청되고 있어 양자는 언제나 이율배반적인 현상으로 나타나고 있다. 의료보험에서 의보진료가 제한진료(규격진료)가 되어 충분한 의료가 제공될 수 없음은 당연하다고 볼 수 있다. 그것은 전술한 바와 같이 의료보장의 하나의 수단으로서 의료보험은 그 급여수준이 '적정의료'가 목표이지만 보험재정의 유지와 안정 때문에 일정한 제약(본인의 일부부담)이 가해짐은 불가피하다. 만약 보험진료에 의해서 필요한 의료수요를 모두 충족시킨다면 그것에 요하는 보험재정이 확립되어야 하고, 이러한 보험재정은 보험료의 인상 또는 국고부담의 증대가 있어야 하므로 현실적으로 양자에게는 각각 한계가 있다.

건강보험의 다른 또 하나의 특성은 보험의 원리에서 사보험의 경우는 실손해보상이 원칙이지만 소손해면책이 인정되고 있으므로 의료보험에서도 환자의 자기부담분은 소손해면책과 비교할 수 있다. 또한 의료보험의 원래의 취지에서 보면 충분한 보험급부가 제공된다면 사회보험으로서의 의의를 인정하기가 어렵다.

(2) 제도 변천과정

- 1963. 12. 16. 의료보험법 제정.임의 보험으로 일부 시범사업 실시
- 1976. 12. 22. 의료보험법 전문 개정
- 제4차 경제개발 5개년 계획으로 의료보장제도 실시
- 생활보호대상자 등에 대하여 의료보험 실시(1977년 1월)
- 점진적으로 의료보험 적용 확대
- 1977. 7. 1. 500인 이상 사업장 근로자 의료보험 실시
- 1979. 1. 공무원 및 사립학교교직원 의료보험 실시
- 1988. 1. 농어촌지역 의료보험 실시
- 1989. 7. 도시지역 의료보험 실시
- 1989. 10. 약국의료보험 실시
- 1997. 12. 국민의료보험법 제정·공표(227개 지역조합과 공·교공단 통합)
- 1999. 2. 국민건강보험법 제정·공표(140개 직장조합과 국민의료보험관리공단 통합)

－2000. 7. 국민건강보험법 시행

－2003. 7. 직장·지역보험 재정통합

(3) 적용 및 급여

－2000년 7월 1일 건강보험은 단일조직으로 통합됨과 동시에 국민건
강보험공단으로 출범, 전국민 적용대상

－급여내용은 현물급여(요양급여, 건강검진)와 현금급여(요양비, 장제비,
본인부담보상금, 장애인 보장구 급여비)로 구분

　• 요양급여, 건강검진, 장애인 보장구는 법정급여이며, 요양비, 장제
　　비는 임의급여임.

　• 건강검진은 2년마다 1회 이상 실시

－본인 일부부담금 내용

　• 입원진료: 요양급여 비용총액의 20%

　• 외래진료(읍면지역을 제외한 지역의 병원급 이상)

　병원: 전체 진료비의 40%

　종합병원: 요양급여 총액의 50%

　종합전문요양기관: 통합진찰료 전액 ＋ 진료비의 50%

(4) 보험료 부과

－직장근로자: 보수총액의 4.48%. 노사가 각 50% 분담. 보험료 부과소

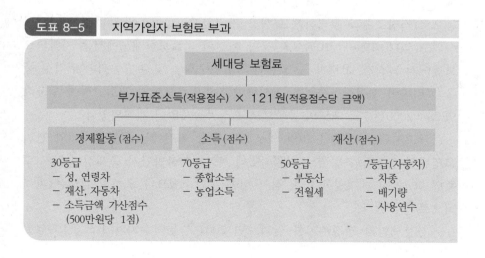

도표 8-5　　지역가입자 보험료 부과

세대당 보험료

부가표준소득(적용점수) × 121원(적용점수당 금액)

경제활동 (점수)	소득 (점수)	재산 (점수)	
30등급	70등급	50등급	7등급(자동차)
－ 성, 연령차	－ 종합소득	－ 부동산	－ 차종
－ 재산, 자동차	－ 농업소득	－ 전월세	－ 배기량
－ 소득금액 가산점수 　(500만원당 1점)			－ 사용연수

득 상한선은 월 4,980만원

－지역가입자 보험료 부과방식: 지역가입자의 소득파악 미비로 소득단
일 보험료 부과가 불가능하며 부과표준소득은 지역가입자의 소득·
재산·생활수준·직업·경제활동참가율 등을 고려

(5) 진료비 심사와 지불제도

진료비 심사는 제공되는 의료서비스의 적정성을 평가하는 것으로서 과
잉진료, 부당청구, 산정착오 등의 이유로 청구된 진료비는 삭감하고 있다.
2000년 7월 1일 국민건강보험법 시행으로 진료비 심사기능이 독립되어 별
도로 설립된 건강보험심사평가원에서 이루어지고 있다. 진료비 지불방법은
행위별수가제, 인두불제, 총액계약제, 예산제 등이 있는데 우리나라는 행위
별 수가제 방식을 택하고 있다. 이는 의료기관의 의료서비스를 항목별로 산
정하여 그 총액을 진료비로 지불하는 방법이다. 이것을 점수제 또는 성과불
제(fee for service system)라고도 한다.

한국에서 건강보험의 진료비는 행위별 수가제로 지불되고 그 보험수가
는 의료기관과 계약을 통해 결정된다.

(6) 문제점과 과제

1) 지역건강보험과 재정적자

한국에서 건강보험의 재정적자 원인은 여러 가지 사유가 있었지만 이
제도 도입초기부터 지역조합에서 적정보험료 부과의 곤란과 징수율의 저조
등으로 직장조합과 무리하게 통합을 가져왔고 그 이후에도 재정부족은 계
속되고 있다. 1998년 10월 1차 통합 이전의 의료보험제도에서는 지역의료
보험에서 퇴직자, 고령자 등 고위험군의 인구집중 및 부담능력의 취약성 등
을 고려하여 재정공동사업을 실시하여 지역의료보험의 재정안정을 도모하
였으나 2000년 7월 제도의 통합으로 재정공동사업이 폐지되었다.

국고지원은 1998년 10월 의료보험 통합 이전에는 보험급여비와 관리
운영비의 일부를 조합별로 지원하였다. 1988년 출발당시 총재정의 54% 수
준인 964억원을 지원한 이후 점차 비율은 감소했으나 오히려 금액은 파격
적으로 증가했다.

건강보험의 재정추이를 살펴보면 2001년 누적수지가 1조 8,109억원

도표 8-6		연도별 국고지원액					
구 분		2001년	2003년	2005년	2007년	2009년	2010년
수입	계	116,423	168,231	203,325	252,,697	311,817	331,242
	보험료 등	90,173	133,993	166,377	215,979	263,717	281,489
	국고지원금	26,250	27,792	27,695	27,042	37,838	39,123
	담배부담금	0	6,446	9,253	9,676	10,262	10,630
지출	계	140,511	157,437	191,537	255,544	311,849	348,302
	보험급여비	132,447	149,522	182,622	245,614	301,461	338,135
	관리운영비 등	8,064	7,915	8,915	9,930	10,388	10,167
당기수지		−24,088	10,794	11,788	−2,847	−32	−17,060
누적수지		−18,109	−14,922	12,545	8,951	22,586	8,862

적자였던 것이 지속적인 재정수지 개선으로 2009년 2조 2,586억원 흑자가 발생하였다. 그러나 2010년에는 재정흑자폭이 8,862억원으로 대폭 낮아졌다. 또한 당기수지를 보면 2003년과 2005년 일시적으로 흑자를 달성하였으나 최근에는 적자폭이 커지는 것으로 나타났다(〈도표 8-6〉 참조). 이처럼 건강보험 당기수지가 여전히 적자에서 벗어나지 못하는 이유로는 노인의료비의 현격한 증가, 보험료를 상회하는 보험급여비 증가율, 급여대상 질병 증가, 정부의 법정 지원액 과부족 등이 열거되고 있다.

2) 지역건강보험과 재정통합

직장조합과 지역조합의 재정통합은 많은 문제점을 안고 직장조합의 반대로 그동안 우여곡절이 있었다. 2000년 7월 지역과 직장으로 분리되어 있던 건강보험 조직이 통합공단으로 일원화되면서 재정통합 발효시점을 2002년 1월로 1년 6개월 연기한 바 있었다. 그러나 통합시기를 다시 연장하여 2003년 7월부터 재정을 통합하였다. 재정통합이 지연된 이유는 그동안의 논쟁과 쟁점이 해결되지 않았기 때문이었다. 반대논리는 직장인은 소득이 전부 노출되어 있는데 지역가입자나 전문직은 그러하지 않아 직장인이 손해보고 있다는 것인데, 이것은 통합 이후 현재까지도 해결되지 않고 있다. 그뿐만 아니라 지역가입자는 보험료 징수율이 매년 70% 수준에 그치고 있다.

3) 보험급여 확대

한국의 건강보험제도는 보험급여가 총진료비 기준으로 볼 때 급여율이 약 45%에 이르고 있어서 반쪽 보험이라는 말을 듣고 있다. 보험급여에서 제외되는 비보험급여가 많고 본인 부담률이 일본(약 15%), 독일(약 10%)의 수준과 비교하면 상대적으로 높다. 물론 그동안 건강보험에서 급여수준을 확대하여 왔지만 동시에 재정수지를 어렵게 하고 있었다. 급여 확대는 2000년 7월 급여기간의 제한철폐, 만성질환자의 의료비 부담의 경감, 산전진찰에 대한 보험급여 실시, 장애인 보장구에 대한 보험급여 점진적 확대 등이다. 이 과정에서 보험재정이 악화되어 급여확대 계획이 연기된 경우도 있지만 정치적 이유 등으로 급여확대가 예산과 관계없이 요구되고 있다. 예로서 금연진료, 비만치료, 상담 등 예방 서비스, 상병급여와 같은 상실소득의 보장, 비보험급여의 보험급여 포함 등이 과제가 되고 있다.

4) 정책의 참여

건강보험이 전국규모의 통합관리방식으로 전환된 이후 직장과 지역 가입자의 대표가 참석하는 재정운영위원회를 두고 보험료, 급여비용 등 주요 재정사항을 심의·의결하도록 하고 있지만 그동안 의약분업이나 수가문제, 재정부담 등의 문제를 다루는 데 있어서 대표가 참여하고 민주적으로 동의를 얻어내는 과정이 효과적으로 이루어지지 못했다. 건강보험이 1977년 직장조합으로 출범한 이후 1989년 전국민으로 확대되기까지 조합론과 통합론이 계속 논쟁이 되어 왔지만 재정적자 해결책으로 통합론이 무리하게 추진되었지만 결과적으로 적자대책은 해소되지 못하고 있다.

3.3 연금보험

(1) 연금제도의 성격

공적 연금은 사회보장체계 가운데 하나의 지주를 이루고 있는 소득보장에 속하고, 그 가운데서도 장기소득보장을 부여하는 사회보장의 일종이다. 오늘날 소득보장정책은 국가 또는 지방공공단체에 의하여 각종의 금전급여로서 국민에게 최저생활을 보장할 뿐만 아니라, 될 수 있는 한 표준보다 낮지 않은 생활보장을 목적으로 하고 있다. 공적 연금은 장기소득보장책의 중요한 일환을 구성하고 있지만 공적 연금만으로 그 역할을 수행할 수는 없다.

공적 연금은 일상생활의 위험 가운데 노령·퇴직·폐질·일가의 소득자의 상실 등의 사유가 발생하였을 때 미리 설정한 기준에 따라 획일적인 급여를 지급하는 제도이다. 그 급여의 기준은 위의 여러 가지 생활위험에 대해서 일반적으로 상정되는 니즈(needs)에 따라 사적 준비 내지 사적 부양의 관행과 정도를 일반적으로 고려하여 설정한다. 이와 같은 공적 연금은 ① 소득의 상실 내지 상당한 저하가 장기간에 걸쳐 생활위험상의 보호를 받게 되는 점, ② 급여는 개개인의 니즈에 대응하는 것이 아니고 미리 설정된 기준에 따른 획일적 급여라는 점, ③ 사후적 구빈책이 아니고 보험기술에 기초를 둔 사전적 구빈책이라는 점, ④ 자산조사(means test)를 하지 않는다는 점 등에서 공적 부조가 아니고 사회보험이다.

일반적으로 공적 연금이라고 할 경우는 연금보험 또는 연금이라는 명칭을 가진 제도에 반드시 한정될 필요는 없다. 공적 연금의 기능은 상술한 바와 같이 사전적 구빈책이지만, 이러한 기능면에서는 기업연금을 중심으로 한 사적 연금과 구별이 되지 않는다. 또한 재원조달상 보험방식과 부조방식에서나 그 운영상의 기술적 문제에 있어서도 공적 연금은 사적 연금과 뚜렷하게 구별되지 않으며, 양자는 총괄적인 연금제도로서 상호보완적이다.

연금의 경제적 성격을 분석함에 있어서 흔히 연금은 저축의 한 형태 또는 한 방식으로 파악하여 '연금은 저축의 일종,' '저축으로서의 연금'이라는 말을 하고 있다. 사회통념상 이러한 표현은 의심할 여지가 없지만 사실은 저축일변도의 성격을 가진 것으로는 연금문제를 올바르게 이해할 수 없다. 연금은 확실히 저축이라기보다는 오히려 보험이다. 따라서 공적 연금은 공적 보험(공영보험)이다. 이 보험사고는 일정 연령 이상 생존하여 노령이 되거나 또는 노령에 의하여 소득획득능력의 현저한 감퇴 또는 상실 등이 그것에 해당한다. 이론적으로는 반드시 빈궁화라든가 생활난을 의미하는 것은 아니다.

다음은 연금제도의 판단기준에 대해서 언급하기로 한다. 공적 연금은 국가권력과 법률에 의하여 강제되기 때문에 가입 여부에 있어서 개인의 자유가 허용되지 않는다. 그러나 가입의사에 따라서 여러 가지 형태의 연금제도가 있을 때, 어느 제도가 장래에 있어서 안심할 수 있는 존재인가에 대해서 관심을 갖게 된다. 그 판단기준은 정해진 것이 없으며 무엇보다도 연금

공적 연금은 일상생활의 위험 가운데 노령·퇴직·폐질·일가의 소득자의 상실 등의 사유가 발생하였을 때 미리 설정한 기준에 따라 획일적인 급여를 지급하는 제도

공적 부조가 아니고 사회보험임

저축이라기보다는 오히려 보험임

제도를 둘러싸고 있는 주위의 사정에 의하여 결정된다. 오늘날과 같은 기술발전·사회발전·사회변화가 현저한 시대에 있어서는 어떠한 연금제도도 새로운 사태에 대응하는 것은 용이하지 않다. 그렇지만 일반적인 판단기준은 다음과 같이 이야기할 수 있다.

① 그 연금제도가 지금까지 소기의 목적을 달성하였는가 그 역사를 고찰하는 것이 매우 중요하다.

② 현시점에서 가입인원과 수급인원의 상황도 하나의 판단자료가 된다. 어느 연금제도의 경우에나 창설 초기에는 가입인원은 많지만 수급인원은 거의 없다. 이것은 연금수급에 보통 최소한의 자격기간이 필요하기 때문에 일정한 연수를 경과하지 않으면 연금지급이 개시되지 않는다. 따라서 이기간 동안은 연금제도가 미성숙한 단계이고 수입에 비하여 지출이 없어 자금이 적립되기 때문에 이러한 자금집적과 동원을 위하여 연금보험이 설치될 위험도 없지 않다. 특히 가입자의 입장에서는 연금의 조기성숙화를 위한 특별조치, 예로 자격기간 5년 내의 감액연금의 지급과 같은 것이 없다고 한다면 이 제도에 대한 신뢰감이 상실될 수도 있다.

③ 신규가입자가 얼마나 많으냐가 그 연금제도의 장래에 결정적인 영향을 미친다. 19세기의 주력산업이었던 석탄이나 철도는 그 당시 특권적인 석탄연금제도와 철도연금제도가 실시되어 수급인원은 많았지만, 반면에 자금원이 될 수 있는 가입인원이 적었기 때문에 연금재정은 문자 그대로 화차와 같았다.

연금보험의 미래는 여러 가지 불확실한 사회·경제 여건에 좌우되기 때문에 그 전망이 반드시 밝다고 할 수 없다. 그러므로 연금에는 보험수리적 건전성과 사회적 연대성이 매우 중요한 원칙임을 알 수 있다.

(2) 연금제도의 위치와 역할

연금제도의 사회경제적 의의와 기능을 여러 가지 면에서 고찰할 수 있지만 그 가운데 가장 중요한 것은 자본주의의 발달에 의한 생활구조의 변모, 인구노령화의 현상과 도시형 생활구조의 정착, 기업의 노무관리와 연금 및 연금의 국민경제적 기능 등에 관한 것이다. 이하에서 이러한 문제를 중심으로 연금제도의 기능을 살펴보기로 한다.

자본주의 사회의 생활원리는 철저한 자기책임의 원리가 지배하고 있다. 임금을 기본적 소득으로 하고 있는 근로자들의 노후생활은 공식적으로는 노동력의 일상적·생애적·세대적 재생산비로서 임금수입의 시간적 자기분배에 의한 대응을 상정할 수 있다. 그러나 현실적으로 임금은 전적으로 생산에의 공헌도나 노동능력의 척도에 의하여 결정되는 것이 아니고 또한 생활자금·세대자금의 요청이나 소비 니즈와 직접적으로 관련되어 결정되는 것은 아니다. 따라서 임금은 생활을 영위하는 데 부족현상을 나타내게 되며 노후에 대한 사적 준비를 할 여지가 없게 된다.

비록 임금이 상당한 수준에 있을지라도 일상지출을 감당한 후에 장래에 예정된 필요 규모의 불확정한 노후준비에 충당한다는 것은 매우 곤란한 일이며, 노후불안은 임금의 고저에 의한 것뿐만 아니라 임금제도 자체에도 문제가 있다. 그리고 노령에 의한 노동능력과 노동기회의 상실은 인간의 자연적·생리적 사고인 동시에 사회체제 및 경제조직의 변화, 정년제의 사회적 강제, 기술혁신에 의한 것뿐만 아니라 임금제도 자체에도 문제가 있다. 그리고 노령에 의한 노동능력과 노동기회의 상실은 인간의 사회적 강제, 기술혁신에 의한 고령미숙련자의 탈락 등에 의하여 많은 사회적 문제가 발생하게 된다.

이상과 같은 노령자의 사회적 인식을 계기로 하여 자본주의 국가에서는 일찍이 연금제도가 사회보험방식에 의하여 전개되고 있다. 연금제도는 노동의 능력이나 기회를 상실한 자에 대하여 생활수단을 제공하기 때문에 이것을 하나의 사회적 임금으로 볼 수 있다. 연금보험은 위험의 측정을 어렵게 하는 노령자 부양의 비용을 공동계산하여 개별적으로 용이하지 않은 준비를 집합적으로 확보하는 제도이다. 이때에 형성되는 보험기금은 임금 가운데 평균적으로 포함되는 노후생계비의 강제저축이며, 가계지출 구조를 합리화시키기 위한 임금의 특정부분의 사회적 관리를 의미한다.

👉 사회·경제적 기능

사회보험, 특히 노령연금보험의 기본적 특징은 재원의 반 이상을 직접의 수익자 이외에서 구한다는 점이다. 구체적으로는 사용자와 공비부담의 존재(현재적 부양비)가 그것이며 또한 피보험자 자신에 있어서도 고소득층은 무겁고 저소득층은 가벼운 갹출률을 설정할 수 있다(잠재적 부양성). 여기서 사용자의 부담은 결코 은혜적인 종속관계의 표현이 아니고 노동시장에서 형성되는 임금률을 기초로 하여 모든 사용자가 부담하는 이상 그것은 본질적으로 임금과 다름이 없으며, 피보험자의 부담분과 합하여 '사회화된 임금'을 구성한다. 이와 같이 사용자와 국가(공비부담)의 재정참가는 사회적 사고에 대한 산업과 국가의 책임의 표명이며, 다른 한편으로는 산업평화·사회질서의 유지라고 하는 수익의 대가라 볼 수 있다.

노령연금보험이 노후에 대한 가계지출구조를 합리화시키는 기능을 수행하기 위해서는 사용자 갹출을 포함한 총체적 임금수준이 취로중과 퇴직 후의 생활에 그다지 부족하지 않아야 한다. 만약 그러할 경우 갹출자(현역근로자)와 연금수급자(퇴직근로자)의 일방 또는 쌍방의 생활수준을 오히려 악화시키게 된다.

예를 들면 연금 그 자체만으로는 생활을 유지할 수 없는 수준인 경우, 부족분을 보충하기 위하여 노령자는 조건을 불문하고 취로를 계속할 것이므로 노동시장의 임금노동조건을 붕괴시키게 된다. 반대로 일반수준을 희생시키면서 연금수준을 높이는 것은 부분으로부터 전체로 빈곤이 전가된다. 요컨대 노령자가 노동시장에서 불공정한 경쟁자로서 재등장하는 것을 방지하기 위해서는 노령연금에 의한 최저생활의 확보가 가능해야 하고 동시에 이 연금제도가 소기의 기능을 발휘하기 위해서는 일반적인 임금노동조건의 수준유지가 전제되어야 한다.

☛ 국민경제적 기능

다음은 연금제도의 국민경제적 의의와 기능에 대해서 고찰하기로 한다. 연금제도와 국민경제의 관계는 우선 연금과 소득재분배 문제가 있다. 노령연금의 경우는 독특한 재분배방식으로서 시간적 재분배와 세대간의 재분배가 나타나고 있다. 노령연금의 급격한 추진은 세대간의 불공평한 부담을 초래한다는 주장이 있지만, 비용부담에서 50% 이상을 사용자와 국가에 의존한다면 이러한 경향은 큰 문제가 될 수 없다.

연금제도는 내부에서 비축된 자금을 국가가 재정투융자의 재원으로 이용하고 있다는 점에서 국민경제적 의의가 높이 평가되고 있다. 그러나 기금운용에 있어서 안전성과 유리성의 배반적 원칙이 있지만 기금이 국가기금으로 예탁되어 재정투융자정책에의 협력이 강요되고 있는 것은 안전성의 강조 이외에 납득할 수 있는 설명은 없다. 물론 일본의 경우처럼 가입자를 위한 환원투융자에도 문제가 없는 것은 아니지만 일종의 사회화된 자본으로서 연금기금의 관리책임과 급여의 지급책임이 국가에 있다고 하여, 국가의 일방적인 재정투융자정책에 의하여 투자방법이 결정되는 것은 수익성의 관점에서 문제가 있다.

(3) 국민연금제도

1) 도입배경

한국의 공적연금제도는 1960년 공무원연금, 1963년 군인연금제도가 도입되었고, 1973년 국민복지연금법이 제정되었다. 그러나 이 연금법은 1973년 말의 석유파동과 사회경제적 여건의 악화로 보류되어 오다가 정치적 결단으로 1986년 12월 국민연금법이 전면 개정되고 1988년 1월 1일부터 실시되었다. 당초 국민연금법은 박정희 정권시절 중화학공업 자금조성을 위한 재정자금조달이 정책이면에 있었고 국민복지 증진이라는 정책은 퇴직금문제와 양립되어 근로자에게 연금까지 적용한다는 것은 무리가 있었고, 기업이나 노동조합도 근로자의 공적연금 도입을 원하지 않고 오히려 크게 반대하고 있었다.

국민연금제도는 상반된 두 가지 목적과 양면성 때문에 계속 논쟁의 대상이 되어 왔다. 제5공화국에 복지국가 건설이라는 국정지표를 밝혀 왔지만 최저임금과 더불어 공적연금 대상으로 근로자와 농어민, 자영자 등이 제외되고 있어서 제6공화국의 탄생을 앞두고 정권 재창출의 목표수행에 차질이 있다고 판단되어 국민연금을 적극 추진하였다.

2) 적용대상

- 1988: 10인 이상 고용하는 사업장 근로자를 강제가입 대상
- 1992: 5인 이상 사업장까지 확대 적용
- 1995. 7: 농어민의 국민연금 적용(보험료 일부 국고지원)
- 1999. 4: 국민연금 도시지역 자영자 및 주민까지 확대 적용
- 2003. 7: 1년 이상 고용하는 사업장으로 확대

3) 가입대상 및 종류

- 가입대상은 국내에 거주하는 18세 이상 60세 미만의 국민을 대상으로 하고, 공무원연금 등 기존 공적연금 가입자는 제외
- 가입자 종류는 사업장 가입자, 지역 가입자, 임의 가입자 및 임의계속가입자로 구분된다. 임의 가입자는 무소득 배우자 등이 중심이고, 임의계속가입자는 가입기간 20년 미만인 사람이 60세에 도달한 때에 본인의 희망에 의하여 계속해서(종전의 65세인 가입 상한연령이 폐지) 국민연금에 가입한 사람이다.

－가입자 현황(2006년 4월 말)

　총가입자: 17,354,659명

　사업장 가입자: 8,285,042(사업장 수 719,890)

　도시 가입자: 7,068,574

　농어촌 가입자: 1,952,933

　임의 가입자: 26,835

　임의 계속가입자: 21,215

　4) 급　　여

　가. 급여 구성　　국민연금의 급여액은 기본연금액과 가급연금액으로 구성되어 있다. 기본연금액은 노령연금, 장애연금, 유족연금의 산정기초가 된다. 기본연금액의 산정방법을 수식으로 제시하면 다음과 같다.

〈기본연금액 산정방법〉

기본연금액 $= 1.8(A+B) \times (1+0.05n/12)$

－1.8: 가입기간 240개월(20년)일 때의 평균소득 가입자의 급여수준 결정(30%)

－A: 연금수급 직전 3년간의 전체가입자의 평균소득월액의 평균액

－B: 가입자 개인의 가입기간 중 평균소득 월액을 현재가치로 재평가한 평균액

－n: 20년 초과 가입 월수

－0.05: 가입기간 20년 초과 매 1년에 대한 연금액을 가산하는 비례상수

가급연금은 연금수급의 권리를 취득할 당시 그 수급자(또는 가입자)에 의하여 생계가 유지되고 있던 부모, 배우자, 자녀에게 지급되는 일종의 가족수당이다.

따라서 가급연금의 수급대상자는 ① 배우자, ② 18세 미만의 자녀와 장애 2등급 이상에 해당하는 자녀, ③ 60세 이상의 부모와 장애 2등급 이상에 해당하는 부모이다.

　나. 급여종류와 지급수준

〈노령연금〉

－완전 노령연금

- 수급조건: 가입기간 20년 이상, 60세에 달한 자(65세 미만인 자는 소득이 없는 경우에 한함)
  - 급여수준: 기본연금액 100% + 가급연금액
- 감액 노령연금
  - 수급조건: 가입기간 10년 이상 20년 미만인 자로 60세에 달한 자
  - 급여수준: 기본연금액의 47.5~92.5% + 가급연금액
- 조기 노령연금
  - 수급조건: 가입기간 10년 이상, 55세 이상인 자가 소득이 있는 업무에 종사하지 아니하고 60세 도달 전에 연금수급을 원하는 경우
  - 급여수준: 가입기간이 10년인 경우 기본급여액 47.5% + 가급연금액, 가입기간이 1년 증가할 때마다 가입기간 지급률 5%씩 증가, 65세 이전에 소득업무에 종사할 경우 지급정지
- 재직자 노령연금
  - 수급조건: 가입기간 10년 이상, 60세 이상 65세 미만인 자로 소득업무에 종사하는 경우
  - 급여수준: 가입기간 20년인 경우 수급연령에 따라 기본연금액의 50~90%(가입연금 불지급), 가입기간 10년 이상 20년 미만인 경우 기본연금액 × 가입기간 지급률
- 특례노령연금
  - 수급조건: 1999. 4. 1 현재 50세 이상인 자로서 가입기간이 5년 이상 10년 미만인 경우
  - 급여수준: 가입기간 5년의 경우 기본연금액 25% + 가급연금액, 가입기간 1년 증가할 때마다 기본연금액의 5%씩 증가
- 분할연금
  - 수급조건 : 가입기간중의 혼인기간이 5년 이상인 배우자
- 급여수준 : 배우자이었던 자의 노령연금액(가급연금액 제외) 중 혼인기간에 해당하는 연금액을 균분한 금액

〈장애연금〉

국민연금의 장애등급은 장애상태에 따라 4개 등급으로 구분하고 장애연금은 3등급까지 지급되며 4등급의 장애인에게는 장애일시보상금이 지급

된다. 장애연금 지급액은 다음과 같다

    1등급: 기본연금액의 100%

    2등급: 기본연금액의 80%

    3등급: 기본연금액의 60%

    4등급: 장애보상일시금(기본연금액의 225%)

〈유족연금〉

－해당자

① 노령연금 수급자와 장애연금 수급자(1등급 및 2등급)가 사망한 경우

② 가입중인 사람과 10년 이상 가입하였던 사람이 사망한 경우

③ 10년 미만을 가입하였던 사람이 가입중에 발생한 질병이나 부상으로 초진일로부터 2년 이내에 사망한 경우

－수급자격: 가입자가 사망할 당시 그에 의하여 생계를 유지하고 있던 배우자와 직계존속 및 비속, 유족연금에서 우선적으로 받는 유족의 순위는 ① 배우자(남자의 경우 60세 이상이거나 2등급 이상의 장애인에 한정), ② 자녀(사망 당시 태아를 포함하여 18세 미만이거나 2등급 이상의 장애인에 한정), ③ 부모(배우의 부모를 포함하여 60세 이상이거나 2등급 이상의 장애인), ④ 손자녀(18세 미만 등), ⑤ 조부모(배우자의 조부모를 포함하여 60세 이상 등)

－수급권의 소멸

    • 수급권자의 사망

    • 배우자가 재혼

    • 자녀 또는 손자녀가 파양되거나 다른 사람에게 입양된 때

    • 2등급 이상의 장애인이 더이상 해당되지 아니한 때

－유족연금 지급액 : 가입기간 10년 미만, 기본연금액의 40%, 20년 이상 가입 60%에 가급연금액을 가산한 금액 지급

〈반환일시금과 사망일시금〉

－반환일시금은 국민연금에서 3가지 연금(노령, 장애, 유족) 중 어느 것도 받지 못하면서 가입자격을 상실하고 다시 가입할 가능성이 희박한 경우에 가입기간중에 납부한 보험료를 환급해 주는 제도이다. 반

환일시금이 지급되는 경우는 다음과 같다.

- 가입기간이 10년 미만인 사람이 60세에 도달할 경우
- 가입자가 사망하고 유족연금의 수급조건을 충족하지 못한 경우
- 가입자가 국적을 상실하거나 국외에 이주한 경우
- 가입자가 다른 공적연금의 가입대상이 된 경우

- 반환일시금의 지급액은 본인부담 보험료, 사용자 부담 보험료, 퇴직금 전환금에 일정이자를 가산한 금액(이자율은 3년만기 정기예금 이자율)
- 사망일시금은 가입자가 사망하였으나 유족연금이나 반환일시금의 수급조건을 충족하지 못한 경우에 지급된다.

5) 급여의 병급조정 및 제한

- 국민연금제도 내의 병급조정: 국민연금법에 의한 급여를 받을 권리가 한 사람에게 2개 이상 발생한 경우 수급권자의 선택에 의하여 그중 하나만이 지급되고 다른 급여는 지급이 정지된다. 예로서 부부가 각각 노령연금을 받다가 어느 일방이 사망한 경우 생존 배우자는 본인의 노령연금과 배우자의 유족연금을 동시에 받을 수 없고 선택해야 한다.
- 국민연금법에 의한 장애연금, 유족연금의 수급권자가 동일한 사유로 다른 법률에 의하여 급여를 받을 때(예: 산재보험법, 근로기준법, 선원법 등) 국민연금법에 의한 장애연금과 유족연금은 1/2로 감액된다.
- 급여제한은 사회보험에서 일반적으로 본인이 고의로 사고를 발생시킨 경우 급여가 지급되지 아니한다.

6) 재원조달과 보험료 부과

국민연금의 재원은 대부분이 연금보험료이고 기타 재원으로 기금운용 수익금, 국고보조금 등이 있다. 보험료를 사업장 가입자(근로자)의 경우 근로소득의 일정비율을 보험료로 부과하고, 지역가입자는 근로소득, 사업소득, 재산소득 등 모든 소득의 일정비율을 보험료로 부과한다. 보험료 부과수준은 〈도표 8-7〉과 같다.

사업장 가입자의 보험료 산정기준이 되는 표준보수월액은 근로자의 연간 임금소득액을 평균한 금액을 기초로 하여 산정한다. 임금월액(월 평균인금)의 최저금액(225천원 미만)과 최고금액(3,450천원 이상)을 설정하고 이들 사

도표 8-7	사업장 가입자			
	1988~1992	1993~1997	1998~1999.3	1999.4 이후
근로자	15.5	2.0	3.0	4.5
사용자	1.5	2.0	3.0	4.5
퇴직금전환금	–	2.0	3.0	0
합 계	3.0	6.0	9.0	9.0

– 지역가입자

1995.7~2000.6	2000.7~2005.6	2005.7 이후
3.0	4.0~8.0	9.0

– 지역가입자

1998~1992	1993~1997	1998~1999.3	1999.4~2000.6	2000.7~2005.6	2005.7 이후
3.0	6.0	9.0	3.0	4.0~8.0	9.0

이를 45개 구간으로 구분하여 각 구간의 중앙치를 표준소득월액(45등급)으로 정하였다. 사업장 가입자는 이러한 표준소득월액에 보험요율을 곱하여 산정한다.

지역가입자의 표준소득월액은 농업소득, 어업소득 등 총소득을 기초로 하여 산정하며 자영자 및 전문직(의사, 변호사, 세무사 등) 등 지역가입자의 소득을 정확히 파악하는 것이 용이하지 않아 국세청, 지방행정기관 등의 자료를 근거로 사실상 추정하여 표준소득월액이 산정되고 있어서 항상 문제점으로 간주되어 오고 있다. 이것 또한 국민연금제도의 중요한 당면과제이다.

7) 관리운영

국민연금의 운영은 특수법인인 국민연금관리공단이 설립되어 연금업무를 수행하고 있다. 국민연금관리공단은 비영리 공익법인으로서 민법상 재단법인의 성격을 지닌 특수법인이다. 연금공단의 기능 중 가장 중요한 것이 보험료 징수와 기금관리이다. 보험료는 지역가입자의 경우 징수율이 평균 70%에 그치고 있고, 연금기금의 관리체계는 기금운용위원회가 방대하게 조성되는 연금기금의 운용에 대한 최종적인 의결기구로서 기금운용 지침, 예탁이자율의 협의, 연도별 운용계획, 운용결과 평가 등의 주요사항을 심의·의결하고 있으며, 보건복지가족부에 설치되어 있다.

8) 향후 과제

─연금재정의 장기적 안정화: 국민연금은 제도 시행 이후 가입대상자
의 지속적인 확대와 보험요율의 인상으로 기금 및 운용수익은 크게
증가하였다. 그러나 2008년부터 노령연금의 지급 및 그 이전까지 특
례노령연금 등 제도의 성숙 이전에 각종 연금급여를 지급하고 있어
서 최근 10년 동안 연금재정의 장기적 불안에 대해 구조의 급격한
노령화 등으로 노령연금이 본격적으로 지급(2008년 이후)되기 이전에
적정 보험료를 단계적으로 인상하지 못해 재정불안 속에서 연금의
재정안정을 위한 연금법의 개정이 공무원연금법, 군인연금법 등과
더불어 여야간의 의견이 다르고 국회의원, 대통령 선거 등으로 국회
에서 오랫동안 보류되어 왔다. 국민연금의 재정안정은 그동안 재정
이 파산지경에 있는 공무원연금 및 군인연금의 그늘에 가려 있었고,
보건복지부는 공무원 및 군인연금의 재정개혁을 동시에 추진할 것을
주장하는 등 개혁의 진전을 보지 못하여 이명박 정부의 큰 부담이
되고 있다.

─국민연금의 개혁과제: 1998년 국민연금법은 크게 개정되었다고 하
지만 대부분의 조치가 기존의 문제를 근본적으로 해결하기에는 거리
가 상당히 있었다. 이때부터 연금재정의 장기적 안정화를 위해서 계
속 논의되었고, 2003년 그 대안제시를 목적으로 국민연금발전위원
회를 설치하였다. 2003년 10월 위원회가 제출한 보고서를 바탕으로
연금법 개정안을 국회에 발의하였으나 지금까지 정당간의 의견차이
만 확인할 뿐 개정에 이르지 못하고 있다. 정부 개정안의 중심내용은
다음과 같다.

• 급여수준: 소득대체율 기준 60 → 50%로 축소
• 현행 9% 보험요율을 2010년부터 매 5년마다 단계적으로 인상하여
2030년 15.9%로 인상

─참여정부의 국민연금 개정안에 대한 각계의 반응은 이해집단별로 차
이를 보여왔다.

• 광범한 연금적용 사각지대의 방치
• 급여축소로 저소득층에 대한 보완대책 필요
• 납부예외자, 장기체납자 문제

- 국민연금에 가입할 수 없었던 현 세대 노인의 노후소득 보장문제
- 국회의원, 대통령 선거를 앞두고 정부, 여야간의 입장차이로 개정안은 장기간 체류하다가 2004년 5월 제16대 국회의 임기만료로 자동폐기
- 2004년 6월 제17대 국회에서 2003년의 국민연금법 개정안과 동일한 법안을 다시 상정
- 2004년 12월 정부·여당 안에 반대입장을 취해 온 한나라당에서 기초연금 도입을 골자로 한 개정안을 국회에 제출하면서 여야간의 입장차이가 분명하게 드러났고 이후 별다른 진척없이 2007년 12월 대통령 선거를 맞이하였다.
 - 제도발전을 위한 과제
 - 연금재정의 장기적 안정 - 보험료 인상과 급여축소
 - 연금가입 사각지대의 해소
 - 민간연금과 역할 분담(3층보장 이론)
 - 공적연금의 기부족분의 책임준비금 대책(공적연금채무 300조원으로 추산)
 - 공적연금을 중심으로 한 보험료 징수체계 문제
 - 기금운용의 합리화
 - 저부담, 고급여 시정 - 노동계 등의 저항
 - 국민연금과 다른 공적연금(공무원, 군인, 사학연금 등)의 동시 개혁
 - 공적연금 제도간의 연계, 이동(공무원연금 → 국민연금)

(4) 특수직역 연금제도

우리나라 공적연금은 국민연금 이외에 공무원연금, 군인연금, 사학교원연금이 있다. 공적연금을 광의로 살펴볼 때 전술한 산재보험의 연금급여(유족연금, 장해연금, 상병보상연금 등)도 동시에 고찰되어야 한다.

위의 3가지 특수직역 연금제도는 제도의 내용(급여부분)이 매우 유사하며 이들 제도는 순수 연금제도가 아니고 연금보험, 산재보험, 구용보험, 퇴직금제도 등이 혼합된 일종의 종합보험이라 볼 수 있다. 이들 연금제도의 가입자는 기존의 산재보험과 고용보험에 적용제외가 인정되고 있는 것도 이러한 사유에서 볼 수 있다.

- 가입대상
  - 공무원연금: 정규직 공무원(선거에 의한 공무원 제외)
  - 군인연금: 장기하사관, 장교 등 직업군인
  - 사학연금: 사립학교 교직원
- 특수직역연금의 급여
  - 장기급여
  퇴직급여: 퇴직연금, 조기퇴직연금, 퇴직연금일시금, 퇴직연금공제일시금, 퇴직일시금

  유족급여: 유족연금, 유족연금일시금, 유족연금부가금, 유족연금특별부가금, 유족일시금

  장애급여: 장애연금, 상이연금, 장애보상금

  퇴직수당
  - 단기급여
  공무상요양급여(공무상 요양비, 공부상 요양일시금)

  부조급여(재해부조금, 사망조위금)
  - 특수직역연금의 퇴직연금 산정공식

  퇴직연금월액 $= W(0.5 + 0.02n)$

  W: 퇴직직전 3년간의 보수월액(평균소득)

  n: 가입기간 20년 초과연수

  0.5: 연금의 수리적 상수(가입기간 20년은 평균보수월액의 50%)

  0.02: 가입기간이 20년을 초과하는 경우
- 보험요율: 특수직역연금의 보험요율은 모두 2000년부터 17.0%를 징수하고 있다. 보험료는 공무원과 군인연금에서 가입자와 정부가 각 50%씩 부담하고, 사립교원연금은 가입자 50%, 학교법인 30%, 정부 20%를 부담하고 있다.
- 수급자의 누적과 재정적자: 한국의 공적연금은 2008년 국민연금의 노령연금 수급개시와 더불어 최근 연금수급자가 크게 늘어나고 있으며 특수직역연금으로 공무원연금과 군인연금의 재정적자(준비금 부족)가 매우 심각하다. 사학연금의 재정은 상대적으로 공무원연금 등과 비교하여 볼 때 다소 양호한 편이지만 1998년부터 급여지출이 급격히 증가하고 있고 신규가입자가 크게 늘어나지 않고 있다. 따라서

http://www.npc.or.k

2020년부터 재정적자가 발생할 것으로 전망되는데 공무원연금 등의 전철을 밟지 않도록 재정안전 대책을 확실하게 수립해야 한다.

3.4 고용보험

(1) 고용보험제도의 의의와 특징

1) 고용보험제도의 의의　　우선 명칭의 문제로서 우리나라에서는 1980년 이전까지 일반적으로 논의되는 과정에서 실업보험(Unemployment Insurance)으로 호칭되고 있었으나 1980년대 이후 본격적으로 논의되면서 雇傭保險[8]으로 명칭이 달라지게 되었다. 미국과 같은 영미권에서는 처음부터 계속 실업보험이라는 용어로 사용되었고 독일과 일본의 경우도 마찬가지였다. 그러나 1969년 서독이 법개정으로 실업보험이 고용보험으로 개칭되고, 일본 또한 1974년 12월 고용보험으로 개칭된 것에 영향을 받아 우리도 고용보험으로 부르기 시작하였다.

선진국에서는 전통적으로 실업보험의 실업급여가 중심이 되었고 1960년대 이후 적극적으로 고용정책(직업훈련·고용안정 등)의 기능과 연계되어 이 제도가 운영되고 있으나 별도로 고용보험이라는 용어를 고집하고 있는 국가는 일본이며 과거 서독은 1927년의 「실업보험법」이 1969년 「고용촉진법」(Arbeitsf?rderungsgesetz)으로 흡수됨에 따라 일본에서도 그 영향을 받아 고용보험이라는 용어를 쓰기 시작하였고, 우리의 경우는 일본의 영향으로 고용보험이라고 하고 있다. 일본 역시 1947년 처음으로 제정된 법률은 「실업보험법」이었고 1974년까지 실업보험이라는 용어를 사용하여 왔다.

고용보험제도는 사회보험 4대 지주의 하나로서 실직한 근로자에게 일정기간동안 일정수준의 실업급여를 지급하여 상실소득의 일부를 보상함으로써 본인과 그 가족의 생활안정을 도모하기 위한 실업보험이 그 주축이 되고 있다. 그뿐만 아니라 최근에는 실직근로자에게 적극적인 취업알선을 통하여 재취업을 촉진하고 직업안정을 위하여 실업예방, 근로자의 능력개발 등을 통하여 고용을 안정시키고 근로자의 복리증진을 목적으로 하고 있는

☞ 고용보험제도는 실직한 근로자에게 일정기간 동안 일정수준의 실업급여를 지급하여 상실소득의 일부를 보상함으로써 본인과 그 가족의 생활안정을 도모하기 위한 실업보험이고 또한 실직근로자에게 적극적인 취업알선을 통하여 재취업을 촉진하고 직업안정을 위하여 실업예방, 근로자의 능력개발 등을 통하여 고용을 안정시키고 근로자의 복리증진을 목적으로 하고 있는 제도

---

8 노동관계법 기타 관련용어로서 일본은 雇用이라는 표현을 사용하고 있는 반면에 한국에서는 모든 경우에 雇傭이라고 표기하고 있다.

제도이다.

실업은 자본주의 경제의 고유의 성격과 그 모순에서 불가피하게 일어나는 사회적 사고이다. 주지하는 바와 같이 근로자는 노동력을 상품으로 자본가에게 제공(판매)함으로써 그의 생활을 유지할 수 있는데, 현실적으로 노동력의 제공 또는 판매는 노동시장의 여러 가지 복합적인 제반사정의 변화에 영향을 받으므로 근로자는 언제나 실업의 위험에 놓여 있게 된다.

자유경쟁을 원칙으로 하는 자본주의 경제체제 아래에서는 불경기는 말할 것도 없고 호경기에도 어느 정도 실업의 발생은 당연하며 그 이외에 기술혁신, 산업구조 조정, 경기변동에 따라 실업은 누구에게나 발생할 수 있는 사회적 위험이 되고 있다. 그러므로 실업문제는 단순히 근로자 개인과 개별기업의 책임으로만 방치할 수 없고 국민경제 차원에서 많은 국가에서는 실업보험 또는 고용보험의 이름으로 정부·사용자·근로자가 연대하여 실업자의 생활안정과 고용촉진을 위한 보험사업을 운영하고 있다.

고용보험이 선진국에서 실업보험으로 출발할 당시 이 제도의 보험성 (insurability), 즉 실업보험이 보험의 일반적인 성립요건을 구비하고 있는지에 대해서 1930년대 미국에서는 실업보험법안이 제안되었을 때 많은 비평가가 실업 그 자체는 너무나 예측할 수 없는 요소가 많아 사회보험으로 도저히 성립될 수 없다고 반대하였다.[9] 실업보험의 보험성립 여부는 다음 몇 가지 기준과 미국의 경험에서 그 보험적 성질이 인정되고 있다.[10]

① 실업보험은 비자발적 실업만을 대상으로 하기 때문에 보험성이 인정된다.

② 위험의 발생이 가변적이다.

③ 대수법칙이 성립될 수 있다.

④ 피보험자 개개의 입장에서는 위험의 우연성이 인정되고 있다.

⑤ 실업위험은 일정한계 내에서 예측이 가능하므로 예정비용의 추정이 보험자의 입자에서 가능하다.

고용보험의 사회정책적 의의는 다음 세 가지로 요약할 수 있다.[11] 첫째,

☛실업은 자본주의 경제의 고유의 성격과 그 모순에서 불가피하게 일어나는 사회적 사고

☛고용보험의 사회정책적 의의

---

9 신수식, 「사회보장론」(서울: 박영사, 1995), p. 389.

10 W. Haber, and M. G. Murray, *Unemployment Insurance in the American Economy*(Richard D. Irwin, Inc.,: Homewood Illinois, 1966), pp. 34~41.

11 상게서, pp. 20~34.

오늘날과 같은 고임금의 경제사회에서는 보험방식에 의하지 않고는 실업에 대한 재정안정을 기할 수 없고, 둘째, 사용자로 하여금 고용안정에 대한 자극을 주고, 셋째, 고용안정을 통하여 경제안정의 효과를 기대할 수 있다.

■ 고용보험의 기본적 목적

■ 고용보험의 부차적 목적

고용보험의 목적은 기본적 목적과 부차적 목적으로 구분할 수 있다.[12] 전자는 실업기간에 있어서 현금급여 제공, 근로자의 생활수준 유지, 재취업할 수 있는 시간의 제공, 실업자에 대한 구직원조를 들 수 있다. 후자는 경기대책 효과, 인력효율화 및 개선, 고용안정, 숙련노동력의 유지를 예로 할수 있다. 고용보험은 이상과 같은 목적 내지 효과뿐만 아니라 다양한 측면에서 경제적·사회적 파급효과를 기대할 수 있다.

2) 고용보험제도의 유형과 특징　　다른 사회보험과 마찬가지로 고용보험은 그 적용방법에 따라 강제가입제도와 임의가입제도로 분류될 수 있다. 전자는 실업이 산업사회에 있어서 모든 사람에게 발생할 수 있는 사회적 위험에 속하므로 임금근로자는 강제적으로 보험의 적용을 받도록 해야 한다는 논리에서 출발한 것이다. 이러한 강제가입은 일정요건에 해당되는 사업장의 근로자에 대해서 포괄적으로 적용되는 것으로서 대부분의 선진국의 제도는 이 방식에 의존하고 있다.

■ 강제가입제도

■ 임의가입제도

강제가입제도는 근로자에 대한 실업보호를 보다 충실히 할 수 있고 직장알선과 직업훈련의 실시 등 고용정책과 연계시켜 운영함으로써 실업예방과 조기 재취업을 촉진할 수 있는 장점이 있는 반면에 근로자 개인이 가입여부를 선택할 수 없는 단점이 있다.[13] 임의적 고용보험제도는 주로 노동조합에 의하여 자발적으로 설립된 실업공제기금의 형태로 운영되고 있으며 덴마크·스웨덴·핀란드 등의 국가에서 운영되고 있다.

고용보험제도는 원래 실업급여를 지급하는 실업보험으로 출발하였고 초기에는 각국에서 노동조합에 의하여 실업공제기금의 형태로 시작된 임의제도였다. 그 후 정부가 정책적으로 이를 뒷받침하고 비용의 일부를 부담하는 제도로 발전하면서 점차 강제적용방식을 취하게 되었다. 노동조합에 의한 임의가입의 고용보험은 기금적립이나 그 기능에 한계가 있었고 자본주의 경제의 구조적 특성상 대량실업의 발생은 불가피한 측면이 있었기 때문에 강제제도로 전환되게 되었다.

12　G. E. Rejda, 전게서, pp. 373~376.

13　유길상 공저, 「고용보험 해설」(서울: 박영사, 1995), p. 12.

　　고용보험과 유사한 형태로서 실업부조제도가 있다. 엄격한 의미에서 이 제도는 보험과 구분되지만 소득조사를 전제로 저소득 실업자에 대하여 전액 국고부담으로 실업수당을 지급하는 형태이며 오스트레일리아·뉴질랜드 등 8개 국가에서 실시하고 있다. 실업부조제도는 노사의 보험료 부담 없이, 또한 고용기록과 관계없이 저소득 실업자만을 대상으로 소득조사를 전제로 지급기간에 제한 없이 지급하는 것이 특징이다. 따라서 이 제도는 고용보험에 의한 실업급여요건을 충족시키지 못하는 실업자들이 그 혜택을 받게 된다.

☞ 실업부조제도

　　고용보험제도는 위에서 언급한 바와 같이 강제제도·임의제도 및 실업부조 등 세 가지로 분류할 수 있지만 두 가지 이상의 형태가 혼합된 이원적 제도를 실시하는 국가도 있다. 독일·프랑스·영국 등은 강제고용보험제도를 채택하고 있으면서 실업급여기간이 종료되거나 급여요건을 충족시키지 못한 실업자에 대해서 실업부조제도를 병행하여 실시하고 있다. 또한 스웨덴·핀란드 등은 임의고용보험제도를 근간으로 하면서 실업부조제도를 보완적으로 실시하고 있다. 이원적 고용보험제도는 실업자의 보호를 충실하게 하기 위한 것이지만 실업부조제도가 노동시장에 미치는 부정적인 영향 때문에 사회보험의 개혁이 논의될 때마다 이 제도의 개선을 둘러 싼 논쟁의 일어나고 있다.

　3) 고용보험의 효과　　고용보험의 효과는 다음과 같다.

－경제적 파급효과(부정적 측면)[14]: 고용보험은 실업자들에게 실직상태의 일정기간 동안 소득 보조적 급부를 제공하여 이들의 복지를 증진시키는 사회보장적 기능을 가지고 있다. 그러나 실업급부의 지급은 실직자들의 구직노력에 부정적인 영향을 미치고 실업기간을 연장시키는 효과가 있다는 것이다. 고용보험의 파급효과를 고용의 극대화 측면에서만 파악하는 시각은 잘못이다. 단기적인 고용증감만으로 고용보험의 정책효과를 측정하는 것은 문제가 있으며 무엇보다도 복잡한 노동시장의 성격에 대해서 철저한 분석이 병행되어야 한다.

☞ 경제적 파급효과

　　부정적 측면에서 고용보험의 파급효과는 실업자의 구직활동을 약화시켜 실업기간이 늘어나고 자발적 실업을 유인하는 요인으로 작용

14　김일중 공저, 「우리나라 고용보험제도의 재정 추계와 경제 사회적 파급효과」(고용보험연구기획단, 1994), pp. 55~81.

할 수도 있다는 주장이 있다.

☞ 노동시장에 미치는
영향

–노동시장에 미치는 영향: 노동경제학에서는 종래 고용보험의 파급효과로서 노동시장에 미치는 영향에 대해서 활발한 연구가 있었다. 특히 이론적 측면에서의 연구가 집중되었는데, 크게 두 가지 이론이 있다.

첫째, 직장탐색이론이다. 이 이론은 실업기간중 구직노력 또는 탐색노력이 외생적이거나 고정되어 있으며 적절한 임금제의를 거절하여도 고용보험급부가 계속 지급토록 되어 있는 것은 비현실적이라는 것이다. 최근에는 구직노력이 내생적이라는 가정이 필요하고 동시에 실업현상을 설명하는 데 구직노력이 핵심적인 변수가 될 수도 있다는 주장이 나오고 있다.

둘째, 실업급부와 관련된 또 하나의 이론은 균형이론이다. 대표적인 학자는 Albrecht & Axell이며 이 연구모형에 의하면 실업급부가 증가하면 고임금부문과 저임금부문의 임금격차가 커지게 되고 현실적으로 기술수준이 낮은 근로자의 상대임금을 증가시키는 현상이 나타난다는 것이다.

종래 노동경제학에서는 위의 이론 이외에도 실업급부가 실업에 미치는 영향 등을 중심으로 많은 학자가 다양한 전제와 가정을 두고 연구하여 왔다. 실업급부는 소득효과와 대체효과를 동시에 유발하여 실업기간의 연장을 가져온다는 주장, 실업급부가 실업기간에 미치는 영향은 연령 등의 개인특성은 물론 실업기간 자체에 따라 변화한다는 주장도 있다. 또한 실직의 초기단계에서는 실업급부의 긍정적인 영향이 크지만 급부지급기간의 종료시점이 가까워지면 그 영향이 감소한다는 이론도 있다. 일반적으로 실업기간이 장기일수록 실업급부의 효과가 실업종류에 미치는 영향은 부정적이거나 거의 없다는 연구결론이 나오고 있다.

(2) 한국의 도입경위

4대 사회보험의 하나로서 고용보험은 우리나라에서 가장 늦게 출발하였다. 근로자를 대상으로 의료보험(1977년)·산재보험(1964년)·국민연금(1988년)과 달리 고용보험은 실업급부 중심의 실업보험 형태로서 1970년대 노동청을 중심으로 도입 및 추진이 논의되었으나 재원조달의 어려움과 그 당시 경제기획원 등 관련 부서의 협력이 문제되어 그동안 수차례의 경제개발5개년 계획에서도 실업보험의 도입계획은 계속 보류되어 왔다. 반면에 직업훈련·고용안정사업 등 실업보험과 관련되는 사업은 노동청(노동부)의 직제에 포함되고 산하기관으로 관리공단의 형태로서 적극 운영되기도 하였다.

고용보험제도의 도입을 정부가 공식적으로 계획·검토한 것은 제7차 경제사회발전5개년계획에서이다. 1990년 8월 30일 제7차 계획을 수립하기 위한 기본구상이 발표되고, 10월 23일 5개년계획 작성지침 발표, 11월 계획시안을 마련하는 연구기관을 지정하고 부문계획위원회가 구성되었다. 고용보험은 사회보장부문 계획위원회의 소관으로 하였으며 4개의 소위원회 중 하나로서 고용보험소위원회가 설치되었다.

고용보험의 연구기관으로 처음에 한국보건사회연구원이 지정되었으나 1991년 2월 6일부터 한국노동연구원으로 변경되었고 3월에 고용보험 계획(안)이 사회보장부문의 일환으로 정부에 제출되었다. 6월 12일 고용보험 도입에 관한 정책협의회가 개최되었고 8월 23일 경제장관회의에서 5개년계획의 후반기에 고용보험제도를 도입하기로 결정하고 전문가로 구성된 준비위원회가 구성되어 제도의 모형을 개발하도록 하였다.

고용보험제도의 도입은 1992년 국회의원 및 대통령선거에서 주요 정당의 선거공약으로 채택되기도 하였으며 1993년 2월에 출범한 김영삼 정부는 경제계획인 신경제5개년계획에서 고용보험을 1995년 시행할 것을 명시하였다. 이 계획에 따라 바로 한국노동연구원에 고용보험연구기획단이 30명의 위원 위촉과 동시에 결성되었다(1995. 5. 18). 약 1년 동안 기획단은 연구·검토한 결과를 종합하여 1993년 5월 18일 제도의 실시방안을 정부에 제출하였다. 이것을 근거로 하여 고용보험법(안)이 정부안으로 되고 7월 30일 입법 예고되었으며 공청회 등을 거쳐 10월 28일 국회에 제출되었다.

고용보험법(안)은 고용정책기본법 등 다른 관련법안과 함께 심의되고 12월 1일 국회 본회의에서 통과되고 12월 27일 법률 제4644호로 공포되었다. 고용보험제도의 출범준비를 위하여 1994년 4월 21일 노동부 직업안정국에 고용보험과가 신설되었으며 「고용보험법」 시행령(1995. 4. 6)과 시행규칙(1995. 6. 12)이 각각 공포되었다. 이상과 같은 고용보험법의 제정과정에서 주요 쟁점이 된 사항은 적용대상과 범위, 비용부담, 고용보험법상의 직업능력개발사업과 직장 내 직업훈련의무제도와의 관계, 실업급여요건 및 급여수준, 퇴직금 일부의 고용보험료 전환, 고용보험의 관리운영기구 등이었다.

적용범위에 대해서는 논리적인 합리성보다 부처간(노동부·상공자원부 등)·노사간의 이해가 엇갈려 오랜 진통을 겪었다.

WORKNET
http://www.work.go.kr

고용보험심사위원회
http://www.eiac.ei.go.kr

KLI 한국노동연구원
http://www.kli.re.kr

비용부담에서 관리운영비의 국고부담을 노사 양측이 주장하였고, 경계기획원은 반대하였다. 또한 경영자측은 퇴직금의 일부를 실업급여비용으로 전환하자는 주장을 펴기도 하였다.

고용보험법의 제정과 동법에 의한 직업능력개발사업의 취지에 맞추어 직업훈련기본법에 의한 훈련제도 및 분담금제도로 개선해야 한다는 것이다. 여기서는 대기업과 중소기업의 이해관계가 다르게 나타나고 있다.

실업급여요건에서 피보험고용기간과 대기기간에 있어서 노동부의 입장과 노동계의 생각이 달랐다. 노동계는 가급적 기간을 단축할 것을 요구하고 있었으며, 급여수준도 노동계는 임금계층별로 차등화를 주장하였다.

고용보험의 관리기구는 정부형·공단형 복수안이 제출되었다. 정부는 고용보험을 정부직영으로 운영할 것으로 결정함에 따라 노동부의 기존 산업재해보상보험 업무를 근로복지공단으로 이관하고 고용보험의 운영을 위하여 노동부 직제를 개편하였다. 이에 따라 「산재보험법」과 「고용보험법」이 동시에 일부 개정되었는데, 고용보험은 관련조항을 정비하는 것 이외에 내용이 변경된 것은 아니었다.

(3) 사업내용: 출범당시의 사업내용

① **기본사업 및 주관**　　우리나라 고용보험사업은 실업급여·고용안정사업·직업능력개발사업 등 세 가지로 구분할 수 있다. 실업급여는 실직한 근로자에게 일정기간 동안 실업급여를 지급하여 실직자의 생활안정을 도모하고 조기 재취업을 유도하기 위한 것이다. 그러나 우리 제도는 초창기부터 의욕적으로 이를 추진하고 있는데, 실직기간 동안 기본급여뿐만 아니라 직업훈련 수강시 기본급여 이외에 직업능력 개발수당, 조기 재취업수당을 지급하여 실직자가 기본급여에 안주하여 재취업활동에 소홀하지 않도록 배려하고 있다.

고용안정사업은 근로자가 취업할 때부터 자기 적성과 능력에 맞는 직업을 선택하고 원하는 직장에 취업할 수 있도록 각종 고용정보를 제공하고 취업알선 및 직업훈련(직업지도)을 안내하는 것이다.

직업능력개발사업은 회사 내 직업훈련 등을 지원하여 기업 내에서 근로자의 직업능력개발이 지속적으로 이루어지도록 여러 가지 유인책을 제공하는 것이다. 이 사업은 고용보험에서 실업급여 다음으로 중요한 핵심적인

사업이며, 이를 통하여 노동생산성 향상, 임금수준 향상을 도모함은 물론 기업의 대내외 경쟁력을 강화하기 위한 제도적 장치로서 기능을 수행할 수 있도록 한다.

보험료징수업무를 제외하고 고용보험사업은 노동부가 직접 관장하고 있다. 이 제도의 도입과정에서 관리공단을 별도로 설립하자는 의견도 강력하게 제기되었으나 기업의 특수성을 고려하여 노동부 장관이 직접 관장하는 방식을 채택하였다. 그 명분은 다른 사회보험과 달리 산업구조 조정 촉진, 고용구조개선과 관련하여 다른 부처와 긴밀한 협조가 필요하고 부정수급, 제도악용을 막고 지도·감독 등 규제업무를 효율적으로 수행하기 위하여 국가행정력이 뒷받침되어야 한다는 것이다.

노동부에서 고용정책실을 두고 그 밑에 고용보험심의관·직업안정심의관·직업능력개발심의관이 있으며, 고용보험심의관은 고용보험의 운영에 대한 실질적인 업무를 총괄하고 있다. 그 산하에 고용보험 운영에 필요한 노동시장의 정보수집, 분석 및 피보험자와 대상기업 관리, 각종 급여관리, 제도기획 등을 위하여 해당 과를 두고 있다. 또한 고용정책실 산하의 중앙고용정보관리소는 직업안정기관과 연결되어 고용보험전산망을 운영하며 일선기관에서 고용보험서비스를 신속하게 수행하는 중추적인 역할을 한다.

② **적용범위**　　고용보험의 적용범위는 원칙적으로 모든 사업장에 적용되는 것이 바람직하지만 초기 과정에서 적용대상을 한정할 수밖에 없는데, 사업의 내용에 따라 차이를 두고 있다. 1995년 7월 1일 제도시행에서 실업급여는 상시근로자 30인 이상의 사업장으로 하고, 1998년 1월부터는 10인 이상, 1998년 7월 5인 이상, 1998년 10월 1인 이상으로 확대하기로 하였다. 고용안정사업과 직업능력개발사업은 당초에 70인에서 1998년 1월부터는 50인 이상, 1998년 7월 5인 이상, 1998년 10월 1인 이상으로 적용이 확대되었다.

우리 고용보험제도는 적용범위를 이원화시킨 이유는 적용범위에 대해서 노동조합단체·사용자단체 및 정부 부처간에 논란이 있었기 때문이다. 특히 노동계의 입장은 실업급여부문에 대해서 가장 큰 관심을 가지고 가급적 확대시키려고 한 반면에 고용안정사업 등에 대해서는 확대적용에 따른 중소기업의 비용부담을 고려하여 70인 이상으로 한 것이다.

적용제외 근로자는 고용형태의 특성상 고용보험의 시행 초기부터 적용하는데 애로가 있는 다음 해당자들을 대상으로 하였다.

－60세 이후 새로 고용된 자, 파트타임 근로자, 일용근로자

－국가 및 지방공무원법에 의한 공무원·사립학교교직원·선원 등의
특정 직종 종사자

－국가·지방자치단체에서 직접 행하는 사업에 종사하는 자, 3개월 이
하의 계절적·임시적 사업에 고용된 자

－외국인

③ 실업급여 보험료 및 재정   고용보험에 있어서 실업급여는 이직
전 18개월(기준기간) 중 12개월 이상 적용사업장에 피보험자로서 고용되어
(피보험단위기간) 임금을 목적으로 근로를 제공한 자(현재 기준기간 12개월 중 6
개월 이상)

☞실업급여 대상자

－정당한 이유 없이 자발적으로 이직하거나 자신의 중대한 귀책사유에
의하여 해고된 자가 아닐 것

－근로의 의사와 능력이 있음에도 불구하고 취업하지 못하고 있을 것

－이상과 같은 실체적 요건 이외에 직업안정기관에 실업을 신고하고
수급자 자격증을 교부받은 자

실업급여를 받을 수 있는 일정한 급여일수는 피보험단위기간 및 연령
에 따라 30~210일이다. 취직이 특히 곤란한 자는 연령에 따라 30일 또는
60일을 한도로 실업급여를 연장 지급할 수 있다. 그러나 이직일로부터 10
개월이 경과하면 이후 실업급여는 지급되지 않는다. 수급자격자가 직업안
정기관의 지시에 따라 직업훈련을 수강하는 경우에는 직업안정기간(2년 한
도) 동안 실업급여는 계속 지급된다.

1일분의 실업급여액은 이직 전 12개월 동안 지급받은 임금총액을 365
로 나누어 계산된 급여기초 임금일액의 50%이다. 다만 가족수당·급식비
등의 복리후생적 수당은 제외되며 기초금액이 최저임금에 미달될 때에는
최저임금을 기초금액으로 한다. 실업급여는 이 제도 시행 후 1년이 지난
1996년 7월 이후부터이며 연말까지 처음 6개월 동안 8,063명에게 10.459백
만원이 지급되었다.

☞보험료 부담은 노사
가 공동으로 분담

보험료 및 재정: 우리나라 고용보험제도의 보험료 부담은 노사가 공동
으로 분담하고 있다. 실업급여의 보험료는 노사가 각각 1/2씩 분담하고 고
용안정사업과 직업능력개발사업의 보험료는 사업주가 전액 부담한다. 보험

료율은 임금총액의 15/1000 범위 내에서 세 가지 사업별로 구분하여 정하게 되어 있는데 그 당시 요율은 실업급여요율 0.6%(노사가 0.3%씩 분담)이며, 사업주가 전액 부담하는 고용안정사업 요율 0.2%, 직업능력개발사업 요율 0.1~0.5%로서 합계 0.9~1.3%이다(1999년 1월부터 실업급여 노사 각 0.5%, 고용안정 0.3%, 직업능력개발사업 0.1~0.7%).

고용보험료료는 산재보험료와 마찬가지로 사업주가 매 보험연도 개시 70일(3월 11일)까지 당해연도 기산보험료(임금총액×보험료율)를 보고 납부한 뒤 다음 연도 3월 11일까지 확정보험료(실제 지급한 임금총액×보험료율)를 산정하여 정산하도록 되어 있다.

고용보험재정과 관련하여 우리나라 고용보험법(제66조~제73조)에서는 고용보험기금이라는 표현을 쓰고 있다. 노동부 장관은 보험사업에 필요한 재원에 충당하기 위하여 기금을 설치·운용하게 되어 있다. 기금은 보험료를 기본으로 하고 그 이외에 징수금(가산금·연체금 등)·적립금 및 기금운용 수익금으로 구성된다. 1995년 7월 고용보험제도가 출범할 때 국고에서 기금의 기초를 확고하게 하기 위하여 부담한 금액은 없으며 「고용보험법」 제5조에서 국가는 매년 보험사업의 관리·운영에 소요되는 비용의 일부 또는 전부를 일반회계에서 부담할 수 있도록 규정하고 있다. 사회보험에서 국고 부담은 기존의 산재보험·국민연금·의료보험 등에서 모두 이와 유사한 규정을 두고 있는데, 정부의 사회보험에 대한 정책의지는 선진국에 비해 매우 약하다고 할 수 있다.

☛ 고용보험재정 관리

④ **고용안정사업** 고용안정사업은 실업을 예방하기 위한 고용지원사업과 고령자·여성 등 유휴인력의 고용을 촉진하기 위한 고용촉진 지원사업으로 구분할 수 있다. 고용지원조정사업은 기업이 고용조정을 통하여 고용안정을 도모할 수 있도록 휴업(휴업수당지원금), 전직훈련(전직훈련지원금), 또는 인력재배치(인력재배치지원금) 등으로 유도하기 위하여 여기에 소요되는 비용의 일부를 지원하는 사업을 말한다.

☛ 고용지원사업

휴업수당지원금은 근로기준법상의 휴업수당을 지급하는 사업주에 대하여 당해 휴업수당의 1/3(중소기업 1/2)을 지원하며, 인력재배치, 전직훈련의 경우도 동일하다. 고용촉진지원사업은 일정한 지역의 고용을 촉진시키거나 고용촉진시설을 설치·운영하는 경우 이를 장려하고 그 비용의 일부를 지원하는 사업이다. 여기에는 지역고용촉진지원금, 고령자 등 고용촉진

☛ 고용촉진 지원사업

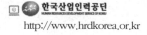
한국산업인력공단
HUMAN RESOURCES DEVELOPMENT SERVICE OF KOREA
http://www.hrdkorea.or.kr

장려금, 고용촉진시설장려금 등이 있다. 지역고용촉진지원금은 고용사정이 악화된 지역으로 사업의 이전 또는 신설을 통하여 그 지역의 실업예방 또는 고용증대에 기여한 사업주에게 지불한 임금액 1/3(중소기업 1/2)을 조업개시일로부터 1년간 지급(100명 초과시 30% 지급)한다.

고령자 고용촉진장려금은 고령자를 고용한 사업주에 대하여 소정의 일정액을 지급하고, 육아휴직장려금은 3개월 이상의 육아휴직을 부여하고 휴직 후 재고용한 사업주에게 일정액을 지급하는 제도이다.

고용촉진시설장려금은 고용촉진을 위하여 이동근로자 숙소, 여성근로자 고용촉진시설 등을 설치·운영하고 있는 사업주에게 일정액을 지원하는 것이다. 그 이외에 노동부 장관은 고용정보의 제공, 직업지도와 직업소개 및 필요한 전문인력 배치 기타 고용보험 관련업무를 지원하고 있다.

| 도표 8-8 | 고용보험 사업체계 |

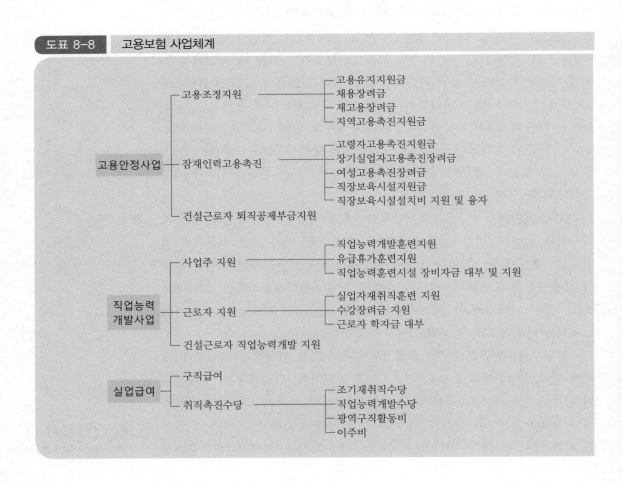

⑤ **직업능력개발사업**　　이 사업은 종래 직업훈련법에 의한 직업훈련 의무제도와는 달리 각 기업의 실정에 맞는 직업능력개발사업을 발굴하고 이를 지원하려는 제도이다. 현재 상시근로자 1,000명 이상의 사업장은 기존 직업훈련 의무제도를 그대로 적용하고 1,000명 미만의 사업장에 대해서 직업능력개발사업의 적용을 받도록 하고 있다. 따라서 1,000명 이상 사업장에 대해서는 이 부분 보험료를 징수하고 있지 않으며, 다만 실업자 재취직훈련에 소요되는 비용에 충당하기 위하여 임금총액의 0.5%의 보험료를 징수하고 있다.

직업능력개발사업은 일정한 직업훈련사업을 하고 있는 사업주에게 인센티브를 제공하려는 취지에서 출발하고 있다. 직업훈련기본법에 의한 각종 제도를 실시하고 있는 사업주에게 소요된 비용을 지원하고, 시설설치·장비구입에 필요한 비용을 대부 또는 비용의 일부를 지원한다. 그 이외에도 50세 이상의 고령자 직업훈련시 수강료의 전부 또는 일부를 보조하고, 근로자가 자비로 기능대학 또는 교육법에 의한 교육기관의 이공계학과에서 교육을 받을 경우 수업료의 전부 또는 일부를 지원한다.

(4) 고용보험의 과제

1) **실업대책과 문제점**　　산업구조조정과 실업문제의 제기는 IMF체제의 출범으로 한층 심각하게 전개되었지만 이것은 1990년 들어와서 이미 정부·산업계·노동계에서 대책 마련에 부심하였던 내용이었고 또한 일본을 비롯한 미국·유럽 등 선진국에서도 전개되고 있었던 국제적 조류이었다. IMF체제 이후 실업문제는 사회적 불안감으로 연결되고 이러한 상황이 앞으로 얼마나 지속될 것인지 경제전망이 혼선을 일으키면서 위기의식이 한층 더 증폭되고 있다. 이러한 과정에서 1998년에 들어오면서 실업대란이라는 말이 생겨났고 이는 단순한 실업의 문제가 아니라 국가파탄이라는 차원에서 최우선 순위로 대책을 마련해야 한다는 목소리가 높아지고 있다.

최근의 실업은 그 성격상 과거와는 다를 뿐만 아니라 여러 가지 측면에서 예측의 불투명성이 존재하고 있기 때문에 특별한 종합대책이 필요한 실정인데, 지난 수개월 동안 실업통계의 예상, 행정부 부처간의 실업대책의 혼선, 고용창출대책, 실업예산 집행, 고용보험 운영 등에 있어서 많은 문제점과 혼란이 제기되어 왔다.

우리나라 정부의 실업대책의 문제점은 IMF체제로 인한 기업의 구조조정과 대량실업의 발생 및 그 과정에서 정권교체로 인한 정책혼선이 이중적으로 작용하고 있다는 사실이다. 국민이 불안해 하는 것은 실업문제에 있어서 정부의 실업자 통계 전망이 자주 바뀌기 때문만은 아니고 더 큰 문제는 정부가 발표하는 실업대책의 내용에 있다. 실업현상이 장기화되고 있는데, 정부가 제시하는 대책은 단기적인 대중요법에 중심을 두고 있다.

실업문제를 정치적인 시각에서 해결하려고 하거나 실업대책의 근본적인 해결방안이 정당에 따라 큰 차이가 있을 때 이것은 혼선만을 거듭하고 결실은 기대할 수 없다. 실업의 원인을 간과하고 그 결과에만 관심을 가질 때 실업문제는 오히려 장기화·고착화될 것이다. 실업문제를 근본적으로 해결할 수 있어야 한다. 우리가 당면하고 있는 실업문제는 외환위기에 따른 경제위기에 의한 것인데, 경제위기를 위한 대책과 함께 실업대책이 제시되지 못하면 일시적인 방편으로도 부족할 것이다.

정부는 그동안 실업문제를 해결하기 위하여 온갖 무리수를 동원하여 재정지원을 약 10조원에 가깝게 동원하였는데, 실효성에 의문이 제기되었고 재원동원의 여파는 차입·대출 등 관련기관에게 큰 부담을 주었다. 그뿐만 아니라 실업관련 정부 부처간에 협조가 잘 안 되고 지방정부는 별도로 대책을 세우고 있다는 비난도 있어 왔다.

김대중 정부의 실업정책은 그 상위정책으로서 사회안전망정책에 속하고 있다. 정부의 사회안정망정책은 사회보장제도의 확충과 연결되어 있으며 실업대책은 고용보험과 생활보호제도 등을 망라하고 있다. 이와 관련하여 정부의 노동정책은 노동시장 유연화와 사회적 합의 및 사회안전망 구축을 기본 틀로 하고 있는데, 이 세 가지 노동정책은 서로 상충되거나 현실과 충돌하는 부분이 있다.

표면적으로는 노동시장의 유연화가 진전되고 있는 것 같지만 실적은 거의 없으며 사회안전망정책은 노사정의 암묵적 동의 아래 실속없는 팽창주의로 추진되고 있다. 정부의 실업정책은 흔히 '두 얼굴,' '이중 잣대'라고 비판하고 있다. 그동안 부실은행에 대해서 금융감독원은 강제로 대량해고를 강요하면서 정부와 여당은 현대자동차 파업사태에서 정반대로 정리해고를 막는 인상을 보여 주었다. 정부의 실업관련 대책이 중심을 잃고 있다는 비판도 이러한 이중정책 때문이다. 이러한 상황에서 실업대책이 제대로 될 수 없었고 고용보험에 대해서만 무리하게 추진일정을 갑자기 앞당기고 적용대상을 확대하는 등 정책간에 갈등구조만 증폭시키고 있다.

　2) 관리운영체계　　고용보험 또는 실업보험의 관리운영을 위한 기구의 형태를 결정하는 것은 여러 가지 요인에 의하여 영향을 받게 된다. 우리나라 고용보험의 관리 및 운영은 노동부가 주관하고 있다. 노동부에는 고용정책실이 있고 그 아래 고용보험심의관, 직업안정심의관 및 직업능력개발심의관을 두고 있다. 고용보험의 운영은 노동시장에 관한 정보의 수집 분석, 대상사업 관리, 실업급여를 비롯한 각종 급여의 지급, 취업알선 등 관련 업무가 매우 다양하고 이러한 업무와 관련하여 고용정책실 산하에 중앙고용정보관리소를 두고 여기와 직업안정기관을 연결한 고용보험 전산망을 운영하게 된다.

☛ 운영주체로서 노동부의 업무 중 정책입안, 지도·감독 등을 제외한 업무의 효율성 문제

　고용보험의 구체적인 실무는 전국에 산재한 각 지방노동사무소가 수행하고 이들 일선기관에서 고용보험서비스를 신속·정확하게 수행할 수 있도록 중앙고용정보관리소는 전국의 직업안정기관의 컴퓨터로 연결되어 일선기관에게 서비스를 제공하고 있다. 고용보험의 업무와 관련하여 일부는 노동부 산하 근로복지공단에 위탁하고 있는데, 고용보험의 도입과정에서 노사정 합의체 형태의 인력공단을 설립하자는 주장이 강력하게 제기되었지만 기존의 산재보험업무를 근로복지공단에 맡기고 고용보험사업은 노동부가 직접 관장하였다.

　고용보험사업을 노동부가 직접 관장하게 된 이유와 명분은 이 사업이 다른 사회보험 업무와 달리 산업구조조정 또는 고용구조의 개선과 밀접한 관련성이 있어서 정부의 다른 기관과 긴밀한 협조조정이 필요하고 또한 제도악용의 방지와 지도·감독 등의 규제업무를 효율적으로 집행하기 위하여 국가 행정력이 뒷받침되어야 한다는 점을 고려한 것으로 볼 수 있다. 그러나 고용보험의 정책입안, 지도·감독 등의 업무와 달리 많은 관련서비스의 공급을 필요로 하는 이 업무를 정부의 행정조직에서 직접 취급하는 것은 서비스의 질과 행정조직의 한계에서 볼 때 문제가 제기될 수 있다. 고용보험 관리운영기구의 형태를 결정하는 요소는 다음 몇 가지가 있다.

　첫째, 고용보험의 사업내용에 의해 영향을 받는다. 전통적인 실업급여만 관장하느냐 또는 고용정책사업까지 포함하느냐에 따라 달라질 수 있다.

　둘째, 그 나라의 행정조직구조의 특성과 지방분권화의 정도, 이해당사

자인 노사의 참여 정도에 따라 영향을 받는다.

셋째, 고용보험과 관련되는 고용·인력정책 및 다른 사회보험제도와의 관련성에 따라 영향을 받는다.

선진국의 경우 고용보험의 관리·운영조직의 형태는 크게 세 가지 유형으로 구분되고 있다. 일반적으로 고용보험의 정책수립 및 감독은 노동 또는 사회보험 관련부처에서 주관하고 있지만 집행기관은 국가에 따라 다양하다. 관리·운영조직의 세 가지 기본형태는 다음과 같다.

첫째, 정부가 직접 관리·운영하는 방식으로 미국·영국·일본·캐나다·노르웨이 등이 있다.

둘째, 고용보험사업과 직접 이해관계를 가지고 있는 근로자대표, 사용자대표, 정부 또는 공익대표 3자로 구성되는 기구에서 정책결정을 담당하고 사업집행은 특수 행정조직에서 운영하는 방식으로 독일·벨기에·네덜란드 등 유럽의 다수국가가 이를 채택하고 있다.

셋째, 고용정책과 관련되어 고용안정사업과 직업능력개발사업은 정부조직에서 담당하고 실업급여는 노동조합과 밀접한 관련을 가진 실업보험기금에서 담당한다(북구 3국가).

우리나라에서는 사회보험의 관리·운영은 노동부(산재보험과 고용보험)와 보건복지부(국민연금과 의료보험)가 주관하고 있다. 이와 같은 기본적인 4대 사회보험정책은 이원화되어 중앙부처에서 결정하고 있으며, 관리운영기구는 고용보험과 국민연금을 제외한 대부분 공단 또는 조합(의료보험)이라고 하는 특수법인에 의하여 관리하고 있다. 사회보험 관리·운영의 특징은 다음과 같다.

첫째, 부처중심주의를 취하고 있다. 사회보험을 관할하는 부처가 다르면 하부의 관리·운영기구도 별도로 조직되어 있다.

둘째, 보건복지부에서 관장하는 의료보험과 공적 연금(4종)은 직능별 분리주의를 채택하고 있는 반면에 노동부의 산재보험 및 고용보험은 통합주의를 채택하고 있다.

셋째, 사회위험별로 별도의 제도를 채택하고 있다. 4개의 사회보험에서 피보험자를 별도로 관리하고 있으며 동일한 대상에 대하여 자격관리, 보험료 부과를 위한 소득기준(평균임금과 표준보수), 징수도 다르고 별도로 이루어지고 있다.

최근 정부에서 4대 사회보험 통합추진계획이 추진되고 있지만, 우리나라 고용보험제도는 고용노동부가 직접 주관하고 있다는 사실은 문제가 될 수 있다. 다른 사회보험(의료보험, 산재보험, 공무원·사립교원·군인 국민연금 등)은 공단형태로 운영하고 있는데, 고용보험의 특수사정이나 효율적인 감독을 명분으로 삼기에는 합리성이 결여되고 있다. 노동부에서 30년 이상 직영하고 있던 산재보험은 고용보험의 출범시기에 맞추어 근로복지공단으로 이관되었는데, 고용보험에 있어서 특히 직업안정사업과 직업능력개발사업의 실질적인 담당주체는 정부조직이 아닌 민간단체 또는 각 사업장이다.

고용노동부는 고용보험의 모든 기능과 업무를 포괄적으로 주관하고 있는데, 고용보험에 대한 정책수립 및 집행기관에 대한 감독업무 이외에 다른 기능은 가칭 고용보험관리공단 또는 노사단체를 중심으로 자치기구를 설립하여 운영하는 방식을 고려할 수도 있다. 다행히 고용보험은 한국노동연구원(부설 고용보험연구센터)에서 제도입안 등 모든 업무를 연구하여 노동부를 지원하고 있지만 이 기관 자체가 행정기능을 수행할 수는 없다. 또한 다른 사회보험의 경우도 마찬가지이지만 보험료 징수업무도 국세청에 일괄적으로 징수를 위탁하는 것이 보다 효율적이며, 적어도 지도감독기능과 사업집행기능은 분리되는 것이 바람직하고, 고용보험과 같이 연구조사기능이 필요하다. 막대한 행정서비스의 제공, 적극적인 홍보업무 등은 정부조직으로는 수행하기 곤란하다.

Key Word

근로자복지, 건강보험, 국민연금, 고용보험, 산재보험, 공적 연금, 사적 연금

post-case 12

(가)

우리나라 4대 사회보험은 각자 서로 다른 사정에서 문제점을 안고 있다. 1998년 4대 사회보험의 업무 가운데 전산업무, 적용관리, 보험료 징수를 중심으로 통합추진기획단이 구성되어 논의한 결과 보건복지부의 감독 아래 있는 건강보험과 국민연금, 노동부의 고용보험과 산업재해보상보험(근로복지공단 주관)을 2:2로 우선 부분통합하고 장래에 완전통합키로 하였다. 그 결과 고용노동부의 고용보험업무 가운데 보험료 징수는 근로복지공단으로 이관되고 2001년 산재보험과 고용보험의 보험료 통합징수법이 제정되었다. 반면에 건강보험과 국민연금은 다른 현안 과제로 인하여 전혀 추진되지 못하고 있다.

한편 건강보험관리공단을 4대 보험의 관련업무를 독자적으로 주관한다는 의도 아래 노동조합도 사회보험노동조합이라는 포괄적인 명칭을 사용하고 있고 최고 공단 내에 설치된 연구소도 사회보험연구소라고 하고 있다.

◎ 토의과제

1. 사회보험업무의 일부(전산·적용관리·징수 등)와 기존의 취급기관 및 감독기관을 초월하여 완전통합 가능성 여부와 장단점은 무엇인가?
2. 4대 사회보험에서 관리통제가 어려운 4인 미만의 영세사업장 근로자와 농어민·자영자 등 지역주민과 직장근로자의 업무통합이 가능하다고 보는가?

(나)

우리나라 건강보험은 1977년 7월 1일 직장의료보험을 중심으로 組合主義에 의한 강제보험제도가 실시되었다. 군인, 공무원 및 사립학교교직원과 같은 독립된 연금법의 적용을 받고 있는 이들 계층에 대해서는 1979년 별도의 독립된 공무원·교원의료보험관리공단이 설치되었고, 농어민 등의 지역주민과 도시 자영자 등은 1988년부터 행정구역(시·군)을 중심으로 지역의료보험조합(1997년 현재 228개 조합)으로 건강보험이 다원화되어 운영되었다. 그동안 지역조합은 규모가 적고 보험재정의 적자가 발생하여 오는 가운데 건강보험의 운영주체를 재정적으로 통합하는 문제에 대하여 학계·정당·노동조합 간에 찬반논쟁이 일어나고 있다. 정당으로서 신한국당은 집권 당시부터 분리주의를 주장하고 현재 야당(한나라당)으로서 재정통합을 반대하고 있다.

반면에 새천년민주당은 과거 야당(국민회의) 때부터 통합을 주장하여 왔고, 1998년 집권 후 지역조합과 공무원·교원의료보험관리공단을 통합한 후 직장조합과 재정통합을 2001년 12월 말까지 예정대로 추진하였으나 한나라당의 반대로 앞으로 18개월간 연기되었다. 재정통합에 있어서 민주노총은 통합을 찬성하고 한국노총은 직장조합과의 통합을 반대하여 왔다.

◎ 토의과제

1. 건강보험의 재정통합에 있어서 찬반론에 대하여 어느 입장에 동조하고 있는가?
2. 건강보험의 재정부족을 해결하기 위하여 통합 여부가 어떠한 영향을 미치고 있는가?

(다)

산재보험은 다른 사회보험과 달리 15% 정도의 부가보험료를 포함시켜 보험료를 책정하고 있다. 사회보험에 있어서는 운영에 필요한 인건비 및 관리비는 국고에서 부담하는 것이 원칙이지만 우리나라 실정으로는 1964년 산재보험의 출범이 그 당시 노동청에서 주관하면서 보험료에서 지출되었고 5%의 보험료는 산업안전공단의 운영경비로 쓰이고 있다. 근로복지공단의 예산 가운데 주된 수입은 사용자가 전액 부담하고 있는 산재보험의 보험료 수입이다. 보험료는 여러 가지 보험급여비용으로 충당되고 있을 뿐만 아니라 포괄적인 근로복지사업에 상당부분 할애되고 있다 (예로서 산업재해 유자녀 학자금 자원 등).

◎ 토의과제

1. 사회보험의 보험료 구성에서 부가보험료의 적정수준, 부담주체에 대해서 토론하고 산재보험과 관련하여 문제점을 제기하고 개선방안을 제시하시오.
2. 산업안전공단의 예산이 산재보험의 보험료 수입에 의존하고 있는 현실에 대해서 문제점을 제기하고 대안에 대해서 토론하시오.

(라)

우리나라 공적 연금제도는 직업별로 운영되고 있으며 공무원연금(1960)·군인연금(1962)·사립학교교원연금(1975)·국민연금(1988) 등 네 가지 연금제도가 분리되어 있다. 이 가운데 국민연금은 직장근로자를 대상으로 1988년 실시되었으나 1995년 농어민, 2000년 도시 자영자 및 지역주민이 이 제도에 포함되었다. 연금제도의 공통적인 문제점은 재정불안과 기금운용 및 제도간의 연계부족이다. 재정불안은 제도의 출발이 빠른 공무원연금과 군인연금이 심각한 수준이며 사립학교교원연금도 장래 재정불안이 예견되고 있다. 국민연금은 근로자가 아니면서 정년의 개념이 다르고 소득파악이 어려운 농어민과 자영자가 포함되고 있어서 건강보험과는 다른 차원에서 통합운영이 문제되고 있다.

◎ 토의과제

1. 4대 연금제도가 건강보험의 경우처럼 제도간의 통합운영이 가능하다고 볼 수 있는가?

2. 근로자의 연금제도인 국민연금과 기존의 퇴직일시금 또는 퇴직연금의 상호관계와 보완방법에서 무엇이 문제되고 있는가?

3. 군인·공무원이 퇴직 후 국민연금의 가입자로 옮길 때 무엇이 문제인가?

Chapter

9 개별적 고용관계와 무노조기업의 고용관계

Modern Employment Relations

pre-case 9

삼성, 협력업체 노조활동 첫 인정[1]

삼성전자서비스와 금속노조 삼성전자서비스 지회가 노조활동과 생활임금을 보장하기로 합의하였는데 이는 삼성이 협력업체의 노조활동을 처음 인정한 것이다.

전국금속노조 삼성전자서비스지회는 사측(삼성전자서비스 협력업체 사장단)의 교섭권을 위임받은 한국경영자총협회와 협상한 결과, ① 노조활동 보장, ② 생활임금 보장, ③ 2014년 3월부터 업무차량에 대한 리스 차량 사용 및 자차 사용 시 유류비 지급, ④ 추후 임단협에서 건당 수수료 및 월급제 논의, ⑤ 노조 측에 민형사상 책임을 묻지 않으며 향후 불이익 금지, ⑥ 유족 보상 등 6개 항을 합의하였다.

삼성전자서비스 협력업체는 지난 7월 본사(삼성전자서비스)가 실질적인 사용자라며 노조를 결성하고 삼성전자서비스를 대상으로 위장도급과 불법파견 여부가 판가름할 수 있는 근로자 지위확인 소송을 제기하였다. 아직 판결은 나오지 않았지만 이 소송의 결과에 따라 조합원 수가 1,000명 이상의 대규모 노동조합이 결성될 수도 있을 것으로 예상된다.

한편 지난 3일부터 삼성전자 앞에서 노숙하며 농성을 벌였던 노조는 이날로 농성을 끝내기로 했다.

---

1 연합뉴스, "삼성전자서비스 협력사 근로자들 노조 결성," 2013-07-14; 경향신문, "삼성전자서비스 노사협상 타결 ⋯ 삼성, 협력업체 노조활동 첫 인정," 2013-12-22 등의 기사를 참고로 재작성함.

최근 들어 전세계적으로 무노조기업이 증가하는 추세를 보이고 있다. 우리나라는 경제협력개발기구(OECD) 회원국 중 프랑스, 터키에 이어 노동조합 조직률이 가장 낮은 국가이다. 한국의 노동조합조직률은 2011년 9.9%로 전체 피고용인의 약 90%가 무노조기업에서 근무하고 있다. 무노조기업이 확산되면서 무노조경영에 대한 실무진과 학계의 관심이 고된 것은 미국의 IBM, Motorola, HP, Fedex, Walmart, Dell, MS, Google, 일본의 알프스전기 등 세계적인 우량기업들의 무노조경영이 세계적 벤치마킹의 대상이 된 사실에도 기인한다. 본 장에서는 먼저 노조가 없는 무노조기업의 피고용인들을 규율하는 개별적 고용관계에 대한 제도와 법령을 살펴본 후 무노조 고용관계가 태동하게 된 동기 및 특징과 현재 우리나라 무노조기업의 현황 등에 대하여 살펴보고자 한다.

http://www.ibm.com

http://www.hp.com/

http://www.fedex.com

http://www.motorola.com

1. 개별적 고용관계

노조의 영향력이 쇠퇴하면서 개별고용관계를 규율하는 법령과 제도의 중요성이 갈수록 증가하고 있다. 특히, 개별고용관계를 규율하는 각종 법령은 노조와 단체협약이 없는 환경에서는 개별피고용인을 보호할 수 있는 유력한 수단이 된다. 개별피고용인이 사용자와 근로계약을 체결하면 근로관계가 형성되는데 이때 개별피고용인을 보호하는 각종 법률이 있다. 이 법률을 '개별적 근로관계법'이라고 하며 이에는 근로기준법, 선원법, 최저임금법, 남녀고용평등과 일·가정 양립 지원에 관한 법률, 퇴직급여보장법, 파견근로자보호 등에 관한 법률, 기간제 및 단시간근로자 보호 등에 관한 법률, 산업안전보건법 등이 있다. 여기에서는 주로 이들 법률에서 정하는 개별 피고용인 보호내용을 살펴보고자 한다. 단, 최저임금(7장)과 산재보상(8장) 등의 내용은 이미 설명하였기 때문에 여기서는 제외한다.

☛ 개별고용관계를 규율하는 각종 법령은 노조와 단체협약이 없는 환경에서는 개별피고용인을 보호할 수 있는 유력한 수단임

1.1 근로조건 준수

근로기준법에서는 최저근로기준을 정하여 피고용인을 보호하는 것이 목적이다. 구체적으로 근로기준법은 근로조건과 기타 생활조건을 일정한 수준 이상으로 유지할 목적으로 최저근로조건을 정하고 이의 실시 여부를 감독하여 피고용인을 보호하고자 한다.

☛ 최저근로기준을 정하여 피고용인을 보호하는 것이 목적

(1) 적용범위와 기본 원칙

근로기준법의 적용범위는 상시 5인 이상의 피고용인을 사용하는 사업 또는 사업장으로 정하고 있다. 또한 근로계약의 체결시 임금(임금의 구성항목, 계산방법, 지급방법 등), 소정근로시간, 휴일, 연차 유급휴가 등을 서면으로 명시하고 피고용인이 요구하면 근로계약서를 교부하여야 한다. 또한 근로기준법에서 정한 주요 준수사항으로 ① 사용자는 근로자에 대하여 남녀의 성을 이유로 차별적 대우

|그림 9-1| 65미터 관제탑에서 항공기를 통제하는 관제사 모습

☛ 상시 5인 이상의 피고 용인을 사용하는 사업 또는 사업장

를 하지 못하고 국적, 신앙 또는 사회적 신분을 이유로 근로조건에 대한 차별적 처우를 하지 못하고(균등한 처우) ② 사용자는 폭행, 협박, 감금, 그 밖에 정신상 또는 신체상의 자유를 부당하게 구속하는 수단으로서 근로자의 자유의사에 어긋나는 근로를 강요하지 못하며(강제근로의 금지), ③ 사용자는 사고의 발생이나 그 밖의 어떠한 이유로도 근로자에게 폭행을 하지 못한다(폭행 금지). 또한 ④ 누구든지 법률에 따르지 아니하고는 영리로 다른 사람의 취업에 개입하거나 중간인으로서 이익을 취득하지 못하도록(중간착취 배제) 하는 등의 규정을 두고 있다.

(2) 해고 등의 제한

한국의 노동법은 정리해고를 엄격히 제한하여 피고용인의 고용과 생활안정을 도모하는 정책을 취하고 있다. 근로기준법에 의하면 사용자는 정당한 이유 없이 해고, 휴직, 정직, 전직, 감봉 그리고 기타 징벌 등을 할 수 없

다. 다만, 긴박한 경영상의 이유가 있을 경우 해고가 가능하다. 경영상 이유에 의한 정리해고가 성립하기 위해서는 다음의 다섯 가지 조건을 충족하여야 한다. 첫째, 경영상의 필요가 있어야 한다. 즉 긴박한 경영상의 필요한 구조조정, 기술혁신, 업종변환 등이 행해지지 않으면 경영의 존립이 위태롭게 되거나 정상적인 경영활동이 크게 위축되어 곧 다른 경쟁업체와의 경쟁에서 탈락할 가능성이 높을 경우에만 합법적인 해고가 가능하다. 또한 경영악화를 방지하기 위한 사업의 양도, 기업의 합병 인수 등도 긴박한 경영상의 필요요건을 충족하는 것으로 간주한다. 둘째, 정리해고를 단행하기 전에 신규채용 금지, 일시휴직 및 희망퇴직의 활용, 배치전환 등과 같은 해고회피노력을 다해야 한다. 셋째, 합리적이고 공정한 기준에 따라 해고대상자를 선정해야 하며 특히 남녀의 성을 이유로 차별해서는 안 된다. 넷째, 해고회피노력과 해고대상자 선발기준에 관하여 노동조합을 포함한 근로자대표에 해고일 50일 전까지 통보하여 성실하게 협의하여야 한다. 다만 '협의'란 동의나 합의를 의미하는 것이 아니므로 사용자가 근로자대표의 주장을 반드시 수용해야 하는 의무는 없으며, "협의"란 노사가 의견을 교환하고 서로의 입장을 확인하며 설득노력을 하는 것을 의미한다. 다섯째, 일정규모 이상의 인원을 해고하고자 할 때에는 고용노동부장관에게 신고해야 한다. 또한 경영상의 이유로 해고된 피고용인을 2년 이내에 다시 채용하고자 할 때에는 해고된 피고용인이 원할 경우 우선적으로 해고자를 고용하도록 노력하도록 규정하고 있다.

▶ 경영상의 필요

▶ 해고회피노력

▶ 합리적이고 공정한 기준에 따라 해고대상자를 선정

▶ 해고회피노력과 해고대상자 선발기준에 관하여 성실하게 협의

▶ 일정규모 이상의 인원을 해고시 신고

(3) 퇴직급여

계속근로연수 1년 이상의 퇴직자에게는 1년에 대해 30일분 이상의 평균임금을 퇴직급여로 지급하여야 한다. 퇴직급여는 퇴직금 또는 퇴직연금 등의 형태로 지급하여야 한다. 구체적인 내용은 Ⅳ장(퇴직금 조항)과 Ⅶ장(퇴직연금)을 참조하기 바란다.

(4) 근로시간과 아동과 임산부의 보호

한국은 그동안 경제협력개발기구(OECD) 회원국 중 비교적 장시간 근로를 해왔었다. 정부는 근로시간단축의 중요성을 인식하여 2004년부터 주 40시간 근무제를 기업규모별로 단계적으로 시행하여 7년 만인 2011년 7월

1일부터 5인 이상~20인 미만인 사업장까지 확대 적용하였다. 현행 법령에 따르면 근로시간은 1주간 휴게시간을 제외하고 40시간을 초과할 수 없으며 1일 근로시간은 휴게시간을 제외하고 8시간을 초과할 수 없다. 또 연장근로, 야간근로 및 휴일근로에 대해서는 통상임금의 100분의 50 이상을 가산하여 지급하여야 한다(보다 구체적인 내용은 Ⅳ장 '근로조건' 참조).

한편 아동노동(child labor)은 취학적령기의 아동으로 하여금 근로를 하게 하여 학업성취를 저해하고 성인이 된 후에도 저학력자로 남아 빈곤상태에 머무르게 하는 부작용이 있다. 한국은 대부분의 선진국과 함께 아동노동을 금지하는 입법을 취하고 있다. 우리나라 최저근로연령은 15세로 이 나이 이하에서는 근로를 제한하고 있다. 15세 미만인 아동이나 청소년이 일을 하기 위해서는 고용노동부장관의 취직인허증을 소지해야 한다. 또한 임신중이거나 산후 1년이 지나지 아니한 여성과 18세 미만자는 도덕상 또는 보건상 유해 위험한 사업에서 일하지 못하도록 규정하고 있다.

1.2 남녀고용평등 및 일·가정 양립 지원

경제협력개발기구(OECD) 회원국 중 한국은 일본과 함께 여성들의 노동시장 진출 정도가 낮은 국가에 속한다. 그러나 최근 여성들의 교육수준이 높아지고 고령화에 따른 여성인력의 필요성이 증가하면서 여성들의 노동시장 진출이 급격히 늘어나고 있다. 「남녀고용평등과 일·가정 양립 지원에 관한 법률」은 헌법이 보장하는 평등이념에 따라 고용에 있어서 남녀의 평등한 기회와 대우를 보장하고 모성보호와 여성고용을 촉진하고 있다. 즉 남녀고용평등을 실현함과 아울러 근로자의 일과 가정의 양립을 지원함으로써 모든 국민의 삶의 질 향상을 위해 노력하고 있다. 남녀고용평등을 위한 주요 규정을 살펴보면 교육·배치 및 승진시 혼인, 임신, 출산 또는 여성이라는 것을 이유로 남성과 차별대우를 하지 말도록 정하고 있다. 또한 직장 내 성희롱 금지 및 예방교육 실시, 고객 등에 의한 성희롱방지 등을 규정하였다. 한편 남녀고용평등과 관련한 분쟁의 예방과 해결을 위하여 명예고용평등감독관을 위촉·운영하거나 민간단체의 상담지원을 하도록 정하고 있다.

1.3 비정규직 보호

　　비정규직의 급증은 대부분의 시장경제국가에서 일어나고 있는 현상이다. 1997년 외환위기 이후 무한경쟁상황하에서 사용자들은 노동비용절감과 해고의 자유 등 고용유연성을 확보하기 위하여 비정규직을 대거 고용하기 시작하였다. 그 결과 1990년대 말부터 기간제 근로 등 새로운 고용형태인 비정규직이 급증하였고 2000년대 들어서도 규모가 줄지 않고 있다. 2012년 8월 현재 비정규직 인력은 총 591만여 명으로 조사되었는데 이는 전체 임금근로자의 33.3% 수준이다.[2] 비정규직 근로자들은 고용이 불안하고 정규직과의 임금격차가 큰 열악한 근로조건에 시달리고 있으며 비정규직의 노동조합결성률은 정규직의 15.8%보다 훨씬 낮은 2.9%에 불과하여[3] 비정규직의 근로조건 개선에 큰 도움이 되지 못하고 있다. 정부는 비정규직의 근로조건 향상, 비정규직 남용 억제 및 사회적 양극화 해소 등을 위해 비정규직 근로자에 대한 차별을 개선하고자 노력하고 있다. 비정규직 중 규모가 큰 기간제 근로자, 단시간근로자, 파견근로자를 보호하는 제도에 대하여 살펴보고자 한다.

(1) 기간제근로자 보호

　　기간제근로자란 기간이 정함이 있는 근로계약을 체결한 근로자를 말하며 일반적으로 계약직, 임시직, 일용직, 촉탁직 등이라고 한다. 법에 의하면 기간제근로자의 남용을 막기 위하여 기간제근로자의 고용기간을 제한하는 정책을 취하고 있다. 즉, 기간제근로자의 고용기간을 2년 이내로 제한하고 2년을 초과하여 고용하는 경우 일정한 예외사유를 제외하고는 계약기간의 정함이 없는 정규직 근로자로 간주하고 있다. 또한 기간제근로자

|그림 9-2| 유리성형공정에서 굉음 때문에 손짓으로 작업 지시하는 모습

2　한국노동연구원, 「2012 KLI 비정규직 노동통계」(2012), p. 4.
3　상게서, p. 50.

☞ 기간제근로자란 기간이 정함이 있는 근로계약을 체결한 근로자를 말하며 일반적으로 계약직, 임시직, 일용직, 촉탁직 등

☞ 단시간근로자란 1주간의 소정 근로시간이 당해 사업장의 동종 업종에 종사하는 통상 근로자의 1주간의 소정근로시간에 비하여 짧은 근로자로 일반적으로 아르바이트, 파트타임 등

들의 권리보호를 강화하기 위하여 근로계약기간, 근로시간과 휴게시간, 임금의 구성항목과 계산방법 및 지급방법에 관한 사항에 대하여 사용자는 서면으로 명시하여 교부하도록 정하고 있다.

(2) 단시간근로자 보호

단시간근로자란 1주간의 소정 근로시간이 당해 사업장의 동종 업종에 종사하는 통상근로자의 1주간의 소정근로시간에 비하여 짧은 근로자로 일반적으로 아르바이트, 파트타임 등으로 불린다. 사용자가 단시간근로자를 채용할 경우에도 임금, 근로시간 기타 근로조건을 명시한 근로계약서를 작성하여 근로자에게 교부하여야 한다. 근로계약서에는 계약기간, 근로일, 근로시간의 시작과 종료시각, 시간급임금 및 기타 고용노동부장관이 정하는 사항이 명시되어야 하고 이를 위반할 시에는 500만원 이하의 벌금을 부과한다. 임금은 시간급으로 산정하는 것을 원칙으로 하며 1일 소정근로시간에 시간급임금을 곱하여 계산한다. 또한 단시간근로자도 정당한 이유 없이 해고할 수 없으며 정당한 사유가 있을 경우에도 해고일 30일 전에 그 예고를 하여야 하며 30일 전에 예고하지 않은 때에는 30일분 이상의 통상임금을 지급하여야 한다.

단시간근로자도 고용보험의 적용을 받는다. 다만 1개월간의 소정근로시간이 80시간 미만인 자에게는 고용보험이 적용되지 않는다. 또한 산재보험의 적용도 받아 치료기간 동안은 요양급여와 휴업급여를 받을 수 있고 장애정도에 따라 장애급여도 받을 수 있다.

1년 이상 계속 근로하면 정규직과 마찬가지로 퇴직급여도 받을 수 있다. 단 이 경우 주당 소정근로시간이 15시간 미만인 경우에는 적용되지 않는다.

(3) 파견근로자 보호

☞ 근로자파견제도는 파견사업주가 근로자를 고용한 후 그 고용관계를 유지하면서 파견 사업주와 사용사업주 사이의 근로파견계약에 따라 근로자를 파견하고, 파견된 근로자는 사용사업주의 지휘·명령을 받아 사용사업주를 위한 근로에 종사

근로자파견제도는 파견사업주가 근로자를 고용한 후 그 고용관계를 유지하면서 파견사업주와 사용사업주 사이의 근로파견계약에 따라 근로자를 파견하고, 파견된 근로자는 사용사업주의 지휘·명령을 받아 사용사업주를 위한 근로에 종사하게 하는 것이다. 근로자파견제도는 사용자와 피고용인간의 전통적인 양자관계가 아니고 파견사업주, 사용사업주, 피고용

인의 삼각고용관계를 가지는 것이 특징이다. 이러한 근로자파견계약에 의하여 사용사업주는 파견사업주에게 약정된 보수를 지급하고 파견근로자는 파견사업주로부터 임금을 수령하게 된다. 2012년 12월 현재 파견사업체 수는 2,087개소(이 중 근로자파견 실적이 있는 업체는 1,466개소), 파견근로자수는 120,347명, 파견근로자 사용사업체는 13,917개로 나타났는데 이 수치는 1998년 파견근로자제도가 합법화된 이후 최대치이다.[4]

파견근로자를 보호하는 법령의 주요 내용은 다음과 같다. 첫째, 파견근로의 남용을 방지하고자 파견근로기간은 1년을 넘지 못하도록 정하였다. 다만 파견사업주·사용사업주·파견근로자 삼자간의 합의가 있는 경우에는 파견기간을 연장할 수 있으나 이 역시 1년 1회에 한하며 총 파견기간은 2(1＋1)년을 초과하지 못하도록 하였다. 둘째, 파견사업주와 사용사업주는 취업사업장 내에서의 파견근로자가 동종근로자와 비교하여 부당하게 차별적 처우를 받지 않게 하도록 정하였다. 셋째, 파견근로자의 성별·종교·사회적 신분이나 파견근로자의 정당한 노동조합의 활동 등을 이유로 파견계약 해지하는 것을 금지하고 있다.

(4) 비정규직 차별시정제도

차별시정제도란 사용자가 비정규직 근로자(기간제·단시간·파견근로자)를 비교대상근로자(무기계약근로자·통상근로자·직접고용근로자)에 비하여 임금 그 밖의 근로조건 등에 있어서 합리적 이유 없이 불리하게 처우하는 것을 금지하는 제도이다. 차별적 처우에 대해서는 노동위원회를 통한 시정절차를 마련하고 있다. 차별시정제도는 비정규직 근로자에 대한 차별금지는 비정규직 근로자의 모든 근로조건을 정규직 근로자의 근로조건과 동일하게 대우할 것을 요구하는 것이 아니고 합리적 이유 없이 불리하게 처우하는 것을 금지하는 것이다. 즉 노동강도의 차이, 노동의 질 차이, 권한과 책임의 차이 등 합리적 이유가 있는 경우에는 차등 대우하는 것은 허용된다.

☛ 차별시정제도란 사용자가 비정규직 근로자에 비하여 임금 그 밖의 근로조건 등에 있어서 합리적 이유 없이 불리하게 처우하는 것을 금지하는 제도

---

4   고용노동부, 「2013 고용노동백서」(2013), p. 213.

2. 무노조기업 등장의 배경

2.1 노조조직률 등의 하락

☞ 21세기 고용관계의 큰 이슈는 노동조합 조직률의 지속적인 하락

21세기 들어 세계 고용관계의 가장 큰 이슈는 노동조합조직률의 지속적인 하락이다. 지난 수십년간 지속되어 온 전세계적인 노동조합의 쇠퇴가 앞으로도 계속되어 향후 노동조합이 유명무실한 존재로 전락할 것인지, 아니면 재반 등의 실마리를 찾게 되어 시장경제사회의 중심세력으로 존속할 것인지를 예측하는 것은 세계고용관계의 장기 전망에 있어 가장 중요한 이슈이다.[5]

〈도표 9-1〉에서 보는 바와 같이 지난 30~40년간 거의 모든 대륙에서 지속적으로 노동조합의 조직률이 감소하는 경향을 보여왔다. 한국의 경우 1989년의 19.8%에서 2010년에는 9.8%로 감소하였고, 미국은 1950년대의 35%선에서 2010년에는 3분의 1도 안 되는 11.9%로 하락하였으며, 영국도 1980년의 56.3%에서 2010년에는 26.6%로 감소하였다. 일본도 1980년의 30.8%에서 2010년에는 18.5%로 하락하였고 호주 역시 1986년의 45.1%에서 2010년에는 18.3%로 감소하였다. 이들 국가들은 서로 상이한 문화와 정치제도를 영위하고 있으며 서로 다른 발전단계에 속하고 있고, 각국의 노조 형태 또한 직업별 노조, 산업별 노조, 혹은 기업별 노조 등으로 상이하다는 점을 고려한다면 최근 수십년간 노동운동의 침체라는 공통된 추세는 노동운동의 장기적인 방향성에 대한 관심과 노동계의 위기의식을 이끌기에 충분한 실마리를 제공하고 있다.

☞ 노동쟁의도 장기적으로 감소추세

한편 노동조합의 하락과 더불어 노동쟁의도 장기적으로 감소추세를 보이고 있다(〈도표 9-2〉 참조). 미국의 경우 1970년대 380건에 이르던 노동쟁의 건수가 1980년에는 187건, 1990년 44건, 2000년 39건, 2010년 현재 11건으로 감소하였다. 일본의 경우에도 1970년 2,256건과 1975년 3,385건에서 1980년에는 1,128건, 1985년에는 625건, 그리고 2000년에는 154건, 2010년 현재 38건에 지나지 않고 있다. 또한 다른 국가에서도 비슷한 경향

---

5 김동원, "노동조합의 미래에 대한 소고: 서론에 대하여,"김동원 편, 「세계의 노사관계 변화와 전망」(한국국제노동재단, 2003), p. 9.

도표 9-1	주요국의 노동조합조직률				(단위: %)
연 도	한 국	미 국	영 국*	일 본	호 주
1980	21.0	22.8	56.3	30.8	—
1985	16.9	18.0	50.5	28.9	—
1986	16.8	17.5	49.3	28.2	45.1
1987	18.5	17.0	48.5	27.6	—
1988	19.5	16.8	46.6	26.8	41.2
1989	19.8	16.4	44.8	25.9	—
1990	18.4	16.1	43.4	25.2	40.4
1991	17.2	16.1	43.1	24.5	—
1992	16.4	15.8	41.3	24.4	39.3
1993	15.6	15.8	40.3	24.2	—
1994	14.5	15.5	36.8	24.1	34.4
1995	13.8	14.9	32.3	23.8	33.0
1996	13.3	14.5	35.5	23.2	31.0
1997	12.2	14.1	30.4	22.6	30.3
1998	12.6	13.9	29.9	22.5	28.1
1999	11.9	13.9	29.6	22.2	25.7
2000	12.0	13.5	29.8	21.5	24.7
2001	11.5	13.4	29.3	20.7	24.5
2002	11.6	13.3	28.8	20.2	23.1
2003	11.0	12.9	29.3	19.6	23.0
2004	10.6	12.5	28.8	19.2	22.7
2005	10.3	12.5	28.6	18.7	22.4
2006	10.3	12.0	28.3	18.2	20.3
2007	10.8	12.1	28.0	18.1	18.9
2008	10.5	12.4	27.4	18.1	18.9
2009	10.1	12.3	27.4	18.5	19.7
2010	9.8	11.9	26.6	18.5	18.3

주: * 임금근로자 조직률
자료: 한국노동연구원, 「각 연도 해외노동통계」 (서울: 한국노동연구원, 각 연도).

을 보이고 있다. 노동쟁의의 점진적인 위축현상은 노동조합조직률의 축소현상과 맞물려, 노동조합의 세력과 활동이 점차적으로 쇠퇴하는 현상을 대변하는 것이 아닌가 하는 의구심을 불러일으키고 있다.

도표 9-2	노동쟁의 발생건수의 세계적인 추세						
연 도	미 국*	일 본	영 국	프랑스	스웨덴	호 주	한 국
1980	195	1,401	2,686	1,963	12	815	122
1985	268	1,542	2,354	1,674	8	1,346	12
1986	381	2,260	3,906	3,319	128	2,738	4
1987	235	3,391	2,282	3,888	86	2,432	52
1988	187	1,128	1,348	2,118	208	2,429	206
1989	54	625	903	1,901	160	1,895	276
1990	44	283	630	1,790	126	1,193	322
1991	40	308	369	1,572	23	1,036	234
1992	35	261	253	1,494	20	728	235
1993	35	251	211	1,472	33	610	144
1994	45	230	205	1,671	13	560	121
1995	31	209	235	—	36	643	88
1996	37	193	244	1,070	9	543	85
1997	29	178	216	1,222	14	447	78
1998	34	145	166	1,218	13	519	129
1999	17	154	205	1,417	10	731	198
2000	39	118	212	1,427	2	698	250
2001	29	90	194	1,105	20	675	235
2002	19	74	146	745	10	766	322
2003	14	47	133	785	11	643	320
2004	17	51	130	699	9	692	462
2005	22	50	116	—	14	472	287
2006	20	46	158	—	9	202	138
2007	21	54	152	—	14	135	115
2008	15	52	144	—	5	177	108
2009	5	48	166	—	5	233	121
2010	11	38	—	—	—	215	86

주: * 미국 노동통계국 기준
자료: 한국노동연구원, 「각 연도 해외노동통계」(서울: 한국노동연구원, 각 연도).

2.2 노조조직률 하락의 원인

☞ 경제의 구조적 변화 　이와 같은 전세계적인 노동조합조직률의 하락 원인을 살펴보면 다음과 같다. 이러한 원인은 나라마다 정도의 차이는 있지만 공통적으로 인식되는 원인이다. 첫째, 경제의 구조적 변화를 들 수 있다. 전통적으로 노조조직률이 낮았던 서비스산업과 화이트칼라직종의 확대가 빠르게 진전되었기 때

문이다. 예를 들면, 비농취업자 중 제조업 고용이 차지하는 비중은 하락한 반면, 서비스업의 고용비중은 대부분의 국가에서 증가하였다. 또한, 노동조합조직의 전통적인 기반인 블루칼라 노동자 증가현상의 정체와 조직성향이 낮은 화이트칼라 피고용인의 비약적인 증가 역시 노동조합조직률의 하락을 불러왔다. 즉, 노조조직률이 높은 생산직 노동자의 수는 소규모 증가에 그친 데 비해, 노조조직률이 낮은 행정관리직, 전문직, 판매직은 거의 모든 국가에서 증가한 것이다. 또한 노동력 구성의 변화, 특히 전통적으로 노조조직률이 낮은 여성노동력, 고령인력, 비정규직, 외국인인력의 증가와 노조를 조직하는 성향이 강한 20세 이상 남성의 경제활동참가율이 감소하고 있는 추세도 노조조직률의 하락을 가져왔다.

둘째, 1980년대 이후 세계적으로 유행한 신자유주의적 풍조의 영향으로 정부의 정책이 노조에 적대적으로 기울은 점도 노조조직률의 하락에 기여하였다. 1980년대부터 영국의 대처수상, 미국의 레이건, 부시대통령으로 대표되는 신자유주의적인 경제노동정책이 많은 국가들의 경제노동정책에 기저를 제공함으로써 노조에 적대적이거나 비우호적인 정책과 법안이 집행되고 통과되는 현상이 지속된 점도 노조조직률의 하락을 불러온 것이다.

셋째, 고용평등법, 차별금지법, 모성보호법, 장애인고용촉진법, 성희롱금지법 등 정부가 통과시킨 개인차원의 고용관련 보호법안들이 피고용인이 느끼는 집단노사관계(즉, 노동조합과의 관계)에 대한 필요성을 감소시키는 역할을 하여 노조조직률의 하락을 더욱 부추기게 되었다. 즉, 개별노동기본권을 정부가 법으로 보호하는 추세가 강화되면서 노동조합으로 대표되는 집단노사관계의 중요성이 약화된 것이다. 그 결과 일부 국가에서는 고용과 관련된 개별적인 소송이 증가하는 현상을 보이고 있다. 과거에는 개별 직원이 부당한 대우를 받았을 때 노동조합을 통하여 해결하였으나, 이제는 노조가 없어지거나 약해짐에 따라 개별적으로 기업을 상대로 소송을 하는 방식으로 해결되게 된 것이다.

넷째, 반노조적인 사회정치적인 분위기를 배경으로 사용자들이 노조회피전략을 적극적으로 활용한 것도 노조조직률의 하락에 기여하였다. 즉, 사용자들도 노골적인 노조회피전략을 사용하여 노동조합이 조직되어 있는 기존 공장의 규모를 줄이거나 아예 폐쇄하고 그 대신 노동조합 조직성향이 낮은 지역과 사업부문으로 사업의 중심을 이전하였다. 이와 동시에 노동조합

▶ 정부 정책이 노조에 적대적

▶ 개인차원의 고용관련 보호법안들이 피고용인이 느끼는 집단노사관계에 대한 필요성을 감소

▶ 반노조적인 사회정치적인 분위기

|그림 9-3| 트럭생산공정 중 차체에 의장 전장부품과 차축을 조립하는 모습

원을 차별하고 해고하는 등의 탈법적인 행위도 더욱 증가하였다. 한편으로는, 피고용인의 노동조합조직에 대한 유인을 줄이기 위하여 개별적인 인적자원관리제도를 활성화하고, 합리적인 고충처리절차를 제공하며, 피고용인의 경영참여를 확대하는 등 노동조합의 서비스를 대체할 수 있는 제도들을 제공하였다. 노동조합에 대한 사용자의 반대는 세계화와 정보화로 인하여 경쟁이 격화되면서 노조의 존재가 기업의 경쟁력을 약화시킨다는 믿음이 일부 사용자 사이에 확산되면서 더욱 강화되었다. 이러한 사용자의 전략은 노동조합의 조직률을 하락시키는 데에 결정적인 영향을 미친 것으로 보인다.

위에서 언급한 요인들은 우리나라의 경우에도 상당부분 적용이 된다. 즉, 과거 노동운동이 강한 광업과 제조업의 고용이 감소한 반면에 노조조직률이 낮은 서비스 및 IT산업이 급성장하고, 여성노동력 및 화이트칼라 피고용인의 증가, 비정규직 증대 등의 구조적인 변화가 노동조합조직률의 하락에 큰 영향을 미친 것이다. 또한 사용자들이 1987년 이후 강력한 노조의 등장과 빈번한 노사분규에 대한 반발로서 노동조합을 기피하거나 무노조경영을 선호하게 된 것도 우리나라의 노조조직률의 하락을 불러온 원인 중의 하나이다.

3. 무노조기업의 노조화

3.1 노조화이론

유노조기업은 대체로 무노조기업의 직원들이 노조를 결성함으로써 발생하게 된다. 그러면 무엇이 무노조기업의 직원들로 하여금 노조를 결성하게 하는 것일까? 기존의 연구들은 노조화에 대한 다음과 같은 이론을 제시하고 있다. 즉, 노조화는 직무불만족과 노조의 수단성의 함수라는 것이다. 이를 수식의 형태로 정리하면 다음과 같다.

> 노조화는 직무불만족과 노조의 수단성의 함수

$$노조화 = f(직무불만족, 노조의 수단성)$$

직원이 기업에게 느끼는 직무불만족 정도가 높을수록 노조화 가능성은 높아지게 된다. 예를 들어, 고용안정, 임금, 승진, 상급자, 근로조건에 대한 불만이 많은 경우 직원들은 이직(exit option)과 노조결성(voice option)의 두 가지 선택에 직면하게 될 것이다. 불만이 많은 직원들이 이직보다는 노조결성을 택하게 되는 원인은 직원들이 노조를 통하여 자신들의 직무불만족을 해소할 수 있을 것이라고 믿는 노조의 수단성(union instrumentality) 때문이다. 즉 직원들의 직무불만족이 높고 노동조합이 이를 해소할 수 있다고 믿을 때 노조화의 가능성이 높아지게 된다는 것이다.

3.2 무노조기업의 직원들이 노조를 결성하는 이유

노조가 없었던 기업에서 종업원들이 노동조합을 결성하는 이유로 한 실증연구에서 나타난 원인을 들 수 있다.[6] 이 이유는 분류하면 대체로 (1) 종업원과 경영자간의 의사소통 부재, (2) 무원칙적인 인사정책, (3) 열악한 근로조건 등의 세 가지로 분류된다. 이 세 가지 요소는 모두 직원들의 직무불만족을 높여준다는 공통점이 있다.

> 노동조합을 결성하는 이유는 열악한 근로조건, 종업원과 경영자간의 의사소통 부재 및 무원칙적인 경영 등

① 공정하지 않고 일관성 없는 직원 처벌로 인사문제를 경영층이 즉흥적으로 결정한다는 인상을 줌

② 경영층과 직원간의 공식, 비공식 의사소통 라인의 부재

③ 중요 인사정책의 실시 시 직원의 의사를 전혀 반영치 않음

④ 일부 그룹의 직원들을 편애, 우대하는 인사관행

⑤ 회사의 경영성과에 대하여 직원들에게 전혀 알리지 않음

⑥ 직원들의 불만이나 고충을 호소할 마땅한 채널이 존재하지 않음

⑦ 직원의 정당한 불만이 전달되었음에도 여러 가지 이유로 해결되지 않음

---

6 John P. Bucalo, Jr., "Successful Employee Relations," *Personnel Administration*, 1986, pp. 63~84.

⑧ 직원들에 대한 훈련이 충분치 않아 직무수행에 애로 발생

⑨ 능력위주의 승진원칙을 표명하고 객관적으로 능력이 있는 고참직원보다 그렇지 못한 신참직원을 승진시킴

⑩ 사고나 질병의 위험이 높은 작업장 환경

⑪ 제품 수요 감소에 따른 해고가능성을 줄일 노력을 기울이지 않음으로써 대량채용과 대량해고의 반복

⑫ 경영층, 사무직, 생산직 직원간의 차별적인 대우 : 식당, 주차장 등

⑬ 임금과 수당이 경쟁기업보다 현저히 낮은 경우

4. 무노조기업의 노조화 방지전략

☛ 노조의 결성을 반대하는 이유는 경영권 침해에 대한 우려와 노동비용의 증가

무노조기업에서 노조의 결성을 반대하는 이유는 여러 가지가 있지만 일반적으로 경영권 침해에 대한 우려와 노동비용의 증가 등이 중요한 원인으로 뽑힌다. 노동조합이 있는 경우 기업의 의사결정에 노조가 개입하게 되면서 경영진의 자율권이 축소되는 것과 노조가 결성될 경우 임금인상, 근로조건 향상 등으로 인건비의 증가가 뒤따를 것을 우려하기 때문이다. 무노조기업의 노조화 방지방안은 노조탄압, 노조회피, 노조대체의 세 가지가 있다.[7] 노조탄압은 부당노동행위에 가까운 수단이며, 노조회피와 노조대체는 적법한 수단으로 노조를 억제하려는 방안이다. 이에 대하여 차례로 살펴보기로 한다.

4.1 노조탄압전략(union suppression)

대부분 부당노동행위에 해당하는 수단으로서 노조를 극한적으로 탄압하는 경우이다.

---

7 이영면, 「고용관계론: 새로운 노사관계의 모색을 위하여」(서울 경문사, 2001), pp. 272~275.

(1) 노조파괴전문가 활용

노조에 대한 회사의 가장 적극적인 대응방안은 노조탄압이다. 이는 신생노조가 결성되는 것을 적극 방해하는 사용자의 부당노동행위를 포함하여 기존의 노동조합도 그 활동을 방해하는 다양한 노동조합 방해활동이다. 미국의 경우 기존의 노동조합을 파괴하는 일을 전문적으로 하는 노조파괴전문가(union buster)라는 직업도 있으며 우리나라에서도 심각한 노사갈등을 겪고 있던 일부 기업에서 노조파괴전문가를 고용한 사례도 있다. 이러한 활동을 적극적으로 하는 기업들은 전사적으로 무노조전략을 추구하는 기업들이다.

(2) 사용자의 노조결성추진세력 해고

사용자는 노동조합의 정당한 활동을 방해하면 부당노동행위로 저촉된다. 그러나 사용자는 노조결성을 적극적으로 억압하고자 법망을 피하여 노조결성 추진세력을 해고하는 경우가 종종 있다. 우리나라의 경우 사용자가 부당해고행위를 한 것으로 노동위원회가 판정하더라도 상습적이지 않으면 원상회복주의를 취하기 때문에 복직과 밀린 임금의 지급이 요구될 뿐이다. 하지만 노동운동으로 해고되었다가 복직된 피고용인 입장에서는 보면 해고기간 중의 공백기간을 거친 후 다시 노조결성을 하여야 하므로 처음부터 다시 시작해야 하는 어려움이 있다.

|그림 9-4| 채권추심원이 채무자를 만나 사무실로 들어가는 모습

(3) 교섭 거부

정당한 사유없이 이미 결성된 노동조합과의 교섭을 거부하기도 한다. 원칙적으로 사용자는 정당한 사유없이 노조와의 교섭을 거부할 수 없으며 부당노동행위로 판정될 수 있다. 하지만 적당한 이유를 들어 노조와의 교섭을 계속 피하고 무관심 속에서 노조를 대하면서 노조의 활동력을 저하시키려고 하기도 한다. 한편으로는 단체교섭에 임하기는 하지만 교섭을 해태하는 전술을 쓰기도 한다.

(4) 노조해산

노조를 해산하려면 대체로 재적조합원의 과반수의 출석과 과반수의 찬성으로 가능하다. 노조집행부가 불신임당하거나 어려운 위기에 처한 경우 반집행부 조합원들을 모아서 노조해산결의를 할 수 있다. 사용자가 노조의 의사결정에 개입하는 것은 노조의 자주성을 침해한 것으로 사실상 부당노동행위이지만 현실적으로 이를 입증하기란 쉽지 않다.

4.2 노조회피전략(union avoidance)

☞ 노조회피란 가능한 한 회사에 노조가 결성되는 것을 막고 최소한 확산되는 것을 막으려는 회사측의 전략적 입장

노조회피란 회사측이 법을 어겨가면서까지 노조를 탄압하는 것은 아니지만 가능한 한 회사에 노조가 결성되는 것을 막고 최소한 확산되는 것을 막으려는 회사측의 전략적 입장을 말한다.

(1) 적극적 인적자원관리

☞ 무노조 프리미엄

무노조기업이 노조를 피할 수 있는 가장 효과적인 방법은 경쟁대상인 노조기업이 단체교섭과 임금교섭을 통해 결정된 임금수준과 근로조건보다 더 높은 임금수준과 더 좋은 근로조건을 제시(무노조 프리미엄)함으로써 노조를 결성하려는 의지를 약화시키는 것이다. 적극적 인적자원관리는 근로조건, 교육과 훈련, 배치전환, 경력개발, 고충처리 등에 있어서 최고의 수준과 세심한 배려로 피고용인들의 불만을 사전에 파악하고 이에 대해 능동적으로 대응하는 것을 의미한다. 적극적 인적자원관리는 근로자들의 직무만족도를 향상시켜 피고용인들이 노조를 원치 않도록 하는 효과를 가진다.

(2) 병렬형 관리(double breasting)

☞ 병렬형 관리란 유노조 사업장과 무노조 사업장을 함께 가진 기업에서 노조의 영향력을 약화시키기 위하여, 노조가 있는 사업장은 축소하고 노조가 없는 사업장을 확대하도록 관리하는 방법

병렬형 관리란 유노조 사업장과 무노조 사업장을 함께 가진 기업에서 노조의 영향력을 약화시키기 위하여, 노조가 있는 사업장은 축소하고 노조가 없는 사업장을 확대하도록 관리하는 방법이다. 즉, 중장기적으로 노조가 없는 기업에 투자와 고용을 늘리고, 노조기업에는 투자를 줄이거나 고용을 축소하여 자연스럽게 노조가 약화되도록 유도하는 노조회피전략이다. 한편으로는 노조가 있는 공장을 국내외의 무노조지역으로 이전하여 노조를 제

거하는 방법을 쓰기도 한다.

4.3 노조대체전략(union substitution)

법테두리 내에서 노조의 순기능을 대신할 수 있는 대안적 의사소통기구(alternative voice channel)를 제시함으로써 노조결성과 활동을 막으려는 사용자측의 방법이다. 노와 사가 공동체임을 강조하고 조직에 대한 충성심을 고취하여 노사간의 구분을 약하게 하여 노조결성 움직임을 막으며 노동조합 대신 노사협의회와 같은 조직을 적극 활용하여 피고용인들의 불만을 처리하거나 제안을 받아들이는 방법 등이 있을 수 있다. 그 외에도 다양한 경영관리방안에 피고용인들의 의견을 반영하는 제도를 만들어서 피고용인들의 의견을 반영하고 이를 통해 노조의 필요성을 약화시키고 노조결성을 피하려는 방법이다. 노사협의회 이외에도 평사원협의회, 청년이사회나 청년중역회와 같은 제도 등도 피고용인들의 경영참가를 통한 참여욕구의 충족 등을 통해 노조결성욕구를 낮추려는 방안으로 활용되기도 한다.

☛ 법테두리 내에서 노조의 순기능을 대신할 수 있는 대안적 의사소통기구 활용

☛ 노사협의회

5. 무노조기업의 유형과 특징

무노조기업은 대체로 철학적 무노조, 정책적 무노조, 종교적 무노조, 영세 무노조의 네 가지 종류로 구분된다. 이하에서는 이들을 차례로 설명하기로 한다.

5.1 철학적 무노조기업(philosophy-laden nonunion management)

철학적 무노조경영이란 최고경영자가 인재경영에 대한 철학을 갖고 있으며, 무노조경영은 목표가 아닌 경영철학의 부산물로 나타난다고 본다. 즉

☞ 철학적 무노조경영
이란 최고경영자가
인재경영에 대한 철
학을 갖고 있으며,
무노조경영은 목표
가 아닌 경영철학의
부산물로 나타남

인재중시 경영에 힘쓰다 보니 피고용인의 불만이 자연스럽게 없어져 무노
조가 달성되는 경우이다. 철학적 무노조기업들은 우수한 인적자원관리제도
를 사용하는 대기업인 경우가 많고 우수한 인적자원관리제도가 노동조합의
존재를 대체(Substitution)하는 효과를 가지게 된다. 이 기업들은 노조를 회피
하기 위하여 무노조 프리미엄(nonunion premium, 무노조를 유지하기 위하여 추
가로 지불하는 임금, 즉 경쟁상대인 노조기업보다 더 높은 임금)을 지불하고 정교
하고 공정한 인적자원관리제도를 운영함으로써 직원들의 직무만족도를 향
상시켜서 노조화의 동기를 자연스럽게 약화시키는 것이다. 특히 일부 기업
의 "우리는 노조보다 앞서간다"(We outunion union)라는 구호에서 보는 바
와 같이 노조기업보다 더 나은 대우를 보장하는 정책을 펴고 있다. 이들 기
업은 대체로 '무노조직원대표조직'(Nonunion Employee Representation)을 운
영하는데, 무노조직원대표조직은 피고용인이 스스로 사용자로부터 자신들
이 존중받는다고 인식하므로 사용자와 협력적이고 건설적 관계를 만들고

도표 9-3	무노조기업의 유형 및 특징	
	개 념	특 징
철학적 무노조	CEO의 인재경영에 대한 철학을 갖고 있으며 무노조경영은 목표가 아닌 경영철학의 부산물	−우수한 인적자원관리제도가 노조의 존재를 대체 −노조프리미엄
정책적 무노조	무노조경영을 인적자원관리의 목표로 천명하고 노조회피전략을 명시적으로 수립 실행	−직원들을 잘 대우해줘 직무만족도를 향상시켜 노조발생을 억제하는 high road식 방식과 노조결정을 사전에 간파하여 노조결정 움직임을 수단과 방법을 가리지 않고 탄압하는 low road식 방식이 있음 −노조의 대안으로 노사협의회 등과 같은 무노조직원대표조직을 적극 활용
종교적 무노조	종교적인 믿음을 바탕으로 노사가 합심하여 기업을 운영	−경영자는 노조가 경영자와 직원간의 종교적 화합을 저해하는 불필요한 제3자로 인식하므로 노조의 결성을 명시적 묵시적으로 금지
영세 무노조	노조도 없으며 우수한 인적자원관리제도도 없는 기업군	−경영에 대한 전문지식이 부족한 대부분의 중소영세기업에서 나타남. 블랙홀 또는 블리크 하우스라고도 함

조직에 대한 충성심을 유발시키게 된다.[8]

5.2 정책적 무노조기업(doctrinaire nonunion management)

정책적 무노조경영은 무노조경영을 인적자원관리의 목표 중의 하나로 천명하고 노조회피전략을 명시적으로 수립·실행하게 된다. 이와 같은 경영방식은 최고경영자의 노조에 대한 직접적·간접적인 부정적 경험이 주요한 동기라고 할 수 있다. 즉 인재경영보다는 무노조경영 그 자체가 인적자원관리의 목표가 되는 경우이다. 이들 기업에서는 대체로 무노조를 유지하기 위하여 (1) 우수한 인적자원관리와 높은 임금 등으로 직원들을 잘 대우하여 직무만족도를 향상시켜서 노조가 발생하지 않도록 하는 high road식 인사정책과 (2) 노조를 결성하고자 하는 움직임을 사전에 간파하고 노조결성 움직임을 수단과 방법을 가리지 않고 탄압하는 low road식 인사정책을 함께 사용하고 있다. 후자의 경우에는 지나치게 무노조 유지에 집착하여 부당노동행위 등이 발생하는 부작용이 생기는 경우도 있다. 또 노조결성에 따른 향후 불이익을 알려줌(공포감 조성)으로써 노조결성을 억압하는 방법과 노조는 좌익이고 자본주의를 파괴하기 때문에 '노조는 악'이라고 이데올로기적으로 반대하는 방법을 병행하기도 한다. 이들 무노조기업에서는 노동조합을 노사간의 협력적 관계를 저해하는 불필요한 '제3자'로 인식하기 때문에 이를 대체할 수 있는 기구가 필요하다고 본다. 즉 노조가 아니면서 피고용인의 의견을 대변할 수 있는 노사협의회 등과 같은 무노조직원대표조직을 적극적으로 활용하여 노조를 대체하려고 노력하는 점이 특징이다.

> ☞ 정책적 무노조경영은 무노조경영을 인적자원관리의 목표 중의 하나로 천명하고 노조회피전략을 명시적으로 수립·실행

---

8   Bruce E. Kaufman, "Accomplishments and Shortcomings of Nonunion Employee Representation in the Pre-Wagner Act Years: A Reassessment,"in *Nonunion Employee Representation: History, Contemporary Practice, and Policy*, ed. by Bruce E. Kaufman and Daphne Gottlieb Taras(Armonk, NY: M.E. Sharpe, Inc., 2000), Chapter 2.

5.3 종교적 무노조기업

종교적 무노조기업은 종교적인 믿음을 바탕으로 노사가 합심하여 기업을 운영하는 것을 목표로 삼는 기업이다. 이들 기업의 경영자는 노동조합을 경영자와 직원간의 종교적 화합을 저해하는 불필요한 제3자로서 인식하므로 노동조합의 결성을 명시적·묵시적으로 금지하고 있는 것이 특징이다. 대체로 이들 기업에서는 창업주와 2~3세 경영인 그리고 경영진이 독실한 종교신자이며, 그 결과 대부분의 직원들도 특정 종교의 신자들로 구성된다. 구체적으로 일부 기업에서는 바람직한 인재상을 '종교적인 신념이 강한 직원'으로 명시하거나, 매일 혹은 매주 일과를 기도로 시작하고, 매출액의 일정액을 종교기관에 기부하는 것을 관행화하고 있다. 제품에 종교적인 신념을 적은 문구를 새겨 놓거나 프렌차이즈 가맹조건 중 특정 종교기관의 추천서를 요구하기도 한다. 종교적 무노조기업은 특이한 경우로서 그 존재 자체가 이론적인 의미를 갖지만, 무노조기업 중에서 차지하는 비중은 아주 낮아서 무노조기업 중 극소수에 불과하다.

|그림 9-5| MDF 제작을 위해 폐목재를 분쇄하는 모습

5.4 영세 무노조기업

☛ 블릭 하우스(bleak house)

☛ 노동조합도 없으며 우수한 HRM제도도 없는 기업군

영세 무노조기업은 '블랙홀(black hole) 혹은 블릭 하우스(bleak house)형 기업'이라고도 불린다. 이들은 노동조합도 없으며 우수한 인적자원관리제도도 없는 기업군으로 경영에 대한 전문지식이 부족한 대부분의 중소영세기업에서 관찰되는 형태이다. 블랙홀 형 무노조기업은 피고용인의 동기부여, 직무만족 및 조직몰입 등의 향상을 위한 인적자원관리제도를 실시하지도 않으며 노동조합이 존재하지 않는 형태의 기업을 말한다.[9] 즉 노동조

---

9 David Guest, and Neil Conway, "Peering in the Black Hole: The Downside of the New Employment Relations in the UK," *British Journal of Industrial Relations*,

합도 없고 피고용인의 불만을 해소해 줄 만한 인적자원관리활동도 수행되지 못하기 때문에 피고용인은 불공정하게 대우받고 경영자의 일방적인 결정을 수용해야 하는 처지에 놓이게 된다. 따라서 피고용인들은 저임금, 낮은 기술수준 및 교육, 몰입 및 참여수준 저하, 직무만족도 하락, 이직의도 제고 및 잦은 해고 등의 어려움을 겪게 된다. 이와 같은 블랙홀 형 무노조기업들은 인적자원관리에 대한 인식이 부족한 가족기업이나 중소규모의 영세기업들에서 흔히 발견할 수 있다. 이들 영세기업에서는 사용자의 지불능력이 미약한 한계기업들이 많아서 노동조합을 결성하여도 직원에 대한 처우가 향상된다는 보장이 없고, 노조결성으로 인하여 인건비가 증가한다면 도산을 하거나 인건비가 저렴한 국가나 지역으로 사업장을 이전할 가능성이 큰 기업들이다. 이러한 영세 무노조기업에서는 노사간의 갈등이나 문제를 해결할 수 있는 뚜렷한 제도가 존재하지 않는다는 문제점을 갖고 있다.[10]

6. 체계적 무노조기업의 경영상 특징

체계적 무노조기업은 철학적이거나 정책적 무노조경영을 실시하는 기업을 의미한다. 이들 기업은 주로 대기업으로서 이들의 경영방식은 타 기업의 벤치마킹의 대상이 되기도 하는 등 사회전체에 큰 파급효과를 가진다. 이하에서는 체계적 무노조기업의 경영상 특징에 대하여 설명하고자 한다.

체계적 무노조기업은 일반 노조기업과는 다른 인적자원관리제도를 갖추고 있으며 그 모형을 정리하면 〈도표 9-4〉와 같다. 즉, 최고경영자가 갈등적·대립적 고용관계보다는 협력적 고용관계를 추구하려는 가치 및 태도를 갖고 있으며 신뢰와 협력 및 자신감이 충만한 분위기를 형성하도록 주요 정책을 결정한다. 또한 이와 같은 협력적 분위기와 효과적인 인적자원관리제도의 실행은 궁극적으로 생산성 향상이나 고용관계의 향상을 도모하게 된다

> ☞ 최고경영자가 협력적 고용관계를 추구하려는 가치 및 태도를 갖고 있으며 신뢰와 협력 및 자신감이 충만한 분위기를 형성하도록 주요 정책을 결정

37(3), 1999, pp. 367~389

10 이규용·김동원·박용승, 「근로자 고충처리기구의 합리적 운영방안」(노동부, 2006), pp. 15~16.

| 도표 9-4 | 무노조기업의 인적자원관리 모형 |

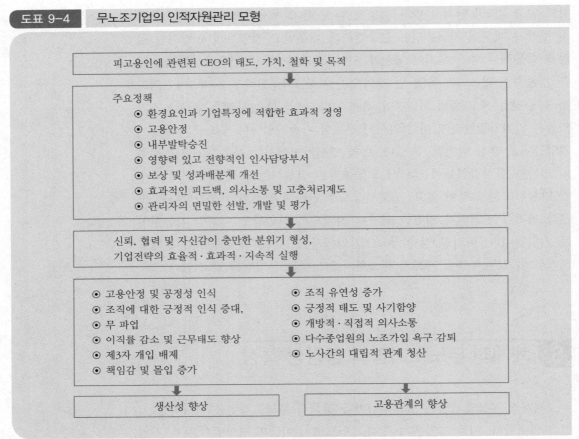

피고용인에 관련된 CEO의 태도, 가치, 철학 및 목적

주요정책
- 환경요인과 기업특징에 적합한 효과적 경영
- 고용안정
- 내부발탁승진
- 영향력 있고 전향적인 인사담당부서
- 보상 및 성과배분제 개선
- 효과적인 피드백, 의사소통 및 고충처리제도
- 관리자의 면밀한 선발, 개발 및 평가

신뢰, 협력 및 자신감이 충만한 분위기 형성,
기업전략의 효율적·효과적·지속적 실행

- 고용안정 및 공정성 인식
- 조직에 대한 긍정적 인식 증대,
- 무 파업
- 이직률 감소 및 근무태도 향상
- 제3자 개입 배제
- 책임감 및 몰입 증가

- 조직 유연성 증가
- 긍정적 태도 및 사기함양
- 개방적·직접적 의사소통
- 다수종업원의 노조가입 욕구 감퇴
- 노사간의 대립적 관계 청산

생산성 향상

고용관계의 향상

자료: Fred K. Foulkes, *Personnel Policies in Large Nonunion Companies*(Englewood Cliffs, New Jersey: Prentice-Hall, Inc., 1980), p. 327의 내용을 수정게재.

는 것이다.[11] 이하에서는 이 모형의 각 구성요소에 대하여 살펴보도록 한다.

6.1 최고경영자의 가치 및 태도

체계적 무노조기업의 최고경영자는 주로 일원론(unitarism)에 따른 가치관을 가지는 경우가 많다. 즉, 기업 내에서 노사간의 이해관계는 완전히 일치하기 때문에 서로간의 갈등이 발생한다면 그것은 바로 경영자의 잘못된

11   Fred K. Foulkes, *Personnel Policies in Large Nonunion Companies*(Englewood Cliffs, New Jersey: Prentice-Hall, Inc., 1980), p. 326.

경영방식에서 기인한다고 믿는다. 따라서 노사간의 갈등은 불필요할 뿐만 아니라 바람직하지 않기 때문에 노사간의 이해관계가 일치된 상태에서 노사간에 신뢰가 구축된다면 상호간의 이익을 획득하기 위해 쌍방간의 힘을 소모하는 단체교섭이 불필요하다고 본다. 또한 불가피하게 발생한 노동문제를 해결하고 앞으로 이와 같은 문제가 재발하지 않도록 하기 위해서 인적자원의 효과적인 관리방법이 마련되어야 한다고 주장하고 특히 개별직원의 동기부여, 직무만족 및 조직몰입 등의 향상을 위한 개인단위의 제도나 프로그램 운영을 강조한다.[12]

　　무노조경영방침은 최고경영자, 특히 회사설립자가 피고용인과 관련된 의사결정과정에서 보여주는 태도·가치·철학 및 목표 등에서 비롯된다. 즉 최고경영자가 회사 내부의 주요 인사정책은 물론 외부환경요인과 기업의 특성에 대한 경영방침을 결정하고 제도화하기 때문이다. 따라서 무노조경영을 수행하고자 하는 최고경영자는 모든 피고용인에 대한 인간적 대우나 동등한 처우 등과 같은 인간경영과 고용관리에 깊은 관심을 갖는 것이 일반적이다. 또한 피고용인이나 인적자원관리에 대한 관심이 실제적인 투자, 즉 시간, 재정 및 인력투자 등으로 이어진다. 한편 인사담당부서에서는 최고경영자의 경영철학이나 가치를 반영한 인적자원 및 고용관리제도를 수립·실행한다. 예를 들어 무노조경영을 성공적으로 수행하고 있는 기업에서는 중역을 위한 구내식당 내 특별좌석의 배치 또는 주차공간의 마련 등과 같은 차별적 대우를 폐지함으로써 직급간·직종간 종업원들의 동등대우를 실천하고 있다.[13]

▶ 모든 피고용인에 대한 인간적 대우나 동등한 처우 등과 같은 인간경영과 고용관리에 깊은 관심을 가짐

▶ 실제적인 투자로 이어져야 함

6.2 주요 고용관계정책

　　체계적인 무노조경영에서는 최고경영자의 무노조경영에 대한 관심과 몰입을 반영할 수 있는 인사관련 주요 정책의 수립·실천이 수반된다. 올바

12　Tove Helland Hammer, "Nonunion Representational Forms: An Organizational Behavior Perspectives,"in *Nonunion Employee Representation: History, Contemporary Practices·and Policy*, ed. by Bruce E. Kaufman, and Daphne Gottilieb Taras(Armonk, NY: M. E. Sharpe, 2000).

13　상게서, pp. 326~330.

른 정책의 수립과 실천은 협력적이고 신뢰할 만한 분위기를 조성할 수 있게 하기 때문이다. 이하에서는 인사관련 주요 정책에 대하여 살펴보기로 한다.

(1) 고용안정정책

① 고용안정을 위한 적극적인 노력　　　노조기업의 경우 단결된 힘 (노동조합)을 바탕으로 고용을 유지·보장받고자 한다. 그러나 무노조기업의 경우 노동조합이 없기 때문에 종업원의 고용을 보장해 줄 마땅한 제도가 마련되어 있지 않아 고용불안을 느낄 수 있다. 따라서 종업원들이 가질 수 있는 고용 불안감을 해소하기 위하여 무노조기업은 적정인력 규모수준을 유지하고 해고에 대비한 완충장치를 마련하는 것이 필요하다. 예를 들면, 적정인력 규모를 유지하기 위해서는 대규모 단기프로젝트의 수행을 회피하거나, 호황일 경우 임시종업원을 이용하거나 하청업체로의 외주를 주는 방안을 모색하는 경우도 있다. 또한 해고에 대비한 완충장치, 즉 신규채용 중지, 자연감소에 의한 고용감소, 재고축적, 하청업체로의 외주화, 조기퇴직제도, 교육훈련, 직업공유(work-sharing), 잔업축소, 임금삭감 및 동결, 교육훈련의 활용 등의 방법을 통해 해고를 피하거나 감원을 가능한 한 늦추는 노력을 한다.[14] 이들 무노조기업에서는 고용불안정이 노조화의 움직임을 불러일으키는 가장 큰 원인임을 인식하고 최소한 핵심인력에 대하여는 철저한 고용안정을 보장하는 것을 원칙으로 하고 있다.

> 적정인력 규모수준을 유지하고 해고에 대비한 완충장치를 마련하는 것이 필요

|그림 9-6|　드라마 세트장에서 일하는 세트제작팀 모습

② 무노조기업의 고용조정 관행　　　무노조기업에서 위에서 설명한 두 가지 원칙을 준수한다고 하더라도 어쩔 수 없이 해고를 해야 하는 경우가 발생할 수 있다. 이때에는 고용조정의 실시단계에서 다음의 원칙을 준수한다. 첫째, 이해당사자, 예를 들어 부서장·인사부서·노조·직원대표 등을 고용조정의 기획·실시단계에 포함시킴으로써 충분한 의견수렴 및 효과

14　상게서, p. 332.

적 의사소통망을 구축한다. 둘째, 해고 대상자들에게 조기통보를 함으로써 재취업 기회를 제공하며 전직지원프로그램(outplacement), 경력상담, 전직이나 창업에 대한 워크숍 실행 및 이직면담(exit interview) 등을 실시한다. 셋째, 계속근무 대상자(survivor)를 대상으로 고용조정 전망에 대한 명확한 정보를 제공하여 자신의 장래에 대한 우려와 동료직원 해고로 인한 스트레스(survivors'syndrome)를 해소한다.

☞ 충분한 의견수렴 및 효과적 의사소통망을 구축, 재취업 기회를제공, 이직면담, 명확한 정보제공

(2) 신중한 선발 및 내부승진제도의 적극적인 활용

체계적 무노조기업에서는 신규인력을 신중하고 세심하게 선발한다. 즉 신규채용시 피고용인의 특징을 치밀하게 파악하여 노조가입 성향이 강한 피고용인들의 선발을 억제함으로써 노동조합이 조직될 확률을 낮추는 방법을 쓰기도 한다.[15]

한편 체계적 무노조기업의 경우 승진시 적극적으로 내부인력을 활용함으로써 피고용인에게 신뢰감을 주고 자기개발의 기회 및 충성심을 고양하도록 하고 있다. 또한 사내게시판, 사내신문 및 인트라넷과 같은 사내정보망을 통해 내부공모제도(job posting)를 활용하고 있는 것으로 나타났다. 특히, 피고용인과 늘 접촉하는 중간관리자를 선발할 때의 선발기준으로는 직원들과 우호적·생산적 인간관계를 유지하고 있는가 여부를 주요 기준으로 삼고 있다. 이와 같은 내부승진제도를 효과적으로 활용하기 위해서는 유능한 인재의 모집·선발, 우수한 교육훈련프로그램의 수행 등이 전제된다.[16]

☞ 승진시 적극적으로 내 부인력을 활용

(3) 평가 및 보상제도

체계적 무노조기업의 급여수준은 비교대상인 노조기업보다 약간 높은 수준을 유지하고 있는 것으로 나타났다. 이것은 전술한 무노조 프리미엄(nonunion premium)을 의미한다. 그러나 무엇보다도 중요한 것은 직종간 예컨대 사무·관리직과 생산직을 동등하게 대우한다는 것이다. 따라서 무노조 우량기업에서는 화이트칼라 직원과 블루칼라 직원간의 차별을 철폐하는 것이 중요하다. 또한, 수당은 노조기업보다 다양하고 풍족하게 제공하고 있

☞ 무노조 프리미엄 (nonunion premium)

☞ 화이트칼라 직원과 블루칼라직원간의 차별을 철폐하는 것이 중요

---

15 박준식, "미국에서의 비노조 사업장 노사관계의 전개와 그 함의,"「경제와 사회」, 제31호, 1996, p. 45.

16 Fred K. Foulkes, 전게서, p. 333.

는데, 예를 들어 생명보험·연금제도 및 성과배분(예: profit sharing, 우리사주제도 등)을 광범위하게 실시하고 있다. 이와 같은 다양한 보상제도를 실시함으로써 노사간의 일체감을 조성하고 있다.[17]

(4) 의사소통, 고충처리 및 경영참가제도

① 의사소통제도　　　노동조합은 피고용인의 집단의견을 표현하는 집단의사대변기능이 있다. 그러나 무노조기업의 경우에는 이런 기능을 수행할 노동조합이 없기 때문에 대체적인 의사소통제도(alternative voice mechanism)를 확보한다. 따라서 무노조기업에서는 다양한 의사소통제도를 적극 활용하고 있다. 예를 들어 회사정책에 대해 홍보하고 직원의 의견, 불만 및 분위기를 수렴, 피드백받기 위한 의사소통채널이 활용된다.

다양한 의사소통제도를 적극 활용

특히 정기적인 직원 설문조사(survey feedback)는 회사의 정책이나 제도에 대한 직원들의 의견과 태도를 측정하고 직무만족도의 수준과 고충을 파악한다. 직원설문조사를 실시할 때에는 규격화된 설문지를 사용하여 직종간·직급간 차이(cross-sectional)를 확인하고 시간의 흐름에 따른 (longitudinal) 변화추이를 비교하는 것이 필요하다.[18] 특히, 무노조기업이 노조화가 되는 가장 큰 이유는 직무만족도의 하락이라는 점에 착안하여, 이러한 설문은 직무만족도의 측정에 중점이 두어진다. 또한, 이러한 설문은 직원들의 직무만족도를 향상시킬 방안을 수립하는 데에 참고로 활용되지만, 일부 기업에서는 직원들의 불만과 노동조합결성 움직임에 대한 조기파악 방법으로도 사용되기도 한다.

피고용인의 의견을 수렴하고 고충을 처리할 수 있는 다양한 경영참가제도를 활용

② 경영참가제도　　　체계적 무노조기업은 피고용인의 의견을 수렴하고 고충을 처리할 수 있는 다양한 경영참가제도를 활용하고 있다. 대표적인 형태로는 노사합동위원회, 품질관리분임조 및 현장자율경영팀 등이 있다. 예를 들어 무노조기업의 노사합동위원회는 협조적인 분위기 속에서 피고용인의 의견을 수렴·결집·대변하는 역할을 수행하게 된다. 노사합동위원회는 직무만족 및 직업효율을 증가시키기 위해 설립된 기구로서 경영층 대표와 피고용인대표를 동수로 하여 부서별·공장별 및 회사전체를 대상으로 구성되어 있다.

17　상게서, p. 335~337.
18　상게서, p. 337.

(5) 기업문화

이들 우량 무노조기업에서는 간부와 피고용인에 대한 평등대우를 강조하는 기업문화를 형성하고 있는 것으로 나타났다. 예를 들어 구내식당이나 주차장 내에 간부들을 위한 특별한 장소를 배정하지 않거나 간부의 사무실 공간이 일반 직원의 공간보다 큰 차이가 없도록 하여 간부와 직원간의 평등하고 공정한 대우를 보장하는 기업문화를 형성하고 있다.

■ 간부와 피고용인에 대한 평등대우를 강조하는 기업문화를 형성

(6) 신뢰, 협력 및 자신감이 충만한 직장분위기 조성

우량 무노조기업은 앞에서 설명한 인사관련 주요 정책을 실천함으로써 상호간의 신뢰, 협력 및 자신감이 충만한 분위기를 형성하고자 한다. 특히 신뢰(trust)는 노사간의 관계를 유지하는 데 필수적인 요소로 작용한다. 예를 들어 고용관계 당사자 일방(예: 사용자)이 자신들의 이익을 편취하기 위하여 상대방(예: 피고용인)을 속이지(예: 임금이나 근로조건 등을 낮추는 행위 등) 않고 공정하게 처리한다는 믿음을 갖는 것을 의미한다.[19] 따라서 신뢰, 협력 및 자신감이 충만한 분위기는 궁극적으로 피고용인의 태도, 유연성 및 생산성 등의 향상을 도모하고 사기(morale), 신뢰, 자신감, 신념 및 상호간의 일체감 형성과 같은 무형의 결과물을 산출하게 된다.

■ 상호간의 신뢰, 협력 및 자신감이 충만한 분위기를 형성

7. 우리나라 무노조기업의 현황

우리나라의 경우에도 노조조직률의 하락과 더불어 무노조기업의 경영방식에 대한 관심이 증가하고 있다. 본 장에서는 한국형 무노조 우수기업의 특징에 대하여 살펴보기 위하여[20] 고용노동부가 '신 노사문화 우수기업'으로 선정한 기업들 중에서 2개의 무노조기업을 대상으로 고용관계상의 공통점을 분석, 항목별로 종합·정리하였다.[21] 이들 기업의 경영상 배경과 무노

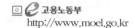
고용노동부
http://www.moel.go.kr

---

19 T. Dondon, and D. Rollingson, "The Employment Relationship Re-Visited," in *Employment Relations in Non-Union Firms*(London: Routledge, 2004), p. 33.

20 이들 무노조기업은 우량 무노조기업으로서 우리나라의 평균적인 무노조기업을 대표하는 것은 아니다.

21 김동원·이병훈, "신 노사문화 추진성과분석 연구: 우수기업에 대한 사례연구를 중심으로," 「신 노사문화 우수기업 사례연구」(노동부, 2000).

조경영상의 특징은 〈도표 9-5〉, 〈도표 9-6〉에 수록되어 있다. 이하에서는 이들 두 기업의 무노조경영의 공통점을 요약하였다.

도표 9-5	무노조 A기업의 사례
회사개요	– 1985년 설립 – 현재 자본금 38억 4천만원 종업원 221명, 매출액 471억, 경상이익 33억원의 중소기업
노사협의회 개요	– 무노조기업으로 노사 각각 6명씩의 대표로 구성된 "한가족협의회"를 운영
경영전략	– 경영이념 : "기술력과 신뢰를 바탕으로 21세기 세계시장의 주역이 되는 기업" – 경영전략 : "용접업계 다품종소량생산의 선두주자"를 모토로 다양한 특수용접재료의 신기술개발과 우수품질의 제품생산에 총력을 기울이고 있음
고용관계 혁신	– 회사설립~1989년 : 유령노조설립에 따른 노사대립 – 1989년~92년 : 고용관계 최악의 대립 장기간, 수차례의 임단협 92년 6월 전면파업 발생 – 1993년~96년 : 협력적 고용관계로의 전환기. 극기대회와 산상토론을 통해 노사간 벽을 허물고 다양한 노사협력 프로그램실시(경영설명회, 공장혁신회의 등 5행운동 등의 생산혁신운동 등 전개) – 97년 말~현재 : 96년 말 실시된 구조조정으로 97년 외환위기 무사히 넘길 수 있었고, 이후 회사의 장기비전 제시와 피고용인들의 참여, 격려 이어짐
열린경영	– 정보공유 : 경영설명회, 공장혁신회의, 생산반장회의, 월례조회 등을 실시 – 열린대화를 위해 "Tea-Time" 활용 수시대화, 계층별 단합회식실시 – 고충처리제도 활성화
성과보상체계	– 생산직에 대한 차등성과급지급 : ① 집단평가–정량적 평가, 　　　　　　　　　　　　　　　　 ② 개인별평가–정성적 평가 – 생산장려금지급 및 다양한 포상제도 운영 승진 및 승격에 반영
지식피고용인 육성	– 현장 사원들의 전환배치 및 기술대학위탁교육을 통해 다기능공화에 힘씀 – 지식시장제도 및 OPL 등으로 작업장에서의 표준화와 지식공유에 힘씀
작업장 혁신	– "한가족 생산회의"로 소집단 자율생산체계를 확립 – "TP-999" 경영혁신활동으로 공장혁신, 사무혁신, 물류혁신, 안전, 환경혁신에 초점을 둠 – "LIFE-1000" 경영혁신활동으로 기존의 혁신활동을 더욱 강화하고 있음
성과	– 재무성과 : 매출액 및 경상이익의 지속적인 증가 – 불량률의 꾸준한 감소–종업원제안 인당 건수 및 채택 건수의 지속적인 증가 – – > 공정개선 돋보임. 또한 각종 품질관련 대외수상 – 이직률, 결근율 극히 낮음–산업재해는 무재해3배수 기록
평가 및 시사점	– 시사점 : ① 경영자에서 비롯된 '자리이타'의 정신은 투명경영, 신뢰구축에 큰 힘이 됨 　　　　　 ② 신뢰를 바탕으로 한 가족적인 기업문화는 노사간의 화합과 협력을 이끌어 냄 – 개선과제 : 제도화의 필요성 있음, 즉 가족적인 기업문화는 기업의 규모가 커졌을 때 문제가 될 수 있음. 또한 최고경영자 교체시 지금의 신뢰와 기업분위기 해칠 우려 있음

자료 : 김동원 · 이병훈, "신 노사문화 추진성과분석 연구 : 우수기업에 대한 사례연구를 중심으로," 「신 노사문화 우수기업 사례연구」(노동부, 2000).

도표 9-6	무노조 B기업의 사례
회사개요	– 1995년 4월에 설립 – 임직원수 총 177명 – 1999년 경영실적 : 60억원 매출, 2.9억원 순이익
노사협의회 개요	– 무노조기업으로서 노·사대표 각 3인으로 구성된 노사협의회 운영(피고용인대표 임기 3년)
경영전략	– 경영이념 : "창조, 인화, 도약" – 경영성장 전략 : ① 수익구조의 개선 : 원가절감과 책임정비 비중 증가 　　　　　　　　　② 사업구조의 다변화 : 대상고객의 확대 및 설비공사사업부문의 증대 　　　　　　　　　③ 인간존중의 무재해 안전경영체제의 구축
고용관계 혁신	– 회사설립초기 : 조직 내 마찰과 안전사고 발생, '96년 임금협상 진통 – '96년 하반기 : 안전경영평가회의와 월례 노사실무간담회 운영 개시 – 1997년 : 임금동결합의와 위기극복 결의 채택, 연말 임시노사협의회에서 후생복지 유보 합의 　　　　　 및 고용보장 약속 – 1998년 : 2/4분기 노사협의회에서 임금동결 합의, 연말 특별성과금 지급 – 1999년 : 무교섭 임금합의(자격수당 인상), 특별성과금 지급, 상여금 증액 ▷ 노사공동교육 및 노무교류회/워크숍 실시
열린경영	– 안전경영평가회의 : 매월 중순 사장과 관리감독자, 피고용인 대표 참석 → 전자게시판을 통해 　전사원에게 회의결과 공개 – 주임급 이상 사원 대상의 격주 간담회, 반기별 전체 사원간담회 실시
성과보상체계	– 일당월급제에 능률급 포함 – 변동형 상여금제 운영과 특별성과금 지급 – 포상제 : 안전경영평가에 따른 우수작업팀 현금포상, 스마일스티커 최다발급사원(안전인)에 　대한 포상 및 특호 승급
지식피고용인 육성	– "1인 1개 자격증 갖기 운동" 전개 : 자격수당 지급(현재 92%) – "1인 2개 자격증 갖기 운동" 추진중 : 추가 자격수당 지급(현재 21.7%)
작업장 혁신	– 제안활동 : 장비 고안 및 성과개선 제안활동 실시 – 분임조활동 : 연 2회 분임조 발표대회(팀별 4개 테마 소화), 실용신안 등록 – 무재해 안전강화활동 : 스마일스티커제, 팀별 월례 안전분임토론회의, '1일 안전강사제', 　KOSHA 2000 인증
성과	– 경영실적 개선 : 경상수익률 향상 및 자산 증가 – 노사화합/안전관리/원가절감/OA부문 등에서의 우수기업 표창 – 1,300여 일 무재해 달성 및 시설관리능력 개선, 그리고 낮은 이직률 등
평가 및 시사점	– 시사점 : ① 경영진의 '투명경영', '분배정의경영', '인간존중경영' 실천 　　　　　 ② 경영위기 타개를 위한 피고용인대표·현장사원들의 협조 – 개선과제 : ① 사원중심의 노사협의회 대의기능 강화 : 사원평의회 및 피고용인대표의 전임활 　　　　　　　 동 강화 　　　　　　 ② 성과보상제의 제도화 　　　　　　 ③ 노사협력 우수중소업체에 대한 정부의 실질적인 지원 확대 : 노사협력 인증제와 　　　　　　　 우수사업장 우대조건 확대

자료 : 김동원·이병훈, "신 노사문화 추진성과분석 연구 : 우수기업에 대한 사례연구를 중심으로," 『신 노사문화 우수기업 사례연구』(노동부, 2000).

7.1 고용관계 혁신

이들 기업이 현재 협력적인 고용관계문화를 공통적으로 유지·발전해 올 수 있었던 그 배경에는 회사 경영진들의 개명(開明)된 인간존중 경영이념이 중심적인 요인으로서 자리하고 있다. 이러한 경영진의 전향적인 이념지향은 고용관계에 있어 피고용인대표들에 대한 포용적인 정책기조로 나타나며, 또한 현장 피고용인의 고충문제 및 요구들을 적극적으로 수렴·해결하고자 하는 현장중시경영으로 구체화되고 있다. 이와 같이 고용관계를 포함하는 조직문화 전반의 혁신주체(change agent)로서 인간존중 노사파트너십과 현장중시경영을 추구하는 경영진들이 존재하였다는 점이 이들 기업에 있어 생산적 고용관계를 가능케 한 필요조건이었다.

경영진의 전향적인 고용관계관과 더불어, 이들 기업에 있어 협력적인 고용관계의 창출을 이룩할 수 있게 만든 또 다른 주요 요인으로서 피고용인대표들의 생산적이며 합리적인 활동 경향성을 지적할 수 있다. 특히, 최근의 경제위기를 경험하는 과정에서 피고용인대표들은 경영위기 극복을 위한 원가절감과 경영혁신에 동참하였다. 이처럼, 고용관계의 또 다른 파트너인 피고용인대표들에 의한 기업발전을 위한 공동책임의식은 노사협력의 창출·발전을 위한 충분조건이라 평가될 수 있다.

이들 기업에서는 이러한 경영진의 인간존중지향성과 피고용인대표의 협조적 활동지향성을 상호 접목시키기 위해 활성화된 노사협의체계를 정착시켜 오고 있다. 실제, 이들 기업에서는 매우 다양한 정례적인 노사협의 및 간담회를 제도화하여 운영해 오고 있다.

☛ 경영진의 인간존중지 향성과 피고용인대표의 협조적 활동 지향성을 상호 접목시키기 위해 활성화된 노사협의체계를 정착

7.2 경영참가 및 의사소통

☛ 상호 신뢰구축을 위해 경영설명회·노사협의회·사원간담회 등과 같이 정보공유와 정책협의를 정례적으로 실시

기업사례에서 공통적으로 확인될 수 있는 사실로서 노사협력의 선결조건이 되는 상호 신뢰구축을 위해 경영설명회·노사협의회·사원간담회 등과 같이 정보공유와 정책협의를 정례적으로 실시하는 열린경영의 실행체계가 매우 다양하게 운영되고 있다는 점을 들 수 있다. 이러한 협의 및 간담회 채널을 통해 회사 경영진은 경영실적 및 생산계획 그리고 인사노무 관련 정

책에 대해 상세한 정보를 종업원들과 공유하고 있다. 또한, 회사 경영진은 각종의 사원간담회 운영을 통해 현장사원들의 고충과 요구를 수렴·해결하고자 하는 노력을 기울이는 것과 더불어, 노사협력 증진을 위해 노사간의 정서적 일체감을 다져 나가기 위한 교육프로그램과 문화행사를 노사 공동으로 가져오고 있다. 다만, 서구의 기업들과 비교해 볼 때, 이들 기업에서는 실질적인 경영참가에 대한 피고용인대표의 참여수준은 아직까지 미흡한 것으로 드러나고 있다.

|그림 9-7| 도축과정을 지켜보는 가축위생방역본부 검사관 모습

7.3 성과보상

본 사례 기업들은 주로 기능직 사원에 대해 능력급 또는 차등성과급의 임금요소를 도입, 시행하고 있다.

☞ 능력급 또는 차등성과급의 임금요소를 도입, 시행

이들 기업에 있어서 성과주의적 보상급여형태로서 공통적으로 활용되고 있는 것은 성과배분제도이다. 이러한 성과배분보너스의 경우 노사협의를 거치는 형식을 갖추기는 하나 대부분 경영실적의 개선에 대해 회사 경영진의 판단과 결정에 따라 지급되고 있는 실정이다. 즉, 무노조로서 피고용인의 집단의사가 결집되고 경영에 반영되는 정도는 노조기업에 비하여 상대적으로 미약한 수준인 것으로 보인다. 그 외, 이들 기업에서는 다양한 집단 또는 개인 포상제도를 실시하여 경영혁신 및 생산합리화에 대한 현장사원들의 참여 동기유발을 제고해 나가고 있다. 또한, 몇 기업에서는 우리사주제도를 시행하고 있기도 하다.

이들 기업에서의 또다른 공통점으로서 유사업종의 다른 기업에 비해 매우 우월한 사내 후생복지제도를 운영하고 있다는 점을 지적할 수 있다. 요컨대, 이들 기업에 있어 노사간의 신뢰와 협력을 보다 돈독히 함에 있어 경영성과의 공정 노사배분이 상당히 중요한 요인으로 작용해 오고 있다. 또한, 중요한 요소로서 이들 기업 경영진들에 의한 피고용인의 고용보장 노력을 들 수 있다. 특히 지난 경제위기기간 동안에 고용보장을 실천해 온 경영진의 확고한 의지는 곧 노사간의 견실한 신뢰와 협력을 다지는 데에 결정적인 역할을 하였다고 평가될 수 있다.

7.4 인적 자원 육성

■ 기업경쟁력의 원천으로서 우수 인재의 육성·개발을 강조하는 경영방침을 구현

사례기업에서는 공통적으로 기업경쟁력의 원천으로서 우수 인재의 육성·개발을 강조하는 경영방침을 구현해 오고 있다. 이들 기업의 경영진들은 회사에서 요구하는 독자적인 인재상을 설정함과 동시에 인재육성을 위한 투자를 해오고 있다. 인재양성의 체계에 있어서도 단순히 직무능력 향상에 초점을 두기보다는 조직문화 혁신과 인성계발 및 의식개혁, 국제화와 정보화 그리고 작업장 혁신 등에 관련된 매우 다양한 교육훈련프로그램을 운영하고 있다. 더불어, 현장 기능직 사원들의 '1인 2자격 갖기 운동'을 적극적으로 전개함과 동시에 다양한 직무를 수행할 수 있는 다기능공화를 추진해 오고 있었다. 그러나 다기능공화를 유도하는 동기유발방안은 아직은 미흡하여, 다기능공화의 정도를 승진에 반영시키는 경우는 있지만 미국의 선진기업과 같이 다기능공화의 정도를 임금에 반영하는 기술급(skill-based pay, 혹은 숙련급)을 도입한 경우는 전무하다.

개별기업 차원에서 지식근로자의 양성을 위해 독특한 교육훈련 관련 프로그램들을 개발하여 시행해 오고 있는바, 그 대표적인 예로서 A기업은 현장 숙련지식의 공유에 기반을 두는 학습조직을 정책적으로 추구하고 있는 점과 B기업은 자격증 취득과 수당을 연계하고 있다는 점 등을 꼽을 수 있다.

7.5 작업장 혁신

사례기업에서는 기업경쟁력을 높이기 위해, 보다 구체적으로는 비용절감과 생산공정/설비 합리화 그리고 안전환경 구축 및 작업장 질서확립 등

을 추구하기 위해 매우 다양한 작업장 혁신활동을 전개해 오고 있다. 이들 기업 대부분에서는 전통적인 작업장 혁신활동프로그램인 제안제도와 분임 조활동이 여전히 활용되고 있으며, 개별 기업의 상황에 적합한 각종 혁신활 동(예: A기업은 TP-999, LIFE-1000 등)을 도입하여 시행하고 있다.

이러한 작업장 혁신활동은 노사 공동으로 추진된 경우도 있으나 대부 분의 활동프로그램은 회사 경영진의 주도하에 진행되고 있으며, 서구의 초 우량기업에서 시도되고 있는 현장사원 중심의 자율경영 작업체계 도입과 노동의 인간화를 위한 노사합동의 인체공학적인(ergonomic) 생산공정 설비 개선은 아직 드문 것으로 드러나고 있다. 다만, 국내 기업으로서는 현장사 원들에 의한 자율적으로 관리되는 고성과작업조직으로의 혁신을 도입하려 는 돋보이는 시도로서 A기업의 '한가족 생산회의'를 꼽을 수 있으며, 이러 한 현장자율경영작업체계의 실험은 긍정적 성과를 낳은 것으로 평가되고 있다.

본 장에서 살펴본 한국형 무노조 우수기업의 특징을 요약한다면, 우선, 임금, 복지후생, 교육훈련, 고용안정, 의사소통 등에서는 비교대상의 노조 기업보다 더 우수하고 활발한 정책을 펴고 있는 것으로 보인다. 그러나 경 영참가나 피고용인의 의사가 경영에 반영되는 정도는 아직 노조기업보다 다소 미흡한 특징을 띠고 있는 것으로 결론지을 수 있다.

□ 노동도서관
　http://www.ldc.co.kr
□ 노동자정보통신지원단
　http://www.liso.net
□ 삼성전자
　http://www.sec.co.kr
□ 삼성SDI
　http://www.samsung
　SDI.co.kr

Key Word

개별적 고용관계, 무노조 고용관계, 무노조대표조직(NER), 철학적 무노조기업, 정 책적 무노조기업, 종교적 무노조기업, 영세 무노조기업, 블랙홀 형 무노조기업, 기 업문화, 열린경영, 지식경영

post-case 13

월 마 트

1. 회사개요

□ 주소 : 702 SW 8th St., Bentonville, AR 72716 8611, US
□ 회장/CEO : S. Robson(Rob) Walton / H. Lee Scott Jr.
□ 종업원수 : 1백 7십만명
□ 재무현황

(단위: 백만 달러)

연도	2007	2008	2009	2010	2011	2012	2013
매 출	334,759	373,821	401,087	405,132	418,952	443,854	446,114
순이익	12,224	12,841	12,235	14,449	15,355	15,766	16,999

출처 : Wal-Mart Annual Report, 2013

□ 연혁 및 사업현황
  • 1962年 샘 월튼이 미 아칸소 주 로저스에 첫 월마트 매장 설립
  • 미국 3,700개, 해외 15개국 1,500여개 매장을 가진 세계 최대 유통업체(매주 1억 3천 8백만명의 고객이 매장을 방문)

2. 비노조 유지 핵심 요소

1) 창업자의 비노조 신념과 인사부서의 구체적 실현

□ 창업자 샘 월튼의 노조의 불필요성과 노사 파트너십을 강조하는 어록을 액자화하여 게시
  – "나는 월마트에 노조가 필요 없다고 언제나 강하게 믿어 왔다"
□ 인사부서는 비노조 경영을 제도 및 지침으로 구체화
  • 외부 인터넷 사이트(walmartfacts.com)에 노조에 대한 입장 및 임직원 대응자세를 명시
    – "종업원의 권리를 존중하고, 표현의 자유를 격려하며 노조를 반대하지는 않지만 제3자의 개입은 원하지 않음"
  • 채용시 노조원이었거나 노조 가입 의사가 있는 인력은 거부
    – 노조 성향이 매우 강한 오클랜드(캘리포니아)에서 400명 채용을 위해 1만 1천명을 본사 노사팀이 참여하여 직접 면담하고 노조 가입 성향을 파악
  • 종업원을 employee(고용인)가 아닌 associate(동료)로서 존중
□ 현장 관리자의 경우 조직관리 결과를 평가에 30% 이상 반영

- 임원급의 경우 다양성 관리를 성과의 7% 반영

2) 신속·철저한 고충처리 및 투명경영 지향

□ 종업원의 고충과 의견을 수렴하는 다양한 의사소통 채널 운영
- 본사 노사담당은 24시간 hot line 운영을 위해 호출기를 패용하고 항시 대기
  - 하루 평균 15~20건의 hot line이 본사에 접수되며 모든 문제는 그 날 중으로 회신 (Day to Day, Sun Down Rule)
- 누구나 전화 혹은 직접 대면을 통해 회사 내 모든 관리자와 상담할 수 있는 open door 정책 운영
- 연 1회 임직원 사기조사("Grass Roots")를 통해 임직원의 근로조건, 환경, 의사소통 관련 고충을 수렴
□ 전 임직원을 대상으로 소속 부서 정보를 공개하고 경영실적·협의회 결과에 대해 상시 게시하는 '투명경영' 지향
- 인트라넷을 통해 인사정책 변경 사항, 경영현황 정보 등을 전세계, 전직원(비정규 포함)들과 실시간 공유
- 매장과 점포에 대한 문제는 '우리의' 문제이며, '우리가' 해결해야 할 과제라는 현장 완결형 관리의식 제고

3) 합당한 성과 보상 및 개선 프로그램의 운영

□ 월마트는 주인 의식 고취 및 종업원 만족도 향상을 위해 주식으로 성과 배분

— 창업자 샘 월튼 —
"노조의 필요성을 느끼지 않으려면
먼저 임직원 스스로 합당한 대우를 받는다고 느껴야 함"

- 매년 전체 종업원(비정규 포함)을 대상으로 점포 이익목표 초과 달성분의 일부를 연봉의 일정 비율로 산정, 월마트 주식으로 별도 비용 부담 없이 계좌로 넣어 줌
- 보유주식은 적립되며 7년 이후(혹은 퇴직시) 행사가 가능하며, 종업원들의 소속감 고취에 커다란 영향을 미침
□ 성과개선 프로그램(PIP; Performance Improvement Program)에 의해 하위 2~4% 인력에 대해서 90일의 개선 기간을 부여하며, 계속 미진할 경우 해고 조치

4) 직접적이고 실전적인 노사 교육

□ 노사 대응 매뉴얼, 지침, 관리자의 종업원 응대 요령 등 현실적인 노조설립 대응 방안 구비
- 관리자 행동지침(Do & Don't) 교육 등 직접적인 방법을 선호

Do(할 수 있는 것) : FOE & Listen
- 노조에 대한 사실(Fact), 의견(Opinion), 경험(Experience)을 이야기할 것
- 종업원이 당신에게 무엇을 말하는지 경청할 것(Listen)
- 비공식적으로 현장을 돌아다니면서 종업원과 노조에게 당신의 건재함을 보일 것
- 노조설립 조기 경보신호를 관찰할 것
- 보고 들은 것을 인사부서에 보고할 것

Don't(할 수 없는 것) : TIPS
- 협박(Threat)하지 말 것
- 심문(Interrogation)하지 말 것
- 약속(Promise)하지 말 것
- 염탐(Spying)/감시(Surveillance)하지 말 것

3. 노사 조직 및 역할

□ 20명으로 구성된 노사전략 및 기획을 담당하는 본사 노사조직이 월마트 전체 사업장의 노사문제를 해결
  • 본사는 중앙 집권식 브레인 집단으로 상황대응, 논리개발, 대외홍보, 지침전달 및 노사교육을 담당
□ 산하에 4단계의 조직 단계별 노사전담 조직을 운영
  • 사업부 노사관리자, 지역별 노사관리자, 마켓 노사관리자, 점포 노사관리자로 세분화
    - 글로벌 인·노사 인력은 1만명으로 종업원 170명당 1명 수준

4. 노조 설립시 대응방안

□ 본사 1층에 일명 '전쟁상황실(War Room)'을 설치하여 노조, 시민단체 공격에 대해 즉각적이면서 적극적으로 대응
  • 전쟁터의 '작전상황실'이나 선거본부의 '선거전략실'처럼 종합적인 전략을 세워 기동성 있게 대처
□ 평소 전체 조직문화, 핵심가치, 리더십 과정 내에 노사 관련 내용을 4시간씩 편성
  • 본사 노사조직 20명은 교육에 연간 2개월 이상 할애하며, 인당 15~20개 과정을 담당
  • 지역별 본사 인사팀장도 매년 미국 본사를 방문하여 현안을 공유하고 교육을 이수
□ 연간 1만여 명의 종업원 및 신입사원은 비디오로 회사의 역사, 회사의 노조정책 등을 이수하는 가운데 비노조 철학을 신념화

〈본사 노조대응 조직〉

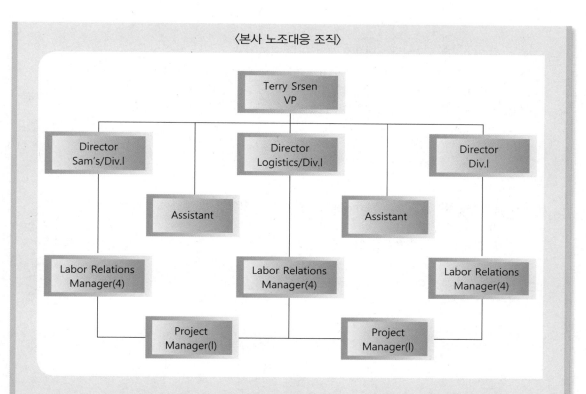

□ 노조설립, 단체교섭 요구시 정해진 매뉴얼에 따라 본사 노사팀이 직접 현장에 출동하여 노조 캠페인 등에 대응
  • 3~4주의 노조 캠페인 기간 동안 현장 미팅을 통해 해당 점포의 이슈를 적극 청취하고 즉석에서 해결책도 제시
  • 월마트 본사 노사팀은 노조 캠페인 기간 중 1~2주 이상을 약 20회의 소그룹 미팅을 통해 약 800명의 종업원들과 접촉
□ 노조설립의 부정적인 측면 홍보 및 노조 동향 체크 활동 강화
  • 종업원에게 비노조를 통해 얻을 수 있는 긍정적인 점을 설명하고 노조설립시의 불이익에 대해 경고
    – 노조활동시 profit sharing 미지급 등 개개인에게 손해가 갈 것을 경고
  • 법적인 틀 속에서 노조설립 캠페인에 대한 활동을 감시하고 통제
    – 종업원에게 '노조활동이 모니터된다'고 의도적으로 소문 유포
    – 노조 전단의 배포를 허락하지 않고 노조 선전물을 받은 종업원에게서 선전물 몰수
    – 노조 지원의지를 약화시키기 위해 매수된 종업원들에게 유리한 근무조건 등을 약속

□ 최악의 경우 노조설립을 이유로 사업포기까지도 감수
- '00.2월 텍사스 주 잭슨빌 점포 육류가공 부문 아웃소싱, '04.8월 캐나다 퀘벡 주 종퀴에르 체인점 점포 폐쇄
- 특정 지역의 노조 친밀도를 통계 조사하여 신규 진출 여부를 결정

◎ 토의과제
1. 월마트는 정책적 무노조 기업인가 철학적 무노조 기업인가? 객관적 증거를 들어서 대답하라.
2. 월마트의 무노조경영이 가지는 장점과 단점을 (1) 주주와 기업, (2) 직원, (3) 사회전체의 입장에서 분석하라.
3. 월마트의 무노조 경영과 가장 흡사한 한국기업의 무노조 경영사례를 설명하라.

10 공공부문과
교원의 고용관계

Modern Employment Relations

pre-case 10

전교조 법외노조 공방 … '탄압 VS 법대로'[1]

고용노동부가 전국교직원노동조합(이하 전교조)에 대한 법외노조 통보의 효력을 정지한 법원의 결정에 불복해 항고했지만 12월 26일 서울고등법원은 원심 결정이 정당하다며 기각했다.

전교조의 법외노조 문제는 2010년 3월 전교조에 해직자를 조합원으로 인정하는 규약(부칙 제5조) 시정명령이 내려지면서 시작되었다. 이에 대하여 전교조는 계속 불응하였고 급기야 2013년 10월 23일 고용노동부는 '해직자를 조합원으로 인정하는 전교조의 규약이 노동조합법과 교원노조법에 어긋나 시정명령을 내렸지만 전교조가 이를 거부했다'며 전교조가 '노조 아님'을 공식 통보했다. 또한 같은 달 25일 전교조 전임자 77명의 학교 복귀, 단체협상 중단, 조합비 원천징수와 시·도지부 사무실 임대 중단 등의 내용을 공문으로 각 교육청에 내려 보냈다.

이에 전교조는 고용노동부장관을 상대로 법원에 법외노조 통보 효력정지 가처분 신청과 함께 취소소송을 제기하였고 서울행정법원은 11월 13일 '해직자의 노조가입을 허용하는 전교조 규약을 시정하라는 고용부의 시정명령은 적법하지만, 이를 법외노조로 볼 것인지의 여부는 다툼의 여지가 있다'며 전교조의 손을 들어 주었다.

이처럼 정부가 '법대로'를 강조하며, 법외노조 통보의 불가피성을 강조하고 있는 반면, 전교조는 법외노조 통보는 정부가 자신들을 정치적으로 '탄압'하기 위한 구실에 불과하다고 주장하고 있다.

한편 전교조는 국제교원단체총연맹(EI), 민주노총 및 국제노총(ITUC) 등과 함께 한국 정부를 국제노동기구(ILO) 결사의자유위원회(CFA)에 공식 제소하였다. 제소 주요 내용은 ▲ 전교조 설립 취소 문제 ▲ 교육부의 단체협상 일방적 중단 문제 ▲ 한국 교사들의 시민적 권리 억압문제 ▲ 한국 교사들의 표현의 자유 차별 문제 ▲ 공무원노조 설립등록 4번째 거부 및 압수수색 문제 등이다. 이와 관련해서는 2014년 3월 ILO 결사의자유위원회에서 첫 심의가 예정되어 있다.

---

1 뉴시스, "전교조 법외노조 공방 … '탄압 VS 법대로'," 2013-12-23; 연합뉴스, "고용부, 전교조 법외노조 집행정지에 즉시 항고," 2013-11-20; 아시아경제, "전교조, 법외노조 OECD차원 공론화 추진 … 대표단 9일 출국," 2013-12-06; KBS TV, "'전교조 법외노조 효력정지는 정당' 2심도 전교조 손 들어줘," 2013-12-26 등의 기사를 참고하여 재작성.

국민생활에서 공공부문의 역할이 강화되고 또한 민간부문보다 공공부문 노동조합의 조직률과 조합원수 비중이 높아지기 가운데 공공부문의 고용관계에 대한 관심도 높아지고 있다. 본 장에서는 위 사례에서 본 바와 같이 철도산업과 같은 공공부문에서의 파업은 국민생활의 편리성이라는 공공성과 개별 근로자의 노동기본권보장이라는 두 개념이 서로 상충될 수 있는 영역이다. 국민생활에서 공공부문의 중요성이 갈수록 커지는 가운데 공공부문 노사관계에 대한 관심도 높아지고 있다. 본 장에서는 공공부문, 즉 공무원과 공공기관 피고용인의 고용관계에 대하여 먼저 논의하고, 이어서 국·공립학교 및 사립학교 교원의 고용관계에 대하여 설명하고자 한다.

1. 공공부문 고용관계의 배경과 이론

1.1 공공부문 고용관계의 배경

(1) 공공부문 고용관계의 배경과 이론

19세기 말 부두와 광산에서 한국의 노동운동이 처음 시작된 이래 거의 백여 년간 한국의 노동운동은 민간부문의 노동자들이 주도하여 왔다. 그러나 최근 노동운동에서 나타나고 있는 여러 조짐들은 21세기 한국고용관계의 중심축이 공공부문으로 옮겨가고 있음을 보여준다. 2012년 말 기준으로 공공부문 노조조직률은 공무원이 55.8%, 교원은 17.3%, 공공기관이 59.0%로 민간부문 10.1%(2011년말 기준)보다 훨씬 높은 수준이며 조합원수도 총 435,588명(공무원 164,703명, 교원 69,565명, 협의의 공공기관 201,320명)으로 우리나라 전체 조합원의 25% 가량에 이른다.[2]

공공부문이란 고용관계측면에서 볼 때 정부와 국가 또는 지방자치단체가 실질적으로 사용자 역할을 하는 기관이라고 할 수 있다. 즉 공무원, 국공립교원, 공기업직원, 정부출연기관 직원들이 공공부문 고용관계의 당사자인 것이다. 공공부문 고용관계가 노동운동의 주류가 되는 경향은 이미 선진

☛ 공공부문이란 고용계측면에서 볼 때 정부와 국가 또는 지방자치단체가 실질적으로 사용자 역할을 하는 기관

2 고용노동부, 「2013 고용노동백서」(2013), p. 336.

국에서 나타나고 있는 현상이므로 우리나라의 경우가 특별한 것은 아니지만 우리나라 고용관계의 특수성이 공공부문 고용관계에도 투영되어 있다. 공공부문 고용관계에서 특히 주목을 받는 것은 경영자와 일반시민의 관심사인 공공성과 직원들의 관심사인 노동기본권간의 충돌이다. 우선, 공공부문 고용관계의 특징과 논쟁, 그리고 주요 이슈들을 짚어보고자 한다.

(2) 공공부문 고용관계의 이론적 특징

☞ 네 가지의 특징
노동조합결성과 유지의 상대적인 용이성, 다면적 협상, 사용자의 중첩성, 대체재의 부재로 인하여 협상력이 무제한적으로 커질 가능성

공공부문의 고용관계는 민간부문과는 현저히 다른 네 가지의 특징을 지니는데 이들은 ① 노동조합 결성과 유지의 상대적인 용이성, ② 다면적 협상(multi-lateral bargaining), ③ 사용자의 중첩성, ④ 대체재의 부재로 인하여 파업시 공공부문 노동조합의 협상력이 무제한적으로 커질 가능성 등이다.

첫째, 공공부문에 있어서는 일단 노동법이 노동조합의 결성을 허용하면 노동조합이 쉽게 결성되고 꾸준히 높은 조직률을 유지하는 경향을 보인다. 이러한 경향은 공무원의 노동조합 결성을 허용한 미국, 일본, 영국, 독일, 프랑스 등 여러 선진국들의 경우에서 일관되게 관찰된다. 예를 들면, 미국의 경우 공공부문의 노동조합 조직률은 38%에 달하고 있으나, 민간부문은 9%에 불과하여 전체 평균 11%를 이루고 있다. 또한 미국의 최대 노동조합은 민간부문의 대표적인 노동조합인 미국자동차노조(UAW)가 아니라 미국교원노조(NEA)인 점도 상징적이다. 대부분의 선진국에서 국내 최대노조의 위치를 공공부문노조가 차지하고 있다. 공무원의 경우 신분이 보장되어 노동조합운동을 자유롭게 할 수 있고, 공공부문의 사용자들도 대체로 선거로 선출되거나(예를 들면 시장, 주지사), 정부로부터 임명이 되었으므로(예를 들면, 국가공기업의 사장) 민간기업의 경영자보다는 노동조합에 적극적으로 반대할 만한 동기가 적기 때문이다. 또한 공공부문의 경영자가 자신의 재임기간중 노조와 충돌을 일으키려 하지 않는 경향, 그리고 공공부문 노조가 선거과정에서 미치는 강력한 영향 등도 공공부문의 사용자가 노동조합에 대

|그림 10-1| 공공연맹 통합집회 장면

하여 비교적 우호적인 태도를 보이는 이유들이다.

우리나라의 경우에도 전체 피고용인의 노동조합조직률은 10.1%에 불과하지만 공무원 55.8%, 교원 17.3%, 공공기관 59.0%의 노조조직률을 보이며,[3] 노동조합의 결성이 허용된 공기업의 경우 거의 모든 공기업에 노동조합이 결성된 점도 이러한 측면을 보여준다. 공공부문에 있어서는 노동조합이 쉽게 정착하고 안정되는 경향은 이후 한국의 노동운동을 공공부문이 주도할 것이라는 예측을 가능하게 한다.

둘째, 공공부문 고용관계의 특수성은 공공부문의 고용관계가 다면적이라는 측면에 기인한다. 즉, 민간기업의 고용관계는 경영자와 직원을 대표하는 노동조합간의 쌍방적인(bi-lateral) 관계이며 직원들의 보수와 근로조건을 향상시키는 부담은 전적으로 경영자가 지게 된다. 그러나 공공부문에서는 경영자와 직원을 대표하는 노동조합이 직원들의 보수와 근로조건을 결정하지만 그 부담은 납세자가 지게 되는 경우가 많다. 따라서 공공부문의 노사협상은 여러 집단(노, 사, 납세자)이 당사자가 되는 다면적인(multi-lateral) 측면을 지니며, 공공부문의 노사협상에서는 납세자의 입장이 고려되어야 한다는 점을 의미한다.

셋째, 공공부문의 경우 사용자가 명확하지 않고 복수의 당사자가 사용자의 역할을 하는 경향을 띤다. 이를 공공부문 사용자의 중첩성이라고 부른다. 즉, 공무원과 공기업의 경우 직원의 처우를 개선하기 위해서는 법률상 예산상의 제한 등이 있으며, 의사결정의 단계가 복잡하여 해당기관의 직접적인 경영자 이외에도 실제로 정책결정을 하는 입법, 행정부의 정책결정자들이 모두 협상에 직·간접적으로 참여하게 되는 것이다. 예를 들면, 공무원의 처우개선을 위한 노사협상의 경우 시장이나 도지사 등 직접적인 사용자의 의사결정은 행정안전부, 국회예산처, 청와대의 해당 비서관 등의 영향을 받지 않을 수 없다. 따라서 공공부문의 사용자는 여러 계층으로 구성된 중첩적인 성격을 띤다.

넷째, 공공부문의 대부분의 서비스는 대체재가 존재하지 않는다. 즉, 경찰, 소방, 대민행정 등의 경우 노조의 파업시 이들의 서비스를 대신해 줄 기관이 존재하지 않고, 그 결과 공공부문 노동조합의 협상력이 아주 커지는

---

3 전게서.

결과를 낳게 된다. 따라서 공무원의 단기간 파업에도 사용자인 정부가 쉽게 굴복하여 노동조합에게 무리한 수준의 양보를 할 수밖에 없다는 점이다. 대부분의 국가에서는 이러한 문제를 해결하기 위하여 공공부문 노동조합의 노동3권을 모두 보장하지 않고 파업권 등을 제한하는 방식으로 해결하고 있다.

(3) 공공성과 노동기본권과의 충돌에 대한 논쟁

이러한 공공부문의 공공성을 고려할 때 과연 공공부문 종사자들에게 노동권을 보장하여야 하는지에 대한 논쟁이 학계에서 벌어졌었다. 특히, 1960년대 미국의 경우 민권운동과 맞물려 공무원과 교사의 노동조합 결성 요구가 거셀 때, 과연 공공부문 피고용인들에게 노동조합을 결성하는 것이 합당한지에 대한 논쟁은 오랜 기간 지속되었다.

공공부문에 노동조합이 허용되어서는 안 된다고 주장하는 근거 중 하나는 공공부문에서는 노사가 유착할 가능성이 크다는 점이다. 즉, 납세자의 부담을 도외시한 채 공공부문의 노사가 과다한 임금인상과 직원들에게 유리한 근로조건에 합의할 수 있다는 점이다. 납세자의 권리에 대한 관심도는 전체 국민에게 분산되어 있어 집중적으로 관심을 표명하지 않지만, 공공부문노조는 이해관계가 노조원에게 집중되어 있으므로(intensity of interest) 이들이 집중된 협상력을 발휘하여 시민의 분산된 반대를 무릅쓰고 자신들의 의견을 관철한다는 것이다. 특히, 우리나라 일부 공기업의 경우는 노사유착의 가능성을 보여준다. 예를 들어 전문성이 없는 정치인들을 위하여 공기업의 최고경영자자리를 할애하다보니, 이들은 취임시부터 노동조합의 낙하산인사 반대투쟁에 직면하여 이미 많은 양보를 약속한 상태에서 취임하고, 재임기간 중 노사분규의 발생을 회피하기 위하여 필요 이상의 많은 것을 양보해 온 사례는 이미 알려져 있다.

또 공공부문의 노동기본권을 부정하는 또 다른 이유로는 공공부문파업의 경

- ☛ 노동조합이 허용되어서는 안 된다고 주장하는 근거
- ☛ 노사가 유착할 가능성이 큼

|그림 10-2| 디젤기관차 운전석 내부 모습

우 공공서비스에 대한 대체재가 없으므로 노동조합의 협상력이 월등히 커서 사용자가 과다한 양보를 할 수밖에 없다는 점이다. 예를 들어서 공익성이 강한 공무원의 파업은 단기간에 불과하더라도 사회구성원이 견딜 수 없으므로 협상과정에서 공공부문의 사용자가 노동조합에게 비합리적인 수준의 양보를 할 수밖에 없다는 점이다.

이러한 두 가지의 우려에 대하여 공공부문 노동조합을 인정하여야 한다고 주장하는 측에서 다양한 반대논리와 증거를 제시하여 왔다. 우선, 공공부문의 근로자도 근로자인 만큼 공공부문에 취직하였다고 해서 헌법에 보장된 노동기본권을 부인하는 것은 곤란하다는 것이다. 또한, 공공부문에서 노사가 유착할 가능성이 크다는 주장에 대하여는 납세자그룹의 적극적인 감시로 얼마든지 예방이 가능하다고 한다. 예를 들면, 미국 하와이 주에서는 Sunshine Act라 하여 공공부문의 노사협상에는 반드시 납세자그룹이 참여하도록 규정한 법을 통과시킨 적이 있다. 또한, 1990년 이후에는 공공부문의 경쟁력이 국가경쟁력의 핵심으로 인정되고 공공부문의 개혁이 정치인들의 업적으로 평가됨에 따라 오히려 공공부문의 피고용인들이 민간부분보다 더 혹심하게 구조조정의 대상이 되어왔다고 주장한다. 예를 들면, 1997년의 외환위기 이후 기획예산처에서 모든 공기업과 정부출연기관의 정원의 30% 이상을 무조건 삭감하도록 하여 거의 모든 공공조직에서 격심한 구조조정이 이루어진 점을 들 수도 있을 것이다.

공공부문에서의 협상력이 우월하다는 두 번째의 주장에 대하여는 대부분의 국가에서 공공부문 피고용인들에게 노동3권의 일부를 부여하지 않음으로써 강력한 협상력을 발휘할 기회를 봉쇄해 왔다는 점을 들고 있다. 즉, 우리나라의 경우 공공성이 강한 철도, 버스, 수도·전기·가스·석유정제 및 석유공급, 병원, 통신사업 등 공익사업과 필수공익사업은 쟁의행위에 많은 제약을 두고 있다. 또한, 초중등교사와 공무원의 경우에는 쟁의권을 아예 부여하지 않고 있는 것이다. 공공부문의 노동기본권에 대한 이러한 제한들은 공공부문 노동조합의 협상력을 약화시키는 목적을 가지는 것이다.

그간의 실증연구 결과를 보면 공공부문의 노조결성을 허용하는 것이 노사간의 협상력을 심각하게 왜곡시키지 않았다는 점을 보여주고 있다. 예를 들면, 우리나라와 미국의 경우를 보더라도 공공부문이라고 하여 특별히 노동조합의 임금인상효과가 민간부문보다 더 크지 않다는 점은 공공노조의

☞ 공공서비스에 대한 대체재가 없음으로 노동조합의 협상력이 월등히 커서 사용자가 과다한 양보를 할 수밖에 없음

☞ 공공부문 노동조합의 인정논리

☞ 노동기본권을 부인하는 것은 곤란

☞ 납세자그룹의 적극적인 감시로 얼마든지 예방이 가능

☞ 공공부문의 근로자들이 구조조정의 대상이 되어왔음

☞ 노동 3권의 일부를 부여하지 않음

협상력이 우려할 만큼 크지는 않다는 점을 보여준다. 따라서 지금에 와서는 공공부문의 노조결성을 전면 부인하는 견해를 주장하는 전문가는 거의 없으며, 공공부문에 있어서 공공성과 노동기본권을 어떻게 잘 조화시킬 것인가가 논의의 초점이 되었다고 할 수 있다.

1.2 외국의 공공부문 고용관계

우리나라의 공공부문 고용관계를 비교고용관계적인 시각에서 조명하기 위하여 먼저 미국, 독일 및 일본의 공공부문 고용관계를 살펴보고자 한다.

(1) 미국의 공공부문 고용관계

☛ 미국의 예

미국에서는 연방공공부문 피고용인에 대하여 단결권을 인정하고 있으며 노조를 통하여 근로조건에 관하여 단체교섭을 할 수 있는 권한이 있다. 그러나 연방공무원에 대한 임금의 결정은 의회를 통하여 이루어지므로 임금교섭권은 연방공무원의 단체교섭권에 포함되지 않는다. 미국의 연방헌법에서는 단체행동권을 보장하는 명문의 규정이 없고 이제까지는 연방정책으로 연방공공부문 피고용인에 대하여는 단결권과 임금교섭권을 제외한 단체교섭권을 인정하지만, 단체행동권을 부정하는 정책을 취하고 있다.[4] 미국의 주와 시의 공무원(municipal governments' employees)들에 대한 법령은 주와 시에 따라 큰 차이가 있지만 대체로 보아 노동3권 중 2권(즉, 단결권과 단체교섭권)을 허용하고 있으며, 극히 일부 주나 시의 경우에만 노동3권(즉, 단결권과 단체교섭권, 단체행동권)을 모두 허용하고 있다.

(2) 독일의 공공부문 고용관계

☛ 독일의 예

독일의 경우 공공부문에 종사하는 피고용인을 공무원(Beamte)과 비공무원인 피고용인(Arbeitnehmer)으로 구분하는 이원적인 구조를 형성한다. 공무원에게는 단결권을 보장하지만 단체협약 체결권 및 쟁의권을 인정하는 명문규정이 없다. 비공무원인 사무직·노무직 피고용인에게는 단결권뿐만

---

4 이철수·강성태, 「공공부문 노사관계법」(서울: 한국노동연구원, 1997), pp. 79~93.

아니라 단체협약 체결권 및 쟁의권을 인정하지만[5] 이들의 파업시에는 공무
원의 대체투입을 허용한다는 것이 연방법원의 입장이다. 한편 노조에 추가
하여 '직원협의회'(Personalrat)를 설치하고 있는데 민간기업에서 실시하고
있는 경영협의회와 유사하지만 경제적 사항에 대한 참가를 인정하지 않는
다는 측면에서 차이가 있다.[6]

(3) 일본의 공공부문 고용관계

일본의 경우 일반직 공무원은 '직원단체'를 결성할 수 있는데, 이 직원   ☞ 일본의 예
단체는 직원의 근로조건의 유지·개선을 목적으로 하는 단체이다. 그러나
단체협약 체결권이 배제된 교섭권이 인정될 뿐이며 단체행동권 역시 부인
되기 때문에 직원단체는 민간의 노동조합과는 다른 성격을 갖는다. 단, 일
반직 공무원 중 국영기업 직원이나 지방공영기업의 직원은 직원단체 대신
에 노동조합을 조직할 수도 있다.[7] 한편, 일반공무원의 급여 및 근무조건에
불만을 해소하기 위하여 '인사원'이라는 기구를 설치·운영하고 있다. 인사
원은 일반공무원의 급여, 기타 근무조건의 개선 및 인사행정에 관한 개선을
정부에 권고할 수 있는 권한을 갖고 있으며 실제로 인사원의 임금인상 권고
를 정부가 그대로 수용하고 있다.[8]

이상에서 보듯이 미국, 독일, 일본 등 OECD 회원국에서는 일반적으로   ☞ OECD 회원국에서는
공공부문의 노동조합 결성을 허용하고 있음을 알 수 있다. 법적으로는 이들   대체로 공무원의 단
국가에서 대체로 공무원의 단결권을 인정하고 있으며, 단체교섭권은 제한   결권을 인정하고 있
적으로 인정하고 있고, 단체행동권은 일반적으로 금지하고 있다. 이러한 외   으며, 단체교섭권은
국의 사례는 우리나라의 공무원노조법에서 허용하고 있는 것과 흡사한 것   제한적으로 인정하
이다.   고 있고, 단체행동권
                                                                              은 일반적으로 금지

---

5 강수돌, 「독일 공공부문 노사관계의 구조와 동향」(서울: 한국노동연구원, 1997), p. 7.
6 이철수·강성태, 전게서, pp. 198~204.
7 상게서, pp. 132~133.
8 박영범·카멜로 노리엘 편, 「공공부문 노사관계의 국제적 추세와 한국의 과제」(서울: 한국노동연구원, 1994), pp. 76~77.

1.3 우리나라 공공부문의 성격

|그림 10-3| 고속도로 순찰차 내부의 안전장비 점검 모습

공공부문이란 고용관계측면에서 볼 때 정부, 즉 국가 또는 지방자치단체가 사용자 역할을 하는 기관이라고 할 수 있다. 정부의 사용자 역할만으로 해석하면 공공부문은 정부기관에 한정되며 그 소속 피고용인은 일반적으로 공무원의 신분을 갖게 된다. 반면에 정부의 사용자 역할을 넓게 해석하면 정부가 실질적인 사용자 역할을 할 수 있는 기관, 즉 공공기관까지 공공부문의 범위에 포함된다(〈도표 10-1〉 참조).

도표 10-1	공공부문의 분류

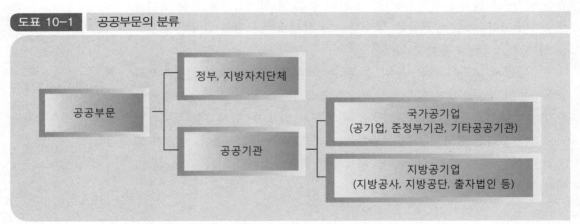

자료: 이종훈, 「공기업 노사관계의 주요 쟁점과 정책대응」(서울: 한국노동연구원, 1997), p. 8; 고용노동부, 「2010 고용노동백서」(2010), p. 620 등의 내용을 종합·수정.

공공기관은 다시 관련 법률에 따라 국가공기업[9]과 지방공기업[10]으로 구분할 수 있다. 이하에서는 공무원과 공공기관의 고용관계에 대하여 설명한다.

1.4 공무원의 노동기본권과 고용관계

(1) 공무원의 노동기본권

우리나라에서는 그간 체신, 국립의료원 기능직 등 사실상 노무에 종사하는 공무원을 제외한 일반 공무원에 대하여 노동기본권을 보장하지 않았다. 그러나 외환위기 이후 정부기구 개편 등 구조조정으로 인한 공무원 신분보장 약화, 승진적체 등 근무여건에 대한 불만이 누적됨에 따라 공무원만의 노동조직 결성을 요구하는 목소리가 커져 갔다. 아울러 ILO 및 OECD

International Labour Organization
http://www.ilo.org/

OECD
BETTER POLICIES FOR BETTER LIVES
http://www.oecd.org/

---

9 정부가 직접 설립하거나 출연한 기관, 정부지원액이 총수입액의 2분의 1을 초과하는 기관, 정부가 100분의 50 이상의 지분을 가지고 있거나 100분의 30 이상의 지분을 가지고 임원 임명권한 행사하는 기관 또는 당해 기관의 정책 결정에 사실상 지배력을 확보하고 있는 기관 등을 지칭하고, 공기업, 준정부기관 및 기타 공공기관 등이 있으며 (「공공기관의 운영에 관한 법률」제 4 조), 2012년 현재 286개 기관이 있다.
　① 국가공기업 중 공기업이란 정부가 직접 설립하거나 출연한 기관 중 자체수입액이 총수입액의 2분의 1 이상인 기관을 말하며 2012년 현재 총 28개 기관이 이에 속함. 대표적으로 한국가스공사, 한국석유공사, 한국전력공사, 한국지역난방공사, 인천국제공항공사, 부산항만공사, 한국조폐공사, 한국관광공사, 한국방송광고공사, 한국마사회, 한국광물자원공사, 대한석탄공사, 대한주택보증주식회사, 제주국제자유도시개발센터, 한국감정원, 한국도로공사, 한국수자원공사, 한국토지주택공사, 한국철도공사 등이 있음.
　② 국가공기업 중 준정부기관이란 공기업이 아닌 공공기관 중에서 지정된 기관으로 2012년 현재 총 82개 기관이 이에 속함. 대표적으로 공무원연금공단, 근로복지공단, 국민연금공단, 농수산물유통공사, 한국농어촌공사, 한국연구재단, 한국소비자원, 한국인터넷진흥원, 국립공원관리공단 등이 있음.
　③ 국가공기업 중 기타 공공기관이란 공기업과 준정부기관을 제외한 기관으로 2012년 현재 176개 기관이 있음. 대표적으로 한국개발연구원, 한국노동연구원, 한국수출입은행, 한국국제협력단, 대한법률구조공단, 한국국방연구원 등이 있음 기획재정부 보도자료, "2012년도 공공기관 지정," 2012-01-31.
10 지방자치단체가 직접 설치 경영하거나 법인을 설립하여 경영하는 기업을 지칭하며 「(지방공기업법)」제1조), 지방공사(예: SH공사, 대전도시공사 등), 지방공단(예: 부산시설공단, 동해시시설관리공단 등) 및 출자법인(예: 화성시문화재단 등) 등이 이에 속한다.

등 국제기구에서 공무원 노동기본권 보장을 위한 제도개선을 지속적으로 권고하였다. 그 결과 1999년 6급 이하 공무원을 대상으로 노사협의만을 할 수 있는 '공무원직장협의회'가 설립되었고 2006년 「공무원의 노동조합 설립 및 운영 등에 관한 법률」이 시행됨에 따라 공무원노조가 설립되었다. 공무원노조에 대한 주요 내용은 다음과 같다.

☛ 6급 이하 공무원에게 단결권을 보장

① 단 결 권　　6급 이하 공무원에게 단결권을 보장하고 있다. 단, 업무특수성을 고려하여 군인·경찰, 법관 등 사법질서 유지나 국가안보 및 국민의 생명·신체의 안전과 관련되는 직무에 종사하는 자 등은 가입을 제한하였다.[11] 또한 노동조합의 자주성 및 교섭력의 균형을 확보하기 위해 관리·감독적 직책에 있거나 인사·보수 등 행정기관의 입장에 서서 업무를 수행해야 하는 자 등은 가입을 제한하였는데 이를 두고 과도한 제한이라는 비판도 일부 있다. 한편 조직형태는 공무원의 근무조건 결정단위를 고려하여 각 헌법기관(국회, 법원, 선거관리위원회, 헌법재판소, 행정부), 특별시·광역시도, 시·군·구, 특별시·광역시도 교육청을 최소단위로 하여 결성하도록 하였다.

|그림 10-4|　1999년 서울특별시 공무원직장협의회결성장면

☛ 단체교섭하고 단체협약으로 체결할 수 있는 권한을 부여

② 단체교섭권 및 단체협약 체결권　　공무원노동조합은 임금 등 근무조건에 관하여 정부측과 단체교섭하고 그 결과를 단체협약으로 체결할 수 있는 권한을 부여하였다. 또한 정부측의 단체교섭 거부나 해태 또는 조합활동의 방해 등을 부당노동행위로 규정하여 이를 금지하고 위반시 구제할 수 있는 제도를 두었다.[12]

☛ 단체행동권이 부여되지 않음

③ 단체행동권 및 쟁의조정　　공무원에 대하여는 단체행동권이 부여되지 않는다. 즉, 공무원노동조합과 그 조합원은 파업·태업 그 밖에 업무의 정상적인 운영을 저해할 수 없다. 다만, 우정사업본부와 국립의료원

11　예를 들어 군인복무규율 제38조; 경찰공무원복무규정 제12조; 공무원복무규정 제28조 단서 등 참조.

12　노동부, 「2006 노동백서」(2006), pp. 119~121.

의 작업현장에서 사실상 노무에 종사하는 기능직 공무원 및 고용직 공무원
(예를 들면, 공무원인 우편배달부와 간호사 등)에게는 단체행동권이 부여되고 있
다.[13] 한편 노사간 단체교섭의 결렬시 분쟁의 조정·중재를 중앙노동위원회
내의 공무원노동관계조정위원회에서 전담하도록 하였다. 조정은 당사자 일
방 또는 쌍방의 신청에 따라 이루어지며 30일 이내에 종료하여야 하며, 당
사자 합의에 의해 30일 이내에서 연장할 수 있다. 중재는 당사자 쌍방의 신
청이나 조정이 이루어지지 않은 경우 개시된다. 중앙노동위원회의 중재재
정이 위법이거나 월권에 의한 것이라고 인정되는 경우 행정소송을 제기할
수 있다.

> ■ 사실상 노무에 종사
> 하는 기능직 공무원
> 및 고용직 공무원에
> 게는 단체행동권이
> 부여됨

(2) 공무원의 고용관계

공무원노조는 전국체신노동조합과 국립의료원노동조합 등 2개의 현업
공무원노동조합이 있었다. 2006년 78개 조합을 시작으로 점차 늘어나 2012
년 말 기준 공무원노동조합은 110개, 조합원은 164,703명으로 노동조합 가
입 대상 공무원 29만 5천여 명 중 55.8%가 가입하고 있다(〈도표 10-2〉 참조).
다만 전년도와 비교하여 조합원수와 조직률이 감소하였는데 그 이유는 (구)
전국공무원노동조합의 조합원 중 해직자가 포함되어 '법상 노동조합이 아
님'을 통보하였기 때문이다.[14]

> ■ 현업공무원노조 및
> 일반공무원노조
>
> ▣ 전국공무원노동조합
> http://www.kgeu.org
> ▣ 대한민국공무원노동조합총연맹
> http://gnch.or.kr/
> ▣ 전국공공노동조합연맹
> http://publicunion.or.kr/
> ▣ 전국우정노동조합
> http://www.kpwu.or.kr/
> ▣ 전국철도노동조합
> http://www.kritu.or.kr/

도표 10-2	공무원노동조합수 및 조합원 현황					(단위: 개소, 명, %)	
	2006	2007	2008	2009	2010	2011	2012
조합수	78	98	95	95	96	99	110
조합원수	63,275	173,125	215,537	158,910	164,147	165,566	164,703
조직률	22	60	74	53	56	56	56

자료: 고용노동부, 「2010 고용노동백서」(2010), p. 618.
고용노동부, 「2013 고용노동백서」(2013), p. 705.

또한 조직형태별 공무원노조는 연합단체 9개, 전국단위 노동조합 4개 노
조(60,467명), 헌법기관 2개 노조(7,680명), 행정부 2개 노조(22,951명), 자치단
체 70개(49,044명), 교육청 23개(24,56명) 등 110개 노조이다(〈도표 10-3〉 참조).

---

13 김형배, 「노동법(신판제 2 판)」(서울: 박영사, 2006), p. 194.
14 고용노동부, 「2010 고용노동백서」(2010), p. 618.

도표 10-3	공무원노동조합 조직형태별 조합수 및 조합원수 현황 (단위: 개소, 명)						
구 분	연합단체	전 국	헌법기관	행정부	자치단체	교육청	합 계
노동조합수	9	4	2	2	70	23	110
조합원수	–	60,467	7,680	22,951	49,044	24,561	164,703

자료: 고용노동부, 「2013 고용노동백서」(2013), p. 705.

한편 공무원노동조합 중 한국노총을 상급단체로 하는 조합은 한공연 및 소속 단위노조 등 3개이며, 민주노총에 가입한 조합은 2012년 현재 없는 상태이다. 나머지 107개 조합(조합원 수 163,682명으로 전체 조합원수의 99.4%) 은 총연합단체에 가입하지 않고 있다(〈도표 10-4〉 참조).[15]

도표 10-4	공무원노동조합 총연합단체별 조합수 및 조합원수 현황 (단위: 개소, 명, %)		
구 분	노동조합수	조합원수	조합원 구성비
계	110	104,703	100
한국노총	3	1,021	0.6
민주노총	–	–	–
미 가입	107	163,682	99.4

자료: 고용노동부, 「2013 고용노동백서」(2013), p. 706.

1.5 공공기관의 노동기본권과 고용관계

(1) 공공기관 근로자의 노동기본권

국가공기업 및 지방공기업 등의 공공기관 근로자에 대하여 노동기본권 이 인정되고 있다. 다만 단체행동권이나 쟁의조정 등에서는 공익사업과 필 수공익사업에 해당되는 경우에는 제약을 받고 있다.

☞ 단결권과 단체교섭 및 단체협약 체결권 등이 보장됨

① **단결권 및 단체교섭권**　　　공공기관 근로자는 별도의 제한 없이 단결권과 단체교섭 및 단체협약 체결권 등이 보장되고 된다. 따라서 노동조 합을 결성하여 사용자와 임금 및 근로조건 등의 유지 및 개선을 위하여 단 체교섭을 실시하고 그 합의된 사항을 단체협약으로 체결할 수 있다.

15　고용노동부, 「2013 고용노동백서」(2013), p. 705.

② **단체행동권 및 쟁의조정**　　기본적으로 공공기관에서는 단체행동권을 행사할 수 있다. 단, 공공기관의 사업장이 공익사업[16] 또는 필수공익사업[17]인 경우에는 민간부문에 비해 쟁의행위에 대하여 제약을 받고 있다. 즉, 공익사업인 경우 관계당사자의 일방에 의한 조정신청이 있은 때로부터 조정기간이 일반사업장보다 긴 15일간 쟁의행위를 할 수 없다. 필수공익사업인 경우 파업시 필수유지업무를 반드시 수행하도록 하고 대체근로를 허용하였다. 또한, 노동쟁의가 공익사업에서 일어나거나 그 규모와 성질이 중대하여 국가경제를 해치고, 국민의 일상생활을 위태롭게 할 위험이 있을 때 긴급조정을 실시할 수 있다. 공공기관의 쟁의는 민간부문보다는 공공성이 크므로 긴급조정의 대상이 될 가능성이 크다.

▶ 단체행동권을 행사

▶ 공익사업 또는 필수 공익사업인 경우에는 쟁의행위 제약

|그림 10-5|　한국전력노동조합의 대의원대회장면

(2) 공공기관의 고용관계

공공기관 노동조합과 사용자의 특징은 다음과 같다.

① **노동조합**　　노조설립이 허용된 대부분의 공공기관에 노조가 설립되어 있다. 공공기관노동조합의 설립시기는 약 40%가 민주화투쟁기인 1987~1989년 기간에, 33.7%가 경제위기 이후 구조조정기인 1998년 이후에 집중되어 있다. 전자의 경우에는 노동운동이 확장되는 시대분위기에 영향을 받아 많은 공공기관의 근로자들이 노동조합을 결성하였고, 후자의 경우에는 경제위기 이후 구조조정에서 스스로를 보호하기 위하여 근로자들이 노동조합을 결성하였다.[18] 공공기관노조는 2012년 말 현재 대상 공공기관

전국공공노동조합연맹
http://public.inochong.org

전국담배인삼노동조합
KOREA TOBACCO & GINSENG WORKERS'S UNION
http://www.ktgwu.or.kr/

전국전력노동조합
The Korea National Electrical Workers Union
http://www.knewu.or.kr/

16　공익사업이란 공중의 일상생활과 밀접한 관련이 있거나 국민경제에 미치는 영향이 큰 사업으로서 정기노선여객운수, 수도·전기·가스·석유정제 및 석유공급, 공중위생 및 의료, 은행 및 조폐, 방송 및 통신이 있다.

17　필수공익사업은 공익사업으로서 그 업무의 정지 또는 폐지가 공중의 일상생활을 현저히 위태롭게 하거나 국민경제를 현저히 저해하고 그 업무의 대체가 용이하지 아니한 철도(도시철도 포함), 수도·전기·가스·석유정제 및 석유공급, 병원, 통신, 혈액공급, 항공, 증기온수공급, 폐하수처리업 등이 있다.

18　임상훈·배규식·강병식, 「공공부문 구조조정과 노사관계 안정화」(서울: 한국노동연구원, 2004). 2003년 8월부터 2004년 5월까지 공공부문의 유노조 기관을 대상으로 한

459개 기관에 총 341,427명의 피고용인이 종사하며 이 중 201,320명이 노동조합에 가입하여 조직률은 59.0%로 나타났다(〈도표 10-5〉 참조).

도표 10-5	공공기관 조합 수 및 조합원수 현황			(단위: 개소, 명, %)	
구 분	기관수	근로자수	유노조 기관수	조합원수	조직률
공공기관	459	341,427	284	201,320	59.0

자료: 고용노동부, 「2013 고용노동백서」(2013), p. 707.

특히 2004년 이후 공공부문 노동조합에서는 유사산별의 통합이나 산별노조로의 전환이 두드러지고 있다. 예를 들어, 한국노총에서는 2004년 11월 공공건설연맹, 공공서비스연맹, 정부투자기관연맹 등 3개 연맹이 '전국공공노동조합연맹'으로 통합하였으며 2007년 1월 민주노총에서도 민주버스, 민주택시, 공공연맹 등이 '공공운수연맹'으로 통합되었다.[19] 그 결과 우리나라 공공부문은 산별 노조의 비중이 민간부문보다 훨씬 더 큰 편이다.

한편 공공기관 조합의 총연합단체별 조합원수 현황은 한국노총 소속 조합원수 74,733명, 민주노총 소속 조합원수 89,177명, 국민노총 소속 조합원수 14,291명, 상급단체 미가맹 조직의 조합원수 23,119명이다(〈도표 10-6〉 참조).

도표 10-6	공공기관 조합의 총연합단체별 조합원수 현황			(단위: 명, %)	
구 분	합 계	한국노총	민주노총	국민노총	미가맹
공공기관	201,320	74,733	89,177	14,291	23,119
(구성비)	(100.0)	(37.1)	(44.3)	(7.1)	(11.5)

자료: 고용노동부, 「2013 고용노동백서」(2013), p. 708.

② 사 용 자　　　공공기관의 노조 규모는 민간부문보다 훨씬 더 커서 300인 이상의 노조가 과반수를 넘고 있으며 1,000인 이상 대규모 노조도 15%를 넘는 것으로 나타났다. 이는 공공기관의 규모가 상대적으로 커서 대규모 조직화가 이루어진 것으로 해석된다. 대규모 조직이 공공기관에 많다는 것은 그만큼 이들 노조가 우리나라 경제와 정치에 미치는 효과가 크다는

전수조사분석 결과임.

19　노광표·이정봉, 전게서, p. 19.

것을 의미한다. 민간부문에 비하여 공공기관의 사용자는 정부의 인사, 예산, 정책수행상의 개입으로 인하여 기관 내 고용관계에 대한 자율권 행사에 제한을 받고 있다.[20] 이러한 이유로 공공기관의 단체교섭은 현장의 노사가 결정할 수 없는 사항이 많으므로 민간부문의 경우보다 제약요건이 많은 가운데 실시된다.

2. 교원의 고용관계

지금까지 공공부문의 고용관계를 살펴보았다. 이하에서는 별도로 교원의 고용관계를 집중적으로 살펴보기로 한다. 교원의 고용관계는 공공부문인 공립학교와 민간부문인 사립학교를 모두 포괄하고 있어서 일반적인 공공부문의 고용관계와는 다소 성격을 달리하지만, 교육의 공익성 때문에 공립학교와 사립학교 모두 공공부문에 준하는 고용관계를 유지하고 있다.

2.1 교원노동조합의 태동

교원노동조합은 1960년 4 · 19 이후 처음 결성되었으나 1961년 5 · 16 이후 군사정권에 의해 해체되었고 그 후 국 · 공립학교 교원이나 사립학교 교원 모두는 노동3권을 인정받지 못하였다.[21] 그 후 1987년 전국교원노동조합이 법외조합으로 결성되어 활동하다가 1천 4백여 명이 징계를 받아 해직되었다. 그러나 우리 정부는 ILO, OECD 등 국제기구로부터 수차례에 걸쳐 교원의 노동기본권을 보장할 것을 권고받았고, 결국 1999년 「교원의 노동조합설립 및 운영 등에 관한 법률」이 제정되어 교원노동조합은 합법적인 조직으로 탄생하였다.

---

20 임상훈 · 배규식 · 강병식, 전게서, p. 89.
21 김형배, 전게서, p. 174.

2.2 교원노동조합의 현황

교원노동조합은 국·공립·사립의 초·중등교원을 대상으로 임금·근로조건·후생복지 등 경제적·사회적 지위향상을 목적으로 설립된 노동조합으로서 1999년 설립이 합법화되었다.

|그림 10-6| 교원노동조합의 단체교섭장면

전국교직원노동조합(이하 전교조)과 한국교원노동조합(이하 한교조) 그리고 자유교원조합이 대표적인 교원노동조합이다. 이 중 전교조는 가장 진보적이어서 교원의 노동기본권을 중시하는 투쟁적인 노선을 고수하고 있고, 한교조는 상대적으로 온건한 편이다. 자유교원조합은 전교조의 강경노선에 반대하여 결성된 조직으로서 교원의 노동기본권보다는 학생들의 학습권보호를 강조하는 조직이다. 우리나라의 교원 및 교원노동조합 조합원수를 살펴보면, 2012년 말 현재 교원노동조합은 11개(전교조, 한교조, 자교조, 대한교조 등이 노동조합이며 자유교원조합은 7개의 단위노동조합으로 구성된 연합단체로 총 11개임), 조합원수는 69,656명으로 교원노동조합 가입대상 402,239명의 17.3%가 노동조합에 가입하고 있다. 전년도와 비교하여 전체 조합원수는 4,900명이 감소하였다. 전국단위 노조 3개(전국교직원노동조합, 한국교원노동조합, 대한민국교원조합), 연합단체인 노조 1개(자유교원조합)와 그 소속 시·도 단위 노조 6개(서울, 경기, 충남, 울산, 대경, 부산)가 설립되어 있으며 각 전국단위 노조별로 지부(전교조 16개, 한교조 10개, 대교조 4개)가 구성되어 있다(〈도표 10-7〉 참조).[22]

'한국교원단체총연합회(교총)'는 교육부와의 단체교섭을 수행한다 하더라도 일반적으로 고용관계의 당사자로 볼 수 없기 때문에 본 장의 논의에서 제외하였다.

전국교수노동조합
http://www.kpu.or.kr/

전국대학노동조합
Korean University Workers' union
http://www.kuwu.or.kr/

전국교직원노동조합
http://www.eduhope.net

한국교원노동조합
http://www.kute.or.kr

부모마음 교육
자유교원조합
http://www.kltu.net/

---

22   고용노동부, 「2013 고용노동백서」(2013), p. 706.

도표 10-7	교원 노동조합 설립 현황		
	조합원수	구성비	상급단체 가입 여부
전교조	60,249	86.5%	민주노총
한교조	6,399	9.2%	미가맹
자교조	2,402	3.4%	국민노총
대한교조	606	0.9%	미가맹
합계	69,656	100.0%	

자료: 고용노동부, 「2013 고용노동백서」(2013), pp. 706-707.

2.3 교원노동조합의 고용관계

교원의 고용관계의 특징에 대하여 살펴보면 다음과 같다.

(1) 노동3권 및 노동조합

① **노동3권의 보장**　국·공립학교 및 사립학교(따라서 유치원과 초중등교원을 포함하며 대학교수는 제외됨) 교원은 단결권과 단체교섭을 가진다. 단, 학생들의 학습권 보호를 위하여 파업·태업 기타 업무의 정상적인 운영을 저해하는 일체의 쟁의행위를 불허하고 있다.

■ 교원은 노동 3권을 가짐

■ 학습권 보호를 위하여 정상적인 운영을 저해하는 일체의 쟁의행위를 불허

② **노동조합의 설립**　교원노조는 특별시·광역시·도 단위 또는 전국단위에 한하여 설립할 수 있으며 전임자를 둘 수 있다. 단, 전임자는 휴직상태의 교원과 마찬가지로 인정하므로 사용자로부터 임금을 지급받지 못하도록 규정하고 있다. 교원노조의 정치활동은 금지되어 있다.

(2) 단체교섭 및 단체협약

① **교섭위원의 구성**　노동조합측의 교섭위원은 당해 노동조합을 대표하는 자와 그 조합원으로 구성하여야 한다고 규정하고 있어, 교섭의 위임을 허용하지 않고 있다. 사용자측의 교섭위원은 교육부장관, 시·도교육감 또는 사립학교를 설립·경영하는 자로 규정하고 있다.

② **교섭방식**　단체교섭의 교섭방식으로 학교단위의 교섭은 허용하지 않고 통일교섭(즉, 교육부 차원에서의 중앙교섭과 시·도단위의 교섭)만을

■ 통일교섭만을 허용

허용하고 있다. 국·공립학교의 경우, 전국적 교섭은 교육부장관이, 시·도 단위는 교육감이 교원노조와 교섭한다. 사립학교의 경우, 사립학교 설립·경영자가 시·도 또는 전국단위로 연합하여 교원노조와 교섭한다. 노조측의 교섭창구는 복수노조의 경우 노조 자율로 교섭창구를 단일화하도록 규정하였다. 교섭사항으로는 조합원의 임금·근로조건·후생복지 등 경제적·사회적 지위향상에 한정하고 있다.

☞ 교원노조와 사용자는 단체협약을 체결

③ **단체협약**　　교원노조와 사용자는 단체협약을 체결할 수 있다. 단, 체결된 단체협약의 내용 중 법령·조례 및 예산에 의하여 규정되는 내용과 법령 또는 조례에 의한 위임을 받아 규정되는 내용은 단체협약으로서의 효력을 가지지 아니한다고 법령에 규정되어 있다.

(3) 쟁의조정

① **쟁의조정의 절차**　　단체교섭이 결렬될 경우 중앙노동위원회에 당사자 일방 또는 쌍방이 조정을 신청할 수 있고 조정은 신청한 날부터 30일 이내에 종료하여야 한다. 조정이 제대로 이루어지지 않을 경우, 당사자 쌍방이 중재를 신청할 경우 및 중앙노동위원회 위원장의 직권 또는 고용노동부장관의 요청에 의해 중재가 개시된다. 한편 중재재정이 위법하거나 월권에 의한 것이라고 인정될 때 관계당사자는 행정소송을 제기할 수 있다.

☞ 교원노동관계조정위원회를 둠

② **쟁의조정기관**　　교원의 노동쟁의를 조정·중재하기 위해 중앙노동위원회 내에 교원노동관계조정위원회를 두고 있다. 위원회는 중앙노동위원회 위원장이 지명하는 조정담당 공익위원 3인으로 구성된다.

2.4 외국의 교원고용관계 사례

☞ OECD 회원국에서는 교원의 단결권과 단체교섭권을 인정하고 있으나 단체행동권은 일반적으로 금지

이하에서는 외국의 교원고용관계를 간략히 살펴보기로 한다.

미국은 교원에 대하여 주별로 입법례가 다르다. 대체로 교원의 단결권을 인정하고 있으며 일부 주에서는 단체교섭권도 인정하고 있다. 그러나 쟁의권에 대해서는 대체로 인정하고 있지 않다.[23] 독일에서는 공무원인 교원의 경우 단결권만 인정하고 단체교섭권과 단체행동권은 부인된다. 공무원

23　이철수·강성태, 전게서, pp. 94~113.

이 아닌 교원의 경우에는 민간부문과 동등한 노동3권이 보장된다.[24] 일본의 교원은 스스로 선택하여 노조를 결성하고 단체교섭을 할 수 있으나 단체행동권은 허용되지 않는다.[25] 따라서 미국, 독일, 일본 등 OECD 회원국에서는 일반적으로 교원의 노동조합결성을 허용하고 있음을 알 수 있다. 대체로 교원의 단결권과 단체교섭권을 인정하고 있으나 단체행동권은 일반적으로 금지하고 있다. 이러한 외국의 입법사례는 우리나라의 교원노조법의 경우와 흡사하다는 점을 알 수 있다.

Key Word

공공부문, 노동기본권, 공무원의 고용관계, 공무원직장협의회, 공무원노동조합, 공공기관의 고용관계, 국가공기업, 지방공기업, 공기업 경영혁신, 교원노조, 한교조, 전교조, 대교조, 자유교원노조

---

24 강수돌, 전게서, pp. 29~34.
25 강순희, 「일본 공공부문 노사관계: 노동기본권과 임금결정제도를 중심으로」(서울: 한국노동연구원, 1996), pp. 25~39.

post-case 14

2013년 철도파업 일지[26]

◇ 노사교섭

▲ 7월 18일 임금교섭 위한 임금교섭 개시 공문 발송

　※ 이후 임금실무교섭(8회), 본교섭(2회) 진행

▲ 11월 12일 중앙노동위원회 조정 신청(27일 노사간 현저한 의견차로 조정종료)

▲ 11월 20~22일 철도노조 쟁의행위 찬반투표, 찬성 80%로 가결

▲ 12월 5일 준법투쟁(휴일근로, 대체근로, 연장근로 거부 등)

▲ 12월 7~8일 서울 3~4차 본 교섭

◇ 파업

▲ 12월 9일 노사간 교섭결렬로 총 파업 돌입…참가율 32%

▲ 12월 9일 코레일, 파업 참가자 4356명(집행부 143명 포함) 직위해제

　※ 이후 대규모 직위해제 및 징계회부가 이루어짐

▲ 12월 10일 코레일, 임시이사회서 수서발 KTX 운영법인 설립 의결

▲ 12월 11일 철도노조, 정부에 파업 수습을 위한 요구안 제시

　　　　　　 정부, 철도산업 민영화 의지 없어…불법파업 근절 천명

▲ 12월 12일 국제운수노련, 수서발 KTX 운영법인 설립 재검토 촉구

▲ 12월 13일 코레일 노사 파업 후 첫 긴급 협상 결렬

▲ 12월 14일 철도노조 · 민주노총 1차 '철도민영화 저지, 노동탄압 중단' 전국 규모 투쟁

▲ 12월 16일 코레일, 열차 최대 12% 감축 운행 개시

　　　　　　 철도노조 위원장 등 6명 체포영장 발부

　　　　　　 대통령 "철도 민영화 안하는데 파업, 명분 없는 일" 비판

▲ 12월 17일 수도권 전동열차 운행에 군 인력 300여명 추가 투입(교통대 인력 복귀 대체)

▲ 12월 18일 화물연대, 대체 수송 거부 선언

　　　　　　 코레일, 철도노조에 19일 오전 9시까지 복귀 명령

▲ 12월 19일 철도노조 · 민주노총 2차 '철도민영화 저지, 노동탄압 중단' 전국 규모 투쟁

▲ 12월 20일 코레일, 철도노조 상대 77억원 규모 손해배상 소송 제기

▲ 12월 21일 국토교통부장관 "수서발 KTX, 민간 매각시 면허 박탈"

26　뉴시스, "철도파업-일지, 역대 최장기 파업 … 시작부터 철회까지," 2013-12-30의 내용을 발췌 요약함

▲ 12월 23일 열차 운행률 70%대로 축소

　　　　　　대구역 지천구간서 작업 궤도차 탈선

　　　　　　코레일 사장, 대체 인력 채용 계획 발표

　　　　　　대통령, 철도파업 정면돌파 천명…"당장 어렵다는 이유로 원칙 없이 적당히 타
　　　　　　　협하고 넘어간다면 미래 기약 못해"

▲ 12월 24일 국제엠네스티, 민주노총 경찰력 투입 국제기준 위반 비판

▲ 12월 25일 코레일 사장, 사업장 방문 대화 불발

▲ 12월 26일 코레일, 철도파업 대체인력 660명 채용공고

　　　　　　대한불교 조계종 화쟁위원회, 철도문제 해결을 위한 특별위원회 구성

　　　　　　코레일 사장과 철도노조 수석부위원장 실무교섭 재개 합의

　　　　　　국회 환경노동위원회, 철도노조-코레일-정부간 노사정 대화의 장 마련

▲ 12월 27일 철도노조-코레일, 실무교섭 결렬

　　　　　　코레일 사장 "27일 자정까지 복귀" 최후 통첩

　　　　　　철도노조 위원장 "수서발 KTX 면허발급 중단시 파업 철회" 제안

　　　　　　국토부 장관, 철도노조 제안 거부 … "면허 발급 타협 대상 아냐"

　　　　　　철도파업 노사정 공개협의 결렬

　　　　　　코레일, 철도노조 재산 116억원 가압류 신청

　　　　　　대전지법, 수서발 KTX 법인 등기 야간 당직자 통해 인가

　　　　　　국토부, 수서발 KTX 면허발급 발표

▲ 12월 30일 여야 철도산업발전소위 구성 합의

　　　　　　철도노조, 파업 철회 선언

공기업 개혁은 노사가 함께 이뤄야[27]
철도파업 내부소통 안돼 사태 확산
노동행정 컨트롤타워 부재 심각

　　국민들에게 큰 불편을 안겨준 철도파업이 22일 만에 마무리됐다. 이번 파업은 2009년 8일간 지속된 파업보다 긴 역대 최장기 철도파업으로 국민의 불편도 막대했고, 시멘트 수송중단 등 경제적 손실도 컸다. 수서발 KTX 별도법인 설립이 철도 민영화의 시발점이라는 노조의 주장과 민영화

27　김동원, "공기업 개혁은 노사가 함께 이뤄야," 세계일보 시론, 2014-01-01.

는 전혀 고려하지 않고 있다는 정부와 회사 측의 입장이 맞선 결과였다. 파업이 장기화돼 국민의 불편은 가중되는 가운데도 해결의 기미가 보이지 않다가 정치권과 철도노조 지도부가 국회에 철도산업발전소위원회를 구성한다는 합의를 이끌어냄으로써 새해를 맞기 직전 파업이 종료됐다.

이번의 철도파업이 다행히 최악의 파국은 면한 상태로 종료됐지만 여러 가지 측면에서 아쉬움이 남는 결과를 가져온 것으로 보인다. 최근 한국 노사관계의 가장 큰 문제는 노사분규의 외부화와 정치화 현상이다. 한진중공업, 쌍용차의 노사분규에서 보인 희망버스 등의 집회와 시위, 철탑농성, 장기파업 빈발, 그리고 특위, 청문회, 국정감사 등 국회와 정치권의 개별기업의 노사문제에 대한 개입은 현재의 노사갈등해소 시스템이 잘 작동되지 않는다는 반증이다. 즉, 기업 내 노사협상으로 문제가 해결되지 않아 노사갈등이 외부로 확산돼 사회갈등을 조장하고 결국 정치권으로 확산되는 조짐을 보이는 것이다. 이번의 철도파업도 당사자 간의 대화와 소통은 거의 이루어지지 못해 노사 간의 협상도 결실을 맺지 못하고 정치권이 개입해서 종결됐다.

코레일은 공기업으로서 공익사업장이지만 또한 개별기업이다. 개별기업의 노사문제에 일일이 정치권이 개입해 해결되는 관행은 노사자율주의에 어긋날 뿐만 아니라 장기적으로 심각한 부작용을 가져올 수 있다. 개별기업의 노사가 스스로 갈등을 해소할 소통채널과 역량을 확보하지 못한다면 갈등이 발생할 때마다 외부의 힘을 빌려 해결해야 하는 '중독현상'(Narcotic Effect)이 발생하게 된다. 즉, 외부인의 개입으로 파업이 타결된다면 미래의 파업들은 외부개입에 대한 의존현상이 생겨 자율협상이 힘들게 된다. 파업은 어렵고 고통스럽더라도 노사 간 자율협상을 통해 해결하는 것이 장기적으로 가장 효과적이다. 정치권에서 모든 파업에 개입해 여야 간 협상을 통해 일일이 해법을 제시하지 못한다는 것은 불문가지의 사실이다. 이번의 파업이 반면교사가 돼 철도산업의 노사와 정책당국은 노사갈등을 스스로 대화와 소통을 통해 해소할 역량을 키우는 노력을 시작해야 할 것이다.

사용자는 원칙과 명분을 지켰다고 하겠지만 파업대응과정에서 미숙한 측면도 많았다. 무엇보다 철도행정의 소통 부재를 지적하지 않을 수 없다. 국민의 공익을 담보하는 정책의 시행에는 당사자 간의 대화와 소통이 필요하다. 경쟁체제를 도입해 만성적자의 철도산업을 개혁하겠다는 방안을 원만히 실행하기 위해서는 공청회 등을 통해 국민과 관계당사자에게 사전에 계획을 널리 알리고 여론을 수렴할 필요가 있었다. 이번 파업에 대응하는 과정에서 노동행정 전반을 총괄하는 컨트롤 타워의 부재도 심각한 문제로 드러났다. 노동정책을 총괄하는 행정기능의 복원이 시급한 과제로 보인다.

철도노동조합은 정부의 철도산업 효율화방안을 무작정 민영화로 몰아붙이면서 반대만 할 것이 아니라 대안을 제시했어야 했다. 코레일은 부채가 17조원에 달하고 철도선진국보다 높은 매출액 대비 인건비로 방만 경영이라는 비판도 받고 있다. 만성적자 상태인 코레일에 대한 개혁방안을 무조건 반대만 하는 것은 책임 있는 노조의 자세가 아니다. 노동조합이 정부정책에 반대만 할 것이 아니라 철도공사의 경영개선방안에 대안을 제시했다면 집단이기주의라는 비판으로부터 보다 자유로울 수 있었을 것이다. 공기업도 노와 사가 함께 힘을 합쳐 개혁하지 않고 국민의 부담으로 남는다면 결국은 시장의 외면을 받아 몰락한다는 것을 선진국의 사례는 익히 보여주고 있다.

　파업사태가 국회의 철도산업발전소위 구성으로 일단 봉합되는 국면으로 접어들었지만 그동안의 상처도 크고 앞으로의 과제도 산적해 있다. 철도 노사는 갑오년 새해를 개혁과 혁신을 위한 다짐으로 시작해야 할 것이다.

◎ 토의과제

　1. 2013년 철도공사의 파업과 외국의 민영화 사례를 비교하여 설명하라.

　2. 최근 공기업의 만성 적자와 방만 경영에 대한 비판이 있는데 여기에서 벗어나기 위한 경영진, 노조 및 정부의 역할이 무엇인지 설명하라.

　3. 위 사례를 보고 노조자율주의의 해결을 위한 조건은 무엇인지 설명하라. 또한 조정의 냉각효과(Chilling Effect)와 중독현상(Narcotic Effect)의 관점에서 외부 중재(개입)이 가져올 폐해에 대하여 설명하라.

　4. 정부의 노동정책 추진에 있어 왜 사회적 합의가 중요한지를 설명하라.

　5. 철도파업시 대체인력 투입이 가능한지 가능하다면 그 이유는 무엇인지 설명하라.

11 주요국의 고용관계

Modern Employment Relations

pre-case 11

ILO, 전세계 청년실업 증가 경고 … 그런 와중에 한국의 니트족 증가[1]

　　국제노동기구(ILO)가 청년실업 증가를 경고하고 나섰다. "2013 글로벌 청년 고용추세" 보고서에 따르면 2009년 이후 감소세로 보이던 청년실업이 다시 증가세로 돌아섰고 2018년에는 12.8%까지 오를 것이라면서 비숙련 청년노동자들이 구직을 단념하는 청년 니트(NEET: Not Education, Employment or Training)족으로 전락할 것이라고 경고했다.

　　실제로 경제협력개발기구(OECD) 회원국 내 니트족은 2008~2010년 사이 2.1% 증가하여 15.8%에 도달한 것으로 나타났다.

　　이런 우려 속에 우리나라에서는 지난 7년 새 15만명의 니트족이 늘어났다. 한국은행의 "청년층 고용 현황 및 시사점" 보고서에 따르면 15~29세 청년층 중 비경제활동인구는 2005년 이후 증가하였으나 2009년부터 감소세로 돌아섰다. 그러나 같은 기간 동안 니트족은 지속적으로 증가하여 무려 14만명이 늘어난 것으로 나타났다.

〈청년층 고용 관련 지표 추이〉　　　　　　　　　　　　　　　　(단위: 천명)

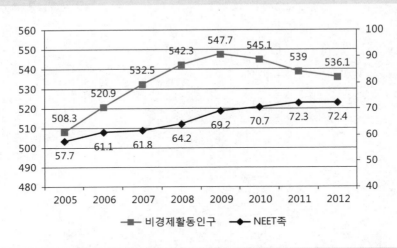

자료: 나승호·조범준·최보라·임준혁, "청년층 고용현황 및 시사점," 「BOK경제리뷰」 내용 수정

1　나승호·조범준·최보라·임준혁, "청년층 고용현황 및 시사점," 「BOK경제리뷰」 2013-12; 경향신문, "'니트족' 7년 새 15만명 증가, '빈곤세습' 심화," 2013-12-10; 파이낸셜뉴스, "ILO, 전세계 청년실업률 향후 5년간 계속 증가," 2013-05-09 등의 내용을 참고하여 재작성.

이와 같은 청년 백수가 늘어나는 이유로 우선 고용창출효과가 적은 수출·제조업 위주로 우리 산업구조가 재편되어 과거 타 산업에 비하여 양질의 일자리가 적어지고 있기 때문이다.

둘째, 근무여건이 좋은 1차 노동시장과 그렇지 못한 2차 노동시장이 양분화되어 2차 노동시장에 진입했다가 1차 시장으로 가기엔 진입장벽이 너무 높아 처음부터 좋은 일자리를 찾기 위해 학업을 계속하거나 아예 취업을 하지 않기 때문이다.

마지막으로 청년층은 고용보호가 이루어지는 정규직을 원하는데 정규직에 대한 높은 고용보호는 반대로 신규 채용을 억제하기 때문에 악순환이 계속된다는 것이다.

한편 보고서는 청년층 고용율을 높이기 위해 중소제조업과 서비스업의 경쟁력 강화, 노동시장의 이중구조 완화, 청년층에 대한 근로소득장려세제(EITC)[2] 등이 필요하다고 강조했다.

---

2 근로장려세제(EITC)는 근로빈곤층의 근로유인을 실질 소득을 지원하기 위한 환급형 세액공제제도임. 보다 구체적인 내용은 http://nts.go.kr 참조.

청년실업 및 일자리 창출은 한 국가의 문제가 아니라 전세계 공통의 이슈로 자리 잡고 있다. 특히 다국적기업의 노사문제는 국민감정을 자극하는 외교적 문제로 발전하기도 한다. 갈수록 격화되는 위의 기사에서 보듯이 실업과 일자리 창출은 한 국가의 문제가 아니라 전세계 공통의 이슈로 자리 잡고 있다. 특히 다국적기업의 노사문제는 국민감정을 자극하는 외교적 문제로 발전하기도 한다. 갈수록 격화되는 세계화의 진전은 국가간의 교류를 촉진시켜서 노사 모두에게 외국의 고용관계를 이해할 필요성을 증가시키고 있다. 본 장에서는 영국, 미국, 프랑스, 독일, 일본, 싱가포르 및 중국 등 주요국의 고용관계에 대하여 살펴보기로 한다. 이들 국가는 고용관계에 있어서 학술적으로 분류되는 독특한 유형을 각각 대표하고 있다. 이하에서는 먼저 이들 국가의 고용관계의 역사 및 환경, 고용관계 당사자, 즉 노동자 및 노동조합, 사용자, 정부 등에 대하여 설명한 후 이들 국가의 고용관계경험을 종합분석하고자 한다. 마지막으로 ILO 등 국제적 노사정단체에 대하여 설명하고자 한다.

1. 세계 각국의 고용관계

☛ 노사자율주의, 사회
(민주)조합주의, 정
치적 조합주의, 기업
조합주의, 국가 조합
주의, 공산권국가

세계의 고용관계는 국가에 따라 다양한 모습을 보여준다. 단순하게 말하면 세계의 고용관계는 다음의 여섯 가지 유형으로 구분이 가능하다. 예를 들어 ① 노사자율주의(voluntarism)는 미국과 영국이 대표적이고, ② 사회(민주)조합주의(liberal corporatism, democratic corporatism)는 독일과 스웨덴이, ③ 정치적 조합주의(political unionism)는 프랑스, 이탈리아의 고용관계를 지칭하며, ④ 기업조합주의(micro-corporatism)는 일본 등이 대표적이다. 또한 ⑤ 국가조합주의(state corporatism 혹은 강제적 조합주의, authoritarian corporatism)는 남미와 아시아 등의 개발도상국가가 대표적이며, ⑥ 공산권국가에서는 노조가 당의 한 기구이며 의무적인 노조설립을 강제한다는 점에서 위에서 설명한 고용관계 유형과는 다른 독특한 공산권 고용관계 유형을 이루고 있다. 〈도표 11-1〉에는 고용관계의 6가지 유형과

도표 11-1	주요국의 고용관계의 유형과 특징		
유 형	대표적 국가	방향	특 징
노사자율주의 (Voluntarism)	영국, 미국	대립적 단체교섭형	• 정부는 민간기업 고용관계에 가급적 불개입 • 노사 대등한 입장에서 교섭과 조정 • 노사 대등한 단체협약 체결
정치적 조합주의 (Political Unionism)	프랑스, 이탈리아	강한 이데올로기의 영향	• 노조는 사용자와 감정을 달리하는 이질적 집단 취급 • 노조 생성시부터의 계급투쟁적 색채 농후 • 사용자는 권위적 가부장적 경영스타일 • 전국적 또는 개별기업에서도 계급투쟁적 활동의 전개
민주적 조합주의 (Democratic or Societal Corporatism)	독일, 스웨덴	공동체 의사결정형 경영참가형	• 노사가 근로조건을 공동결정 • 노사 쌍방의 신의 성실의무 이행약속 • 산업민주화 방향, 경영참가제 실시, 성과배분제의 제도화
기업조합주의 (Micro Corporatism)	일본	가족주의의 공동체원리, 집단주의의 화합원리	• 집단주의의 공동체형성 고용관계 → 화합적 의사결정 • 기업별 노조시스템 • 종신고용제 → 근로자의 직업안정 • 연공서열 임금제
국가조합주의 (State Corporatism)	남미, 아시아 개발도상 국가	강력한 국가개입주의	• 정부의 주도적 역할 강조 • 노동기본권 제한 • 협력적 고용관계 구축을 위한 입법 제정
공산권 (Stalinist Unionism)	중국, 베트남, 러시아, 북한	공산당의 정책우선 경제성장우선주의	• 노조는 근로자 대변기구라기보다는 생산독려자 역할 수행 • 노조가 당의 한 기구이며 노조설립 강제

특징이 나타나 있다.

1.1 영국의 고용관계

영국은 노동조합이 가장 먼저 발전한 국가이며 노사자율주의의 대표적인 국가이다. 최근 영국은 탈산업화현상이 벌어져서 제조업이 줄어들고 서비스업이 증가하고 있다. 또한, 노동조합이 침체하여 비노조경영에 대한 관심이 높아지는 경향을 보인다.

☞ 노동조합이 가장 먼저 발전한 국가이며 노사자율주의의 대표적인 국가

(1) 고용관계의 역사

영국(United Kingdom)은 세계에서 가장 먼저 산업혁명이 발생하였고

▶ 가장 먼저 산업혁명이 발생, 노동운동과 노동조합이 가장 먼저 생성·발전

노동운동과 노동조합이 가장 먼저 생성·발전하였다. 즉, 산업혁명이 잉태되던 시기인 17세기 말 임금노동자의 숫자가 증가하고 있던 영국에서 원시적인 형태의 세계 최초의 노동조합이 생겨났다. 이후 영국에서는 18세기 들어 꾸준히 노동조합의 수가 늘어났고, 산업혁명이 본격적으로 시작되는 18세기 말에 랭카셔의 면방적공들을 중심으로 체계적인 노동조합운동이 시작되었다. 초기의 노동자조직은 노동조합이라기보다는 공제조합과 같은 성격을 갖고 있었다. 영국정부에서는 1799년과 1800년의「노동자단결금지법」(Combination of Workmen Act)을 통해 노동조합을 불법단체로 금지하였다. 그러나 시장경제체제하에서 노동조합의 생성이 불가피함을 깨달은 정부는「1824년의 법」(Combination Laws Repeal Act)과「1825년의 수정법」(Combination Laws Repeal Act Amendment Act)에 의해 임금, 근로시간의 변경을 위한 노동자 및 사용자의 단결권을 인정하게 된다.[3]

|그림 11-1| 외국인근로자지원센터에서 이주노동자와 상담하는 상담사 모습

▶ 기계파괴운동

▶ 전국합동조합운동

▶ 헌정운동

산업혁명시기에 노동자 보호를 위하여 추진된 기계파괴운동(Luddite Movement),[4] 전국합동조합운동(Grand National)[5] 및 헌정운동(Chartist Movement)[6] 등이 시도되었지만 실패하였다. 그러나 19세기 중반에 영국사

---

3 이준범,「현대노사관계론」, 제2전정판(서울: 박영사, 1997), p. 125.

4 1811~1817년 영국의 중부·북부의 직물공업지대에서 산업혁명으로 인하여 경제불황, 임금하락, 고용감소, 실업자 증가가 발생하자 노동자들이 기계의 도입을 막기 위하여 조직적으로 기계를 파괴한 운동.

5 Robert Owen의 지도하에 당시 노동조합과 Owenism 선전단체가 연합하여 극비리에 결성한 단체로 전 생산계급을 포괄하는 전국연합체 성격을 띤다. 1834년 2월 런던의 특별 대의원회의에서 조직이 공표되며 조합운동이 왕성해져 2개월 이내에 조합원수가 100만 이상에 이르자 정부와 자본가의 탄압을 받게 되었다. Owen의 이상주의와 대중운동의 미발달 등으로 인해 10월경 연합 내부에 전략과 전술 문제로 의견 대립 등이 생기며 조직이 분열상태에 빠지자 영국 노동운동의 주류는 헌정운동으로 옮겨갔다.

6 1838~1848년 노동자층을 주체로 하여 전개된 영국의 민중운동. 영국의 노동자들은 1832년의 선거법 개정에서도 선거권을 얻지 못하자, 1830년대 중반부터 경제적·사회적으로 쌓여온 불만과 함께 선거권 획득을 위한 요구의 목소리를 높여갔다. 이에 국민청원서명서를 하원에 제출하였으나 거부되었고 이후 2차례의 청원서명서를 다시 제출

회의 경제성장이 지속되자 노동자들의 생활수준도 다소 향상되었다. 그 결과 노동운동의 제도화가 이루어져서 과거의 폭동·정치지향적이던 노동운동의 성격을 현재의 경제사회조직을 인정하고 그 테두리 안에서 노동자의 경제적·사회적 지위를 가능한 한 향상시키려고 노력하는 방향으로 바뀌게 되었다. 이 당시 노동조합은 숙련공 중심의 직업별 노동조합이 주류를 이루고 있었으며 단체교섭이나 조정중재제도를 활발히 이용하였다.

19세기 말 영국 경제력이 차츰 경쟁력을 상실해 가자 노동자들의 생활이 위협을 받게 되었고 미숙련노동자를 보호하기 위하여 직업구분을 하지 않는 일반노동조합(general union)이 나타나게 되었다. 또한 사회주의단체가 출현하게 되고 정치세력화되기 시작한다. 이 당시의 노동운동은 사회보장, 노동조건의 법제화 등 정치활동, 특히 입법활동에 집중되는 한편, 평상시의 임금투쟁도 중시하여 파업이 빈번히 발생하였다.

20세기 초반 노동자들과 사회주의단체들의 정치적 힘을 강화하여 노동당을 창당하게 되었고 직업별 노동조합이 서로 결합하여 산업별 노동조합으로 발전하였다. 특히 탄광, 철도 등 미숙련공이 많은 산업에서 산업별 노조가 크게 발달했으며 제1차세계대전 이후 산업국유화운동이 전개되자 그러한 성향이 가속화되었다. 또한 제2차세계대전 중 노동조합이 전쟁 승리를 위해 정부의 전시동원체제에 협조하여 그들의 정치적 지위를 강화하였고 이러한 현상은 1970년대 중반까지 지속되었다.

그러나 1960년대 이후 영국은 노동조합의 권익이 지나치게 강화되어 영국병이라고 불리는 현상을 경험하게 된다. 즉, 노동조합의 기득권을 아무도 견제하지 못하는 상황이 되어 피고용인의 배치와 이동을 사용자가 뜻대로 할 수 없는 등 직원들에 의한 경영의 비효율성과 경직성이 심각한 지경에 다다랐다. 1976년 당시 노동당 치하의 영국은 경제침체와 재정적자로 인하여 외환위기를 겪게 되어 국가경제가 부도 직전의 급박한 상황에 몰리게 되었고 결국 국제통화기금(IMF)에 구원의 손길을 내밀게 되었다. 1년 뒤 외환위기는 벗어났으나 보다 근본적인 문제였던 경제위기는 계속되어 나라 전체가 파국상태에 이르렀다. 노동조합의 기득권으로 인한 경영의 비효율성과 만성적인 노사분규가 영국이 경제위기를 겪은 한 원인으로 지목되면

하였으나 모두 하원에서 거부당하고 1848년 소멸되었다.

서 노동조합에 대한 여론이 크게 악화되었다.

1979년 이후 지속적으로 집권한 마가렛 대처 수상의 보수당 정부는 경제위기를 극복하기 위하여 신자유주의를 확산시키는 정책을 펴게 된다. 즉, 노동조합의 세력을 약화시키고 권리를 축소하는 방향으로 노동법을 단계적으로 개정하였으며, 노동시장의 규제를 완화시키고, 공공부문을 축소하여 영국 경제 전체에 경쟁적인 기업문화를 도입시켰다.[7] 그 결과 영국 경제가 회복되어 외환위기를 극복하였으나, 노동조합은 급속도로 위축되었다. 1979년과 1997년을 비교하면 전체 조합원수의 40% 이상(620만명)이 줄어들어 조직률이 55%에서 29%로 하락하면서 사용자들이 고용관계의 주도권을 갖게 되었다. 1990년대 이후 영국 사용자의 고용관계전략의 가장 뚜렷한 특징은 노동유연성 제고를 목표로 한 분권화와 고용관계의 개별화(즉, 비노조화)라고 요약할 수 있다. 이러한 전략은 노동조합운동을 더욱 약화시키고, 피고용인들에게는 고용불안을 가중시켰다. 한편 1997년 다시 집권한 노동당 정부는 고용관계와 노동시장에 대한 새로운 개혁방안을 추진하여 보수당 정권보다는 노동운동에 다소 우호적인 정책을 펴고 있다.[8]

(2) 고용관계의 환경

현재 영국의 인구는 약 6,203만 명이며 경제활동참가율은 63.0%이다. 여성의 경제활동참가율은 지속적으로 증가한 반면, 남성의 경제활동참가율은 1985년 이후 계속 떨어지고 있다. 영국은 OECD의 어떤 국가보다 1차산업의 취업자 비중이 매우 낮다. 민간부문 취업자 중 약 12.0%는 제조업부문에, 나머지 77.8%는 서비스업부문에 종사하고 있다. 영국은 OECD 국가 중 제조업부문의 고용비중이 가장 낮은 국가 중 하나이며, 서비스업부문이 상대적인 성장을 보이고 있다. 영국의 경제성장률도 2010년 현재 2.1%로 전년에 비하여 나아졌지만 실업률은 7.9%로 근래 가장 높은 수준을 유지하

7 John Goodman, Mich Marchington, John Berridge, Ed Snape, and Greg J. Bamber, "영국의 고용관계," *International and Comparative Employment Relations*, 3rd. Ed., 박영범·우석훈 공역,「국제비교 고용관계」(서울: 한국노동연구원, 2000), pp. 38~39.

8 Mich Marchington, John Goodman, and John Berridge, "영국의 고용관계," *International and Comparative Employment Relations: Globalisation and the Developed Market Economies*, 4th. Ed., 박영범·우석훈 공역,「국제비교 고용관계」(서울: 한국노동연구원, 2005), pp. 42~43.

도표 11-2	영국의 연도별 경제일반 지표						
연도	국내총생산 (10억 달러)	경제성장률 (%)	경제활동 참가율 (%)	제조업 취업자비중 (%)	파트타임 취업자비중 (%)	실업률 (%)	생산직근로자 시간당 임금* ($)
1980	470.9	−2.1	–	37.6	–	–	–
1985	676.6	3.6	75.2	34.8*	40.7	11.3	–
1990	935.0	0.8	77.8	32.3	39.3	6.8	12.7
1995	1,145.1	3.1	75.8	27.3*	39.9	8.7	13.24
2000	1,535.3	4.5	76.4	25.2	40.0	5.5	20.67
2001	1,629.6	3.1	76.1	24.6	39.5	4.8	20.69
2002	1,713.4		76.2	23.9	38.7	5.1	22.09
2003	1,777.4	3.5	76.3	23.3	38.9	4.9	25.15
2004	1,901.0	3.0	76.2	22.3*	39.0	4.7	28.50
2005	1,971.6	2.1	76.2	22.3	37.7	4.7	29.72
2006	2,120.3	2.6	76.7	22.1	37.7	5.4	31.23
2007	2,179.4	3.5	76.3	23.0	37.2	5.3	35.23
2008	2,203.1	−1.1	76.8	21.9	36.7	5.4	34.20
2009	2,130.8	−4.4	76.6	19.6	37.6	7.8	29.47
2010	2,220.8	2.1	76.3	19.2	38.3	7.9	29.11

자료: 한국노동연구원, 「각 연도 해외노동통계」(서울: 한국노동연구원, 각 연도).
* BLS, *International Comparisons of Hourly Compensation Costs in Manufacturing*, 1996-2012.

고 있다. 이는 글로벌 금융위기에서 기인한 것이다(〈도표 11-2〉 참조).

입헌군주제를 실시하는 영국은 자본가와 지주를 대표하는 보수당과 노동자 계급을 대변하는 노동당에 의한 양당체제를 가지고 있다. 노동당은 영국의 노동조합의 지원을 받아 설립되었으며, 오늘날에도 영국의 노동조합과 밀접한 관련을 맺고 상호 지원관계를 유지하고 있다.

(3) 고용관계 당사자

① **노동조합**　　　영국의 노동조합의 기원은 17세기 말의 원시적인 노동조합에서 찾을 수 있다. 최초의 노동조합은 숙련직공에 의해 결성되었지만, 19세기 후반에는 반숙련과 미숙련 육체노동자들이 노동운동에 가세하였고, 화이트칼라 노동자들은 제2차세계대전 후에 노동조합에 가입하였다. 영국의 노동조합은 직업별 노동조합, 일반노동조합, 산업별 노동조합

☞ 입헌군주제, 양당체제

또는 화이트칼라노동조합으로 구분할 수 있으나, 최근 노동조합이 여러 부류의 노동자들을 구별 없이 조합원으로 가입시킴으로써 점차 그 구분은 희미해지고 있다.

영국 노동조합의 특징은 다음과 같다. 첫째, 하나의 기업이나 산업 내에도 다수의 조합이 서로 복잡하게 얽혀서 근로자를 조직하는 '복수노동조합'(multi-unionism)이라는 구조를 갖고 있다는 점이다. 그러나 최근에는 무노조 및 단일노조가 상대적으로 증가하여 복수노동조합이 눈에 띄게 감소하는 추세를 보인다. 둘째, 노동자는 취업하기 전(pre-entry) 또는 취업 직후(post-entry)에 노동조합에 가입해야만 하는 '클로즈드 숍'(closed shop)제도를 인정하고 있다는 점이 영국의 고용관계 특징 중의 하나이다. 대부분의 생산직 노동조합은 가능한 한 클로즈드 숍제도를 선호하며 일부 사용자도 안정적인 고용관계를 구축하기 위하여 클로즈드 숍제도를 호의적으로 인식하였다. 그러나 1990년에 클로즈드 숍에 대한 법적 보호가 철폐됨으로써 적용대상이 급격히 감소하고 있다. 셋째, 대부분의 유럽국가에서는 복수의 전국노동조직이 있으나 영국에서는 영국노동조합회의(Trade Union Congress: TUC)가 유일한 전국노동조직으로 노동계를 대표하고 있다. 2000년 현재 영국 전체 노조원의 85%를 구성하는 75개의 노조가 TUC에 가입해 있다. TUC는 정책수립, 로비와 교육홍보 등을 담당하며 단체교섭에 직접 참여하지 않고 직접 파업을 하지도 않는다.[9] 영국의 노동조합은 1980년대 이후 지속적으로 조합원이 감소하여 침체기를 겪고 있다.

② **사용자 및 그 단체**　　　1965년 탄생한 영국산업연맹(Confederation of British Industry: CBI)은 영국의 중앙사용자단체로서 영국 정부는 물론 유럽연합에 대해 중요한 로비스트 역할을 한다. CBI는 TUC와 마찬가지로 단체교섭에는 참여하지 않는다. 한편 CBI가 대기업을 대변하는 반면에 중소업체의 이익을 대변하는 중소기업을 위한 사용자단체로서 경영자협의회(Institute of Directors)가 존재한다.

1980년대 초반 이후 상품시장에서의 경쟁격화와 신자유주의의 확산, 그리고 노동조합의 쇠퇴 등으로 인하여 사용자의 영향력과 고용관계에 있어서의 행동의 자유는 크게 신장되었다. 고용관계부문에 있어서 사용자들

▶복수노동조합

▶클로즈드 숍제도 인정

▶영국노동조합회의가 유일한 전국노동조직으로 노동계를 대표

http://www.tuc.org.uk/

▶영국산업연맹, 경영자협의회

http://www.cbi.org.uk/

9　상계서, pp. 43~44.

은 노동조합을 도외시하고 개개 근로자와 직접 접촉하는 미국식 인적자원 관리시스템(human resource management system)의 도입을 추진하고 있다. 즉, 생산성 향상과 비용절감을 달성하기 위하여 개별 근로자와의 직접적인 의사소통, 팀제도입, 성과급체계 등을 도입하였다.[10]

③ 정   부   영국은 가능한 민간부문의 고용관계에 있어서 국가의 개입을 최소화하는 노사자율주의(voluntarism)의 대표적인 국가이다. 영국식 노사자율주의의 특징은 다음과 같다. 첫째, 1906년 제정된 「거래분규법」(Trade Dispute Act) 이래 영국 노동법의 전통은 적극적으로 피고용인이나 노조의 권리를 천명하는 것이 아니라 형법이나 민법의 여러 조항이 노동조합이나 노동운동에 적용되는 것을 배제함으로써 노조에 대해 면책특권을 주는 것이다. 둘째, 단체협약은 법적으로 양 당사자를 구속하는 강제력이 없으며 신사협정에 불과하다는 것이다. 따라서 단체협약을 위반하더라도 이의 이행을 법적으로 강제할 방법은 없다. 그러나 어느 일방이 이를 어길 때에는 큰 불명예가 되므로 사실상 위반하는 경우는 거의 없다. 셋째, 사용자가 노조를 인정하는 것은 자발적인 의사에 의하며 노조가 법적으로 인정받을 수 있는 행정적이거나 사법적인 절차가 없다는 점이다. 마지막으로, 국가에 의해 제공되는 보조적인 분쟁조정절차가 있으나 강도가 약하고 본질적으로 분쟁조정은 자발적 성격이며 정부는 파업을 중지시키거나 냉각기간을 설정할 권한을 가지고 있지 않다는 점 등이다. 이러한 노사자율주의는 영국 고용관계의 큰 특징으로 널리 알려져 있다. 그러나 1979년 이후 영국 정부에서 입법한 노동법을 보면 노사자율주의의 원칙이 다소 흔들리고 있음을 볼 수 있다. 즉, 노조의 기득권과 세력을 축소하고자 정부가 고용관계에 어느 정도 개입하는 법안이 잇달아 제정되었는데 이는 전통적인 노사자율주의가 최소한도의 법적 규제의 원칙으로 대체되는 조짐을 보이는 것이다.[11]

최근 영국 고용관계는 노동조합의 조합원수, 노

☛ 노사자율주의의 대표적인 국가

DWP Department for Work and Pensions
http://www.dwp.gov.uk/

|그림 11-2| 흙더미를 옮기는 불도저 노동자 모습

10 상게서, pp. 47~49.
11 상게서, pp. 52~53.

도표 11-3	영국의 연도별 고용관계 일반 지표						
연도	임금근로자 주근로시간 (시간)	제조업 시간당 노동생산성 (2005=100)	조합원수* (천명)	노동조합 조직률* (%)	쟁의행위 발생건수 (건)	쟁의행위 참가자수 (천명)	노동손실일수 (천일)
1990	42.3	72.8	–	–	630	298	1,903
1995	37.5	80.4	7,424	32.4	235	174	415
2000	37.3	91.1	7,418	29.8	212	183	499
2001	37.3	92.3	7,349	29.3	194	180	525
2002	37.0	94.7	7,300	28.8	146	943	1,323
2003	36.7	97.0	7,447	29.3	133	151	499
2004	36.6	98.8	7,353	28.8	130	293	905
2005	36.6	100.0	7,371	28.6	116	93	224
2006	36.5	102.2	7,359	28.3	158	713	755
2007	36.7	104.1	7,334	28.0	152	745	1,041
2008	36.6	103.6	7,219	27.4	144	511	759
2009	36.2	101.5	7,054	27.4	166	335	435
2010	36.1	102.4	6,854	26.6	–	–	–

자료: 한국노동연구원, 「각 연도 해외노동통계」(서울: 한국노동연구원, 각 연도).
* http://stats.oecd.org/index.aspx

동조합조직률, 쟁의행위 발생건수 등이 전반적으로 하락하고 있으며(〈도표 11-3〉 참조) 노동조합의 위축현상이 일어남과 동시에 노사파트너십이 확산되는 경향을 보인다.

1.2 미국의 고용관계

☞ 노사자율주의, 대립적인 고용관계, 실리 지향적인 경제주의, 비노조경영

미국은 영국과 함께 노사자율주의(voluntarism)를 대표하는 국가이며, 대립적인 고용관계를 유지하고 있다. 미국의 노동운동은 전통적으로 실리 지향적인 경제주의를 표방하여 왔다. 최근 미국은 노동운동의 침체로 조직률이 하락하고 있으며 비노조경영에 대한 관심도 높아지고 있다. 한편, 고성과작업조직의 도입이 우량노조기업과 우량비노조기업 사이에서 확산되고 있어서 미국의 초우량기업이 세계적인 벤치마킹의 대상이 되고 있다.

(1) 고용관계의 역사

미국의 산업화는 영국에 비해 다소 늦은 1810~1840년 기간에 시작되었지만, 다른 국가와 비교하면 상대적으로 산업화가 일찍 이루어진 국가이다. 1820년대 중반부터 1860년까지 산업전반에 걸쳐 제조업이 발달하였는데 산업화를 뒷받침하는 주요 노동력은 시골 부녀자와 연소자 및 해외 이민자로 구성된 미숙련근로자들이었다. 노동조합이 본격적으로 결성된 것은 19세기부터였다. 1880년대에는 사회개혁지향적인 노동기사단(Knights of Labor)이 부각되어 1886년에는 70만명의 미숙련근로자들을 조직하였다. 노동기사단은 자본주의 이전의 제도로 회귀할 것을 목표로 한 사회개혁을 지향하였지만 노동기사단의 활동은 오래 지속되지 못하고 소멸되었다. 1886년 숙련공을 중심으로 한 직종별 노동조합들은 전국 규모의 미국노동총동맹(American Federation of Labor: AFL)을 결성하였으며, 이러한 실리지향적인 경제주의 노동조합들이 그 이후 미국노동운동의 중심이 되었다.

☛ 노동기사단

☛ AFL

1900년경 교통 및 통신수단의 발달에 따라 거대한 국내시장이 형성되고 Frederick Taylor의 '과학적 관리법'과 같은 경영이론이 개발됨에 따라 생산성이 향상되고 대기업이 미국 산업계의 지배적 위치를 차지하게 되었다. 이 시기에 자본가들은 노동조합의 결성을 방해하고자 과학적 관리법을 도입하였는데 과학적 관리법은 직무와 임금설계에 대한 과학적 원칙을 도입하는 한편 노동조합의 약화를 시도하였다. 그러나 이런 상황에서도 미국 최초의 강력한 좌익 노동조합인 세계산업노동자연맹(Industrial Workers of the World: IWW)이 결성되었다. IWW는 무정부주의와 노동조합지상주의를 이념으로 하여 한때 전성기를 이루었으나 IWW가 참전을 반대한 제1차세계대전 이후부터 와해되기 시작하였다. 따라서 미국노동운동의 중심은 여전히 경제적 조합주의를 추구하는 미국노동총동맹(AFL)에 있었다.

☛ 과학적 관리법

☛ IWW

http://www.iww.org.

1920년경에는 노동운동에 대한 사용자의 적극적인 반대로 노동운동이 침체하여 노동조합조직률이 사상 최저수준인 10% 정도로 하락하였다. 미국의 노동조합이 다시 활성화된 것은 1930년대의 대공황시기 이후였다. 이 시기에 노동운동이 재반등한 이유 중의 하나는 대공황시기인 1935년에 「와그너법」(Wagner Act)이 제정됨으로써 최초로 연방정부가 근로자들에게 단결권과 단체행동권을 부여하였기 때문이었다. 특히, 이 시기에는 철강, 자동차산업 등에서 최초로 대량생산체제가 확립되어 다수의 미숙련 공

☛ 와그너법

장근로자가 비조직상태로 있었는데, 산업별로 조직된 산별 노동조합(전미 자동차노조·전미광산노조·전미철강노조)이 출현하면서 미숙련공을 향한 대규모의 조직운동을 전개하였다. 그 결과 자동차·철강·고무·석탄 등 여러 산업에 노동조합이 결성되었고 나아가 산별 노조회의(Congress of Industrial Organizations: CIO)라는 별도의 전국중앙조직을 결성하였다. CIO의 출현과 산별 노조에 의한 미숙련공의 조직으로 미국의 노동운동은 다시 재반등할 수 있었다. 1955년 AFL과 CIO는 통합되어 현재의 AFL-CIO가 되었다.

1940~1950년대에는 노동조합의 지속적인 성장과 단체교섭제도의 발전으로 근로자들의 생활수준이 높아지는 계기가 되었다. 이 시기에 주요 산업에서 노동조합의 생계비연동임금인상(Cost of Living(pay) Adjustment: COLA, 물가인상에 비례하여 임금이 자동으로 인상되는 제도) 조항이 광범위하게 적용된 것이 근로자들의 생활수준을 향상시키는 데 공헌했다. 1940~1970년대까지 30% 이상의 노동조합가입률을 보이며 미국 노동조합의 전성기를 구가하였다. 특히, 1960년대부터 공무원, 교사 등 공공부문의 피고용인들에게 노조가입을 허용하는 노동법이 주별로 제정되어 공공부문의 급속한 노조화가 이루어지면서 사상 최고점인 35%까지 노조조직률이 상승하였다.[12]

그러나 미국의 노동운동은 역사적으로 상승과 하락을 반복하였는데, 1960년대에 정점을 맞은 미국의 노동운동은 1980년대부터 다시 쇠퇴하기 시작하였다. 1980년대 이후 노동조합이 침체한 이유는 다음과 같다. 첫째, 전통적으로 노조조직률이 높던 제조업, 남성, 정규직, 백인이 노동시장에서 차지하는 비중이 줄어들고, 노조조직률이 낮은 서비스업, 여성, 비정규직, 소수인종의 노동시장 진출이 늘어난 것이 가장 큰 이유이다. 둘째, 1960년대 노조가 거대해지면서 일부 노조의 부패상이 언론에 보도되어 노조에 대한 여론이 악화되었고, 그 결과 정부정책과 법원의 판결이 노조에 불리한 쪽으로 형성되었으며 사용자의 반노조운동도 격화되었다. 또한 1980년대부터 하락한 노동조합가입률은 2008년 회복하는 듯하였으나 다시 하락하여 2010년 현재 11.9%로 최저 수준이다.[13] 한편, 노조의 전투성도 약화되어 파

12 Hoyt N. Wheeler, and John A. McClendon, "미국의 고용관계," *International and Comparative Employment Relations*, 3rd. Ed., 박영범·우석훈 공역, 「국제비교 고용관계」(서울: 한국노동연구원, 2000), pp. 72~75.

13 한국노동연구원, 「2012 해외노동통계」(서울: 한국노동연구원, 2010), p. 110.

☞ CIO

☞ AFL-CIO

AFL-CIO

http://www.aflcio.org.

업발생건수도 급격히 감소하였다. 노조조직률의 하락을 막기 위하여 AFL-CIO는 1980년 이후 신규회원모집에 많은 인적·재정적 자원을 투입하였으나 큰 효과를 보지 못하였다.

노조조직률의 하락에 대한 AFL-CIO의 무기력한 대처에 불만을 가진 거대 산별 노조들은 2005년 7월 AFL-CIO를 탈퇴하고 '승리혁신동맹'(the Change to Win Coalition: CWC)이라는 새로운 노동조합총연맹을 결성하였다. CWC는 국제서비스노조연맹(SEIU), 전미트럭운송노조(teamster Unions), 식품상업연합노조(MUFCW) 및 섬유·호텔·레스토랑노조(UNITE HERE) 등 기존 AFL-CIO에서 가장 규모가 큰 4개 거대노조를 주력으로 한다. 2007년 현재 미국전체의 노동조합원수는 1,567만명이며 이 중 AFL-CIO는 850만명, CWC는 450만명을 조직원으로 두고 있다. 이와 같은 미국 노동조합의 분열은 지난 수년간의 조직률 감소에 따른 내분과 노조 집행부간의 노선갈등 등에서 그 원인을 찾을 수 있다.[14] 미국 노동운동은 조직원 감소에다 조직분열까지 겹쳐 최대 위기를 맞고 있지만, 일부에서는 양쪽의 경쟁이 조직 활성화에 도움을 줄 것이란 전망도 한다.

한편, 1980년대부터 고용관계의 광범위한 분야에 법적 논의가 활발하게 전개되었다. 최저임금, 해고, 고용에 대한 인종차별과 성차별, 노인연금, 건강 및 안전, 공장폐쇄, 마약검사, 장애노동자에 대한 차별, 거짓말탐지기와 가족휴가 및 병가 등 개별적 고용관계 이슈들이 법적 관심사로 떠올라서 개별적 고용관계를 규율하는 새로운 법률들이 만들어졌다.[15] 미국에서 노조가 약화됨에 따라 정부가 대신 개별적 고용관계를 규율하는 새로운 법안을 제정하여 노동자를 보호하는 역할을 한 것이지만, 이러한 정부법안이 노조를 필요로 하는 노동자의 욕구를 더 약화시키는 역할을 한 것으로 보인다.

(2) 고용관계의 환경

미국은 공화당과 민주당의 안정적인 양당체제를 유지하고 있으며 잦은

☛ 안정적인 양당체제를 유지

14 한국노동연구원, "팀스터, SEIU 탈퇴로 미국 노총 AFL-CIO 분열,"「해외노동동향」, assessed on 2007/04/07 http://www.kli.re.kr

15 Harry C. Katz, and Hoyt N. Wheeler, "미국의 고용관계," *International and Comparative Employment Relations: Globalisation and the Developed Market Economies*, 4th. Ed., 박영범·우석훈 공역,「국제비교 고용관계」(서울: 한국노동연구원, 2005), pp. 42~43.

도표 11-4	미국의 연도별 경제일반 지표						
연도	국내총생산 (10억 달러)	경제성장률 (%)	경제활동 참가율 (%)	제조업 취업자비중 (%)	파트타임 취업자비중 (%)	실업률 (%)	생산직근로자 시간당 임금* ($)
1980	2,767.5	−0.3	72.5	30.5	21.9	7.3	−
1985	4,184.8	4.1	74.4	28.0	21.6	7.3	−
1990	5,754.8	1.9	76.5	26.2*	20.2	5.7	−
1995	7,359.3	2.5	76.9	24.0*	20.2	5.6	17.39
2000	9,898.8	4.2	77.2	23.0	18.0	4.0	24.96
2001	10,233.9	1.1	76.8	22.5	18.0	4.8	26.22
2002	10,590.2		76.4	21.6*	18.5	5.9	27.36
2003	11,089.3	2.6	75.8	20.0	18.8	6.1	28.57
2004	11,797.8	3.5	75.4	20.0	18.8	5.6	29.31
2005	12,564.3	3.1	75.4	19.9	18.3	5.1	30.14
2006	13,314.5	2.7	75.5	19.9	17.8	4.7	30.48
2007	13,961.8	1.9	75.3	19.8	17.9	4.7	32.07
2008	14,219.3	−0.4	75.3	19.1	17.8	5.8	32.78
2009	13,863.6	−3.5	74.6	17.6	19.2	9.4	34.19
2010	14,447.1	3.0	73.9	17.2	18.4	9.8	34.81

자료: 한국노동연구원, 「각 연도 해외노동통계」(서울: 한국노동연구원, 각 연도).
* BLS, *International Comparisons of Hourly Compensation Costs in Manufacturing*, 1996-2012.

정권교체를 통해 번갈아 집권하는 경향을 보인다. 보수적인 공화당은 대체로 상공업자, 사용자의 이해를 대변하고, 진보적인 민주당은 인권론자, 환경주의자, 근로자의 이해를 대표한다.

미국의 경제는 상승과 하락의 사이클을 반복하는 경향을 보이고 있다. 1990년대 초반 마이너스성장을 기록하는 등 경기가 좋지 않았으나, 1990년 중반에는 낮은 실업률, 낮은 인플레이션, 지속적인 경제성장과 주식시장의 성장 등을 보이며 경제상황이 호황을 보였다(〈도표 11-4〉 참조). 그러나 2001년 9월 11일 뉴욕시에서의 대규모 테러사건 이후 미국의 경제는 불황기에 접어들어 경기가 급속히 쇠퇴하고 실업률이 증가하는 현상이 지속되다가, 2004년 이후 경기가 다시 회복되는 조짐을 보여준다. 그러나 경기회복에도 불구하고 빈부의 격차가 심해서 경기회복의 효과가 사회전반에 골고루 퍼지지는 않는 양상을 보인다.

미국은 국가의 규모가 크고 주별로 비교적 독립적인 산업정책을 펴는
국가이다. 따라서 고용관계도 분권화된 경향을 보이고 주의 성격에 따라 고
용관계도 큰 차이를 보인다. 예를 들어서 자동차산업이 왕성한 미시건주는
노동조합원이 많고 노동조합의 영향력이 크지만, 1차산업이 주를 이루는
미시시피, 알라바마 등 남부의 소득이 낮은 주들(Deep South라고 불림)은 노
동조합원도 적고 노조의 영향력도 거의 없다.

☛주별로 비교적 독립
  적인 산업정책을 시
  행

다른 국가들과 마찬가지로 미국의 고용형태는 서비스부문이 1차산업
에 비하여 매우 높은 비중을 차지하고 있으며 제조업 취업자비중은 2010년
현재 17.2%에 불과하다. 실업률은 2008년 이후 최근의 경제위기의 영향으
로 급속히 증가하는 추세를 보인다. 경제활동참가율은 73.9% 정도를 유지
하고 있다.

미국 고용관계제도는 두 개의 상이한 부문, 즉 노동조합이 결성된 노조
부문과 결성되지 않은 무노조부문으로 이루어져 있다. 이들 두 부문은 여러
측면에서 서로 연계되고 공통적인 법적·사회적 토대를 공유하고 있으나
여러 측면에서 아주 다르다. 무노조부문(non-union sector)은 민간 화이트칼
라, 전자산업, 소기업, 대부분의 섬유산업 및 서비스업 부문 등 여러 업종의
제조업 근로자들로서 고용관계상의 제 조건을 결정함에 있어서 사용자의
광범위한 재량권과 통제권을 인정하고 있다. 최근에는 무노조부문의 고용
이 증가하는 추세를 보이고 있다.[16] 반면,
자동차, 철강 등 전통적인 제조업부문에
서는 대부분 노동조합이 결성되어 있다.
노조부문(unionized sector)은 역사적으로
노사간의 공개적인 대립관계를 특징으로
하며 경영에 대한 노동조합의 통제가 아
주 강한 분야이다. 최근 미국 노조의 쇠
퇴와 더불어 노조부문의 영향력도 줄어
드는 추세를 보인다.

☛무노조부문

|그림 11-3| 돼지고기를 부위별로 나누는 정형사의 작업 모습

(3) 고용관계 당사자

미국에서 고용관계 제도의 노사정의 당사자들이 중요한 역할을 한다.

16 상게서, p. 98.

| 도표 11-5 | 미국의 연도별 고용관계 일반 지표 |

연도	제조업 주근로시간 (시간)	제조업 시간당 노동생산성 (2005=100)	조합원수* (천명)	노동조합 조직률* (%)	쟁의행위 발 생건수 (건)	쟁의행위 참가자수 (천명)	노동손실일수 (천일)
1995	38.6	78.6	16,360	14.9	31	192	5,771
2000	38.9	88.4	16,258	13.5	39	394	20,419
2001	38.7	90.5	16,275	13.4	29	99	1,151
2002	38.6	93.4	16,145	13.3	19	46	660
2003	38.5	96.3	15,776	12.9	14	129	4,091
2004	38.5	98.5	15,472	12.5	17	171	3,344
2005	38.6	100.0	15,685	12.5	22	100	1,736
2006	38.8	100.8	15,359	12.0	20	70	2,688
2007	38.7	102.0	15,670	12.1	21	189	1,265
2008	38.6	102.8	16,098	12.4	15	72	1,954
2009	38.1	104.9	15,327	12.3	5	13	124
2010	38.3	108.1	14,715	11.9	11	45	302

자료: 한국노동연구원, 「각 연도 해외노동통계」(서울: 한국노동연구원, 각 연도).
* http://stats.oecd.org/index.aspx

그러나 당사자들 중에서 사용자들이 일반적으로 가장 큰 힘을 가지고 있으며 그 주도권은 점차 증대되고 있다.

☛ 노동조합 분권화된 구조를 유지

① **노동조합**　　미국의 노동조합은 노동조합연맹, 직업별·산별 노동조합 및 노동조합지부의 삼층구조로 구성되어 있다. 미국의 노동조합은 파업의 위협을 배경으로 한 단체교섭에 의존하는 대립적인 전략을 펴고 있다. 미국 노동조합은 국가의 크기만큼이나 지극히 분권화된 구조를 유지하고 있다. 즉, 노동운동의 실질적인 권한은 노동조합연맹보다는 직업별·산별 노동조합에 있다. 반면, 대부분의 단체협상과 파업은 사업장별·지역별 노동조합지부에서 이루어진다.[17]

미국 노동조합의 특징을 다음과 같이 요약할 수 있다(〈도표 11-5〉 참조). 첫째, 주로 실리주의적인 노동운동에 노동조합의 목적을 두며, 단체교섭이 잘 발달되어 있다. 전통적으로 미국의 노사는 근본적으로 서로 상반된 이익

☛ 대립적인 관계

을 대변하는 기능을 수행하는 대립적인 관계인 것으로 인식되어 왔다. 둘

17　김동원, "미국의 노사관계와 한국에의 시사점," 노사포럼, 1997, 제7호, p. 18.

째, 미국의 노동조합은 경제적 조합주의를 채택하고 있다. 즉, 노동조합의 『☞ 경제적 조합주의
'단순하고 소박한'(pure and simple) 목표, 즉 보다 나은 임금, 근로시간과 근
로조건에 주안점을 두고 정치나 경영에는 깊이 관여하지 않는 전통을 가지
고 있다. 미국에는 노동조합이 주축이 되어 결성한 영국의 노동당이나 스웨
덴의 사민당과 같은 노동자정당이 없고, 경영에 대한 노동조합의 참여도 제
한적이다.[18] 셋째, 미국은 노조조직률이 11.9% 정도여서 주요 국가들 중 상
대적으로 낮은 조직률을 보인다. 하지만 단체교섭이 발달하여 사업장에서
의 노사의 역할을 단체협약에 세밀히 규정해 놓아서 사용자의 권한을 견제 『☞ 직무통제조합주의
하는 역할을 한다. 이를 미국의 직무통제조합주의(Job Control Unionism)라고
부른다.[19]

② **사용자와 그 단체**   다른 나라와 구분되는 미국 고용관계의 큰
특징 중의 하나는 사용자단체가 상대적으로 중요하지 않다는 점이다. 한
국의 경영자총협회처럼 고용관계에 있어서 한 국가의 모든 사용자들을 대
변하는 전국 규모의 사용자단체는 미국에서는 결성된 적이 없다. 따라서
AFL-CIO의 공식적인 상대역은 존재하지 않는다고 볼 수 있다. 다만, 전 『☞ AFL-CIO의 공식적
국제조업협회(American National Association of Manufacturing)나 상공회의소 인 상대역은 존재하
(Chamber of Commerce)의 전국본부 혹은 지부가 필요에 따라 사용자의 대 지 않음
변인 역할을 할 경우가 있을 뿐이다. 이는 미국의 고용관계가 지극히 분권
화된 형태로 이루어지고 전국규모의 노사정협의체가 가동된 적이 없으므로 🖳 ✎ NATIONAL ASSOCIATION OF
중앙집권적인 사용자단체의 필요성이 크지 않음을 반영하는 것이다.[20] **Manufacturers**
http://www.nam.
③ **정 부**   미국의 정당은 공화당과 민주당의 양당체제이며, org/
노동자계층의 권익을 대변하는 정당이 존재하지 않는다. 다만, 공화당에 비 『☞ 공화당과 민주당의
하여 민주당이 상대적으로 친노동적인 정책을 펴고 있다. 양당체제

미국 고용관계에서 정부의 역할은 크게 세 가지로 구분할 수 있다. 첫
째, 개별적인 고용관계의 차원에서 고용조건에 대한 직접적인 규칙제정의 『☞ 개별적인 고용관계
역할이다. 최근 개별적인 고용관계를 규제하는 법령들이 주로 고용차별,[21] 의 직접적인 규칙제
정의 역할

---

18 Hoyt N. Wheeler, and John A. McClendon, 전게서, pp. 78~81.
19 상게서, pp. 82~87.
20 김동원, 전게논문, p. 22.
21 1964년 정부는 인종, 피부색, 성, 종교, 국적 또는 연령을 이유로 한 고용차별을 금지
    하는 법을 제정하였으며 1991년에 이 법은 강화되었다. 또한 정부는 신체장애자와 베
    트남 전쟁퇴역군인에 대한 차별도 금지하였다. 1992년 이후에는 장애근로자에 대한

근로자의 산업안전보건,[22] 실업보험, 최저임금, 최장노동시간 및 퇴직[23] 등에 관하여 제정되었다.

■ 상호관계의 규율 역할

둘째, 집단적인 노사관계의 차원에서 노동조합과 경영자간의 상호관계의 규율 역할이다. 미국 연방정부의 고용관계에 대한 규율은 노사 양 당사자들이 고용관계를 설정하고 고용조건을 정하는 기본적인 규칙으로 이루어져 있다. 1935년의 「전국노동관계법」(National Labor Relations Act: NLRA, 와그너법이라고 부르며 1947년과 1959년 개정)을 통해 단체행동에 관한 근로자의 권리를 확립하는 규칙을 마련하였다. 와그너법은 근로자들의 비밀투표에 의해 노동조합 결성을 결정하도록 하는 제도와 부당노동행위제도를 도입하였으며 그 후 세계 각국의 집단적 고용관계법의 표준으로서의 역할을 하였다.

http://www.dol.gov/

■ 노사자율주의의 전통

한편 정부는 민간부문의 단체협상과정에서 거의 개입을 하지 않는 노사자율주의(voluntarism)의 전통을 지니고 있다. 이는 영국의 영향을 강하게 받은 것이다.

■ 사용자로서의 역할

셋째, 정부는 사용자로서의 역할도 수행한다. 1960년대 이후 공공부문 노조조직률이 급속하게 확장됨에 따라 공공부문 사용자로서의 정부 역할도 부각되고 있다. 현재 미국의 노동조합조직률은 11.9%이지만, 이중 민간부문 노동조합조직률은 9%에 불과하고 공공부문의 조직률은 35%를 상회하고 있다. 그러나 공공부문의 조직률은 민간부문에 비하여 상당히 높은 편에 속한다.[24] 미국의 경우 1990년대 이후 공공서비스의 재정부담을 줄이고 서비스 질을 향상시키기 위한 공공부문의 효율화와 민영화가 일어나기 시

차별도 포괄적으로 금지시키고 있다.

22 1970년에 제정한 연방산업안전보건법(Federal Occupational Safety and Health Act; OSHA), 州산업안전보건법, 州산업재해보상보험법을 통해 근로자의 안전문제에 대처하여 왔다. 산업안전보건법은 사용자에 대해 일반적인 안전의무를 부과하고 동시에 각 산업에 일련의 구체적인 안전보호조치사항을 규정함으로써 작업장의 안전을 의무화하고 있다. 사용자가 안전 및 보건 기준을 위반할 경우 벌금형과 시정명령을 받게 된다. 산업재해보상보험법은 작업중에 재해를 입은 근로자에 대한 요양보상과 휴업보상을 규정하고 있다. 또한 실업보험은 각 주마다 실시하고 있지만 일정부분은 연방정부가 관리하고 재정을 지원하고 있다.

23 퇴직연금은 사회보장제도에 의해 사용자와 근로자는 임금의 일정률(1995년에는 각각 7.65%)을 정부기금에 각각 납부하여야 한다. 또한 1974년에 제정된 종업원퇴직소득보장법(Employee Retirement Income Security Act; ERISA)은 퇴직금 계획이 재정적으로 건전해야 하고 이러한 계획을 확실하게 수행할 것을 요구하고 있다.

24 Hoyt N. Wheeler, and John A. McClendon, 전게서, pp. 88~92.

작하면서 공공부문의 노동조합조직률은 다소 하락하였다. 대부분의 주에서 공공부문 근로자에 대하여 단결권과 교섭권을 법적으로 허용하고 있다. 다만, 공익성을 중시하여 공공부문에서는 단체행동권을 제한하고 대신 조정과 중재기능을 강화하였다.

1.3 프랑스의 고용관계

프랑스는 이탈리아 함께 대표적인 정치적 조합주의 국가이다. 즉, 노조조직률이 낮고 단체교섭의 제도화가 덜 이루어진 반면에, 노동운동의 정치적인 성향이 강하여 정치적인 이슈를 이유로 한 총파업이 빈발하는 국가이다. 좌파성향의 급진적인 노조와 권위주의적인 사용자가 적대적인 관계를 형성하고 있는 것도 특징적이다.

▶ 정치적 조합주의 국가

▶ 좌파성향의 급진적인 노조와 권위주의적인 사용자가 적대적인 관계를 형성

(1) 고용관계의 역사

다른 국가들과 마찬가지로 프랑스에서도 19세기 중반까지는 노동조합을 공식적으로 인정하지 않았다. 그러나 시장주의 국가에서 노동조합의 불가피성을 받아들여서 1864년 파업을 법적으로 인정하고 1884년 노동조합활동을 합법화하였다. 그 결과 1895년 프랑스 최대 노동조합연맹인 좌파계열의 프랑스노동총동맹(Confederation generale du travail: CGT)이 결성되었다.

프랑스노동총동맹은 1895년 결성된 이래 무정부주의적인 생디칼리즘(Syndicalism)의 영향을 받아 노동조합 전체 또는 개별 기업에서도 계급투쟁적 활동을 지속하는 경향을 보였다. 따라서 노동조합은 사용자와 전혀 다른 이질적 집단으로 취급되고 있으며, 노사도 서로를 인정하지 않는 적대적인 관계를 유지해 왔다. 이러한 역사적 배경으로 말미암아 프랑스의 고용관계는 단체협약의 역할이 미흡한 비제도화된 고용관계를 유지하고 있다. 그 결

|그림 11-4| 연습중인 방송국 합창단원들 모습

과 노동계는 온건한 단체협상보다는 총파업으로 노동계의 요구를 관철하려 하여 왔고, 정부도 총파업시의 노동계의 요구를 입법을 통하여 수용해 온 전통을 갖고 있다. 예를 들면, 1936년 산별 노동조합이 중심이 된 총파업으로 공장별 노조대표 임명, 주 40시간 노동 등 요구조건을 관철하였고 1968년 산별 노조의 공장별 지부허용 역시 총파업으로 달성하였고, 1997년의 근로시간단축도 총파업의 영향으로 이루어진 것이다.

제2차 세계대전 이후 당시 프랑스 대부분의 노동자가 조직되어 있던 프랑스노동총동맹(CGT)으로부터 분리하여 '노동자의 힘'(FO)이 결성되었다. 노동자의 힘은 온건한 경제적 조합주의를 추구하는 노동조합인데 프랑스노동총동맹(CGT)의 비현실적인 좌파성향에 반발하여 시작되었다. '노동자의 힘' 등 보다 온건한 노동조합연맹들의 존재에도 불구하고 적대적인 프랑스 고용관계의 기본 성격은 그대로 유지되고 있다.

1980년 사회당 정권인 미테랑 정부가 등장한 이후 초기에는 사회주의 정책을 실시하여 프랑스의 고용관계가 바뀔 것이라는 기대가 있었으나, 미테랑 정부의 노동정책도 보수적인 정책으로 전환되어 과거와 큰 차이를 보이지 않았다.

다른 국가와 마찬가지로 제조업의 퇴조와 서비스업의 성장이 지속되면서 프랑스의 노동조합 조직률도 계속적으로 감소하여 1970년대 중반의 약 23%에서 2007년 현재 조직률은 8~9%까지 하락하였다. 또한, 프랑스에서는 단체교섭의 기능이 미약하고 노사간에 서로를 인정하지 않는 적대적인 전통이 강하므로 노동조합이 조합원의 실질적인 경제적인 이해보다는 정치적인 목적을 위하여 총파업 등에 노조원을 동원하는 경향이 강하다. 이러한 이유로 프랑스의 고용관계는 정치적인 조합주의(political unionism)로 분류된다.

(2) 고용관계의 환경

프랑스의 인구는 6,278.7만여 명으로 경제활동참가율은 2010년 현재 70.6%이다. 프랑스의 경제성장률은 2008~2009년 마이너스 성장을 보였으나 2010년 1.7%로 회복기미를 보이고 있다. 프랑스는 OECD 회원국 중 전통적으로 실업률이 비교적 높은 특징을 지니고 있어서 평균적으로 10%에 육박하는 실업률을 보였다. 그러나 2000년대 9% 이하로 낮아졌으나 2008년 이후 다시 높아지는 추세를 보이고 있다(〈도표 11-6〉 참조). 프랑스는 노

도표 11-6	프랑스의 연도별 경제일반 지표						
연도	국내총생산 (10억 달러)	경제성장률 (%)	경제활동 참가율 (%)	제조업 취업자비중 (%)	파트타임 취업자비중 (%)	실업률 (%)	생산직근로자 시간당 임금* ($)
1980	524.2	1.6	—	35.7	—	—	—
1985	730.0	1.6	67.6	32.0*	21.6	10.3	—
1990	1,003.8	2.6	67.1	27.8*	22.8	9.4	15.49
1995	1,204.2	2.0	67.6	24.5	25.3	11.9	20.06
2000	1,533.2	3.7	68.8	22.6	25.3	10.3	21.37
2001	1,627.6	1.8	68.6	22.4	24.9	8.6	21.31
2002	1,704.9		69.0	21.9	24.0	8.7	23.13
2003	1,692.6	0.9	69.9	21.6	23.5	8.5	28.46
2004	1,761.3	2.5	69.9	21.3	23.7	8.9	32.14
2005	1,860.7	1.8	70.0	21.0	23.1	8.9	32.66
2006	1,992.2	2.5	69.9	20.8	23.2	8.8	33.85
2007	2,114.0	2.3	69.9	20.7	23.3	8.0	37.96
2008	2,191.2	−0.1	70.1	20.5	22.4	7.4	41.76
2009	2,171.1	−2.7	70.6	19.9	23.0	9.1	40.37
2010	2,219.5	1.7	70.6	—	22.9	9.3	39.12

자료: 한국노동연구원, 「각 연도 해외노동통계」(서울: 한국노동연구원, 각 연도).
* BLS, *International Comparisons of Hourly Compensation Costs in Manufacturing*, 1996-2012.

동시간이 세계에서 가장 짧은 편에 속하는 국가이다. 2010년 현재 주당근로시간이 36.5시간에 불과하다(〈도표 11-7〉 참조).

낮은 성장률과 높은 실업률이 지속되고 있는 것은 프랑스의 경제가 오랜 침체기에 빠져 있음을 보여준다.

► 낮은 성장률과 높은 실업률

프랑스의 정당체계는 여러 개의 정당들로 이루어진 다당제를 이루고 있는데 정권교체가 빈번하고 정당의 이름도 자주 바뀐다. 2007년 현재 중도우파인 대중운동연합(UMP)과 중도 좌파인 사회당(PS)이 여당과 제1야당의 위치를 차지하고 있으며, 극좌정당인 공산혁명연맹과 좌익정당인 공산당, 그리고 극우정당인 국민전선 등 군소 정당이 공존하고 있다. 좌익은 불평등과 인종 차별에 반대하며 유토피아를 믿는 이상주의적 성향이 강한 정당으로 기간산업의 국유화와 완벽한 사회보장제도를 추구한다. 반면, 우익정당들은 문화적 뿌리와 질서와 권위를 수호하려는 민족주의적 성향을 보

► 다당제 정당체계

도표 11-7	프랑스의 연도별 고용관계 일반 지표						
연도	제조업 주근로시간 (시간)	제조업 시간당 노동생산성 (2005=100)	조합원수* (천명)	노동조합조직률* (%)	쟁의행위 발생건수 (건)	쟁의행위 참가자수 (천명)	노동손실일수 (천일)
1995	37.0	84.7					
2000	36.1	93.5	1,781	8	1,427	211	581
2001	35.7	94.3	1,806	7.9	1,105	119	463
2002	35.2	97.1	1,857	8.1	745	67	248
2003	36.2	98.0	1,828	7.9	785	63	224
2004	36.2	98.5	1,783	7.7	699	60	193
2005	36.3	100.0	1,779	7.5	−	−	−
2006	36.3	102.9	1,778	7.6	−	−	−
2007	36.4	103.2	1,795	7.5	−	−	−
2008	36.6	101.5	1,807	7.6	−	−	−
2009	36.5	101.3	1,857	7.9	−	−	−
2010	36.5	103.0	1,850	7.8	−	−	−

자료: 한국노동연구원, 「각 연도 해외노동통계」(서울: 한국노동연구원, 각 연도).
* http://stats.oecd.org/index.aspx

이는데 대개 가톨릭 신자들로 당원이 구성되어 있고 기업의 자유경쟁체제를 신봉하는 실용주의자이다. 프랑스의 현재 대통령은 2007년 당선된 대중운동연합(UMP)의 사르코지이다. 이러한 프랑스의 정당구조는 이념적인 복잡성을 보여준다. 이념적으로 다양한 프랑스 노동운동의 성격은 프랑스 정치의 역사적 · 이념적인 복잡성으로부터 파생한 것으로 볼 수 있다.

(3) 고용관계 당사자

http://www.cgt.fr

http://www.cfdt.fr

☞노조간의 경쟁과 분열, 재정 및 조직자원의 결핍

① **노동조합**　　　프랑스의 노동운동은 한편으로는 노조간의 경쟁과 분열 그리고 다른 한편으로는 재정 및 조직자원의 결핍이라는 특징을 갖고 있다. 프랑스의 노조조직률은 전통적으로 낮았으며 1970년대 중반의 조직률은 약 23%였고 1985년에는 약 16%까지 떨어졌으며 그 후 1990년대 중반에 11%로 하락하였고, 2000년 이후에는 9% 정도를 유지하고 있다.

프랑스에는 5개의 전국노동조합연맹, 즉 프랑스노동총동맹(Confederation generale du travail: CGT), 프랑스민주노동당총동맹(Confederation francaise democratique du travail: CFDT), 프랑스의 노동자의 힘(Force ouvriere:

FO), 프랑스교원노동연맹(Federation de l'education nationale: FEN), 프랑스기독교노동총동맹(Confederation francaise des travailleurs chretiens: CFTC) 및 프랑스간부직원동맹-간부직원노동총동맹(Confederation francaise de l'encaerement: CFE-CGC) 등이 있다. 프랑스 노조연맹 중 가장 역사가 길고 대표적인 CGT는 공산주의 및 무정부주의 강령을 지니고 있으며 제도권 내에서의 노동자 지위향상을 거부하고 파업과 봉기를 통한 사회개혁을 추구한다. 공산당과 역사적으로 깊은 관련을 지니고 있는데 아직도 중앙위 간부의 절반이 공산당원이다. 반면, FO는 온건한 경제적 조합주의를 표방하고 있다. CFTC는 가톨릭과 관련된 노조연맹이다. 이들 5개의 노동조합연맹은 모두 전국수준에서의 '대표권을 가진 조합'으로 알려져 있는데, '대표권을 가진 조합'이란 5개의 기준(이 중 가장 중요한 것은 노동조합이 사용자로부터 완전히 독립적이라는 것을 입증하는 것임)에 근거하여 인정되는 법적 성격이다. 이에 따라 노동조합연맹들은 몇 가지의 독점적 권리를 부여받는데, 그 권리란 단체교섭권, 기업 내 종업원대표제에 있어서 후보자 지명권, 다수의 정부 및 협의기구에 대표를 선정하는 권리 등이다.[25]

프랑스는 전통적으로 노사분규가 많은 국가 중에 하나이다. 노동조합 조직률의 지속적인 하락에도 불구하고 파업건수와 참가자수, 손실일수 등은 2000년까지 증가하였다가 그 이후 다소 감소하는 경향을 보인다(〈도표 11-7〉참조).

② 사용자와 그 단체　　　　다양한 노동조합연맹을 가진 노동운동과는 대조적으로 사용자측은 전국수준에서 단일조직을 유지하고 있다. 프랑스의 전국규모의 사용자단체인 MEDEF(Mouvement des entrepreses de France)는 프랑스 전체기업의 4분의 3 이상을 포함하고 있다. 또한 중소기업총동맹(Confédération générale des petites et moyennes enterprises: CGPME)은 고용관계에 있어서 중소기업의 이해를 대변하는데 MEDEF와 공통의 뿌리를 갖고 협력하지만 개별사안에 대하여는 서로의 의견이 일치하지 않는 경우도 흔히 있다.[26]

프랑스의 사용자는 기업의 자유 경쟁 체제를 주장하며 경영권을 수호

☞ 전통적으로 노사분규가 많음

☞ 전국규모의 사용자 단체인 MEDEF

http://www.medef.fr

FORCE
OUVRIÈRE FO
http://www.force-ouvriere.fr

25　Janine Goetschy, and Annette Jobert, "프랑스의 고용관계," *International and Comparative Employment Relations: Globalisation and the Developed Market Economies*, 4th. Ed., 박영범·우석훈 공역,「국제비교 고용관계」(서울: 한국노동연구원, 2005), pp. 198~206.

26　상게서, pp. 206~208.

☞우파적인 경영이념
과 경영권에 대한
집착이 강함

하려는 보수적인 태도를 보인다. 좌파적인 노조의 존재를 인정하지 않고 우파적인 경영이념과 경영권에 대한 집착이 강한 사용자들은 노동운동에 적대적인 태도를 가지는데, 특히 프랑스노동총연맹(CGT)으로 대표되는 좌파적인 프랑스 노동계의 성향과 정반대의 이념을 가지고 있어서 노동조합을 수용하고 대화하려는 노사간의 대화와 협조가 어려운 편이다. 노사가 서로 융합되지 않는 적대적인 고용관계는 노사간의 협상을 통한 문제해결을 어렵게 만들었고, 프랑스 정부가 고용관계 및 사회문제에 대해 직접 간여하는 개입주의적 역할을 취하도록 하는 배경이 되었다.

☞고용관계에 개입하
는 경향

③ 정　　부　　　프랑스는 적대적인 고용관계로 인해 단체교섭이 제도화되지 못한 고용관계의 비효율성을 개선하기 위하여 정부가 고용관계에 개입하는 경향을 강하게 보이고 있다. 예를 들면, 노조조직률이 낮아서 단체협약의 적용률이 저조한 상황이 되자 프랑스의 정부는 단체협약의 효력을 산업전반으로 확장하는 것을 폭넓게 인정하는 법을 시행하고 있다. 또한, 국가의 각종 고용관련 위원회에 노조대표가 참석하여 의사결정을 하도록 하여 조직률이 낮고 대표성이 약한 노조의 위상을 강화하고자 시도하고 있다. 고용관계에 있어서 단체교섭의 역할을 강화하기 위하여, 정부는 1971년과 1982년에 단체교섭이 활성화되도록 법적 구조를 바꿈으로써 노사간의 자율적인 협상을 유도하여 왔다. 최근 정부는 증가하는 실업에 대처하기 위하여 적극적인 노동시장정책을 펴고 있다.[27] 이러한 점들은 프랑스정부 노동정책의 개입주의적인 성격을 보여준다.

한편, 프랑스는 정부가 사용자의 입장이 되는 공공부문의 규모가 OECD국가 중 상대적으로 큰 편에 속한다. 따라서 사용자로서 프랑스 정부의 노동조합에 대한 정책은 프랑스 민간부문의 고용관계에 큰 영향을 미치고 있다.

1.4 독일의 고용관계

독일은 스웨덴과 함께 민주적(사회적) 조합주의의 대표적인 국가로서 참여적 고용관계를 유지하고 있다. 민주적 조합주의는 산업민주주의 사상

27　상계서, pp. 208~212.

에 근거하여 근로자의 경영참여를 근로자이사제도나 근로자평의회를 통하여 법으로 보장하고, 노사정이 고용관계의 주요현안을 논의하는 노사정협의체를 활발히 운영하는 고용관계시스템이다. 최근 독일에서는 과중한 인건비부담을 견디지 못한 기업들이 외국으로 사업장을 옮김으로써 제조업의 공동화에 대한 우려의 목소리가 커지고 있다.

☛ 민주적(사회적) 조합주의에 근거하여 근로자의 경영참여를 법으로 보장, 노사정협의 체를 활발히 운영

(1) 고용관계의 역사

19세기 중반부터 독일의 노동운동은 진보적이고 좌파적인 사회운동과 더불어 성장하였다. 이 당시 독일의 노동운동은 노동운동내부의 강력한 좌파 이데올로기적 연대와 함께 주로 산별 노조에 세력기반을 가지고 있었다. 그런, 19세기 중후반부터 독일경제의 중흥을 이룩한 철혈재상 비스마르크는 산업화를 추진하면서 독일의 노동조합을 통제하는 정책을 사용하였다. 비스마르크는 급속한 공업화를 추진하면서 노동운동을 산업발전이라는 국가목적과 합치되는 좁은 범위 내에서만 허용하여 1878년「반사회주의법」을 제정하여 사회주의 노선의 노동운동을 금지하였다. 비스마르크체제하에선, 국가가 법령을 통하여 개별 노동자를 보호함으로써 노조의 등장을 억제하는 정책을 사용하였다. 즉, 개별적 고용관계의 보호를 통하여 집단적 고용관계를 억제하는 정책을 편 것이다. 1880년대「질병보호법」,「재해보호법」,「노령및폐질보험법」의 통과는 이러한 정책의 산물이었다. 한편, 1890년에는 노동법원이 설치하여 노동문제를 전담하는 법원이 처음으로 탄생하게 되었다. 비스마르크시대의 탄압에 맞서 제도권 내에서 노동운동이 정착할 수 없게 되자 급진적이고 사회변혁적인 노동조합운동이 생성되었다. 급진적인 노동운동은 사회민주적 체제변혁을 목표로 한 급진적인 이데올로기를 추구하였다.

1890년 비스마르크의 퇴장과 함께 「반사회주의법」이 폐지되자 노동조합운동이 크게 활성화되어 1900년에는 노동조합원수가 1890년에 비하여 두 배로 증

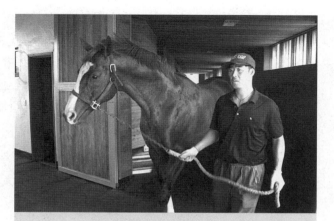

|그림 11-5| 마필관리사가 운동을 시키기 위해 마방에서 말을 데리고 나오는 모습

가하였다. 그러나 19세기 후반의 독일 노동조합조직의 발전이 단체교섭제도의 발전을 수반한 집단고용관계의 정착을 의미하는 것은 아니었으며, 여전히 가부장적인 고용관계가 일반적인 현상이었다. 사용자들은 회사 내의 가장으로 군림하였고 회사에 노동조합 등 외부세력이 침입하는 것을 철저히 배제하였다. 결국, 초기의 독일노동조합은 한편으로는 국가의 견제와 다른 한편으로는 사용자들의 강력한 반대를 받아 온 것이다.

20세기 초 제1차 세계대전이 장기화되고 결국 독일이 패전하자 군국주의 독일제국은 노동자세력에 의하여 전복되었다. 그 후 각 지역별로 결성된 노동자중심의 勞兵평의회(Rate)에 의해 1918년 11월혁명이 발생하였고, 그 결과 사회민주당이 중심이 된 바이마르(Weimar)공화국이 탄생되었다. 바이마르공화국에서는 입법을 통하여 노동조합의 위상을 강화하고 경영자가 노조를 인정하며 작업장을 민주적으로 운영하게 하는「근로자평의회법」등을 통과시켰다. 즉, 이 시기에는 노동자 단결권 보장, 어용노동조합 지원 중지, 8시간노동제 확립 등 노동조합의 요구사항이 관철되어 종래의 가부장적 고용관계가 철폐되고 민주적 고용관계로 전환되었다. 또한 1920년에「직장근로자평의회법」(Betriebsrategesetz)의 제정으로 노동자의 경영참가제도가 제도화되었다. 이 법에 의하면 사업장별로 노동자 대표로 구성되는 직장근로자평의회를 구성하게 하고 이 기구가 취업규칙의 작성, 단체교섭사항 이외의 근로조건 복지시설 운영 및 재해방지 등에 관해 사용자와 협의하도록 되어 있다. 바이마르 공화국은 불과 10여년간만 존속하였지만, 현재 독일고용관계의 원형이 성립된 시기로서 의미가 있다.

그러나 1929년의 대공황과 경제파탄은 바이마르공화국의 몰락과 나치정권의 등장을 초래하였다. 히틀러는 1934년「국민노동질서법」을 제정하여 기업가는 직장의 지도자로, 노동자는 종속자로 규정함으로써 전제적이고 가부장적인 고용관계를 강압적으로 확립하였다. 또한, 1935년 노동조합을 해체하고 단체교섭을 폐지하였으며 노동자와 사용자를 포괄하는 조직으로서 사업장단위의 독일노동전선(Die Deutsche Arbeitfront: DAF)을 결성하였다.[28]

제2차세계대전 패전 직후 사업장단위의 민주적인 근로자평의회가 급

---

28 박덕제·조우현·이원덕,「선진각국의 노동운동과 노사관계」(서울: 한국경제신문사, 1989), pp. 134~161.

속하게 전파되었으며, 패전 후 결성된 독일노동조합총동맹(DGB)에서는 경제의 사회주의화, 기간산업의 사회화, 완전공동결정의 실현추구 등 급진적인 구호를 외치게 된다. 그러나 1945년 이후 서독은 화폐개혁 및 미국의 원조(Marshal Plan) 등을 통해 경제적 성장을 지속할 수 있었다. 그 결과 실질임금의 지속적이고 급속한 상승은 노동조합운동이 급진적인 노선을 버리고 서독의 정치경제체제 내에 정착하여 온건한 노동조합운동의 제도화를 이루는 계기가 되었다. 제2차세계대전 이후 기업차원에서의 노동조합의 영향력은 특히 공동결정에 관련한 다양한 법률에 의해 확대되어 왔다.

그 이후 독일의 고용관계는 DGB가 중심이 된 중앙집중식 노동운동, 노동자이사제도와 근로자평의회를 통한 활발한 경영참가, 노사정의 합의에 의한 의사결정, 산별 협상의 전통, 철저한 직업훈련 등으로 대표되는 모범적인 고용관계를 유지하여 왔다. 독일의 참여적인 고용관계는 1980년대까지는 낮은 실업률, 높은 성장률, 낮은 노사분규를 기록한 고용관계의 세계적인 모범적인 사례로 간주되었다.

그러나 1990년대 들어서면서 독일의 고용관계는 그간 누적되었던 문제들이 일시에 표출되는 위기를 겪게 된다. 즉, 과다한 통일비용으로 인한 경기침체, 높은 인건비로 인한 해외공장 이전과 이에 따른 산업공동화문제, 노사분규 증가와 노조조직률 하락 및 높은 실업률 문제 등이 불거지고 있다. 이후 정부의 규제완화정책이 효과를 발휘하여 독일 경제가 다시 회생하는 조짐을 보이고 있다.

(2) 고용관계의 환경

독일의 정치제도로는 대통령과 총리가 있다. 대통령의 권한은 형식적이고 실질적인 권한은 총리가 가지고 있다. 현재 독일의 총리는 기민당 당수인 앙겔라 메르켈이다. 독일의 주요 정당은 다음과 같다. 사회민주당(사민당)은 독일에서 가장 오래되고 가장 규모가 큰 단일정당으로서 노동자계급에 우호적이고 대기업에 대한 규제와 동유럽과의 화해를 주요 강령으로 삼고 있다. 사민당은 독일의 노동조합과 긴밀한 관계를 유지하고 있다. 독일기독교민주당연합(기민당)과 독일기독교사회당연합(기사당)은 그리스도교 정신을 기조로 하는 중도 보수정당으로, 대자본가층에서부터 중간계급에 이르는 보수층을 기반으로 자유경제를 정책기조로 하고 있다. 한편, 녹색당은 생태계의 평형을 지향하는 세계 최초의 환경정당이다.

2010년 현재 독일의 국내총생산(GDP)은 3조 586억 달러이며 경제성장률도 3.7%로 금융위기에서 벗어나는 기미를 보여주고 있다. 제조업의 취업자 비중은 (2009년) 29.1%로서 OECD 국가 중 높은 편에 속하며 독일 산업의 주된 경쟁력이 제조업이라는 점을 반영하고 있다. 경제활동참가율은 76.6%이다. 경제의 침체에도 불구하고 생산직 근로자 시간당 임금이 43.84달러로서 세계에서 가장 높은 수준이다(〈도표 11-8〉 참조).

☞ 고용관계는 이중구조

독일의 고용관계는 이중구조이다. 첫째, 노동조합과 사용자연맹간에는 산업 및 지역수준에서 교섭이 이루어지는데, 그 결과로 산별단체협약이 체결된다. 파업은 산별이나 지역별 수준에서 발생한다. 둘째, 작업장과 공장 차원에서는 노동조합과 사용자간에 직접 교섭을 하지 않고 대신 근로자평의회(Works Council)와 사용자가 법에 근거하여 협의를 한다. 작업장과 공장

| 도표 11-8 | 독일의 연도별 경제일반 지표 |

연도	국내총생산 (10억 달러)	경제성장률 (%)	경제활동 참가율 (%)	제조업 취업자비중 (%)	파트타임 취업자비중 (%)	실업률 (%)	생산직근로자 시간당 임금* ($)
1980	773.6	1.4	67.4	43.7	–	3.2	–
1985	1,067.7	2.3	66.4	41.3*	25.2	7.2	–
1990	1,474.0	5.3	67.4	38.6*	29.6	4.9	21.88
1995	1,838.5	1.7	70.4	36.3	29.0	8.2	30.1
2000	2,117.8	3.1	71.1	33.7	34.2	7.8	25.41
2001	2,199.1	1.5	71.5	33.1	35.3	7.9	25.31
2002	2,263.8		71.5	32.5	35.6	8.7	27.63
2003	2,339.7	−0.4	71.3	31.9	36.5	9.4	34.00
2004	2,449.0	1.2	72.6	31.5	37.2	10.4	37.72
2005	2,566.0	0.7	73.8	30.0	39.0	11.3	38.03
2006	2,763.5	3.7	75.0	29.8	39.0	10.4	39.37
2007	2,925.2	3.3	75.6	30.1	38.9	8.7	43.50
2008	3,047.9	1.1	75.9	30.0	38.5	7.6	47.53
2009	2,951.4	−5.1	76.4	29.3	38.4	7.8	45.76
2010	3,058.6	3.7	76.6	–	38.2	7.2	43.84

자료: 한국노동연구원, 「각 연도 해외노동통계」(서울: 한국노동연구원, 각 연도).
* BLS, *International Comparisons of Hourly Compensation Costs in Manufacturing*, 1996-2012.

차원에서는 법적으로 파업을 할 수 없다.

독일에서는 작업장에서 노사간의 공동결정(Co-determination)을 집행하는 근로자평의회, 노동자가 기업의 이사로 임명되도록 강제한 노동자이사제도, 노사정이 국가차원 고용관계의 주요사항을 합의하에 결정하는 민주적 조합주의(democratic corporatism) 등이 독일의 참여적 고용관계를 구성하는 주요 주춧돌이다.

독일에서는 단체협약의 이행 여부나 위반에 따른 권리분쟁의 경우 노동법원을 통해 해결하고 있다. 노동법원은 지방노동법원(Arbeitsgericht: AG)과 주노동법원(Landesarbeitsgericht: LAG) 및 연방노동법원(Bundesarbeitsgericht: BAG)의 세 단계로 나누어져 있고 지방법원의 각 재판부는 재판장인 직업판사 1명과 노동조합과 사용자측이 각각 지명한 2명의 비상임판사로 이루어져 있다.[29]

> ☞ 노사간의 공동결정, 민주적 조합주의

> ☞ 노동법원

(3) 고용관계 당사자

① **노동조합**   독일에는 4개의 주요 노동조합연맹이 있다. 이 중 독일노동조합총연맹(DGB)은 가장 크고 영향력이 강한 노조연맹이며, 그 밖에 독일공무원총동맹(DBB), 독일직원노조(DAG) 및 독일기독교노동조합동맹(CGB) 등이 있다. 독일의 노동조합은 1990년 중반 이후 조합원의 감소, 재정위기, 노동시장의 유연화 및 탈규제화 등과 같은 문제를 극복하기 위하여 노동조합간의 합병과 인수가 촉진되어 소수의 노조로 집중화되는 경향을 보이게 되었다. 예를 들어 DGB는 1990년 이전에 17개 산별 또는 직업별 조합으로 구성되었다가 최근에는 8개로 통합되었다.[30] 독일의 조합원수는 632.5만여명에 달하며 조직률은 18.6%로 미국이나 프랑스에 비하여 높은 수준이다. 그러나 과거 수십년간 노조조직률이 35%를 상회하였던 것을

> ☞ 4개의 주요 노동조합연맹

>
> http://www.dgb.de
>
>
> http://www.dbb.de
>
> CGB
> http://.www.cgb.info

---

29   Friedrich Füerstenberg, "독일의 고용관계," *International and Comparative Employment Relations*, 3rd. Ed., 박영범·우석훈 공역,「국제비교 고용관계」(서울: 한국노동연구원, 2000), pp. 232~239.
Berndt K. Keller, "독일의 고용관계," *International and Comparative Employment Relations: Globalisation and the Developed Market Economies*, 4th. Ed., 박영범·우석훈 공역,「국제비교 고용관계」(서울: 한국노동연구원, 2005), pp. 198~206.

30   Till Mueller-Schoell,"산별차원에서의 사회적 파트너십 구축: 독일 광산화학에너지노조(IG BCE)의 사례,"「국제노동브리프」2006년 9월 Vol. 4, No. 9, p. 4.

고려하여 볼 때 지금의 조직률은 독일역사상 낮은 수준이다(〈도표 11-9〉 참
조).[31] 독일의 노동조합은 산별 노조가 주축을 이루고 있다. 대표적인 산별
노조로는 독일금속노동조합(IG Metall)이 있다. 독일의 노동조합과 함께 독
일의 고용관계에서 중요한 역할을 하는 것은 근로자평의회이다. 근로자평의
회의 대표는 조합원 여부에 관계없이 그 회사의 전체 종업원에서 선출되고
명시된 법적 근거 위에서 활동하는데, 근로자평의회위원은 대개 조합간부와
긴밀히 협력하거나 위원이 조합간부를 겸임한다. 근로자평의회는 파업할 수
없지만 계약상 권리가 파기된 경우에는 경영자를 제소할 권리가 있다.

☛산별 노조가 주축

☛근로자평의회

BDI
http://www.bdi.eu

BDA
DIE ARBEITGEBER
http://www.
arbeitgeber.de

② 사 용 자　　독일의 대표적인 사용자단체로는 독일산업연맹
(BDI)과 독일경영자단체연맹(BDA)이 있다. 이들 단체는 고용관계의 측면에
서 광범위한 산업과 부문을 대표하며, 국가차원의 노사정협의체의 사용자
대표로 참석한다.[32] 독일의 전통적인 산별 교섭에서는 산별 노조의 상대역

| 도표 11-9 | 독일의 연도별 고용관계 일반 지표 |

연도	제조업 주근로시간 (시간)	제조업 시간당 노동생산성 (2005=100)	조합원수* (천명)	노동조합 조직률* (%)	쟁의행위 발생건수 (건)	쟁의행위 참가자수 (천명)	노동손실일수 (천일)
1995	36.4	85.4	11,240	36	361	183	248
2000	35.7	93.5	7,928	24.6	67	7	11
2001	35.4	95.8	7,670	23.7	48	61	27
2002	35.2	97.1	7,520	23.5	—	428	310
2003	34.8	98.0	7,260	23	—	40	163
2004	34.8	98.8	6,936	22.2	—	101	51
2005	34.5	100.0	6,856	21.7	—	17	19
2006	34.5	103.6	6,720	20.7	—	169	429
2007	34.4	105.4	6,604	19.9	—	106	286
2008	34.5	105.2	6,476	19.1	—	154	132
2009	34.6	102.6	6,401	18.9	—	—	—
2010	34.7	104.0	6,325	18.6	—	—	—

자료: 한국노동연구원, 「각 연도 해외노동통계」(서울: 한국노동연구원, 각 연도).
* http://stats.oecd.org/index.aspx

31　한국노동연구원,「2006 해외노동통계」, pp. 70, 74, 91~93; Berndt K. Keller, 전게서,
　　pp. 243~244.
32　Berndt K. Keller, 전게서, pp. 238~239.

으로 산업별 사용자대표체가 구성되어 협상을 담당한다. 예를 들면, 독일 금속산업의 경우 금속산별 노조(IG Metall)의 상대역으로 금속사용자단체가 구성되어 협상을 한다. 최근 들어 독일의 산별 교섭의 전통이 다소 약화되고 자동차기업인 폭스 바겐(VW) 등 일부 기업에서는 회사별 교섭이 진행되는 단체협상의 분권화현상이 지속되고 있다.[33]

독일의 사용자들은 전통적으로 가부장적인 경영관행을 유지하여 왔으나 제2차세계대전 이후 공동결정법안의 영향으로 근로자의 경영참가를 용인하는 경영방식을 유지하고 있다. 1990년 이후 독일 기업은 세계 최고수준의 인건비수준과 기업운영에 대한 과도한 규제를 피하여 중국, 브라질 등의 국가로 사업장을 이전하는 움직임을 보이고 있다.

③ 정 부 독일의 정부는 법률을 통하여 산업민주주의를 위한 제도를 도입해왔다. 즉, 독일정부는 참여적 노사관계의 정립을 위하여 근로자평의회, 근로자이사제도 등을 강제하는 다양한 법률안을 제정하였다. 예를 들면, 「경영조직법」(Betriebsverfassunggesetz: 1952, 1972), 1951년 「공동결정법」, 1976년 「공동결정법」 및 1974년의 「직원대표법」 등을 통하여 노사가 고용관계의 중요한 결정을 함께 하도록 한 공동결정제도가 확립되었다. 또한, 독일의 정부는 민주적 조합주의를 채택하여 정부가 노사정간의 합의를 통하여 고용관계의 주요 정책사항을 결정하도록 함으로써 참여적 고용관계의 틀을 유지해오고 있다.

이외에도, 정부 주도하에 근로자보호를 위한 광범위한 사회정책의 시행을 통해 노사간의 교섭항목 범위를 줄게 하였으며, 사회전체의 교섭비용을 줄이기 위하여 기업차원에서의 교섭보다는 산업 및 지역단위의 교섭을 정착시키도록 정부가 유도하였고, 법적으로 교섭절차를 표준화하여 기업단위의 노사간 갈등의 소지를 미연에 방지하였다는 점을 들 수 있다.[34]

1.5 일본의 고용관계

일본은 협조적 고용관계를 유지하는 대표적인 국가이다. 가족주의를

▶ 광범위한 산업과 부문을 대표하며, 국가 차원의 노사정협의체의 사용자대표로 참석

▶ 산업민주주의를 위한제도를 도입

🖥 Bundesministerium
für Arbeit und Soziales

http://www.bmas.de

33　Friedrich Füerstenberg, 전계서, pp. 230~231.
34　김황조, 「세계 각국의 노사관계: 그 변신과 몰락」(서울: 세경사, 1996), p. 164.

☛ 기업조합주의

근간으로 하여 노사화합을 중시하는 고용관계를 유지하고 있다. 기업단위에서 노사가 협력하여 고용관계를 이끌어 가는 일본의 시스템을 기업조합주의(Micro-corporatism)라고 부른다.

(1) 고용관계의 역사

☛ 메이지유신으로 산업화

일본은 영국에 비하여 약 1세기가 늦은 1868년 메이지유신으로 산업화를 시작하였다. 일본의 초기 공장들은 거의 국영이었지만 1880년에는 대부분이 몇몇 선택된 가문에 매각되었다. 그리고 이들은 나중에 지주회사들로 구성된 강력한 일본식 재벌그룹을 형성하는 기원이 되었다.

일본에서 노동조합운동은 19세기 말부터 시작되었다. 가문 중심의 산업화는 20세기에 들어서서도 지속되었다. 방직공장들을 중심으로 한 많은 공장에서는 장인(오야카타)들이 있어서 직원모집과 생산을 담당하는 하청인의 역할을 하였다. 제1차 세계대전 이후에 극심한 숙련근로자의 부족사태로 기업들은 오야카타를 통하지 않고 직접 직원을 모집하였고, 기업의 직접채용과 기업 내 도제제도가 이 시기부터 발달하였다.[35] 이 시기에 노동력 공급부족 상태를 극복하려는 한 방안으로 시작된 일본기업의 온정주의적 전통은 1920~1930년대에 걸쳐 발전하였고, 이 시기의 노동조합들은 기업에 종속되는 경향을 강하게 보였다.

1930년대 후반부터 군국주의체제의 압력이 가중되자 노동조합들은 1938~1943년 사이에 대부분 강제해체되었고 정부는 전쟁에 협력시키기 위하여 기업단위로 산업보국회라는 조직을 만들었다. 따라서 제2차대전이 끝날 때까지는 노동자가 스스로의 힘으로 조직한 노동조합은 자취를 감추었고 전쟁에 협력하는 산업보국운동이 노동운동을 대표하게 되었다.[36]

1945년 패전 이후 일본연합군총사령부(GHQ)는 전후 재건조치의 일환으로 고용관계 및 노동자조직을 다시 설립하려고 노력하였다. 특히, 전쟁을 일으킨 재벌중심의 자본가들을 견제하고 노사간에 균형잡힌 민주사회를 건

---

35 Yasuo Kuwahara, "일본의 고용관계," *International and Comparative Employment Relations* 3rd. Ed., 박영범·우석훈 공역, 「국제비교 고용관계」(서울: 한국노동연구원, 2000), pp. 281~282 "일본의 고용관계," *International and Comparative Employment Relations: Globalisation and the Developed Market Economies*, 4th. Ed., 박영범·우석훈 공역, 「국제비교 고용관계」(서울: 한국노동연구원, 2005), pp. 306~337.

36 이준범, 전게서, p. 161.

설하기 위하여 미국식의 독립적인 노동조합주의를 도입하였다. 예를 들면, 미국의 와그너법과 유사한 노동법이 1940년대 말 일본에서 제정되었다. 이 노동법은 그 후 여러 번의 개정절차를 거치게 된다. 즉, 현재의 일본식 모델을 구성하는 일부 요소들은 전후 미국의 영향을 받으며 형성되었다가 차차 일본의 전통적인 문화의 영향을 받아 변형된 것이라 할 수 있다.[37]

1960년대부터 일본제조업의 고성장이 지속되면서 일본식 경영에 대한 관심이 높아지기 시작하였다. 당시의 일본식 경영은 장기고용, 기업별 노조, 연공서열임금제의 세 가지 특징을 지니고 있었는데 일본 경제의 부흥을 이룬 3대 보물(three treasures) 혹은 3대 기둥(three pillars)으로 불렸다. 1960년대와 1970년대 일본경제의 성장과 실질임금의 증가는 역사상 가장 빠른 성장중 하나였고 일본을 경제대국으로 부활시켰다.

|그림 11-6| 도로보수원의 제설작업 모습

1990년대에 들어서면서 일본의 고도성장은 주춤하고 거품경제의 붕괴로 인한 경기침제를 겪게 되었다. 예를 들면, 일본의 경제성장률은 1994년, 1998년, 1999년에 마이너스 성장을 기록하였다(〈도표 11-10〉 참조). 일본 경제는 1990년대 경기침체를 일컫는 '잃어버린 10년'을 지낸 후 최근 들어서 회복세로 돌아서고 있다. 1990년대에 들어서면서 기업이 고용유연성을 추구하면서 장기고용, 기업별 노조, 연공서열임금제 등 일본 고용관계의 전통적인 특징들이 서서히 약화되는 추세를 보인다. 최근 일본의 고용관계는 인구의 고령화, 외국인노동력의 증가, 비정규직의 확산, 빈부격차의 확대 등의 문제를 안고 있다.

▶ 장기고용, 기업별노조, 연공서열임금제 등 일본 고용관계의 전통적인 특징들이 서서히 약화되는 추세

(2) 고용관계의 환경

일본은 입헌군주체제를 갖고 있으며 자유민주당(자민당)이 장기간 집권하고 있다. 1955년에 시작된 자민당은 온건보수정당으로서 1993년 야당연합에 1년간 정권을 내준 것을 제외하고는 1955년부터 지금까지 계속 집권

▶ 자유민주당(자민당)이 장기간 집권

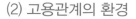

37 Yasuo Kuwahara(2000), 전게서, p. 282.

도표 11-10	일본의 연도별 경제일반 지표						
연도	국내총생산 (10억 달러)	경제성장률 (%)	경제활동 참가율 (%)	제조업 취업자비중 (%)	파트타임 취업자비중 (%)	실업률 (%)	생산직근로자 시간당 임금* ($)
1980	996.4	2.8	68.2	35.3	30.0	2.0	—
1985	1,584.4	6.3	68.8	34.9	33.4	2.7	—
1990	2,372.8	5.6	70.1	34.1	34.9	2.2	12.80
1995	2,867.4	1.9	71.5	33.6	38.6	3.3	23.34
2000	3,294.7	2.9	72.5	31.2	41.0	5.0	25.02
2001	3,382.5	0.2	72.6	30.5	30.9	5.2	22.43
2002	3,471.7		72.3	29.7	31.4	5.6	21.48
2003	3,571.0	1.4	72.3	29.3	31.3	5.4	23.41
2004	3,747.6	2.7	72.2	28.4	31.7	4.9	25.27
2005	3,889.6	1.9	72.6	27.9	31.3	4.6	25.25
2006	4,062.6	2.0	73.1	28.0	32.6	4.3	24.03
2007	4,263.7	2.4	73.6	27.9	33.2	4.1	23.72
2008	4,289.5	−1.2	73.8	27.3	33.8	4.2	27.48
2009	4,090.0	−6.3	73.9	26.4*	33.9	5.3	30.03
2010	4,322.6	4.4	74.0	—	—	5.3	31.75

자료: 한국노동연구원, 「각 연도 해외노동통계」(서울: 한국노동연구원, 각 연도).
* BLS, *International Comparisons of Hourly Compensation Costs in Manufacturing*, 1996-2012.

하고 있다. 이외의 정당으로는 사회민주당, 민주당, 일본공산당, 공명당 등 이 있다.

일본은 2010년 현재 총인구가 1억 2,653만여 명이며 국내총생산(GDP) 은 4조 3,226억 달러, 경제활동참가율은 74.0%이고 경제활동인구 중 제조 업종사자의 비중은 (2009년) 약 26.4%이다(〈도표 11-10〉 참조).[38] 일본의 경 제는 1960년대 이후 1980년까지 고도성장을 거듭하다가 1990년대 초반부 터 21세기 초반까지 거의 10년 이상 극심한 내수부진으로 경기침체를 겪었 다. 2004년 이후 서서히 경기회복의 기미를 보이다 글로벌 금융위기로 다 시 마이너스 성장하였으나 최근 경기회복을 하는 듯하다. 실업률은 1997년 까지는 3.5% 미만을 유지하였으나, 1998년부터 증가하여 4~5%에 달하고 있다. 전통적으로 실업률이 낮은 일본의 경우에 비추어 상당히 높은 수준의

---

38   한국노동연구원, 「2010해외노동통계」(서울: 한국노동연구원, 2010).

실업률이다. 생산직 근로자의 시간당 임금은 2010년의 경우 31.75달러로 2002년 이후 지속적으로 증가하였다.

최근, 일본의 사회적·경제적 환경은 급격히 변하고 있다. 인구의 고령화, 고학력 근로자의 비율 증가, 여성의 노동시장 참여 증대, 외국인 근로자의 이주 증대 등이 발생하면서 일본의 고용관계에도 큰 영향을 미치고 있다.

☛ 인구의 고령화, 고학력 근로자의 비율 증가, 여성의 노동시장 참여 증대, 외국인 근로자의 이주 증대

(3) 고용관계 당사자

① 노동조합　　　　일본 노동조합은 조직형태별로 보면 기업별 조직이 조합수 및 조합원수 면에서 압도적으로 많고 상대적으로 산업별 조합이나 직업별 조합은 극소수에 불과하다. 1사 1노조의 원칙이 지켜져서 대부분의 기업에 1개의 노조만이 존재한다. 기업별 노조는 상호 협상력을 보완하기 위하여 매년 봄 동시에 임금인상협상과 투쟁을 전개하는 춘투(순토, 春鬪)의 관행을 유지하고 있다.

☛ 춘투(순토, 春鬪)

일본 노동조합의 전국적 중앙조직으로 1989년 '렌고'(連合)[39]가 출범하였는데, 민간부문 및 공공부문을 포함하는 중앙노동조합단체이다. 렌고는 약 800만명의 노동자를 포용하는 조직으로 미국의 AFL-CIO, 영국의 TUC 다음으로 큰 규모의 노동조합이다. 또한 같은 해 14만명의 조합원을 갖는 '젠로렌'(全勞聯)과 약 50만명의 회원을 갖는 '젠로코'(全勞協) 등이 결성되었다.

http://www.rengo.
or.jp

일본의 노동조합은 외국인이 보면 독립적이지 않다고 할 정도로 기업에 밀착되어 있으며 기업의 정책에 협조적인 성격을 띠고 있다. 그러나 노조나 근로자의 경영참여는 제한적으로 허용된다. 즉, 노측이 사용자에게 의견을 제시하고 노사간의 다양한 협의회를 통하여 자문에 응하고 있으나 최종 결정권은 사용자가 갖는 것이 일반적이다.

② 사 용 자　　　　일본의 경영자단체로는 '케이단렌'(日本經濟團體連合)이 있다. 과거의 '니케이렌'(日經連)과 '케이단렌'(經團連)이 2002년 통합되어 탄생하였다.[40] 케이단렌은 직접 협상에 참여하지 않고 정부에 대한 로

http://www.keidanren.
or.jp

---

39 1989년 몇몇 중앙노동조합이 합류하여 만든 단체로서 초기에는 '일본노동조합총엽합회(신연합)'이라고 하였으나 그 후 '신'을 빼고 연합으로 호칭함: 김황조, 전게서, p. 248.

40 http://www.keidanren.or.jp/english/profile/pro001.html

비, 산하기업에 대한 교육과 자문 등의 역할을 한다. 기업별 노조를 유지하고 있는 일본에서 단체협상은 기업단위에서 이루어진다.

일본의 사용자는 직원에 대하여 가부장적 온정주의에 입각하여 처우를 하고 이에 대해 종업원은 개인의 이해보다는 집단의 이익을 우선시하는 가치의식에 기초한 행동을 하는 것이 관행으로 자리잡고 있다. 일본의 사용자는 전통적으로 정규직 직원에 대하여 장기고용과 연공서열임금제(연공급)를 유지해왔다. 우선, 일본의 사용자는 직원을 해고시키는 것을 극히 꺼리는 기업문화를 가지고 있다. 따라서 한번 입사하면 특별한 일이 없는 한 장기고용을 원칙으로 한다. 또한, 직원의 봉급은 연공서열로 지급되는 것이 일반적이다. 즉, 한 직장에서의 근무연수에 비례하여 임금이 결정된다. 연공급하에서는 한 직장에서 근무 도중 다른 직장으로 이직을 하는 것은 임금의 손실을 의미하므로 연공서열임금제는 이직보다는 장기근속을 장려하는 제도이다. 따라서 장기고용과 연공서열임금제는 상호보완적인 성격을 갖는다. 그러나 일본의 모든 기업이 장기고용과 연공급을 준수하는 것은 아니다. 장기고용과 연공급의 관행은 주로 대기업의 정규직 직원에게만 적용되고, 중소기업이나 비정규직 직원에게는 지켜지는 않는 경우도 많다.

연공급하에서는 매년 임금이 자동적으로 올라가므로 임금이 준고정비용화하고 기업의 인건비가 갈수록 커지는 경직성을 띠고 있다. 일본에서는 연공급제도의 경직성을 보완하기 위하여 1970년대 오일쇼크 이후에는 인력사용을 효율화하기 위하여 직능급(職能給, 직원의 직무수행능력에 따라 직능등급을 설정하여 이에 따라 차등급여를 지급하는 임금형태)을 도입하였고, 1990년대부터는 성과급(직원의 업무성과에 따라 차등급여를 지급하는 임금형태)을 도입하였다. 직능급과 성과급의 도입에도 불구하고 여전히 임금에서 연공급이 차지하는 비중은 아주 높은 편이지만, 일본 기업들 가운데 경직된 연공급을 탈피하고자 하는 노력은 지속되고 있다. 또한, 1990년대 이후 경쟁이 치열해지면서 인력의 유연화한 활용이 요구되면서 여러 대기업에서 많은 수의 정규직 직원을 일시에 명예퇴직을 시키는 등 장기고용의 원칙이 지켜지지 않는 사례도 많아졌다. 즉, 일본기업의 전통적인 장기고용과 연공급의 관행은 1990년 이후 현저히 약화되고 있는 것이다.

③ 정　　부　　제2차세계대전 패망 후에 일본을 점령한 연합군 최고사령부(Supreme Commander of Allied Powers: SCAP)는 미국식 고용관계를

모델로 하여 고용관계의 틀을 형성하고자 하였다. 즉, 연합군 최고사령부가 재벌을 견제하기 위하여 노동조합의 결성을 촉구하였고 이 이후의 일본 정부가 그 뒤를 이어 비슷한 정책적 기조를 이어왔다. 특히, 전후에 입안된 일본의 노동법은 미국의 와그너법과 유사한 특징을 지니게 된다. 그 후 몇 번의 개정을 거쳐서 일본의 노동법은 미국의 영향에서 벗어나 보다 일본적인 색채를 띠게 된다.

　　일본 정부는 고용관계를 분권적이며 기업중심의 형태로 유지하고자 유도하는 한편, 개별기업의 고용관계에는 거의 개입하지 않는다. 고용문제에 대한 주요 의사결정은 노·사·정 3자로 구성되는 여러 위원회에서 결정하는 협조적인 전통을 유지하고 있다.[41] 한편, 일본의 고용관계 특징이 기업조합주의(micro-corporatism)로 명명되는 이유는 정부가 개별기업의 고용관계에 거의 개입하지 않는 반면, 기업 내부에서는 노사가 합의와 협조에 의한 의사결정을 하는 전통이 있기 때문이며 이를 기업수준에서의 노사협의

☛ 고용관계를 분권적이며 기업중심의 형태로 유지하고자 유도

厚生労働省
Ministry of Health, Labour and Welfare
http://www.mhlw.go.jp/

도표 11-11 일본의 연도별 고용관계 일반 지표

연도	제조업 주근로시간 (시간)	제조업 시간당 노동생산성 (2005=100)	조합원수* (천명)	노동조합 조직률* (%)	쟁의행위 발생건수 (건)	쟁의행위 참가자수 (천명)	노동손실일수 (천일)
1995	37.2	80.5	12,614	23.8	209	38	77
2000	37.7	89.5	11,539	21.5	118	15	35
2001	37.3	91.0	11,212	20.7	90	12	29
2002	37.4	93.2	10,801	20.2	74	7	12
2003	37.8	94.8	10,531	19.6	47	4	7
2004	38.2	97.9	10,309	19.2	51	7	10
2005	38.1	100.0	10,138	18.7	50	4	6
2006	38.4	101.1	10,041	18.2	46	6	8
2007	38.3	103.1	10,080	18.1	54	21	33
2008	37.7	103.0	10,065	18.1	52	8	11
2009	－	101.3	10,077	18.5	48	4	8
2010	－	104.5	10,054	18.5	38	3	7

자료: 한국노동연구원, 「각 연도 해외노동통계」(서울: 한국노동연구원, 각 연도).
* http://stats.oecd.org/index.aspx

41　김황조, 전게서, pp. 252~253.

주의(corporatism)로 간주하기 때문이다.

일본의 고용관계를 살펴보면 주요 선진국과 마찬가지로 노조조직률의 하락현상이 두드러져 1949년 노동조합 조직률이 35%였던 것이 2010년 현재 18.5%로 하락하였다(〈도표 11-11〉 참조). 노동조합조직률의 하락 원인은 제조업의 침체와 서비스산업의 확대, 비정규직의 확산, 젊은 층이 노동조합에 매력을 느끼지 못하는 점 등을 들 수 있다.

1.6 싱가포르의 고용관계

☛ 국가조합주의

☛ 경제성장을 위하여 국가가 민간부문의 노사관계에 깊이 개입하는 특징

싱가포르는 국가조합주의(State corporatism) 국가 중의 하나이다. 국가조합주의 혹은 강제적 조합주의는 경제성장을 위하여 국가가 민간부문의 고용관계에 깊이 개입하는 특징을 지니고 있다. 고용관계에 있어서 국가가 주도적인 역할을 담당하며 주요 고용관계정책에 대하여 표면적으로 노사정이 합의하는 형태를 강제하기 위하여 자유로운 노동운동을 탄압하고 노동기본권을 제한하는 특징이 있다. 주로 경제개발기의 국가에서 많이 관찰되는 형태인 데, 프랑코 치하의 스페인, 무솔리니 치하의 이탈리아, 1980년대까지의 한국과 대만, 남미국가, 싱가포르 등이 대표적인 사례이다.

(1) 고용관계의 역사

싱가포르 인구가 약 413만명(노동력 규모 212만명)이고, 국토 크기가 682.3㎢에 불과한 소국이다. 따라서 싱가포르 경제는 작은 국토, 부존자원 및 인력 등으로 인해 무역의존도가 극도로 높은, 가장 전형적인 소국 개방경제 중의 하나이다. 그러나 1인당 GDP는 아시아에서 일본에 이어 제2위인 선진통상국이다. 1959년부터 집권한 인민행동당(People's Action Party)은 1968년 이후에는 싱가포르의 유일한 정당이며 집권당이다. 인민행동당은 전국노동조합회의(National Trade Union Congress: NTUC)를 유일한 노동조합연맹으로 인정하였고 지금까지 NTUC는 사실상 유일노총으로서 기능하고 있다. 1960년대 후반부터 NTUC는 근로자를 대변하는 역할과 국가발전을 위한 생산을 독려하는 역할을 동시에 수행하게 되었다.

1959년 영국으로부터 싱가포르의 자치가 허용된 후, 1963년 말레이시

아와 통합되었고 1965년 다시 분리 독립
하였다. 정치적 혼란기인 1960년대 싱가
포르는 좌익계열의 노동조합들이 존재하
였고 많은 노사분규를 겪었다. 그러나 리
콴유 수상이 이끄는 인민행동당은 1960
년대 내내 노동조합에 대한 통제적인 정
책을 폈고 결과적으로 노사분규는 현저
히 감소하였다. 즉, 인민행동당은 노동
조합과 노동운동을 통제하는 법률체계를
다음과 같이 정비하였다. 첫째, 복수노조
(multiple or splinter unions)를 금지하고 노

|그림 11-7| 복합발전소의 가스터빈을 수리하는 모습

조등록기관(Registrar of Trade Union)에 노조허가 재량권을 부여한 결과 1959
년부터 1969년까지 총 152개 노조가 등록이 불허되거나 취소되었다. 둘째,
단체협상에서의 규칙을 정의하고 기존의 임의중재체계를 산업중재재판소
(Industrial Arbitration Court: IAC)에 의한 강제중재로 대체하였다. 셋째, 노조
간부자격을 싱가포르 시민으로 제한하였고, 단체행동은 조합원의 2/3 이상
이 비밀투표로 지지해야만 가능하도록 하였다. 넷째, 단체교섭에 의한 임금
인상과 그에 따른 지속적인 노동비용 상승을 막기 위해 초과근로수당, 해고
수당(retrenchment benefit), 상여금, 수유휴가 및 국경일휴가, 부가급여 등에
상한선을 부여하였다. 이러한 조치들은 좌익 노동운동의 쇠퇴와 전반적인
노조조직률과 노동쟁의의 하락을 가져왔다.[42]

1970년대에 싱가포르는 산업화전략을 추진하면서 수출지향 산업화와
외자 유치를 위해 노동비용 안정과 산업평화를 추구하였다. 임금안정을 위
한 기구로서 1972년에 명목상 노사정이 합의하는 임금결정기구인 전국임금
위원회(National Wages Council: NWC)를 설립하였다. NWC는 동수의 노사정
대표로 구성되었으나, 의사결정을 정부가 주도하는 기구이다. NWC는 임금
가이드라인 설정, 필요한 임금구조의 조정 권고, 운영효율성과 생산성을 증
진할 인센티브제도 고안 등의 역할을 수행했다. NWC는 주로 임금억제를

---

42 C. Legatt, *The Fourth Transformation of Singapore Industrial Relations*(2005),
    Online at www.airaanz.econ.usyd.edu.au/papers/Leggett.pdf(accessed on 20
    August 2005).

| 도표 11-12 | 싱가포르의 주요 경제 지표 | | | | | | |

연도	국내총생산 (10억 달러)	경제성장률 (%)	무역의존도 (%)	소비자물가 상승률(%)	경제활동 참가율(%)	실업률 (%)	생산직 근로자 시간당 임금* ($)
1980	−	8.2	278	1.4	64.6	2.4	−
1985	−	8.3	269.9	2	63.7	1.4	−
1990	−	−0.8	258.4	−0.3	63.9	2.5	−
1995	−	6.8	277.4	0	64.7	3.6	−
2000	165.20	8.7	297.7	1.3	68.6	3.5	11.71
2001		−2	280.1	1	65.4	2.7	12.20
2002	−	3.2	273.7	−0.4	63.6	3.4	12.14
2003	−	1.4	297.9	0.5	63.2	3.6	12.74
2004	−	9	−	1.7	63.3	3.6	13.20
2005	208.80	7.1	342.8	0.5	63	3.3	13.25
2006	226.90	8.3	357.1	1	65	2.7	13.77
2007	246.80	8.6	343	2.1	65	2.3	15.71
2008	251.50	1.7	370.3	6.6	65.6	2.2	18.87
2009	249.60	−0.8	300.7	0.6	65.4	3.2	17.54
2010	286.40	13.8	317	2.8	66.2	2.2	19.42
2011	301.20	5.0	−	5.2	66.1	2.1	23.13
2012	305.20	1.3	−	4.6	66.6	2.0	24.16

자료: Singapore Department of Statistics, 「Yearbook of Statistics Singapore 2013」(2013).
* BLS, *International Comparisons of Hourly Compensation Costs in Manufacturing*, 1996~2012.

추구하였으나, 경제 활황기에는 고임금을 권고하기도 했으며 숙련향상과 동기부여를 위한 인센티브를 개발하기도 하였다.

1979년부터 정부는 고부가가치 생산과 제품기술을 성취하기 위한 제2의 산업화를 공세적으로 추진하기 시작하였다.[43] 그리고 1980년대 중반 경제가 침체하자 이를 극복하기 위한 방안으로 정부의 독려하에 각 기업에서는 일본식 노동정책을 도입하였다. 그 내용은 일본식 근로자참여제도의 도입(예를 들면, 품질관리분임조 등), 산별 또는 일반노조에서 기업별 노조로의

---

43 J. P. Begin, "Singapore's Industrial Relations System: Is It Congruent with Its Second Phase of Industrialization,"in *Industrialization & Labor Relations: Contemporary Research in Seven Countries*, ed. by S. H. Frenkel, and J. Harrod (Ithaca, NY: ILR Press. 1995), pp. 64~87.

전환, NWC의 중앙집권적 임금결정방식에서 기업별로 유연하게 임금을 결정하는 방식으로의 변경, 생산독려주의(poductionist)적 노조의 역할 강조[44] 및 중앙예비기금(Central Provident Fund: CPF)의 강화[45] 등이다.

1990년대 싱가포르는 지속적인 높은 경제성장을 달성하였다(〈도표 11-12〉 참조).

1997년 아시아 경제위기를 겪은 후 싱가포르 정부는 노동부의 명칭을 인력기획부(Ministry of Manpower)로 바꾸고, 그 사명을 세계화에 대응하여 노동자들을 세계적으로 경쟁력 있는 인력으로 육성하고, 지속적 경제성장을 달성하는 데 용이한 작업장을 육성하는 것으로 정의했다. 21세기에 들어서서도 정부가 주도하는 싱가포르의 고용관계의 전통적인 특징은 여전히 유지되고 있다.[46]

(2) 고용관계의 환경

싱가포르의 정치에서 인민행동당은 거의 유일한 정당이다. 실질적인 야당이 존재하지 않는 상태에서 국회의 거의 모든 의석을 차지한 인민행동당은 일당독재체제를 확립하고 국정에 대한 전권을 행사한다. 도시국가로서 자원과 자본이 부족한 싱가포르는 전자산업과 외국기업에 대한 의존도가 극히 높은 의존형 경제체제를 유지하고 있다. 싱가포르는 1960년대 이래 높은 경제성장률을 유지하여 왔다. 그러나 아시아 외환위기의 영향으로 1998년 마이너스성장을 기록하였고, 2001년에도 '닷컴' 거품의 영향을 받아 -2.0%의 성장률을 보여서 경기침체가 지속되었다. 또한 2008~2009년에는 글로벌 금융위기로 또다시 마이너스 성장을 기록하였다. 이처럼 싱가포르경제가 세

☛ 인민행동당은 거의 유일한 정당

|그림 11-8| 신호대기중인 퀵서비스맨의 모습

---

44 노조는 양호한 노사관계 촉진, 노동조건 및 경제사회적 지위 향상, 노동자, 사용자, 국가경제를 위한 생산성 향상 등의 역할을 수행하야 한다고 규정(1982년「노조법」개정).

45 월급여의 일정부분(예: 총소득의 50% 또는 6천불)을 노사가 CPF에 납입하여 경제위기나 불황기에 대처하거나 불황기의 임금삭감조처에 대한 필수적인 완충장치(buffer)이자 정부 금융정책의 중요한 도구로 활용(Barr, 2000).

46 C. Legatt, 전게논문.

계 경제흐름에 민감하게 반응하는 이유는 300%를 상회하는 무역의존도에서 그 원인을 찾을 수 있다. 최근 경제활동참가율은 66.6%로 비교적 높은 편이고 최근 실업률은 아시아 외환위기가 발생하기 이전 시점의 3% 미만을 유지하고 있다.

싱가포르 고용관계는 고용안정, 능력개발, 복지제공 등의 긍정적인 측면이 있는 반면에 노동3권의 제한과 국가의 임금억제 등 노사의 자율성을 허용하지 않는다는 특징을 갖고 있다. 싱가포르의 고용관계는 국가의 강력한 주도하에 이루어진다. 싱가포르 정부는 노조의 목적을 (1) 노동조건을 개선하며 노동자의 경제적 지위를 증진하는 한편, (2) 노동자, 사용자, 싱가포르 경제에 이익이 되도록 생산성을 증진하는 것으로 규정하고 있다. 따라서 싱가포르에서는 노동조합은 노동자의 이해를 대변함과 동시에 경제개발의 역할도 함께 가지고 있다. 또한 노조가 노동자들을 대표할 권리를 인정하지만 이에 대한 사용자의 권리도 강하게 인정하고 있다. 예를 들어 사용자는 노조가 자신의 근로자 과반수를 대표하지 못하거나 동일 직업집단 내에 하나 이상의 노조가 있을 경우 사업장 내의 노조를 인정하지 않을 수 있다.

(3) 고용관계 당사자

① **노동조합**　　　싱가포르의 노조 조직형태는 직업별 노조, 산별 노조, 일반노조, 기업별 노조(house union) 등 4가지 형태가 가능하다. 1980년대 정부 주도로 일본식의 기업별 노조가 확산되었지만, 최근에는 기업별 노조가 조직통합을 통해 산별 노조로 강화되는 경향을 보이고 있다. 싱가포르에서는 노조를 등록할 때 동일 산업이나 직업에서의 유사한 노조를 허용하지 않기 때문에 사실상 복수노조가 불허되어 있다.

싱가포르 정부가 인정하는 유일한 전국단위 노조인 전국노동조합회의(NTUC)는 현재 72개의 산하 조직들로 구성되며, 조합원수는 32만 1천여 명이다. NTUC 출신 간부들이 현 집권당인 인민행동당(PAP)에 주요 당직을 맡고 있을 정도로 정당과 노동조합이 긴밀한 관계를 맺어 왔다. NTUC는 싱가포르의 노조조직률을 높이기 위하여 일반지부(general branch)회원제와 계속회원제(seamless membership) 등을 활용하고 있다. 일반지부회원제는 조합원이 무노조기업으로 이직하는 경우에도 조합원 자격을 유지케 하는 제도로 이 경우 조합원은 단체교섭서비스는 받을 수 없으나 노조가 제공하는 복지

고용안정, 능력개발, 복지제공 등의 긍정적인 측면이 있는 반면에 노동3권의 제한과 국가의 임금억제 등 노사의 자율성을 허용하지 않는다는 특징

노조 조직형태는 직업별노조, 산별노조, 일반노조, 기업별노조 등 4가지 형태

복수노조가 불허

전국노동조합회의

http://www.ntuc.org.sg

서비스 등을 계속 제공받을 수 있다. 한편, 계속 회원제는 조합원이 유노조 기업으로 이직하는 경우에 조합원 자격의 갱신 없이 조합원 자격을 유지하게 하는 제도이다.[47] NTUC의 적극적인 활동의 영향으로 싱가포르의 노조 조직률은 1985년 16.4%에 도달한 후 계속 상승하여 2003년 20%를 넘어섰다.[48]

NTUC 활동의 특징 중 하나로 싱가포르노동재단(SLF) 활동을 들 수 있다. SLF는 노조가 설립한 공익재단으로 조합비와 각종 사회단체로부터의 기부금으로 기금을 조성하여 산업재해자들에 대한 구호, 장학금 지급, 신장병 노동자 치료비, 휴양시설 제공 등의 서비스를 제공하고 있다. 이는 NTUC의 복지주의(welfarism)적 경향을 표현하는 대표적인 제도로 볼 수 있을 것이다.[49]

한편, NTUC에 가맹하지 않은 독립노조들도 일부 존재하는데, 예를 들면 항공파일럿, 캐터링(catering), 자동차, 인쇄 및 미디어 노동조합들이다. NWC 등의 공식적인 노사정협의기구에는 정부가 인정한 NTUC만이 참가가 허용되므로 이러한 독립노조들은 노사정협의기구에서 조합원들을 대변할 수 없다.

싱가포르에서는 1987년 이후 파업이 한 건도 발생하지 않았다(〈도표 11-13〉 참조).[50] 이는 싱가포르 고용관계에서 강력한 국가개입주의와 파업에 대한 법률적 제한(예를 들면, 조합원 2/3 이상이 비밀투표를 통하여 파업에 찬성할 때만 파업이 가능함), 그리고 노조의 생산주의적이고 협력주의적인 특성을 반영하고 있다.

▶ 1987년 이후 파업이 한 건도 발생하지 않음

② **사 용 자**　　싱가포르에서 전국적 사용자단체의 역할을 수행하는 조직은 싱가포르전국사용자연맹(Singapore National Employers Federation; SNEF)이다. SNEF는 1948년 창립되었고 1980년 전국사용자회의(National

▶ 싱가포르전국사용자연맹

47　장영철, "싱가포르의 최근 노사관계 변화," 「세계의 노사관계 변화와 전망」, 김동원 편, pp. 265~294.

48　C. Legatt, 전게논문.

49　Tan Ern-Ser, "Singapore Industrial Relations: From Colonial Tutelage to Corporatist Paternalism in a New Economy(1945 to 2003)," 「산업관계연구」13(2), 2003, pp. 137~156.

50　S. Frost, and C. C. H. Chiu, "Labour Relations and Regulation in Singapore: Theory and Practice," *Southeast Asia Research Centre Working Paper Series*(2003), No. 55.

도표 11-13	싱가포르의 노사관계 주요 지표				

연도별	노조조직률 (%)	노동쟁의 관련지표			제조업 주간 근로시간 (시간)
		쟁의발생건수^{주)} (건)	중재 회부 분쟁수 (건)	조정 회부 분쟁건수 (건)	
1980	17.1	0	2	309	47.2
1985	16.4	0	1	253	47.3
1990	16.9	0	5	291	46.8
1995	18.0	0	4	246	46.8
2000	16.8	0	5	231	50.0
2001	19.2	0	5	266	48.7
2002	22.4	0	5	260	49.0
2003	23.7	0	1	252	49.2
2004	–	0	6	182	49.8
2005	–	0	2	163	50.2
2006	–	0	2	163	50.5
2007	–	0	1	133	50.6
2008	–	0	–	118	50.1
2009	–	–	–	166	49.3
2010	–	–	–	121	50.5
2011	–	–	–	159	50.2
2012	–	–	–	164	50.2

주: 싱가포르에서는 1987년 이후 파업이 한 건도 발생하지 않았음.
자료: Singapore Department of Statistics, *Yearbook of Statistics Singapore 2013*(2013); http://www.singstat.gov.sg/pubn/reference.html
　　ILO 노동통계, http://laborsta.ilo.org/STP/guest

http://www.
sgemployers.com

Employers Council)와 통합하여 오늘날에서는 사실상의 유일 사용쟈단체 역할을 하고 있다. SNEF는 약 1,800여 가맹기업으로 구성되어 있으며 공식적 사용자단체로 등록되어 있어서 NTUC의 주된 상대역을 맡고 있다. SNEF는 직접 단체교섭에 참여하지는 않으며, 가맹회원에게 자문, 훈련 및 개발, 정보제공 등의 서비스를 제공하며, 노동법에 대한 자문, 노사관계에 대한 지침, 단체교섭에 대한 권고, 인력기획부(MOM)와 산업중재재판소(IAC)에서의 조정시 사용자 대변 등을 담당한다. 또한 산업안전 및 보건과 인적자원관리, 훈련 및 개발 등에 대한 자문도 제공하며, NWC와 같은 노사정기구에 참여하여 기업들을 대변하고 있다.

한편, SNEF 외의 사용자단체로는 싱가포르해운사용자연맹(Singapore Maritime Employers Federation), 싱가포르인쇄미디어협회(Singapore Print & Media Association) 등이 있다.[51]

③ 정   부   싱가포르 고용관계에서 정부의 역할은 절대적이다. 우선, 정부는 경영과 종업원간의 관계를 결정하는 기본 규칙이나 법률적 프레임워크를 설정한다. 예를 들어 분쟁조정 규칙, 산업중재재판소(IAC)의 역할과 권한, 인력기획부(Ministry of Manpower)의 기능 등을 법률로 제정하고 협상 당사자간의 관계를 결정한다. 특히, 싱가포르 정부는 노조의 역할을 노사간의 건전한 고용관계를 촉진하는 것으로 설정하여 노동3권을 제한하고 노사간 갈등의 표출을 억제하고 있다. 또한, 싱가포르에서 정부는 분쟁해결을 위해 설계된 서비스제도를 감독한다. 인력기획부는 제3자적 조정자 역할을 하며, 산업중재재판소는 법률적으로 구속력 있는 결정을 내린다.

정부는 민간의 단체교섭에도 깊이 개입한다. 싱가포르의 단체교섭은 전국, 산업, 기업수준 모두에서 이루어지지만 지배적인 교섭수준은 기업별 교섭이다.[52] 1980년대 중반까지는 NWC에서 발표하는 임금 가이드라인이 임금을 결정하는 데에 가장 중요한 역할을 했으나, 그 후 정부가 임금가이드라인의 분권화를 결정함으로써 사업장 수준에서의 교섭이 임금결정에 있어서 일차적인 중요성을 띠게 되었다. 단체교섭 의제는 일반적으로 임금과 고용조건을 다룰 수 있지만, 채용, 과업할당, 배치전환, 승진, 계약의 종료, 해고와 복직 등은 경영권으로서 단체교섭의 의제에서 제외된다.

단체협약이 합의되면 산업중재재판소(IAC)에 보고되어 인증(certification)을 받아야 한다. 노사가 단체협약의 합의에 실패할 경우 노사는 인력기획부에 의한 조정을 받을 수 있다. 이 조정의 대부분은 인력부장관과의 비공식적 협의(consultation)를 통해 이루어진다. 그러나 조정을 통해서도 해결이 되지 않을 경우 인력기획부장관은 산업중재재판소(IAC)의 중재를 요청할 수 있다. 중재재판소는 노동자, 사용자, 지역사회의 이해관계 및 국민경제적 조건을 고려하여 결정을 하게 되며, 이 중재원의 결정은 최종적인 집행력을 갖는다. 또한, 사안에 따라서 대통령이 직접 공공이익에 필수적임을

▶ 정부의 역할은 절대적

http://www.mom.gov.sg

▶ 민간의 단체교섭에도 깊이 개입

---

51 상게논문.

52 Kuruvilla, Das, Kwon and Kwon,"Trade Union Growth and Decline in Asia," *British Journal of Industrial Relations*, 40, 2002, pp. 431~461.

이유로 산업중재재판소의 중재를 요구할 수도 있다.

한편, 정부는 총 고용의 11% 정도를 차지하는 공공부문 전체를 관장하는 주요 사용자이다. 이와 관련한 정부의 역할은 규칙 제정에 한정된 것이 아니라 고용관계의 모범사례를 보임으로써 싱가포르 고용관계를 선도하는 역할을 한다. 공공부문의 노동조건은 민간부문의 협상에 있어서도 중요한 역할을 한다.

☛ 정부의 임금 규율

마지막으로 NWC를 통해 싱가포르 정부는 임금을 규율한다. 3자주의 고용관계구조의 주요 행위자로서 정부는 개입 역할을 수행하며 장기간의 고용관계 안정의 주요 기여자로 행동해 왔다. NWC는 노사정합의를 통한 임금조정을 수행했던 3자기구로 매년 임금가이드라인을 정하고 임금체계에 대한 권고도 수행하였다. 이를 통해 정부는 경제목표에 부합하는 수준으로 임금수준을 조정해 나갈 수 있었다.[53] 싱가포르 고용관계에서 정부의 절대적인 권한과 역할은 국가 조합주의의 특징을 잘 보여준다.

1.7 중국의 고용관계

중국은 공산권 고용관계의 대표적인 형태를 보여준다. 즉, 노조가 당의 한 기구로서 존재하며, 국가에서 기업으로 하여금 노조를 설립하도록 강제하는 법률체계를 가지고 있다. 또한, 노동조합은 당의 우위를 인정하고 당의 지도를 받는다. 노조는 근로자의 대변기구라기보다는 정부의 지시에 충실한 생산독려자의 역할을 수행하는 것이다. 중국, 베트남, 러시아 등은 계획경제에서 시장경제로 경제체제가 전환하는 과정에 있지만 고용관계에 있어서는 아직도 북한 등 공산국가의 고용관계 특징을 그대로 유지하고 있다.

☛ 공산국가의 고용관계 특징을 그대로 유지

(1) 고용관계의 역사

중국은 1978년 이전에는 계획경제체제를 고수하는 전형적인 공산주의 국가였다. 1978년 이전의 고용시스템은 '3가지 철제시스템'(the 'three irons')으로 특징지을 수 있다. 즉, 철밥통(the iron rice bowl, 종신고용의 보장), 철의자(the iron chair, 능력보다는 당성에 의하여 발탁이 되고 승진이 되는 관리자들), 철

---

53 S. Frost, and C. C. H. Chiu, 전게논문.

임금(iron wages, 정부가 지정하는 비탄력적, 저임금시스템)이 그 당시 제도의 특징들이다. 이 제도하에서 근로자들은 당에 의하여 국유기업에 배정이 되고 저임금이었지만 종신고용이 보장되었다. 그러나 이 제도의 문제점들은 과잉고용, 동기유발미흡, 사기저하, 잦은 결근, 인력의 비효율적 활용, 직원들이 새로운 기술을 배우기를 꺼리는 점, 에너지와 원자재의 낭비 등이었으며[54] 이로 인하여 국유기업들은 경쟁력을 갖출 수 없는 상황이 되었다.[55]

|그림 11-9| 근로감독관이 사업장 지도목록을 살펴보는 모습

중국은 1978년부터 시작된 개혁개방정책의 영향으로 매년 평균 9.6%의 높은 성장을 지속하여 지난 30년간 세계에서 가장 급속히 성장하고 있는 국가 중 하나가 되었다. 개혁개방 당시 한국의 수출주도형 경제가 중국경제의 모델로 간주된 점은 잘 알려진 사실이다. 1980년대에 이러한 개혁개방은 전술한 "3가지 철제시스템"을 붕괴시키고 새로운 3가지의 고용시스템을 도입하는 계기가 되었다. 새로운 3가지의 고용시스템은 노동계약시스템(모든 피고용인이 일정한 기간을 두고 계약을 하는 제도), 유연한 임금제도(임금이 성과나 업적에 따라 바뀔 수 있도록 한 제도), 관리자책임제도(권한이양이 되어 관리자들이 실질적인 책임과 권한을 가지게 하는 제도)를 의미한다. 특히, 1992년부터 고용관계시스템의 개혁은 더욱 촉진되어 종신고용시스템은 급속히 붕괴되었다.[56] 새로운 3가지 고용시스템의 도입은 중국의 고용시스템이 시장경제에 일치하는 제도로 서서히 전환하고 있다는 점을 의미한다. 2008년부

▶ 새로운 3가지의 고용시스템은 노동계약시스템, 유연한 임금제도, 관리자책임제도

---

54 D. Z. Ding, and M. Warner, "China's Labour-Management System Reforms: Breaking the 'Three Old Irons'(1978~1999)," *Asia Pacific Journal of Management*, 18(3), 2001. pp. 315~334.

55 이 당시 중국의 고용시스템을 풍자하여 "기업은 근로자들에게 임금을 주는 척하고, 근로자들은 일하는 척한다"는 말이 유행하였는데 이는 국유기업의 심각한 저임금과 근로자들의 낮은 사기를 지적한 것이었다.

56 Y. Zhu, and M. Warner, "Changing Approaches to Employment Relations in the People's Republic of China (PRC),"in *Employment Relations in the Asia-Pacific*, ed. by G. Bamber, F. Park, C. Lee, P. Ross, and K. Broadbent(Sydney: Allen & Unwin, 2000), pp. 117~128.

터 고용안정강화와 임금상승을 목적으로 한 신노동법(노동계약법)이 발효되면서 중산층을 강화하고 내수경기를 진작시켜 경제성장을 이루려는 목표를 명확히 하고 있다.

☛ 사회주의 시장경제

중국의 경제시스템은 독특한 제3의 길을 선택하고 있는데 이는 계획경제와 시장경제 사이에 위치한 사회주의 시장경제(socialist market economy)를 의미한다. 공산당 일당독재체제하에서 시장경제가 작동하는 체제를 운영하는 것이다. 중국의 경제는 현재까지는 이데올로기와 시장메커니즘 사이에서 잘 균형을 이루면서 제3의 길을 추구하고 있으며, 그 결과 대규모 실업자군과 빈부격차 등 여러 문제점에도 불구하고 지속적인 경제성장을 이루고 있다.

(2) 고용관계의 환경

☛ 공산당 일당독재 국가

중국은 공산당 일당독재국가이다. 야당의 존재는 허용되지 않는다. 중국은 세계 최대인 (2010년) 13억 4천여 만명의 인구를 보유하고 있으며 국토의 면적도 세계 3위로서 한반도의 44배에 해당하는 거대 국가이다. 또한 1인당 GDP는 2010년 7,588달러로 13억의 인구 중 문재해독이 가능한 인구의 비율은 85.8%로서 비교적 양질의 노동력을 보유한 국가이며 지속적인 고도 성장을 이룩하였다(〈도표 11-14〉 참조).

☛ 최근 노동쟁의가 급증

중국은 최근 노동쟁의가 급증하고 있다. 〈도표 11-14〉에서 보는 바와 같이 노동쟁의건수는 1995년 이후 지속적으로 증가하였다.[57] 1995년에는 노동쟁의수가 2,588건이었으나, 거의 매년 노동쟁의가 증가하여 8년 이후인 2003년에는 10,823건으로 급격한 증가를 보였다. 노동쟁의의 양상도 파업, 집단행진, 피케팅 등에서 점거농성이나 폭력시위 등으로 발전하여 갈수록 극렬화한 양상을 띠고 있다.[58]

---

[57] 이 노동쟁의 통계는 중국정부가 노동통계를 공개하는 방식대로 파업, 직장폐쇄 및 협상결렬을 모두 포함하고 있는 수치이다. 참고로 중국정부는 파업을 공식적으로 금지함에 따라 통계 역시 파업통계를 별도로 공표하지 않고 있다. (저자 주)

[58] Cheng, Y. "The Development of Labour Disputes and the Regulation of Industrial Relations in China," *International Journal of Comparative Labour Law & Industrial Relations*, 20(2), 2004. pp. 277~295.

J. S. Siegel, "Labor Relations in the Emerging Chinese Economy," Paper presented at the IIRA 5th Asian Regional Congress, Seoul, 2004.

| 도표 11-14 | 중국의 주요 경제 및 고용관계 지표 |

연도	국내총생산 (10억 달러)	경제성장률 (%)	실업률 (%)	생산직근로자 시간당 임금* ($)	노조 수 (천개)	노조조직률 (%)	노동쟁의건수 (건)
1980	371.4	7.8	4.9	–	–	–	–
1985	531.9	13.5	1.8	–	–	–	–
1990	910.6	3.8	2.5	–	–	–	–
1995	1,833.3	10.9	2.9	–	593	91.9	2,588
2000	3,013.8	8.4	3.1	–	859	90.3	8,247
2001	3,337.0	8.3	3.6	–	1,538	93.5	9,847
2002	3,700.3	–	4	0.6	1,713	92.6	11,024
2003	4,157.4	10.0	4.3	0.68	906	92.8	10,823
2004	4,698.2	10.1	4.2	0.74	1,020	94.9	–
2005	5,363.6	11.3	4.2	0.83	1,174	94	–
2006	6,242.8	12.7	4.1	0.95	1,324	93.7	–
2007	7,338.8	14.2	4	1.21	1,508	–	–
2008	8,218.9	9.6	4.2	1.59	1,725	–	–
2009	9,056.9	9.1	–	1.74	1,845	–	–
2010	10,175.2	10.3	–	–	1,976	–	–

자료: 한국노동연구원, 「각 연도 해외노동통계」(서울: 한국노동연구원, 각 연도).
　National Bureau of Statistics of China, *China Statistical Yearbook 2010*(2010); http://www.stats.gov.cn/
* BLS, *International Comparisons of Hourly Compensation Costs in Manufacturing*, 1996-2012.
　ILO 노동통계, http://laborsta.ilo.org/STP/guest

(3) 고용관계 당사자

① **노동조합**(공회)　　노동조합을 중국에서는 공회라고 부르며, 당으로부터 통제를 받고 있다. 공회는 자율권은 거의 없기 때문에 공산당의 지시와 통제를 받는 전통적인 레닌스타일의 노동조합주의에 익숙하다.[59] 또한 중국은 1982년 제정된 헌법에서 파업권을 인정하고 있지 않아 공식적으로 단체결성권과 단체교섭권의 노동2권만을 허용하고 있다. 공회는 기업, 산업 및 지역단위로 구성할 수 있으며 반드시 중앙조직인 중국총공회(All-

▶ 헌법에서 단체결성권과 단체교섭권의 노동 2권만을 허용

59　Leung, T. W.-Y., "Trade Unions and Labor Relations under Market Socialism in China," in *Industrial Relations Between Command and Market: A Comparative Analysis of Eastern Europe and China*, ed. by G. Schienstock, P. Thompson, and F. Traxler(New York: Nova Science Publishers, Inc., 1997).

China Federation of Trade Unions; ACFTU)에 가입하도록 하고 있다.

1994년에 통합된 노동법에 의하면 일정 규모 이상의 모든 기업이 공회를 설립하도록 되어 있다. 예를 들면, 2005년 7월 현재 외상투자기업의 경우 300인 이상의 근로자를 고용하고 있으면 반드시 공회를 설립하여야 한다. 그 결과 〈도표 11-14〉에서 보듯이 약 90%에 달하는 공식적인 노동조합 조직률을 보이고 있으며[60] 최근 10년간 노동조합조직률은 거의 변동을 보이지 않고 있다. 공회의 회원은 최고경영자(총경리)를 제외한 모든 구성원이 가입할 수 있어 한국이나 미국과는 달리 관리감독직도 노조에 가입할 수 있어서 노조의 가입범위가 넓다. 공회 간부들이 당이나 정부의 직위를 겸직하는 일도 흔하다.

예를 들어 중국총공회의 현 주석은 중국전인대 제1부주석(한국의 국회 부의장에 해당)을 겸직하는 당고위간부이다. 중국총공회는 당의 지시를 노조원들에게 전달하는 전달벨트(transmission belt)의 역할을 주로 수행하고 있다. 구체적으로 당의 이데올로기와 정책을 근로자들에게 전달하여 근로자들의 지지를 이끌어 내고, 당의 방침에 의하여 생산을 독려하고(상의하달의 역할), 근로자들의 이해를 사용자에게 전달하여 이를 대변하는 역할(하의상달의 역할)을 한다. 중국총공회는 이 두 가지의 역할 중 하의상달(근로자대변)보다는 상의하달(당의 선전기구, 생산독려자)의 역할을 충실히 수행하고 있다. 또한 공회의 재정은 공회 회원이 매월 일정 금액의 회비를 내고, 또한 회사가 근로자급여의 일정 부분(예를 들면 2%)에 해당하는 금액을 공회에 전달하여 충당하고 있다. 사업장의 공회는 이 중 일정 부분(예를 들면, 40%)을 상부단체에 납부한다.

공회의 경우 일반적인 시장경제체제하에서 존재하는 대립적인 고용관계를 추구하지 않으며 한국의 노사협의회와 비슷한 기능을 수행하고 있다. 공회가 주도하여 생산성이나 품질향상운동을 벌이는 일도 자주 있다. 중국 고용관계에 있어서 단체교섭은 기업별, 지역별 및 업종별로 실시할 수 있는

일정 규모 이상의 모든 기업이 공회를 설립

중국총공회는 당의 지시를 노조원들에게 전달하는 전달벨트의 역할을 주로 수행

노사협의회 정도의 기능을 수행

---

60 이 공식적인 노동조합조직률은 공회조직이 있는 기업체의 모든 공회 회원수를 공회조직이 있는 기업체의 전체 근로자수로 나눈 것으로서, 공회조직이 없는 기업체를 아예 계산에서 제외함으로써 실제 조직률보다 과대평가된 비율이다. 최근에는 전체 공회 회원수를 공식등록된 전체 근로자수로 나눈 실질적인 노동조합조직률을 쓰기도 하는데 이 비율에 따르면 2004년 현재의 중국 노동조합조직률은 63% 정도이다. 이 실질적인 노동조합조직률은 ILO나 OECD의 계산방식과 유사한 방식으로 산출된 것이다.

데 이 중 기업별 단위에서 가장 많이 실시되고 있다.

최근 중국 공회와는 별도로 독립적인 지하노조가 태동하고 있다. 이들 독립적인 노조는 불법으로서 최근의 많은 노동쟁의를 주도해왔다. 중국의 공회가 근로자들의 이해를 강력히 대변하지 못하는 점이 이러한 지하노조의 등장은 촉발한 것으로 보는 시각도 있다. 따라서 전통적으로 온건한 노선을 고수해 온 중국의 공회도 시장경제체제의 가속화와 강성 지하노조의 영향으로 근로자보호에 있어서 점차 적극적인 입장으로 선회하고 있다.

② 사 용 자   중국에는 공식적인 사용자단체가 없다. 중국 고용관계에 있어서 사용자로는 국가가 운영하는 국유기업, 지방정부가 운영에 참가하는 집체기업(향진기업은 집체기업에 포함됨) 그리고 사영기업과 외상투자기업을 들 수가 있다. 고용관계에 있어서 당과 정부가 주도적인 역할을 하므로 이들 사용자들은 고용관계에 있어서는 비교적 수동적인 자세를 취하고 있다. 중국의 공식적인 노동자단체인 공회가 비교적 온건한 노동운동을 함에 따라 사용자들은 공회에 대하여 적대적인 태도를 가지고 있지 않은 편이다. 중국의 기업에서는 아직 경영참가제도는 본격적으로 도입되고 있지 않다. 일부 기업에서는 근로자제안제도, QC 등을 실시하고 있다.

③ 정   부   중국은 아직 전통적인 공산주의국가의 특징이 남아 있어서 공산당과 정부가 고용시스템과 고용관계에 있어서 절대적인 영향력을 행사하고 있다. 즉, 중국의 노동조합인 공회가 전국적인 단체인 중국총공회에 소속되어 있고 이 중국총공회는 당의 통제를 받고 있기 때문이다. 중국 정부는 중국총공회를 통하여 당의 정책을 현장에 전파하는 데에 주력하고 있다.

▶ 공식적인 사용자단체가 없음

▶ 당과 정부가 주도적인 역할을 하므로 이들 사용자들은 고용관계에 있어서는 비교적 수동적인 자세를 취함

http://www.mohrss.tgov. cn/

1.8 세계 각국 고용관계의 비교종합

지금까지 세계 각국의 고용관계를 여섯 가지 유형으로 나누어 살펴보았다. 노사자율주의, 사회(민주)조합주의, 정치적 조합주의, 기업조합주의, 국가조합주의, 공산권국가의 고용관계로 각각 구분되는 이를 국가 고용관계의 대표적인 특징을 통계수치로 정리하면 〈도표 11-15〉와 같다.

경제성장률은 싱가포르가 10.3%로 가장 높고, 한국이 6.2%, 일본이

도표 11-15	국가별 최근 고용관련 통계 비교(2010년 기준)							
구분	영국	미국	프랑스	독일	일본	싱가포르*	중국	한국
경제성장률(%)	2.1	3.0	1.7	3.7	4.4	1.3 *	10.3	6.2
제조업 취업자비중(%)	19.2	17.2	19.9 **	29.3 **	26.4	–	–	24.9
실업률(%)	7.9	9.8	9.3	7.2	5.3	2.0 *	4.2 ***	3.8
생산직 근로자 시간당 임금($)	29.11	34.81	39.12	43.84	31.75	24.16 *	1.74 **	18.91
제조업 주당 근로시간(시간)	36.1	38.3	36.5	34.7	37.7 ***	50.5 *	–	45.9
노동조합조직률(%)	26.6	11.9	7.8	18.6	18.5	–	93.7 ****	9.8

주: * 2012년 기준, ** 2009년 기준, *** 2008년 기준, **** 2006년 기준
　　각 통계수치는 수집가능한 가장 최근 연도를 기준으로 작성
자료: 본문의 각 국가별 통계표 참조할 것.

|그림 11-10| 호텔에서 일하는 비정규직 조리사의 뒷모습

☛ 대체로 노동운동이 제도권 내로 진입하고 고용관계가 안정되는 공통현상

4.4%, 독일 3.7%, 미국 3.0% 등의 순서로 나타났다. 이는 글로벌 금융위기의 충격에서 다소 벗어나려는 노력의 결과라고 할 수 있다. 제조업 취업자비중은 독일과 일본이 각각 29.3%와 26.4%로 가장 높아서 제조업 강국의 이미지를 보여주며, 미국은 17.2%로 가장 낮은 편이다. 실업률은 미국과 프랑스가 각각 9.8%, 9.3%로 높은 수치를 보여준다. 생산직 근로자의 시간당 임금은 독일이 43.84달러에 달하여 세계 최고 수준임을 보여주고 있다. 제조업근로자의 주간 근로시간은 싱가포르가 50.5시간으로 가장 길고 독일이 34.7시간으로 가장 짧다. 노동조합조직률은 중국이 90%를 넘어서 가장 높고 프랑스는 10% 미만으로서 가장 낮은 편이다.

지금까지 살펴본 고용관계의 국가별 비교를 통하여 다음과 같은 결론을 내릴 수 있다. 첫째, 어느 국가나 자본주의의 초기에는 노동운동을 탄압하였고 노동운동은 지하로 잠적하거나 급진적인 성격을 띠었음을 알 수 있다. 그러나 시간이 지남에 따라 노동법의 개정 등을 통하여 노동운동을 국가와 사용자가 수용하게 되고, 일부 예외는 있지만 대체로 노동운동이 제도권 내로 진입하고 고용관계가 안정되는 공통현상을

보이게 된다.

둘째, 고용관계의 성격은 국가별로 큰 차이점을 보인다. 미국·영국의 대립적인 고용관계, 프랑스의 적대적 고용관계, 독일·스웨덴의 참여적인 고용관계, 프랑스·이탈리아의 정치적 고용관계, 일본의 협조적 고용관계는 각 국가 고용관계의 고유한 특징이며 시간이 흘러도 쉽게 변하지 않는다는 점이다. 이는 각 국가의 역사와 문화가 고용관계에 투영되어 있기 때문일 것이다.

■ 고용관계의 성격은 국가별로 큰 차이

셋째, 그러나 각국 모두 공통적인 추세를 보이는 측면도 있다. 노조가 위축되고 비노조경영에 대한 관심이 고조되며, 사용자와 정부의 역할이 확대되는 현상과 고용의 불안정현상이 심화되고 비정규직이 급증하는 경향은 거의 모든 국가에서 경험하는 공통적인 현상이다. 이러한 공통점은 경쟁의 격화 등 세계적 시장상황의 공통된 변화에 기인하는 것으로 볼 수 있다.

■ 각국 모두 공통적인 추세를 보이는 측면도 있음

ITUC CSI IGB
http:///www.ituccsi.org/

http://www.wftucentral.org/

2. 국제기구

국제기구는 국제노동조합조직, 국제사용자조직, 그리고 국제노사정조직이 있다.

2.1 국제노동조합조직

19세기 이래로 노동조합은 자본의 국제화에 대응하기 위한 시도로서 국경을 초월한 연대활동을 벌였다. 현재 주요 국제노동조합총연합단체로는 (1) 국제노동조합총연맹 (International Trade Union Confederation: ITUC), (2) 세계노동조합연맹(World Federation of Trade Union: WFTU) 등이 존재한다. 이 단체들의 차이는 주로 정치적 이념과 연관되어 있다. 또한, 경제협력개발기구(OECD)에 속해 있는 노동조합자문회의 (Trade Union Advisory Committee to the OECD)도 국제노동조합

|그림 11-11| '연대의 세계화'를 주제로 개최된 제18차 국제자유노련총회 포스터

조직의 역할을 수행한다.[61]

☛ 국제노동조합총연
맹, 세계노동조합연
맹, 국제노동조합연
합(OECD)에 속해 있
는 노동조합자문회
의

2.2 국제사용자조직

국제적 노동조합단체의 본부 및 지역본부에 대응하는 국제사용자조직
은 (1) 국제사용자기구(International Organisation of Employers: IOE), (2) 비즈
니스유럽(Business Europe), 그리고 (3) OECD 내의 기업·산업자문위원회
(Business and Industry Advisory Committee to the OECD: BIAC) 등이 있다. 개별
국가 수준의 사용자조직과는 달리 국제적 수준의 사용자조직은 노동조합의
성장에 대한 반응이라기보다는 ILO 등 국제적 정부기관의 발전에 대한 대
응으로서 창설되었다. 국제사용자조직은 국제노동조합조직보다 일반적으
로 역사가 일천하고 역할이 상대적으로 미미하다.[62]

☛ 국제사용자기구, 비
즈니스유럽, OECD
내의 기업·산업자
문위원회

http://www.ioeemp.
org/

http://www.icc.org/

2.3 국제 노사정기구

국제노동기구(International Labor Organization: ILO)는 정부·사용자·노
동조합의 고용관계에 대한 국제적 활동을 하는 중요한 기구이다. ILO는 제
1차대전 후 1919년 베르사이유 평화조약에 의하여 설립된 국제기구로 제2
차대전 후에는 국제연합(UN)과 협정을 맺고 노동문제에 관한 국제연합의
전문기관으로 활동하게 되었다. 현재 회원국은 180개국이며[63] 그 조직은
〈도표 11-16〉과 같다.

ILO는 184개 협약과 188개의 권고를 채택하였고 회원국으로부터
6,433개 이상의 비준을 받았다. 이들 협약은 비준장려협약(37개)과 일반
비준대상협약(62개)으로 구분하고 비준장려협약은 다시 핵심협약(8개),
우선협약(4개) 및 기타 비준장려협약(25개) 등으로 구분한다. 핵심협약
(Fundamental Convention)은 근로자의 가장 기본적인 권리를 다루는 4개 분

☛ 국제노동기구
(International Labor
Organization: ILO)는
정부·사용자·노동
조합의 고용관계에
대한 국제적 활동을
하는 중요한 기구

http://www.oecd.org

http://www.ilo.org

---

61 박영범·우석훈 공역, 전게서, pp. 349~351.

62 상게서, pp. 351~352.

63 assessed on 2007/04/16 http://www.ilo.org/public/english/standards/relm/
sountry. htm#94

도표 11-16 | ILO 기구표

□ 노사발전재단 국제노동
협력센터
http://koilaf.org/

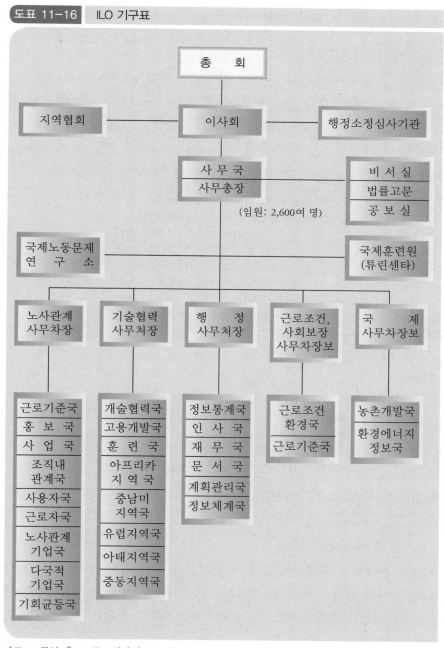

자료: 노동부, 「ILO 주요협약집」(2000), p. 10.

도표 11-17	ILO 비준대상 협약분류: 99개(2002년 12월 현재)		
비준장려협약 (37)	핵심협약(8) (core conventions)	결사의 자유관련	87호(결사의 자유 및 단결권보호), 98호(단결권 및 단체교섭권보호)
		강제근로관련	29호(강제노동금지), 105호(강제노동폐지)
		차별금지관련	100호(균등대우), 111호(고용 및 작업장 차별금지)
		아동근로	138호(근로가능최저연령), 182호(가혹행위금지)
	우선협약(4) (priority conventions)	근로감독관련	81호(근로감독), 129호(근로감독(농업))
		고용정책	122호
		3자협의	144호
	기타비준 장려협약 (25)	• 주휴관련: 공장(14호), 상업 및 사무소(106호) • 산업안전보건: 농원근로자(110호), 방사선(115호), 　　　　　　　　기계방호(119호),　사무실위생(120호), 　　　　　　　　직업성 암(139호),　작업환경(148호), 　　　　　　　　부두작업(152호),　산업안전보건(155호) • 사회보장: 고령 및 유족보상(128호), 의료보호(130호), 사회보장(157호) • 최저임금: 최저임금결정(131호) • 유급휴가: 유급휴일(132호), 유급교육휴가(140호) • 근로자대표: 135호 • 인적자원개발: 142호 • 노동행정: 150호 • 공공부문 노사관계: 151호 • 휴식: 도로운송 근로시간 및 휴식시간(153호) • 단체교섭: 154호 • 가족부양: 가족부양 근로자(156호) • 해고: 고용종료(158호) • 직업재활: 장애인직업재활 및 고용(159호)		
일반비준대상 협약(62)	노동통계(160호), 선원의 건강진단에 관한 협약(73호) 외 60개		

자료: 노동부, 「ILO 주요협약집」(2002), p. 514.

야 8개 협약으로 구성되어 있다. 따라서 모든 회원국이 비준하고 이행하도록 무언의 압력을 받는 협약이라고 할 수 있다. 또한 우선협약(Priority Convention)은 노동관련 제도 및 정책에 본질적으로 중요한 문제를 다루는 4개 협약으로 구성된다(〈도표 11-17〉 참조).[64]

ILO는 국제기준을 이식하는 데에 많은 노력을 기울이고 있으나 대부

64　노동부, 「ILO 주요협약집」(2000), p. 10.

분의 다른 국제기구와 마찬가지로 회원국의 권리를 침해하지 않도록 권고는 조심스럽게 작성된다. 따라서 단체교섭을 촉진하기 위한 회원국에 대한 의무사항은 '각국 여건에 적합한 방법으로' 그리고 '필요한 경우에 한하여'라는 용어로 완화된다. ILO는 특정기준을 준수하도록 회원국에 강요할 수 없으며 기준의 비준 여부는 정부에 위임되어 있다. 더욱이 정부의 ILO협약의 비준은 정부가 협약을 시행할 것을 반드시 의미하지 않으며 또한 정부는 후에 이를 폐기할 수 있다.[65]

우리나라는 1991년 12월 9일 ILO헌장 수락서를 제출함으로써 152번째 ILO회원국이 되었다. 한편 현재 우리나라는 ILO의 비준 대상 협약 중 핵심협약 4개,[66] 우선협약 3개,[67] 기타 비준장려협약 10개,[68] 일반기준대상협약 12개[69] 등으로 총 29개를 비준하였다(〈도표 11-18〉 참조).[70] 그러나 한국의 협약 비준 수준은 미국(14개)보다는 높지만 영국(87개), 프랑스(124개),

|그림 11-12| 부산에서 개최한 제14차 ILO 아시아·태평양 지역총회 포스터

도표 11-18	주요 선진국 ILO 협약 비준 현황					
	영국	미국	프랑스	독일	일본	한국
핵심협약(총 8개)	8	2	8	8	6	4
우선협약(총 4개)	3	1	4	4	3	3
그 외(총 177개)	76	11	112	73	40	22
계	87	14	124	85	49	29

자료: www.ilo.org

---

65 박영범·우석훈 공역, 전게서, pp. 352~353.
66 제138호(취업상 최저연령), 제182호(가혹 아동노동 철폐), 제100호(남녀동일노동·동일임금), 제111호(고용 및 직업상 차별금지).
67 제81호(근로감독), 제122호(고용정책), 제144호(3자협의).
68 제106호(사업과 사무), 제115호(방사선), 제142호(인적자원개발), 제150호(노동행정), 제159호(장애인 직업재활 및 고용), 제156호(가족부양의무 근로자의 고용 및 기회균등), 제131호(최저임금제도 수립), 제135호(근로자대표), 제139호(직업성 암), 제155호(산업안전보건).
69 제2호(실업), 제47호(주40시간), 제73호(선원건강진단), 제160호(노동통계), 제19호(산재보상 내외국인 평등대우), 제26호(최저임금 결정), 제88호(고용서비스기관), 제170호(작업장 사용안전), 제53호(선장 및 직원의 직무상 자격 최저요건), 제162호(석면협약) 및 제185호(선원신분증명협약), 제187호(산업안전보건증진체계협약)
70 www.ilo.org

독일(85개) 및 일본(49개) 등과 비교해 볼 때 낮기 때문에 국제노동단체로부터 비준 권고와 압력을 받고 있다.[71]

Key Word

노사자율주의, 사회(민주)조합주의, 정치적 조합주의, 기업조합주의, 국가 조합주의, 공산권 국가의 고용관계, 영국의 고용관계, 미국의 고용관계, 프랑스의 고용관계, 독일의 고용관계, 일본의 고용관계, 싱가포르의 고용관계, 중국의 고용관계, 국제노동조합조직, 국제사용자조직, 국제노동기구(ILO), 핵심협약, 우선협약, 비준장려협약

---

71 권중동 편저, 「ILO와 국제노동기준」, (서울: (주)중앙경제, 2000), p. 276.
    http://www.molab.go.kr/Korean/Korean.html, ILO 협약의 개요[1999/09/27]

post-case 15

해외공장 현지인력 갈등에 비명[1]

국내 기업들 노사갈등에 대책없어…손실액만 눈덩이

해외에 진출한 국내 기업들이 현지 노동인력 관리에 몸살을 앓고 있다. 진출 과정에서 현지 노동자들과 갈등을 빚는 사례가 잇따르며 사측의 손실규모만 확대되는 모습이다. 더욱이 고질적인 노사갈등에도 불구하고 대처법은 마땅치 않아, '현지인 관리'가 글로벌 기업의 필수 키워드로 떠오르고 있다.

25일 관련업계에 따르면 매년 잦은 파업 등에 시달리고 있는 현대자동차 인도공장은 올해도 노동조합 일부 계파에서 노동강도 강화에 반발하고 나서 어려움을 겪었다. 사측은 이들과 협상을 진행, 진통 끝에 지난 21일 타결안을 내놨다.

인도시장은 현대차에 있어 중국, 미국에 이은 주요 시장이지만, 고질적인 노조문제가 늘 발목을 잡는 모습이다. 임금인상, 해고자 복직 등을 요구하는 현지 노동자들의 분규가 매년 잇따르며 재작년에는 생산공장의 한시적 폐쇄조치까지 검토했을 정도로 알려졌다. 더욱 어려운 점은 이들을 관리할 수 있는 특별한 방법이 없다는 점이다. 이 때문에 사측에서도 매번 사안이 발생할 때마다 리얼타임으로 대응하는 수준에 그치고 있다.

현대차 관계자는 "타 해외공장의 경우 노조가 없어 파업 등의 어려움은 없는 상태"라며 "미국진출 초기에는 근로자들이 사측 지시를 잘 따르지 않아 반장 등 근로자들을 한국으로 초청, 투어를 시키기도 했다"고 전했다.

삼성전자 브라질 공장 또한 최근 휴대전화 생산라인 등에서 일하는 근로자 수십명이 과도한 노동에 따른 산재와 비인간적 처우를 주장해 곤란을 겪었다. 삼성전자측은 이에 대해 사실이 아니라며 즉각 반박하고 나섰다. 그러나 일부 외신이 현지 조사관 및 근로자들의 증언을 일방적으로 전달하면서 오해를 샀다. 삼성은 "현지 근로자와의 소통과정에서 심하게 꾸짖거나 하는 일이 일부 있었지만 브라질 법원에서도 조직 문제가 아닌 개인간의 사안으로 판결을 내렸다"면서 "사소한 오해라도 불식시키기 위해 주재원, 현지채용 간부, 대리급, 현장리더, 사원 등을 대상으로 인격모독예방 교육을 연 2회 실시하고 있고, 직원 건강을 위한 사내병원 운영, 법정기준을 초과하는 체조 휴식시간 제공 및 건강교육 등을 꾸준히 진행하고 있다"고 강조했다.

LG전자는 최근 중국 공장에 부품을 공급하는 광동성 선전지역 공단 노동자들이 파업에 나서며 불통을 우려하고 있다. 대만 컴퓨터 부품업체 징모일렉트로닉테크놀리지 소속 노동자 1,000명은 잔업 요구에 항의, 지난 22일부터 파업에 돌입했다. 이 곳은 IBM과 LG전자 등에 부품을 공급

---

1 아시아경제, "해외공장 현지인력 갈등에 비명: 국내 기업들 노사갈등에 대책없어 … 손실액만 눈덩이." 2011-11-25.

중이다.

해외진출 과정에서 발생하는 이 같은 갈등은 해당 기업에 상당부분 손실을 입히게 되지만, 현지인과의 소통확대 외에 별다른 대처방안이 없다는 점이 사측의 고민이다. LG경제연구원 관계자는 "현지 시장에 대한 이해만큼 중요한 것은 인재 기용으로, 특히 신흥국과 개발도상국에서 인력과 관련된 리스크가 크다"며 "인력 현지화와 현지인 관리자 등용 등을 통해 갭을 줄이고자하는 노력이 필요하다"고 강조했다.

◎ 토의과제
1. 해외공장에 진출한 한국 기업이 현지의 노사문화에 잘 적응하기 위하여 특별히 주의를 기울여야 할 사항들을 3~4가지 요약 정리하라.
2. 해외공장에 진출한 한국 기업들이 주재원들을 대상으로 정기적으로 실시할 바람직한 교육주제들을 3~4가지로 약술하라.

부록

Modern Employment Relations

모의단체교섭 실습

고용관계의 주요 활동 중의 하나인 단체교섭에 대하여 연습하고자 한다. 수강생들은 먼저 4 장의 단체교섭에 대한 내용, 예를 들어 단체교섭의 목표, 단체교섭의 대상 및 조건, 절차 등을 충분히 이해할 필요가 있다.

1. 모의단체교섭 절차

① **단체교섭을 위한 팀의 구성**: 교섭을 하기 위해서는 두 팀(노동조합교섭팀과 사용자교섭팀)을 각 3~4인으로 구성한다. 각 팀원은 단체협상에 적합한 직책을 부여한다. 예를 들어 사용자측은 사장, 인사담당 이사, 생산담당 이사, 인사부장, 노무부장 등으로 하며 노조측은 위원장, 수석부위원장, 쟁의부장, 사무국장 등으로 한다. 사용자측 인사(예를 들어 사장, 인사담당 이사, 생산담당 이사, 인사부장, 노무부장 등)에 대한 종이 명패와 노조측 인사(예를 들어 위원장, 수석부위원장, 쟁의부장, 사무국장 등)에 대한 종이 명패를 준비한다. 교섭팀은 학기 초에 교수 지도하에서 1~2회 교섭한 후 노사팀간의 자체교섭을 학기중 지속적으로 실시한다. 매주 혹은 격주 1회씩 정기적으로 만나서 교섭을 진행하는 것이 바람직하다. 학기 말까지 최종교섭안을 도출하고 이를 수업시간 중에 발표하도록 한다.

② **교섭 당사자의 성실한 교섭 이행**: 실제 단체교섭에서도 (사용자가) 교섭을 부당하게 해태하거나 거부할 경우 부당노동행위로 간주된다. 모의단체교섭에서도 교섭당사자는 주어진 역할을 성실히 수행하여야 한다. 또한 단체교섭이 의미 있는 학습이 되기 위해서도 각 팀이 맡은 역할을 충실하게 수행하여야 할 것이다. 한편 모의단체교섭을 수행하기 위해 주어진 정보가 다소 부족하여 올바른 의사결정을 하는 데 어려움이 있을 수 있다. 그러나 실제 단체교섭에서도 기업경영에 대한 정확한 정보를 갖고 있지 않은 상황이 종종 발생하고 있으므로 주어진 여건하에서 자신들의 주장을 관철시키기 위한 노력을 꾸준히 해야 할 것이다.

③ **교섭의 일반적인 순서**: 교섭순서는 전적으로 자율에 맡기지만 일반적으로 (1) 먼저 노사협상팀은 자체회의(인선, 전략 등의 논의)를 하고 (2) 노사가 마주 앉아 협상일시, 협상안건 등 협상의 기본원칙을 합의하는 것으로 협상이 시작된다. 그 다음에는 (3) 대체로 노조측이 먼저 안을 제시하고 사용자가 이에 대응하는 안을 제시하는 과정을 반복하는 것이 일반적인 협상의 과정이

다. 교섭시 경영 내·외환경, 기업경영정보 등 가능한 관련 자료나 정보를 많이 수집하여 주장하는 측의 주장이 설득력을 더 갖게 된다.

④ **교섭 및 교섭일지 작성:** 각 교섭팀은 교섭내용을 교섭일지에 작성한다. 아래의 교섭일지 양식에는 교섭일자 및 장소, 교섭내용 및 합의사항, 교섭참석자 등을 기록하도록 한다. 또한 각 팀은 작성된 교섭일지를 확인한 후 잘못 기재된 사항이 없을 경우 서명하도록 한다.

⑤ **합의안 작성 및 제출:** 노조팀 및 사용자팀간의 교섭이 타결되었으면 이에 대한 협약을 서면으로 작성하고 당사자의 서명 날인을 한 후 제출하도록 한다. 최종합의안에는 최소한 ① 임금인상 건, ② 성과배분 건, ③ 일부사업의 외주화 건, ④ 노조 가입범위 확대 건, ⑤ 산재 건, ⑥ 고충처리 건 등에 대한 합의내용이 나와야 된다. 이외의 사항에 대해서도 물론 합의가 가능하다. 단 학기 말까지 타결안이 체결되지 않을 경우 쟁의(파업)가 발생한 것으로 본다.

2. 발표 및 평가

학기 말에 노사 양팀은 (1) 교섭일지 (2) 합의안을 제출하고 발표한다. 이때 협상결과에 대한 평가기준은 다음과 같다.

① 주어진 시간 내 최종합의안 도출 여부(쟁의발생 여부)를 먼저 고려한다. 주어진 시간 내에

〈교섭일지〉

제○○차 단체교섭 회의록				
일 시	20**년 *월 *일( )　　00:00			
장 소				
안 건	노사상견례 혹은 제○○차 교섭			
교섭내용 및 합의사항				
구 분	노동조합측		사용자측	
참석자 명단	성명	서명	성명	서명

최종합의안 도출에 실패하면 파업이 발생한 것으로 간주하여 노사 양측이 막심한 손해를 보게 되므로 노사 양팀 모두 0점을 얻게 된다.

② 임금이나 수당 등 분배적인 이슈에 대하여는 노사간 상대적 이해득실을 감안하여 상대적으로 이익을 본 측에 가점을, 손해를 본 측에 감점을 한다. 즉, 임금이 지나치게 많이 상승한 경우 사용자는 감점을, 노조측은 가점을 얻게 된다. 반면, 임금이 지나치게 적게 상승한(타 팀에 비하여 동결, 삭감이 많이 된) 경우 사용자는 가점을 얻고 노조측은 감점을 당하게 된다.

③ 산업안전, 성과급, 교육훈련 등 상호이익이 되는 통합적인 이슈의 경우, 합의안에 창의적이고 구체적인 해결안이 포함될 경우, 노사 쌍방에게 가점을 준다. 창의적이고 구체적인 해결안의 숫자, 정도와 가점의 폭은 서로 비례한다.

3. (주)다나제약 현황

3.1 제약산업 일반 현황

■ 제약산업은 약학, 화학, 생물학 등 다양한 학문분야의 지식과 기술을 필요로 하는 지식 집약형 산업이다. 특히 신약개발시에는 엄청난 부가가치를 창출할 수 있는 미래 성장산업으로 분류된다. 최근 완제의약품을 생산하는 국내제약업체는 244개사이고 이들이 생산하는 의약품 품목수는 26,735품목이며, 의약품 생산액은 11조 4,216억원으로 시장규모는 세계 10위국을 유지하고 있다

■ 국내 제약산업은 자본의 영세성으로 인하여 시장진입이 비교적 용이한 완전 경쟁시장으로 볼 수 있으며 자본력이나 신약개발력 및 오리지날 의약품 등을 보유한 외국의 제약사들이 국내 시장에 이미 진입하였거나 진입을 준비하고 있다.

■ 또한 최근 정부의 약가 적정화 정책과 한미 FTA체결 등 급변하는 경쟁 환경속에 각 제약사별 실적차별화가 예상되며 제품력·영업력 및 브랜드인지도 등 경쟁요인과 더불어 신약개발력의 여부가 중요한 핵심쟁점으로 부상하고 있다.

3.2 회사 개요

(1) 회사 현황

■ (주)다나제약은 1982년에 설립하였으며 같은 해 최신 제약기계를 수입하여 각종 항생제를 생산하였다. 초기에는 판매망을 구축하지 못하여 다소 어려움이 있었으나 제품의 인지도가 높아

지면서 1990년 회사의 규모를 갖추게 되었다. 현재 본사는 서울에 있으며 공장은 경기도 화성시에 있다.

■ 2015년 현재 (주)다나제약은 100여 종의 약품을 생산하고 있으며 주사제, 캡슐제(하드캡슐 및 소프트캡슐), 정제, 산제, 시럽제 등 다양한 종류가 있다. 또한 인력구성을 살펴보면 남자직원 380명, 여자직원 118명 총 498명이며 이 중 관리영업직은 289명, 연구직은 65명, 생산직은 94명, 기능직 41명, 비정규직(공장 구내식당 조리원) 9명으로 구성되어 있다. 또한 평균근속연수는 9.1년, 1인당 연간 급여총액은 3,570만원이다. 회사의 조직구조는 〈도표 1〉과 같다. 창업자인 김고용 사장인 30년 가까이 경영을 책임지고 있다.

■ 한편 다나제약의 노동조합은 정규직만을 가입대상으로 하며 대리 이상은 제외된다. 현재 조합원 수는 80명으로 생산직 및 기능직 위주로 구성되어 있으며, 상근인원은 1명이고 전국화학 노동조합연맹(한국노총 소속)을 상급단체로 하고 있다. 박관계 노동조합위원장은 생산직 출신으로 2012년 가을 처음으로 노조위원장으로 당선되었다.

(2) 노사관계 연혁

■ 1987년 전국적인 민주화운동의 영향으로 1988년 노동조합이 결성되었으나 회사 설립 초기부터 경영진의 배려와 가족 같은 분위기에서 회사를 운영하여 왔던 까닭에 노사간의 큰 마찰이나 적대적 관계로까지 발전하지는 않았다.

■ 1990년 이후 회사가 안정되고 협력적 노사관계분위기 형성되자 김고용 사장은 1995년을 새로운 도약의 원년으로 삼고 신약개발을 통한 부가가치 창조라는 새로운 경영전략을 수립하고 이에 적합한 조직구조로 개편하는 등 공격적인 사업운영을 시작하였다.

■ 그러나 1997년 외환위기가 시작되자 김고용 사장은 신약개발사업을 보류하는 한편 비채 산성부문에 대한 구조조정을 실시하고 2000년 상반기까지 긴축경영을 실시하였다. 그 결과 20여 명의 정리해고와 2001년까지 임금동결 및 일부 복리후생제도의 축소 등과 같은 아픔을 맛보아야만 했다.

■ 2001년 하반기부터 매출이 회복세에 접어들면서 당기순이익이 증가하기 시작하였다. 따라서 2002년과 2003년 단체교섭에서 노동조합은 그간의 임금동결과 복리수준 감축 등에 대한 보상을 요구하였고 사용자측도 이를 수용하여 매년 10% 정도의 임금인상을 실시하였다. 그 후 2004년부터 2007년까지 비교적 안정적인 성장을 기록하며 매년 2~4% 정도의 임금인상을 실시하였다.

■ 2008년 들어 다시 세계적인 금융위기가 닥치면서 회사는 긴축경영을 선언하고 고용조정을 않는 대신 2012년까지 임금 동결 및 일부 복리후생제도의 축소를 노사합의하에 실시하였다.

■ 한편 2014년 김고용 사장은 긴축경영의 효과로 금융위기를 큰 탈없이 넘기고 회사가 다소 안정을 취하자 신약개발사업을 의욕적으로 추진하고자 하였다. 이를 위해 필요한 자금을 산출해 보니 향후 5년간 총 200억원의 신규투자자금이 필요하였다. 따라서 김고용 사장은 종업원 및 노조간부들을 대상으로 회사의 경영전략과 발전방향 등에 대하여 설명하고 경영위기를 겪어낸 경험을 살려 새로운 도약의 기쁨을 함께 누리자고 설득하였다.

■ 2014년 노동조합은 단체교섭에서 회사의 중장기 경영전략을 추진하기 위하여 단 1%의 임금인상을 수용하는 대신 임원의 임금은 동결하고 2015년에는 회사 수익상승에 맞는 임금인상을 약속받았다. 그러나 2014년 말 주총에서 회사임원들의 실제 보수가 전년에 비해 10%나 인상된 것이 밝혀져 직원들은 많은 불만이 야기되었고 노조는 비판의 대상이 되었다. 2015년 가을 노조위원장 선거를 앞둔 노조집행부는 직원들의 이러한 불만을 큰 부담으로 느끼고 있다. 반면, 사용자는 현재의 온건한 노조집행부가 2015년 이후에도 지속되기를 희망하지만 신규투자자금을 확보하기 위해 임금인상 폭을 줄여야 하는 고민을 안고 있다.

도표 부록-1 (주)다나제약의 조직구조

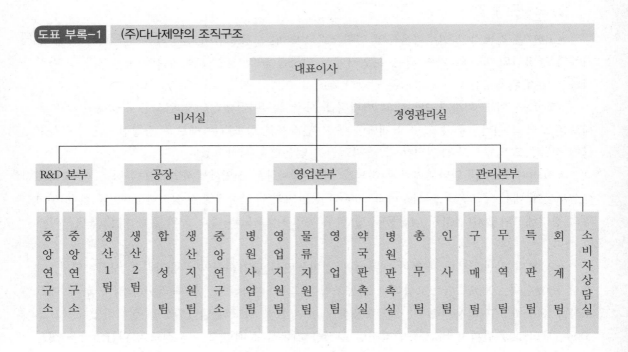

(3) 재무정보

① 대차대조표(3년간)

(단위: 백만원)

재 무	2014년 12월	2013년 12월	2012년 12월
유동자산	39,165	40,560	40,587
고정자산	18,624	18,027	17,685
자산총계	57,789	58,587	58,269
유동부채	7,353	9,675	10,881
고정부채	3,720	3,588	3,453
부채총계	11,070	13,266	14,337
자본금	8,379	8,379	8,379
자본잉여금	19,462	19,362	19,362
이익잉여금	18,801	17,340	15,951
자본조정	177	243	243
자본총계	46,719	45,324	43,935
부채와 자본총계	57,789	58,587	58,269

② 손익계산서(3년간)

(단위: 백만원)

재 무	2014년 12월	2013년 12월	2012년 12월
매출액	45,846	41,388	36,903
매출원가	23,673	21,549	19,152
매출총이익	22,173	19,839	17,751
판매비와관리비	17,478	15,444	14,466
영업이익	4,692	4,395	3,285
영업외수익	1,413	1,248	2,190
영업외비용	2,421	2,202	2,595
경상이익	3,684	3,441	2,883
법인세차감전순이익	3,684	3,441	2,883
법인세비용	1,386	1,215	1,098
당기순이익	2,298	2,226	1,782

③ 각종 재무비율(3년간)

(단위: 백만원)

재 무	2014년 12월	2013년 12월	2012년 12월
총자산증가율	-1.36	0.55	-3.59
매출액증가율	10.77	12.15	-8.46
영업이익증가율	6.76	33.79	-37.18
총자본수이익률 (총자산순이익률)	3.95	3.81	3.0
총자본(자산회전율)	0.79	0.71	0.62
유동비율	532.72	419.18	372.98
부채비율	23.7	29.27	32.63

4. 2015년도 단체교섭에 대한 노사간 입장

4.1 노조측의 입장

■ 2015년도 단체교섭을 위하여 노조측은 노조원들의 의견을 수렴하여 교섭사항을 정리하였다. 교섭사항은 크게 ① 임금인상 건, ② 성과배분 건, ③ 일부 사업의 외주화 건, ④ 노조 가입범위 확대 건, ⑤ 산재 건, ⑥ 고충처리 건 등이다.

■ 첫째, 이번 2015년 단체교섭에서 노동조합은 순이익의 증가(2012년의 17.8억원에서 2013년의 22.3억원)에도 불구하고 2014년 조합원들의 임금은 단 1% 인상된 반면 회사임원은 임금동결 약속이 지켜지지 않고 10%나 인상된 점과 2014년도 재무실적이 전년도보다 개선된 점을 들어 15% 이상의 높은 임금인상을 요구한다.

■ 둘째, 임금인상 외에도 회사 수익에 상응하는 성과배분제를 실시할 것으로 기대하고 있다. 따라서 전기 당기순이익의 10%(약 2억 2,980만원)를 특별성과급으로 지급할 것을 요구한다.

■ 셋째, 일부 채산성이 맞지 않는 사업을 외주화(아웃소싱)하려는 회사측의 움직임을 노조측에서 파악하였다. (노조측에 따르면) 사용자는 생산라인 중 소프트캡슐 생산의 채산성이 맞지 않아 외부업체로 아웃소싱하려고 한다는 것이다. 만약 소프트캡슐 생산라인이 아웃소싱된다면 이 생산라인에 종사하는 12명의 근로자가 일자리를 잃을 수 있으므로 노조측은 이를 강력하게 반대하고 저지하고자 한다.

■ 넷째, 현재 회사의 노조 조직률은 약 16.1%로 다소 낮기 때문에 조합원 가입범위를 확대시켜 조직기능의 활성화를 도모하고자 하였다. 현실적으로 대리는 회사의 간부라기보다는 사원에 가까운 데도 불구하고 조합원이 대리로 승진하게 되면 노조활동을 하지 못하게 된다는 점은

노조의 입장에서 불만사항 중의 하나이다. 따라서 현행 조합원 가입제한범위를 대리 이상에서 과장 이상으로 축소함으로써 조합원 수의 증대 및 노조기능의 활성화를 도모하고자 한다.

■ 다섯째, 회사는 지난 2000년부터 2009년까지 베이비파우더를 생산하기 위해 석면이 포함된 '탈크'를 이용해 제품을 생산하였다. 따라서 생산과정에서 근로자들이 석면이 든 탈크에 미량이라도 장기간 노출되었을 가능성이 높기 때문에 작업환경 측정, 특수건강진단 및 석면건강관리수첩 발급 등을 요구한다.

■ 여섯째, 생산현장의 탈의실 옷장은 15년 전에 설치된 철제 옷장으로 문을 열고 닫을 때 소리가 나고 일부 파손된 경우가 있다. 이를 나무로 만든 옷장으로 교체해 줄 것을 요구한다.

4.2 사용자측의 입장

■ 노조측이 요청한 요구사항에 대하여 사용자측이 검토한 의견은 다음과 같다.

■ 첫째, 사용자측은 전년도 임원의 임금 10%는 스톡옵션을 지급해서 나타난 결과이므로 임금인상과는 무관하다고 주장하고, 2014년에도 당기순이익이 전년도에 비해 크게 개선된 것이 없으며, 올해에도 신규사업 추진을 위해서 자금이 필요하니 임금동결의 필요가 있다고 주장하였다.

■ 둘째, 임금동결을 수용한다면 근로자의 근로의욕을 고취시키기 위하여 성과배분제를 도입할 의사를 갖고 있다. 따라서 전기 당기순이익의 3%(약 6,894만원)를 성과급으로 지급할 의사를 갖고 있다.

■ 셋째, 회사는 생산된 약품의 국내 유통 및 해외 수출을 위하여 KGMP(Korea Good Manufacturing Practice; 한국우수의약품제조관리기준)나 CGMP(Current Good Manufacturing Practice; 미국 FDA가 인정하는 우수의약품제조관리기준) 등에서 요구하는 생산설비를 구비하여 왔다. 그러나 소프트캡슐의 시설투자비용이 많이 소요되며 회사에서 생산되는 약품의 비중도 높지 않기 때문에 채산성이 악화되고 있다. 따라서 CGMP을 준수하는 업체에서의 OEM방식 생산을 검토하고 있으나 아직 뚜렷한 결정사항은 없다. 다만, 사업의 외주화에 대한 의사결정은 경영자 고유의 권한이므로 노조측과 협의할 사항이 아니다.

■ 넷째, 노조 가입제한 범위를 과장 이상으로 하자는 노조의 요구는 수용할 수 없다. 대리는 중견사원으로 간부가 되기 위한 준비과정이고 대리가 노조원이 된다면 노사간의 쟁의행위 발생시 회사의 운영에 상당한 지장이 초래될 것이므로 이를 받아들이기 어렵다.

■ 다섯째, 베이비파우더 생산을 중단한 이후 자체 조사를 실시한 결과 큰 문제점이 없는 것으로 나타났기 때문에 별도의 추가 조사는 불필요하다. 또 다 지나간 '탈크'를 다시 재론한다면 괜히 회사의 대외적 이미지를 훼손할 수 있기 때문에 교섭 사항으로 적절하지 못하다.

■ 여섯째, 탈의실 옷장의 내구연수는 20년으로 아직 5년이 더 남아 있다. 일부 파손이 되어 그 기능을 발휘하지 못하는 옷장은 교체하고 또 보수가 필요한 옷장은 곧바로 보수하도록 하겠다. 그렇지만 일괄적인 나무옷장으로의 교체는 현재로서는 곤란하다.

5. 참고자료

5.1 주요 노사단체의 2015년도 임금인상 요구율

― 한국경영자총협회 2.6% 또는 동결
― 한국노총 9.1%
― 민주노총 11.0%

5.2 동종 업종 및 지역의 산업정보

지난해 제약업계의 임금 평균 인상률 : 4.0%
지난해 제약업계의 생산성 증가율 : 3.5%
지난해 지역 실업률 : 6.9%
지난해 전국 생계비 증가율 : 4.0%

근로기준법

[시행 2012.8.2] [법률 제11270호, 2012.2.1, 일부개정]

제1장 총 칙

제1조(목적) 이 법은 헌법에 따라 근로조건의 기준을 정함으로써 근로자의 기본적 생활을 보장, 향상시키며 균형 있는 국민경제의 발전을 꾀하는 것을 목적으로 한다.

제2조(정의) ① 이 법에서 사용하는 용어의 뜻은 다음과 같다.

1. "근로자"란 직업의 종류와 관계없이 임금을 목적으로 사업이나 사업장에 근로를 제공하는 자를 말한다.
2. "사용자"란 사업주 또는 사업 경영 담당자, 그 밖에 근로자에 관한 사항에 대하여 사업주를 위하여 행위하는 자를 말한다.
3. "근로"란 정신노동과 육체노동을 말한다.
4. "근로계약"이란 근로자가 사용자에게 근로를 제공하고 사용자는 이에 대하여 임금을 지급하는 것을 목적으로 체결된 계약을 말한다.
5. "임금"이란 사용자가 근로의 대가로 근로자에게 임금, 봉급, 그 밖에 어떠한 명칭으로든지 지급하는 일체의 금품을 말한다.
6. "평균임금"이란 이를 산정하여야 할 사유가 발생한 날 이전 3개월 동안에 그 근로자에게 지급된 임금의 총액을 그 기간의 총일수로 나눈 금액을 말한다. 근로자가 취업한 후 3개월 미만인 경우도 이에 준한다.
7. "소정(所定)근로시간"이란 제50조, 제69조 본문 또는 「산업안전보건법」 제46조에 따른 근로시간의 범위에서 근로자와 사용자 사이에 정한 근로시간을 말한다.
8. "단시간근로자"란 1주 동안의 소정근로시간이 그 사업장에서 같은 종류의 업무에 종사하는 통상 근로자의 1주 동안의 소정근로시간에 비하여 짧은 근로자를 말한다.

② 제1항 제6호에 따라 산출된 금액이 그 근로자의 통상임금보다 적으면 그 통상임금액을 평균임금으로 한다.

제3조(근로조건의 기준) 이 법에서 정하는 근로조건은 최저기준이므로 근로 관계 당사자는 이 기준을 이유로 근로조건을 낮출 수 없다.

제4조(근로조건의 결정) 근로조건은 근로자와 사용자가 동등한 지위에서 자유의사에 따라 결정하여야 한다.

제5조(근로조건의 준수) 근로자와 사용자는 각자가 단체협약, 취업규칙과 근로계약을 지키고 성실하게 이행할 의무가 있다.

제6조(균등한 처우) 사용자는 근로자에 대하여 남녀의 성(性)을 이유로 차별적 대우를 하지 못하고, 국적·신앙 또는 사회적 신분을 이유로 근로조건에 대한 차별적 처우를 하지 못한다.

제7조(강제 근로의 금지) 사용자는 폭행, 협박, 감금, 그 밖에 정신상 또는 신체상의 자유를 부당하게 구속하는 수단으로써 근로자의 자유의사에 어긋나는 근로를 강요하지 못한다.

제8조(폭행의 금지) 사용자는 사고의 발생이나 그 밖의 어떠한 이유로도 근로자에게 폭행을 하지 못한다.

제9조(중간착취의 배제) 누구든지 법률에 따르지 아니하고는 영리로 다른 사람의 취업에 개입하거나 중간인으로서 이익을 취득하지 못한다.

제10조(공민권 행사의 보장) 사용자는 근로자가 근로시간 중에 선거권, 그 밖의 공민권(公民權) 행사 또는 공(公)의 직무를 집행하기 위하여 필요한 시간을 청구하면 거부하지 못한다. 다만, 그 권리 행사나 공(公)의 직무를 수행하는 데에 지장이 없으면 청구한 시간을 변경할 수 있다.

제11조(적용 범위) ① 이 법은 상시 5명 이상의 근로자

를 사용하는 모든 사업 또는 사업장에 적용한다. 다만, 동거하는 친족만을 사용하는 사업 또는 사업장과 가사(家事) 사용인에 대하여는 적용하지 아니한다.

② 상시 4명 이하의 근로자를 사용하는 사업 또는 사업장에 대하여는 대통령령으로 정하는 바에 따라 이 법의 일부 규정을 적용할 수 있다.

③ 이 법을 적용하는 경우에 상시 사용하는 근로자 수를 산정하는 방법은 대통령령으로 정한다.

제12조(적용 범위) 이 법과 이 법에 따른 대통령령은 국가, 특별시·광역시·도, 시·군·구, 읍·면·동, 그 밖에 이에 준하는 것에 대하여도 적용된다.

제13조(보고, 출석의 의무) 사용자 또는 근로자는 이 법의 시행에 관하여 고용노동부장관·「노동위원회 법」에 따른 노동위원회(이하 "노동위원회"라 한다) 또는 근로감독관의 요구가 있으면 지체 없이 필요한 사항에 대하여 보고하거나 출석하여야 한다.

제14조(법령 요지 등의 게시) ① 사용자는 이 법과 이 법에 따른 대통령령의 요지(要旨)와 취업규칙을 근로자가 자유롭게 열람할 수 있는 장소에 항상 게시하거나 갖추어 두어 근로자에게 널리 알려야 한다.

② 사용자는 제1항에 따른 대통령령 중 기숙사에 관한 규정과 제99조 제1항에 따른 기숙사규칙을 기숙사에 게시하거나 갖추어 두어 기숙(寄宿)하는 근로자에게 널리 알려야 한다.

제2장 근로계약

제15조(이 법을 위반한 근로계약) ① 이 법에서 정하는 기준에 미치지 못하는 근로조건을 정한 근로계약은 그 부분에 한하여 무효로 한다.

② 제1항에 따라 무효로 된 부분은 이 법에서 정한 기준에 따른다.

제16조(계약기간) 근로계약은 기간을 정하지 아니한 것과 일정한 사업의 완료에 필요한 기간을 정한 것 외에는 그 기간은 1년을 초과하지 못한다.

[법률 제8372호(2007.4.11) 부칙 제3조의 규정에 의하여 이 조는 2007년 6월 30일까지 유효함]

제17조(근로조건의 명시) ① 사용자는 근로계약을 체결할 때에 근로자에게 다음 각 호의 사항을 명시하여야 한다. 근로계약 체결 후 다음 각 호의 사항을 변경하는 경우에도 또한 같다.

1. 임금
2. 소정근로시간
3. 제55조에 따른 휴일
4. 제60조에 따른 연차 유급휴가
5. 그 밖에 대통령령으로 정하는 근로조건

② 사용자는 제1항 제1호와 관련한 임금의 구성항목·계산방법·지급방법 및 제2호부터 제4호까지의 사항이 명시된 서면을 근로자에게 교부하여야 한다. 다만, 본문에 따른 사항이 단체협약 또는 취업규칙의 변경 등 대통령령으로 정하는 사유로 인하여 변경되는 경우에는 근로자의 요구가 있으면 그 근로자에게 교부하여야 한다.

제18조(단시간근로자의 근로조건) ① 단시간근로자의 근로조건은 그 사업장의 같은 종류의 업무에 종사하는 통상 근로자의 근로시간을 기준으로 산정한 비율에 따라 결정되어야 한다.

② 제1항에 따라 근로조건을 결정할 때에 기준이 되는 사항이나 그 밖에 필요한 사항은 대통령령으로 정한다.

③ 4주 동안(4주 미만으로 근로하는 경우에는 그 기간)을 평균하여 1주 동안의 소정근로시간이 15시간 미만인 근로자에 대하여는 제55조와 제60조를 적용하지 아니한다.

제19조(근로조건의 위반) ① 제17조에 따라 명시된 근로조건이 사실과 다를 경우에 근로자는 근로조건 위반을 이유로 손해의 배상을 청구할 수 있으며 즉시 근로계약을 해제할 수 있다.

② 제1항에 따라 근로자가 손해배상을 청구할 경우에는 노동위원회에 신청할 수 있으며, 근로계약이 해제되었을 경우에는 사용자는 취업을 목적으로 거

주를 변경하는 근로자에게 귀향 여비를 지급하여야 한다.

제20조(위약 예정의 금지) 사용자는 근로계약 불이행에 대한 위약금 또는 손해배상액을 예정하는 계약을 체결하지 못한다.

제21조(전차금 상계의 금지) 사용자는 전차금(前借金)이나 그 밖에 근로할 것을 조건으로 하는 전대(前貸)채권과 임금을 상계하지 못한다.

제22조(강제 저금의 금지) ① 사용자는 근로계약에 덧붙여 강제 저축 또는 저축금의 관리를 규정하는 계약을 체결하지 못한다.

② 사용자가 근로자의 위탁으로 저축을 관리하는 경우에는 다음 각 호의 사항을 지켜야 한다.

1. 저축의 종류·기간 및 금융기관을 근로자가 결정하고, 근로자 본인의 이름으로 저축할 것

2. 근로자가 저축증서 등 관련 자료의 열람 또는 반환을 요구할 때에는 즉시 이에 따를 것

제23조(해고 등의 제한) ① 사용자는 근로자에게 정당한 이유 없이 해고, 휴직, 정직, 전직, 감봉, 그 밖의 징벌(懲罰)(이하 "부당해고등"이라 한다)을 하지 못한다.

② 사용자는 근로자가 업무상 부상 또는 질병의 요양을 위하여 휴업한 기간과 그 후 30일 동안 또는 산전(産前)·산후(産後)의 여성이 이 법에 따라 휴업한 기간과 그 후 30일 동안은 해고하지 못한다. 다만, 사용자가 제84조에 따라 일시보상을 하였을 경우 또는 사업을 계속할 수 없게 된 경우에는 그러하지 아니하다.

제24조(경영상 이유에 의한 해고의 제한) ① 사용자가 경영상 이유에 의하여 근로자를 해고하려면 긴박한 경영상의 필요가 있어야 한다. 이 경우 경영 악화를 방지하기 위한 사업의 양도·인수·합병은 긴박한 경영상의 필요가 있는 것으로 본다.

② 제1항의 경우에 사용자는 해고를 피하기 위한 노력을 다하여야 하며, 합리적이고 공정한 해고의 기준을 정하고 이에 따라 그 대상자를 선정하여야

한다. 이 경우 남녀의 성을 이유로 차별하여서는 아니 된다.

③ 사용자는 제2항에 따른 해고를 피하기 위한 방법과 해고의 기준 등에 관하여 그 사업 또는 사업장에 근로자의 과반수로 조직된 노동조합이 있는 경우에는 그 노동조합(근로자의 과반수로 조직된 노동조합이 없는 경우에는 근로자의 과반수를 대표하는 자를 말한다. 이하 "근로자대표"라 한다)에 해고를 하려는 날의 50일 전까지 통보하고 성실하게 협의하여야 한다.

④ 사용자는 제1항에 따라 대통령령으로 정하는 일정한 규모 이상의 인원을 해고하려면 대통령령으로 정하는 바에 따라 고용노동부장관에게 신고하여야 한다.

⑤ 사용자가 제1항부터 제3항까지의 규정에 따른 요건을 갖추어 근로자를 해고한 경우에는 제23조제1항에 따른 정당한 이유가 있는 해고를 한 것으로 본다.

제25조(우선 재고용 등) ① 제24조에 따라 근로자를 해고한 사용자는 근로자를 해고한 날부터 3년 이내에 해고된 근로자가 해고 당시 담당하였던 업무와 같은 업무를 할 근로자를 채용하려고 할 경우 제24조에 따라 해고된 근로자가 원하면 그 근로자를 우선적으로 고용하여야 한다.

② 정부는 제24조에 따라 해고된 근로자에 대하여 생계안정, 재취업, 직업훈련 등 필요한 조치를 우선적으로 취하여야 한다.

제26조(해고의 예고) 사용자는 근로자를 해고(경영상 이유에 의한 해고를 포함한다)하려면 적어도 30일 전에 예고를 하여야 하고, 30일 전에 예고를 하지 아니하였을 때에는 30일분 이상의 통상임금을 지급하여야 한다. 다만, 천재·사변, 그 밖의 부득이한 사유로 사업을 계속하는 것이 불가능한 경우 또는 근로자가 고의로 사업에 막대한 지장을 초래하거나 재산상 손해를 끼친 경우로서 고용노동부령으로 정하는 사유에 해당하는 경우에는 그러하지 아니하다.

제27조(해고사유 등의 서면통지) ① 사용자는 근로자를 해고하려면 해고사유와 해고시기를 서면으로 통지하여야 한다.

② 근로자에 대한 해고는 제1항에 따라 서면으로 통지하여야 효력이 있다.

제28조(부당해고등의 구제신청) ① 사용자가 근로자에게 부당해고등을 하면 근로자는 노동위원회에 구제를 신청할 수 있다.

② 제1항에 따른 구제신청은 부당해고등이 있었던 날부터 3개월 이내에 하여야 한다.

제29조(조사 등) ① 노동위원회는 제28조에 따른 구제신청을 받으면 지체 없이 필요한 조사를 하여야 하며 관계 당사자를 심문하여야 한다.

② 노동위원회는 제1항에 따라 심문을 할 때에는 관계 당사자의 신청이나 직권으로 증인을 출석하게 하여 필요한 사항을 질문할 수 있다.

③ 노동위원회는 제1항에 따라 심문을 할 때에는 관계 당사자에게 증거 제출과 증인에 대한 반대심문을 할 수 있는 충분한 기회를 주어야 한다.

④ 제1항에 따른 노동위원회의 조사와 심문에 관한 세부절차는 「노동위원회법」에 따른 중앙노동위원회(이하 "중앙노동위원회"라 한다)가 정하는 바에 따른다.

제30조(구제명령 등) ① 노동위원회는 제29조에 따른 심문을 끝내고 부당해고등이 성립한다고 판정하면 사용자에게 구제명령을 하여야 하며, 부당해고등이 성립하지 아니한다고 판정하면 구제신청을 기각하는 결정을 하여야 한다.

② 제1항에 따른 판정, 구제명령 및 기각결정은 사용자와 근로자에게 각각 서면으로 통지하여야 한다.

③ 노동위원회는 제1항에 따른 구제명령(해고에 대한 구제명령만을 말한다)을 할 때에 근로자가 원직복직(原職復職)을 원하지 아니하면 원직복직을 명하는 대신 근로자가 해고기간 동안 근로를 제공하였더라면 받을 수 있었던 임금 상당액 이상의 금품을 근로자에게 지급하도록 명할 수 있다.

제31조(구제명령 등의 확정) ① 「노동위원회법」에 따른 지방노동위원회의 구제명령이나 기각결정에 불복하는 사용자나 근로자는 구제명령서나 기각결정서를 통지받은 날부터 10일 이내에 중앙노동위원회에 재심을 신청할 수 있다.

② 제1항에 따른 중앙노동위원회의 재심판정에 대하여 사용자나 근로자는 재심판정서를 송달받은 날부터 15일 이내에 「행정소송법」의 규정에 따라 소(訴)를 제기할 수 있다.

③ 제1항과 제2항에 따른 기간 이내에 재심을 신청하지 아니하거나 행정소송을 제기하지 아니하면 그 구제명령, 기각결정 또는 재심판정은 확정된다.

제32조(구제명령 등의 효력) 노동위원회의 구제명령, 기각결정 또는 재심판정은 제31조에 따른 중앙노동위원회에 대한 재심 신청이나 행정소송 제기에 의하여 그 효력이 정지되지 아니한다.

제33조(이행강제금) ① 노동위원회는 구제명령(구제명령을 내용으로 하는 재심판정을 포함한다. 이하 이 조에서 같다)을 받은 후 이행기한까지 구제명령을 이행하지 아니한 사용자에게 2천만원 이하의 이행강제금을 부과한다.

② 노동위원회는 제1항에 따른 이행강제금을 부과하기 30일 전까지 이행강제금을 부과·징수한다는 뜻을 사용자에게 미리 문서로써 알려 주어야 한다.

③ 제1항에 따른 이행강제금을 부과할 때에는 이행강제금의 액수, 부과 사유, 납부기한, 수납기관, 이의제기방법 및 이의제기기관 등을 명시한 문서로써 하여야 한다.

④ 제1항에 따라 이행강제금을 부과하는 위반행위의 종류와 위반 정도에 따른 금액, 부과·징수된 이행강제금의 반환절차, 그 밖에 필요한 사항은 대통령령으로 정한다.

⑤ 노동위원회는 최초의 구제명령을 한 날을 기준으로 매년 2회의 범위에서 구제명령이 이행될 때까지 반복하여 제1항에 따른 이행강제금을 부과·징수

할 수 있다. 이 경우 이행강제금은 2년을 초과하여 부과·징수하지 못한다.

⑥ 노동위원회는 구제명령을 받은 자가 구제명령을 이행하면 새로운 이행강제금을 부과하지 아니하되, 구제명령을 이행하기 전에 이미 부과된 이행강제금은 징수하여야 한다.

⑦ 노동위원회는 이행강제금 납부의무자가 납부기한까지 이행강제금을 내지 아니하면 기간을 정하여 독촉을 하고 지정된 기간에 제1항에 따른 이행강제금을 내지 아니하면 국세 체납처분의 예에 따라 징수할 수 있다.

⑧ 근로자는 구제명령을 받은 사용자가 이행기한까지 구제명령을 이행하지 아니하면 이행기한이 지난 때부터 15일 이내에 그 사실을 노동위원회에 알려 줄 수 있다.

제34조(퇴직급여 제도) 사용자가 퇴직하는 근로자에게 지급하는 퇴직급여 제도에 관하여는 「근로자퇴직급여 보장법」이 정하는 대로 따른다.

제35조(예고해고의 적용 예외) 제26조는 다음 각 호의 어느 하나에 해당하는 근로자에게는 적용하지 아니한다.

1. 일용근로자로서 3개월을 계속 근무하지 아니한 자

2. 2개월 이내의 기간을 정하여 사용된 자

3. 월급근로자로서 6개월이 되지 못한 자

4. 계절적 업무에 6개월 이내의 기간을 정하여 사용된 자

5. 수습 사용 중인 근로자

제36조(금품 청산) 사용자는 근로자가 사망 또는 퇴직한 경우에는 그 지급 사유가 발생한 때부터 14일 이내에 임금, 보상금, 그 밖에 일체의 금품을 지급하여야 한다. 다만, 특별한 사정이 있을 경우에는 당사자 사이의 합의에 의하여 기일을 연장할 수 있다.

제37조(미지급 임금에 대한 지연이자) ① 사용자는 제36조에 따라 지급하여야 하는 임금 및 「근로자퇴직급여 보장법」 제2조 제5호에 따른 급여(일시금만 해당된다)의 전부 또는 일부를 그 지급 사유가 발생한 날부터 14일 이내에 지급하지 아니한 경우 그 다음 날부터 지급하는 날까지의 지연 일수에 대하여 연 100분의 40 이내의 범위에서 「은행법」에 따른 은행이 적용하는 연체금리 등 경제 여건을 고려하여 대통령령으로 정하는 이율에 따른 지연이자를 지급하여야 한다.

② 제1항은 사용자가 천재·사변, 그 밖에 대통령령으로 정하는 사유에 따라 임금 지급을 지연하는 경우 그 사유가 존속하는 기간에 대하여는 적용하지 아니한다.

제38조(임금채권의 우선변제) ① 임금, 재해보상금, 그 밖에 근로 관계로 인한 채권은 사용자의 총재산에 대하여 질권(質權)·저당권 또는 「동산·채권 등의 담보에 관한 법률」에 따른 담보권에 따라 담보된 채권 외에는 조세·공과금 및 다른 채권에 우선하여 변제되어야 한다. 다만, 질권·저당권 또는 「동산·채권 등의 담보에 관한 법률」에 따른 담보권에 우선하는 조세·공과금에 대하여는 그러하지 아니하다.

② 제1항에도 불구하고 다음 각 호의 어느 하나에 해당하는 채권은 사용자의 총재산에 대하여 질권·저당권 또는 「동산·채권 등의 담보에 관한 법률」에 따른 담보권에 따라 담보된 채권, 조세·공과금 및 다른 채권에 우선하여 변제되어야 한다.

1. 최종 3개월분의 임금

2. 재해보상금

제39조(사용증명서) ① 사용자는 근로자가 퇴직한 후라도 사용 기간, 업무 종류, 지위와 임금, 그 밖에 필요한 사항에 관한 증명서를 청구하면 사실대로 적은 증명서를 즉시 내주어야 한다.

② 제1항의 증명서에는 근로자가 요구한 사항만을 적어야 한다.

제40조(취업 방해의 금지) 누구든지 근로자의 취업을 방해할 목적으로 비밀 기호 또는 명부를 작성·사용하거나 통신을 하여서는 아니 된다.

제41조(근로자의 명부) ① 사용자는 각 사업장별로 근로자 명부를 작성하고 근로자의 성명, 생년월일, 이력, 그 밖에 대통령령으로 정하는 사항을 적어야 한다.

② 제1항에 따라 근로자 명부에 적을 사항이 변경된 경우에는 지체 없이 정정하여야 한다.

제42조(계약 서류의 보존) 사용자는 근로자 명부와 대통령령으로 정하는 근로계약에 관한 중요한 서류를 3년간 보존하여야 한다.

제3장 임　금

제43조(임금 지급) ① 임금은 통화(通貨)로 직접 근로자에게 그 전액을 지급하여야 한다. 다만, 법령 또는 단체협약에 특별한 규정이 있는 경우에는 임금의 일부를 공제하거나 통화 이외의 것으로 지급할 수 있다.

② 임금은 매월 1회 이상 일정한 날짜를 정하여 지급하여야 한다. 다만, 임시로 지급하는 임금, 수당, 그 밖에 이에 준하는 것 또는 대통령령으로 정하는 임금에 대하여는 그러하지 아니하다.

제43조의2(체불사업주 명단 공개) ① 고용노동부장관은 제36조, 제43조, 제56조에 따른 임금, 보상금, 수당, 그 밖에 일체의 금품(이하 "임금등"이라 한다)을 지급하지 아니한 사업주(법인인 경우에는 그 대표자를 포함한다. 이하 "체불사업주"라 한다)가 명단 공개 기준일 이전 3년 이내 임금등을 체불하여 2회 이상 유죄가 확정된 자로서 명단 공개 기준일 이전 1년 이내 임금등의 체불총액이 3천만원 이상인 경우에는 그 인적사항 등을 공개할 수 있다. 다만, 체불사업주의 사망·폐업으로 명단 공개의 실효성이 없는 경우 등 대통령령으로 정하는 사유가 있는 경우에는 그러하지 아니하다.

② 고용노동부장관은 제1항에 따라 명단 공개를 할 경우에 체불사업주에게 3개월 이상의 기간을 정하여 소명 기회를 주어야 한다.

③ 제1항에 따른 체불사업주의 인적사항 등에 대한 공개 여부를 심의하기 위하여 고용노동부에 임금체불정보심의위원회(이하 이 조에서 "위원회"라 한다)를 둔다. 이 경우 위원회의 구성·운영 등 필요한 사항은 고용노동부령으로 정한다.

④ 제1항에 따른 명단 공개의 구체적인 내용, 기간 및 방법 등 명단 공개에 필요한 사항은 대통령령으로 정한다.

제43조의3(임금등 체불자료의 제공) ① 고용노동부장관은 「신용정보의 이용 및 보호에 관한 법률」 제25조 제2항 제1호에 따른 종합신용정보집중기관이 임금등 체불자료 제공일 이전 3년 이내 임금등을 체불하여 2회 이상 유죄가 확정된 자로서 임금등 체불자료 제공일 이전 1년 이내 임금등의 체불총액이 2천만원 이상인 체불사업주의 인적사항과 체불액 등에 관한 자료(이하 "임금등 체불자료"라 한다)를 요구할 때에는 임금등의 체불을 예방하기 위하여 필요하다고 인정하는 경우에 그 자료를 제공할 수 있다. 다만, 체불사업주의 사망·폐업으로 임금등 체불자료 제공의 실효성이 없는 경우 등 대통령령으로 정하는 사유가 있는 경우에는 그러하지 아니하다.

② 제1항에 따라 임금등 체불자료를 받은 자는 이를 체불사업주의 신용도·신용거래능력 판단과 관련한 업무 외의 목적으로 이용하거나 누설하여서는 아니 된다.

③ 제1항에 따른 임금등 체불자료의 제공 절차 및 방법 등 임금등 체불자료의 제공에 필요한 사항은 대통령령으로 정한다.

제44조(도급 사업에 대한 임금 지급) ① 사업이 여러 차례의 도급에 따라 행하여지는 경우에 하수급인(下受給人)이 직상(直上) 수급인의 귀책사유로 근로자에게 임금을 지급하지 못한 경우에는 그 직상 수급인은 그 하수급인과 연대하여 책임을 진다. 다만, 직상 수급인의 귀책사유가 그 상위 수급인의 귀책사유에 의하여 발생한 경우에는 그 상위 수급인

도 연대하여 책임을 진다.

② 제1항의 귀책사유 범위는 대통령령으로 정한다.

제44조의2(건설업에서의 임금 지급 연대책임) ① 건설업에서 사업이 2차례 이상 「건설산업기본법」 제2조 제11호에 따른 도급(이하 "공사도급"이라 한다)이 이루어진 경우에 같은 법 제2조 제7호에 따른 건설업자가 아닌 하수급인이 그가 사용한 근로자에게 임금(해당 건설공사에서 발생한 임금으로 한정한다)을 지급하지 못한 경우에는 그 직상 수급인은 하수급인과 연대하여 하수급인이 사용한 근로자의 임금을 지급할 책임을 진다.

② 제1항의 직상 수급인이 「건설산업기본법」 제2조 제7호에 따른 건설업자가 아닌 때에는 그 상위 수급인 중에서 최하위의 같은 호에 따른 건설업자를 직상 수급인으로 본다.

제44조의3(건설업의 공사도급에 있어서의 임금에 관한 특례) ① 공사도급이 이루어진 경우로서 다음 각 호의 어느 하나에 해당하는 때에는 직상 수급인은 하수급인에게 지급하여야 하는 하도급 대금 채무의 부담 범위에서 그 하수급인이 사용한 근로자가 청구하면 하수급인이 지급하여야 하는 임금(해당 건설공사에서 발생한 임금으로 한정한다)에 해당하는 금액을 근로자에게 직접 지급하여야 한다.

1. 직상 수급인이 하수급인을 대신하여 하수급인이 사용한 근로자에게 지급하여야 하는 임금을 직접 지급할 수 있다는 뜻과 그 지급방법 및 절차에 관하여 직상 수급인과 하수급인이 합의한 경우

2. 「민사집행법」 제56조 제3호에 따른 확정된 지급명령, 하수급인의 근로자에게 하수급인에 대하여 임금채권이 있음을 증명하는 같은 법 제56조 제4호에 따른 집행증서, 「소액사건심판법」 제5조의7에 따라 확정된 이행권고결정, 그 밖에 이에 준하는 집행권원이 있는 경우

3. 하수급인이 그가 사용한 근로자에 대하여 지급하여야 할 임금채무가 있음을 직상 수급인에게

알려주고, 직상 수급인이 파산 등의 사유로 하수급인이 임금을 지급할 수 없는 명백한 사유가 있다고 인정하는 경우

② 「건설산업기본법」 제2조 제10호에 따른 발주자의 수급인(이하 "원수급인"이라 한다)으로부터 공사도급이 2차례 이상 이루어진 경우로서 하수급인(도급받은 하수급인으로부터 재하도급 받은 하수급인을 포함한다. 이하 이 항에서 같다)이 사용한 근로자에게 그 하수급인에 대한 제1항 제2호에 따른 집행권원이 있는 경우에는 근로자는 하수급인이 지급하여야 하는 임금(해당 건설공사에서 발생한 임금으로 한정한다)에 해당하는 금액을 원수급인에게 직접 지급할 것을 요구할 수 있다. 원수급인은 근로자 자신에 대하여 「민법」 제404조에 따른 채권자대위권을 행사할 수 있는 금액의 범위에서 이에 따라야 한다.

③ 직상 수급인 또는 원수급인이 제1항 및 제2항에 따라 하수급인이 사용한 근로자에게 임금에 해당하는 금액을 지급한 경우에는 하수급인에 대한 하도급 대금 채무는 그 범위에서 소멸한 것으로 본다.

제45조(비상시 지급) 사용자는 근로자가 출산, 질병, 재해, 그 밖에 대통령령으로 정하는 비상(非常)한 경우의 비용에 충당하기 위하여 임금 지급을 청구하면 지급기일 전이라도 이미 제공한 근로에 대한 임금을 지급하여야 한다.

제46조(휴업수당) ① 사용자의 귀책사유로 휴업하는 경우에 사용자는 휴업기간 동안 그 근로자에게 평균임금의 100분의 70 이상의 수당을 지급하여야 한다. 다만, 평균임금의 100분의 70에 해당하는 금액이 통상임금을 초과하는 경우에는 통상임금을 휴업수당으로 지급할 수 있다.

② 제1항에도 불구하고 부득이한 사유로 사업을 계속하는 것이 불가능하여 노동위원회의 승인을 받은 경우에는 제1항의 기준에 못 미치는 휴업수당을 지급할 수 있다.

제47조(도급 근로자) 사용자는 도급이나 그 밖에 이에

준하는 제도로 사용하는 근로자에게 근로시간에 따라 일정액의 임금을 보장하여야 한다.

제48조(임금대장) 사용자는 각 사업장별로 임금대장을 작성하고 임금과 가족수당 계산의 기초가 되는 사항, 임금액, 그 밖에 대통령령으로 정하는 사항을 임금을 지급할 때마다 적어야 한다.

제49조(임금의 시효) 이 법에 따른 임금채권은 3년간 행사하지 아니하면 시효로 소멸한다.

제4장 근로시간과 휴식

제50조(근로시간) ① 1주 간의 근로시간은 휴게시간을 제외하고 40시간을 초과할 수 없다.

② 1일의 근로시간은 휴게시간을 제외하고 8시간을 초과할 수 없다.

③ 제1항 및 제2항에 따른 근로시간을 산정함에 있어 작업을 위하여 근로자가 사용자의 지휘·감독 아래에 있는 대기시간 등은 근로시간으로 본다.

제51조(탄력적 근로시간제) ① 사용자는 취업규칙(취업규칙에 준하는 것을 포함한다)에서 정하는 바에 따라 2주 이내의 일정한 단위기간을 평균하여 1주 간의 근로시간이 제50조 제1항의 근로시간을 초과하지 아니하는 범위에서 특정한 주에 제50조 제1항의 근로시간을, 특정한 날에 제50조 제2항의 근로시간을 초과하여 근로하게 할 수 있다. 다만, 특정한 주의 근로시간은 48시간을 초과할 수 없다.

② 사용자는 근로자대표와의 서면 합의에 따라 다음 각 호의 사항을 정하면 3개월 이내의 단위기간을 평균하여 1주 간의 근로시간이 제50조 제1항의 근로시간을 초과하지 아니하는 범위에서 특정한 주에 제50조 제1항의 근로시간을, 특정한 날에 제50조 제2항의 근로시간을 초과하여 근로하게 할 수 있다. 다만, 특정한 주의 근로시간은 52시간을, 특정한 날의 근로시간은 12시간을 초과할 수 없다.

1. 대상 근로자의 범위

2. 단위기간(3개월 이내의 일정한 기간으로 정하여

야 한다)

3. 단위기간의 근로일과 그 근로일별 근로시간

4. 그 밖에 대통령령으로 정하는 사항

③ 제1항과 제2항은 15세 이상 18세 미만의 근로자와 임신 중인 여성 근로자에 대하여는 적용하지 아니한다.

④ 사용자는 제1항 및 제2항에 따라 근로자를 근로시킬 경우에는 기존의 임금 수준이 낮아지지 아니하도록 임금보전방안(賃金補塡方案)을 강구하여야 한다.

제52조(선택적 근로시간제) 사용자는 취업규칙(취업규칙에 준하는 것을 포함한다)에 따라 업무의 시작 및 종료 시각을 근로자의 결정에 맡기기로 한 근로자에 대하여 근로자대표와의 서면 합의에 따라 다음 각 호의 사항을 정하면 1개월 이내의 정산기간을 평균하여 1주간의 근로시간이 제50조 제1항의 근로시간을 초과하지 아니하는 범위에서 1주 간에 제50조 제1항의 근로시간을, 1일에 제50조 제2항의 근로시간을 초과하여 근로하게 할 수 있다.

1. 대상 근로자의 범위(15세 이상 18세 미만의 근로자는 제외한다)

2. 정산기간(1개월 이내의 일정한 기간으로 정하여야 한다)

3. 정산기간의 총 근로시간

4. 반드시 근로하여야 할 시간대를 정하는 경우에는 그 시작 및 종료 시각

5. 근로자가 그의 결정에 따라 근로할 수 있는 시간대를 정하는 경우에는 그 시작 및 종료 시각

6. 그 밖에 대통령령으로 정하는 사항

제53조(연장 근로의 제한) ① 당사자 간에 합의하면 1주 간에 12시간을 한도로 제50조의 근로시간을 연장할 수 있다.

② 당사자 간에 합의하면 1주 간에 12시간을 한도로 제51조의 근로시간을 연장할 수 있고, 제52조 제2호의 정산기간을 평균하여 1주 간에 12시간을 초과하지 아니하는 범위에서 제52조의 근로시간을

연장할 수 있다.

③ 사용자는 특별한 사정이 있으면 고용노동부장관의 인가와 근로자의 동의를 받아 제1항과 제2항의 근로시간을 연장할 수 있다. 다만, 사태가 급박하여 고용노동부장관의 인가를 받을 시간이 없는 경우에는 사후에 지체 없이 승인을 받아야 한다.

④ 고용노동부장관은 제3항에 따른 근로시간의 연장이 부적당하다고 인정하면 그 후 연장시간에 상당하는 휴게시간이나 휴일을 줄 것을 명할 수 있다.

제54조(휴게) ① 사용자는 근로시간이 4시간인 경우에는 30분 이상, 8시간인 경우에는 1시간 이상의 휴게시간을 근로시간 도중에 주어야 한다.

② 휴게시간은 근로자가 자유롭게 이용할 수 있다.

제55조(휴일) 사용자는 근로자에게 1주일에 평균 1회 이상의 유급휴일을 주어야 한다.

제56조(연장·야간 및 휴일 근로) 사용자는 연장근로(제53조·제59조 및 제69조 단서에 따라 연장된 시간의 근로)와 야간근로(오후 10시부터 오전 6시까지 사이의 근로) 또는 휴일근로에 대하여는 통상임금의 100분의 50 이상을 가산하여 지급하여야 한다.

제57조(보상 휴가제) 사용자는 근로자대표와의 서면 합의에 따라 제56조에 따른 연장근로·야간근로 및 휴일근로에 대하여 임금을 지급하는 것을 갈음하여 휴가를 줄 수 있다.

제58조(근로시간 계산의 특례) ① 근로자가 출장이나 그 밖의 사유로 근로시간의 전부 또는 일부를 사업장 밖에서 근로하여 근로시간을 산정하기 어려운 경우에는 소정근로시간을 근로한 것으로 본다. 다만, 그 업무를 수행하기 위하여 통상적으로 소정근로시간을 초과하여 근로할 필요가 있는 경우에는 그 업무의 수행에 통상 필요한 시간을 근로한 것으로 본다.

② 제1항 단서에도 불구하고 그 업무에 관하여 근로자대표와의 서면 합의를 한 경우에는 그 합의에서 정하는 시간을 그 업무의 수행에 통상 필요한 시

간으로 본다.

③ 업무의 성질에 비추어 업무 수행 방법을 근로자의 재량에 위임할 필요가 있는 업무로서 대통령령으로 정하는 업무는 사용자가 근로자대표와 서면 합의로 정한 시간을 근로한 것으로 본다. 이 경우 그 서면 합의에는 다음 각 호의 사항을 명시하여야 한다.

1. 대상 업무
2. 사용자가 업무의 수행 수단 및 시간 배분 등에 관하여 근로자에게 구체적인 지시를 하지 아니한다는 내용
3. 근로시간의 산정은 그 서면 합의로 정하는 바에 따른다는 내용

④ 제1항과 제3항의 시행에 필요한 사항은 대통령령으로 정한다.

제59조(근로시간 및 휴게시간의 특례) 다음 각 호의 어느 하나에 해당하는 사업에 대하여 사용자가 근로자대표와 서면 합의를 한 경우에는 제53조 제1항에 따른 주(週) 12시간을 초과하여 연장근로를 하게 하거나 제54조에 따른 휴게시간을 변경할 수 있다.

1. 운수업, 물품 판매 및 보관업, 금융보험업
2. 영화 제작 및 흥행업, 통신업, 교육연구 및 조사사업, 광고업
3. 의료 및 위생 사업, 접객업, 소각 및 청소업, 이용업
4. 그 밖에 공중의 편의 또는 업무의 특성상 필요한 경우로서 대통령령으로 정하는 사업

제60조(연차 유급휴가) ① 사용자는 1년간 80퍼센트 이상 출근한 근로자에게 15일의 유급휴가를 주어야 한다.

② 사용자는 계속하여 근로한 기간이 1년 미만인 근로자 또는 1년간 80퍼센트 미만 출근한 근로자에게 1개월 개근 시 1일의 유급휴가를 주어야 한다.

③ 사용자는 근로자의 최초 1년 간의 근로에 대하여 유급휴가를 주는 경우에는 제2항에 따른 휴가를

포함하여 15일로 하고, 근로자가 제2항에 따른 휴가를 이미 사용한 경우에는 그 사용한 휴가 일수를 15일에서 **뺀다**.

④ 사용자는 3년 이상 계속하여 근로한 근로자에게는 제1항에 따른 휴가에 최초 1년을 초과하는 계속 근로 연수 매 2년에 대하여 1일을 가산한 유급휴가를 주어야 한다. 이 경우 가산휴가를 포함한 총 휴가 일수는 25일을 한도로 한다.

⑤ 사용자는 제1항부터 제4항까지의 규정에 따른 휴가를 근로자가 청구한 시기에 주어야 하고, 그 기간에 대하여는 취업규칙 등에서 정하는 통상임금 또는 평균임금을 지급하여야 한다. 다만, 근로자가 청구한 시기에 휴가를 주는 것이 사업 운영에 막대한 지장이 있는 경우에는 그 시기를 변경할 수 있다.

⑥ 제1항부터 제3항까지의 규정을 적용하는 경우 다음 각 호의 어느 하나에 해당하는 기간은 출근한 것으로 본다.

1. 근로자가 업무상의 부상 또는 질병으로 휴업한 기간

2. 임신 중의 여성이 제74조 제1항부터 제3항까지의 규정에 따른 휴가로 휴업한 기간

⑦ 제1항부터 제4항까지의 규정에 따른 휴가는 1년간 행사하지 아니하면 소멸된다. 다만, 사용자의 귀책사유로 사용하지 못한 경우에는 그러하지 아니하다.

제61조(연차 유급휴가의 사용 촉진) 사용자가 제60조 제1항·제3항 및 제4항에 따른 유급휴가의 사용을 촉진하기 위하여 다음 각 호의 조치를 하였음에도 불구하고 근로자가 휴가를 사용하지 아니하여 제60조 제7항 본문에 따라 소멸된 경우에는 사용자는 그 사용하지 아니한 휴가에 대하여 보상할 의무가 없고, 제60조 제7항 단서에 따른 사용자의 귀책사유에 해당하지 아니하는 것으로 본다.

1. 제60조 제7항 본문에 따른 기간이 끝나기 6개월 전을 기준으로 10일 이내에 사용자가 근로자별로 사용하지 아니한 휴가 일수를 알려주고, 근로자가 그 사용 시기를 정하여 사용자에게 통보하도록 서면으로 촉구할 것

2. 제1호에 따른 촉구에도 불구하고 근로자가 촉구를 받은 때부터 10일 이내에 사용하지 아니한 휴가의 전부 또는 일부의 사용 시기를 정하여 사용자에게 통보하지 아니하면 제60조 제7항 본문에 따른 기간이 끝나기 2개월 전까지 사용자가 사용하지 아니한 휴가의 사용 시기를 정하여 근로자에게 서면으로 통보할 것

제62조(유급휴가의 대체) 사용자는 근로자대표와의 서면 합의에 따라 제60조에 따른 연차 유급휴가일을 갈음하여 특정한 근로일에 근로자를 휴무시킬 수 있다.

제63조(적용의 제외) 이 장과 제5장에서 정한 근로시간, 휴게와 휴일에 관한 규정은 다음 각 호의 어느 하나에 해당하는 근로자에 대하여는 적용하지 아니한다.

1. 토지의 경작·개간, 식물의 재식(栽植)·재배·채취 사업, 그 밖의 농림 사업

2. 동물의 사육, 수산 동식물의 채포(採捕)·양식 사업, 그 밖의 축산, 양잠, 수산 사업

3. 감시(監視) 또는 단속적(斷續的)으로 근로에 종사하는 자로서 사용자가 고용노동부장관의 승인을 받은 자

4. 대통령령으로 정하는 업무에 종사하는 근로자

제5장 여성과 소년

제64조(최저 연령과 취직인허증) ① 15세 미만인 자(「초·중등교육법」에 따른 중학교에 재학 중인 18세 미만인 자를 포함한다)는 근로자로 사용하지 못한다. 다만, 대통령령으로 정하는 기준에 따라 고용노동부장관이 발급한 취직인허증(就職認許證)을 지닌 자는 근로자로 사용할 수 있다.

② 제1항의 취직인허증은 본인의 신청에 따라 의무

교육에 지장이 없는 경우에는 직종(職種)을 지정하여서만 발행할 수 있다.

③ 고용노동부장관은 거짓이나 그 밖의 부정한 방법으로 제1항 단서의 취직인허증을 발급받은 자에게는 그 인허를 취소하여야 한다.

제65조(사용 금지) ① 사용자는 임신 중이거나 산후 1년이 지나지 아니한 여성(이하 "임산부"라 한다)과 18세 미만자를 도덕상 또는 보건상 유해·위험한 사업에 사용하지 못한다.

② 사용자는 임산부가 아닌 18세 이상의 여성을 제1항에 따른 보건상 유해·위험한 사업 중 임신 또는 출산에 관한 기능에 유해·위험한 사업에 사용하지 못한다.

③ 제1항 및 제2항에 따른 금지 직종은 대통령령으로 정한다.

제66조(연소자 증명서) 사용자는 18세 미만인 자에 대하여는 그 연령을 증명하는 가족관계기록사항에 관한 증명서와 친권자 또는 후견인의 동의서를 사업장에 갖추어 두어야 한다.

제67조(근로계약) ① 친권자나 후견인은 미성년자의 근로계약을 대리할 수 없다.

② 친권자, 후견인 또는 고용노동부장관은 근로계약이 미성년자에게 불리하다고 인정하는 경우에는 이를 해지할 수 있다.

③ 사용자는 18세 미만인 자와 근로계약을 체결하는 경우에는 제17조에 따른 근로조건을 서면으로 명시하여 교부하여야 한다.

제68조(임금의 청구) 미성년자는 독자적으로 임금을 청구할 수 있다.

제69조(근로시간) 15세 이상 18세 미만인 자의 근로시간은 1일에 7시간, 1주일에 40시간을 초과하지 못한다. 다만, 당사자 사이의 합의에 따라 1일에 1시간, 1주일에 6시간을 한도로 연장할 수 있다.

제70조(야간근로와 휴일근로의 제한) ① 사용자는 18세 이상의 여성을 오후 10시부터 오전 6시까지의 시간 및 휴일에 근로시키려면 그 근로자의 동의를 받아야 한다.

② 사용자는 임산부와 18세 미만자를 오후 10시부터 오전 6시까지의 시간 및 휴일에 근로시키지 못한다. 다만, 다음 각 호의 어느 하나에 해당하는 경우로서 고용노동부장관의 인가를 받으면 그러하지 아니하다.

1. 18세 미만자의 동의가 있는 경우

2. 산후 1년이 지나지 아니한 여성의 동의가 있는 경우

3. 임신 중의 여성이 명시적으로 청구하는 경우

③ 사용자는 제2항의 경우 고용노동부장관의 인가를 받기 전에 근로자의 건강 및 모성 보호를 위하여 그 시행 여부와 방법 등에 관하여 그 사업 또는 사업장의 근로자대표와 성실하게 협의하여야 한다.

제71조(시간외근로) 사용자는 산후 1년이 지나지 아니한 여성에 대하여는 단체협약이 있는 경우라도 1일에 2시간, 1주일에 6시간, 1년에 150시간을 초과하는 시간외근로를 시키지 못한다.

제72조(갱내근로의 금지) 사용자는 여성과 18세 미만인 자를 갱내(坑內)에서 근로시키지 못한다. 다만, 보건·의료, 보도·취재 등 대통령령으로 정하는 업무를 수행하기 위하여 일시적으로 필요한 경우에는 그러하지 아니하다.

제73조(생리휴가) 사용자는 여성 근로자가 청구하면 월 1일의 생리휴가를 주어야 한다.

제74조(임산부의 보호) ① 사용자는 임신 중의 여성에게 출산 전과 출산 후를 통하여 90일의 출산전후휴가를 주어야 한다. 이 경우 휴가 기간의 배정은 출산 후에 45일 이상이 되어야 한다.

② 사용자는 임신 중인 여성 근로자가 유산의 경험 등 대통령령으로 정하는 사유로 제1항의 휴가를 청구하는 경우 출산 전 어느 때 라도 휴가를 나누어 사용할 수 있도록 하여야 한다. 이 경우 출산 후의 휴가 기간은 연속하여 45일 이상이 되어야 한다.

③ 사용자는 임신 중인 여성이 유산 또는 사산한 경우로서 그 근로자가 청구하면 대통령령으로 정하

는 바에 따라 유산·사산 휴가를 주어야 한다. 다만, 인공 임신중절 수술(「모자보건법」 제14조 제1항에 따른 경우는 제외한다)에 따른 유산의 경우는 그러하지 아니하다.

④ 제1항부터 제3항까지의 규정에 따른 휴가 중 최초 60일은 유급으로 한다. 다만, 「남녀고용평등과 일·가정 양립 지원에 관한 법률」 제18조에 따라 출산전후휴가급여 등이 지급된 경우에는 그 금액의 한도에서 지급의 책임을 면한다.

⑤ 사용자는 임신 중의 여성 근로자에게 시간외근로를 하게 하여서는 아니 되며, 그 근로자의 요구가 있는 경우에는 쉬운 종류의 근로로 전환하여야 한다.

⑥ 사업주는 제1항에 따른 출산전후휴가 종료 후에는 휴가 전과 동일한 업무 또는 동등한 수준의 임금을 지급하는 직무에 복귀시켜야 한다.

제74조의2(태아검진 시간의 허용 등) ① 사용자는 임신한 여성근로자가 「모자보건법」 제10조에 따른 임산부 정기건강진단을 받는데 필요한 시간을 청구하는 경우 이를 허용하여 주어야 한다.

② 사용자는 제1항에 따른 건강진단 시간을 이유로 그 근로자의 임금을 삭감하여서는 아니 된다.

제75조(육아 시간) 생후 1년 미만의 유아(乳兒)를 가진 여성 근로자가 청구하면 1일 2회 각각 30분 이상의 유급 수유 시간을 주어야 한다.

제6장 안전과 보건

제76조(안전과 보건) 근로자의 안전과 보건에 관하여는 「산업안전보건법」에서 정하는 바에 따른다.

제7장 기능 습득

제77조(기능 습득자의 보호) 사용자는 양성공, 수습, 그 밖의 명칭을 불문하고 기능의 습득을 목적으로 하는 근로자를 혹사하거나 가사, 그 밖의 기능 습득

에 관계없는 업무에 종사시키지 못한다.

제8장 재해보상

제78조(요양보상) ① 근로자가 업무상 부상 또는 질병에 걸리면 사용자는 그 비용으로 필요한 요양을 행하거나 필요한 요양비를 부담하여야 한다.

② 제1항에 따른 업무상 질병과 요양의 범위 및 요양보상의 시기는 대통령령으로 정한다.

제79조(휴업보상) ① 사용자는 제78조에 따라 요양 중에 있는 근로자에게 그 근로자의 요양 중 평균임금의 100분의 60의 휴업보상을 하여야 한다.

② 제1항에 따른 휴업보상을 받을 기간에 그 보상을 받을 자가 임금의 일부를 지급받은 경우에는 사용자는 평균임금에서 그 지급받은 금액을 뺀 금액의 100분의 60의 휴업보상을 하여야 한다.

③ 휴업보상의 시기는 대통령령으로 정한다.

제80조(장해보상) ① 근로자가 업무상 부상 또는 질병에 걸리고, 완치된 후 신체에 장해가 있으면 사용자는 그 장해 정도에 따라 평균임금에 별표에서 정한 일수를 곱한 금액의 장해보상을 하여야 한다.

② 이미 신체에 장해가 있는 자가 부상 또는 질병으로 인하여 같은 부위에 장해가 더 심해진 경우에 그 장해에 대한 장해보상 금액은 장해 정도가 더 심해진 장해등급에 해당하는 장해보상의 일수에서 기존의 장해등급에 해당하는 장해보상의 일수를 뺀 일수에 보상청구사유 발생 당시의 평균임금을 곱하여 산정한 금액으로 한다.

③ 장해보상을 하여야 하는 신체장해 등급의 결정 기준과 장해보상의 시기는 대통령령으로 정한다.

제81조(휴업보상과 장해보상의 예외) 근로자가 중대한 과실로 업무상 부상 또는 질병에 걸리고 또한 사용자가 그 과실에 대하여 노동위원회의 인정을 받으면 휴업보상이나 장해보상을 하지 아니하여도 된다.

제82조(유족보상) ① 근로자가 업무상 사망한 경우에

는 사용자는 근로자가 사망한 후 지체 없이 그 유족에게 평균임금 1,000일분의 유족보상을 하여야 한다.

② 제1항에서의 유족의 범위, 유족보상의 순위 및 보상을 받기로 확정된 자가 사망한 경우의 유족보상의 순위는 대통령령으로 정한다.

제83조(장의비) 근로자가 업무상 사망한 경우에는 사용자는 근로자가 사망한 후 지체 없이 평균임금 90일분의 장의비를 지급하여야 한다.

제84조(일시보상) 제78조에 따라 보상을 받는 근로자가 요양을 시작한 지 2년이 지나도 부상 또는 질병이 완치되지 아니하는 경우에는 사용자는 그 근로자에게 평균임금 1,340일분의 일시보상을 하여 그 후의 이 법에 따른 모든 보상책임을 면할 수 있다.

제85조(분할보상) 사용자는 지급 능력이 있는 것을 증명하고 보상을 받는 자의 동의를 받으면 제80조, 제82조 또는 제84조에 따른 보상금을 1년에 걸쳐 분할보상을 할 수 있다.

제86조(보상 청구권) 보상을 받을 권리는 퇴직으로 인하여 변경되지 아니하고, 양도나 압류하지 못한다.

제87조(다른 손해배상과의 관계) 보상을 받게 될 자가 동일한 사유에 대하여 「민법」이나 그 밖의 법령에 따라 이 법의 재해보상에 상당한 금품을 받으면 그 가액(價額)의 한도에서 사용자는 보상의 책임을 면한다.

제88조(고용노동부장관의 심사와 중재) ① 업무상의 부상, 질병 또는 사망의 인정, 요양의 방법, 보상금액의 결정, 그 밖에 보상의 실시에 관하여 이의가 있는 자는 고용노동부장관에게 심사나 사건의 중재를 청구할 수 있다.

② 제1항의 청구가 있으면 고용노동부장관은 1개월 이내에 심사나 중재를 하여야 한다.

③ 고용노동부장관은 필요에 따라 직권으로 심사나 사건의 중재를 할 수 있다.

④ 고용노동부장관은 심사나 중재를 위하여 필요하다고 인정하면 의사에게 진단이나 검안을 시킬 수 있다.

⑤ 제1항에 따른 심사나 중재의 청구와 제2항에 따른 심사나 중재의 시작은 시효의 중단에 관하여는 재판상의 청구로 본다.

제89조(노동위원회의 심사와 중재) ① 고용노동부장관이 제88조 제2항의 기간에 심사 또는 중재를 하지 아니하거나 심사와 중재의 결과에 불복하는 자는 노동위원회에 심사나 중재를 청구할 수 있다.

② 제1항의 청구가 있으면 노동위원회는 1개월 이내에 심사나 중재를 하여야 한다.

제90조(도급 사업에 대한 예외) ① 사업이 여러 차례의 도급에 따라 행하여지는 경우의 재해보상에 대하여는 원수급인(元受給人)을 사용자로 본다.

② 제1항의 경우에 원수급인이 서면상 계약으로 하수급인에게 보상을 담당하게 하는 경우에는 그 수급인도 사용자로 본다. 다만, 2명 이상의 하수급인에게 똑같은 사업에 대하여 중복하여 보상을 담당하게 하지 못한다.

③ 제2항의 경우에 원수급인이 보상의 청구를 받으면 보상을 담당한 하수급인에게 우선 최고(催告)할 것을 청구할 수 있다. 다만, 그 하수급인이 파산의 선고를 받거나 행방이 알려지지 아니하는 경우에는 그러하지 아니하다.

제91조(서류의 보존) 사용자는 재해보상에 관한 중요한 서류를 재해보상이 끝나지 아니하거나 제92조에 따라 재해보상 청구권이 시효로 소멸되기 전에 폐기하여서는 아니 된다.

제92조(시효) 이 법의 규정에 따른 재해보상 청구권은 3년간 행사하지 아니하면 시효로 소멸한다.

제9장 취업규칙

제93조(취업규칙의 작성·신고) 상시 10명 이상의 근로자를 사용하는 사용자는 다음 각 호의 사항에 관한 취업규칙을 작성하여 고용노동부장관에게 신고하여야 한다. 이를 변경하는 경우에도 또한 같다.

1. 업무의 시작과 종료 시각, 휴게시간, 휴일, 휴가 및 교대 근로에 관한 사항
2. 임금의 결정·계산·지급 방법, 임금의 산정기간·지급시기 및 승급(昇給)에 관한 사항
3. 가족수당의 계산·지급 방법에 관한 사항
4. 퇴직에 관한 사항
5. 「근로자퇴직급여 보장법」 제4조에 따라 설정된 퇴직급여, 상여 및 최저임금에 관한 사항
6. 근로자의 식비, 작업 용품 등의 부담에 관한 사항
7. 근로자를 위한 교육시설에 관한 사항
8. 출산전후휴가·육아휴직 등 근로자의 모성 보호 및 일·가정 양립 지원에 관한 사항
9. 안전과 보건에 관한 사항
9의2. 근로자의 성별·연령 또는 신체적 조건 등의 특성에 따른 사업장 환경의 개선에 관한 사항
10. 업무상과 업무 외의 재해부조(災害扶助)에 관한 사항
11. 표창과 제재에 관한 사항
12. 그 밖에 해당 사업 또는 사업장의 근로자 전체에 적용될 사항

제94조(규칙의 작성, 변경 절차) ① 사용자는 취업규칙의 작성 또는 변경에 관하여 해당 사업 또는 사업장에 근로자의 과반수로 조직된 노동조합이 있는 경우에는 그 노동조합, 근로자의 과반수로 조직된 노동조합이 없는 경우에는 근로자의 과반수의 의견을 들어야 한다. 다만, 취업규칙을 근로자에게 불리하게 변경하는 경우에는 그 동의를 받아야 한다.

② 사용자는 제93조에 따라 취업규칙을 신고할 때에는 제1항의 의견을 적은 서면을 첨부하여야 한다.

제95조(제재 규정의 제한) 취업규칙에서 근로자에 대하여 감급(減給)의 제재를 정할 경우에 그 감액은 1회의 금액이 평균임금의 1일분의 2분의 1을, 총액이 1임금지급기의 임금 총액의 10분의 1을 초과하지 못한다.

제96조(단체협약의 준수) ① 취업규칙은 법령이나 해당 사업 또는 사업장에 대하여 적용되는 단체협약과 어긋나서는 아니 된다.

② 고용노동부장관은 법령이나 단체협약에 어긋나는 취업규칙의 변경을 명할 수 있다.

제97조(위반의 효력) 취업규칙에서 정한 기준에 미달하는 근로조건을 정한 근로계약은 그 부분에 관하여는 무효로 한다. 이 경우 무효로 된 부분은 취업규칙에 정한 기준에 따른다.

제10장 기숙사

제98조(기숙사 생활의 보장) ① 사용자는 사업 또는 사업장의 부속 기숙사에 기숙하는 근로자의 사생활의 자유를 침해하지 못한다.

② 사용자는 기숙사 생활의 자치에 필요한 임원 선거에 간섭하지 못한다.

제99조(규칙의 작성과 변경) ① 부속 기숙사에 근로자를 기숙시키는 사용자는 다음 각 호의 사항에 관하여 기숙사규칙을 작성하여야 한다.

1. 기상(起床), 취침, 외출과 외박에 관한 사항
2. 행사에 관한 사항
3. 식사에 관한 사항
4. 안전과 보건에 관한 사항
5. 건설물과 설비의 관리에 관한 사항
6. 그 밖에 기숙사에 기숙하는 근로자 전체에 적용될 사항

② 사용자는 제1항에 따른 규칙의 작성 또는 변경에 관하여 기숙사에 기숙하는 근로자의 과반수를 대표하는 자의 동의를 받아야 한다.

③ 사용자와 기숙사에 기숙하는 근로자는 기숙사규칙을 지켜야 한다.

제100조(설비와 안전 위생) ① 사용자는 부속 기숙사에 대하여 근로자의 건강, 풍기(風紀)와 생명의 유지에 필요한 조치를 강구하여야 한다.

② 제1항에 따라 강구하여야 할 조치의 기준은 대통령령으로 정한다.

제11장 근로감독관 등

제101조(감독 기관) ① 근로조건의 기준을 확보하기 위하여 고용노동부와 그 소속 기관에 근로감독관을 둔다.

② 근로감독관의 자격, 임면(任免), 직무 배치에 관한 사항은 대통령령으로 정한다.

제102조(근로감독관의 권한) ① 근로감독관은 사업장, 기숙사, 그 밖의 부속 건물에 임검(臨檢)하고 장부와 서류의 제출을 요구할 수 있으며 사용자와 근로자에 대하여 심문(尋問)할 수 있다.

② 의사인 근로감독관이나 근로감독관의 위촉을 받은 의사는 취업을 금지하여야 할 질병에 걸릴 의심이 있는 근로자에 대하여 검진할 수 있다.

③ 제1항 및 제2항의 경우에 근로감독관이나 그 위촉을 받은 의사는 그 신분증명서와 고용노동부장관의 임검 또는 검진지령서(檢診指令書)를 제시하여야 한다.

④ 제3항의 임검 또는 검진지령서에는 그 일시, 장소 및 범위를 분명하게 적어야 한다.

⑤ 근로감독관은 이 법이나 그 밖의 노동 관계 법령 위반의 죄에 관하여 「사법경찰관리의 직무를 행할 자와 그 직무범위에 관한 법률」에서 정하는 바에 따라 사법경찰관의 직무를 수행한다.

제103조(근로감독관의 의무) 근로감독관은 직무상 알게 된 비밀을 엄수하여야 한다. 근로감독관을 그만둔 경우에도 또한 같다.

제104조(감독 기관에 대한 신고) ① 사업 또는 사업장에서 이 법 또는 이 법에 따른 대통령령을 위반한 사실이 있으면 근로자는 그 사실을 고용노동부장관이나 근로감독관에게 통보할 수 있다.

② 사용자는 제1항의 통보를 이유로 근로자에게 해고나 그 밖에 불리한 처우를 하지 못한다.

제105조(사법경찰권 행사자의 제한) 이 법이나 그 밖의 노동 관계 법령에 따른 임검, 서류의 제출, 심문 등의 수사는 검사와 근로감독관이 전담하여 수행한다. 다만, 근로감독관의 직무에 관한 범죄의 수사는

그러하지 아니하다.

제106조(권한의 위임) 이 법에 따른 고용노동부장관의 권한은 대통령령으로 정하는 바에 따라 그 일부를 지방고용노동관서의 장에게 위임할 수 있다.

제12장 벌칙

제107조(벌칙) 제7조, 제8조, 제9조, 제23조 제2항 또는 제40조를 위반한 자는 5년 이하의 징역 또는 3천만원 이하의 벌금에 처한다.

제108조(벌칙) 근로감독관이 이 법을 위반한 사실을 고의로 묵과하면 3년 이하의 징역 또는 5년 이하의 자격정지에 처한다.

제109조(벌칙) ① 제36조, 제43조, 제44조, 제44조의2, 제46조, 제56조, 제65조 또는 제72조를 위반한 자는 3년 이하의 징역 또는 2천만원 이하의 벌금에 처한다.

② 제36조, 제43조, 제44조, 제44조의2, 제46조 또는 제56조를 위반한 자에 대하여는 피해자의 명시적인 의사와 다르게 공소를 제기할 수 없다.

제110조(벌칙) 다음 각 호의 어느 하나에 해당하는 자는 2년 이하의 징역 또는 1천만원 이하의 벌금에 처한다.

1. 제10조, 제22조 제1항, 제26조, 제50조, 제53조 제1항·제2항·제3항 본문, 제54조, 제55조, 제60조 제1항·제2항·제4항 및 제5항, 제64조 제1항, 제69조, 제70조 제1항·제2항, 제71조, 제74조 제1항부터 제5항까지, 제75조, 제78조부터 제80조까지, 제82조, 제83조 및 제104조 제2항을 위반한 자

2. 제53조 제4항에 따른 명령을 위반한 자

제111조(벌칙) 제31조 제3항에 따라 확정되거나 행정소송을 제기하여 확정된 구제명령 또는 구제명령을 내용으로 하는 재심판정을 이행하지 아니한 자는 1년 이하의 징역 또는 1천만원 이하의 벌금에 처한다.

제112조(고발) ① 제111조의 죄는 노동위원회의 고발이 있어야 공소를 제기할 수 있다.

② 검사는 제1항에 따른 죄에 해당하는 위반행위가 있음을 노동위원회에 통보하여 고발을 요청할 수 있다.

제113조(벌칙) 제45조를 위반한 자는 1천만원 이하의 벌금에 처한다.

제114조(벌칙) 다음 각 호의 어느 하나에 해당하는 자는 500만원 이하의 벌금에 처한다.

1. 제6조, 제16조, 제17조, 제20조, 제21조, 제22조 제2항, 제47조, 제53조 제3항 단서, 제67조 제1항·제3항, 제70조 제3항, 제73조, 제74조 제6항, 제77조, 제94조, 제95조, 제100조 및 제103조를 위반한 자

2. 제96조 제2항에 따른 명령을 위반한 자

제115조(양벌규정) 사업주의 대리인, 사용인, 그 밖의 종업원이 해당 사업의 근로자에 관한 사항에 대하여 제107조, 제109조부터 제111조까지, 제113조 또는 제114조의 위반행위를 하면 그 행위자를 벌하는 외에 그 사업주에게도 해당 조문의 벌금형을 과(科)한다. 다만, 사업주가 그 위반행위를 방지하기 위하여 해당 업무에 관하여 상당한 주의와 감독을 게을리하지 아니한 경우에는 그러하지 아니하다.

제116조(과태료) ① 다음 각 호의 어느 하나에 해당하는 자에게는 500만원 이하의 과태료를 부과한다.

1. 제13조에 따른 고용노동부장관, 노동위원회 또는 근로감독관의 요구가 있는 경우에 보고 또는 출석을 하지 아니하거나 거짓된 보고를 한 자

2. 제14조, 제39조, 제41조, 제42조, 제48조, 제66조, 제91조, 제93조, 제98조 제2항 및 제99조를 위반한 자

3. 제102조에 따른 근로감독관 또는 그 위촉을 받은 의사의 임검(臨檢)이나 검진을 거절, 방해 또는 기피하고 그 심문에 대하여 진술을 하지 아니하거나 거짓된 진술을 하며 장부·서류를 제출하지 아니하거나 거짓 장부·서류를 제출한 자

② 제1항에 따른 과태료는 대통령령으로 정하는 바에 따라 고용노동부장관이 부과·징수한다.

③ 삭제

④ 삭제

⑤ 삭제

부　칙

제1조(시행일) 이 법은 공포 후 6개월이 경과한 날부터 시행한다.

제2조(체불사업주 명단 공개에 관한 적용례) 제43조의2제1항의 개정규정 중 명단 공개 기준일 이전 1년 이내 임금등의 체불총액이 3천만원 이상인 경우는 이 법 시행 후 최초로 고용노동부장관이 임금등의 체불을 확인한 경우부터 적용한다.

제3조(임금등 체불자료의 제공에 관한 적용례) 제43조의3제1항의 개정규정 중 임금등 체불자료 제공일 이전 1년 이내 임금등의 체불총액이 2천만원 이상인 경우는 이 법 시행 후 최초로 고용노동부장관이 임금등의 체불을 확인한 경우부터 적용한다.

제4조(연차 유급휴가에 관한 적용례) 제60조 제2항의 개정규정은 이 법 시행 후의 근로기간이 최초로 1년이 되는 근로자로서 그 1년간 출근 기간이 80퍼센트 미만에 해당하는 근로자부터 적용한다.

제5조(출산전후휴가 분할사용에 관한 적용례) 제74조 제2항의 개정규정은 이 법 시행 후 최초로 출산전후휴가 분할사용을 신청한 근로자부터 적용한다.

제6조(유산·사산 휴가에 관한 적용례) 제74조 제3항의 개정규정은 이 법 시행 후 최초로 유산·사산 휴가를 신청한 근로자부터 적용한다.

제7조(다른 법률의 개정) 법률 제11024호 선원법 전부개정법률 일부를 다음과 같이 개정한다.

제69조 제3항 중 "보호휴가"를 "휴가"로 한다.

제70조 제4항 중 "제69조 제3항에 따라 보호휴가로"를 "제69조 제3항에 따른 휴가로"로 한다.

노동조합 및 노동관계조정법

[시행 2011.7.1] [법률 제9930호, 2010.1.1, 일부개정]

제1장 총 칙

제1조(목적) 이 법은 헌법에 의한 근로자의 단결권·단체교섭권 및 단체행동권을 보장하여 근로조건의 유지·개선과 근로자의 경제적·사회적 지위의 향상을 도모하고, 노동관계를 공정하게 조정하여 노동쟁의를 예방·해결함으로써 산업평화의 유지와 국민경제의 발전에 이바지함을 목적으로 한다.

제2조(정의) 이 법에서 사용하는 용어의 정의는 다음과 같다.

1. "근로자"라 함은 직업의 종류를 불문하고 임금·급료 기타 이에 준하는 수입에 의하여 생활하는 자를 말한다.

2. "사용자"라 함은 사업주, 사업의 경영담당자 또는 그 사업의 근로자에 관한 사항에 대하여 사업주를 위하여 행동하는 자를 말한다.

3. "사용자단체"라 함은 노동관계에 관하여 그 구성원인 사용자에 대하여 조정 또는 규제할 수 있는 권한을 가진 사용자의 단체를 말한다.

4. "노동조합"이라 함은 근로자가 주체가 되어 자주적으로 단결하여 근로조건의 유지·개선 기타 근로자의 경제적·사회적 지위의 향상을 도모함을 목적으로 조직하는 단체 또는 그 연합단체를 말한다. 다만, 다음 각목의 1에 해당하는 경우에는 노동조합으로 보지 아니한다.

   가. 사용자 또는 항상 그의 이익을 대표하여 행동하는 자의 참가를 허용하는 경우

   나. 경비의 주된 부분을 사용자로부터 원조받는 경우

   다. 공제·수양 기타 복리사업만을 목적으로 하는 경우

   라. 근로자가 아닌 자의 가입을 허용하는 경우. 다만, 해고된 자가 노동위원회에 부당노동행위의 구제신청을 한 경우에는 중앙노동위원회의 재심판정이 있을 때까지는 근로자가 아닌 자로 해석하여서는 아니된다.

   마. 주로 정치운동을 목적으로 하는 경우

5. "노동쟁의"라 함은 노동조합과 사용자 또는 사용자단체(이하 "노동관계 당사자"라 한다)간에 임금·근로시간·복지·해고 기타 대우등 근로조건의 결정에 관한 주장의 불일치로 인하여 발생한 분쟁상태를 말한다. 이 경우 주장의 불일치라 함은 당사자간에 합의를 위한 노력을 계속하여도 더이상 자주적 교섭에 의한 합의의 여지가 없는 경우를 말한다.

6. "쟁의행위"라 함은 파업·태업·직장폐쇄 기타 노동관계 당사자가 그 주장을 관철할 목적으로 행하는 행위와 이에 대항하는 행위로서 업무의 정상적인 운영을 저해하는 행위를 말한다.

제3조(손해배상 청구의 제한) 사용자는 이 법에 의한 단체교섭 또는 쟁의행위로 인하여 손해를 입은 경우에 노동조합 또는 근로자에 대하여 그 배상을 청구할 수 없다.

제4조(정당행위) 형법 제20조의 규정은 노동조합이 단체교섭·쟁의행위 기타의 행위로서 제1조의 목적을 달성하기 위하여 한 정당한 행위에 대하여 적용된다. 다만, 어떠한 경우에도 폭력이나 파괴행위는 정당한 행위로 해석되어서는 아니된다.

제2장 노동조합

제1절 통 칙

제5조(노동조합의 조직·가입) 근로자는 자유로이 노동조합을 조직하거나 이에 가입할 수 있다. 다만, 공무원과 교원에 대하여는 따로 법률로 정한다.

제6조(법인격의 취득) ① 노동조합은 그 규약이 정하는 바에 의하여 법인으로 할 수 있다.

② 노동조합은 당해 노동조합을 법인으로 하고자 할 경우에는 대통령령이 정하는 바에 의하여 등기를 하여야 한다.

③ 법인인 노동조합에 대하여는 이 법에 규정된 것을 제외하고는 민법중 사단법인에 관한 규정을 적용한다.

제7조(노동조합의 보호요건) ① 이 법에 의하여 설립된 노동조합이 아니면 노동위원회에 노동쟁의의 조정 및 부당노동행위의 구제를 신청할 수 없다.

② 제1항의 규정은 제81조 제1호·제2호 및 제5호의 규정에 의한 근로자의 보호를 부인하는 취지로 해석되어서는 아니된다.

③ 이 법에 의하여 설립된 노동조합이 아니면 노동조합이라는 명칭을 사용할 수 없다.

제8조(조세의 면제) 노동조합에 대하여는 그 사업체를 제외하고는 세법이 정하는 바에 따라 조세를 부과하지 아니한다.

제9조(차별대우의 금지) 노동조합의 조합원은 어떠한 경우에도 인종, 종교, 성별, 연령, 신체적 조건, 고용형태, 정당 또는 신분에 의하여 차별대우를 받지 아니한다.

제2절 노동조합의 설립

제10조(설립의 신고) ① 노동조합을 설립하고자 하는 자는 다음 각호의 사항을 기재한 신고서에 제11조의 규정에 의한 규약을 첨부하여 연합단체인 노동조합과 2 이상의 특별시·광역시·도·특별자치도에 걸치는 단위노동조합은 고용노동부장관에게, 2 이상의 시·군·구(자치구를 말한다)에 걸치는 단위노동조합은 특별시장·광역시장·도지사에게, 그 외의 노동조합은 특별자치도지사·시장·군수·구청장(자치구의 구청장을 말한다. 이하 제12조 제1항에서 같다)에게 제출하여야 한다.

1. 명칭
2. 주된 사무소의 소재지
3. 조합원수

4. 임원의 성명과 주소
5. 소속된 연합단체가 있는 경우에는 그 명칭
6. 연합단체인 노동조합에 있어서는 그 구성노동단체의 명칭, 조합원수, 주된 사무소의 소재지 및 임원의 성명·주소

② 제1항의 규정에 의한 연합단체인 노동조합은 동종산업의 단위노동조합을 구성원으로 하는 산업별 연합단체와 산업별 연합단체 또는 전국규모의 산업별 단위노동조합을 구성원으로 하는 총연합단체를 말한다.

제11조(규약) 노동조합은 그 조직의 자주적·민주적 운영을 보장하기 위하여 당해 노동조합의 규약에 다음 각 호의 사항을 기재하여야 한다.

1. 명칭
2. 목적과 사업
3. 주된 사무소의 소재지
4. 조합원에 관한 사항(연합단체인 노동조합에 있어서는 그 구성단체에 관한 사항)
5. 소속된 연합단체가 있는 경우에는 그 명칭
6. 대의원회를 두는 경우에는 대의원회에 관한 사항
7. 회의에 관한 사항
8. 대표자와 임원에 관한 사항
9. 조합비 기타 회계에 관한 사항
10. 규약변경에 관한 사항
11. 해산에 관한 사항
12. 쟁의행위와 관련된 찬반투표 결과의 공개, 투표자 명부 및 투표용지 등의 보존·열람에 관한 사항
13. 대표자와 임원의 규약위반에 대한 탄핵에 관한 사항
14. 임원 및 대의원의 선거절차에 관한 사항
15. 규율과 통제에 관한 사항

제12조(신고증의 교부) ① 고용노동부장관, 특별시장·광역시장·도지사·특별자치도지사 또는 시장·군수·구청장(이하 "행정관청"이라 한다)은 제10조 제1항의 규정에 의한 설립신고서를 접수한 때에는 제2항 전

단 및 제3항의 경우를 제외하고는 3일 이내에 신고증을 교부하여야 한다.

② 행정관청은 설립신고서 또는 규약이 기재사항의 누락등으로 보완이 필요한 경우에는 대통령령이 정하는 바에 따라 20일 이내의 기간을 정하여 보완을 요구하여야 한다. 이 경우 보완된 설립신고서 또는 규약을 접수한 때에는 3일 이내에 신고증을 교부하여야 한다.

③ 행정관청은 설립하고자 하는 노동조합이 다음 각호의 1에 해당하는 경우에는 설립신고서를 반려하여야 한다.

1. 제2조 제4호 각목의 1에 해당하는 경우
2. 제2항의 규정에 의하여 보완을 요구하였음에도 불구하고 그 기간내에 보완을 하지 아니하는 경우

④ 노동조합이 신고증을 교부받은 경우에는 설립신고서가 접수된 때에 설립된 것으로 본다.

제13조(변경사항의 신고등) ① 노동조합은 제10조 제1항의 규정에 의하여 설립신고된 사항중 다음 각호의 1에 해당하는 사항에 변경이 있는 때에는 그 날부터 30일 이내에 행정관청에게 변경신고를 하여야 한다.

1. 명칭
2. 주된 사무소의 소재지
3. 대표자의 성명
4. 소속된 연합단체의 명칭

② 노동조합은 매년 1월 31일까지 다음 각호의 사항을 행정관청에게 통보하여야 한다. 다만, 제1항의 규정에 의하여 전년도에 변경신고된 사항은 그러하지 아니하다.

1. 전년도에 규약의 변경이 있는 경우에는 변경된 규약내용
2. 전년도에 임원의 변경이 있는 경우에는 변경된 임원의 성명
3. 전년도 12월 31일 현재의 조합원수(연합단체인 노동조합에 있어서는 구성단체별 조합원수)

제3절 노동조합의 관리

제14조(서류비치등) ① 노동조합은 조합설립일부터 30일 이내에 다음 각호의 서류를 작성하여 그 주된 사무소에 비치하여야 한다.

1. 조합원 명부(연합단체인 노동조합에 있어서는 그 구성단체의 명칭)
2. 규약
3. 임원의 성명·주소록
4. 회의록
5. 재정에 관한 장부와 서류

② 제1항 제4호 및 제5호의 서류는 3연간 보존하여야 한다.

제15조(총회의 개최) ① 노동조합은 매년 1회 이상 총회를 개최하여야 한다.

② 노동조합의 대표자는 총회의 의장이 된다.

제16조(총회의 의결사항) ① 다음 각호의 사항은 총회의 의결을 거쳐야 한다.

1. 규약의 제정과 변경에 관한 사항
2. 임원의 선거와 해임에 관한 사항
3. 단체협약에 관한 사항
4. 예산·결산에 관한 사항
5. 기금의 설치·관리 또는 처분에 관한 사항
6. 연합단체의 설립·가입 또는 탈퇴에 관한 사항
7. 합병·분할 또는 해산에 관한 사항
8. 조직형태의 변경에 관한 사항
9. 기타 중요한 사항

② 총회는 재적조합원 과반수의 출석과 출석조합원 과반수의 찬성으로 의결한다. 다만, 규약의 제정·변경, 임원의 해임, 합병·분할·해산 및 조직형태의 변경에 관한 사항은 재적조합원 과반수의 출석과 출석조합원 3분의 2 이상의 찬성이 있어야 한다.

③ 임원의 선거에 있어서 출석조합원 과반수의 찬성을 얻은 자가 없는 경우에는 제2항 본문의 규정에 불구하고 규약이 정하는 바에 따라 결선투표를 실시하여 다수의 찬성을 얻은 자를 임원으로 선출할 수 있다.

④ 규약의 제정·변경과 임원의 선거·해임에 관한 사항은 조합원의 직접·비밀·무기명투표에 의하여야 한다.

제17조(대의원회) ① 노동조합은 규약으로 총회에 갈음할 대의원회를 둘 수 있다.

② 대의원은 조합원의 직접·비밀·무기명투표에 의하여 선출되어야 한다.

③ 대의원의 임기는 규약으로 정하되 3년을 초과할 수 없다.

④ 대의원회를 둔 때에는 총회에 관한 규정은 대의원회에 이를 준용한다.

제18조(임시총회등의 소집) ① 노동조합의 대표자는 필요하다고 인정할 때에는 임시총회 또는 임시대의원회를 소집할 수 있다.

② 노동조합의 대표자는 조합원 또는 대의원의 3분의 1 이상(연합단체인 노동조합에 있어서는 그 구성단체의 3분의 1 이상)이 회의에 부의할 사항을 제시하고 회의의 소집을 요구한 때에는 지체없이 임시총회 또는 임시대의원회를 소집하여야 한다.

③ 행정관청은 노동조합의 대표자가 제2항의 규정에 의한 회의의 소집을 고의로 기피하거나 이를 해태하여 조합원 또는 대의원의 3분의 1 이상이 소집권자의 지명을 요구한 때에는 15일 이내에 노동위원회의 의결을 요청하고 노동위원회의 의결이 있는 때에는 지체없이 회의의 소집권자를 지명하여야 한다.

④ 행정관청은 노동조합에 총회 또는 대의원회의 소집권자가 없는 경우에 조합원 또는 대의원의 3분의 1 이상이 회의에 부의할 사항을 제시하고 소집권자의 지명을 요구한 때에는 15일 이내에 회의의 소집권자를 지명하여야 한다.

제19조(소집의 절차) 총회 또는 대의원회는 회의개최일 7일전까지 그 회의에 부의할 사항을 공고하고 규약에 정한 방법에 의하여 소집하여야 한다. 다만, 노동조합이 동일한 사업장내의 근로자로 구성된 경우에는 그 규약으로 공고기간을 단축할 수 있다.

제20조(표결권의 특례) 노동조합이 특정 조합원에 관한 사항을 의결할 경우에는 그 조합원은 표결권이 없다.

제21조(규약 및 결의처분의 시정) ① 행정관청은 노동조합의 규약이 노동관계법령에 위반한 경우에는 노동위원회의 의결을 얻어 그 시정을 명할 수 있다.

② 행정관청은 노동조합의 결의 또는 처분이 노동관계법령 또는 규약에 위반된다고 인정할 경우에는 노동위원회의 의결을 얻어 그 시정을 명할 수 있다. 다만, 규약위반시의 시정명령은 이해관계인의 신청이 있는 경우에 한한다.

③ 제1항 또는 제2항의 규정에 의하여 시정명령을 받은 노동조합은 30일 이내에 이를 이행하여야 한다. 다만, 정당한 사유가 있는 경우에는 그 기간을 연장할 수 있다.

제22조(조합원의 권리와 의무) 노동조합의 조합원은 균등하게 그 노동조합의 모든 문제에 참여할 권리와 의무를 가진다. 다만, 노동조합은 그 규약으로 조합비를 납부하지 아니하는 조합원의 권리를 제한할 수 있다.

제23조(임원의 선거등) ① 노동조합의 임원은 그 조합원중에서 선출되어야 한다.

② 임원의 임기는 규약으로 정하되 3년을 초과할 수 없다.

제24조(노동조합의 전임자) ① 근로자는 단체협약으로 정하거나 사용자의 동의가 있는 경우에는 근로계약 소정의 근로를 제공하지 아니하고 노동조합의 업무에만 종사할 수 있다.

② 제1항의 규정에 의하여 노동조합의 업무에만 종사하는 자(이하 "전임자"라 한다)는 그 전임기간동안 사용자로부터 어떠한 급여도 지급받아서는 아니된다.

③ 사용자는 전임자의 정당한 노동조합 활동을 제한하여서는 아니 된다.

④ 제2항에도 불구하고 단체협약으로 정하거나 사용자가 동의하는 경우에는 사업 또는 사업장별로

조합원 수 등을 고려하여 제24조의2에 따라 결정된 근로시간 면제 한도(이하 "근로시간 면제 한도"라 한다)를 초과하지 아니하는 범위에서 근로자는 임금의 손실 없이 사용자와의 협의·교섭, 고충처리, 산업안전 활동 등 이 법 또는 다른 법률에서 정하는 업무와 건전한 노사관계 발전을 위한 노동조합의 유지·관리업무를 할 수 있다.

⑤ 노동조합은 제2항과 제4항을 위반하는 급여 지급을 요구하고 이를 관철할 목적으로 쟁의행위를 하여서는 아니 된다.

제24조의2(근로시간면제심의위원회) ① 근로시간 면제 한도를 정하기 위하여 근로시간면제심의위원회(이하 이 조에서 "위원회"라 한다)를 고용노동부에 둔다.

② 근로시간 면제 한도는 위원회가 심의·의결한 바에 따라 고용노동부장관이 고시하되, 3년마다 그 적정성 여부를 재심의하여 결정할 수 있다.

③ 위원회는 노동계와 경영계가 추천하는 위원 각 5명, 정부가 추천하는 공익위원 5명으로 구성된다.

④ 위원장은 공익위원 중에서 위원회가 선출한다.

⑤ 위원회는 재적위원 과반수의 출석과 출석위원 과반수의 찬성으로 의결한다.

⑥ 위원의 자격, 위촉과 위원회의 운영 등에 필요한 사항은 대통령령으로 정한다.

제25조(회계감사) ① 노동조합의 대표자는 그 회계감사원으로 하여금 6월에 1회 이상 당해 노동조합의 모든 재원 및 용도, 주요한 기부자의 성명, 현재의 경리 상황등에 대한 회계감사를 실시하게 하고 그 내용과 감사결과를 전체 조합원에게 공개하여야 한다.

② 노동조합의 회계감사원은 필요하다고 인정할 경우에는 당해 노동조합의 회계감사를 실시하고 그 결과를 공개할 수 있다.

제26조(운영상황의 공개) 노동조합의 대표자는 회계연도마다 결산결과와 운영상황을 공표하여야 하며 조합원의 요구가 있을 때에는 이를 열람하게 하여야 한다.

제27조(자료의 제출) 노동조합은 행정관청이 요구하는 경우에는 결산결과와 운영상황을 보고하여야 한다.

제4절 노동조합의 해산

제28조(해산사유) ① 노동조합은 다음 각호의 1에 해당하는 경우에는 해산한다.

1. 규약에서 정한 해산사유가 발생한 경우
2. 합병 또는 분할로 소멸한 경우
3. 총회 또는 대의원회의 해산결의가 있는 경우
4. 노동조합의 임원이 없고 노동조합으로서의 활동을 1년 이상 하지 아니한 것으로 인정되는 경우로서 행정관청이 노동위원회의 의결을 얻은 경우

② 제1항 제1호 내지 제3호의 사유로 노동조합이 해산한 때에는 그 대표자는 해산한 날부터 15일 이내에 행정관청에게 이를 신고하여야 한다.

제3장 단체교섭 및 단체협약

제29조(교섭 및 체결권한) ① 노동조합의 대표자는 그 노동조합 또는 조합원을 위하여 사용자나 사용자단체와 교섭하고 단체협약을 체결할 권한을 가진다.

② 제29조의2에 따라 결정된 교섭대표노동조합(이하 "교섭대표노동조합"이라 한다)의 대표자는 교섭을 요구한 모든 노동조합 또는 조합원을 위하여 사용자와 교섭하고 단체협약을 체결할 권한을 가진다.

③ 노동조합과 사용자 또는 사용자단체로부터 교섭 또는 단체협약의 체결에 관한 권한을 위임받은 자는 그 노동조합과 사용자 또는 사용자단체를 위하여 위임받은 범위안에서 그 권한을 행사할 수 있다.

④ 노동조합과 사용자 또는 사용자단체는 제3항에 따라 교섭 또는 단체협약의 체결에 관한 권한을 위임한 때에는 그 사실을 상대방에게 통보하여야 한다.

제29조의2(교섭창구 단일화 절차) ① 하나의 사업 또는 사업장에서 조직형태에 관계없이 근로자가 설립하거나 가입한 노동조합이 2개 이상인 경우 노동조합은 교섭대표노동조합(2개 이상의 노동조합 조합원을 구성원으로 하는 교섭대표기구를 포함한다. 이하 같다)을 정하여 교섭을 요구하여야 한다. 다만, 제2항에 따라 교섭대표노동조합을 자율적으로 결정하는 기한 내에 사용자가 이 조에서 정하는 교섭창구 단일화 절차를 거치지 아니하기로 동의한 경우에는 그러하지 아니하다.

② 교섭대표노동조합 결정 절차(이하 "교섭창구 단일화 절차"라 한다)에 참여한 모든 노동조합은 대통령령으로 정하는 기한 내에 자율적으로 교섭대표노동조합을 정한다.

③ 제2항에 따른 기한내에 교섭대표노동조합을 정하지 못하고 제1항 단서에 따른 사용자의 동의를 얻지 못한 경우에는 교섭창구 단일화 절차에 참여한 노동조합의 전체 조합원 과반수로 조직된 노동조합(2개 이상의 노동조합이 위임 또는 연합 등의 방법으로 교섭창구 단일화 절차에 참여한 노동조합 전체 조합원의 과반수가 되는 경우를 포함한다)이 교섭대표노동조합이 된다.

④ 제2항과 제3항에 따라 교섭대표노동조합을 결정하지 못한 경우에는 교섭창구 단일화 절차에 참여한 모든 노동조합은 공동으로 교섭대표단(이하 이 조에서 "공동교섭대표단"이라 한다)을 구성하여 사용자와 교섭하여야 한다. 이 때 공동교섭대표단에 참여할 수 있는 노동조합은 그 조합원 수가 교섭창구 단일화 절차에 참여한 노동조합의 전체 조합원 100분의 10 이상인 노동조합으로 한다.

⑤ 제4항에 따른 공동교섭대표단의 구성에 합의하지 못할 경우에 노동위원회는 해당 노동조합의 신청에 따라 조합원 비율을 고려하여 이를 결정할 수 있다.

⑥ 제1항부터 제4항까지의 규정에 따른 교섭대표노동조합을 결정함에 있어 교섭요구 사실, 조합원 수 등에 대한 이의가 있는 때에는 노동위원회는 대통령령으로 정하는 바에 따라 노동조합의 신청을 받아 그 이의에 대한 결정을 할 수 있다.

⑦ 제5항 및 제6항에 따른 노동위원회의 결정에 대한 불복절차 및 효력은 제69조와 제70조 제2항을 준용한다.

⑧ 노동조합의 교섭요구·참여 방법, 교섭대표노동조합 결정을 위한 조합원 수 산정 기준 등 교섭창구 단일화 절차와 교섭비용 증가 방지 등에 관하여 필요한 사항은 대통령령으로 정한다.

제29조의3(교섭단위 결정) ① 제29조의2에 따라 교섭대표노동조합을 결정하여야 하는 단위(이하 "교섭단위"라 한다)는 하나의 사업 또는 사업장으로 한다.

② 제1항에도 불구하고 하나의 사업 또는 사업장에서 현격한 근로조건의 차이, 고용형태, 교섭 관행 등을 고려하여 교섭단위를 분리할 필요가 있다고 인정되는 경우에 노동위원회는 노동관계 당사자의 양쪽 또는 어느 한 쪽의 신청을 받아 교섭단위를 분리하는 결정을 할 수 있다.

③ 제2항에 따른 노동위원회의 결정에 대한 불복절차 및 효력은 제69조와 제70조 제2항을 준용한다.

④ 교섭단위 분리 신청 및 노동위원회의 결정 기준·절차 등에 관하여 필요한 사항은 대통령령으로 정한다.

제29조의4(공정대표의무 등) ① 교섭대표노동조합과 사용자는 교섭창구 단일화 절차에 참여한 노동조합 또는 그 조합원 간에 합리적 이유 없이 차별을 하여서는 아니 된다.

② 노동조합은 교섭대표노동조합과 사용자가 제1항을 위반하여 차별한 경우에는 그 행위가 있는 날(단체협약의 내용의 일부 또는 전부가 제1항에 위반되는 경우에는 단체협약 체결일을 말한다)부터 3개월 이내에 대통령령으로 정하는 방법과 절차에 따라 노동위원회에 그 시정을 요청할 수 있다.

③ 노동위원회는 제2항에 따른 신청에 대하여 합리적 이유 없이 차별하였다고 인정한 때에는 그 시정

에 필요한 명령을 하여야 한다.

④ 제3항에 따른 노동위원회의 명령 또는 결정에 대한 불복절차 등에 관하여는 제85조 및 제86조를 준용한다.

제29조의5(그 밖의 교섭창구 단일화 관련 사항) 교섭대표노동조합이 있는 경우에 제2조 제5호, 제29조 제3항·제4항, 제30조, 제37조 제2항, 제38조 제3항, 제42조의6제1항, 제44조 제2항, 제46조 제1항, 제55조 제3항, 제72조 제3항 및 제81조 제3호 중 "노동조합"은 "교섭대표노동조합"으로 본다.

제30조(교섭등의 원칙) ① 노동조합과 사용자 또는 사용자단체는 신의에 따라 성실히 교섭하고 단체협약을 체결하여야 하며 그 권한을 남용하여서는 아니된다.

② 노동조합과 사용자 또는 사용자단체는 정당한 이유없이 교섭 또는 단체협약의 체결을 거부하거나 해태하여서는 아니된다.

제31조(단체협약의 작성) ① 단체협약은 서면으로 작성하여 당사자 쌍방이 서명 또는 날인하여야 한다.

② 단체협약의 당사자는 단체협약의 체결일부터 15일 이내에 이를 행정관청에게 신고하여야 한다.

③ 행정관청은 단체협약중 위법한 내용이 있는 경우에는 노동위원회의 의결을 얻어 그 시정을 명할 수 있다.

제32조(단체협약의 유효기간) ① 단체협약에는 2년을 초과하는 유효기간을 정할 수 없다.

② 단체협약에 그 유효기간을 정하지 아니한 경우 또는 제1항의 기간을 초과하는 유효기간을 정한 경우에 그 유효기간은 2년으로 한다.

③ 단체협약의 유효기간이 만료되는 때를 전후하여 당사자 쌍방이 새로운 단체협약을 체결하고자 단체교섭을 계속하였음에도 불구하고 새로운 단체협약이 체결되지 아니한 경우에는 별도의 약정이 있는 경우를 제외하고는 종전의 단체협약은 그 효력만료일부터 3월까지 계속 효력을 갖는다. 다만, 단체협약에 그 유효기간이 경과한 후에도 새로운 단체협약이 체결되지 아니한 때에는 새로운 단체협약이 체결될 때까지 종전 단체협약의 효력을 존속시킨다는 취지의 별도의 약정이 있는 경우에는 그에 따르되, 당사자 일방은 해지하고자 하는 날의 6월전까지 상대방에게 통고함으로써 종전의 단체협약을 해지할 수 있다.

제33조(기준의 효력) ① 단체협약에 정한 근로조건 기타 근로자의 대우에 관한 기준에 위반하는 취업규칙 또는 근로계약의 부분은 무효로 한다.

② 근로계약에 규정되지 아니한 사항 또는 제1항의 규정에 의하여 무효로 된 부분은 단체협약에 정한 기준에 의한다.

제34조(단체협약의 해석) ① 단체협약의 해석 또는 이행방법에 관하여 관계 당사자간에 의견의 불일치가 있는 때에는 당사자 쌍방 또는 단체협약에 정하는 바에 의하여 어느 일방이 노동위원회에 그 해석 또는 이행방법에 관한 견해의 제시를 요청할 수 있다.

② 노동위원회는 제1항의 규정에 의한 요청을 받은 때에는 그 날부터 30일 이내에 명확한 견해를 제시하여야 한다.

③ 제2항의 규정에 의하여 노동위원회가 제시한 해석 또는 이행방법에 관한 견해는 중재재정과 동일한 효력을 가진다.

제35조(일반적 구속력) 하나의 사업 또는 사업장에 상시 사용되는 동종의 근로자 반수 이상이 하나의 단체협약의 적용을 받게 된 때에는 당해 사업 또는 사업장에 사용되는 다른 동종의 근로자에 대하여도 당해 단체협약이 적용된다.

제36조(지역적 구속력) ① 하나의 지역에 있어서 종업하는 동종의 근로자 3분의 2 이상이 하나의 단체협약의 적용을 받게 된 때에는 행정관청은 당해 단체협약의 당사자의 쌍방 또는 일방의 신청에 의하거나 그 직권으로 노동위원회의 의결을 얻어 당해 지역에서 종업하는 다른 동종의 근로자와 그 사용자에 대하여도 당해 단체협약을 적용한다는 결정을 할 수 있다.

② 행정관청이 제1항의 규정에 의한 결정을 한 때에는 지체없이 이를 공고하여야 한다.

제4장 쟁의행위

제37조(쟁의행위의 기본원칙) ① 쟁의행위는 그 목적·방법 및 절차에 있어서 법령 기타 사회질서에 위반되어서는 아니된다.

② 조합원은 노동조합에 의하여 주도되지 아니한 쟁의행위를 하여서는 아니된다.

제38조(노동조합의 지도와 책임) ① 쟁의행위는 그 쟁의행위와 관계없는 자 또는 근로를 제공하고자 하는 자의 출입·조업 기타 정상적인 업무를 방해하는 방법으로 행하여져서는 아니되며 쟁의행위의 참가를 호소하거나 설득하는 행위로서 폭행·협박을 사용하여서는 아니된다.

② 작업시설의 손상이나 원료·제품의 변질 또는 부패를 방지하기 위한 작업은 쟁의행위 기간중에도 정상적으로 수행되어야 한다.

③ 노동조합은 쟁의행위가 적법하게 수행될 수 있도록 지도·관리·통제할 책임이 있다.

제39조(근로자의 구속제한) 근로자는 쟁의행위 기간중에는 현행범외에는 이 법 위반을 이유로 구속되지 아니한다.

제40조 삭제

제41조(쟁의행위의 제한과 금지) ① 노동조합의 쟁의행위는 그 조합원의 직접·비밀·무기명투표에 의한 조합원 과반수의 찬성으로 결정하지 아니하면 이를 행할 수 없다. 제29조의2에 따라 교섭대표노동조합이 결정된 경우에는 그 절차에 참여한 노동조합의 전체 조합원(해당 사업 또는 사업장 소속 조합원으로 한정한다)의 직접·비밀·무기명투표에 의한 과반수의 찬성으로 결정하지 아니하면 쟁의행위를 할 수 없다.

② 「방위사업법」에 의하여 지정된 주요방위산업체에 종사하는 근로자중 전력, 용수 및 주로 방산물자를 생산하는 업무에 종사하는 자는 쟁의행위를 할 수 없으며 주로 방산물자를 생산하는 업무에 종사하는 자의 범위는 대통령령으로 정한다.

제42조(폭력행위등의 금지) ① 쟁의행위는 폭력이나 파괴행위 또는 생산 기타 주요업무에 관련되는 시설과 이에 준하는 시설로서 대통령령이 정하는 시설을 점거하는 형태로 이를 행할 수 없다.

② 사업장의 안전보호시설에 대하여 정상적인 유지·운영을 정지·폐지 또는 방해하는 행위는 쟁의행위로서 이를 행할 수 없다.

③ 행정관청은 쟁의행위가 제2항의 행위에 해당한다고 인정하는 경우에는 노동위원회의 의결을 얻어 그 행위를 중지할 것을 통보하여야 한다. 다만, 사태가 급박하여 노동위원회의 의결을 얻을 시간적 여유가 없을 때에는 그 의결을 얻지 아니하고 즉시 그 행위를 중지할 것을 통보할 수 있다.

④ 제3항 단서의 경우에 행정관청은 지체없이 노동위원회의 사후승인을 얻어야 하며 그 승인을 얻지 못한 때에는 그 통보는 그때부터 효력을 상실한다.

제42조의2(필수유지업무에 대한 쟁의행위의 제한) ① 이 법에서 "필수유지업무"라 함은 제71조 제2항의 규정에 따른 필수공익사업의 업무 중 그 업무가 정지되거나 폐지되는 경우 공중의 생명·건강 또는 신체의 안전이나 공중의 일상생활을 현저히 위태롭게 하는 업무로서 대통령령이 정하는 업무를 말한다.

② 필수유지업무의 정당한 유지·운영을 정지·폐지 또는 방해하는 행위는 쟁의행위로서 이를 행할 수 없다.

제42조의3(필수유지업무협정) 노동관계 당사자는 쟁의행위기간 동안 필수유지업무의 정당한 유지·운영을 위하여 필수유지업무의 필요 최소한의 유지·운영 수준, 대상직무 및 필요인원 등을 정한 협정(이하"필수유지업무협정"이라 한다)을 서면으로 체결하여야 한다. 이 경우 필수유지업무협정에는 노동관계 당사자 쌍방이 서명 또는 날인하여야 한다.

제42조의4(필수유지업무 유지·운영 수준 등의 결정)

① 노동관계 당사자 쌍방 또는 일방은 필수유지업무협정이 체결되지 아니하는 때에는 노동위원회에 필수유지업무의 필요 최소한의 유지·운영 수준, 대상직무 및 필요인원 등의 결정을 신청하여야 한다.

② 제1항의 규정에 따른 신청을 받은 노동위원회는 사업 또는 사업장별 필수유지업무의 특성 및 내용 등을 고려하여 필수유지업무의 필요 최소한의 유지·운영 수준, 대상직무 및 필요인원 등을 결정할 수 있다.

③ 제2항의 규정에 따른 노동위원회의 결정은 제72조의 규정에 따른 특별조정위원회가 담당한다.

④ 제2항의 규정에 따른 노동위원회의 결정에 대한 해석 또는 이행방법에 관하여 관계당사자간에 의견이 일치하지 아니하는 경우에는 특별조정위원회의 해석에 따른다. 이 경우 특별조정위원회의 해석은 제2항의 규정에 따른 노동위원회의 결정과 동일한 효력이 있다.

⑤ 제2항의 규정에 따른 노동위원회의 결정에 대한 불복절차 및 효력에 관하여는 제69조와 제70조 제2항의 규정을 준용한다.

제42조의5(노동위원회의 결정에 따른 쟁의행위) 제42조의4제2항의 규정에 따라 노동위원회의 결정이 있는 경우 그 결정에 따라 쟁의행위를 한 때에는 필수유지업무를 정당하게 유지·운영하면서 쟁의행위를 한 것으로 본다.

제42조의6(필수유지업무 근무 근로자의 지명) ① 노동조합은 필수유지업무협정이 체결되거나 제42조의4제2항의 규정에 따른 노동위원회의 결정이 있는 경우 사용자에게 필수유지업무에 근무하는 조합원 중 쟁의행위기간 동안 근무하여야 할 조합원을 통보하여야 하며, 사용자는 이에 따라 근로자를 지명하고 이를 노동조합과 그 근로자에게 통보하여야 한다. 다만, 노동조합이 쟁의행위 개시 전까지 이를 통보하지 아니한 경우에는 사용자가 필수유지업무에 근무하여야 할 근로자를 지명하고 이를 노동조합과 그 근로자에게 통보하여야 한다.

② 제1항에 따른 통보·지명시 노동조합과 사용자는 필수유지업무에 종사하는 근로자가 소속된 노동조합이 2개 이상인 경우에는 각 노동조합의 해당 필수유지업무에 종사하는 조합원 비율을 고려하여야 한다.

제43조(사용자의 채용제한) ① 사용자는 쟁의행위 기간중 그 쟁의행위로 중단된 업무의 수행을 위하여 당해 사업과 관계없는 자를 채용 또는 대체할 수 없다.

② 사용자는 쟁의행위기간중 그 쟁의행위로 중단된 업무를 도급 또는 하도급 줄 수 없다.

③ 제1항 및 제2항의 규정은 필수공익사업의 사용자가 쟁의행위 기간 중에 한하여 당해 사업과 관계없는 자를 채용 또는 대체하거나 그 업무를 도급 또는 하도급 주는 경우에는 적용하지 아니한다.

④ 제3항의 경우 사용자는 당해 사업 또는 사업장 파업참가자의 100분의 50을 초과하지 않는 범위 안에서 채용 또는 대체하거나 도급 또는 하도급 줄 수 있다. 이 경우 파업참가자 수의 산정 방법 등은 대통령령으로 정한다.

제44조(쟁의행위 기간중의 임금지급 요구의 금지) ① 사용자는 쟁의행위에 참가하여 근로를 제공하지 아니한 근로자에 대하여는 그 기간중의 임금을 지급할 의무가 없다.

② 노동조합은 쟁의행위 기간에 대한 임금의 지급을 요구하여 이를 관철할 목적으로 쟁의행위를 하여서는 아니된다.

제45조(조정의 전치) ① 노동관계 당사자는 노동쟁의가 발생한 때에는 어느 일방이 이를 상대방에게 서면으로 통보하여야 한다.

② 쟁의행위는 제5장제2절 내지 제4절의 규정에 의한 조정절차(제61조의2의 규정에 따른 조정종료 결정 후의 조정절차를 제외한다)를 거치지 아니하면 이를 행할 수 없다. 다만, 제54조의 규정에 의한 기간내에 조정이 종료되지 아니하거나 제63조의 규정에 의한 기간내에 중재재정이 이루어지지 아니한

경우에는 그러하지 아니하다.

제46조(직장폐쇄의 요건) ① 사용자는 노동조합이 쟁의행위를 개시한 이후에만 직장폐쇄를 할 수 있다.

② 사용자는 제1항의 규정에 의한 직장폐쇄를 할 경우에는 미리 행정관청 및 노동위원회에 각각 신고하여야 한다.

제5장 노동쟁의의 조정

제1절 통　칙

제47조(자주적 조정의 노력) 이 장의 규정은 노동관계 당사자가 직접 노사협의 또는 단체교섭에 의하여 근로조건 기타 노동관계에 관한 사항을 정하거나 노동관계에 관한 주장의 불일치를 조정하고 이에 필요한 노력을 하는 것을 방해하지 아니한다.

제48조(당사자의 책무) 노동관계 당사자는 단체협약에 노동관계의 적정화를 위한 노사협의 기타 단체교섭의 절차와 방식을 규정하고 노동쟁의가 발생한 때에는 이를 자주적으로 해결하도록 노력하여야 한다.

제49조(국가등의 책무) 국가 및 지방자치단체는 노동관계 당사자간에 노동관계에 관한 주장이 일치하지 아니할 경우에 노동관계 당사자가 이를 자주적으로 조정할 수 있도록 조력함으로써 쟁의행위를 가능한 한 예방하고 노동쟁의의 신속·공정한 해결에 노력하여야 한다.

제50조(신속한 처리) 이 법에 의하여 노동관계의 조정을 할 경우에는 노동관계 당사자와 노동위원회 기타 관계기관은 사건을 신속히 처리하도록 노력하여야 한다.

제51조(공익사업등의 우선적 취급) 국가·지방자치단체·국공영기업체·방위산업체 및 공익사업에 있어서의 노동쟁의의 조정은 우선적으로 취급하고 신속히 처리하여야 한다.

제52조(사적 조정·중재) ① 제2절 및 제3절의 규정은 노동관계 당사자가 쌍방의 합의 또는 단체협약이 정하는 바에 따라 각각 다른 조정 또는 중재방법(이하 이 조에서 "사적조정등"이라 한다)에 의하여 노동쟁의를 해결하는 것을 방해하지 아니한다.

② 노동관계 당사자는 제1항의 규정에 의하여 노동쟁의를 해결하기로 한 때에는 이를 노동위원회에 신고하여야 한다.

③ 제1항의 규정에 의하여 노동쟁의를 해결하기로 한 때에는 다음 각호의 규정이 적용된다.

1. 조정에 의하여 해결하기로 한 때에는 제45조 제2항 및 제54조의 규정. 이 경우 조정기간은 조정을 개시한 날부터 기산한다.
2. 중재에 의하여 해결하기로 한 때에는 제63조의 규정. 이 경우 쟁의행위의 금지기간은 중재를 개시한 날부터 기산한다.

④ 제1항의 규정에 의하여 조정 또는 중재가 이루어진 경우에 그 내용은 단체협약과 동일한 효력을 가진다.

⑤ 사적조정등을 수행하는 자는 「노동위원회법」 제8조 제2항 제2호 각 목의 자격을 가진 자로 한다. 이 경우 사적조정 등을 수행하는 자는 노동관계 당사자로부터 수수료, 수당 및 여비 등을 받을 수 있다.

제2절 조　정

제53조(조정의 개시) ① 노동위원회는 관계 당사자의 일방이 노동쟁의의 조정을 신청한 때에는 지체없이 조정을 개시하여야 하며 관계 당사자 쌍방은 이에 성실히 임하여야 한다.

② 노동위원회는 제1항의 규정에 따른 조정신청 전이라도 원활한 조정을 위하여 교섭을 주선하는 등 관계 당사자의 자주적인 분쟁 해결을 지원할 수 있다.

제54조(조정기간) ① 조정은 제53조의 규정에 의한 조정의 신청이 있은 날부터 일반사업에 있어서는 10일, 공익사업에 있어서는 15일 이내에 종료하여야 한다.

② 제1항의 규정에 의한 조정기간은 관계 당사자간

의 합의로 일반사업에 있어서는 10일, 공익사업에 있어서는 15일 이내에서 연장할 수 있다.

제55조(조정위원회의 구성) ① 노동쟁의의 조정을 위하여 노동위원회에 조정위원회를 둔다.

② 제1항의 규정에 의한 조정위원회는 조정위원 3인으로 구성한다.

③ 제2항의 규정에 의한 조정위원은 당해 노동위원회의 위원중에서 사용자를 대표하는 자, 근로자를 대표하는 자 및 공익을 대표하는 자 각 1인을 그 노동위원회의 위원장이 지명하되, 근로자를 대표하는 조정위원은 사용자가, 사용자를 대표하는 조정위원은 노동조합이 각각 추천하는 노동위원회의 위원중에서 지명하여야 한다. 다만, 조정위원회의 회의 3일전까지 관계 당사자가 추천하는 위원의 명단제출이 없을 때에는 당해 위원을 위원장이 따로 지명할 수 있다.

④ 노동위원회의 위원장은 근로자를 대표하는 위원 또는 사용자를 대표하는 위원의 불참 등으로 인하여 제3항의 규정에 따른 조정위원회의 구성이 어려운 경우 노동위원회의 공익을 대표하는 위원 중에서 3인을 조정위원으로 지명할 수 있다. 다만, 관계 당사자 쌍방의 합의로 선정한 노동위원회의 위원이 있는 경우에는 그 위원을 조정위원으로 지명한다.

제56조(조정위원회의 위원장) ① 조정위원회에 위원장을 둔다.

② 위원장은 공익을 대표하는 조정위원이 된다. 다만, 제55조 제4항의 규정에 따른 조정위원회의 위원장은 조정위원 중에서 호선한다.

제57조(단독조정) ① 노동위원회는 관계 당사자 쌍방의 신청이 있거나 관계 당사자 쌍방의 동의를 얻은 경우에는 조정위원회에 갈음하여 단독조정인에게 조정을 행하게 할 수 있다.

② 제1항의 규정에 의한 단독조정인은 당해 노동위원회의 위원중에서 관계 당사자의 쌍방의 합의로 선정된 자를 그 노동위원회의 위원장이 지명한다.

제58조(주장의 확인등) 조정위원회 또는 단독조정인

은 기일을 정하여 관계 당사자 쌍방을 출석하게 하여 주장의 요점을 확인하여야 한다.

제59조(출석금지) 조정위원회의 위원장 또는 단독조정인은 관계 당사자와 참고인외의 자의 출석을 금할 수 있다.

제60조(조정안의 작성) ① 조정위원회 또는 단독조정인은 조정안을 작성하여 이를 관계 당사자에게 제시하고 그 수락을 권고하는 동시에 그 조정안에 이유를 붙여 공표할 수 있으며, 필요한 때에는 신문 또는 방송에 보도등 협조를 요청할 수 있다.

② 조정위원회 또는 단독조정인은 관계 당사자가 수락을 거부하여 더 이상 조정이 이루어질 여지가 없다고 판단되는 경우에는 조정의 종료를 결정하고 이를 관계 당사자 쌍방에 통보하여야 한다.

③ 제1항의 규정에 의한 조정안이 관계 당사자의 쌍방에 의하여 수락된 후 그 해석 또는 이행방법에 관하여 관계 당사자간에 의견의 불일치가 있는 때에는 관계 당사자는 당해 조정위원회 또는 단독조정인에게 그 해석 또는 이행방법에 관한 명확한 견해의 제시를 요청하여야 한다.

④ 조정위원회 또는 단독조정인은 제3항의 규정에 의한 요청을 받은 때에는 그 요청을 받은 날부터 7일 이내에 명확한 견해를 제시하여야 한다.

⑤ 제3항 및 제4항의 해석 또는 이행방법에 관한 견해가 제시될 때까지는 관계 당사자는 당해 조정안의 해석 또는 이행에 관하여 쟁의행위를 할 수 없다.

제61조(조정의 효력) ① 제60조 제1항의 규정에 의한 조정안이 관계 당사자에 의하여 수락된 때에는 조정위원 전원 또는 단독조정인은 조정서를 작성하고 관계 당사자와 함께 서명 또는 날인하여야 한다.

② 조정서의 내용은 단체협약과 동일한 효력을 가진다.

③ 제60조 제4항의 규정에 의하여 조정위원회 또는 단독조정인이 제시한 해석 또는 이행방법에 관한 견해는 중재재정과 동일한 효력을 가진다.

제61조의2(조정종료 결정 후의 조정) ① 노동위원회는

제60조 제2항의 규정에 따른 조정의 종료가 결정된 후에도 노동쟁의의 해결을 위하여 조정을 할 수 있다.

② 제1항의 규정에 따른 조정에 관하여는 제55조 내지 제61조의 규정을 준용한다.

제3절 중　재

제62조(중재의 개시) 노동위원회는 다음 각 호의 어느 하나에 해당하는 때에는 중재를 행한다.

1. 관계 당사자의 쌍방이 함께 중재를 신청한 때
2. 관계 당사자의 일방이 단체협약에 의하여 중재를 신청한 때
3. 삭제

제63조(중재시의 쟁의행위의 금지) 노동쟁의가 중재에 회부된 때에는 그 날부터 15일간은 쟁의행위를 할 수 없다.

제64조(중재위원회의 구성) ① 노동쟁의의 중재 또는 재심을 위하여 노동위원회에 중재위원회를 둔다.

② 제1항의 규정에 의한 중재위원회는 중재위원 3인으로 구성한다.

③ 제2항의 중재위원은 당해 노동위원회의 공익을 대표하는 위원중에서 관계 당사자의 합의로 선정한 자에 대하여 그 노동위원회의 위원장이 지명한다. 다만, 관계 당사자간에 합의가 성립되지 아니한 경우에는 노동위원회의 공익을 대표하는 위원중에서 지명한다.

제65조(중재위원회의 위원장) ① 중재위원회에 위원장을 둔다.

② 위원장은 중재위원중에서 호선한다.

제66조(주장의 확인등) ① 중재위원회는 기일을 정하여 관계 당사자 쌍방 또는 일방을 중재위원회에 출석하게 하여 주장의 요점을 확인하여야 한다.

② 관계 당사자가 지명한 노동위원회의 사용자를 대표하는 위원 또는 근로자를 대표하는 위원은 중재위원회의 동의를 얻어 그 회의에 출석하여 의견을 진술할 수 있다.

제67조(출석금지) 중재위원회의 위원장은 관계 당사자와 참고인외의 자의 회의출석을 금할 수 있다.

제68조(중재재정) ① 중재재정은 서면으로 작성하여 이를 행하며 그 서면에는 효력발생 기일을 명시하여야 한다.

② 제1항의 규정에 의한 중재재정의 해석 또는 이행방법에 관하여 관계 당사자간에 의견의 불일치가 있는 때에는 당해 중재위원회의 해석에 따르며 그 해석은 중재재정과 동일한 효력을 가진다.

제69조(중재재정등의 확정) ① 관계 당사자는 지방노동위원회 또는 특별노동위원회의 중재재정이 위법이거나 월권에 의한 것이라고 인정하는 경우에는 그 중재재정서의 송달을 받은 날부터 10일 이내에 중앙노동위원회에 그 재심을 신청할 수 있다.

② 관계 당사자는 중앙노동위원회의 중재재정이나 제1항의 규정에 의한 재심결정이 위법이거나 월권에 의한 것이라고 인정하는 경우에는 행정소송법 제20조의 규정에 불구하고 그 중재재정서 또는 재심결정서의 송달을 받은 날부터 15일 이내에 행정소송을 제기할 수 있다.

③ 제1항 및 제2항에 규정된 기간내에 재심을 신청하지 아니하거나 행정소송을 제기하지 아니한 때에는 그 중재재정 또는 재심결정은 확정된다.

④ 제3항의 규정에 의하여 중재재정이나 재심결정이 확정된 때에는 관계 당사자는 이에 따라야 한다.

제70조(중재재정 등의 효력) ① 제68조 제1항의 규정에 따른 중재재정의 내용은 단체협약과 동일한 효력을 가진다.

② 노동위원회의 중재재정 또는 재심결정은 제69조 제1항 및 제2항의 규정에 따른 중앙노동위원회에의 재심신청 또는 행정소송의 제기에 의하여 그 효력이 정지되지 아니한다.

제4절 공익사업등의 조정에 관한 특칙

제71조(공익사업의 범위등) ① 이 법에서 "공익사업"이라 함은 공중의 일상생활과 밀접한 관련이 있거

나 국민경제에 미치는 영향이 큰 사업으로서 다음 각호의 사업을 말한다.

1. 정기노선 여객운수사업 및 항공운수사업
2. 수도사업, 전기사업, 가스사업, 석유정제사업 및 석유공급사업
3. 공중위생사업, 의료사업 및 혈액공급사업
4. 은행 및 조폐사업
5. 방송 및 통신사업

② 이 법에서 "필수공익사업"이라 함은 제1항의 공익사업으로서 그 업무의 정지 또는 폐지가 공중의 일상생활을 현저히 위태롭게 하거나 국민경제를 현저히 저해하고 그 업무의 대체가 용이하지 아니한 다음 각호의 사업을 말한다.

1. 철도사업, 도시철도사업 및 항공운수사업
2. 수도사업, 전기사업, 가스사업, 석유정제사업 및 석유공급사업
3. 병원사업 및 혈액공급사업
4. 한국은행사업
5. 통신사업

제72조(특별조정위원회의 구성) ① 공익사업의 노동쟁의의 조정을 위하여 노동위원회에 특별조정위원회를 둔다.

② 제1항의 규정에 의한 특별조정위원회는 특별조정위원 3인으로 구성한다.

③ 제2항의 규정에 의한 특별조정위원은 그 노동위원회의 공익을 대표하는 위원중에서 노동조합과 사용자가 순차적으로 배제하고 남은 4인 내지 6인중에서 노동위원회의 위원장이 지명한다. 다만, 관계 당사자가 합의로 당해 노동위원회의 위원이 아닌 자를 추천하는 경우에는 그 추천된 자를 지명한다.

제73조(특별조정위원회의 위원장) ① 특별조정위원회에 위원장을 둔다.

② 위원장은 공익을 대표하는 노동위원회의 위원인 특별조정위원중에서 호선하고, 당해 노동위원회의 위원이 아닌 자만으로 구성된 경우에는 그중에서 호선한다. 다만, 공익을 대표하는 위원인 특별조

정위원이 1인인 경우에는 당해 위원이 위원장이 된다.

제74조 삭제

제75조 삭제

제5절 긴급조정

제76조(긴급조정의 결정) ① 고용노동부장관은 쟁의행위가 공익사업에 관한 것이거나 그 규모가 크거나 그 성질이 특별한 것으로서 현저히 국민경제를 해하거나 국민의 일상생활을 위태롭게 할 위험이 현존하는 때에는 긴급조정의 결정을 할 수 있다.

② 고용노동부장관은 긴급조정의 결정을 하고자 할 때에는 미리 중앙노동위원회 위원장의 의견을 들어야 한다.

③ 고용노동부장관은 제1항 및 제2항의 규정에 의하여 긴급조정을 결정한 때에는 지체없이 그 이유를 붙여 이를 공표함과 동시에 중앙노동위원회와 관계 당사자에게 각각 통고하여야 한다.

제77조(긴급조정시의 쟁의행위 중지) 관계 당사자는 제76조 제3항의 규정에 의한 긴급조정의 결정이 공표된 때에는 즉시 쟁의행위를 중지하여야 하며, 공표일부터 30일이 경과하지 아니하면 쟁의행위를 재개할 수 없다.

제78조(중앙노동위원회의 조정) 중앙노동위원회는 제76조 제3항의 규정에 의한 통고를 받은 때에는 지체없이 조정을 개시하여야 한다.

제79조(중앙노동위원회의 중재회부 결정권) ① 중앙노동위원회의 위원장은 제78조의 규정에 의한 조정이 성립될 가망이 없다고 인정한 경우에는 공익위원의 의견을 들어 그 사건을 중재에 회부할 것인가의 여부를 결정하여야 한다.

② 제1항의 규정에 의한 결정은 제76조 제3항의 규정에 의한 통고를 받은 날부터 15일 이내에 하여야 한다.

제80조(중앙노동위원회의 중재) 중앙노동위원회는 당해 관계 당사자의 일방 또는 쌍방으로부터 중재신

청이 있거나 제79조의 규정에 의한 중재회부의 결정을 한 때에는 지체없이 중재를 행하여야 한다.

제6장 부당노동행위

제81조(부당노동행위) 사용자는 다음 각 호의 어느 하나에 해당하는 행위(이하 "부당노동행위"라 한다)를 할 수 없다.

1. 근로자가 노동조합에 가입 또는 가입하려고 하였거나 노동조합을 조직하려고 하였거나 기타 노동조합의 업무를 위한 정당한 행위를 한 것을 이유로 그 근로자를 해고하거나 그 근로자에게 불이익을 주는 행위

2. 근로자가 어느 노동조합에 가입하지 아니할 것 또는 탈퇴할 것을 고용조건으로 하거나 특정한 노동조합의 조합원이 될 것을 고용조건으로 하는 행위. 다만, 노동조합이 당해 사업장에 종사하는 근로자의 3분의 2 이상을 대표하고 있을 때에는 근로자가 그 노동조합의 조합원이 될 것을 고용조건으로 하는 단체협약의 체결은 예외로 하며, 이 경우 사용자는 근로자가 그 노동조합에서 제명된 것 또는 그 노동조합을 탈퇴하여 새로 노동조합을 조직하거나 다른 노동조합에 가입한 것을 이유로 근로자에게 신분상 불이익한 행위를 할 수 없다.

3. 노동조합의 대표자 또는 노동조합으로부터 위임을 받은 자와의 단체협약체결 기타의 단체교섭을 정당한 이유없이 거부하거나 해태하는 행위

4. 근로자가 노동조합을 조직 또는 운영하는 것을 지배하거나 이에 개입하는 행위와 노동조합의 전임자에게 급여를 지원하거나 노동조합의 운영비를 원조하는 행위. 다만, 근로자가 근로시간중에 제24조 제4항에 따른 활동을 하는 것을 사용자가 허용함은 무방하며, 또한 근로자의 후생자금 또는 경제상의 불행 기타 재액의 방지와 구제 등을 위한 기금의 기부와 최소한의 규모의 노동

조합사무소의 제공은 예외로 한다.

5. 근로자가 정당한 단체행위에 참가한 것을 이유로 하거나 또는 노동위원회에 대하여 사용자가 이 조의 규정에 위반한 것을 신고하거나 그에 관한 증언을 하거나 기타 행정관청에 증거를 제출한 것을 이유로 그 근로자를 해고하거나 그 근로자에게 불이익을 주는 행위

제82조(구제신청) ① 사용자의 부당노동행위로 인하여 그 권리를 침해당한 근로자 또는 노동조합은 노동위원회에 그 구제를 신청할 수 있다.

② 제1항의 규정에 의한 구제의 신청은 부당노동행위가 있은 날(계속하는 행위는 그 종료일)부터 3월 이내에 이를 행하여야 한다.

제83조(조사등) ① 노동위원회는 제82조의 규정에 의한 구제신청을 받은 때에는 지체없이 필요한 조사와 관계 당사자의 심문을 하여야 한다.

② 노동위원회는 제1항의 규정에 의한 심문을 할 때에는 관계 당사자의 신청에 의하거나 그 직권으로 증인을 출석하게 하여 필요한 사항을 질문할 수 있다.

③ 노동위원회는 제1항의 규정에 의한 심문을 함에 있어서는 관계 당사자에 대하여 증거의 제출과 증인에 대한 반대심문을 할 수 있는 충분한 기회를 주어야 한다.

④ 제1항의 규정에 의한 노동위원회의 조사와 심문에 관한 절차는 중앙노동위원회가 따로 정하는 바에 의한다.

제84조(구제명령) ① 노동위원회는 제83조의 규정에 의한 심문을 종료하고 부당노동행위가 성립한다고 판정한 때에는 사용자에게 구제명령을 발하여야 하며, 부당노동행위가 성립되지 아니한다고 판정한 때에는 그 구제신청을 기각하는 결정을 하여야 한다.

② 제1항의 규정에 의한 판정·명령 및 결정은 서면으로 하되, 이를 당해 사용자와 신청인에게 각각 교부하여야 한다.

③ 관계 당사자는 제1항의 규정에 의한 명령이 있을 때에는 이에 따라야 한다.

제85조(구제명령의 확정) ① 지방노동위원회 또는 특별노동위원회의 구제명령 또는 기각결정에 불복이 있는 관계 당사자는 그 명령서 또는 결정서의 송달을 받은 날부터 10일 이내에 중앙노동위원회에 그 재심을 신청할 수 있다.

② 제1항의 규정에 의한 중앙노동위원회의 재심판정에 대하여 관계 당사자는 그 재심판정서의 송달을 받은 날부터 15일 이내에 행정소송법이 정하는 바에 의하여 소를 제기할 수 있다.

③ 제1항 및 제2항에 규정된 기간내에 재심을 신청하지 아니하거나 행정소송을 제기하지 아니한 때에는 그 구제명령·기각결정 또는 재심판정은 확정된다.

④ 제3항의 규정에 의하여 기각결정 또는 재심판정이 확정된 때에는 관계 당사자는 이에 따라야 한다.

⑤ 사용자가 제2항의 규정에 의하여 행정소송을 제기한 경우에 관할법원은 중앙노동위원회의 신청에 의하여 결정으로써, 판결이 확정될 때까지 중앙노동위원회의 구제명령의 전부 또는 일부를 이행하도록 명할 수 있으며, 당사자의 신청에 의하여 또는 직권으로 그 결정을 취소할 수 있다.

제86조(구제명령등의 효력) 노동위원회의 구제명령·기각결정 또는 재심판정은 제85조의 규정에 의한 중앙노동위원회에의 재심신청이나 행정소송의 제기에 의하여 그 효력이 정지되지 아니한다.

제7장 보   칙

제87조(권한의 위임) 이 법에 의한 고용노동부장관의 권한은 대통령령이 정하는 바에 따라 그 일부를 지방고용노동관서의 장에게 위임할 수 있다.

제8장 벌   칙

제88조(벌칙) 제41조 제2항의 규정에 위반한 자는 5년 이하의 징역 또는 5천만원 이하의 벌금에 처한다.

제89조(벌칙) 다음 각 호의 어느 하나에 해당하는 자는 3년 이하의 징역 또는 3천만원 이하의 벌금에 처한다.
  1. 제37조 제2항, 제38조 제1항, 제42조 제1항 또는 제42조의2제2항의 규정에 위반한 자
  2. 제85조 제3항(제29조의4제4항에서 준용하는 경우를 포함한다)에 따라 확정되거나 행정소송을 제기하여 확정된 구제명령에 위반한 자

제90조(벌칙) 제44조 제2항, 제69조 제4항, 제77조 또는 제81조의 규정에 위반한 자는 2년 이하의 징역 또는 2천만원 이하의 벌금에 처한다.

제91조(벌칙) 제38조 제2항, 제41조 제1항, 제42조 제2항, 제43조 제1항·제2항·제4항, 제45조 제2항 본문, 제46조 제1항 또는 제63조의 규정을 위반한 자는 1년 이하의 징역 또는 1천만원 이하의 벌금에 처한다.

제92조(벌칙) 다음 각호의 1에 해당하는 자는 1천만원 이하의 벌금에 처한다.
  1. 제24조 제5항을 위반한 자
  2. 제31조 제1항의 규정에 의하여 체결된 단체협약의 내용중 다음 각목의 1에 해당하는 사항을 위반한 자
     가. 임금·복리후생비, 퇴직금에 관한 사항
     나. 근로 및 휴게시간, 휴일, 휴가에 관한 사항
     다. 징계 및 해고의 사유와 중요한 절차에 관한 사항
     라. 안전보건 및 재해부조에 관한 사항
     마. 시설·편의제공 및 근무시간중 회의참석에 관한 사항
     바. 쟁의행위에 관한 사항
  3. 제61조 제1항의 규정에 의한 조정서의 내용 또는 제68조 제1항의 규정에 의한 중재재정서의 내용을 준수하지 아니한 자

제93조(벌칙) 다음 각호의 1에 해당하는 자는 500만

원 이하의 벌금에 처한다.

1. 제7조 제3항의 규정에 위반한 자
2. 제21조 제1항·제2항 또는 제31조 제3항의 규정에 의한 명령에 위반한 자

제94조(양벌규정) 법인 또는 단체의 대표자, 법인·단체 또는 개인의 대리인·사용인 기타의 종업원이 그 법인·단체 또는 개인의 업무에 관하여 제88조 내지 제93조의 위반행위를 한 때에는 행위자를 벌하는 외에 그 법인·단체 또는 개인에 대하여도 각 해당 조의 벌금형을 과한다.

제95조(과태료) 제85조 제5항의 규정에 의한 법원의 명령에 위반한 자는 500만원 이하의 금액(당해 명령이 작위를 명하는 것일 때에는 그 명령의 불이행 일수 1일에 50만원 이하의 비율로 산정한 금액)의 과태료에 처한다.

제96조(과태료) ① 다음 각호의 1에 해당하는 자는 500만원 이하의 과태료에 처한다.

1. 제14조의 규정에 의한 서류를 비치 또는 보존하지 아니한 자
2. 제27조의 규정에 의한 보고를 하지 아니하거나 허위의 보고를 한 자
3. 제46조 제2항의 규정에 의한 신고를 하지 아니한 자

② 제13조, 제28조 제2항 또는 제31조 제2항의 규정에 의한 신고 또는 통보를 하지 아니한 자는 300만원 이하의 과태료에 처한다.

③ 제1항 및 제2항의 규정에 의한 과태료는 대통령령이 정하는 바에 의하여 행정관청이 부과·징수한다.

④ 제3항의 규정에 의한 과태료의 처분에 불복이 있는 자는 그 처분의 고지를 받은 날부터 30일 이내에 행정관청에게 이의를 제기할 수 있다.

⑤ 제3항의 규정에 의한 과태료의 처분을 받은 자가 제4항의 규정에 의하여 이의를 제기한 때에는 행정관청은 지체없이 관할법원에 그 사실을 통보하여야 하며, 그 통보를 받은 관할법원은 비송사건절차법에 의한 과태료의 재판을 한다.

⑥ 제4항의 규정에 의한 기간내에 이의를 제기하지 아니하고 과태료를 납부하지 아니한 때에는 국세체납처분의 예에 의하여 이를 징수한다.

부칙

제1조(시행일) 이 법은 공포 후 1개월이 경과한 날부터 시행한다. 〈단서 생략〉

제2조 및 제3조 생략

제4조(다른 법률의 개정) ① 부터 〈38〉 까지 생략

〈39〉 노동조합 및 노동관계조정법 일부를 다음과 같이 개정한다.

제10조 제1항 각 호 외의 부분, 제12조 제1항 및 제24조의2제2항 중 "노동부장관"을 각각 "고용노동부장관"으로 한다.

제24조의2제1항 중 "노동부"를 "고용노동부"로 한다.

제76조 제1항부터 제3항까지 및 제87조 중 "노동부장관"을 각각 "고용노동부장관"으로 한다.

제87조 중 "지방노동관서"를 "지방고용노동관서"로 한다.

〈40〉 부터 〈82〉 까지 생략

제5조 생략

근로자참여 및 협력증진에 관한 법률

[시행 2010.7.5] [법률 제10339호, 2010.6.4, 타법개정]

제1장 총 칙

제1조(목적) 이 법은 근로자와 사용자 쌍방이 참여와 협력을 통하여 노사 공동의 이익을 증진함으로써 산업 평화를 도모하고 국민경제 발전에 이바지함을 목적으로 한다.

제2조(신의성실의 의무) 근로자와 사용자는 서로 신의를 바탕으로 성실하게 협의에 임하여야 한다.

제3조(정의) 이 법에서 사용하는 용어의 뜻은 다음과 같다.

1. "노사협의회"란 근로자와 사용자가 참여와 협력을 통하여 근로자의 복지증진과 기업의 건전한 발전을 도모하기 위하여 구성하는 협의기구를 말한다.

2. "근로자"란 「근로기준법」 제2조에 따른 근로자를 말한다.

3. "사용자"란 「근로기준법」 제2조에 따른 사용자를 말한다.

제4조(노사협의회의 설치) ① 노사협의회(이하 "협의회"라 한다)는 근로조건에 대한 결정권이 있는 사업이나 사업장 단위로 설치하여야 한다. 다만, 상시(常時) 30명 미만의 근로자를 사용하는 사업이나 사업장은 그러하지 아니하다.

② 하나의 사업에 지역을 달리하는 사업장이 있을 경우에는 그 사업장에도 설치할 수 있다.

제5조(노동조합과의 관계) 노동조합의 단체교섭이나 그 밖의 모든 활동은 이 법에 의하여 영향을 받지 아니한다.

제2장 협의회의 구성

제6조(협의회의 구성) ① 협의회는 근로자와 사용자를 대표하는 같은 수의 위원으로 구성하되, 각 3명 이상 10명 이하로 한다.

② 근로자를 대표하는 위원(이하 "근로자위원"이라 한다)은 근로자가 선출하되, 근로자의 과반수로 조직된 노동조합이 있는 경우에는 노동조합의 대표자와 그 노동조합이 위촉하는 자로 한다.

③ 사용자를 대표하는 위원(이하 "사용자위원"이라 한다)은 해당 사업이나 사업장의 대표자와 그 대표자가 위촉하는 자로 한다.

④ 근로자위원이나 사용자위원의 선출과 위촉에 필요한 사항은 대통령령으로 정한다.

제7조(의장과 간사) ① 협의회에 의장을 두며, 의장은 위원 중에서 호선(互選)한다. 이 경우 근로자위원과 사용자위원 중 각 1명을 공동의장으로 할 수 있다.

② 의장은 협의회를 대표하며 회의 업무를 총괄한다.

③ 노사 쌍방은 회의 결과의 기록 등 사무를 담당하는 간사 1명을 각각 둔다.

제8조(위원의 임기) ① 위원의 임기는 3년으로 하되, 연임할 수 있다.

② 보궐위원의 임기는 전임자 임기의 남은 기간으로 한다.

③ 위원은 임기가 끝난 경우라도 후임자가 선출될 때까지 계속 그 직무를 담당한다.

제9조(위원의 신분) ① 위원은 비상임·무보수로 한다.

② 사용자는 협의회 위원으로서의 직무 수행과 관련하여 근로자위원에게 불이익을 주는 처분을 하여서는 아니 된다.

③ 위원의 협의회 출석 시간과 이와 직접 관련된 시간으로서 제18조에 따른 협의회규정으로 정한 시간은 근로한 시간으로 본다.

제10조(사용자의 의무) ① 사용자는 근로자위원의 선

출에 개입하거나 방해하여서는 아니 된다.

② 사용자는 근로자위원의 업무를 위하여 장소의 사용 등 기본적인 편의를 제공하여야 한다.

제11조(시정명령) 고용노동부장관은 사용자가 제9조 제2항을 위반하여 근로자위원에게 불이익을 주는 처분을 하거나 제10조 제1항을 위반하여 근로자위원의 선출에 개입하거나 방해하는 경우에는 그 시정(是正)을 명할 수 있다.

제3장 협의회의 운영

제12조(회의) ① 협의회는 3개월마다 정기적으로 회의를 개최하여야 한다.

② 협의회는 필요에 따라 임시회의를 개최할 수 있다.

제13조(회의 소집) ① 의장은 협의회의 회의를 소집하며 그 의장이 된다.

② 의장은 노사 일방의 대표자가 회의의 목적을 문서로 밝혀 회의의 소집을 요구하면 그 요구에 따라야 한다.

③ 의장은 회의 개최 7일 전에 회의 일시, 장소, 의제 등을 각 위원에게 통보하여야 한다.

제13조의2

제14조(자료의 사전 제공) 근로자위원은 제13조 제3항에 따라 통보된 의제 중 제20조 제1항의 협의 사항 및 제21조의 의결 사항과 관련된 자료를 협의회 회의 개최 전에 사용자에게 요구할 수 있으며 사용자는 이에 성실히 따라야 한다. 다만, 그 요구 자료가 기업의 경영·영업상의 비밀이나 개인정보에 해당하는 경우에는 그러하지 아니하다.

제15조(정족수) 회의는 근로자위원과 사용자위원 각 과반수의 출석으로 개최하고 출석위원 3분의 2 이상의 찬성으로 의결한다.

제16조(회의의 공개) 협의회의 회의는 공개한다. 다만, 협의회의 의결로 공개하지 아니할 수 있다.

제17조(비밀 유지) 협의회의 위원은 협의회에서 알게 된 비밀을 누설하여서는 아니 된다.

제18조(협의회규정) ① 협의회는 그 조직과 운영에 관한 규정(이하 "협의회규정"이라 한다)을 제정하고 협의회를 설치한 날부터 15일 이내에 고용노동부장관에게 제출하여야 한다. 이를 변경한 경우에도 또한 같다.

② 협의회규정의 규정 사항과 그 제정·변경 절차 등에 관하여 필요한 사항은 대통령령으로 정한다.

제19조(회의록 비치) ① 협의회는 다음 각 호의 사항을 기록한 회의록을 작성하여 갖추어 두어야 한다.

1. 개최 일시 및 장소

2. 출석 위원

3. 협의 내용 및 의결된 사항

4. 그 밖의 토의사항

② 제1항에 따른 회의록은 작성한 날부터 3년간 보존하여야 한다.

제4장 협의회의 임무

제20조(협의 사항) ① 협의회가 협의하여야 할 사항은 다음 각 호와 같다.

1. 생산성 향상과 성과 배분

2. 근로자의 채용·배치 및 교육훈련

3. 근로자의 고충처리

4. 안전, 보건, 그 밖의 작업환경 개선과 근로자의 건강증진

5. 인사·노무관리의 제도 개선

6. 경영상 또는 기술상의 사정으로 인한 인력의 배치전환·재훈련·해고 등 고용조정의 일반원칙

7. 작업과 휴게 시간의 운용

8. 임금의 지불방법·체계·구조 등의 제도 개선

9. 신기계·기술의 도입 또는 작업 공정의 개선

10. 작업 수칙의 제정 또는 개정

11. 종업원지주제(從業員持株制)와 그 밖에 근로자의 재산형성에 관한 지원

12. 직무 발명 등과 관련하여 해당 근로자에 대한

보상에 관한 사항

13. 근로자의 복지증진

14. 사업장 내 근로자 감시 설비의 설치

15. 여성근로자의 모성보호 및 일과 가정생활의 양립을 지원하기 위한 사항

16. 그 밖의 노사협조에 관한 사항

② 협의회는 제1항 각 호의 사항에 대하여 제15조의 정족수에 따라 의결할 수 있다.

제21조(의결 사항) 사용자는 다음 각 호의 어느 하나에 해당하는 사항에 대하여는 협의회의 의결을 거쳐야 한다.

1. 근로자의 교육훈련 및 능력개발 기본계획의 수립

2. 복지시설의 설치와 관리

3. 사내근로복지기금의 설치

4. 고충처리위원회에서 의결되지 아니한 사항

5. 각종 노사공동위원회의 설치

제22조(보고 사항 등) ① 사용자는 정기회의에 다음 각 호의 어느 하나에 해당하는 사항에 관하여 성실하게 보고하거나 설명하여야 한다.

1. 경영계획 전반 및 실적에 관한 사항

2. 분기별 생산계획과 실적에 관한 사항

3. 인력계획에 관한 사항

4. 기업의 경제적 · 재정적 상황

② 근로자위원은 근로자의 요구사항을 보고하거나 설명할 수 있다.

③ 근로자위원은 사용자가 제1항에 따른 보고와 설명을 이행하지 아니하는 경우에는 제1항 각 호에 관한 자료를 제출하도록 요구할 수 있으며 사용자는 그 요구에 성실히 따라야 한다.

제23조(의결 사항의 공지) 협의회는 의결된 사항을 신속히 근로자에게 널리 알려야 한다.

제24조(의결 사항의 이행) 근로자와 사용자는 협의회에서 의결된 사항을 성실하게 이행하여야 한다.

제25조(임의 중재) ① 협의회는 다음 각 호의 어느 하나에 해당하는 경우에는 근로자위원과 사용자위원의 합의로 협의회에 중재기구(仲裁機構)를 두어 해결하거나 노동위원회나 그 밖의 제삼자에 의한 중재를 받을 수 있다.

1. 제21조에 따른 의결 사항에 관하여 협의회가 의결하지 못한 경우

2. 협의회에서 의결된 사항의 해석이나 이행 방법 등에 관하여 의견이 일치하지 아니하는 경우

② 제1항에 따른 중재 결정이 있으면 협의회의 의결을 거친 것으로 보며 근로자와 사용자는 그 결정에 따라야 한다.

제5장 고충처리

제26조(고충처리위원) 모든 사업 또는 사업장에는 근로자의 고충을 청취하고 이를 처리하기 위하여 고충처리위원을 두어야 한다. 다만, 상시 30명 미만의 근로자를 사용하는 사업이나 사업장은 그러하지 아니하다.

제27조(고충처리위원의 구성 및 임기) ① 고충처리위원은 노사를 대표하는 3명 이내의 위원으로 구성하되, 협의회가 설치되어 있는 사업이나 사업장의 경우에는 협의회가 그 위원 중에서 선임하고, 협의회가 설치되어 있지 아니한 사업이나 사업장의 경우에는 사용자가 위촉한다.

② 위원의 임기에 관하여는 협의회 위원의 임기에 관한 제8조를 준용한다.

제28조(고충의 처리) ① 고충처리위원은 근로자로부터 고충사항을 청취한 경우에는 10일 이내에 조치 사항과 그 밖의 처리결과를 해당 근로자에게 통보하여야 한다.

② 고충처리위원이 처리하기 곤란한 사항은 협의회의 회의에 부쳐 협의 처리한다.

제6장 보   칙

제29조(권한의 위임) 이 법에 따른 고용노동부장관의

권한은 대통령령으로 정하는 바에 따라 그 일부를 지방고용노동관서의 장에게 위임할 수 있다.

제7장 벌   칙

제30조(벌칙) 다음 각 호의 어느 하나에 해당하는 자는 1천만원 이하의 벌금에 처한다.

1. 제4조 제1항에 따른 협의회의 설치를 정당한 사유 없이 거부하거나 방해한 자
2. 제24조를 위반하여 협의회에서 의결된 사항을 정당한 사유 없이 이행하지 아니한 자
3. 제25조 제2항을 위반하여 중재 결정의 내용을 정당한 사유 없이 이행하지 아니한 자

제31조(벌칙) 사용자가 정당한 사유 없이 제11조에 따른 시정명령을 이행하지 아니하거나 제22조 제3항에 따른 자료제출 의무를 이행하지 아니하면 500만원 이하의 벌금에 처한다.

제32조(벌칙) 사용자가 제12조 제1항을 위반하여 협의회를 정기적으로 개최하지 아니하거나 제26조에 따른 고충처리위원을 두지 아니한 경우에는 200만원 이하의 벌금에 처한다.

제33조(과태료) ① 사용자가 제18조를 위반하여 협의회규정을 제출하지 아니한 때에는 200만원 이하의 과태료를 부과한다.

② 제1항에 따른 과태료는 대통령령으로 정하는 바에 따라 고용노동부장관이 부과·징수한다.

③ 제2항에 따른 과태료 처분에 불복하는 자는 그 처분을 고지받은 날부터 30일 이내에 고용노동부장관에게 이의를 제기할 수 있다.

④ 제2항에 따른 과태료 처분을 받은 자가 제3항에 따라 이의를 제기하면 고용노동부장관은 지체 없이 관할 법원에 그 사실을 통보하여야 하며, 그 통보를 받은 관할 법원은 「비송사건절차법」에 따른 과태료 재판을 한다.

⑤ 제3항에 따른 기간에 이의를 제기하지 아니하고 과태료를 내지 아니하면 국세 체납처분의 예에 따라 징수한다.

부   칙

제1조(시행일) 이 법은 공포 후 1개월이 경과한 날부터 시행한다. 〈단서 생략〉

제2조 및 제3조 생략

제4조(다른 법률의 개정) ① 부터 〈29〉 까지 생략

〈30〉 근로자참여 및 협력증진에 관한 법률 일부를 다음과 같이 개정한다.

제11조, 제18조 제1항 전단, 제29조 및 제33조 제2항부터 제4항까지 중 "노동부장관"을 각각 "고용노동부장관"으로 한다.

제29조 중 "지방노동관서"를 "지방고용노동관서"로 한다.

〈31〉 부터 〈82〉 까지 생략

제5조 생략

노동위원회법

[시행 2010.7.5] [법률 제10339호, 2010.6.4, 타법개정]

제1장 총 칙

제1조(목적) 이 법은 노동관계에 있어서 판정 및 조정 업무의 신속·공정한 수행을 위하여 노동위원회를 설치하고 그 운영에 관한 사항을 규정함으로써 노동관계의 안정과 발전에 이바지함을 목적으로 한다.

제2조(노동위원회의 구분·소속등) ① 노동위원회는 중앙노동위원회·지방노동위원회 및 특별노동위원회로 구분한다.

② 중앙노동위원회 및 지방노동위원회는 고용노동부장관 소속하에 두며, 지방노동위원회의 명칭·위치 및 관할구역은 대통령령으로 정한다.

③ 특별노동위원회는 특정한 사항을 관장하기 위하여 필요한 경우에 당해 특정사항을 관장하는 중앙행정기관의 장 소속하에 둔다.

제2조의2(노동위원회의 소관 사무) 노동위원회의 소관 사무는 다음 각 호와 같다.

1. 「노동조합 및 노동관계조정법」·「근로기준법」·「근로자참여 및 협력증진에 관한 법률」·「교원의 노동조합설립 및 운영 등에 관한 법률」·「공무원의 노동조합설립 및 운영 등에 관한 법률」·「기간제 및 단시간근로자 보호 등에 관한 법률」 및 「파견근로자보호 등에 관한 법률」에 따른 판정·결정·의결·승인·인정 또는 차별시정 등에 관한 업무

2. 「노동조합 및 노동관계조정법」·「교원의 노동조합 설립 및 운영 등에 관한 법률」 및 「공무원의 노동조합설립 및 운영 등에 관한 법률」에 따른 노동쟁의 조정·중재 또는 관계 당사자의 자주적인 노동쟁의 해결지원에 관한 업무

3. 제1호 및 제2호의 업무수행과 관련된 조사·연구·교육 또는 홍보 등에 관한 업무

4. 그 밖에 다른 법률에 따라 노동위원회의 소관으로 규정된 업무

제3조(노동위원회의 관장) ① 중앙노동위원회는 다음 각호의 사건을 관장한다.

1. 지방노동위원회 및 특별노동위원회의 처분에 대한 재심사건

2. 2이상의 지방노동위원회의 관할구역에 걸친 노동쟁의의 조정사건

3. 다른 법률에 의하여 그 권한에 속하는 것으로 규정된 사건

② 지방노동위원회는 당해 관할구역에서 발생하는 사건을 관장하되, 2이상의 관할구역에 걸친 사건(제1항 제2호의 조정사건을 제외한다)은 주된 사업장의 소재지를 관할하는 지방노동위원회에서 관장한다.

③ 특별노동위원회는 관계법률이 정하는 바에 따라 그 설치목적으로 규정된 특정사항에 관한 사건을 관장한다.

④ 중앙노동위원회위원장은 효율적인 노동쟁의의 조정을 위하여 필요하다고 인정하는 경우에는 제1항 제2호의 규정에 불구하고 지방노동위원회를 지정하여 당해 사건을 처리하게 할 수 있다.

⑤ 중앙노동위원회위원장은 제2항의 규정에 의한 주된 사업장을 정하기 어렵거나 주된 사업장의 소재지를 관할하는 지방노동위원회에서 처리하기 곤란한 사정이 있는 경우에는 직권으로 또는 관계당사자나 지방노동위원회위원장의 신청에 따라 지방노동위원회를 지정하여 당해 사건을 처리하게 할 수 있다.

제4조(노동위원회의 지위등) ① 노동위원회는 그 권한에 속하는 업무를 독립적으로 수행한다.

② 중앙노동위원회위원장은 중앙노동위원회 및 지방노동위원회의 예산·인사·교육훈련 기타 행정사무를 총괄하며, 소속공무원을 지휘·감독한다.

③ 중앙노동위원회위원장은 행정사무의 지휘·감독권의 일부를 대통령령이 정하는 바에 의하여 지방노동위원회위원장에게 위임할 수 있다.

제5조(특별노동위원회의 조직등) ① 특별노동위원회에 대하여는 제6조 제3항 내지 제7항, 제9조 제2항 및 제4항의 규정을 적용하지 아니한다.

② 다음 각호의 1에 해당하는 사항에 대하여는 당해 특별노동위원회의 설치근거가 되는 법률에서 달리 정할 수 있다.

1. 제6조 제2항의 규정에 의한 근로자위원·사용자위원 및 공익위원의 수

2. 제11조의 규정에 의한 상임위원

③ 특별노동위원회에 대하여는 제15조 제3항 내지 제5항의 규정을 적용함에 있어서 심판담당공익위원·차별시정담당공익위원 및 조정담당공익위원은 이를 공익위원으로 본다.

제2장 조 직

제6조(노동위원회의 구성등) ① 노동위원회는 근로자를 대표하는 위원(이하 "근로자위원"이라 한다)과 사용자를 대표하는 위원(이하 "사용자위원"이라 한다) 및 공익을 대표하는 위원(이하 "공익위원"이라 한다)으로 구성한다.

② 노동위원회의 위원의 수는 근로자위원·사용자위원은 각 10인 이상 50인 이하, 공익위원은 10인 이상 70인 이하의 범위 안에서 각 노동위원회의 업무량을 감안하여 대통령령으로 정한다. 이 경우 근로자위원과 사용자위원은 동수로 한다.

③ 근로자위원은 노동조합이 추천한 자중에서 위촉하고 사용자위원은 사용자단체가 추천한 자중에서 위촉하되, 중앙노동위원회의 경우에는 고용노동부장관의 제청으로 대통령이, 지방노동위원회의 경우에는 지방노동위원회위원장의 제청으로 중앙노동위원회위원장이 각각 위촉한다.

④ 공익위원은 당해 노동위원회위원장·노동조합 및 사용자단체가 각각 추천한 자 중에서 노동조합과 사용자단체가 순차적으로 배제하고 남은 자를 위촉대상 공익위원으로 하고, 그 위촉대상 공익위원 중에서 중앙노동위원회의 공익위원은 고용노동부장관의 제청으로 대통령이, 지방노동위원회의 공익위원은 지방노동위원회위원장의 제청으로 중앙노동위원회위원장이 각각 위촉한다.

⑤ 제4항의 규정에 불구하고 노동조합 또는 사용자단체가 공익위원의 추천 또는 추천된 공익위원을 순차적으로 배제하는 절차를 거부하는 경우에는 당해 노동위원회위원장이 위촉대상 공익위원을 선정할 수 있다.

⑥ 공익위원은 다음과 같이 구분하여 위촉한다.

1. 심판사건을 담당하는 심판담당공익위원

2. 차별시정사건을 담당하는 차별시정담당공익위원

3. 조정(調整)사건을 담당하는 조정담당공익위원

⑦ 노동위원회 위원의 추천절차, 공익위원의 순차배제의 방법 기타 위원의 위촉에 관하여 필요한 사항은 대통령령으로 정한다.

제6조의2(공인노무사의 권리구제 대리) ① 노동위원회는 제2조의2제1호 중 판정·결정·승인·인정 또는 차별시정 등에 관한 사건에 있어서 「공인노무사법」 제26조의2제1항에 따라 사회취약계층을 위하여 공인노무사로 하여금 권리구제업무를 대리하게 할 수 있다.

② 제1항에 따라 사회취약계층을 위한 권리구제업무를 대리하는 경우의 요건, 대상, 공인노무사의 보수에 관한 사항 등 필요한 사항은 고용노동부령으로 정한다.

제7조(위원의 임기등) ① 노동위원회 위원의 임기는 3년으로 하되, 연임할 수 있다.

② 위원이 궐위된 경우 보궐위원의 임기는 전임자의 잔임기간으로 한다. 다만, 위원장 또는 상임위원이 궐위되어 후임자를 임명한 경우 후임자의 임기는 새로이 개시된다.

③ 위원은 그 임기가 만료된 경우 후임자가 위촉될

때까지 계속 그 직무를 집행한다.

④ 위원의 처우에 관하여는 대통령령으로 정한다.

제8조(공익위원의 자격기준등) ① 중앙노동위원회의 공익위원은 다음의 구분에 따라 다음 각 목의 어느 하나에 해당하는 자로서 노동문제에 관한 지식과 경험이 있는 자중에서 위촉한다.

1. 심판담당공익위원 및 차별시정담당공익위원

　가. 노동문제와 관련된 학문을 전공한 자로서 공인된 대학에서 부교수 이상으로 재직한 자

　나. 판사·검사·군법무관·변호사 또는 공인노무사의 직에 7년 이상 재직한 자

　다. 노동관계업무에 7년 이상 종사한 자로서 2급 또는 2급상당이상의 공무원이나 고위공무원단에 속하는 공무원으로 재직한 자

　라. 기타 노동관계업무에 15년이상 종사하여 전문적 지식과 경험을 갖춘 자로서 심판담당공익위원 또는 차별시정담당공익위원으로 적합하다고 인정되는 자

1의2. 삭제

2. 조정담당공익위원

　가. 공인된 대학에서 부교수 이상으로 재직한 자

　나. 판사·검사·군법무관·변호사 또는 공인노무사의 직에 7년 이상 재직한 자

　다. 노동관계업무에 7년 이상 종사한 자로서 2급 또는 2급상당이상의 공무원이나 고위공무원단에 속하는 공무원으로 재직한 자

　라. 기타 노동관계업무에 15년이상 종사한 자 또는 사회적 덕망이 있는 자로서 조정담당공익위원으로 적합하다고 인정되는 자

② 지방노동위원회의 공익위원은 다음의 구분에 따라 다음 각 목의 어느 하나에 해당하는 자로서 노동문제에 관한 지식과 경험이 있는 자중에서 위촉한다.

1. 심판담당공익위원 및 차별시정담당공익위원

　가. 노동문제와 관련된 학문을 전공한 자로서 공인된 대학에서 조교수 이상으로 재직한 자

　나. 판사·검사·군법무관·변호사 또는 공인노무사의 직에 3년 이상 재직한 자

　다. 노동관계업무에 3년 이상 종사한 자로서 3급 또는 3급상당이상의 공무원이나 고위공무원단에 속하는 공무원으로 재직한 자

　라. 노동관계업무에 10년 이상 종사한 자로서 4급 또는 4급상당이상의 공무원으로 재직한 자

　마. 기타 노동관계업무에 10년이상 종사하여 전문적 지식과 경험을 갖춘 자로서 심판담당공익위원 또는 차별시정담당공익위원으로 적합하다고 인정되는 자

1의2. 삭제

2. 조정담당공익위원

　가. 공인된 대학에서 조교수 이상으로 재직한 자

　나. 판사·검사·군법무관·변호사 또는 공인노무사의 직에 3년 이상 재직한 자

　다. 노동관계업무에 3년 이상 종사한 자로서 3급 또는 3급상당이상의 공무원이나 고위공무원단에 속하는 공무원으로 재직한 자

　라. 노동관계업무에 10년 이상 종사한 자로서 4급 또는 4급상당이상의 공무원으로 재직한 자

　마. 기타 노동관계업무에 10년이상 종사한 자 또는 사회적 덕망이 있는 자로서 조정담당공익위원으로 적합하다고 인정되는 자

③ 삭제

제9조(위원장) ① 노동위원회에 위원장 1인을 둔다.

② 중앙노동위원회위원장은 중앙노동위원회의 공익위원 자격을 가진 자중에서 고용노동부장관의 제청으로, 지방노동위원회위원장은 지방노동위원회의 공익위원 자격을 가진 자중에서 중앙노동위원회위원장의 추천과 고용노동부장관의 제청으로 대통령이 각각 임명한다.

③ 중앙노동위원회위원장은 정무직으로 한다.

④ 노동위원회위원장(이하 "위원장"이라 한다)은

공익위원이 되며, 심판사건·차별시정사건과 조정사
건을 담당할 수 있다.

제10조(위원장의 직무) ① 위원장은 당해 노동위원회
를 대표하며 회무를 통리한다.

② 위원장이 부득이한 사유로 직무를 수행할 수 없
는 때에는 공익위원중에서 대통령령이 정하는 바에
의하여 선임된 자가 그 직무를 대행한다.

제11조(상임위원) ① 노동위원회에 상임위원을 두며
상임위원은 당해 노동위원회의 공익위원 자격을 가
진 자중에서 중앙노동위원회위원장의 추천과 고용
노동부장관의 제청으로 대통령이 임명한다.

② 상임위원은 공익위원이 되며, 심판사건·차별시
정사건과 조정사건을 담당할 수 있다.

③ 각 노동위원회에 두는 상임위원의 수 및 계급
등은 대통령령으로 정한다.

제11조의2(위원의 행위규범) ① 노동위원회의 위원은
법과 양심에 따라 공정하고 성실하게 업무를 수행
하여야 한다.

② 중앙노동위원회는 노동위원회 위원이 제1항의
규정에 따라 업무를 수행하기 위하여 준수하여야
할 행위규범 및 그 운영에 관련된 사항을 제15조의
규정에 따른 노동위원회 전원회의의 의결을 거쳐
정할 수 있다.

③ 제2항의 규정에 따른 행위규범은 다음 각 호의
사항을 정한다.

1. 노동위원회 위원의 업무수행과 관련하여 향응·금
   품 등을 받는 행위의 금지에 관한 사항
2. 노동위원회 위원이 관계 당사자 일방에 편파적
   이거나 사건처리를 방해하는 등 공정성 및 중립
   성을 훼손하는 행위의 금지·제한에 관한 사항
3. 제15조의 규정에 따른 부문별위원회 출석 등 성
   실한 업무수행과 관련된 사항
4. 그 밖에 노동위원회 위원의 품위유지 등을 위하
   여 필요한 사항

제12조(결격사유) 국가공무원법 제33조의 규정에 해당
하는 자는 노동위원회 위원에 위촉될 수 없다.

제13조(위원의 신분보장) ① 노동위원회 위원은 다음
각 호의 어느 하나에 해당하는 경우를 제외하고는
그 의사에 반하여 면직 또는 해촉되지 아니한다.

1. 「국가공무원법」 제33조의 규정에 해당하게 된
   경우
2. 장기간의 심신쇠약으로 직무를 수행할 수 없게
   된 경우
3. 직무와 관련된 비위사실이 있거나 노동위원회
   위원직을 유지하기에 적합하지 아니하다고 인정
   되는 비위사실이 있는 경우
4. 제11조의2의 규정에 따른 행위규범을 위반하여
   위원으로서 직무를 수행하기 곤란한 경우

② 노동위원회 위원이 제1항 제1호에 해당하게 된
경우에는 당연히 면직 또는 해촉된다.

제14조(사무처와 사무국) ① 중앙노동위원회에는 사무
처를, 지방노동위원회에는 사무국을 둔다.

② 사무처와 사무국의 조직·운영에 관하여 필요한
사항은 대통령령으로 정한다.

③ 고용노동부장관은 노동위원회 사무처 또는 사무
국 소속 직원을 고용노동부와 노동위원회 간에 전
보할 경우 중앙노동위원회위원장의 의견을 들어야
한다.

제14조의2(중앙노동위원회 사무처장) ① 중앙노동위
원회에는 사무처장 1인을 둔다.

② 사무처장은 중앙노동위원회 상임위원 중 1인이
겸직한다.

③ 사무처장은 중앙노동위원회위원장의 명을 받아
사무처의 사무를 처리하며 소속 직원을 지휘·감독
한다.

제14조의3(조사관) ① 사무처와 사무국에 조사관을 둔
다.

② 조사관은 위원장, 제15조의 규정에 따른 부문별
위원회의 위원장 또는 제16조의2의 규정에 따른 주
심위원의 지휘를 받아 노동위원회의 소관 사무 수
행에 필요한 조사를 하고 부문별위원회에 출석하여
의견을 진술할 수 있다.

③ 조사관은 중앙노동위원회위원장이 노동위원회 사무처 또는 사무국 소속 공무원 중에서 임명하되, 그 임명·자격 등에 관하여 필요한 사항은 대통령령으로 정한다.

제3장 회   의

제15조(회의의 구성등) ① 노동위원회에는 전원회의외에 그 권한에 속하는 업무를 부문별로 처리하기 위하여 다른 법률에 특별한 규정이 있는 경우를 제외하고는 심판위원회·차별시정위원회·조정위원회·특별조정위원회·중재위원회(仲裁委員會)·교원노동관계조정위원회(敎員勞動關係調整委員會) 및 공무원노동관계조정위원회(公務員勞動關係調整委員會)(이하 "부문별위원회"라 한다)를 둔다.

② 전원회의는 당해 노동위원회 소속위원 전원으로 구성하며 다음 각호의 사항을 처리한다.

1. 노동위원회의 운영등 일반적인 사항의 결정
2. 제22조 제2항의 규정에 의한 근로조건의 개선에 관한 권고
3. 제24조 및 제25조의 규정에 의한 지시 및 규칙의 제정(중앙노동위원회에 한한다)

③ 심판위원회는 심판담당공익위원 중 위원장이 지명하는 3인(위원장 또는 상임위원 1인을 포함하여야 한다)으로 구성하며, 「노동조합 및 노동관계조정법」·「근로기준법」·「근로자참여 및 협력증진에 관한 법률」 그 밖의 법률에 따라 노동위원회의 판정·의결·승인 또는 인정 등을 받도록 규정된 사항을 처리한다.

④ 차별시정위원회는 차별시정담당공익위원 중 위원장이 지명하는 3인(위원장 또는 상임위원 1인을 포함하여야 한다)으로 구성하며, 「기간제 및 단시간근로자 보호 등에 관한 법률」 또는 「파견근로자 보호 등에 관한 법률」에 따른 차별시정과 관련된 사항을 처리한다.

⑤ 조정위원회·특별조정위원회 및 중재위원회는 「노동조합 및 노동관계조정법」이 정하는 바에 따라 구성하며 동법의 규정에 의한 조정·중재 기타 이와 관련된 사항을 각각 처리한다. 이 경우 공익위원은 조정담당공익위원(위원장 또는 상임위원을 포함한다)중에서 선정한다.

⑥ 제3항 및 제4항의 규정에 불구하고 위원장은 위원장 또는 상임위원의 업무가 과도하여 정상적인 업무수행이 곤란하게 되는 등 부득이한 사유가 있는 경우에는 위원장 또는 상임위원을 제외한 심판담당공익위원 3인과 차별시정담당공익위원 3인으로 각각 심판위원회와 차별시정위원회를 구성할 수 있다.

⑦ 위원장은 제3항 내지 제5항의 규정에 불구하고 부문별위원회를 구성함에 있어서 특정 부문별위원회에 사건이 과도하게 집중되는 등 부득이한 사유가 있는 경우에는 심판담당공익위원·차별시정담당공익위원 또는 조정담당공익위원의 담당 분야와 관계 없이 위원으로 지명할 수 있다.

⑧ 교원노동관계조정위원회는 교원의노동조합설립및운영등에관한법률이 정하는 바에 따라 설치·구성하며, 동법의 규정에 의한 조정·중재 기타 이와 관련된 사항을 처리한다.

⑨ 공무원노동관계조정위원회는 공무원의노동조합설립및운영등에관한법률이 정하는 바에 따라 설치·구성하며, 동법의 규정에 의한 조정·중재 그 밖에 이와 관련된 사항을 처리한다.

제15조의2(단독심판 등) 위원장은 다음 각 호의 어느 하나에 해당하는 경우에는 심판담당공익위원 또는 차별시정담당공익위원 1인을 지명하여 사건을 처리하게 할 수 있다.

1. 신청기간을 넘기는 등 신청의 요건을 명백하게 갖추지 못한 경우
2. 관계 당사자 쌍방의 신청이 있거나 동의를 얻은 경우

제16조(회의의 소집) ① 위원장은 전원회의의 의장이 되며 부문별위원회위원장은 다른 법률에 특별한 규

정이 있는 경우를 제외하고는 부문별위원회 위원중에서 호선하고 당해 부문별위원회의 의장이 된다.

② 위원장 또는 부문별위원회위원장은 제15조 제1항의 규정에 의한 전원회의 또는 부문별위원회를 각각 소집한다. 다만, 위원장은 필요하다고 인정하는 경우에는 부문별위원회를 소집할 수 있다.

③ 위원장 또는 부문별위원회위원장은 전원회의 또는 부문별위원회를 구성하는 위원 과반수가 회의의 소집을 요구한 때에는 이에 응하여야 한다.

제16조의2(주심위원) 부문별위원회위원장은 부문별위원회의 원활한 운영을 위하여 필요하다고 인정하는 경우에는 주심위원을 지명하여 사건의 처리를 주관하도록 할 수 있다.

제16조의3(화해의 권고 등) ① 노동위원회는 「노동조합 및 노동관계조정법」 제84조 또는 「근로기준법」 제28조의 규정에 따른 판정·명령 또는 결정이 있기 전까지 관계 당사자의 신청 또는 직권에 의하여 화해를 권고하거나 화해안을 제시할 수 있다.

② 노동위원회는 화해안을 작성함에 있어서 관계 당사자의 의견을 충분히 들어야 한다.

③ 노동위원회는 관계 당사자가 화해안을 수락한 때에는 화해조서를 작성하여야 한다.

④ 화해조서에는 관계 당사자와 화해에 관여한 위원 전원이 서명 또는 날인하여야 한다.

⑤ 제3항 및 제4항의 규정에 따라 작성된 화해조서는 「민사소송법」에 따른 재판상 화해의 효력을 갖는다.

⑥ 제1항 내지 제4항의 규정에 따른 화해의 방법, 화해조서의 작성 등에 관하여 필요한 사항은 중앙노동위원회가 따로 정한다.

제17조(의결) ① 노동위원회의 전원회의는 재적위원 과반수의 출석으로 개의하고 출석위원 과반수의 찬성으로 의결한다.

② 부문별위원회의 회의는 구성위원 전원의 출석으로 개의하고 출석위원 과반수의 찬성으로 의결한다.

③ 제2항의 규정에 불구하고 공무원노동관계조정위원회의 전원회의는 재적위원 과반수의 출석으로 개의하고 출석위원 과반수의 찬성으로 의결한다.

④ 전원회의 또는 부문별위원회의 회의에 참여한 위원은 그 의결 사항에 대하여 서명 또는 날인하여야 한다.

제17조의2(의결결과의 통지 등) ① 노동위원회는 부문별위원회의 의결결과를 지체 없이 당사자에게 통보하여야 한다.

② 노동위원회는 그 처분에 관하여 당사자에게 서면으로 통지하여야 하며, 처분의 효력은 명령서·결정서 또는 재심판정서를 받은 날부터 발생한다.

제18조(보고 및 의견청취) ① 위원장 또는 부문별위원회위원장은 소관회의에 부의된 사항에 관하여 구성위원 또는 조사관으로 하여금 회의에 보고하도록 할 수 있다.

② 심판위원회·차별시정위원회는 의결하기 전에 당해 노동위원회의 근로자위원 및 사용자위원 각 1인 이상의 의견을 들어야 한다. 다만, 근로자위원 또는 사용자위원이 출석요구를 받고 정당한 이유없이 출석하지 아니하는 경우에는 그러하지 아니하다.

제19조(회의의 공개) 노동위원회의 회의는 공개한다. 다만, 당해 회의의 결의에 의하여 공개하지 아니할 수 있다.

제20조(회의의 질서유지) 위원장 또는 부문별위원회위원장은 소관회의의 공정한 진행을 방해하거나 질서를 문란하게 하는 자에 대하여는 퇴장명령 그 밖에 질서유지에 필요한 조치를 취할 수 있다.

제21조(위원의 제척·기피등) ① 위원은 다음 각 호의 어느 하나에 해당하는 경우에는 당해 사건에 관한 직무집행에서 제척된다.

1. 위원 또는 그 배우자나 배우자이었던 자가 당해 사건의 당사자가 되거나 당해 사건의 당사자와 공동권리자 또는 의무자의 관계에 있는 경우

2. 위원이 당해 사건의 당사자와 「민법」 제777조의 규정에 따른 친족의 관계에 있거나 있었던 경우

3. 위원이 당해 사건에 관하여 진술이나 감정을 한 경우

4. 위원이 당해 사건에 관하여 당사자의 대리인으로서 관여하거나 관여하였던 경우

5. 위원이 당해 사건의 원인이 된 처분 또는 부작위에 관여한 경우

② 위원장은 제1항의 사유가 있는 때에는 직권 또는 당사자의 신청에 따라 제척의 결정을 하여야 한다.

③ 당사자는 심의·의결 또는 조정의 공정을 기대하기 어려운 위원이 있을 경우에는 위원장에게 그 사유를 적어 기피신청을 할 수 있다.

④ 위원장은 제3항의 기피신청이 이유있다고 인정되는 경우에는 그 위원을 교체하여야 한다.

⑤ 위원장은 사건이 접수되는 즉시 제2항의 규정에 따른 제척신청 및 제3항의 규정에 따른 기피신청을 할 수 있음을 사건당사자에게 알려야 한다.

제4장 권 한

제22조(협조요청등) ① 노동위원회는 그 사무집행을 위하여 필요하다고 인정할 때에는 관계행정기관에 협조를 요청할 수 있으며 협조를 요청받은 관계행정기관은 특별한 사유가 없는 한 이에 응하여야 한다.

② 노동위원회는 관계행정기관으로 하여금 근로조건의 개선에 관하여 필요한 조치를 하도록 권고할 수 있다.

제23조(위원회의 조사권등) ① 노동위원회는 제2조의2의 규정에 따른 소관 사무(제3호의 업무를 제외한다)와 관련하여 사실관계의 확인 등 그 사무집행을 위하여 필요하다고 인정할 때에는 사용자·사용자단체·노동조합 기타 관계인에 대하여 출석·보고 또는 필요한 서류의 제출을 요구하거나 위원장 또는 부문별위원회위원장이 지명한 위원 또는 조사관으로 하여금 사업 또는 사업장의 업무상황·서류 기타 물

건을 조사하게 할 수 있다.

② 제1항의 규정에 의하여 조사하는 위원 또는 조사관은 그 권한을 표시하는 증표를 관계인에게 제시하여야 한다.

③ 노동위원회는 제1항의 규정에 의하여 관계당사자외에 필요하다고 인정되어 출석한 자에 대하여는 대통령령이 정하는 바에 의하여 비용을 변상한다.

제24조(중앙노동위원회의 지시권등) 중앙노동위원회는 지방노동위원회 또는 특별노동위원회에 대하여 노동위원회의 사무처리에 관한 기본방침 및 법령의 해석에 관하여 필요한 지시를 할 수 있다.

제25조(중앙노동위원회의 규칙제정권) 중앙노동위원회는 중앙노동위원회·지방노동위원회 또는 특별노동위원회의 운영 기타 필요한 사항에 관한 규칙을 제정할 수 있다.

제26조(중앙노동위원회의 재심권) ① 중앙노동위원회는 당사자의 신청이 있는 경우 지방노동위원회 또는 특별노동위원회의 처분을 재심하여 이를 인정·취소 또는 변경할 수 있다.

② 제1항의 규정에 의한 신청은 관계법령에 특별한 규정이 있는 경우를 제외하고는 지방노동위원회 또는 특별노동위원회가 행한 처분을 통지받은 날부터 10일이내에 하여야 한다.

③ 제2항의 기간은 불변기간으로 한다.

제27조(중앙노동위원회의 처분에 대한 소) ① 중앙노동위원회의 처분에 대한 소는 중앙노동위원회위원장을 피고로 하여 처분의 통지를 받은 날부터 15일이내에 이를 제기하여야 한다.

② 이 법에 의한 소의 제기로 처분의 효력은 정지하지 아니한다.

③ 제1항의 기간은 불변기간으로 한다.

제5장 보 칙

제28조(비밀엄수의 의무 등) ① 노동위원회의 위원이나 직원 또는 그 위원이나 직원이었던 자는 그 직무

에 관하여 지득한 비밀을 누설하여서는 아니된다.

② 노동위원회의 사건처리에 관여한 위원이나 직원 또는 그 위원이나 직원이었던 자로서 변호사·공인노무사 등은 영리를 목적으로 당해 사건에 관하여 그 직무를 행하여서는 아니 된다.

제29조(벌칙적용에 있어서의 공무원 의제) 노동위원회의 위원중 공무원이 아닌 위원은 형법 기타 법률에 의한 벌칙의 적용에 있어서 공무원으로 본다.

제6장 벌　칙

제30조(벌칙) 제28조의 규정에 위반한 자는 1년이하의 징역 또는 300만원이하의 벌금에 처한다.

제31조(벌칙) 제23조 제1항의 규정에 따른 노동위원회의 조사권 등과 관련하여 다음 각 호에 해당하는 자는 500만원 이하의 벌금에 처한다.

1. 노동위원회의 보고 또는 서류제출 요구에 응하지 아니하거나 거짓의 보고 또는 서류를 제출한 자

2. 관계 위원 또는 조사관의 조사를 거부·방해 또는 기피한 자

제32조(양벌규정) 법인 또는 단체의 대표자, 법인·단체 또는 개인의 대리인·사용인 기타의 종업원이 그 법인·단체 또는 개인의 업무에 관하여 제31조의 위반행위를 한 때에는 행위자를 벌하는 외에 그 법인·단체 또는 개인에 대하여도 동조의 벌금형을 과한다.

제33조(과태료) ① 제20조의 규정에 따른 퇴장명령에 불응한 자는 100만원 이하의 과태료에 처한다.

② 제1항의 규정에 따른 과태료는 대통령령이 정하는 바에 따라 노동위원회가 부과·징수한다.

③ 제2항의 규정에 따른 과태료 처분에 불복하는 자는 그 처분을 고지받은 날부터 30일 이내에 노동위원회에 이의를 제기할 수 있다.

④ 제2항의 규정에 따른 과태료 처분을 받은 자가 제3항의 규정에 따라 이의를 제기한 때에는 노동위원회는 지체 없이 관할 법원에 그 사실을 통보하여야 하며 그 통보를 받은 관할 법원은 「비송사건절차법」에 따른 과태료의 재판을 한다.

⑤ 제3항의 규정에 따른 기간 이내에 이의를 제기하지 아니하고 과태료를 납부하지 아니한 때에는 국세체납처분의 예에 따라 이를 징수한다.

부　칙

제1조(시행일) 이 법은 공포 후 1개월이 경과한 날부터 시행한다. 〈단서 생략〉

제2조 및 제3조 생략

제4조(다른 법률의 개정) ① 부터 〈37〉 까지 생략

〈38〉 노동위원회법 일부를 다음과 같이 개정한다.

제2조 제2항, 제9조 제2항 및 제11조 제1항 중 "노동부장관"을 각각 "고용노동부장관"으로 한다.

제6조 제3항·제4항 및 제14조 제3항 중 "노동부장관"을 각각 "고용노동부장관"으로 한다.

제6조의2제2항 중 "노동부령"을 "고용노동부령"으로 한다.

제14조 제3항 중 "노동부"를 "고용노동부"로 한다.

〈39〉 부터 〈82〉 까지 생략

제5조 생략

인명색인

사항색인

공저자약력

신수식
고려대학교 경영대학 졸업
고려대학교 대학원 경영학과 석사 및 박사과정 수료(경제학 박사, 1975)
독일 Köln 대학 수학, 동 대학 보험연구소 객원교수(1981)
현재 고려대학교 경영대학 교수
역임 고려대학교 경영대학 학장, 노동대학원 원장, 기업경영연구원 원장, 한국사회보장학회 회장, 한국인사관리학
회 회장, 한국보험학회 회장
저서 「社會保障論」(박영사, 1978), 「勞使關係論」(공저, 한국방송통신대학, 1991), 「勞動市場의 柔軟性 提高와
雇傭保險制度 改善方向」(대한상공회의소, 1998), 「現代 保險經營論」(박영사, 2002), 「보험제도의 도덕적
해이」(한국노동연구원, 2002)

김동원
고려대학교 경영대학 졸업
미국 위스콘신대학교 (매디슨) 대학원 졸업 (노사관계학 박사, 1993)
현재 고려대학교 경영대 학장 겸 노동대학원장, 국제노동고용관계학회(ILERA) 차기회장(President-Elect), 국민경
제자문회의 민간위원, 근로시간면제심의위원회 위원장, 경제사회발전노사정위원회 자동차부품업종위원회 위
원장, 고용노동부 정책자문위원, 중앙노동위원회 공익위원, Social Asia Forum 한국대표
역임 뉴욕주립대학교 경영대학 교수, 고려대학교 총무처장, 고려대학교 기획예산처장, 행정고등고시 출제위원, 공
무원 7급공채 출제위원, 공기업입사시험출제위원
저서 [한국의 노사관계: 산업별 동향과 전망] (박영사, 2013), [한국과 OECD국가의 노사관계 비교평가] (박영
사, 2012), [Gainsharing and Goalsharing] (Praeger, 2004), [Employment Relations and HRM in Korea]
(Ashgate, 2004) 등

이규용
고려대학교 경영대학 졸업
고려대학교 대학원(경영학 석사·경영학 박사)
고려대학교 노동대학원 강사
현재 서남대학교 경영학과 교수, 대한경영학회 이사, 한국인사관리학회 이사
저서 「인사노무관리론」(공저, 박문각, 2000), 「한국 우량기업의 노사관계DNA」(공저, 박영사, 2009)

제 6 판
현대고용관계론

초판발행	2002년 4월 10일
수정증보판발행	2003년 3월 10일
제2판발행	2005년 3월 20일
제3판발행	2008년 3월 10일
제4판발행	2010년 3월 5일
제5판발행	2012년 3월 5일
제6판발행	2014년 3월 10일
중판발행	2017년 8월 30일

지은이	신수식 · 김동원 · 이규용
펴낸이	안종만

편 집	전채린
기획/마케팅	이영조
표지디자인	홍실비아
제 작	우인도 · 고철민

펴낸곳	(주) **박영사**

서울특별시 종로구 새문안로3길 36, 1601
등록 1959. 3. 11. 제300-1959-1호(倫)

전 화	02)733-6771
f a x	02)736-4818
e-mail	pys@pybook.co.kr
homepage	www.pybook.co.kr
ISBN	979-11-303-0078-8 93320

copyright©신수식 · 김동원 · 이규용, 2014, Printed in Korea

정 가   32,000원